NomosKommentar

Jörg Reinhardt | Rainer Kemper
Christoph Grünenwald

Adoptionsrecht

AdVermiG | AdÜbAG | AdWirkG
BGB | EGBGB | FamFG

Handkommentar

4. Auflage

Prof. Dr. Jörg Reinhardt, Hochschule München | **Dr. Rainer Kemper,** Hochschule Osnabrück | **Christoph Grünenwald**, Kommunalverband für Jugend und Soziales Baden-Württemberg

Nomos

Zitiervorschlag: HK-AdoptionsR/*Bearbeiter* AdVermiG § 1 Rn. 1

L Jur (Austausch)

Jur
6. 6

Die Deutsche Nationalbibliothek verzeichnet diese Publikation in
der Deutschen Nationalbibliografie; detaillierte bibliografische
Daten sind im Internet über http://dnb.d-nb.de abrufbar.

ISBN 978-3-8487-6938-4

M

4. Auflage 2021
© Nomos Verlagsgesellschaft, Baden-Baden 2021. Gesamtverantwortung für Druck
und Herstellung bei der Nomos Verlagsgesellschaft mbH & Co. KG. Alle Rechte,
auch die des Nachdrucks von Auszügen, der fotomechanischen Wiedergabe und
der Übersetzung, vorbehalten.

098 6174 #2

Vorwort

Die Adoption von Kindern ist ein gesellschaftlich immer wieder kontrovers diskutiertes Thema. Adoptionen durch Prominente im In- und Ausland sind Gegenstand der Berichterstattung in den Boulevardmedien; in beinahe jedem erweiterten Bekanntenkreis haben Adoptionen stattgefunden. Gleichwohl nehmen das Adoptions- und das Adoptionsvermittlungsrecht in der juristischen Praxis eine Sonderrolle ein. Neben der geringen Zahl ausgesprochener Adoptionen dürfte Grund hierfür sicherlich auch sein, dass die Begleitung und Durchführung einer Adoption Kenntnisse aus nahezu allen Rechtsbereichen erfordert. Die einschlägigen Vorschriften sind über eine Vielzahl von Gesetzen verstreut, die weit über die materiellrechtlichen Vorgaben des BGB, die verwaltungsrechtlichen Vermittlungsregelungen des Adoptionsvermittlungsrechts und die Bestimmungen über das gerichtliche Adoptionsverfahren im FamFG hinaus gehen. Nur exemplarisch sei etwa an die Vorgaben zur Berücksichtigung anzunehmender Kinder bei Sozialleistungen (zB Eltern- und Kindergeld, Familienversicherung) erinnert. Schließlich ist im Fall einer unerlaubten Vermittlung sogar der Weg in das Ordnungswidrigkeiten- und Strafrecht gegeben. Verkompliziert werden Adoptionen darüber hinaus dann, wenn das anzunehmende Kind im Zusammenhang mit seiner Adoption seinen Lebensmittelpunkt von einem Staat in einen anderen verlegen soll und Fragen der Anerkennung ausländischer Adoptionsakte, der Einreise, des Aufenthaltes sowie der Staatsangehörigkeit betroffen sind.

Mit dem vorliegenden Handkommentar sollen die wichtigsten gesetzlichen Bestimmungen erläutert werden, die für die Zeit von der Adoptionsbewerbung über das Vermittlungsverfahren bis zum rechtskräftigen Abschluss der Adoption und deren Wirkungen von Bedeutung sind. Dabei sind auch und gerade internationale Aspekte zu berücksichtigen, da ein erheblicher Teil aller Adoptionsverfahren einen Bezug zum Ausland hat, wenngleich grenzüberschreitenden Vermittlungsverfahren kaum mehr eine relevante Bedeutung zukommt. Die Neuauflage berücksichtigt die vielen Änderungen des Adoptionsvermittlungsrechts durch das Adoptionshilfe-Gesetz. Darüber hinaus führte das Verbot unbegleiteter internationaler Verfahren zu umfangreichen Änderungen im Adoptionswirkungsgesetz. Das vorliegende Kompendium soll zum einen die Fachkräfte in den Vermittlungsstellen der Jugendämter, Landesjugendämter und freien Träger in ihrer praktischen Vermittlungsarbeit unterstützen. Zum anderen bietet es aber auch Orientierung für Familiengerichte, Standesämter, Notariate und Anwaltspraxen hinsichtlich der materiellrechtlichen Vorgaben und der Verfahrensregeln in Adoptions- und Anerkennungssachen.

Die Verfasser hoffen, mit der Auswahl der Bestimmungen die wesentlichen Gesichtspunkte nationaler oder internationaler Adoptionen aufgegriffen und der Praxis damit eine sinnvolle Handreichung gegeben zu haben. Ausgeschieden aus dem Autorenteam ist Wolfgang Weitzel, für dessen wertvolle Mitarbeit an den ersten drei Auflagen dieses Werkes wir uns bei dieser Gelegenheit sehr herzlich bedanken. Wir wünschen ihm für seine Zukunft alles erdenklich Gute!

Eine kurze Einführung in das Werk findet sich ab Seite 17.

Für Anregungen und Verbesserungsvorschläge sind wir weiterhin dankbar.

München/Münster/Stuttgart, im April 2021

Prof. Dr. Jörg Reinhardt   Dr. Rainer Kemper   Christoph Grünenwald

Inhaltsverzeichnis

Gesetz über die Vermittlung und Begleitung der Adoption und über das Verbot der Vermittlung von Ersatzmüttern (Adoptionsvermittlungsgesetz – AdVermiG)

Gesetz zur Ausführung des Haager Übereinkommens vom 29. Mai 1993 über den Schutz von Kindern und die Zusammenarbeit auf dem Gebiet der internationalen Adoption (Adoptionsübereinkommens-Ausführungsgesetz – AdÜbAG)

Bürgerliches Gesetzbuch (BGB; Auszug)

Einführungsgesetz zum Bürgerlichen Gesetzbuche
(EGBGB; Auszug)

Gesetz über das Verfahren in Familiensachen und in den Angelegenheiten der freiwilligen Gerichtsbarkeit
(FamFG; Auszug)

Gesetz über Wirkungen der Annahme als Kind nach ausländischem Recht (Adoptionswirkungsgesetz – AdWirkG)

Autorenverzeichnis

Christoph Grünenwald
Stellvertretender Leiter des Grundsatzreferats des Landesjugendamts Baden-Württemberg im Kommunalverband für Jugend und Soziales Baden-Württemberg, Stuttgart
(AdWirkG)

Dr. Rainer Kemper
Hochschule Osnabrück, Fakultät MKT, Lingen
(BGB, EGBGB, FamFG)

Prof. Dr. Jörg Reinhardt
Hochschule München, Fakultät für Sozialwissenschaften; von 2001 bis 2008 Leiter der zentralen Adoptionsstelle des Bayerischen Landesjugendamts
(AdVermiG, AdÜbAG)

Wolfgang Weitzel
Von 2000 bis 2017 Leiter der Bundeszentralstelle für Auslandsadoption im Bundesamt für Justiz, Bonn
(AdWirkG)

Allgemeines Literaturverzeichnis

Anders/Gehle, Das Recht der freien Dienste, 2001

Behrentin (Hrsg.), Handbuch Adoptionsrecht, 2017 (zit.: Behrentin AdoptionsR-HdB/Verfasser)

Bork/Jacoby/Schwab (Hrsg.), FamFG, Kommentar, 3. Aufl. 2018

Botthof, Perspektiven der Minderjährigenadoption, 2014

Bundesarbeitsgemeinschaft der Landesjugendämter (BAGLJÄ), Empfehlungen zur Adoptionsvermittlung, 8. Aufl. 2019 (zit.: Empf.)

Bundeszentralstelle für Auslandsadoption (BZAA), Internationale Adoption, 11. Aufl. 2019

Diering/Timme/Stähler (Hrsg.), Lehr- und Praxiskommentar, SGBX, 5. Aufl. 2019 (zit.: LPK-SGB X/Verfasser)

Erman, Bürgerliches Gesetzbuch, 16. Aufl. 2020 (zit.: Erman/Verfasser)

Evers/Friedemann, Handbuch Adoption, 6. Aufl. 2014

Geimer, Internationales Zivilprozessrecht, 8. Aufl. 2019

Haager Konferenz für Internationales Privatrecht, The Implementation and Operation of the 1993 Hague Intercountry Adoption Convention. Guide to Good Practice. Den Haag, 2008 (zit.: Guide to Good Practice)

Haager Konferenz für Internationales Privatrecht, The Implementation and Operation of the 1993 Hague Intercountry Adoption Convention. Guide to Good Practice – Guide No. 2. Den Haag, 2012 (zit.: Guide No. 2)

Kaiser/Schnitzler/ /Schilling/Sanders (Hrsg.), NomosKommentar BGB, Band 4: Familienrecht, 4. Aufl. 2021

Kemper/Schreiber (Hrsg.), Familienverfahrensrecht, Handkommentar, 3. Aufl. 2015 (zit. HK-FamVerfR/Verfasser)

Keidel, FamFG, Kommentar, 20. Aufl. 2020

Kopp/Ramsauer, Verwaltungsverfahrensgesetz, Kommentar, 21. Aufl. 2020

Meyer-Seitz/Frantzioch/Ziegler, Die FGG-Reform: Das neue Verfahrensrecht, 2009

Münchener Kommentar zum BGB, online-Ausgabe (zit.: MüKoBGB/Verfasser)

Münchener Kommentar zum FamFG, 3. Aufl. 2018 (zit.: MüKoFamFG/Verfasser)

Münchener Kommentar zur Zivilprozessordnung, 5. Aufl. 2016 (zit.: MüKoZPO/Verfasser)

Münder/Meysen/Trenczek (Hrsg.), Frankfurter Kommentar SGB VIII, 8. Aufl. 2019 (zit.: FK-SGB VIII/Verfasser)

Müller/Sieghörtner/Emmerling de Oliveira, Adoptionsrecht in der Praxis, 4. Aufl. 2020

Musielak/Borth, Familiengerichtliches Verfahren, Kommentar, 6. Aufl. 2018

Palandt, Bürgerliches Gesetzbuch, 80. Aufl. 2021 (zit.: Palandt/Verfasser)

Paulitz, Offene Adoption, Freiburg 1997

Paulitz (Hrsg.), Adoption, 2. Aufl. 2006 (zit.: Paulitz Adoption/Verfasser)

Prütting/Helms (Hrsg.), FamFG, Kommentar, 5. Aufl. 2020

Reinhardt, Reformbedarfe im Recht der Minderjährigenadoption und der Adoptionsvermittlung, 2016

Riedle, H./Riedle, B./Gillig-Riedle, B., Adoption – Alles was man wissen muss, 4. Aufl. 2020

Riedle/Gillig-Riedle, Auslandsadoption – Wege, Verfahren, Chancen, 4. Aufl. 2013

Saenger (Hrsg.), ZPO, Handkommentar, 9. Aufl. 2021

Schlegel/Voelzke (Hrsg.), juris Praxiskommentar SGB VIII, 2. Aufl. 2018 (zit. jurisPK-SGB VIII/Verfasser)

Schulte-Bunert/Weinreich (Hrsg.), FamFG, Kommentar, 6. Aufl. 2019

Schulze (Schriftleiter), BGB, Handkommentar, 10. Aufl. 2019

Staudinger/Helms, BGB, §§ 1741–1172 (Adoption), Neubearbeitung 2019

Steiger, Das neue Recht der internationalen Adoption und Adoptionsvermittlung, 2002

Schütze, SGB X, Kommentar, 9. Aufl. 2020 (zit.: Schütze/Verfasser)

Winkelsträter, Anerkennung und Durchführung internationaler Adoptionen in Deutschland, 2007

Wiesner (Hrsg.), SGB VIII, Kinder- und Jugendhilfe, 5. Aufl. 2015 (zit.: Wiesner/Bearbeiter)

Wuppermann, Adoption – Ein Handbuch für die Praxis, 2006

Aufsatzliteratur findet sich vor den einzelnen Kommentierungen.

Einführung in das Werk

Art. 21 der Kinderrechtekonvention der Vereinten Nationen[1] sieht vor, dass „dem Wohl des Kindes bei der Adoption die höchste Bedeutung zugemessen wird". Zum Schutz der Kinder ist die Adoption privater Disposition zu entziehen und jeglicher Vermögensvorteil aus Kindesannahmen auszuschließen.

Konkretisiert werden die Vorgaben der Kinderrechtekonvention durch das Haager Adoptionsübereinkommen[2] und das Europäische Adoptionsübereinkommen,[3] welche den Rahmen für die deutschen Regelungen zur innerstaatlichen wie auch zur grenzüberschreitenden Adoptionsvermittlung enthalten.

Die Vorschriften für die Adoptionsvermittlung werden im ersten Teil des vorliegenden Kompendiums erläutert:

- Das **Adoptionsvermittlungsgesetz (AdVermiG)** enthält die allgemeinen Vorschriften über die zuständigen Vermittlungsstellen sowie das Vermittlungsverfahren von der allgemeinen Beratung und Vorbereitung der an der Adoption Beteiligten über die Kontaktanbahnung bis hin zur nachgehenden Sorge und der Suche nach leiblichen Verwandten nach dem gerichtlichen Ausspruch der Adoption. Auch finden sich hier grundsätzliche Regelungen zu internationalen Verfahren.

- Für den Fall der Adoption eines Kindes aus Vertragsstaaten des Haager Adoptionsübereinkommens werden die Bestimmungen des AdVermiG ergänzt durch das insoweit speziellere **Adoptionsübereinkommens-Ausführungsgesetz (AdÜbAG)**. Dieses benennt die in Deutschland zuständigen zentralen Stellen, welche die Aufgaben nach dem Übereinkommen wahrnehmen. Darüber hinaus konkretisiert es die einzelnen Verfahrensschritte des grenzüberschreitenden Vermittlungsverfahrens nach dem HAÜ für den Bereich des deutschen Rechts.

Der zweite Teil des Handkommentars erläutert die materiellen Vorgaben für den Ausspruch der Adoption sowie die Wirkungen des Adoptionsausspruchs nach deutschem Recht:

- Die Voraussetzungen für den Adoptionsausspruch, die erforderlichen Einwilligungen der am Adoptionsvorgang beteiligten Personen, die Wirkungen von Adoptionspflege und Adoptionsausspruch sowie die Regelungen zur Aufhebung von Adoptionen sind Gegenstand der §§ 1741 ff. des **Bürgerlichen Gesetzbuchs (BGB)**.

- Die Frage, in welcher Situation durch das zuständige deutsche Gericht ggf. ausländische Rechtsvorschriften auf den Ausspruch der Adoption anzuwenden sind, ist Gegenstand von Art. 22 des **Einführungsgesetzes zum Bürgerlichen Gesetzbuch (EGBGB)**, der im Anschluss an das BGB Erwähnung findet.

Schließlich werden die Verfahrensvorschriften für die in Deutschland zuständigen Gerichte dargestellt:

- Die verfahrensrechtlichen Vorgaben für das gerichtliche Adoptionsverfahren sind Gegenstand der Bestimmungen des **Gesetzes über das Verfahren in Familiensachen und in den Angelegenheiten der freiwilligen Gerichtsbarkeit**

---

1 Übereinkommen der Vereinten Nationen über die Rechte des Kindes vom 20.11.1989 – UN-Kinderrechtekonvention (Art. 21 abgedruckt in Anhang 1 des AdÜbAG).
2 Haager Übereinkommen über den Schutz von Kindern und die Zusammenarbeit auf dem Gebiet der internationalen Adoption vom 29.5.1993 (abgedruckt in Anhang 2 des AdÜbAG).
3 BGBl. 2015 II 2.

(**FamFG**) zu den Adoptionssachen (§§ 186 ff. FamFG). Bei Auslandsbezug sind dabei insbesondere die §§ 101 108 und 109 FamFG von Bedeutung.

■ Sollte dagegen bereits eine Adoption im Ausland erfolgt sein, so kann diese nach dem **Adoptionswirkungsgesetz (AdWirkG)** in Deutschland anerkannt oder aber in eine Adoption mit den Wirkungen des deutschen Rechts umgewandelt werden.

Neben den genannten zentralen Gesetzen sind weitere Bestimmungen von Bedeutung, etwa das **Lebenspartnerschaftsrecht** oder der Staatsangehörigkeitserwerb nach § 6 des **Staatsangehörigkeitsgesetzes.** Diese wurden, soweit möglich, in den sachlichen Zusammenhang der entsprechenden Einzelnormen der og Gesetze eingearbeitet. Die aufgrund des AdVermiG erlassenen Rechtsverordnungen des Bundes sind bei § 9 d AdVermiG abgedruckt; das Haager Adoptionsübereinkommen und Art. 21 der Kinderrechtekonvention finden sich im Anhang zum Adoptionsübereinkommens-Ausführungsgesetz.

Die Rechtsprechung konnte bis zum Stand 31.12.2020 berücksichtigt werden. Rechtsstand ist der 1.4.2021.

Gesetz über die Vermittlung und Begleitung der Adoption und über das Verbot der Vermittlung von Ersatzmüttern (Adoptionsvermittlungsgesetz – AdVermiG)

In der Fassung der Bekanntmachung vom 22. Dezember 2001
(BGBl. 2002 I S. 354)
(FNA 404-21)

zuletzt geändert durch Art. 1 AdoptionshilfeG vom 12. Februar 2021
(BGBl. I S. 226)

Aufsatzliteratur:

Bernauer, Das Adoptionshilfe-Gesetz aus notarieller Sicht, notar 2021, 79; *Bienen-treu/Busch,* Stiefkind- und Verwandtenadoptionen im Recht der internationalen Adoptions-vermittlung, JAmt 2003, 273; *Botthof,* Das Adoptionshilfe-Gesetz: Freiwilligkeit, Abschre-ckung und Kindeswohl, NJW 2021, 1127; *Braun,* Das Verfahren in Adoptionssachen – eine Bestandsaufnahme, FamRZ 2011, 81 ff.; *Frank,* Brauchen wir Adoption?, FamRZ 2007, 1693; *Grünenwald,* Adoption und Flüchtlinge – schaffen wir das?, NZFam 2016, 344 (Teil 1) und 389 (Teil 2); *Hoksbergen/Lange,* Perspektiven für Adoptivkinder in Europa und den Vereinigten Staaten von Amerika, JAmt 2013, 494; *Krause,* Das Verfahren in Adopti-onssachen nach dem FamFG, FamRB 2009, 221 ff.; *Maurer,* Das Gesetz zur Regelung von Rechtsfragen auf dem Gebiet der internationalen Adoption und zur Weiterentwicklung des Adoptionsvermittlungsrechts, FamRZ 2003, 1337; *Maurer,* Europäisches Übereinkommen vom 27. November 2008 über die Adoption von Kindern (revidiert) – Ein Überblick, FamRZ 2015, 1937; *Oberloskamp,* KJHG und AdVermiG – Neben- oder Miteinander?, ZfJ 2005, 346; *Reinhardt,* Das Adoptionshilfe-Gesetz – Neues aus dem Recht der Adopti-onsvermittlung; Teil 1 – Allgemeines und Änderungen im Recht der innerdeutschen Adopti-onsvermittlung, JAmt 2021, 62; Teil 2 – Die neuen Regelungen zur grenzüberschreitenden Adoptionsvermittlung, JAmt 2021, 129; *Reinhardt,* Aktuelle Herausforderungen in der Pra-xis der Adoptionsvermittlung, JAmt 2013, 499; *Reinhardt,* Die Beteiligung in Adoptions-verfahren und der Geheimhaltungsschutz, JAmt 2012, 628; *Reinhardt,* Alter Wein im neuen Schlauch? Die Bedeutung der Datenschutz-Grundverordnung für die Adoptionsvermittlung, JAmt 2018, 74 (Teil 1) und 126 (Teil 2); *Schlauß,* Die Anerkennung von Auslandsadoption-en in der vormundschaftsgerichtlichen Praxis, FamRZ 2007, 1699; *Zimmermann,* Die Min-derjährigenadoption, NZFam 2015, 484; *Zimmermann,* Die Auslandsadoption, NZFam 2016, 249.

Einleitung

I. Zweck des Gesetzes

Die Adoptionsvermittlung erfolgt im Vorfeld des gerichtlichen Adoptionsverfah-rens und ist von diesem rechtlich strikt zu trennen: Während das Familiengericht über die Adoption im konkreten Einzelfall entscheidet, regelt das Adoptionsver-mittlungsrecht das Zusammenführen adoptionswilliger Erwachsener und adop-tierbarer Kinder. Das AdVermiG ergänzt daher die zivilrechtlichen Adoptions-voraussetzungen der §§ 1741 ff. BGB in Bezug auf das Vermittlungsverfahren im Vorfeld der Platzierung des Kindes sowie die Vorbereitung, Beratung und Beglei-tung der an der Adoption beteiligten Personen. Um die weit über die eigentliche Vermittlung von Kindern hinausgehende Arbeit der Adoptionsvermittlungsstel-len sichtbarer zu machen, wurde die Überschrift des Gesetzes durch das Adop-tionshilfe-Gesetz[1] 2021 ergänzt und die Adoptionsbegleitung explizit in diese aufgenommen. Das AdVermiG enthält zudem Vorgaben für die Einrichtung, An- 1

---

1 Gesetz zur Verbesserung der Hilfen für Familien bei Adoption vom 12.2.2021 (BGBl. I 226).

erkennung und Beaufsichtigung von Adoptionsvermittlungsstellen (§§ 2–4 a, 13 AdVermiG), die Aufgaben der Vermittlungsstellen und die dabei zu beachtenden Standards (§§ 7–11 AdVermiG) sowie Vermittlungsverbote und Vorkehrungen gegen Kinderhandel und Leihmutterschaft (§§ 5, 6, 13 a ff. AdVermiG). Für die internationale Adoptionsvermittlung von Kindern aus Vertragsstaaten des Haager Adoptionsübereinkommens sind die spezialgesetzlichen Sonderregelungen des Adoptionsübereinkommens-Ausführungsgesetzes (AdÜbAG) vorrangig zu beachten (wegen der Details → AdVermiG § 2 a Rn. 9).

2   Das AdVermiG regelt die Tätigkeit sowohl der öffentlichen als auch der staatlich anerkannten Adoptionsvermittlungsstellen. Es ist gem. § 68 Nr. 12 SGB I besonderer Teil des Sozialgesetzbuchs und damit Teil des öffentlichen Rechts. Die Adoptionsvermittlungsstellen sind gleichwohl keine Leistungsträger iSv §§ 12, 18 ff. SGB I. Gegen hoheitliche Entscheidungen der öffentlichen Adoptionsvermittlungsstellen ist der Verwaltungsrechtsweg eröffnet (§ 40 VwGO iVm § 51 SGG).[2] Das Verhältnis zwischen Adoptionsbewerbern und staatlich anerkannten Vermittlungsstellen in freier Trägerschaft unterliegt dagegen dem Vertragsrecht (→ AdVermiG § 2 Rn. 14).[3]

II. Entstehungsgeschichte

3   Kaum ein Rechtsgebiet hat in den vergangenen Jahrzehnten so viele Paradigmenwechsel erfahren wie das **Adoptionsrecht**. Zurückgehend bis ins römische Recht standen in der Urfassung des BGB im Jahr 1900 noch ausschließlich vermögensrechtliche Aspekte und die Familiennachfolge im Vordergrund. In den Jahren nach dem zweiten Weltkrieg entstand großer Bedarf, für die vielen elternlosen sowie während der Besatzungszeit auch für nichteheliche Kinder neue Familien zu finden. Dem trugen das Gesetz zur Erleichterung der Annahme an Kindes statt vom 8.8.1950 (BGBl. I 356) und das Familienrechtsänderungsgesetz vom 11.8.1961 (BGBl. I 1221) Rechnung, indem Befreiungen von den ansonsten strengen Adoptionsvoraussetzungen des BGB vorgesehen wurden. Erst zu dieser Zeit hat sich die Adoption als wichtige Jugendhilfemaßnahme für Kinder etabliert, die nicht in ihrer Familie verbleiben können, zumal feste und bleibende Bezugspersonen entscheidend für das Wohlergehen des Kindes sind und dieses am effizientesten innerhalb einer Familie zu gewährleisten ist.[4] Vor diesem Hintergrund entstand das Europäische Adoptionsübereinkommen vom 24.4.1967 (BGBl. 1980 II 1093), das bereits vor seinem Inkrafttreten in Deutschland 1981 die zentrale Grundlage für eine Neustrukturierung des Adoptionsrechts bedeutete.[5] Diese erfolgte in den **alten Bundesländern** mit dem Adoptionsgesetz vom 2.7.1976 (BGBl. I 1749), das am 1.1.1977 in Kraft getreten ist. Seither wird zwischen der Minderjährigenadoption mit starken (§ 1754 BGB) und der Volljährigenadoption mit schwachen Wirkungen (§ 1770 BGB) unterschieden. Die Adoption ist nicht mehr als Vertrag zwischen den Annehmenden und dem Adoptierten ausgestaltet, sondern wird durch gerichtliche Entscheidung ausgesprochen. Das Wohl des betroffenen Kindes steht im Mittelpunkt aller Überlegungen.

---

2 Reinhardt JAmt 2015, 2; Hoffmann JAmt 2015, 590; OLG Karlsruhe 5.8.2016 – 15 U 174/15; OLG Frankfurt a.M. 22.1.1998 – 1 U 117/96; OLG Hamm 15.7.1992 – 11 U 52/92; VG Stuttgart 7.7.2015 – 7 K 803/14; VG Neustadt/Weinstraße 2.10.2015 – 4 K 292/15NW.
3 Zum Rechtsweg im Detail Reinhardt JAmt 2015, 2 mwN.
4 JurisPK-SGB VIII/v. Koppenfels-Spies SGB VIII § 36 Rn. 19 ff. mwN.
5 Das 2008 revidierte Europäische Adoptionsübereinkommen (EAÜ) gibt weiterhin den Rahmen für die Regelungen des nationalen deutschen Adoptionsrechts vor. Durch dessen Ratifizierung 2015 wurden jedoch nur marginale gesetzliche Anpassungen im deutschen Recht erforderlich; vgl. hierzu Maurer FamRZ 2015, 1937 ff.; Zimmermann NZFam 2016, 251 ff.

In der **DDR** war die Adoption schon seit 1965 mit starken Wirkungen verse-
hen (§ 73 FamGB DDR); sie wurde durch das Jugendamt ausgesprochen (§ 68
FamGB DDR). Im Einigungsvertrag waren Aufhebungsmöglichkeiten für in der
DDR ausgesprochene Adoptionen lediglich innerhalb enger Fristen und nur für
den Fall der Adoption nach einem Entzug des Elternrechts vorgesehen (§ 13
Anlage I Kap. III Sachgebiet B).[6]

Mit der Gleichstellung nichtehelicher Kinder und der Stärkung der Vaterrechte
führte die Kindschaftsrechtsreform 1998 zu weiteren grundlegenden Veränderungen. Seit den Änderungen des Lebenspartnerschaftsgesetzes 2005 und 2014 ist
die Adoption leiblicher sowie adoptierter Kinder eines gleichgeschlechtlichen Lebenspartners möglich. Die Einführung der sog. „Ehe für Alle" 2017 ermöglich-
te die gemeinsame Fremdadoption durch Eheleute gleichen Geschlechts.[7] Nach
§ 1766 a BGB sind zurückgehend auf eine entsprechende Vorgabe des BVerfG
aus dem Jahr 2019[8] nunmehr auch Adoptionen durch nicht verheiratet oder
verpartnert zusammenlebende Lebenspartner möglich, wenn auch derzeit nur in
der Situation einer Stiefkindadoption.

Nach einem kontinuierlichen Rückgang der Adoptionszahlen in den 1990er
und 2000er Jahren hat sich die Zahl der in Deutschland ausgesprochenen Adoptionen seit 2005 bei jährlich etwa 4000 eingependelt. Dagegen sind Auslandsadoptionen sowohl in Deutschland als auch international weiterhin rückläufig.[9]

Auch die **Adoptionsvermittlung**, dh das Zusammenführen von Adoptionsbewerbern und adoptierbaren Kindern (vgl. § 1 Satz 1 AdVermiG), hat sich verändert.
Erstmals wurde das Vermittlungsverfahren 1939 durch das Gesetz über die
Vermittlung der Annahme an Kindes statt gesetzlich geregelt und der national-
sozialistischen Volkswohlfahrt übertragen. Den schon seit dem Beginn des 20.
Jahrhunderts tätigen freien Trägern wurde die Adoptionsvermittlung verboten.
1951 wurde das bis heute geltende Vermittlungsmonopol für Jugendämter und
spezialisierte Fachstellen eingeführt und die anderweitige gewerbliche Adoptionsvermittlung untersagt. Die nach dem zweiten Weltkrieg auch international zunehmend auf das Kindeswohl fokussierte Vermittlungstätigkeit wurde mit dem
Inkrafttreten des AdVermiG zum 1.1.1977 geregelt. Seither sind die zwingende
Eignungsüberprüfung von Bewerbern (§ 7 AdVermiG) und das Recht auf Adoptionsvorbereitung sowie nachgehende Begleitung nach einer erfolgten Adoption (§ 9 AdVermiG) durch das Gesetz vorgegeben. Seit dem Inkrafttreten des
SGB VIII 1991 ist die Prüfung der Adoptierbarkeit von Kindern oder Jugendlichen vor langfristigen familientrennenden Jugendhilfeleistungen gem. § 36 Abs. 1
Satz 2 SGB VIII verpflichtender Teil der Jugendhilfeplanung.[10]

Verbunden mit dem Vermittlungsmonopol wurde im AdVermiG 1977 auch der
Aspekt der **Fachlichkeit**. Die Wahrung der Qualitätsstandards sollte sichergestellt
werden, indem jede Vermittlungsstelle zwingend über eine Fachkraft verfügen
sollte. Zugleich wurde die spezialisierte Fachberatung durch die zentrale Adoptionsstelle des Landesjugendamts in Fällen der Auslandsberührung (zum Begriff
→ AdVermiG § 11 Rn. 4) und zur Unterstützung des überregionalen Adoptionsausgleichs (§ 10 AdVermiG) eingeführt. Nach wie vor ist das AdVermiG eines

4

5

---

6 Hierzu Erman/Saar BGB Vor § 1741 Rn. 4.
7 Zum gleichwohl noch vorhandenen Adoptionsbedarf, wenn ein gleichgeschlechtlicher
   Ehepartner Elternteil eines leiblichen Kindes wird, Kaiser FamRZ 2017, 1889 ff.; Reinhardt RpflStud 2018, 33 ff.
8 BVerfG 26.3.2019 – 1 BvR 673/17.
9 Hoksbergen/Lange JAmt 2013, 494 ff.; Reinhardt JAmt 2013, 499 ff.
10 Hierzu Wiesner/Schmid-Obkirchner SGB VIII § 36 Rn. 38 ff.; JurisPK-SGB VIII/v. Koppenfels-Spies SGB VIII § 36 Rn. 18 ff.

von sehr wenigen Gesetzen, die derart dezidierte Fachlichkeitsanforderungen enthalten.

6   2002 traten Änderungen in Kraft, die vor allem grenzüberschreitende Adoptionsverfahren betrafen. Nachdem Kinder aus dem Ausland seit den späten 1960er Jahren – zunächst meist motiviert durch das soziale Engagement der aufnehmenden Eltern – adoptiert worden waren, hatten die Zunahme ungewollt kinderloser Paare einerseits und der Rückgang der Zahl der in Deutschland adoptierbaren Kinder andererseits seit den 1980er Jahren zu einem „Boom" der **Auslandsadoption** geführt. Dem damit verbundenen Bedarf an international vereinheitlichten Regelungen wurde 1993 durch Verabschiedung des Haager Adoptionsübereinkommens Rechnung getragen. Dieses wurde von der Bundesrepublik Deutschland am 7.11.1997 gezeichnet und am 22.11.2001 ratifiziert. Mit dem am 1.1.2002 in Kraft getreten Gesetz zur Regelung von Rechtsfragen auf dem Gebiet der internationalen Adoption und zur Weiterentwicklung des Adoptionsvermittlungsrechts (BGBl. 2001 I 2950) wurden die Bestimmungen über die Adoptionsvermittlung an die internationalen Fachstandards und Verfahrensvorgaben angepasst. Neu definiert wurde auch, welche Stellen zur internationalen Adoptionsvermittlung berechtigt sein sollten. Neben dem in Art. 1 des Gesetzes enthaltenen AdÜbAG zur Vermittlung aus Vertragsstaaten des Haager Adoptionsübereinkommens und dem in Art. 2 vorgesehenen Adoptionswirkungsgesetz (AdWirkG) mit Vorschriften über das Verfahren zur Anerkennung bzw. Umwandlung ausländischer Adoptionsentscheidungen erfolgten im Rahmen der Reform aber auch strukturelle Veränderungen im AdVermiG: Seither sind nicht mehr nur eine, sondern zwei Fachkräfte in jeder Adoptionsvermittlungsstelle vorzuhalten.

7   Die letzte grundlegende Reform des AdVermiG erfolgte durch das **Adoptionshilfe-Gesetz** (Gesetz zur Verbesserung der Hilfen für Familien bei Adoption vom 12.2.2021, BGBl. I, 226), das am 1.4.2021 in Kraft getreten ist. Mit diesem sollte vor allem eine Intensivierung der Adoptionsbegleitung erreicht werden. Darüber hinaus hat das Gesetz die fachlichen und wissenschaftlichen Erkenntnisse hinsichtlich eines offenen Umgangs mit Adoptionen aufgegriffen:[11] Schon seit den 1980er Jahren war ein Trend zu **offenen Adoptionsformen** zu beobachten. 1989 hat das Bundesverfassungsgericht[12] ausdrücklich festgestellt, dass Adoptierte – abgeleitet aus dem Allgemeinen Persönlichkeitsrecht (Art. 2 Abs. 1 sowie Art. 1 GG) – ein Grundrecht auf Kenntnis ihrer Abstammung haben. Vor diesem Hintergrund verpflichtet § 8 a AdVermiG die Vermittlungsstellen nunmehr ausdrücklich, sowohl im Vorfeld als auch nach der Adoption auf deren Öffnung hinzuwirken. Herkunftseltern haben nach § 8 b AdVermiG unter den dort genannten Voraussetzungen (→ AdVermiG § 8 b Rn. 2) einen Rechtsanspruch auf Informationen über die Entwicklung des adoptierten Kindes. Darüber hinaus sieht das AdVermiG nunmehr ausdrückliche Regelungen zur Aufklärung des Kindes über seine Adoption und die Unterstützung Adoptierter bei der Suche nach Informationen über ihre Lebensgeschichte vor (§ 9 Abs. 2 Satz 3 Nr. 4 und 5 AdVermiG).

Mit § 9 a AdVermiG wurde eine Pflichtberatung eingeführt, die in der Situation einer Stiefkindadoption[13] für die damit verbundenen spezifischen Fragen sensibilisieren soll (zu den Details → AdVermiG § 9 a Rn. 12). Ein weiterer wichtiger Baustein des Adoptionshilfe-Gesetzes war die Einführung eines grundsätzlichen

---

11   BT-Drs. 19/16718/1 und 28 f. sowie zusammenfassend Paulitz, Offene Adoption (1997) und Bränzel, Offenheit von Adoptionen (2019) mwN.
12   NJW 1989, 891.
13   Zu grundsätzlichen Bedenken gegen deren Ausgestaltung als starke Adoption Frank FamRZ 2007, 1693 ff.; Reinhardt (2016), S. 154 ff. mwN.

Verbots von unbegleiteten Adoptionen aus dem Ausland (§ 2 b AdVermiG), was von der Fachpraxis schon seit Jahren gefordert worden war.[14] Gleichzeitig wurde der Ablauf internationaler Adoptionen neu geordnet und ein zweistufiges Überprüfungsverfahren für Adoptionsbewerber eingeführt (§§ 2 c Abs. 1, 7 b und 7 c AdVermiG).

Auch nach dem Inkrafttreten des Adoptionshilfe-Gesetzes steht weiterhin die   8
bessere rechtliche Absicherung von Pflegekindverhältnissen – auch im Wege erleichterter Adoptionsmöglichkeiten – in der Diskussion.[15] Zudem wird der seit 1900 im BGB verankerte Regelfall der Inkognitoadoption (§ 1758 BGB) grds. in Frage gestellt und eine bessere rechtliche Absicherung geöffneter Adoptionen gefordert, als dies mit §§ 8 a, 8 b AdVermiG erfolgt ist.[16]

III. Adoptionsvermittlung als Teil des Sozialgesetzbuchs und der Jugendhilfe

Gem. § 68 Abs. 1 Nr. 12 SGB I ist das Adoptionsvermittlungsgesetz Teil des   9
Sozialgesetzbuchs. Daher gelten für das Vermittlungsverfahren ergänzend zum AdVermiG auch die Vorschriften des SGB X über das Verwaltungsverfahren sowie die allgemeinen Grundsätze des SGB I.[17] Diese sind gegenüber den Sonderregelungen des AdVermiG jedoch nachrangig (§ 37 SGB I). Obwohl die Adoptionsvermittlung in der Sache zu den Aufgabenfeldern der Jugendhilfe zu rechnen ist, steht das AdVermiG als sozialrechtliches Gesetz gleichrangig neben dem SGB VIII. Lediglich die Prüfung der Adoptionsmöglichkeit im Rahmen der Hilfeerbringung (§ 36 Abs. 1 Satz 2 SGB VIII), die Mitwirkung in Adoptionssachen vor dem Familiengericht nach § 50 Abs. 1 Satz 2 Nr. 3 SGB VIII, die allgemeine Beratung nicht sorgeberechtigter Väter über ihre Adoptionseinwilligung (§ 51 Abs. 3 SGB VIII) und die Meldung von Adoptionen zur Jugendhilfestatistik (§§ 98 Abs. 1 Nr. 6, 99 Abs. 3, 101 Abs. 2 Nr. 7, 102, 103 SGB VIII) sind Aufgaben des Jugendamts aus dem Adoptionskontext, die im SGB VIII geregelt sind. Alle anderen Bestimmungen des SGB VIII können allenfalls analog auf die Adoptionsvermittlung angewendet werden.[18] Dies hat insbesondere im Bereich des Datenschutzes und damit verbunden auch für die Aktenführung erhebliche Auswirkungen (s. die Anmerkungen zu § 9 c und e AdVermiG).

Die in Deutschland vorgesehene Volladoption bedeutet einen massiven staatlichen   10
Eingriff in den rechtlichen Status des Kindes, da sie dessen rechtliche Beziehungen zu seiner leiblichen Familie abtrennt und eine vollständige Zuordnung in die Adoptivfamilie erfolgt (§§ 1754, 1755 BGB). Neben diesen massiven rechtlichen Auswirkungen ist zu sehen, dass die Adoption – zumindest die Fremdadoption – für den Adoptierten stets einen Wechsel der Bezugspersonen und des Umfelds bedeutet und sich damit nachhaltig auf seine soziale, psychische und emotionale Situation auswirkt. Vor diesem Hintergrund darf eine Adoption allenfalls dann in Betracht gezogen werden, wenn eine Lebensperspektive in der

---

14   Reinhardt, Reformbedarfe im Recht der Minderjährigenadoption und der Adoptionsvermittlung, S. 200 ff. mwN; Bundesarbeitsgemeinschaft der Landesjugendämter, Positionspapier zur Weiterentwicklung des Adoptionsrechts (2017); Expertise- und Forschungszentrum Adoption, Dossier Adoptionen in Deutschland (2017), S. 9; Bundesverband anerkannter Auslandsvermittlungsstellen in Freier Trägerschaft eV, Positionspapier zur Weiterentwicklung des Adoptionsrechts (2017).
15   Vgl. Schwab/Zenz, Gutachten A zum 54. Deutschen Juristentag (1982); Longino, Die Pflegekinderadoption, 1998; Botthof, Perspektiven der Minderjährigenadoption, 2014; Reinhardt JAmt 2013, 499 ff.
16   Etwa Botthof FamRZ 2016, 768 ff.; Botthof NJW 2021, 1127.
17   Oberloskamp ZfJ 2005, 346; Behrentin AdoptionsR-HdB/Kunkel Kap. A Rn. 41; juris-PK-SGB X/Palsherm SGB X § 1 Rn. 21.
18   AA offenbar Oberloskamp ZfJ 2005, 349.

Herkunftsfamilie auch mit Unterstützungsangeboten (vgl. § 9 Abs. 1 Satz 3 Nr. 3 AdVermiG) nicht mehr vorhanden ist und nach aller Voraussicht die bestmöglichen Entwicklungschancen in der aufnehmenden Familie gewährleistet sind. Dies kommt in den materiellrechtlichen Adoptionsvoraussetzungen des § 1741 BGB zum Ausdruck und setzt sich fort in der Zuordnung der Adoptionsvermittlung zur Kinder- und Jugendhilfe (§ 2 Abs. 1 Satz 1 AdVermiG). Auch wenn die grundgesetzlich geschützte Freiheit der Lebensplanung und -gestaltung gem. Art. 2 Abs. 1 GG und Art. 6 Abs. 1 GG das Recht des Einzelnen beinhaltet, sich für eine Adoption zu entscheiden,[19] ist zu sehen, dass Adoptionsbewerber **keinen Rechtsanspruch auf Vermittlung eines Kindes** haben.[20] Es geht bei der Adoptionsvermittlung nicht primär um die Verwirklichung des Kinderwunsches, sondern darum, für adoptierbare Kinder diejenigen Adoptionswilligen auszuwählen, die auf allen Gebieten die günstigsten Voraussetzungen bieten.[21] Der **Kinderschutz hat Vorrang** gegenüber dem Interesse der Adoptionsbewerber auf Gründung einer Familie.[22] Die Adoptionsvermittlungsstellen sind daher gehalten, das Kind und seine Bedürfnisse in den Mittelpunkt ihrer Bemühungen zu stellen (vgl. Art. 21 UN-KRK), die bestmöglich geeigneten Bewerber auswählen und sowohl deren Möglichkeiten als auch die Grenzen auszuloten, für das konkret zur Vermittlung stehende Kind zu sorgen.[23] Darüber hinaus ist die Möglichkeit der Adoptionsvermittlung gem. § 36 Abs. 1 Satz 2 SGB VIII und § 37 Abs. 1 Satz 4 SGB VIII stets iRd Hilfekonzeption und -planung des Jugendamts zu prüfen.

11   Trotz der Kindeswohlorientierung der Adoptionsvermittlung gehört es nicht zum Auftrag der Jugendhilfe, sich dafür einzusetzen, dass **im Ausland lebende Kinder** zur Verbesserung ihrer Lebensbedingungen durch in Deutschland lebende Bewerber adoptiert werden. Vielmehr obliegt die Feststellung des Adoptionsbedürfnisses eines Kindes primär den zuständigen Fachstellen in dessen Heimatstaat (vgl. Art. 4 HAÜ; zur ergänzenden Überprüfungspflicht durch die hiesigen Auslandsvermittlungsstellen → AdVermiG § 2 c Rn. 9).

Erster Abschnitt
Adoptionsvermittlung

§ 1 AdVermiG Adoptionsvermittlung

[1]Adoptionsvermittlung ist das Zusammenführen von Kindern unter 18 Jahren und Personen, die ein Kind adoptieren wollen (Adoptionsbewerber), mit dem Ziel der Adoption. [2]Adoptionsvermittlung ist auch der Nachweis der Gelegenheit, ein Kind zu adoptieren oder adoptieren zu lassen, und zwar auch dann, wenn das Kind noch nicht geboren oder noch nicht gezeugt ist. [3]Die Ersatzmuttervermittlung gilt nicht als Adoptionsvermittlung.

1   § 1 AdVermiG definiert die Adoptionsvermittlung als das Zusammenführen von Kindern und Adoptionsbewerbern mit dem Ziel der Adoption. Dabei ist die in Satz 1 enthaltene Legaldefinition der Adoptionsbewerber als „Personen, die ein Kind adoptieren wollen" sprachlich irreführend, denn nicht alle Adoptionswilligen bewerben sich auch tatsächlich für eine Adoption. Unter „Zusam-

19 HK-Grundgesetz/Antoni, 12. Aufl. 2018, GG Art. 6 Rn. 8 mwN.
20 EGMR FamRZ 2003, 149; Empf. Nr. I 1; missverständlich Maurer FamRZ 2003, 1337.
21 EGMR FamRZ 2003, 149 ff.
22 LG München 12.7.2011 – 12 O 6823/10.
23 VG Hamburg 1.12.2005 – 13 K 3059/05 mwN.

menführen" ist das **Herstellen konkreter Kontakte** gemeint.[1] Allerdings setzt das Zusammenführen nicht zwingend voraus, dass sich die Annehmenden und das Kind vor der Vermittlung noch nicht kannten. Die Adoptionsvermittlung kann auch dann noch stattfinden, wenn die Adoptionsbewerber bereits mit dem Kind zusammenleben und sich damit die Auswahl des zu adoptierenden Kindes auf dieses eine Kind konkretisiert hat.[2] Nicht erforderlich ist die tatsächliche Platzierung des Kindes in der aufnehmenden Familie: Auch der Nachweis der Gelegenheit, ein Kind anzunehmen oder annehmen zu lassen, gilt gem. § 1 Satz 2 AdVermiG als Adoptionsvermittlung. Nachweis ist entsprechend § 652 BGB jede Mitteilung, durch die Adoptionsbewerber **Informationen über konkrete Adoptionsmöglichkeiten** erhalten.[3] Hierfür ist die Mitteilung von Namen und Anschrift Adoptionswilliger bzw. abgabewilliger leiblicher Eltern erforderlich.[4] Der Nachweis kann bereits vor der Geburt erfolgen (§ 1 Satz 1 letzter Hs. AdVermiG). In der Abgabe von Stellungnahmen der Adoptionsvermittlungsstellen (§ 189 FamFG) bzw. der Jugendämter (§ 194 FamFG iVm § 50 Abs. 1 Satz 2 Nr. 3 SGB VIII) zu Adoptionen gegenüber dem Familiengericht liegt **keine Adoptionsvermittlung**. Haben sich Bewerber ein Kind ohne die Mitwirkung von Behörden „ausgesucht", liegt mangels eines „Zusammenführens" ebenfalls keine Vermittlung iSv § 1 AdVermiG vor. Gleichwohl hat das Jugendamt in dieser Situation im Rahmen der Familiengerichtshilfe nach §§ 50 Abs. 1 Nr. 3 SGB VIII bzw. 194 FamFG tätig zu werden und gem. § 7 a Abs. 1 AdVermiG iVm §§ 18, 20 SGB X von Amts wegen die erforderlichen Ermittlungen vorzunehmen.[5]

Die internationale Zuständigkeit der Adoptionsvermittlungsstellen richtet sich nach dem Territorialitätsprinzip (§ 30 Abs. 1 SGB I). Unerheblich für die Anwendbarkeit des AdVermiG ist dagegen die **Staatsangehörigkeit** der Beteiligten. Diese ist seit der Neufassung von Art. 22 und 23 EGBGB im Jahre 2020[6] auch nicht mehr für die Frage des iR des nachfolgenden gerichtlichen Adoptionsverfahrens anzuwendenden Rechts relevant: Erfolgt der Adoptionsausspruch durch ein deutsches Gericht, ist deutsches Sachrecht anzuwenden (Art. 22 Abs. 1 S. 1 EGBGB). Allerdings ist bei Vorliegen einer ausländischen Staatsangehörigkeit gem. § 11 Abs. 2 iVm Abs. 1 Nr. 2 AdVermiG stets die zuständige zentrale Adoptionsstelle zu beteiligen. — 2

Da sich § 1 AdVermiG nur auf **Kinder unter 18 Jahren** bezieht (Gleiches gilt gem. § 7 Abs. 4 SGB VIII für die in → AdVermiG Einl. Rn. 9 genannten adoptionsrelevanten Regelungen des SGB VIII), wird die **Volljährigenadoption** nicht vom Anwendungsbereich des AdVermiG erfasst. Dies auch dann nicht, wenn sie gem. § 1772 BGB mit den Wirkungen einer Minderjährigenadoption erfolgen soll. Anwendbar sind die Bestimmungen des AdVermiG aber bereits vor der Geburt des anzunehmenden Kindes (Satz 1 letzter Hs.; vgl. auch § 7 a Abs. 2 AdVermiG). — 3

Mangels eines Zusammenführens von Bewerbern und Kind unterliegen **Stiefkind- und Verwandtenadoptionen** nicht den Regelungen des AdVermiG. Gleichwohl enthält § 9 a AdVermiG eine Pflicht der an einer Stiefkindadoption Beteiligten (dh des abgebenden und des annehmenden Elternteils sowie des Kindes), sich vor — 4

---

1 Wiesner/Elmauer AdVermiG § 1 Rn. 5.
2 VG Hamburg 4.3.2010 – 13 K 2959/09; OVG Berlin-Brandenburg 21.4.2009 – 3 B 8.07. AA Erman/Saar BGB Vor § 1741 Rn. 3, der eine „systematische Suche" als charakteristisch für die Adoptionsvermittlung ansieht.
3 Vgl. Palandt/Sprau BGB § 652 Rn. 25.
4 MüKoBGB/Maurer Anh. II vor BGB § 1741 Rn. 27.
5 OVG Hamburg 18.6.2012 – 4 Bf 135/10; aA zuvor VG Hamburg 4.3.2010 – 13 K 2959/09 in derselben Sache.
6 Art. 2 des Gesetzes zur Umsetzung der Entscheidung des Bundesverfassungsgerichts vom 26.3.2019 zum Ausschluss der Stiefkindadoption in nichtehelichen Familien vom 19.3.2020, BGBl. I 541.

der Abgabe der erforderlichen notariellen Einwilligungserklärungen (§§ 1746, 1757 und 1749 BGB bzw. § 9 Abs. 6 LPartG, ggf. iVm § 1766 a BGB) durch eine Adoptionsvermittlungsstelle beraten zu lassen. Damit ist die fachliche Vorbereitung und Begleitung von Stiefkindadoptionen durch Vermittlungsstellen in öffentlicher oder freier Trägerschaft schon im Vorfeld des gerichtlichen Verfahrens sichergestellt.[7] Kann eine entsprechende Beratungsbescheinigung von den Beteiligten nicht vorgelegt werden, darf das zuständige Familiengericht die beantragte Stiefkindadoption nicht aussprechen (§ 196 a FamFG). Unabhängig von der Pflicht nach § 9 a AdVermiG besteht im Vorfeld einer Stiefkindadoption auch ein Rechtsanspruch der Beteiligten auf umfassende Beratung und Unterstützung nach § 9 Abs. 1 AdVermiG (zu den Details → AdVermiG § 9 Rn. 5 ff.).

In Fällen **grenzüberschreitender Stiefeltern- und Verwandtenadoptionen** ist ein internationales Adoptionsverfahren erforderlich, wie der Verweis von § 2 a Abs. 3 AdVermiG auf § 2 a Abs. 1 AdVermiG klarstellt (→ AdVermiG § 2 a Rn. 2 sowie → AdVermiG § 2 b Rn. 1).

5   Nicht von den Vorschriften des AdVermiG erfasst wird mangels des Ziels einer Adoption die **Pflegekindervermittlung**, zumal die Pflege zu den Hilfen zur Erziehung iSv §§ 27, 33 SGB VIII gehört. Im Unterschied zur Adoption zielt die Vollzeitpflege trotz der Möglichkeit von Dauerpflegeverhältnissen grds. auf die Rückkehr des Kindes in seine Herkunftsfamilie ab und lässt die bestehenden Eltern-Kind-Beziehungen unberührt.[8] Nicht anwendbar ist das AdVermiG auch auf das in islamischen Staaten gebräuchliche, oft fälschlicherweise als „Adoption" übersetzte Institut der **Kafala**, da diese mangels einer rechtlichen Statusänderung des Kindes rechtlich in aller Regel nicht als Adoption zu qualifizieren ist.[9] Seit dem Inkrafttreten des HKSÜ im Jahr 2011 besteht mit dessen Art. 33 und – in Bezug auf die Anerkennung – Art. 23 eine mögliche Grundlage für die grenzüberschreitende Platzierung von Kindern auf der Grundlage einer Kafala.[10] Auch die Vermittlung von **Vormundschaften** (zB für unbegleitet nach Deutschland eingereiste minderjährige Ausländer) ist keine Adoptionsvermittlung.

6   Keine Adoptionsvermittlung und damit nicht Aufgabe der Adoptionsvermittlungsstellen in öffentlicher und privater Trägerschaft sind die nach § 5 Abs. 3 AdVermiG verbotene **Scheinvatervermittlung**,[11] die Vermittlung einer **Eizellenspende**[12] und gem. § 1 Satz 3 AdVermiG die **Ersatzmuttervermittlung** (vgl. hierzu §§ 13 a ff. AdVermiG sowie die Hinweise in Nr. 6.1 der Empf.). Unabhängig von der Definition des AdVermiG kann eine Leihmutterschaft allerdings eine gesetzeswidrige Vermittlung im Sinne von § 1741 Satz 2 BGB darstellen.[13]

---

7   Zum Problem der Stiefeltern- und Verwandtenadoptionen insgesamt Paulitz Adoption/Bach S. 224 ff.; Empf. Nr. 7.1.3; Wiesner/Elmauer AdVermiG Vor § 1 Nr. VI; Froldi/Busch NDV 2002, 411.

8   MüKoBGB/Maurer Anh. II Vor BGB § 1741 Rn. 30.

9   BVerwG 26.10.2010 – 1 C 16.09; 10.3.2011 – 1 C 7.10; zur Kafala allgemein Behrentin AdoptionsR-HdB/Yassari S. 445 ff.; Reinhardt JAmt 2008, 63 mwN; ders. JAmt 2011, 180; zur im Iran vorgesehenen Sarparasti s. OLG Köln StAZ 2012, 339.

10   BVerwG 26.10.2010 – 1 C 16.09; hierzu Reinhardt JAmt 2011, 182 sowie BVerwG 10.3.2011 – 1 C 7.10.

11   MüKoBGB/Maurer Anh. II Vor BGB § 1741 Rn. 29.

12   LG Frankfurt a.M. 3.8.2012 – 2–09 T 51/11.

13   AG Düsseldorf 2.12.2015 – 270 F 223/14; AG Frankfurt a.M. 9.11.2018 – 470 F 16020/17 AD; Behrentin AdoptionsR-HdB/Braun Kap. B Rn. 309 ff.; aA OLG München 19.2.2018 – 33 UF 1152/17; OLG Düsseldorf 17.3.2017 – II-UF 10/16.

§2 AdVermiG Adoptionsvermittlungsstellen

(1) ¹Die Adoptionsvermittlung ist Aufgabe des Jugendamtes und des Landesjugendamtes. ²Das Jugendamt darf die Adoptionsvermittlung nur durchführen, wenn es eine Adoptionsvermittlungsstelle eingerichtet hat; das Landesjugendamt hat eine zentrale Adoptionsstelle einzurichten.

(2) ¹Jugendämter benachbarter Gemeinden oder Kreise können mit Zustimmung der zentralen Adoptionsstelle des Landesjugendamtes eine gemeinsame Adoptionsvermittlungsstelle errichten. ²Landesjugendämter können eine gemeinsame zentrale Adoptionsstelle bilden. ³In den Ländern Berlin, Hamburg und Saarland können dem jeweiligen Landesjugendamt die Aufgaben der Adoptionsvermittlungsstelle des Jugendamtes übertragen werden.

(3) ¹Zur Adoptionsvermittlung im Inland sind auch die örtlichen und zentralen Stellen befugt:

1. der Diakonie Deutschland,

2. des Deutschen Caritasverbandes,

3. der Arbeiterwohlfahrt,

4. der Fachverbände, die den in den Nummern 1 bis 3 genannten Verbänden angeschlossen sind, sowie

5. sonstiger Organisationen mit Sitz im Inland.

²Die in Satz 1 genannten Stellen müssen von der zentralen Adoptionsstelle des Landesjugendamtes als Adoptionsvermittlungsstelle anerkannt worden sein.

(4) Die Adoptionsvermittlungsstellen der Jugendämter und die zentralen Adoptionsstellen der Landesjugendämter arbeiten im Rahmen ihrer Vermittlungtätigkeit und der Begleitung nach § 9 mit den in Absatz 3 und in § 2 a Absatz 4 Nummer 2 genannten Adoptionsvermittlungsstellen partnerschaftlich zusammen.

(5) Die Adoptionsvermittlungsstelle (§ 2 Absatz 1 und 3, § 2 a Absatz 4) arbeitet übergreifend mit anderen Fachdiensten und Einrichtungen zusammen.

I. Adoptionsvermittlungsstellen

In § 2 Abs. 1, 2 AdVermiG werden abschließend die Stellen aufgezählt, die in Deutschland zur Adoptionsvermittlung befugt sind. Es sind dies die Adoptions-   1 vermittlungsstellen der Jugendämter, die zentralen Adoptionsstellen der Landesjugendämter und die staatlich anerkannten Adoptionsvermittlungsstellen in freier Trägerschaft. Da der Subsidiaritätsgrundsatz (§ 4 Abs. 2 SGB VIII) im Bereich des AdVermiG nicht gilt (→ AdVermiG Einl. Rn. 9), kommt den freien Trägern keine Priorität bei der Vermittlung zu. Die Anforderungen an die personelle Ausstattung der Adoptionsvermittlungsstellen ergeben sich aus § 3 AdVermiG.

2   **1. Adoptionsvermittlungsstelle des Jugendamts.** Die Adoptionsvermittlung ist Pflichtaufgabe der Jugendämter. Das ergibt sich aus § 2 Abs. 1 AdVermiG und dem in § 9 b Satz 1 AdVermiG enthaltenen Sicherstellungsauftrag. Hieraus folgt, dass jedes Jugendamt, ggf. gemeinsam mit benachbarten Jugendämtern (vgl. Abs. 2 und → Rn. 4 ff.), eine Adoptionsvermittlungsstelle vorzuhalten hat. Diese kann organisatorisch gemeinsam mit anderen Fachbereichen des Jugendamts zusammengeführt sein. In der Praxis ist vielfach die **Zusammenlegung von Adoptionsvermittlung und Pflegekinderdienst** zu beobachten. Da im Pflegekinderbereich oder dem allgemeinen Sozialdienst des Jugendamts oftmals eilbedürftige Maßnahmen zu veranlassen sind, wirkt sich dies häufig dahin gehend aus, dass die Aufgaben der Adoptionsvermittlung nur mit untergeordneter Priorität wahrgenommen werden können.

Hinweis:

Es ist daher bei jedweder Fachbereichskombination streng auf die Einhaltung der Grenzen des § 3 Abs. 1, 2 AdVermiG für die Betrauung der Adoptionsfachkräfte mit anderweitigen Tätigkeiten zu achten. Zudem ist zwingend die Einhaltung des nach § 9 e AdVermiG im Vergleich zu anderen Jugendhilfeaufgaben (§§ 61 ff. SGB VIII) deutlich strengeren Sozialdatenschutzes in der Adoptionsvermittlung sicherzustellen.

3   **a) Adoptionsvermittlung als Pflichtaufgabe (Abs. 1 Satz 1).** Da die Adoptionsvermittlung Pflichtaufgabe der Jugendämter ist, ist eine vollständige **Delegation** der Adoptionsvermittlung durch das Jugendamt auf Adoptionsvermittlungsstellen in freier Trägerschaft unzulässig. Denkbar ist jedoch, dass eine Vermittlungsstelle im Rahmen der partnerschaftlichen Zusammenarbeit (Abs. 4) eine andere um die Übernahme etwa erforderlicher Ermittlungsaufgaben ersucht (§ 7 Abs. 3 AdVermiG; zu den Details → AdVermiG § 7 a Rn. 13 f.). Zudem ist möglich und zulässig, dass einzelne Teilaufgaben aus dem gesamten Spektrum der Adoptionsvermittlung (zB die Durchführung von Bewerberseminaren oder Eignungsüberprüfungen) durch externe Dienstleister (zB psychologische Gutachter-Innen, PsychiaterInnen, ÄrztInnen, selbstständige Sozial- oder KindheitspädagogInnen oder andere Fachstellen bzw. Honorarkräfte) erledigt werden. Ist dies der Fall, so hat sich die Vermittlungsstelle, die nach außen die alleinige rechtliche und fachliche Verantwortung für die Überprüfung trägt,[1] von der Qualifikation der eingesetzten externen Personen sowie der verfahrenstechnisch und fachlich korrekten Durchführung der jeweiligen Arbeitsschritte zu überzeugen. Dies kann bspw. auf der Grundlage einer vorgelegten Konzeption, der Schlüssigkeit der Darstellung, Rückmeldungen der Betroffenen oder im Rahmen von regelmäßigen sowie einzelfallbezogenen Fachgesprächen erfolgen. Zudem sind in diesem Fall die datenschutzrechtlichen Vorgaben zu beachten (zum Datenschutz bei der Einschaltung externer Dienstleister → AdVermiG § 9 e Rn. 4 und 9 mwN).

4   **b) Gemeinsame Adoptionsvermittlungsstellen (Abs. 2).** Möglich ist die Einrichtung gemeinsamer Adoptionsvermittlungsstellen (§ 2 Abs. 2 AdVermiG), um die Jugendämter mit den Anforderungen an die personelle Ausstattung der Vermittlungsstellen (vgl. § 3 AdVermiG) nicht übermäßig zu belasten, wenn – was gele-

---

1 Vgl. LPK-SGB X/Böttiger SGB X § 20 Rn. 1 und 3.

gentlich in ländlichen Gebieten der Fall ist – die gesetzlichen Personalvorgaben über den tatsächlichen Personalbedarf in der Adoptionsvermittlung hinausgehen.

aa) Benachbarte Jugendämter. Die Möglichkeit zur Einrichtung gemeinsamer 5 Adoptionsvermittlungsstellen besteht ausdrücklich nur für Jugendämter. Dabei muss es sich um Jugendämter benachbarter Gemeinden oder Kreise, also räumlich aneinander angrenzender kommunaler Gebietskörperschaften handeln. Eine Begrenzung hinsichtlich der **Größe des Zusammenschlusses** oder der Zahl der beteiligten Jugendämter besteht nicht. Nicht vom Gesetzeswortlaut gedeckt und mit Blick auf die Pflichtaufgabe des Jugendamts unzulässig ist die Einbeziehung von Vermittlungsstellen freier Träger in gemeinsame Adoptionsvermittlungsstellen.

bb) Form des Zusammenschlusses. Eine bestimmte Form des Zusammenschlus- 6 ses ist vom Gesetz nicht vorgegeben. Möglich ist daher

- die entgeltliche oder unentgeltliche Übernahme von Adoptionsvermittlungsaufgaben oder Teilen davon durch das Jugendamt einer benachbarten Gebietskörperschaft.

- die Einrichtung einer gemeinsamen Fachstelle als unselbstständige Verwaltungseinheit,[2] die mit Personal der beteiligten Körperschaften besetzt wird und die Vermittlungsaufgaben für alle Kommunen des Verbundes übernimmt.
Die mit dem Personal mehrerer Jugendämter besetzte Fachstelle muss dabei nicht notwendigerweise an einem zentralen Sitz verortet sein. Denkbar sind auch **dezentrale Varianten**, in denen das in die gemeinsame Stelle entsandte Personal weiterhin räumlich in seinem Herkunftsjugendamt eingesetzt wird. Im Fall einer solchen dezentralen Lösung müssen jedoch ein laufender fachlicher Austausch und gegenseitige Vertretung der Fachkräfte, gemeinsame Bewerberlisten und eine einheitliche Konzeption für die fachliche Arbeit sichergestellt sein und nachgewiesen werden, damit eine gemeinsame Stelle iSv § 2 Abs. 2 AdVermiG angenommen werden kann. Anderenfalls stünde zu befürchten, dass die gesetzlichen Vorgaben (insbes. die Anforderungen an die personelle Besetzung und den laufenden fachlichen Austausch) leerlaufen.

- die Kombination der oben genannten Möglichkeiten, also zB eine gemeinsame Fachstelle, deren Personal aus mehreren beteiligten Kommunen stammt, und an der sich weitere Kommunen ausschließlich finanziell beteiligen.

Hinweis:

Die Rahmenbedingungen der Kooperation (örtliche Zuständigkeit und Umfang des Personaleinsatzes, Dienst- und Fachaufsicht, Aktenführung und -aufbewahrung) sind zwingend in dem Vertrag über die Errichtung der gemeinsamen Vermittlungsstelle bzw. in einem – diesen ergänzenden – fachlichen Konzept niederzulegen.

cc) Kooperationsvertrag. Die **formellen Anforderungen** an den Kooperationsver- 7 trag zwischen den beteiligten Gebietskörperschaften (zB Form des Vertrages, Zustimmungserfordernisse durch die kommunalen Aufsichtsbehörden) ergeben sich aus den landesrechtlichen Bestimmungen über die kommunale Zusammenarbeit.

dd) Zustimmung der zentralen Adoptionsstelle. Die Einrichtung einer gemeinsa- 8 men Adoptionsvermittlungsstelle bedarf darüber hinaus der **Zustimmung durch die zentrale Adoptionsstelle** des Landesjugendamts. Da die Versagung der Zustimmung einen Eingriff in die kommunale Organisationshoheit bedeuten würde,

---

2 Oberloskamp ZfJ 2005, 347.

stellt die Zustimmung bzw. deren Versagung einen Verwaltungsakt (§ 31 SGB X) dar, gegen den verwaltungsgerichtlicher Rechtsschutz möglich ist.[3]

9   Die Zustimmung kann nach den allgemeinen Bestimmungen von der zentralen Adoptionsstelle zurückgenommen oder widerrufen werden (§§ 44 ff. SGB X; insbes. § 48 SGB X), zB weil die gemeinsame Stelle die personellen Vorgaben des § 3 AdVermiG nicht (mehr) erfüllt oder der erforderliche Austausch unter den Fachkräften nicht sichergestellt ist.

10   **2. Zentrale Adoptionsstelle des Landesjugendamts. a) Aufgaben der zentralen Adoptionsstellen.** Die Adoptionsvermittlung ist auch Auftrag der Landesjugendämter (Abs. 1 Satz 1). Diese werden tätig

- im Bereich der Inlandsvermittlung durch Übernahme der Vermittlung sog. schwer vermittelbarer Kinder (zum Begriff → AdVermiG § 10 Rn. 1) gem. § 10 Abs. 3 Satz 3 AdVermiG oder die Unterstützung anderer Adoptionsvermittlungsstellen iR der überregionalen Suche nach geeigneten Bewerbern für adoptierbare Kinder (§ 10 Abs. 3 Satz 1 AdVermiG)

- als Auslandsvermittlungsstelle (§ 2 a Abs. 4 Nr. 1 AdVermiG), wobei im Fall der Bewerbung für die Adoption eines Kindes aus einem Vertragsstaat des HAÜ grds. ein Rechtsanspruch der Bewerber auf Übernahme des Verfahrens besteht (§ 2 Abs. 2 Satz 2 AdÜbAG; wegen der Details → AdÜbAG § 2 Rn. 12). Bei Nichtvertragsstaaten liegt die Übernahme dagegen im Ermessen der zentralen Adoptionsstelle (→ AdVermiG § 2 a Rn. 13).

Darüber hinaus obliegt den zentralen Adoptionsstellen

- die Anerkennung und besondere Zulassung von Vermittlungsstellen in freier Trägerschaft sowie die Aufsicht über diese (§ 2 Abs. 3 Satz 2 AdVermiG sowie § 4 Abs. 1–4 AdVermiG)

- die allgemeine sowie die einzelfallbezogene fachliche Beratung und Unterstützung der Adoptionsvermittlungsstellen der Jugendämter und freier Träger (§ 11 Abs. 1 AdVermiG)

- die Mitwirkung in gerichtlichen Adoptions- und Wirkungsverfahren durch Abgabe einer Stellungnahme gegenüber dem Familiengericht (§ 195 Abs. 1 FamFG), Einlegung von Rechtsmitteln (§ 195 Abs. 2 FamFG) oder iR einer Verfahrensbeteiligung (§ 188 Abs. 2 FamFG; in Adoptionswirkungsverfahren § 6 Abs. 3 Satz 4 AdWirkG); zu den Details s. die Erl. dort.

Die Doppelfunktion der zentralen Adoptionsstellen als internationale Vermittlungsstellen und Anerkennungs- bzw. Aufsichtsbehörden für freie Träger wird bisweilen kritisch gesehen;[4] die **Kritik** verkennt indes, dass die zentralen Adoptionsstellen in der Praxis fast ausschließlich im Bereich der Stiefeltern- und Verwandtenadoption oder in Bezug auf Herkunftsstaaten tätig werden, für die keine Auslandsvermittlungsstelle in freier Trägerschaft in Deutschland anerkannt wurde.

11   **b) Personelle Besetzung.** Die personellen Anforderungen an die zentralen Adoptionsstellen ergeben sich aus § 3 AdVermiG. Zusätzlich sollen der zentralen Adoptionsstelle gem. § 13 AdVermiG mindestens ein Kinderarzt oder Kinderpsychiater, ein Psychologe mit Erfahrungen auf dem Gebiet der Kinderpsychologie und ein Jurist sowie Sozialpädagogen oder Sozialarbeiter mit mehrjähriger Berufserfahrung zur Verfügung stehen. Wegen der Details darf auf die Erl. zu §§ 3 und 13 AdVermiG verwiesen werden.

---

3 Vgl. Wiesner/Elmauer AdVermiG § 2 Rn. 10.
4 Bundesverband anerkannter Auslandsvermittlungsstellen in Freier Trägerschaft eV, Positionspapier zur Weiterentwicklung des Adoptionsrechts, 2017, Nr. 2.1 (S. 4 f.).

c) Gemeinsame zentrale Adoptionsstellen. Die Einrichtung gemeinsamer zen- 12
traler Adoptionsstellen ist möglich (Abs. 2 Satz 2). Der Zusammenschluss erfolgt durch Staatsvertrag zwischen den beteiligten Bundesländern. Gemeinsame Stellen betreiben derzeit die Bundesländer Hessen/Rheinland-Pfalz (Sitz in
Mainz), Berlin/Brandenburg (Sitz in Potsdam) und Hamburg/Bremen/Schleswig-
Holstein/Niedersachsen (Sitz in Hamburg).

3. Adoptionsvermittlungsstellen in freier Trägerschaft (Abs. 3). Die Adoptions- 13
vermittlung durch Vermittlungsstellen in privater oder freier Trägerschaft ist an
eine **staatliche Anerkennung** geknüpft (§ 2 Abs. 3 AdVermiG). Anerkannt wird
nicht der Träger, sondern die einzelne Vermittlungsstelle. Es ist daher für jede
einzelne Adoptionsvermittlungsstelle eines Trägers eine gesonderte Anerkennung
erforderlich. Der jeweilige Träger muss im Inland ansässig sein. Maßgeblich ist
der Hauptsitz der Organisation. Rechtlich und organisatorisch selbstständige
Unterorganisationen mit Sitz im Inland können nicht Träger einer in Deutschland anerkannten Vermittlungsstelle sein, wenn sie hinsichtlich der Zielsetzung
ihrer Tätigkeit von den Vorgaben der Dachorganisation abhängig sind.[5] Zuständig für die Anerkennung sind die zentralen Adoptionsstellen der Landesjugendämter.

Die Voraussetzungen für die Anerkennung, das Verfahren und die beizubringenden Unterlagen ergeben sich aus § 4 Abs. 1 AdVermiG und der Verordnung
über die Anerkennung von Adoptionsvermittlungsstellen in freier Trägerschaft
sowie die im Adoptionsvermittlungsverfahren zu erstattenden Kosten (AdVermi-
StAnKoV, abgedruckt unter § 9 d AdVermiG Anhang 1). Im Einzelnen darf auf
die Erl. zu § 4 AdVermiG verwiesen werden.

Ob die Vermittlungsstelle tatsächlich Kinder im Inland vermittelt, ist für die
Anerkennung unerheblich. Gerade **Auslandsvermittlungsstellen in freier Trägerschaft** führen in der Praxis häufig keine Inlandsadoptionsvermittlung durch. Sie
können aber gem. § 4 Abs. 2 AdVermiG nur für die internationale Vermittlung
zugelassen werden, wenn sie auch über eine Anerkennung als Inlandsvermittlungsstelle verfügen (vgl. § 4 Abs. 2 Satz 1 iVm § 2 Abs. 3 AdVermiG).

Das Verhältnis zwischen Adoptionsbewerbern und staatlich anerkannten Ver- 14
mittlungsstellen in freier Trägerschaft unterliegt dem Vertragsrecht.[6] Laut An-
ders/Gehle[7] handelt es sich bei einem Adoptionsvermittlungsvertrag in aller Regel um einen Dienstvertrag; bei unentgeltlichen Vermittlungen ist Auftragsrecht
(§§ 662 ff. BGB) anzuwenden.[8] In der Rechtsprechung wird ein gemischter Vertrag angenommen, der Elemente eines Dienstvertrages und der Geschäftsbesor-
gung miteinander verknüpft.[9] Streitigkeiten aus dem Vermittlungsvertrag sind
aber jedenfalls der ordentlichen Gerichtsbarkeit zugewiesen.[10] Die Vermittlungsstellen können Kriterien für die Übernahme von Verfahren (zB keine Bearbeitung
von Bewerbungen nicht verheirateter Bewerber; vorübergehender Annahmestopp

---

5 Maurer FamRZ 2003, 1337.
6 OLG Koblenz 21.8.2013 – 5 U 1138/12; Behrentin AdoptionsR-HdB/Grünen-
wald/Nunez Kap. A Rn. 49 ff.
7 Anders/Gehle, Das Recht der freien Dienste, Rn. 582.
8 Erman/Saar BGB Vor § 1741 Rn. 3 unter Verweis auf LG Frankfurt a.M. NJW-RR
1988, 646.
9 BGH 10.10.1996 – III ZR 205/95; OLG Karlsruhe 5.8.2016 – 15 U 174/15; LG
Karlsruhe 16.4.2010 – 9 S 259/09.
10 Ebenso Hoffmann JAmt 2015, 590; konkret zur Rückforderung von Vorschussleistun-
gen s. LG Karlsruhe 16.4.2010 – 9 S 259/09; BGH 10.10.1996 – III ZR 205/95; OLG
Koblenz 21.8.2013 – 5 U 1138/12; OLG Oldenburg 14.12.1990 – 2 W 113/90; zu
Schadensersatzansprüchen gegen die Vermittlungsstelle s. OLG Karlsruhe 5.8.2016 –
15 U 174/15; LG Frankfurt a.M. 15.1.1988 – 2/2 O 249/87; OLG Düsseldorf 5.3.1993
– 22 U 176/92.

wegen zu langer Wartelisten) aufstellen, so lange diese fachlich begründbar sind (zB weil in einem internationalen Verfahren der Herkunftsstaat des Kindes keine Bewerbungen homosexueller oder unverheirateter Bewerber annimmt) und keine willkürliche Grenzziehung und damit auch kein Verstoß gegen §§ 19 ff. AGG erfolgt.[11]

Das VG Hamburg[12] sieht die Auslandsvermittlungsstellen in Bezug auf die Kontakte zu dem Staat, aus dem vermittelt wird, zugleich als **Verwaltungshelfer** für die in staatlicher Hand liegende Adoptionsvermittlung. Diese Ansicht ist aufgrund des wirtschaftlichen Eigeninteresses der freien Träger und der historischen Entwicklung des Adoptionsvermittlungsrechts[13] ebenso abzulehnen wie die Annahme,[14] dass in der Anerkennung eine Beleihung der Vermittlungsstelle und damit die Befugnis zur Vornahme hoheitlicher Akte zu sehen ist;[15] (→ AdVermiG § 7 Rn. 4).

II. Partnerschaftliche Zusammenarbeit (Abs. 4)

15   Abs. 4 verpflichtet die öffentlichen und anerkannten Adoptionsvermittlungsstellen sowie die zentralen Adoptionsstellen zur partnerschaftlichen Zusammenarbeit. Die zentralen Adoptionsstellen sind gegenüber den Adoptionsvermittlungsstellen der Jugendämter oder freier Träger nicht weisungsbefugt. Allerdings ist ein allgemeines und grundsätzliches Einwirken der zentralen Adoptionsstellen auf die Vermittlungsstandards und -modalitäten der privaten Vermittlungsstellen im Zuge der Aufsicht (§ 4 Abs. 4 AdVermiG) möglich und ggf. sogar geboten. Die örtlichen Adoptionsvermittlungsstellen der Jugendämter unterliegen dagegen nicht der Rechts- und Fachaufsicht der zentralen Adoptionsstellen, sondern ausschließlich der Kommunalaufsicht.

16   **1. Allgemeine Zusammenarbeit.** Ziel der Kooperation der öffentlichen und staatlich anerkannten Vermittlungsstellen ist zunächst die Sicherstellung und Weiterentwicklung der fachlichen Standards. Dies erfordert den gegenseitigen Austausch über alle grds. die Adoption betreffenden Fragen, Vorgehens- und Verfahrensweisen sowie weitere fachlich und ethisch relevante Überlegungen.

17   **2. Zusammenarbeit im Einzelfall.** Laut den Begründungen der Entwürfe für das Adoptionsvermittlungsgesetz vom 26.3.1975[16] und das Adoptionshilfe-Gesetz[17] sollen „die verschiedenen an einem Adoptionsvermittlungsvorgang beteiligten Adoptionsvermittlungsstellen öffentlicher und freier Träger (dazu) angehalten werden, durch gegenseitige, frühzeitige und umfassende Unterrichtung zusammenzuarbeiten. Planmäßiges und kontinuierliches Zusammenwirken sowie einvernehmliche Absprachen der Adoptionsvermittlungsstellen sind eine wesentliche Voraussetzung einer optimalen Adoptionspraxis." Die entsprechende part-

---

11 Ähnlich Maurer FamRZ 2003, 1337, der von einem grundsätzlichen Vermittlungsanspruch aus § 242 BGB iVm Art. 3 GG ausgeht.
12 VG Hamburg JAmt 2006, 364.
13 Hierzu Reinhardt JAmt 2015, 2.
14 Paulitz Adoption/Kunkel, S. 181; die entsprechende Auffassung des LG Baden-Baden 27.11.2015 – 2 O 341/14 wurde durch das OLG Karlsruhe 5.8.2016 – 15 U 174/15 aufgehoben.
15 Ebenso wie die hier vertretene Ansicht OLG Karlsruhe 5.8.2016 – 15 U 174/15 und LG Frankfurt a.M. 15.1.1988 – 2/2 O 249/87; anders das VG Frankfurt a.M. 9.4.2014 – 7 K 683/14.F, welches die Adoptionsvermittlung durch öffentliche Vermittlungsstellen völlig unzutreffend als privatrechtliche Tätigkeit qualifiziert und dabei verkennt, dass das AdVermiG als eigenständiger Teil des SGB sehr wohl ein öffentlich-rechtliches Verhältnis zwischen den Verfahrensbeteiligten und öffentlichen Vermittlungsstellen begründet, s.a. Reinhardt JAmt 2015, 2.
16 BT-Drs. 7/3421, 16.
17 BT-Drs. 19/16718, 38.

nerschaftliche Zusammenarbeit ist im konkreten Einzelfall vor allem von Bedeutung, wenn an einer Vermittlung mehrere Vermittlungsstellen beteiligt sind (zB weil ein Kind in den Bereich einer anderen Adoptionsvermittlungsstelle vermittelt werden soll). Darüber hinaus ist zu sehen, dass bei Vermittlungen durch Stellen freier Träger nach der Adoption ggf. die Jugendhilfe Leistungen für das Kind oder die Adoptivfamilie nach dem SGB VIII zu planen oder zu erbringen hat. Die Adoptionsvermittlungsstelle des örtlichen Jugendamts sollte daher im Einzelfall von vornherein die Möglichkeit haben, etwaige Bedenken gegen die Eignung von Adoptionsbewerbern oder die Tragfähigkeit einer Platzierungsentscheidung vorbringen zu können. Zwar erhält das Jugendamt iR des gerichtlichen Adoptionsverfahrens nach § 194 Abs. 1 FamFG die Möglichkeit zur Stellungnahme; im Interesse des Kindes sollten sich die betroffenen Fachstellen aber bereits so frühzeitig wie möglich über den Zeitpunkt und die Rahmenbedingungen einer etwaigen Platzierung austauschen. Zudem sollte in jedem Vermittlungsfall auch von Anfang an geklärt sein, welche der beteiligten Stellen die Begleitung der Adoptivfamilie und der leiblichen Eltern während der Adoptionspflege (§ 9 Abs. 1 AdVermiG) und nach dem Ausspruch der Adoption (§ 9 Abs. 2 AdVermiG) übernimmt.

Soweit im Zuge der partnerschaftlichen Zusammenarbeit Informationen über konkrete Einzelfälle erforderlich sind, haben die Beteiligten die **datenschutzrechtlichen Vorgaben** zu beachten (§ 9 e AdVermiG; zu den Details → AdVermiG § 9 e Rn. 11). Angesichts der og Ausführungen zu den Hintergründen und Zielen der Kooperationspflicht wird der einzelfallbezogene Austausch zwischen zwei involvierten Adoptionsvermittlungsstellen und ggf. der zuständigen Adoptionsstelle idR durch § 9 e Abs. 1 Nr. 1 AdVermiG gedeckt sein, wenn dies für die Vermittlung und Begleitung eines konkreten Falles zwingend erforderlich ist. 18

III. Kooperation mit anderen Fachdiensten (Abs. 5)

Über die nach Abs. 4 innerhalb der Adoptionsvermittlungsstrukturen vorgeschriebene Kooperation hinaus enthält § 2 Abs. 5 AdVermiG ein Gebot zur Zusammenarbeit der Adoptionsvermittlungsstellen mit anderen jugendamtsinternen Fachstellen und Angeboten. Da das Gesetz insoweit keine Eingrenzung vornimmt, kann die Kooperation mit allen erdenklichen Diensten erfolgen, die im Adoptionskontext eine Rolle spielen. In der Praxis werden dies vor allem andere Fachbereiche der Jugendämter sein (zB Familienhilfen, Trennungs- und Scheidungsberatung, Erziehungsberatung oder Pflegekinderdienst). Außerhalb der Jugendämter werden va psychologische Dienste, Schwangerschaftsberatungsstellen, Frühförderstellen, KinderärztInnen, PsychologInnen, sozialpädiatrische Zentren oder geburtshilfliche Einrichtungen und Geburtskliniken eine Rolle spielen. Diese werden insbesondere über das Netzwerk der Frühen Hilfen (§ 1 KKG) erreicht werden können. Die Kooperation umfasst über den psychosozialen Bereich hinaus aber auch die Zusammenarbeit mit Gerichten und Behörden. Die Begründung des Regierungsentwurfs[18] nennt insoweit ausdrücklich das Familiengericht, die Ausländerbehörde und das Standesamt; denkbar wären aber auch Kinder- und Erziehungsgeldstellen, Kranken- und Pflegekassen sowie weitere Behörden. 19

Für den Fall einer vertraulichen Geburt sieht § 25 Abs. 4 SchKG die Kooperation der Adoptionsvermittlungsstellen mit der Schwangerenberatungsstelle vor. Adressat des Kooperationsauftrags nach dem SchKG sind jedoch federführend

---

18 BT-Drs. 19/16718, 38 f.

die Schwangerenberatungsstellen; die Adoptionsvermittlungsstellen werden von diesen einbezogen.[19]

Im Rahmen der allgemeinen Kooperation nach Abs. 5 ist zwingend der Datenschutz zu beachten (vgl. § 9 e AdVermiG). Einzelfälle werden im Rahmen des Austauschs nach Abs. 5 regelmäßig nur anonymisiert oder in pseudonymisierter Form (vgl. Art. 4 Nr. 5 DSGVO) besprochen werden können.[20] Geht es dagegen um die Adoptionsvorbereitung (§ 9 Abs. 1 AdVermiG) oder die nachgehende Begleitung (§ 9 Abs. 2 AdVermiG) in einem konkreten Einzelfall (auf Wunsch Ratsuchender hat die Adoptionsvermittlungsstelle in dieser Situation gem. § 9 Abs. 3 AdVermiG einen Kontakt mit dem jeweils relevanten externen Kooperationspartner herzustellen), so ist die Weitergabe konkreter personenbezogener Informationen über die begleitete(n) Person(en) nach § 9 e Abs. 1 Nr. 1 AdVermiG (Zweck der Adoptionsbegleitung) zwar grundsätzlich zulässig; aus Gründen der Verhältnismäßigkeit und Datensparsamkeit ist aber stets zu bedenken, ob eine Informationsweitergabe tatsächlich erforderlich ist (zu den Details → AdVermiG § 9 Rn. 22). Sofern eine wirksame Schweigepflichtsentbindung vorliegt (→ AdVermiG § 9 e Rn. 16), kann der jeweilige Einzelfall aber unter Namensnennung besprochen werden.

IV. Ergänzende gesetzliche Kooperationsvorgaben

20 Die in § 2 Abs. 4 und 5 AdVermiG allgemein festgeschriebenen Kooperationspflichten setzen sich an verschiedenen Stellen des Gesetzes in konkreten Informations- und Übermittlungspflichten fort:

- Auf Ersuchen einer anderen Adoptionsvermittlungsstelle übernimmt die örtliche Adoptionsvermittlungsstelle die sachdienlichen Ermittlungen bei Bewerbern, die sich in deren Bereich aufhalten (§ 7 a Abs. 3 AdVermiG).

- Die zentrale Adoptionsstelle ist zur Unterstützung der Adoptionsvermittlungsstellen verpflichtet, vor allem durch fachliche Beratung (§ 11 Abs. 1 AdVermiG). Sie ist durch die öffentlichen und anerkannten Adoptionsvermittlungsstellen vom Beginn der Vermittlung an zu beteiligen (§ 11 Abs. 2 AdVermiG), wenn es sich um ein sog. schwer vermittelbares Kind (zum Begriff → AdVermiG § 10 Rn. 1) oder um eine Adoption mit Auslandsberührung (zum Begriff → AdVermiG § 11 Rn. 4) handelt.

- Mit Blick auf die mögliche überregionale Vermittlung sog. schwer vermittelbarer Kinder enthält § 10 AdVermiG diverse Unterrichtungs- und Unterstützungspflichten.

- Die Auslandsvermittlungsstellen haben sich bei Vermittlungen aus Vertragsstaaten des Haager Adoptionsübereinkommens sowohl hinsichtlich der Eignung von Bewerbern als auch hinsichtlich der Matchingentscheidung mit der Vermittlungsstelle des örtlichen Jugendamts abzustimmen (§§ 4 Abs. 4, 5 Abs. 4 AdÜbAG). In Bezug auf Nichtvertragsstaaten wurde im Rahmen der durch das Adoptionshilfe-Gesetz erfolgten Neustrukturierung internationaler Verfahren keine entsprechende Abstimmungspflicht in das Gesetz aufgenommen. Es ist daher keine Abstimmung über einen Kindervorschlag erforderlich, sofern die Annehmenden dies nicht wünschen. Allerdings könnte eine entsprechende Pflicht zur Abstimmung im Wege einer entsprechenden Auflage (§ 32 SGB X) im Zulassungsbescheid für die Auslandsvermittlungsstelle eines freien Trägers vorgegeben werden, um die im Einzelfall erforderliche

---

19 Reinhardt BZGA Forum 1/2014, 12 ff.
20 Zu den Begriffen Handbuch Sozialdatenschutz/Reinhardt/v. Hardenberg/Marburger (2021), Kap. 5 Rn. 17 ff. mwN.

partnerschaftliche Zusammenarbeit iSv § 2 Abs. 4 AdVermiG auch für diese spezielle Situation sicherzustellen.

■ Kindervorschläge aus dem Ausland sind von den Auslandsvermittlungsstellen unverzüglich den zuständigen zentralen Adoptionsstellen zur Prüfung vorzulegen (§ 11 Abs. 2 Satz 2 AdVermiG).

■ Wird ein Kind aus einem Vertragsstaat des HAÜ adoptiert und findet die Adoptionspflegezeit in Deutschland statt, so ist die Auslandsvermittlungsstelle über die Entwicklung des Kindes während der Adoptionspflege zu informieren (§ 7 Abs. 4 AdÜbAG).

■ Adoptionsvermittlungsstellen in freier Trägerschaft haben die für ihren Sitz zuständige zentrale Adoptionsstelle zu informieren, wenn Anhaltspunkte dafür vorliegen, dass sie ihre Aufgaben nicht mehr ordnungsgemäß erledigen können oder nicht mehr über die erforderliche Personalausstattung verfügen (§ 4 Abs. 4 Satz 3 und 4 AdVermiG). Steht fest, dass sie ihre Arbeit nicht fortsetzen werden, ist auch dies der zuständigen zentralen Adoptionsstelle mitzuteilen (§ 4 a Abs. 1 AdVermiG).

§ 2 a AdVermiG Internationale Adoptionsvermittlung

(1) [1]Ein internationales Adoptionsverfahren ist ein Adoptionsverfahren, bei dem ein Kind mit gewöhnlichem Aufenthalt im Ausland ins Inland gebracht worden ist, gebracht wird oder gebracht werden soll, entweder nach seiner Adoption im Heimatstaat durch Annehmende mit gewöhnlichem Aufenthalt im Inland oder im Hinblick auf eine Adoption im Inland oder im Heimatstaat. [2]Satz 1 gilt auch, wenn die Annehmenden ihren gewöhnlichen Aufenthalt im Inland haben und das Kind innerhalb von zwei Jahren vor Stellung des Antrags auf Adoption im Inland oder im Heimatstaat ins Inland gebracht worden ist. [3]Die Sätze 1 und 2 gelten entsprechend, wenn ein Kind mit gewöhnlichem Aufenthalt im Inland durch Annehmende mit gewöhnlichem Aufenthalt im Ausland ins Ausland gebracht worden ist, gebracht wird oder gebracht werden soll.

(2) In den Fällen des Absatzes 1 Satz 1 und 2 hat eine Vermittlung durch die Adoptionsvermittlungsstelle gemäß Absatz 4 stattzufinden, in den Fällen des Absatzes 1 Satz 3 durch die Adoptionsvermittlungsstelle gemäß Absatz 4 Nummer 1.

(3) Im Anwendungsbereich des Haager Übereinkommens vom 29. Mai 1993 über den Schutz von Kindern und die Zusammenarbeit auf dem Gebiet der internationalen Adoption (BGBl. 2001 II S. 1034) (Adoptionsübereinkommen) gelten ergänzend die Bestimmungen des Adoptionsübereinkommens-Ausführungsgesetzes vom 5. November 2001 (BGBl. I S. 2950) in der jeweils geltenden Fassung.

(4) Zur internationalen Adoptionsvermittlung sind befugt:

1. die zentrale Adoptionsstelle des Landesjugendamtes;

2. eine anerkannte Auslandsvermittlungsstelle nach § 4 Absatz 2 im Rahmen der ihr erteilten Zulassung;[1]

(5) [1]Zur Koordination der internationalen Adoptionsvermittlung arbeiten die in Absatz 4 genannten Stellen mit dem Bundesamt für Justiz als Bundeszentralstelle für Auslandsadoption (Bundeszentralstelle) zusammen. [2]Die Bundeszentralstelle kann hierzu mit allen zuständigen Stellen im In- und Ausland unmittelbar verkehren.

---

1 Zeichensetzung amtlich.

(6) [1]Die in Absatz 4 genannten Stellen haben der Bundeszentralstelle[2]

1. zu jedem Vermittlungsfall im Sinne des Absatzes 1 von der ersten Beteiligung einer ausländischen Stelle an die jeweils verfügbaren personenbezogenen Daten (Name, Geschlecht, Geburtsdatum, Geburtsort, Staatsangehörigkeit, Familienstand und Wohnsitz oder gewöhnlicher Aufenthalt) des Kindes, seiner Eltern und der Adoptionsbewerber sowie zum Stand des Vermittlungsverfahrens zu übermitteln,

2. jährlich zusammenfassend über Umfang, Verlauf und Ergebnisse ihrer Arbeit auf dem Gebiet der internationalen Adoptionsvermittlung zu berichten und

3. auf deren Ersuchen über einzelne Vermittlungsfälle im Sinne des Absatzes 1 Auskunft zu geben, soweit dies zur Erfüllung der Aufgaben nach Absatz 5 und nach § 2 Absatz 2 Satz 1 des Adoptionsübereinkommens-Ausführungsgesetzes vom 5. November 2001 (BGBl. I S. 2950) in der jeweils geltenden Fassung erforderlich ist.

[2]Die Übermittlungspflicht nach Satz 1 Nummer 1 beschränkt sich auf eine Übermittlung über den Abschluss des Vermittlungsverfahrens, sofern dieses nicht das Verhältnis zu anderen Vertragsstaaten des Adoptionsübereinkommens betrifft.

(7) [1]Die Bundeszentralstelle speichert die nach Absatz 6 Satz 1 Nummer 1 übermittelten Daten in einem zentralen Dateisystem. [2]Die Übermittlung der Daten ist zu protokollieren. [3]Die Daten zu einem einzelnen Vermittlungsfall sind 100 Jahre, gerechnet vom Geburtsdatum des vermittelten Kindes an, aufzubewahren und anschließend zu löschen.

I. Begriff des internationalen Adoptionsverfahrens (Abs. 1)

1 § 2 a Abs. 1 AdVermiG definiert den Begriff des internationalen Adoptionsverfahrens. Dieser wird je nach Kontext synonym mit den Bezeichnungen internationale Adoption, Auslandsadoption, grenzüberschreitende oder internationale Adoptionsvermittlung verwendet.

2 **1. Gewöhnlicher Aufenthalt des Kindes im Ausland (Abs. 1 Satz 1). a) Wechsel des Aufenthalts.** Nach Abs. 1 handelt es sich um ein internationales Adoptionsverfahren, wenn ein Kind mit gewöhnlichem Aufenthalt[3] im Ausland im Zusammenhang mit einer bereits erfolgten oder noch beabsichtigten Adoption

---

2 Siehe die AuslAdMV.
3 Zum gewöhnlichen Aufenthalt als Daseinsmittelpunkt, dh dem Schwerpunkt der familiären und beruflichen Beziehungen Palandt/Thorn EGBGB Art. 5 Rn. 10.

nach Deutschland gebracht wird. Auch im umgekehrten Fall, wenn also ein in Deutschland lebendes Kind im Kontext einer Adoption in das Ausland verbracht wird oder werden soll, liegt ein internationales Adoptionsverfahren vor, wie Abs. 1 Satz 3 klarstellt. Entscheidend ist damit stets der Aufenthaltswechsel des Kindes zwischen seinem Herkunfts- und dem Aufnahmestaat. Soweit § 2 a Abs. 1 AdVermiG (ebenso andere Vorschriften des AdVermiG und des AdÜbAG) vom „Heimatstaat" des Kindes spricht, ist dies irreführend, denn nicht der Heimatstaat im Sinne des Staates, in dem das Kind geboren und aufgewachsen ist, ist im Rahmen des internationalen Verfahrens maßgeblich, sondern der „Herkunftsstaat", also derjenige, in dem das Kind zuletzt seinen gewöhnlichen Aufenthalt hatte. Das ergibt sich auch aus der englischen Fassung des Haager Adoptionsübereinkommens, welches vom „state of origin" spricht und damit nicht vom Heimat-, sondern dem Herkunftsstaat.

Unerheblich für die Anwendung der Regelungen über die internationale Adoptionsvermittlung sind dagegen die Staatsangehörigkeiten des Kindes und der Bewerber. Ebenfalls irrelevant ist, ob es sich um eine Fremd-, Stiefkind- oder Verwandtenadoption handelt (→ AdVermiG § 2 b Rn. 1).

Wenn die Annehmenden nicht beabsichtigen, mit dem adoptierten Kind in Deutschland zu leben (zB wenn deutsche Annehmende im Ausland leben, ein dort lebendes Kind adoptieren und mit diesem weiterhin im Ausland leben wollen), handelt es sich mangels einer Aufenthaltsverlegung ins Inland nicht um ein internationales Adoptionsverfahren iSv § 2 a Abs. 1 AdVermiG.

Maßgeblicher Zeitpunkt für das Vorliegen des gewöhnlichen Aufenthalts ist derjenige, „in dem die Adoptionsbewerbung nach Art. 14 des Übereinkommens bei der zuständigen Stelle im Aufnahmestaat angebracht" wird.[4] Dies wird analog für Vermittlungen aus Nichtvertragsstaaten anzunehmen sein.   3

b) Kontext einer Adoption. Das Verbringen des Kindes in das Inland muss im **Zusammenhang mit einer bereits im Ausland durchgeführten oder einer im Inland angestrebten Adoption** stehen. In den Fällen einer in islamischen Staaten zur Versorgung elternloser Kinder erlangten **Kafala**[5] erfolgt im Ausland zwar keine Adoption iSd deutschen Rechts; allerdings wird das Verbringen des Kindes nach Deutschland in aller Regel im Hinblick auf eine anschließende Adoption im Inland erfolgen.[6] Ein internationales Adoptionsverfahren ist daher in diesem Fall erforderlich, wird aber in der Praxis mangels rechtlicher Erlaubnis der Adoption im Herkunftsstaat und mangels vorhandener Adoptionsfachstellen im Ausland nicht zu realisieren sein (vgl. § 2 c Abs. 2 AdVermiG). Soll das Kind, für das die Kafala besteht, dagegen als Pflegekind in der Familie leben, handelt es sich nicht um eine Adoptionsvermittlung, so dass das AdVermiG in dieser Fallgestaltung ohnehin nicht anwendbar ist (→ AdVermiG § 1 Rn. 5).   4

Hinweis: 5

Ist unklar, ob eine Adoptionsabsicht vorlag, als das Kind nach Deutschland gebracht wurde (zB bei der Einreise eines Kindes zum Zweck **medizinischer Behandlung mit anschließender Adoption in Deutschland**), wird im Zweifelsfall nach Abs. 1 Satz 2 (→ Rn. 7) zu prüfen sein, ob die Einreise des Kindes bereits

---

4   Erläuternder Bericht zum HAÜ in BT-Drs. 14/5437, 36 (Rn. 76).
5   Hierzu Reinhardt JAmt 2008, 63 ff. mwN; VG München 21.4.2010 – M 18 K 09.4652; VG Hamburg 4.3.2010 – 13 K 2959/09; OVG Berlin-Brandenburg 21.4.2009 – 3 B 8.07; differenziert Behrentin AdoptionsR-HdB/Yassari Kap. F Rn. 1 ff.
6   BVerwG 26.10.2010 – 1 C 16.09 und 10.3.2011 – 1 C 7.10; VG München 21.4.2010 – M 18 K 09.4652; VG Hamburg 4.3.2010 – 13 K 2959/09; OVG Berlin-Brandenburg 21.4.2009 – 3 B 8.07.

länger als zwei Jahre zurückliegt. Ist dies der Fall, ist kein internationales Verfahren erforderlich.

6   Ist bereits eine **Adoption im Ausland erfolgt,** wird diese in Deutschland aber nicht anerkannt und kann das Kind deshalb nicht einreisen, so kann die nach Abs. 2 und § 2 b AdVermiG zwingend erforderliche internationale Adoptionsvermittlung nicht nachgeholt werden. Ziel des zwischenstaatlichen Verfahrens wäre nämlich nur eine Wiederholung der bereits existierenden, aber gerade nicht anerkennungsfähigen ausländischen Adoptionsentscheidung.[7] Möglich ist aber eine „Wiederholungsadoption" bzw. „Nachadoption" durch ein deutsches Gericht gemäß dem dann nach Art. 22 Abs. 1 Satz 1 EGBGB anzuwendenden deutschen Recht.

7   **2. Gewöhnlicher Aufenthalt des Kindes in Deutschland (Abs. 1 Satz 2).** Gem. Abs. 1 Satz 2 liegt ein internationales Adoptionsverfahren auch dann vor, wenn die Annehmenden in Deutschland leben und das Kind seinen gewöhnlichen Aufenthalt bereits im Inland hat, aber **innerhalb von zwei Jahren vor Stellung des Adoptionsantrags**[8] **in das Inland gebracht** worden ist. Dabei ist unerheblich, ob der Adoptionsantrag im In- oder im Ausland gestellt wird oder wurde. Auch das Ziel der Einreise ist – anders als in Abs. 1 Satz 1 – in dieser Konstellation nicht von Bedeutung für die Annahme eines internationalen Verfahrens. Der in Abs. 1 Satz 2 genannten Zweijahresfrist liegt der Gedanke zu Grunde, dass sich der Aufenthalt des Kindes im Inland nach zwei Jahren bereits verfestigt hat. Die Situation des Kindes hat sich angesichts seiner Aufenthaltsdauer in Deutschland somit an die Situation einer Inlandsvermittlung angeglichen, weshalb ein internationales Verfahren dann nicht mehr erforderlich sein soll.[9] Dies gilt auch für Adoptionen aus Vertragsstaaten des HAÜ (→ AdÜbAG Einl. Rn. 4). Für **Stiefkind- und Verwandtenadoptionen mit Auslandsberührung** bedeutet das, dass ein internationales Verfahren nicht mehr erforderlich ist, wenn das Kind – unabhängig davon, ob es schon seinerzeit zum Zweck der Adoption oder zunächst im Wege des Familiennachzuges nach Deutschland gekommen ist – schon länger als zwei Jahre in Deutschland lebt.

Die Zweijahresfrist ist auch bei der Frage heranzuziehen, ob ein internationales Adoptionsverfahren erforderlich ist, weil ein Kind aus Deutschland zu Annehmenden im Ausland vermittelt werden soll, wie Abs. 1 Satz 3 klarstellt.

II. Pflicht zur Begleitung durch eine Auslandsvermittlungsstelle (Abs. 2)

8   Abs. 2 enthält ein **Vermittlungsgebot** für internationale Adoptionsverfahren: Liegen die Voraussetzungen des Abs. 1 vor, hat stets ein grenzüberschreitendes Verfahren durch eine hierzu berechtigte Auslandsvermittlungsstelle (Abs. 4) zu erfolgen.

Soweit es sich um den Fall der Adoptionsvermittlung eines Kindes aus Deutschland in das Ausland handelt, darf die Vermittlung nur durch die zentrale Adoptionsstelle eines Landesjugendamts erfolgen (vgl. § 2 Abs. 1 AdÜbAG für Verfahren mit Vertragsstaaten des HAÜ, → Rn. 19 und → AdÜbAG § 4 Rn. 5).

---

7   VG Saarlouis 16.10.2006 – 10 K 101/05; zustimmend Reinhardt JAmt 2007, 153.
8   Entscheidend ist der Zeitpunkt des Eingangs beim zuständigen Familiengericht, s. Staudinger/Helms BGB § 1752 Rn. 9 mwN.
9   Vgl. die Begründung des Regierungsentwurfs in BT-Drs. 19/16718, 39; zur früheren Fassung ähnl. Grünenwald NZFamR 2016, 344.

III. Ergänzende Anwendung des Adoptionsübereinkommens-Ausführungsgesetzes (Abs. 3)

Da bei **internationalen Adoptionsverfahren mit Vertragsstaaten** des Haager Adoptionsübereinkommens (HAÜ – abgedruckt im Anhang 2 zum AdÜbAG) dessen spezifische Vorgaben zu beachten sind, gelten die speziellen Regelungen des Adoptionsübereinkommens-Ausführungsgesetzes (AdÜbAG) für die betreffenden Staaten „ergänzend". Trotz dieses Wortlauts ist davon auszugehen, dass das AdÜbAG bei Verfahren mit Vertragsstaaten des HAÜ wegen Art. 25 Satz 2 GG die rechtssystematisch gegenüber dem AdVermiG speziellere und damit vorrangige Regelung darstellt. Zu den Bestimmungen des AdÜbAG im Einzelnen vgl. die Erl. dort. Sofern dieses keine Sonderregelung enthält, sind die Vorschriften das AdVermiG als lex generalis auf die betreffenden Fälle anzuwenden.

Die **Vermittlung aus Nichtvertragsstaaten** richtet sich ausschließlich nach den Regelungen des AdVermiG. Eine analoge Anwendung des HAÜ oder des AdÜbAG auf Vermittlungen aus Nichtvertragsstaaten ist nicht möglich.[10] Gleichwohl sind Vermittlungen aus Nichtvertragsstaaten im Lichte der fachlichen und ethischen Standards durchzuführen, zu denen sich die Bundesrepublik mit der Ratifizierung des HAÜ verpflichtet hat.[11] Dies kommt auch in § 2 c AdVermiG zum Ausdruck. Anderenfalls wären unterschiedliche Schutzstandards für zu adoptierende Kinder aus Vertrags- und Nichtvertragsstaaten zu beachten, was nicht zu rechtfertigen wäre.[12]

Konkret sind in der Situation eines internationalen Adoptionsverfahrens iSv Abs. 1 folgende Bestimmungen des AdVermiG anzuwenden:

- Zur internationalen Adoptionsvermittlung berechtigt sind nur die hierfür nach deutschem Recht befugten Fachstellen (§ 2 a Abs. 4 AdVermiG).
- Die Prüfung der Adoptionseignung und die Erstellung des Sozialberichts für eine internationale Adoption hat gemäß den Vorgaben in §§ 7 b und c AdVermiG (bei Vertragsstaaten des HAÜ zusätzlich § 4 AdÜbAG) zu erfolgen.
- Die Prüfung eines Kindervorschlags aus dem Ausland und das weitere Vorgehen nach dessen Eingang unterliegt § 2 c Abs. 3 bis 6 AdVermiG bzw. – bei Vertragsstaaten des HAÜ – §§ 5–7 AdÜbAG.
- Die Berichterstattung über die Entwicklung von aus dem Ausland adoptierten Kindern ist in § 9 Abs. 4 AdVermiG geregelt.
- Schließlich enthalten Abs. 6 sowie § 11 AdVermiG umfangreiche Anzeige- und Kooperationspflichten der Auslandsvermittlungsstellen.

IV. Auslandsvermittlungsstellen (Abs. 4)

Das Gesetz verwendet den Begriff der Auslandsvermittlungsstelle aus unerfindlichen Gründen nicht durchgängig. Er ergibt sich aber aus § 4 Abs. 2 Satz 3 AdVermiG. Abs. 4 enthält eine abschließende Aufzählung der zur Abwicklung internationaler Adoptionsverfahren befugten Stellen. Es sind dies die zentralen Adoptionsstellen der Landesjugendämter (→ Rn. 12) und die staatlich anerkannten Auslandsvermittlungsstellen in freier Trägerschaft (→ Rn. 19). Dabei gibt das Gesetz keine Rangfolge vor. Vielmehr besteht ein **Wahlrecht der Adoptionsbewerber**, ob sie sich für die Vermittlung durch eine Vermittlungsstelle in freier

9

10

11

---

10 VG Hamburg 4.3.2010 – 13 K 2959/09; OVG Berlin-Brandenburg 21.4.2009 – 3 B 8.07.
11 Oberloskamp/Köhler ZKJ 2005, 407; Behrentin AdoptionsR-HdB/Grünewald/Nunez Kap. A Rn. 204; Behrentin AdoptionsR-HdB/Bienentreu Kap. A Rn. 252.
12 Vgl. LG Stuttgart 26.9.2007 – 2 T 516/06.

oder öffentlicher Trägerschaft entscheiden. Das ergibt sich auch aus § 4 Abs. 1 AdÜbAG, wonach Adoptionsbewerber ihre Bewerbung entweder an die zentrale Adoptionsvermittlungsstelle oder an eine anerkannte Auslandsvermittlungsstelle richten können.[13]

Die in § 2 a Abs. 3 AdVermiG aF noch vorgesehene Befugnis der Jugendämter und ausländischer Organisationen zur internationalen Adoptionsvermittlung hatte zuletzt keinerlei praktische Bedeutung mehr. Sie ist daher 2021 durch das Adoptionshilfe-Gesetz entfallen.

12   **1. Zentrale Adoptionsstellen (Abs. 4 Nr. 1). a) Übernahme der Vermittlung.** Die zentralen Adoptionsstellen der Landesjugendämter sind kraft Gesetzes, dh ohne vorherige Akkreditierung, zur Abwicklung internationaler Adoptionsverfahren berechtigt. Zugleich sind sie zentrale Behörden iSd HAÜ (Art. 6 Abs. 2 HAÜ[14] iVm § 1 Abs. 1 AdÜbAG). Streben Adoptionsbewerber die Vermittlung eines Kindes aus einem **Vertragsstaat des HAÜ** an, so sind die zentralen Adoptionsstellen **zur Übernahme des Verfahrens verpflichtet,** sofern nicht bereits eine andere Auslandsvermittlungsstelle die Vermittlung übernommen hat (§ 2 Abs. 2 Satz 3 AdÜbAG).[15] Ist noch keine andere Vermittlungsstelle tätig, darf die zentrale Adoptionsstelle die Bewerber nicht auf andere Vermittlungsstellen oder die Aufnahme eines Adoptivkindes aus einem anderen Land verweisen.[16] Jedoch kann die Übernahme des Verfahrens verweigert werden, wenn die zentrale Adoptionsstelle die Bewerber nicht als geeignet für die Aufnahme eines Kindes aus dem Ausland ansieht (→ AdVermiG § 7 Rn. 2) oder das Verfahren faktisch (zB aufgrund eines Adoptionsstopps im Herkunftsland des Kindes oder fehlender Kooperationsstrukturen) nicht realisierbar ist (§ 2 c Abs. 2 AdVermiG).

13   Bei internationalen Adoptionsverfahren mit **Nichtvertragsstaaten des HAÜ** steht die Übernahme der Vermittlung im **pflichtgemäßen Ermessen** der zentralen Adoptionsstelle.[17] Im Zuge der Ermessensentscheidung ist zu berücksichtigen, ob die gesetzlichen Bestimmungen im Herkunftsstaat des Kindes die Adoption zulassen, dort eine zur internationalen Adoptionsvermittlung berechtigte Fachstelle existiert und diese zur Kooperation mit der hiesigen zentralen Adoptionsstelle bereit ist (§ 2 c Abs. 2 AdVermiG). Darüber hinaus muss entsprechend den Vorgaben in § 2 c Abs. 3 AdVermiG eine an den fachlichen Standards des HAÜ und dabei insbes. am Kindeswohl und dem Subsidiaritätsgedanken (Art. 4 lit. b HAÜ, der über Art. 19 HAÜ und Art. 21 lit. b UN-KRK als allgemeiner Standard definiert ist) orientierte Vermittlung zu erwarten sein. Daran fehlt es bspw., wenn die Bewerber sich Kinder in „Katalogen" oder vor Ort in Kinderheimen „aussuchen" können oder wenn der Kindervorschlag an unverhältnismäßig hohe „Gebühren" oder „Spenden" geknüpft wird (Art. 8 HAÜ; Art. 21 lit. c UN-KRK).

14   **b) Kostenpflicht.** Im Gegensatz zur Kostenfreiheit der innerdeutschen Vermittlung (§ 64 Abs. 1 SGB X) ist die Übernahme eines internationalen Verfahrens durch die zentralen Adoptionsstellen nach § 5 Nr. 2 AdVermiStAnKoV[18] gebührenpflichtig. Die **Vermittlungsgebühr** beträgt 1.200 EUR. Sie deckt sämtliche Verfahrenshandlungen einschließlich der Abwicklung der Nachberichterstattung ab (für die **Prüfung der Adoptionseignung** durch Adoptionsvermittlungsstellen der örtlichen Jugendämter werden Gebühren in Höhe von weiteren 1.300 EUR erhoben, sofern diese die allgemeine Eignungsprüfung nach § 7 b Abs. 1 AdVermiG übernehmen). Ein Ermessensspielraum besteht weder hinsicht-

---

13   VG Düsseldorf 7.5.2007 – 19 K 900/06.
14   Abgedruckt im Anhang 2 zum AdÜbAG.
15   Bienentreu/Busch JAmt 2003, 273 ff.
16   VG Düsseldorf 7.5.2007 – 19 K 900/06.
17   VG München 21.4.2010 – M 18 K 09.4652.
18   Abgedruckt unter § 9 c AdVermiG Anhang 1.

lich der Erhebung der Gebühr insgesamt noch hinsichtlich deren Höhe. Die Gebühr ist daher zB **auch bei Stiefkind- und Verwandtenadoptionen** zu erheben. Sie ist unabhängig vom Umfang und dem Erfolg der Vermittlungstätigkeit. Eine Herabsetzung der Gebühr, zB weil die Adoption eines weiteren Kindes aus einem Staat beabsichtigt ist, aus dem die Bewerber bereits adoptiert haben, ist nicht möglich. Die Kosten der Adoption können von Bewerbern nicht steuerrechtlich als außergewöhnliche Belastungen geltend gemacht werden.[19]

Entscheiden sich Bewerber nach der Bewerbung in einem bestimmten Herkunfts- 15 staat dafür, sich in einem anderen Staat zu bewerben, so wird dies als **Antragsän-derung** zu interpretieren sein mit der Folge, dass keine neuerliche Vermittlungs-gebühr zu erheben ist. Haben sich Bewerber zunächst nur für die Vermittlung eines Kindes aus dem Inland beworben und entscheiden sie sich später für eine Auslandsbewerbung, wird die Gebührenpflicht durch den Antrag auf Vermitt-lung eines Kindes aus dem Ausland (§ 4 AdÜbAG, der insoweit sinngemäß für Nichtvertragsstaaten gilt) ausgelöst. Entscheiden sich Bewerber im Verlauf des Verfahrens für die Adoption eines weiteren Kindes aus dem gleichen Herkunfts-staat, so handelt es sich um mehrere Bewerbungen. Es wird daher eine weitere Gebühr zu erheben sein. Dagegen fällt bei der beabsichtigten Adoption von Geschwistern im Zuge ein und desselben Verfahrens nur eine Gebühr an.

Bei einem **Wechsel der Vermittlungsstelle** gilt: Hatten sich Bewerber ursprünglich 16 bei einer staatlich anerkannten Auslandsvermittlungsstelle beworben und wün-schen sie nunmehr die Vermittlung durch die zentrale Adoptionsstelle, so hat diese die Verfahrensgebühr auch dann zu erheben, wenn die Bewerber bereits Zahlungen an die Auslandsvermittlungsstelle in freier Trägerschaft geleistet hat-ten. Entscheiden sich Bewerber umgekehrt vor dem Abschluss eines Verfahrens für einen Wechsel von der zentralen Adoptionsstelle zu einer staatlich anerkann-ten Vermittlungsstelle, so kann die Verfahrensgebühr bei der zunächst tätigen öffentlichen Stelle ggf. nach den einschlägigen Bestimmungen des jeweiligen Lan-desrechts reduziert werden.

Die **Gebührenerhebung** durch öffentliche Vermittlungsstellen unterliegt den lan- 17 desrechtlichen Kostenvorschriften. Nach diesen wird die Gebühr idR erst mit Abschluss der Verwaltungshandlung fällig. Da im Fall der internationalen Ver-mittlung kein eindeutiger Termin für die Verfahrensbeendigung festzustellen ist (in Betracht kämen insoweit die Aufnahme des Kindes durch die Bewerber, die Platzierungsentscheidung, die Zustimmung zum Kindervorschlag oder der Zeitpunkt des Adoptionsbeschlusses), wird die Gebühr häufig schon bei Antrag-stellung im Wege eines Vorschusses in voller Höhe erhoben. IÜ gelten die Aus-führungen unter → AdVermiG § 7 b Rn. 12 ff. sinngemäß.

Neben der Vermittlungsgebühr haben die Bewerber auch die **Auslagen** für die 18 Beschaffung von Urkunden, Übersetzungen und die Vergütung von Sachverstän-digen zu tragen (§ 6 AdVermiStAnKoV). Die Kosten eines Kurierdienstes können dagegen nicht nach § 6 AdVermiStAnKoV als Auslagen von den Bewerbern eingefordert werden, sondern allenfalls auf der Grundlage einer gesonderten, privatrechtlichen Kostenübernahmeerklärung.

2. Auslandsvermittlungsstellen in freier Trägerschaft (Abs. 4 Nr. 2). Zur **Vermitt-** 19 **lung** nach Abs. 4 Nr. 2 berechtigt sind ausschließlich in Deutschland zugelassene Auslandsvermittlungsstellen in freier Trägerschaft. Dabei wird die Zulassung stets in Bezug auf einen oder mehrere bestimmte Herkunftsstaaten erteilt (§ 4 Abs. 2 Satz 2 AdVermiG). Zu den Anerkennungs- und Zulassungsvoraussetzun-gen → AdVermiG § 4 Rn. 2, 5 ff. Die Möglichkeit einer Einzelfallgestattung

---

19 BFH 10.3.2015 – VI R 60/11.

besteht nicht.[20] Die Vermittlung von Kindern aus Deutschland in das Ausland kann nicht durch Vermittlungsstellen in freier Trägerschaft erfolgen, da diesen die insoweit erforderliche besondere Zulassung gem. § 4 Abs. 2 Satz 2 nicht erteilt werden kann (→ AdVermiG § 4 Rn. 5). Die Vermittlung in Vertragsstaaten des HAÜ ist zudem nach § 1 Abs. 2 AdÜbAG ausgeschlossen.

20   Die staatlich anerkannten **Auslandsvermittlungsstellen** (vgl. § 4 Abs. 2 Satz 3 AdVermiG) sind gem. § 1 Abs. 3 AdÜbAG zugelassene Organisationen iSv Art. 9 HAÜ, soweit sich die Zulassung auf die Vermittlung von Kindern aus Vertragsstaaten des Übereinkommens erstreckt. Sie nehmen daher in diesem Fall die Aufgaben einer zentralen Behörde iSd HAÜ wahr (Art. 22 Abs. 1 HAÜ). Gleichwohl ist hierin keine Beleihung der freien Träger mit öffentlichen Aufgaben zu sehen (→ AdVermiG § 2 Rn. 14).

V. Koordinierung durch die Bundeszentralstelle für Auslandsadoption (Abs. 5)

21   Abs. 5 Satz 1 weist der Bundeszentralstelle für Auslandsadoption (**BZAA**) die Pflicht zur Koordinierung der internationalen Adoptionsverfahren zu. Dies gilt sowohl für Verfahren mit Vertrags- als auch mit Nichtvertragsstaaten des Haager Adoptionsübereinkommens. Damit ist die BZAA zugleich die zentrale Anlaufstelle auf Bundesebene für alle Anfragen aus dem Ausland.

22   Die Auslandsvermittlungsstellen in öffentlicher und freier Trägerschaft sind zur **Zusammenarbeit** mit der Bundeszentralstelle verpflichtet. Dabei dürfen gem. § 2 a Abs. 6 Nr. 3 AdVermiG auch personenbezogene Daten übermittelt werden. Gibt die BZAA diese an eine ausländische Stelle oder eine inländische Stelle in freier Trägerschaft weiter, so hat sie darauf hinzuweisen, dass diese die Daten nur für den Zweck verarbeiten und nutzen darf, zu dem sie der betreffenden Stelle von der BZAA übermittelt werden (§ 9 e Abs. 4 AdVermiG).

VI. Melde- und Berichtspflichten (Abs. 6, 7)

23   Nach Abs. 6 haben die Auslandsvermittlungsstellen in öffentlicher und freier Trägerschaft an die Bundeszentralstelle für Auslandsadoption einzelfallbezogene Meldungen und zusammenfassende Berichte zu übermitteln. Die Details ergeben sich aus der **Auslandsadoptionsmeldeverordnung** (→ AdVermiG § 9 d Rn. 3), wobei nicht nachvollziehbar ist, warum gemäß deren § 2 Abs. 1 bei Verfahren aus Vertragsstaaten drei Meldungen erforderlich sind, während bei Nichtvertragsstaaten gem. § 2 Abs. 6 Satz 2 AuslAdMVO nur eine Abschlussmeldung zu geben ist. Gem. § 2 a Abs. 7 AdVermiG sind die einzelfallbezogenen Daten 100 Jahre ab dem Geburtsdatum des Adoptierten von der Bundeszentralstelle zu löschen. Auch die im Einzelfall tätigen Vermittlungsstellen haben ihre Vermittlungsakten bis zu diesem Zeitpunkt aufzubewahren (§ 9 c Abs. 1 AdVermiG).

24   Die Melde- und Berichtspflicht in Abs. 6 berührt nicht die darüber hinaus bestehende Verpflichtung der Adoptionsvermittlungsstellen, dem für sie zuständigen statistischen Landesamt die Daten zu jedem Einzelfall für die **Kinder- und Jugendhilfestatistik** zu melden (vgl. §§ 98 Abs. 1 Nr. 6, 99 Abs. 3, 101 Abs. 2 Nr. 7, 102, 103 SGB VIII). Ebenfalls unberührt bleiben die Melde- und Berichtspflichten der staatlich anerkannten Auslandsvermittlungsstellen gegenüber der zuständigen Anerkennungs- und Aufsichtsbehörde gem. §§ 3, 4 AdVermiStAnKoV.

---

20   Bienentreu/Busch JAmt 2003, 273 ff.

§2 b AdVermiG Unbegleitete Auslandsadoption

Ein internationales Adoptionsverfahren ist untersagt, wenn es ohne die Vermittlung durch eine Adoptionsvermittlungsstelle (§ 2 a Absatz 4) durchgeführt werden soll.

§ 2 b AdVermiG enthält das **Verbot** unbegleiteter Auslandsadoptionen (zum Begriff → AdWirkG § 4 Rn. 3) und ergänzt damit das in § 2 a Abs. 2 AdVermiG enthaltene Vermittlungsgebot. Die Regelung geht auf langjährige Forderungen der Fachwelt zurück,[1] die auch in entsprechende Forderungen des Bundesrats[2] sowie der Jugend- und Familienministerkonferenz[3] mündeten. Da § 2 b AdVermiG nicht auf den in § 1 AdVermiG enthaltenen Vermittlungsbegriff Bezug nimmt, sondern auf den Begriff des internationalen Adoptionsverfahrens (§ 2 a Abs. 1 AdVermiG), sind auch unbegleitete **Stiefkind- und Verwandtenadoptionen** aus dem Ausland untersagt.[4] 1

Flankiert wird das in § 2 b AdVermiG enthaltene Verbot durch § 4 Abs. 1 Satz 1 des Adoptionswirkungsgesetzes (AdWirkG), wonach unbegleitet durchgeführte Adoptionen im Ausland in Deutschland grundsätzlich **nicht anerkannt** werden (zu den Details → AdWirkG § 4 Rn. 3 ff.). 2

§2 c AdVermiG Grundsätze der internationalen Adoptionsvermittlung

(1) Bei der internationalen Adoptionsvermittlung (§ 2 a Absatz 1 Satz 1 und 2 und Absatz 2) hat die Adoptionsvermittlungsstelle (§ 9 b und § 2 Absatz 3) die allgemeine Eignung der Adoptionsbewerber nach den §§ 7 und 7 b und die Adoptionsvermittlungsstelle (§ 2 a Absatz 4) die länderspezifische Eignung der Adoptionsbewerber nach § 7 c zu prüfen.

(2) Die Adoptionsvermittlungsstelle (§ 2 a Absatz 4) hat sich zu vergewissern, dass im Heimatstaat des Kindes eine für die Adoptionsvermittlung zuständige und zur Zusammenarbeit bereite Fachstelle (Fachstelle des Heimatstaats) besteht und die Adoption gesetzlich zugelassen ist.

(3) [1]Die Adoptionsvermittlungsstelle (§ 2 a Absatz 4) hat sich bei der Prüfung des Kindervorschlags der Fachstelle des Heimatstaats zu vergewissern, dass

1. die Adoption dem Kindeswohl dient,

2. das Kind adoptiert werden kann und dass keine Anhaltspunkte dafür vorliegen, dass eine geeignete Unterbringung des Kindes im Heimatstaat nach Prüfung durch die Fachstelle des Heimatstaats möglich ist,

3. die Eltern oder andere Personen, Behörden und Institutionen, deren Zustimmung zur Adoption erforderlich ist, über die Wirkungen der Adoption aufgeklärt wurden und freiwillig und in der gesetzlich vorgeschriebenen Form

---

1 Reinhardt, Reformbedarfe im Recht der Minderjährigenadoption und der Adoptionsvermittlung, S. 200 ff. mwN, Deutscher Verein für öffentliche und private Fürsorge, Diskussionspapier zur Adoption, DV 30/13; Bundesarbeitsgemeinschaft der Landesjugendämter, Positionspapier zur Weiterentwicklung des Adoptionsrechts (2017); Expertise- und Forschungszentrum Adoption, Dossier Adoptionen in Deutschland (2017), S. 9; Bundesverband anerkannter Auslandsvermittlungsstellen in Freier Trägerschaft eV, Positionspapier zur Weiterentwicklung des Adoptionsrechts (2017).

2 BT-Drs. 17/6256, 45.

3 Beschluss Nr. 5.1 der Tagung vom 6./7.6.2013.

4 So auch die Begründung des Regierungsentwurfs in BT-Drs. 19/16718, 40.

der Adoption des Kindes zugestimmt haben und die Eltern ihre Zustimmung nicht widerrufen haben,

4. unter Berücksichtigung des Alters und der Reife des Kindes das Kind über die Wirkungen der Adoption aufgeklärt wurde, seine Wünsche berücksichtigt wurden und das Kind freiwillig und in der gesetzlich vorgeschriebenen Form der Adoption zugestimmt hat und

5. keine Anhaltspunkte dafür vorliegen, dass die Zustimmung zur Adoption weder der Eltern noch des Kindes durch eine Geldzahlung oder eine andere Gegenleistung herbeigeführt wurde.

[2]Die Adoptionsvermittlungsstelle hat den Kindervorschlag der Fachstelle des Heimatstaats daraufhin zu prüfen, ob die Adoptionsbewerber geeignet sind, für das Kind zu sorgen. [3]In den Fällen des § 2 a Absatz 1 Satz 3 gilt Absatz 3 Satz 1 und 2 entsprechend. [4]Das Ergebnis der Prüfung nach den Sätzen 1 und 2 ist zu den Akten zu nehmen.

(4) Die Adoptionsvermittlungsstelle (§ 2 a Absatz 4) kann den Vermittlungsvorschlag der Fachstelle des Heimatstaats nur billigen, wenn das Ergebnis der Eignungsprüfung, der länderspezifischen Eignungsprüfung sowie der Prüfung nach Absatz 3 Satz 4 positiv festgestellt ist.

(5) [1]Hat die Adoptionsvermittlungsstelle (§ 2 a Absatz 4) den Vermittlungsvorschlag der Fachstelle des Heimatstaats gebilligt, so eröffnet sie den Adoptionsbewerbern den Vermittlungsvorschlag und berät sie über dessen Annahme. [2]Nehmen die Adoptionsbewerber den Vermittlungsvorschlag an, so gibt die Adoptionsvermittlungsstelle eine Erklärung ab, dass sie der Fortsetzung des Adoptionsverfahrens zustimmt.

(6) [1]Die Adoptionsvermittlungsstelle (§ 2 a Absatz 4 Nummer 2) leitet die Erklärung nach Absatz 5 Satz 2 an die zentralen Adoptionsstellen des Landesjugendamtes nach § 11 Absatz 2 weiter. [2]Die Adoptionsvermittlungsstelle (§ 2 a Absatz 4) leitet die Erklärung nach Absatz 5 Satz 2 an die Fachstelle des Heimatstaats weiter.

1   Ziel des 2021 in das Gesetz aufgenommenen § 2 c AdVermiG ist es, die im Haager Adoptionsübereinkommen (HAÜ) niedergelegten internationalen **Schutzstandards** auch für internationale Adoptionsverfahren im Verhältnis zu Nichtvertragsstaaten zur Geltung zu bringen.[1] Dies entspricht der bisherigen Adoptionspraxis[2] und den Empfehlungen der Haager Konferenz für internationales Privatrecht.[3]

I. Zweistufige Eignungsprüfung (Abs. 1)

2   Abs. 1 stellt klar, dass bei internationalen Adoptionsverfahren (§ 2 a Abs. 1 AdVermiG) die **Adoptionseignung** von Bewerbern in einem zweistufigen Verfahren geprüft wird: In der ersten Stufe muss entweder die Adoptionsvermittlungsstelle der örtlichen Jugendamtes oder die für die Inlandsvermittlung zugelassene Vermittlungsstelle in freier Trägerschaft (dies kann auch eine andere Auslandsvermittlungsstelle sein, da diese zwangsläufig auch über die Berechtigung zur Inlandsvermittlung verfügt, vgl. → AdVermiG § 4 Rn. 5) die allgemeine Adoptionseignung der Bewerber prüfen (hierzu § 7 b Abs. 1 iVm § 7 Abs. 1 AdVermiG und die Kommentierung dort). Nach deren positivem Abschluss

---

1   BT-Drs. 19/16718, 41.
2   Vgl. Nr. 13.2.2 der Empf.
3   The Implementation and Operation of the 1993 Hague Intercountry Adoption Convention. Guide to Good Practice (2008), S. 135.

übernimmt die von den Bewerbern gewählte Auslandsvermittlungsstelle (§ 2 a Abs. 4 AdVermiG) deren länderspezifische Überprüfung und Vorbereitung (§ 7 c Abs. 1 AdVermiG; zu den Details → AdVermiG § 7 c Rn. 2 ff.). Die Stelle, die die allgemeine Eignungsprüfung vorgenommen hat, ist in dem konkreten Einzelfall als Auslandsvermittlungsstelle ausgeschlossen, vgl. § 7 b Abs. 3 AdVermiG. Nur wenn **beide Fachstellen** zu dem Ergebnis kommen, dass Adoptionsbewerber für die Aufnahme eines Kindes aus dem betreffenden Herkunftsstaat geeignet sind, darf deren Bewerbung in das Ausland weitergeleitet werden (§ 7 c Abs. 3 AdVermiG).

II. Kooperationsmöglichkeit mit dem Ausland (Abs. 2)

Eine grenzüberschreitende Adoptionsvermittlung ist schon begrifflich nur möglich, wenn im Ausland **Fachstellen** existieren, mit denen eine fachliche Abstimmung über die Adoptierbarkeit, Platzierung und Adoption des Kindes möglich ist. Gemäß Abs. 2 hat sich die Auslandsvermittlungsstelle daher zu vergewissern, dass im Herkunftsstaat des Kindes (der Begriff des „Heimatstaats" in Abs. 2 ist missverständlich gewählt, → AdVermiG § 2 a Rn. 2) eine für die Adoptionsvermittlung autorisierte und zur Zusammenarbeit bereite Fachstelle existiert und die Adoption gesetzlich zugelassen ist. Bei der Entscheidung über die Übernahme des Verfahrens ist somit zu berücksichtigen, ob   3

- die gesetzlichen Bestimmungen im Herkunftsstaat des Kindes die Adoption zulassen. Dies ist nicht der Fall, wenn die internationale Adoption im Herkunftsstaat gänzlich verboten oder auf bestimmte Fallkonstellationen (zB Stiefkind- oder Verwandtenadoptionen) beschränkt ist (zB Rumänien). Insbes. Staaten mit islamisch geprägtem Familienrecht (zB Iran, Marokko) sehen mit der Kafala (hierzu → AdVermiG § 1 Rn. 5) zwar eine Art Pflegekindschaft vor; eine Adoption, welche die familienrechtlichen Beziehungen der Beteiligten verändert, ist dort jedoch verboten mit der Folge, dass die Annahme von Kindern in diesen Staaten nicht möglich und die Übersendung von Adoptionsbewerbungen durch die hiesigen Fachstellen daher letztlich sinnlos ist.[4]

  Obwohl Abs. 2 auf die „gesetzliche" Zulässigkeit der Adoption im Ausland abstellt, sollte auch gesehen werden, dass einige Staaten die Adoption durch Regierungs- oder Parlamentsbeschluss verboten haben (zB im Fall von „Adoptionsstopps" oder dem Ausschluss der Adoption durch gleichgeschlechtliche Paare oder homosexuelle Bewerber). Auch in dieser Situation kann keine erfolgreiche Vermittlung erreicht werden, so dass gemäß dem dann sinngemäß anzuwendenden Abs. 2 ebenfalls kein internationales Verfahren zulässig ist.

- im Herkunftsstaat des Kindes eine zur internationalen Adoptionsvermittlung berechtigte Fachstelle existiert. Daran fehlt es bspw., wenn die Platzierung des Kindes – wie in einigen afrikanischen oder asiatischen Staaten – nicht durch Fachstellen, sondern durch einen Familienrat beschlossen wird.

- die Fachstelle zur Kooperation mit der hiesigen zentralen Adoptionsstelle bereit ist (bspw. weigern sich einige Fachstellen im Ausland, im Vorfeld der gerichtlichen Adoption mit den hiesigen Vermittlungsstellen zusammenzuarbeiten und zB ausreichende Informationen über das zu vermittelnde Kind bereitzustellen).

Darüber hinaus sollte schon im Vorfeld bedacht werden, ob eine an den fachlichen Standards des HAÜ und dabei insbes. am **Kindeswohl** und dem **Subsidiaritätsgedanken** (Art. 4 lit. b HAÜ, der über Art. 19 HAÜ als allgemeiner Standard   4

---

4 Grünenwald NZFamR 2016, 392 f.

definiert ist) orientierte Vermittlung zu erwarten ist, zumal gemäß Abs. 2 spätestens beim Eingang eines Kindervorschlags aus dem betreffenden Staat ohnehin eine entsprechende Prüfung vorzunehmen ist.

5 Übernimmt eine staatlich anerkannte Auslandsvermittlungsstelle trotz bestehender Vermittlungshindernisse ein Verfahren, ist dies zum Gegenstand aufsichtlicher Maßnahmen (§ 4 Abs. 3 und 4 AdVermiG) zu machen. Aus Sicht der Bewerber kommen in diesem Fall auch zivilrechtliche Rückforderungs- und Schadensersatzansprüche in Betracht.

Trotz der Unmöglichkeit eines zwischenstaatlichen Adoptionsverfahrens ist ein gerichtliches Verfahren auf Kindesannahme innerhalb Deutschlands durchführbar;[5] die fehlende Möglichkeit eines Vermittlungsverfahrens führt daher nicht zwangsläufig auch zur Unmöglichkeit der Adoption (→ AdVermiG § 2 a Rn. 6).

III. Verfahren nach Eingang eines Kindervorschlags aus dem Ausland (Abs. 3–6)

6 **1. Prüfung des Kindervorschlags (Abs. 3).** Geht auf eine Bewerbung hin ein Kindervorschlag aus dem Ausland ein, so ist dieser anhand der in Abs. 3 genannten **Kriterien** zu überprüfen, wobei sich die Prüfung sowohl auf die Einhaltung der erforderlichen Schutzstandards (→ Rn. 8 ff.) als auch auf die Passgenauigkeit des Vorschlags zu den Ressourcen und Grenzen der Bewerber (→ Rn. 11) bezieht. Abs. 3 Satz 3 stellt klar, dass die entsprechenden Standards auch bei der Vermittlung eines Kindes aus Deutschland in das Ausland zur Anwendung kommen. Dies ergibt sich bei Vermittlungen in Vertragsstaaten bereits unmittelbar aus Art. 4 HAÜ.

Verstößt die Vermittlungsstelle gegen das Überprüfungsgebot oder kann sie eine ordnungsgemäße Überprüfung nicht nachweisen (etwa, weil das Ergebnis der Prüfung entgegen Abs. 3 Satz 4 nicht oder nur unvollständig zu den Akten genommen wurde), ist dies im Rahmen der aufsichtlichen Tätigkeit (§ 4 Abs. 3 und 4 AdVermiG) zu thematisieren und auf eine ordnungsgemäße Praxis hinzuwirken.

7 Über die Prüfungspflicht des Abs. 3 hinaus ist der **Kindervorschlag** gem. § 11 Abs. 2 AdVermiG den zentralen Adoptionsstellen zu übermitteln, die für den gewöhnlichen Aufenthalt der Bewerber sowie für den Sitz der Auslandsvermittlungsstelle zuständig sind. Eine Abstimmungspflicht mit der Adoptionsvermittlungsstelle des zuständigen Jugendamts besteht dagegen nur bei Vermittlungen aus Vertragsstaaten des HAÜ (§ 5 Abs. 4 AdÜbAG). Warum eine Abstimmung nicht auch für Vermittlungen aus Nichtvertragsstaaten in das Gesetz aufgenommen wurde, bleibt unverständlich, da im Fall einer Fehlplatzierung oder bei Schwierigkeiten mit dem vermittelten Kind in aller Regel das örtlich für die Familie zuständige Jugendamt die erforderlichen Angebote (§§ 11 ff. SGB VIII), Hilfen (§§ 27 ff. SGB VIII) oder sogar Schutzmaßnahmen (§§ 8 a Abs. 1 bis 3; 42 SGB VIII) vorzunehmen hat (→ AdVermiG § 2 Rn. 17).

8 **a) Prüfung der Schutzstandards (Abs. 3 Satz 1).** Abs. 3 Satz 1 greift wichtige internationale Standards zum Schutz der betroffenen Kinder auf, die auch dem Haager Adoptionsübereinkommen zu Grunde liegen. Unabhängig davon, dass Art. 4 und 16 HAÜ vorrangig die zuständigen Stellen im Heimatstaat des Kindes in die Pflicht nimmt, die betreffenden Punkte zu überprüfen, weist Abs. 3 bei internationalen Verfahren (unabhängig davon, ob diese mit einem Vertrags- oder

---

5 Vgl. OLG Schleswig 13.9.2007 – 2 W 227/06; VG Hamburg 4.3.2010 – 13 K 2959/09; OVG Berlin-Brandenburg 21.4.2009 – 3 B 8.07.

einem Nichtvertragsstaat des HAÜ erfolgen) auch den hiesigen Vermittlungsstellen einen entsprechenden Prüfauftrag zu.

Neben der im Rahmen der Adoptionsvermittlung ohnehin vorauszusetzenden **Kindeswohlorientierung** (Nr. 1) ist von der Auslandsvermittlungsstelle gemäß Nr. 2 und 3 auch die rechtliche Adoptierbarkeit des Kindes zu prüfen. Konkret ist sicherzustellen, dass alle im Zusammenhang mit der Adoption **erforderlichen Zustimmungen** informiert (dh nach einer entsprechenden Belehrung), freiwillig und in der gesetzlich vorgeschriebenen Form erteilt wurden. Die jeweilige Zustimmung darf zwischenzeitlich nicht widerrufen worden sein. In Umsetzung der UN-Kinderrechtekonvention muss zudem eine altersgerechte Information und Beteiligung des Kindes erfolgt sein; für die Einwilligung des Kindes gelten ebenfalls die Vorgaben an die Informiertheit, Freiwilligkeit und Form der Adoptionseinwilligung.

Darüber hinaus hat die Auslandsvermittlungsstelle sicherzugehen, dass die Adoption mit **keinen** unstatthaften Vermögensvorteilen im In- oder Ausland verbunden ist (Nr. 5, der insoweit die Vorgaben aus Art. 32 HAÜ übernimmt).

Gem. Abs. 3 Satz 1 Nr. 2 ist auch die Einhaltung des sog. „**Subsidiaritätsprinzips**" zu prüfen. Laut diesem sich aus Art. 4 lit. b HAÜ und Art. 21 lit. b UN-KRK ergebenden Grundsatz kann eine Auslandsvermittlung schon grundsätzlich nur in Betracht kommen, wenn eine Unterbringung des Kindes in seinem Heimatstaat nicht möglich ist. Dies wird insbesondere bei Adoptionen aus den USA oder anderen Herkunftsstaaten der ersten Welt kritisch zu hinterfragen sein.

Die Überprüfung hat in Bezug auf jeden einzelnen Vermittlungsfall durch die Vermittlungsstelle auf der Grundlage der ihr (v.a. in Bezug auf die in Nr. 2 und 3 genannten Einwilligungserklärungen) vorliegenden Unterlagen zu erfolgen. Viele Herkunftsstaaten stellen die entsprechenden Freigabe- oder Verlassenheitserklärungen für ein Kind aber – auch auf ausdrückliche Anforderung hin – nicht zur Verfügung, sondern verweisen stattdessen darauf, dass alleine die Entscheidung, das Kind in das Auslandsadoptionsprogramm aufzunehmen, per se dessen rechtliche Adoptierbarkeit und tatsächliche Adoptionsbedürftigkeit dokumentiert. Dies wird von den hiesigen Auslandsvermittlungsstellen und Aufsichtsbehörden hinzunehmen sein, zumal auch der in Art. 4 HAÜ niedergelegte internationale Standard davon ausgeht, dass es grundsätzlich Sache der Fachbehörden im Herkunftsstaat des Kindes ist, die betreffenden Feststellungen zu treffen. Vor diesem Hintergrund ist nicht die Pflicht deutscher Vermittlungsstellen, im Ausland weitergehende Ermittlungen anzustellen.[6] Vielmehr kann die nach Abs. 3 erforderliche „Vergewisserung" auch im Wege einer Plausibilitätsprüfung erfolgen,[7] sofern sich nicht aus den Unterlagen des konkreten Einzelfalls ein Verstoß ergibt oder Mängel in der Darstellung Zweifel an einem fachlich und rechtlich einwandfreien Vorgehen ergeben. Somit ist der konkret vorliegende Kinderbericht in jedem Fall auf eventuelle Lücken, Ungereimtheiten oder andere Anhaltspunkte zu überprüfen.

Die Prüfung der **Subsidiarität** (Abs. 3 Satz 1 Nr. 2) und **unstatthafter Vermögensvorteile** im Zusammenhang mit der Adoption (Abs. 3 Satz 1 Nr. 5) wird in der Praxis ebenfalls in aller Regel nicht auf der Grundlage der im Einzelfall verfügbaren Unterlagen erfolgen können, zumal es sich hierbei eher um allgemeine und nicht im Zusammenhang mit einem Einzelfall stehende Aspekte der Auslandsadoption handelt. Hier wird die erforderliche Plausibilitätsprüfung[8] in aller Regel nur auf der Grundlage behördlicher Schreiben, Länderberichte internationaler

---

6 OLG Köln 11.7.2019 – I-7 U 151/18 unter Bezugnahme auf BT-Drs. 14/6011, 38.
7 So die Begründung des Regierungsentwurfs in BT-Drs. 19/16718, 41.
8 BT-Drs. 19/16718, 41.

(Kinderschutz-) Organisationen, der BZAA oder deutscher bzw. ausländischer Auslandsvertretungen erfolgen können, sofern sich nicht aus den Unterlagen des konkreten Einzelfalls ein sichtbarer Verstoß ergibt.

Das Ergebnis der Prüfung ist zu den Akten zu nehmen (Abs. 3 Satz 4).

11 **b) Prüfung des „Matching" (Abs. 3 Satz 2).** Abs. 3 Satz 2 regelt die von der Auslandsvermittlungsstelle vorzunehmende Prüfung des Kindervorschlages im Rahmen des sog. **Matching.** Demnach kann (wie gem. § 8 AdVermiG im Fall einer Inlandsadoption) eine positive Entscheidung über die Platzierung des Kindes in der Familie der Adoptionsbewerber nur getroffen werden, wenn die Annehmenden aufgrund ihrer im Rahmen der Eignungsüberprüfung (Abs. 1 sowie §§ 7 b und 7 c AdVermiG) festgestellten Ressourcen, insbesondere aber auch in Bezug auf ihre Grenzen oder sogar Einschränkungen in der Adoptionseignung, nach aller Voraussicht in der Lage sind, bestmöglich für das vorgeschlagene Kind zu sorgen. Ist dies nicht der Fall, ist der Vermittlungsvorschlag abzulehnen (Abs. 4). Sind die Informationen des Vermittlungsvorschlages unzureichend oder unklar, so obliegt es der Vermittlungsstelle, diese durch die zuständige Stelle im Herkunftsstaat des Kindes ergänzen zu lassen.

Das Ergebnis der entsprechenden Prüfung ist ebenfalls in der Akte zu dokumentieren (Abs. 3 Satz 4). Stammt der Kindervorschlag aus einem Vertragsstaat des HAÜ, hat sich die Auslandsvermittlungsstelle zudem mit der Adoptionsvermittlungsstelle des örtlichen Jugendamts abzustimmen (§ 5 Abs. 4 AdÜbAG).

12 **2. Billigung und Eröffnung des Kindervorschlags (Abs. 4 und 5 Satz 1).** Ist sowohl die Prüfung der Adoptierbarkeit des Kindes (Abs. 3 Satz 1) als auch die des Matchings (Abs. 3 Satz 2) positiv ausgefallen, darf die Auslandsvermittlungsstelle den **Kindervorschlag** gleichwohl nur billigen, wenn zuvor bereits sowohl die allgemeine (§ 7 b iVm § 7 Abs. 1 AdVermiG) als auch die auslandsspezifische (§ 7 c AdVermiG) Eignung der Adoptionsbewerber positiv festgestellt worden ist (Abs. 4). Die Billigung eines Kindervorschlags vor dem Abschluss der **Eignungsüberprüfung** ist damit per se ausgeschlossen.

Hat die Auslandsvermittlungsstelle den Kindervorschlag nach Abs. 4 gebilligt, so eröffnet sie diesen den Adoptionsbewerbern. Gleichzeitig sind diese über die Annahme zu beraten (Abs. 5). Dabei erstreckt sich die Beratung darauf, inwieweit die Annahme sinnvoll erscheint, ob Zweifel an der Aktualität der Platzierungsentscheidung bestehen oder andere Gründe (zB zwischenzeitlich eingetretene Schwangerschaft, Aufnahme eines Pflegekindes oder berufliche Veränderungen bei den Bewerbern) einer Annahme des Kindervorschlags (ggf. vorübergehend) entgegenstehen. Ggf. ist den Adoptionswilligen eine Überlegungszeit bis zur Entscheidung über die Annahme des Kindervorschlags einzuräumen, um eine wohlüberlegte und reflektierte Entscheidung zu ermöglichen.

13 **3. Annahme des Kindervorschlags (Abs. 5 Satz 2 und Abs. 6).** Entscheiden sich Bewerber für die Annahme des Kindervorschlags (hierfür ist im Unterschied zu der in § 7 Abs. 1 AdÜbAG geregelten Annahme eines Kindervorschlags aus einem Vertragsstaat des HAÜ keine bestimmte Form vorgesehen; die Erklärung ist aber aus **Nachweisgründen** aktenkundig zu machen!), so erklärt die Auslandsvermittlungsstelle ihre Zustimmung zur Fortsetzung des Verfahrens. Diese wird den in § 11 Abs. 2 AdVermiG genannten zentralen Adoptionsstellen (dh der die Aufsicht führenden zentralen Adoptionsstelle sowie der zentralen Adoptionsstelle, in deren Bereich die Bewerber ihren gewöhnlichen Aufenthalt haben) und der Fachstelle im Herkunftsstaat des Kindes zugeleitet (Abs. 6 Satz 1 und 2). Ist das Verfahren über eine zentrale Adoptionsstelle erfolgt, informiert diese lediglich die ausländische Fachstelle (Abs. 6 Satz 2).

§ 2 d AdVermiG Bescheinigung über ein internationales Vermittlungsverfahren

(1) In einem internationalen Adoptionsverfahren hat die Adoptionsvermittlungsstelle (§ 2 a Absatz 4), die die internationale Adoption vermittelt hat, den Annehmenden eine Bescheinigung darüber auszustellen, dass eine Vermittlung nach § 2 a Absatz 2 stattgefunden hat, wenn

1. die Erklärung nach § 2 c Absatz 5 Satz 2 vorliegt und an die Fachstelle des Heimatstaats weitergeleitet worden ist und
2. die Annehmenden einen Antrag auf Anerkennung nach § 1 Absatz 2 des Adoptionswirkungsgesetzes gestellt haben.

(2) [1]Die Bescheinigung hat das Datum der Erklärung nach § 2 c Absatz 5 Satz 2 und Angaben zur Einhaltung der Grundsätze des § 2 c Absatz 1 bis 3 zu beinhalten. [2]Die Bescheinigung ist zur Vorlage an deutsche Behörden bestimmt, die die Wirksamkeit einer Auslandsadoption vor der Entscheidung über deren Anerkennung im Inland gemäß § 7 des Adoptionswirkungsgesetzes zu beurteilen haben.

(3) [1]Die Geltungsdauer der Bescheinigung beträgt zwei Jahre. [2]Sie ist auf Antrag der Annehmenden um ein Jahr zu verlängern. [3]Die Geltung der Bescheinigung erlischt, wenn eine Entscheidung über die Anerkennung der Auslandsadoption ergangen ist.

Seit dem Verbot unbegleiteter Adoptionen aus dem Ausland durch das Adoptionshilfe-Gesetz 2021 ist es wichtig, die ordnungsgemäße Abwicklung des internationalen Adoptionsverfahrens belegen zu können, weil unbegleitet im Ausland erfolgte Adoptionsentscheidungen grundsätzlich nicht mehr in Deutschland anerkannt werden (§ 4 Abs. 1 Satz 1 AdWirkG). Um während der Schwebezeit bis zu der nach § 1 Abs. 2 AdWirkG obligatorisch einzuholenden gerichtlichen Entscheidung über die **Anerkennungsfähigkeit** der im Ausland ausgesprochenen Adoption zumindest eine vorläufige rechtliche Sicherheit zu haben und die anstehenden Behördenverfahren (zB bei der Ausländerbehörde, der Beantragung von Kinder- und/oder Elterngeld oder der Familienversicherung) einleiten zu können, sieht § 2 d Abs. 1 AdVermiG vor, dass die Auslandsvermittlungsstelle, die das internationale Adoptionsverfahren durchgeführt hat, den Annehmenden einen **ordnungsgemäßen Verfahrensgang** bestätigt. In diesem Fall ist die im Ausland ausgesprochene Adoption gemäß § 7 AdWirkG – vorbehaltlich eventueller Anerkennungshindernisse aus § 109 FamFG – durch alle inländischen Behörden vorläufig anzuerkennen (zu den Details → Rn. 5 und die Kommentierung zu § 7 AdWirkG).   1

Voraussetzung für die **Ausstellung** der Bescheinigung ist, dass die Auslandsvermittlungsstelle die Zustimmung zur Fortsetzung des Verfahrens (§ 2 c Abs. 5 Satz 2 AdVermiG) gem. § 2 c Abs. 6 AdVermiG an die Fachstellen im Herkunftsstaat des Kindes weitergeleitet hat. Darüber hinaus muss der nach § 5 Abs. 1 Satz 2 AdWirkG zwingend erforderliche Antrag auf Anerkennung der ausländischen Adoptionsentscheidung gestellt worden sein.   2

Zum **Inhalt der Bescheinigung** bestimmt Abs. 2, dass diese die Einhaltung der in § 2 c Abs. 1 bis 3 AdVermiG genannten Grundsätze bestätigen muss. Weitere Angaben sind nicht erforderlich und daher datenschutzrechtlich unzulässig.   3

Die Bescheinigung verliert gem. § 7 AdWirkG ihre Wirkung, sobald die gerichtliche Entscheidung über die Anerkennung der im Ausland erfolgten Adoption rechtskräftig ist (§ 7 AdWirkG stellt auf den „Abschluss des Wirkungsverfahrens" und somit auf die Rechtskraft ab). Ergeht innerhalb von zwei Jahren   4 ab Ausstellung der Bescheinigung keine gerichtliche Entscheidung, kann die Wirkung der Bescheinigung auf (formlosen, vgl. § 9 Satz 1 SGB X) Antrag der Annehmenden durch die Auslandsvermittlungsstelle einmalig[1] um ein weiteres Jahr verlängert werden (Abs. 3 Satz 2). Unterbleibt ein Verlängerungsantrag oder ist bis zum Ablauf auch des weiteren Jahres noch keine gerichtliche Entscheidung über die Anerkennungsfähigkeit ergangen, wird die **Bescheinigung unwirksam.** Die vorläufige Anerkennung der ausländischen Adoptionsentscheidung entfällt. Die Bescheinigung kann dann durch die Auslandsvermittlungsstelle analog § 51 SGB X von den Annehmenden zurückverlangt werden.

5   Gem. Abs. 2 Satz 2 ist die Bescheinigung zur **Vorlage an deutsche Behörden** bestimmt, welche die Wirksamkeit der Auslandsadoption zu beurteilen haben. Dies werden insbesondere Ausländerbehörden und Auslandsvertretungen, Standes- und Meldeämter, Familienkassen, Elterngeldstellen, (gesetzliche) Krankenkassen, Jugend- und Schulämter sein. Dabei ist zu sehen, dass § 7 AdWirkG keine Anerkennungsfiktion an die Vorlage der Bescheinigung nach § 2 d AdVermiG knüpft. Diese attestiert lediglich die Begleitung der Adoption im Ausland. Zusätzlich haben alle betreffenden Behörden stets zu prüfen, ob ein Anerkennungshindernis nach § 109 Abs. 1 FamFG vorliegt, wie § 7 AdWirkG ausdrücklich klarstellt. Grundsätzlich ist es Sache der jeweils zuständigen Behörden, sich im Rahmen ihrer erforderlichen Ermittlungen (für Sozialbehörden § 20 SGB X; für andere Behörden s. das jeweils anzuwendende Verwaltungsverfahrensgesetz) von Amts wegen davon zu überzeugen, ob die ausländische Adoption vorläufig anerkennungsfähig ist. Die entsprechende Ermittlungspflicht erstreckt sich auch darauf, zu prüfen, ob eine vorgelegte Bescheinigung nach § 2 d AdVermiG zwischenzeitlich möglicherweise wirkungslos wurde, weil ihre Geltungsdauer bereits abgelaufen ist oder eine ablehnende Entscheidung des Familiengerichts über die Anerkennungsfähigkeit ergangen ist.

Dagegen ist nicht vorgesehen, dass die begleitende Auslandsvermittlungsstelle oder andere Stellen das Unwirksamwerden einer Bescheinigung weitergeben oder sonst bekanntmachen. Ohnehin werden diese im Einzelfall gar nicht wissen können, welche Behörden aktuell mit welchem Anliegen der Annehmenden befasst sind. Zudem wäre jede „vorbeugende" Mitteilung der Unwirksamkeit mangels eines Erlaubnistatbestands aus § 9 e Abs. 1 Satz 1 Nr. 1–6 AdVermiG auch nicht mit dem Adoptionsdatenschutz zu vereinbaren und würde einen **Verstoß** gegen den Grundsatz der Erforderlichkeit und Datensparsamkeit darstellen (Art. 5 Abs. 1 lit. c DSGVO).

§ 3 AdVermiG Persönliche und fachliche Eignung der Mitarbeiter

(1) [1]Mit der Adoptionsvermittlung dürfen nur Fachkräfte betraut werden, die dazu auf Grund ihrer Persönlichkeit, ihrer Ausbildung und ihrer beruflichen Erfahrung geeignet sind. [2]Die gleichen Anforderungen gelten für Personen, die den mit der Adoptionsvermittlung betrauten Beschäftigten fachliche Weisungen erteilen können. [3]Beschäftigte, die nicht unmittelbar mit Vermittlungsaufgaben betraut sind, müssen die Anforderungen erfüllen, die der ihnen übertragenen Verantwortung entsprechen.

(2) [1]Die Adoptionsvermittlungsstellen (§ 2 Absatz 1 und 3) sind mit mindestens zwei Vollzeitfachkräften oder einer entsprechenden Zahl von Teilzeitfachkräften zu besetzen; diese Fachkräfte dürfen nicht überwiegend mit vermittlungsfrem-

---

1 BT-Drs. 19/16718, 42.

den Aufgaben befasst sein. [2]Die zentrale Adoptionsstelle des Landesjugendamtes kann Ausnahmen von Satz 1 zulassen.

I. Personelle Besetzung von Adoptionsvermittlungsstellen

Mit § 3 AdVermiG hat der Gesetzgeber klargestellt, dass es sich bei der Adoptionsvermittlung um einen fachlich schwierigen Arbeitsbereich der Sozialen Arbeit handelt, der hohe Anforderungen an die einschlägige Ausbildung und Berufserfahrung stellt.[1] § 3 AdVermiG enthält die Vorgaben zur personellen (Mindest-)Ausstattung von Adoptionsvermittlungsstellen. Die Regelung setzt die entsprechenden Vorgaben aus Art. 11 lit. b HAÜ um und gilt für Adoptionsvermittlungsstellen in öffentlicher und freier Trägerschaft gleichermaßen. Für die zentralen Adoptionsstellen der Landesjugendämter ist ergänzend § 13 AdVermiG zu beachten. Für das Personal in Auslandsvermittlungsstellen gelten die fachlichen und persönlichen Anforderungen gem. § 4 Abs. 2 Satz 3 AdVermiG in besonderem Maße (zu den Details → AdVermiG § 4 Rn. 5 ff.).[2]   **1**

1. Anforderungen an Fachkräfte (Abs. 1 Satz 1). Die Eignung als Fachkraft ist anhand der Ausbildung, beruflichen Erfahrung und Persönlichkeit zu beurteilen, wobei jedes der drei Kriterien erfüllt sein muss.[3] Ein besserer Berufsabschluss kann somit nicht eine fehlende oder nur kurze berufliche Erfahrung aufwiegen. Eine ausdrückliche **Feststellung der Fachkrafteigenschaft** durch einen gesonderten, deklaratorischen Akt ist vom Gesetz nicht vorgesehen. Die Fachkrafteigenschaft ist daher von öffentlichen Trägern bei der Stellenbesetzung und bei Vermittlungsstellen freier Träger iR der Anerkennung, Zulassung und Aufsicht (§ 4 AdVermiG) zu prüfen. Zu den einzelnen Kriterien gilt: **2**

a) Persönlichkeit. Gem. Art. 11 lit. b HAÜ ist sicherzustellen, dass sich die **ethischen Grundsätze** des Personals der Vermittlungsstelle mit den Vorgaben des Übereinkommens decken. Der Begriff „Persönlichkeit" entspricht dem in § 72 Abs. 1 SGB VIII verwendeten Kriterium[4] und ist zunächst im Sinne der **Zuverlässigkeit**, wie sie zB im Gewerberecht verwendet wird, zu verstehen. Darüber hinaus werden insbesondere kindeswohlorientiertes Denken und Handeln sowie persönliche Kompetenzen wie Empathie und Kommunikationsfähigkeit,[5] aber auch Unbestechlichkeit erforderlich sein. Laut den Empf. der BAGLÄ[6] soll es sich bei den in der Adoptionsvermittlung tätigen Fachkräften „um **lebenserfahrene Menschen mit einer stabilen Persönlichkeit** handeln". Sowohl für Leitungs-   **3**

---

1 VG Hamburg 18.12.2001 – 13 VG 2780/2001.
2 Zur Eingruppierung von Adoptionsvermittlungsfachkräften BAG 24.2.2016 – 4 AZR 485/13 sowie BAG 13.5.2015 – 4 AZR 355/13.
3 Zu weiteren Details Behrentin AdoptionsR-HdB/Grünenwald/Nunez Kap. A Rn. 380 ff.
4 Hierzu jurisPK-SGB VIII/Weißenberger SGB VIII § 72 Rn. 18 ff.; Wiesner/Wiesner SGB VIII § 72 Rn. 5 f.
5 BT-Drs. 14/6011, 52.
6 Nr. 2.2.1.

kräfte von Auslandsvermittlungsstellen[7] als auch für Fachkräfte wird zu fordern sein, dass diese zur Selbst- und Fremdreflektion in der Lage sind und über die erforderliche professionelle Distanz verfügen, um im Interesse des Kindes handeln zu können.[8]

4　**b) Ausbildung.** IdR ist für Vermittlungsfachkräfte eine Qualifikation als **staatlich anerkannte SozialarbeiterInnen** bzw. **-pädagogInnen** erforderlich. Dies ergibt sich aus BT-Drs. 7/3421, 17 sowie Art. 18 und 19 des dem AdVermiG zugrunde liegenden Europäischen Adoptionsübereinkommens (BGBl. 1980 II 1093 ff.). Daneben kommt auch eine Ausbildung in einem **vergleichbaren psychologisch oder pädagogisch orientierten Beruf** in Betracht. Bei der Frage der Vergleichbarkeit anderer Berufe wird mit Blick auf die besonderen Gesprächsführungs- und Beurteilungsaspekte in der Bewerbervorbereitung und -überprüfung sowie auf die extrem belastete Situation abgebender Eltern und des Kindes eine berufliche Qualifikation zu fordern sein, die Sicherheit im Umgang mit empathischer Gesprächsführung gewährleistet. Darüber hinaus muss die Fachkraft über ausreichende Gesetzeskenntnisse und Verwaltungserfahrung verfügen.[9] Naheliegend ist daher eine Ausbildung als KindheitspädagogIn. Eine juristische Ausbildung wird den og Kriterien dagegen mangels Vermittlung von Gesprächstechniken nicht genügen; in der Ausbildung von Psychologen und Pädagogen bleiben dagegen die rechtlichen Aspekte völlig außer Acht. Im Einzelfall ist daher ggf. auch auf Zusatzqualifikationen zu achten, um sicherzustellen, dass von den Vermittlungskräften alle Aspekte der Vermittlungsarbeit zufriedenstellend abgedeckt werden können. Dagegen sind Kinderärzte nicht als Fachkräfte anzusehen, da sie aus ihrer Ausbildung weder mit den psychosozialen noch den rechtlichen Rahmenbedingungen der Adoption vertraut sind.[10]

5　**c) Berufserfahrung.** Fachkräfte in der Adoptionsvermittlung müssen gegenüber Mitarbeitenden in anderen Bereichen der Sozialen Arbeit besonders qualifiziert sein,[11] weil sie zusätzlich zu ihrer persönlichen Eignung und der fachlichen Vorbildung auch über eine **mindestens einjährige Berufserfahrung** im Bereich der Adoptions- oder Pflegekindervermittlung verfügen müssen.[12] Dabei können Erfahrungen aus dem Praxissemester während des Studiums der Sozialen Arbeit oder der Sozialpädagogik, das in einer Adoptionsvermittlungsstelle abgeleistet wurde, als Berufserfahrung anerkannt werden. Solange keine einschlägige einjährige Erfahrung vorhanden ist, kann die betreffende Person noch nicht als Fachkraft angesehen und damit nicht auf das gem. Abs. 2 vorzuhaltende Personal angerechnet werden. Allenfalls kann ihr Vorhandensein bei der Entscheidung über eine Ausnahme relevant werden (→ Rn. 17).

6　**2. Anforderungen an Leitungskräfte (Abs. 1 Satz 2).** Die Fachkrafteigenschaft (Abs. 1 Satz 1) benötigen auch Personen, die den mit der Vermittlung betrauten Kräften fachliche Weisungen erteilen dürfen. Sind die Leitungspersonen (zB die Jugendamtsleitung oder ein Vorstandsmitglied eines freien Trägers) nicht zugleich als Adoptionsfachkräfte anzusehen, so dürfen sie keinen fachlichen Einfluss auf die Vermittlungsarbeit nehmen. Nicht verboten sind dagegen rein **organisatorische Weisungen**, die zB den Arbeitsablauf, die interne Zuständigkeitsverteilung oder zeitliche Vorgaben betreffen und sich aus dem Direktionsrecht des Arbeitgebers (§§ 611 a BGB; 106 GewO) bzw. Dienstherrn ergeben. Die Frage, wie viele

---

7　OVG Hamburg 18.10.2006 – 4 Bs 224/06.
8　Behrentin AdoptionsR-HdB/Bienentreu Kap. A Rn. 255 ff.
9　Wiesner/Elmauer AdVermiG § 3 Rn. 2.
10　AA VG Hamburg 1.12.2005 – 13 K 3059/05.
11　Oberloskamp ZKJ 2016, 340.
12　Empf. Nr. 2.2.3, zurückgehend auf § 9 Abs. 3 EAÜ; für eine längere Einarbeitungszeit Wiesner/Elmauer AdVermiG § 3 Rn. 5.

Bewerbergespräche in einem konkreten Einzelfall zu führen sind, ist dagegen eine Fachfrage, da es Sache der Fachkraft ist, sich positiv von der Adoptionseignung zu überzeugen und folglich auch zu entscheiden, ob hierfür weitere Gespräche oder Gutachten erforderlich sind oder nicht. Auch die Entscheidung, ob einem Kindervorschlag zugestimmt und eine Platzierung vorgenommen wird, oder ob zunächst weitere Informationen über das Kind anzufordern sind, ist als Fachfrage einzuordnen.

Auslandsvermittlungsstellen müssen „durch integres und qualifiziertes Personal   7 geleitet und verwaltet werden". Dies ist ernsthaft in Frage gestellt, wenn die betreffenden Personen **strafrechtlichen Ermittlungen** ausgesetzt waren bzw. noch sind. Auch spricht gegen die persönliche Eignung der Leitung einer Vermittlungsstelle, wenn öffentliche Äußerungen belegen, dass eine Person bei Konflikten zu unangemessenen und überzogenen Reaktionen bzw. zur Herabsetzung anderer Personen neigt und ihre Emotionen nicht stets kontrollieren kann.[13]

Wird nach **Ausscheiden früherer Vorstandsmitglieder** ein neuer Vorstand einge-   8 setzt und distanziert sich dieser in kritischen Fragen nicht vom früheren Vorstand, kann dies ebenfalls ein Anhaltspunkt dafür sein, dass die amtierenden Entscheidungsträger, die den Fachkräften Weisungen erteilen können, ungeeignet zur Leitung der Adoptionsvermittlungsstelle sind.[14]

Um **Interessenkollisionen** weisungsbefugter Personen von vorneherein auszu-   9 schließen, werden Vermittlungen an Vorstandsmitglieder und Beschäftigte der Trägervereine der Vermittlungsstellen von den Anerkennungsbehörden durch eine entsprechende Nebenbestimmung im Anerkennungsbescheid (§ 32 SGB X) auszuschließen sein.

3. Weitere Beschäftigte in der Vermittlungsstelle (Abs. 1 Satz 3). Zurückgehend   10 auf Art. 11 lit. b HAÜ müssen auch die übrigen, nicht unmittelbar mit Vermittlungsaufgaben betrauten Beschäftigten in der Vermittlungsstelle Gewähr für eine **verantwortungsvolle** Wahrnehmung der ihnen übertragenen Aufgaben bieten. Insbes. wird die persönliche **Zuverlässigkeit** – zB hinsichtlich der Gebührenabrechnung oder der Einhaltung der datenschutzrechtlichen Bestimmungen – einzufordern sein.

II. Zahl der Fachkräfte (Abs. 2)

Abs. 2 Satz 1 enthält die Mindestanforderungen an die personelle Besetzung der   11 Vermittlungsstellen. Er regelt, dass wenigstens zwei Vollzeitfachkräfte mindestens 50 % ihrer Arbeitszeit mit Adoptionsvermittlungsaufgaben zu betrauen sind. Dies soll fachliche Kompetenz und Erfahrung in der Vermittlungsarbeit sicherstellen. Weiteres Ziel des Gesetzes war die Ermöglichung laufenden **fachlichen Austauschs** und die damit verbundene Sicherung und Verbesserung der Qualität der Vermittlungsarbeit.[15]

Vermittlungsaufgaben iSv § 3 Abs. 2 AdVermiG sind nach dem Sinn und Zweck   12 der Bestimmung ausschließlich Tätigkeiten im Bereich der Adoptionsvermittlung.[16] Da durch die Änderungen im AdVermiG aus dem Jahr 2002 die Fachlichkeit speziell im Bereich der Adoption gestärkt werden sollte, was sich schon aus der Verortung des Fachkräftegebots im AdVermiG (und nicht in dem für die Pflegekindervermittlung einschlägigen SGB VIII) ergibt, ist die Pflegekindervermittlung trotz ähnlicher Fragestellungen als „vermittlungsfremd" iSv Abs. 2 anzusehen.

---

13 OVG Hamburg 18.10.2006 – 4 Bs 224/06.
14 VG Hamburg 20.2.2006 – 13 E 3690/05; 12.7.2006 – 13 E 2153/06.
15 BT-Drs. 14/6011, 52.
16 VG Düsseldorf 16.8.2004 – 19 K 2553/03.

13   Der Einsatz von **Teilzeitkräften** ist zulässig. Auch für diese gilt gemäß dem Gesetzeswortlaut, dass jede der betreffenden Personen mindestens zu 50 % ihrer Regelarbeitszeit mit Adoptionsaufgaben betraut sein muss. Die Summe der Arbeitszeitanteile aller Teilzeitkräfte muss dann aber wiederum zwei Vollzeitkräften entsprechen. Der Einsatz von Fachkräften, die sich nur im Umfang einiger weniger Wochenarbeitsstunden mit Adoptionsaufgaben befassen, wird jedoch aus fachlicher Sicht fragwürdig sein.

14   Eine rein **ehrenamtliche** Mitarbeit, der Einsatz von PraktikantInnen oder die Tätigkeit auf Honorarbasis kann mangels dauerhafter arbeits- bzw. dienstrechtlicher Eingliederung in die Vermittlungsstelle nicht zur Anrechnung als Fachkraft auf den Personalschlüssel führen.

15   Entscheidend für den tatsächlichen und ggf. über die Mindestanforderungen in § 3 Abs. 2 AdVermiG hinaus gehenden Personaleinsatz in der Vermittlungsstelle sind die Erfordernisse vor Ort und die Arbeitsbelastung der vorhandenen Fachkräfte. Keinesfalls eignen sich dabei **Vermittlungsfallzahlen** für die Bemessung der personellen Ausstattung, da diese gerade in ländlichen Gebieten eher gering sind und keinerlei Rückschluss auf die Auslastung der Fachkräfte zulassen. Zusätzlich zu den eigentlichen Vermittlungsfällen sind nämlich auch intensive Beratung, Eignungsüberprüfungen sowie vor allem nachgehende Begleitung zu leisten (§§ 7 und 9 AdVermiG). Insbes. die Suche Adoptierter nach Ihrer Herkunft sowie die Anbahnung und Begleitung von deren Kontakten zu leiblichen Verwandten sind mit einem enormen Arbeitsaufwand verbunden, der statistisch meist nicht erfasst wird. Überfordert die Zahl der vorzuhaltenden Fachkräfte dennoch den Träger der Vermittlungsstelle, so kommt in Betracht

- die Einrichtung einer gemeinsamen Adoptionsvermittlungsstelle nach § 2 Abs. 2 AdVermiG (sofern es sich um die Vermittlungsstelle eines Jugendamts handelt), oder

- der Antrag auf Erteilung einer Ausnahme vom Fachkräftegebot (§ 3 Abs. 2 Satz 2 AdVermiG; hierzu → Rn. 16 ff.).

III. Ausnahmen vom Fachkräftegebot (Abs. 2 Satz 2)

16   Die zentralen Adoptionsstellen können Ausnahmen von den Anforderungen des Satzes 1 erteilen. Eine **Ausnahme** wird vor allem in Betracht kommen,

- wenn eine Adoptionsvermittlungsstelle den erforderlichen Personaleinsatz nur geringfügig unterschreitet (eine Mindestbesetzung der Stelle mit mehr als 1,6 Fachkräften dürfte aber in jedem Fall vorauszusetzen sein; der Anteil der reinen Adoptionsvermittlungstätigkeiten sollte bei jeder einzelnen Fachkraft 20 % ihrer gesamten regelmäßigen Wochenarbeitszeit nicht unterschreiten),[17] und

- wenn der nach dem Willen des Gesetzgebers zwingend erforderliche fachliche Austausch in der Vermittlungsstelle gewährleistet ist. Vor diesem Hintergrund kann eine Ausnahme keinesfalls in Betracht kommen, wenn in einer Vermittlungsstelle lediglich eine einzige Fachkraft tätig ist.

17   Die Ausnahme kann entweder hinsichtlich des Erfordernisses von mindestens zwei Vollzeitfachkräften bzw. der entsprechenden Zahl Teilzeitbeschäftigter oder aber in Bezug auf den Anteil der Adoptionsvermittlungsaufgaben am gesamten Tätigkeitsprofil der Fachkraft erfolgen. **Keine Ausnahmemöglichkeit** besteht dagegen hinsichtlich der Vorgaben von § 3 Abs. 1 AdVermiG an die persönliche Eignung und fachliche Qualifikation, wie der Verweis auf Satz 1 in Abs. 2 Satz 2

---

17   VG Düsseldorf 16.8.2004 – 19 K 2553/03.

klarstellt.[18] Allenfalls könnte das Vorhalten einer ergänzenden Nicht-Fachkraft von Bedeutung für die Entscheidung über die Erteilung einer Ausnahme werden, wenn zB ein langjährig im Adoptionsbereich tätiger Jurist ergänzend zu zwei Teilzeitfachkräften in der Vermittlungsstelle eingesetzt wird, die gemeinsam nur eine Arbeitszeit von 1,5 Vollzeitstellen erreichen.

Die Erteilung der Ausnahme stellt einen Verwaltungsakt iSv § 31 SGB X dar. Sie   18
kann nach §§ 44 ff. SGB X zurückgenommen oder widerrufen werden, zB wenn sich zeigt, dass der erforderliche fachliche Austausch in der Vermittlungsstelle tatsächlich nicht stattfindet, das vorgehaltene Personal nicht den Angaben der Vermittlungsstelle entspricht oder Personal aus der Vermittlungsstelle ausscheidet und nicht oder nicht vollumfänglich durch gleichwertige Fachkräfte ersetzt wird.

IV. Verstöße gegen das Fachkräftegebot

Erfüllt eine Vermittlungsstelle in freier Trägerschaft das Fachkräftegebot nicht,   19
so ist ihre Anerkennung zu widerrufen (§ 4 Abs. 3 AdVermiG). Die Vermittlungsstelle hat der für ihren Sitz zuständigen zentralen Adoptionsstelle die Nichterfüllung des Fachkräftegebots von sich aus mitzuteilen (§ 4 Abs. 4 Satz 4 AdVermiG).

Verstoßen Vermittlungsstellen der öffentlichen Träger gegen das Fachkräftegebot, ist dies im Rahmen der kommunalen oder staatlichen Aufsicht zu beanstanden und auf Abhilfe hinzuwirken. Betrifft die unzureichende Ausstattung eine gemeinsame Vermittlungsstelle von Jugendämtern nach § 2 Abs. 2 AdVermiG, so kann die zuständige zentrale Adoptionsstelle auch ihre Zustimmung zur Einrichtung der gemeinsamen Vermittlungsstelle widerrufen.

§ 4 AdVermiG Anerkennung als Adoptionsvermittlungsstelle

(1) [1]Die Anerkennung als Adoptionsvermittlungsstelle im Sinne des § 2 Absatz 3 erfolgt durch die zentrale Adoptionsstelle des Landesjugendamtes, in deren Bereich die Adoptionsvermittlungsstelle ihren Sitz hat, und kann erteilt werden, wenn der Nachweis erbracht wird, dass die Stelle

1. die Voraussetzungen des § 3 erfüllt,

2. insbesondere nach ihrer Arbeitsweise und nach der Finanzlage ihres Rechtsträgers die ordnungsgemäße Erfüllung ihrer Aufgaben erwarten lässt und

3. von einer juristischen Person oder Personenvereinigung unterhalten wird, die steuerbegünstigte Zwecke im Sinne der §§ 51 bis 68 der Abgabenordnung verfolgt.

[2]Die Adoptionsvermittlung darf nicht Gegenstand eines steuerpflichtigen wirtschaftlichen Geschäftsbetriebs sein.

(2) [1]Zur Ausübung der internationalen Adoptionsvermittlung bedarf eine Adoptionsvermittlungsstelle im Sinne des § 2 Absatz 3 der besonderen Zulassung durch die zentrale Adoptionsstelle des Landesjugendamtes, in deren Bereich die Adoptionsvermittlungsstelle ihren Sitz hat. [2]Die Zulassung wird für die Vermittlung von Kindern aus einem oder mehreren bestimmten ausländischen Staaten (Heimatstaaten) erteilt. [3]Die Zulassung berechtigt dazu, die Bezeichnung „anerkannte Auslandsvermittlungsstelle" zu führen; ohne die Zulassung darf diese Bezeichnung nicht geführt werden. [4]Die Zulassung kann erteilt werden, wenn der Nachweis erbracht wird, dass die Stelle die Anerkennungsvoraussetzungen

---

18 Ebenso BT-Drs. 19/16718, 42.

nach Absatz 1 in dem für die Arbeit auf dem Gebiet der internationalen Adoption erforderlichen besonderen Maße erfüllt; sie ist zu versagen, wenn ihr überwiegende Belange der Zusammenarbeit mit dem betreffenden Heimatstaat entgegenstehen. [5]Die zentrale Adoptionsstelle des Landesjugendamtes und die Bundeszentralstelle unterrichten einander über Erkenntnisse, die die in Absatz 1 genannten Verhältnisse der anerkannten Auslandsvermittlungsstelle betreffen.

(3) [1]Die Anerkennung nach Absatz 1 oder die Zulassung nach Absatz 2 sind zurückzunehmen, wenn die Voraussetzungen für ihre Erteilung nicht vorgelegen haben. [2]Sie sind zu widerrufen, wenn die Voraussetzungen nachträglich weggefallen sind. [3]Nebenbestimmungen zu einer Anerkennung oder Zulassung sowie die Folgen des Verstoßes gegen eine Auflage unterliegen den allgemeinen Vorschriften.

(4) [1]Zur Prüfung, ob die Voraussetzungen nach Absatz 1 oder Absatz 2 Satz 3 weiterhin vorliegen, ist die zentrale Adoptionsstelle des Landesjugendamtes berechtigt, sich über die Arbeit der Adoptionsvermittlungsstelle im Allgemeinen und im Einzelfall, über die persönliche und fachliche Eignung ihrer Leiter und Mitarbeiter sowie über die rechtlichen und organisatorischen Verhältnisse und die Finanzlage ihres Rechtsträgers zu unterrichten. [2]Soweit es zu diesem Zweck erforderlich ist,

1. kann die zentrale Adoptionsstelle des Landesjugendamtes Auskünfte, Einsicht in Unterlagen sowie die Vorlage von Nachweisen verlangen;

2. dürfen die mit der Prüfung beauftragten Bediensteten Grundstücke und Geschäftsräume innerhalb der üblichen Geschäftszeiten betreten; das Grundrecht der Unverletzlichkeit der Wohnung (Artikel 13 des Grundgesetzes) wird insoweit eingeschränkt.

[3]Die Adoptionsvermittlungsstelle (§ 2 Absatz 3, § 2 a Absatz 4 Nummer 2) informiert die zentrale Adoptionsstelle des Landesjugendamtes, in deren Bereich die Adoptionsvermittlungsstelle ihren Sitz hat, unverzüglich, sobald ihr Anhaltspunkte dafür vorliegen, dass sie nicht mehr in der Lage sein wird, ihre Aufgaben ordnungsgemäß zu erfüllen. [4]Dies ist insbesondere dann anzunehmen, wenn sie die Voraussetzungen des § 3 und des Absatzes 1 Satz 1 Nummer 2 nicht mehr erfüllt.

(5) Widerspruch und Anfechtungsklage gegen Verfügungen der zentralen Adoptionsstelle des Landesjugendamtes haben keine aufschiebende Wirkung.

Literatur:

Haager Konferenz für internationales Privatrecht (Hrsg.), The Implementation and Operation of the 1993 Hague Intercountry Adoption Convention. Guide to Good Practice – Guide No. 2. Den Haag, 2012; *Botthof/Bienentreu/Behrentin*, Das Ende der vermittelten Auslandsadoption?, JAmt 2013, 503 ff.

I. Anerkennung von Adoptionsvermittlungsstellen freier Träger (Abs. 1)

Abs. 1 enthält die **Voraussetzungen** für die Anerkennung von Adoptionsvermitt- 1
lungsstellen in freier Trägerschaft gem. § 2 Abs. 3 AdVermiG. Die Details
des Anerkennungsverfahrens und die im Zuge des Verfahrens beizubringenden
Dokumente ergeben sich aus der Adoptionsvermittlungsstellenanerkennungs-
und Kostenverordnung (AdVermiStAnKoV; abgedruckt im Anhang 1 zu § 9 d
AdVermiG).

1. Anerkennungsvoraussetzungen. Die materiellen Anerkennungsvoraussetzun- 2
gen sind in § 4 Abs. 1 Satz 1 Nr. 1–3 AdVermiG enthalten. Nach Satz 1 Nr. 1
ist zunächst das nach § 3 AdVermiG erforderliche **Personal** vorzuhalten (zu den
Details s. die Erl. dort).

Satz 1 Nr. 2 geht zurück auf die in Art. 10 und 11 lit. c HAÜ enthaltene Voraussetzung der Fähigkeit zu einer **ordnungsgemäßen Aufgabenerfüllung** in Bezug
sowohl auf die fachliche Arbeitsweise als auch auf die Finanzlage der Vermittlungsstelle:

■ **Arbeitsweise** (vgl. § 1 Abs. 1 Nr. 7 AdVermiStAnKoV):

Im Anerkennungsverfahren haben die Antragsteller die Arbeit der Vermittlungsstelle im Allgemeinen (insbes. die fachlichen und ethischen Grundsätze sowie die Kooperation mit den jeweiligen Partnern) und im konkreten
Einzelfall darzustellen. Die Darstellung der Tätigkeit im Einzelfall muss die
gesamte Vermittlungsarbeit vom Erstkontakt über die Arbeit mit den an
der Adoption Beteiligten und die Kontaktanbahnung bis zur nachgehenden
Adoptionsbegleitung und Nachberichterstattung umfassen.

Um Ziel- und Interessenskonflikten vorzubeugen, kann eine Stelle, die zugleich Schwangerschaftskonfliktberatung betreibt, eine Babyklappe oder andere Möglichkeiten der anonymen Abgabe von Kindern vorhält, nicht gleichzeitig als Adoptionsvermittlungsstelle anerkannt werden.[1]

■ **Finanzlage** (vgl. § 1 Abs. 1 Nr. 1–5 AdVermiStAnKoV):

Das Kriterium der Finanzlage dient der Sicherung einer fachgerechten, nach-
haltigen und unabhängigen Aufgabenwahrnehmung.[2] Um für den Fortbestand der Vermittlungsstelle nicht zwingend auf Vermittlungsfallzahlen angewiesen zu sein (was mit Blick auf die Gewährleistung fachlich fundierter
Platzierungsentscheidungen problematisch sein könnte), muss die anzuerkennende Stelle in der Lage sein, über einen gewissen Zeitraum auch ohne Einnahmen aus Vermittlungen arbeiten zu können. Gemäß der ständigen Praxis
der zentralen Adoptionsstellen hat sie daher eine im Vermögen nachzuweisen,
das die während etwa sechs Monaten zu erwartenden Kosten für die nach
§ 3 AdVermiG erforderlichen Fachkräfte und die laufenden Kosten der Stelle
abdecken kann. Dies werden in aller Regel mindestens 100.000 EUR sein.
Hierbei muss es sich um **Vermögen des Trägervereins** als eigener Rechtsper-
son (nicht also um Vermögen seiner Mitglieder) handeln, das diesem auch
tatsächlich zur Verfügung steht. Die Finanzierung der Vermittlungsstelle ist
nach § 1 Abs. 1 Nr. 3 AdVermiStAnKoV durch einen Wirtschaftsplan bzw. im
Wege der Überschussrechnung nachzuweisen.

Nach § 4 Abs. 1 Satz 2 AdVermiG darf die Adoptionsvermittlung **keine ge-
winnorientierte Tätigkeit** darstellen. Dies schließt jedoch nicht jedwede (insbes.
kostendeckende) Erzielung von Einnahmen aus.[3] Auch steht eine Kostenbeteili-
gung der Adoptionsbewerber nicht im Widerspruch zur Verortung der Minder-

---

1 Empf. Nr. 2.1.3; Wiesner/Elmauer AdVermiG § 2 Rn. 5.
2 Vgl. BT-Drs. 14/6011, 52.
3 BT-Drs. 14/6011, 52.

jährigenadoption in der Kinder- und Jugendhilfe: Da die Adoptionsvermittlung mittelbar zugleich den Belangen der Adoptionsbewerber dient, ist deren „maßvolle Beteiligung an dem entstehenden Aufwand einschließlich angemessener Honorare gerechtfertigt".[4] Die – in der Praxis kaum konkret zu benennende – Grenze ist gem. Art. 32 HAÜ und Art. 17 EAÜ überschritten, wenn an die Vermittlung unstatthafte Vermögensvorteile und unangemessene Vergütungen geknüpft sind. Gem. § 1 Abs. 1 Nr. 5 AdVermiStAnKoV sind daher im Anerkennungsverfahren die durchschnittlichen Kosten eines einzelnen Vermittlungsverfahrens darzustellen, dh alle durch die Adoptionsbewerber aufzuwendenden Mittel. Ziel ist neben der Information für die anerkennende Stelle auch die Sicherstellung des Verbraucherschutzes durch Angabe eines konkreten Kostenrahmens für potenzielle Bewerber.

Satz 1 Nr. 3 setzt die **Gemeinnützigkeit** (§ 52 AO) des Trägers voraus (vgl. Art. 11 lit. a HAÜ). Die entsprechende Bescheinigung des zuständigen Finanzamts ist im Anerkennungsverfahren nach § 1 Abs. 1 Nr. 6 AdVermiStAnKoV vorzulegen.

3   **2. Verfahren.** Sachlich und örtlich zuständig für die Anerkennung ist die zentrale Adoptionsstelle des Landesjugendamts, in dessen Zuständigkeitsbereich die Vermittlungsstelle ihren Sitz hat. Unerheblich ist dagegen der Sitz des Trägers der Vermittlungsstelle. Verfügt ein Träger über mehrere Vermittlungsstellen, so ist über deren Anerkennung ggf. in mehreren gesonderten Verfahren durch die örtlich jeweils zuständigen zentralen Adoptionsstellen zu entscheiden. Die zentrale Adoptionsstelle ist zur umfassenden Ermittlung aller relevanten Kriterien verpflichtet (§ 20 SGB X). Aus dem Wortlaut „wenn der Nachweis erbracht wird" in § 4 Abs. 1 Satz 1 und Abs. 2 Satz 3 AdVermiG ergibt sich aber, dass für das Vorliegen sämtlicher Voraussetzungen der Antragsteller darlegungs- und beweispflichtig ist. Hinsichtlich der Anerkennung hat die zentrale Adoptionsstelle einen **Ermessensspielraum**.[5]

4   § 1 AdVermiStAnKoV nennt die vom Antragssteller beizubringenden Unterlagen und Dokumente (zB Finanzierungsplan, Konzeption der Vermittlungsstelle, Jahresberichterstattung an die für die Anerkennung und Beaufsichtigung zuständige zentrale Adoptionsstelle).

Gem. § 72 a Abs. 1 Satz 2 SGB VIII haben in den Jugendämtern tätige Fachkräfte darüber hinaus in regelmäßigen Abständen ein **Führungszeugnis** nach § 30 Abs. 5 BZRG vorzulegen. Angesichts des identischen Schutzzweckes wird dies analog für die Fachkräfte, Vorstandsmitglieder und Beschäftigte der staatlich anerkannten Adoptionsstellen gelten.

II. Besondere Zulassung als anerkannte Auslandsvermittlungsstelle (Abs. 2)

5   Die besondere Zulassung als anerkannte Auslandsvermittlungsstelle setzt zunächst die Anerkennung als Adoptionsvermittlungsstelle gem. § 4 Abs. 1 AdVermiG voraus. Sie wird stets nur für die Vermittlungstätigkeit im **Verhältnis zu bestimmten Staaten** erteilt (Abs. 2 Satz 2); eine allgemeine Zulassung für die Auslandsvermittlung insgesamt ist vom Gesetz ebenso wenig vorgesehen wie eine Gestattung nur für einzelne Vermittlungsfälle. Gem. Abs. 2 Satz 2 kann die besondere Zulassung nur für Vermittlungen aus dem Ausland erteilt werden, nicht aber für die – wegen des Subsidiaritätsgrundsatzes (Art. 4 lit. b HAÜ) allenfalls in extremen Ausnahmefällen in Betracht kommende – Vermittlung von Kindern aus Deutschland in andere Staaten.

---

4   Ebenso Maurer FamRZ 2003, 1337.
5   AA entgegen dem Wortlaut offenbar Maurer FamRZ 2003, 1337.

Die materiellen Zulassungsvoraussetzungen sind in § 4 Abs. 2 Satz 3 AdVermiG   6
dahin gehend geregelt, dass die Voraussetzungen des § 4 Abs. 1 AdVermiG
(persönliche Eignung der Fach- und Leitungskräfte nach § 3 Abs. 1 AdVermiG
sowie Arbeitsweise des Rechtsträgers) für die Auslandsvermittlung in besonderem Maße zu erfüllen sind. Zusätzlich ergibt sich aus § 4 Abs. 2 Satz 3 Hs. 2
AdVermiG als negatives Tatbestandsmerkmal für die Zulassung, dass ihr nicht
überwiegende Belange der Zusammenarbeit mit dem betreffenden Heimatstaat
entgegenstehen dürfen;[6] (→ Rn. 17).

1. Persönliche Eignung der Fach- und Leitungskräfte. Da gerade im Bereich der   7
internationalen Adoption sachfremde Erwägungen und Einflüsse zu befürchten
sind,[7] muss die **persönliche Zuverlässigkeit** der in der Vermittlungsstelle tätigen
Personen (→ AdVermiG § 3 Rn. 2 ff.) im besonderen Maße vorliegen und durch
den Träger nachgewiesen werden. In Bezug auf die ethischen Anforderungen (§ 3
Abs. 1 Satz 1 AdVermiG) ist insbesondere sicherzustellen, dass die Fach- und
Leitungskräfte keine Vorurteile wegen der ethnischen Herkunft, Hautfarbe oder
Staatsangehörigkeit haben.[8]

Laut dem OVG Hamburg[9] ist von Personen, die auf dem sensiblen Gebiet der   8
internationalen Adoption tätig sind, zu fordern, dass sie iR dieser Tätigkeit
ihre eigenen Gefühle zurückstellen. Ein in der internationalen Adoption tätiger
Mensch müsse vielfältige Frustrationen und Ohnmacht aushalten können. Wird
das Helfen-Wollen zum Selbstzweck, kann der Blick für die diffizilen Probleme
der Adoptionsvermittlung ausländischer Kinder verstellt sein.[10] Es ist daher eine
professionelle Distanz erforderlich, welche einerseits die gebotene Sensibilität
erwarten lässt und andererseits eine Anfälligkeit für fachlich nicht relevante Erwägungen (zB falsch verstandenes Kindeswohl; Einflussnahmen durch Bewerber
oder deren Vertreter) ausschließt.

Die **Fachkräfte** haben mit den örtlichen Adoptionsvermittlungsstellen, den zen-   9
tralen Adoptionsstellen, der BZAA und den autorisierten Fachstellen des jeweiligen Heimatstaats sachgerecht und verlässlich zusammenzuarbeiten;[11] (s.a. §§ 2
Abs. 4 und 11 AdVermiG). Sie müssen daher über die spezifischen Kenntnisse
und/oder (zB durch Praktika erworbene) Erfahrungen auf dem Gebiet der internationalen Adoption verfügen.[12] Nicht ausreichend sind dagegen zB Tätigkeiten
im Pflegekinderdienst ohne grenzüberschreitenden Bezug.

Den **Leitungskräften** obliegt mit Blick auf deren Befugnis, grundsätzliche Verfah-   10
rensweisen mit ausländischen Kooperationspartnern zu verhandeln, die Pflicht,
Positionen der Bundesrepublik Deutschland hinzunehmen und Äußerungen sowie Handlungsweisen zu unterlassen, welche sich negativ auf das Ansehen oder
die Verhandlungsposition der Bundesrepublik auswirken.[13] Auch insoweit ist
eine professionelle Distanz erforderlich.

2. Arbeitsweise. Bei der besonderen Zulassung zur internationalen Adoptions-   11
vermittlung sind auch die Besonderheiten des Verfahrens im Ausland, die dortigen Kooperationspartner und die konkret im Ausland anfallenden Kosten von
erheblicher Bedeutung, um die strengen Vorgaben des HAÜ gegen Kinderhandel
und unlautere Bereicherungen im Zusammenhang mit Vermittlungen umzusetzen. Die Darstellung der Arbeitsweise (→ Rn. 2) hat sich im Fall der Auslands-

---

6   Hierzu VG Hamburg 20.2.2006 – 13 E 3690/05.
7   Vgl. die Abschlusserklärung der 13. Arbeitstagung der IAGJ 2002, 2.
8   Wiesner/Elmauer AdVermiG § 3 Rn. 6.
9   OVG Hamburg 18.10.2006 – 4 Bs 224/06.
10 VG Hamburg 20.2.2006 – 13 E 3690/05, JAmt 2006, 364 (367).
11 OVG Hamburg 18.10.2006 – 4 Bs 224/06.
12 Maurer FamRZ 2003, 1337 unter Bezugnahme auf BT-Drs. 14/6011.
13 VG Hamburg 20.2.2006 – 13 E 3690/05, JAmt 2006, 367.

vermittlung daher auf das gesamte Verfahren im In- und Ausland zu erstrecken. Die zentralen Adoptionsstellen können die Zulassung für Heimatstaaten versagen, in denen der Schutz der Kinder vor Kinderhandel oder ein geordnetes Verfahren nicht gesichert erscheint, oder die Auslandsvermittlungsstelle im Zulassungsbescheid verpflichten, auf die Maßstäbe des Haager Übereinkommens auch in Nichtvertragsstaaten zu achten[14] bzw. den Verfahrensgang entsprechend den Vorgaben des AdÜbAG auszugestalten, sofern sich dies nicht bereits aus § 2 c AdVermiG ergibt.

12   **a) Zusammenarbeit mit dem Herkunftsstaat.** Gem. § 2 Abs. 1 Nr. 2–5 AdVermiStAnKoV hat die anzuerkennende Stelle die tatsächliche Kooperation der hierzu autorisierten Fachstellen im Heimatstaat des Kindes (= **Kooperationspartner**) nachzuweisen. In den Vertragsstaaten des HAÜ können dies ausschließlich die zentralen Behörden iSd Übereinkommens sein. In Nichtvertragsstaaten hat die anzuerkennende Stelle den Nachweis der Berechtigung oder der Akkreditierung des Kooperationspartners zu erbringen. Hat der Kooperationspartner seine Befugnis zur internationalen Adoptionsvermittlung im Ausland verloren oder hat eine bestehende Kooperation geendet, kann die Zulassung aufgehoben werden.[15]

13   Darzustellen ist auch die Tätigkeit des **Repräsentanten**, der die anzuerkennende Vermittlungsstelle im Ausland, dh gegenüber den Kooperationspartnern auf der Seite des Herkunftsstaates vertritt. Zwar muss dieser nicht zwingend Fachkraft iSv § 3 AdVermiG sein. Gleichwohl sind sowohl sein konkretes Aufgabenprofil als auch seine Vergütung im Anerkennungsverfahren detailliert aufzuschlüsseln, um seine Tätigkeit transparent zu machen und unstatthafte Vermögensvorteile im Zusammenhang mit seiner Vergütung ausschließen zu können.

14   Nicht um einen Repräsentanten handelt es sich, wenn eine Person oder Organisation im In- oder Ausland über die rein logistische Hilfestellung hinaus selbständig Entscheidungen (zB über die Zuordnung eines adoptierbaren Kindes zu bestimmten Bewerbern) trifft, die für den weiteren Gang einer Vermittlung von maßgeblicher Bedeutung sind. Derartige Tätigkeiten sind nur zulässig, wenn sie von den Fachkräften der Vermittlungsstellen oder einem hierzu im Detail berechtigten ausländischen Kooperationspartner durchgeführt werden.[16]

15   **b) Darstellung des Vermittlungsverfahrens.** Die anzuerkennende Stelle hat nach § 2 Abs. 1 Nr. 6 AdVermiStAnKoV den Ablauf des Verfahrens, dh sämtliche Verfahrensschritte im In- und Ausland darzustellen. Das Verfahren im Ausland reicht dabei vom „Auffinden" des Kindes und der Freigabe für eine internationale Adoption über die Erstellung und den Inhalt des Kinderberichts, die Matching-Entscheidung, die Vorbereitung des Kindes auf die Adoption, die Kontaktanbahnung und das Adoptionsverfahren bis zur Nachsorge, Nachberichterstattung und die Unterstützung der Adoptierten bei der Suche nach ihren Wurzeln. Zugleich ist jegliche finanzielle Förderung (zB Unterstützung sozialer Projekte) im Ausland darzulegen, um deren Verquickung mit der Adoptionsfreigabe von Kindern auszuschließen (s.a. § 2 c Abs. 3 Nr. 5 AdVermiG, der die entsprechende Prüf- und Dokumentationspflicht der Auslandsvermittlungsstelle zudem für jeden Einzelfall normiert).

16   **c) Schätzung der durchschnittlichen Verfahrenskosten.** Sämtliche den Bewerbern entstehenden Kosten im In- und Ausland einschließlich aller Reisekosten, Gebühren für Übersetzungen, Urkunden etc sind nach § 2 Abs. 1 Nr. 7 AdVermiStAnKoV zu spezifizieren und zu belegen, um unzulässige Vermögensvorteile iSv Art. 32 HAÜ auszuschließen.

---

14   VG Hamburg 12.7.2006 – 13 E 2153/06.
15   VG Karlsruhe 12.4.2016 – 8 K 1758/14.
16   VG Hamburg 12.7.2006 – 13 E 2153/06.

3. Keine überwiegenden Belange der Zusammenarbeit mit einzelnen Heimatstaaten. Mit diesem Kriterium wollte der Gesetzgeber diejenigen Sachverhalte erfassen, die auf dem sensiblen Gebiet der Adoption ausländischer Kinder geeignet sein können, das Verhältnis der Bundesrepublik Deutschland zu dem in Frage stehenden Staat in irgend einer Form zu beeinträchtigen.[17] Die besondere Zulassung kann daher zB versagt werden, wenn sich ein Träger in Widerspruch zu offiziellen Äußerungen oder Positionen der Bundesregierung setzt oder diese kritisiert.[18] Auch können überwiegende Belange einer Zusammenarbeit entgegen stehen, wenn durch den Wettbewerb zwischen mehreren Adoptionsvermittlungsstellen eine effiziente Kooperation beeinträchtigt und die Qualität der Vermittlungsarbeit gemindert wird.[19]

4. Verfahren. Zuständig für die **besondere Zulassung** ist die zentrale Adoptionsstelle des Landesjugendamts, in dessen Bereich die Vermittlungsstelle ihren Sitz hat.[20] Der Sitz des Trägers der Vermittlungsstelle ist hingegen nicht relevant. Die von der anzuerkennenden Stelle beizubringenden Unterlagen und Dokumente ergeben sich aus § 2 AdVermiStAnKoV.

Hält die Anerkennungsbehörde den Antrag auf besondere Zulassung für entscheidungsreif, führt sie gem. Abs. 2 Satz 4 und § 2 Abs. 2 AdVermiStAnKoV ein **bundesweites Abstimmungsverfahren** durch. Für dieses Verfahren sind keine konkreten Formalitäten vorgegeben (vgl. § 9 SGB X); die zentralen Adoptionsstellen haben sich aber auf eine schriftliche bzw. elektronische Abwicklung mit der Option mündlicher Erörterung verständigt. IÜ richtet sich das Zulassungsverfahren nach den allgemeinen verwaltungsrechtlichen Grundsätzen. Die Entscheidung über die Zulassung erfolgt durch Verwaltungsakt (§ 31 SGB X), der – auch nachträglich – mit Nebenbestimmungen versehen werden kann (Abs. 3 Satz 3 iVm § 32 SGB X). IdR wird die besondere Zulassung für einen bestimmten Staat zunächst nur befristet erteilt und mit einem Widerrufs- und oder einem Auflagenvorbehalt versehen, um zu einem späteren Zeitpunkt und damit auf der Grundlage konkreter Erfahrungen mit der Arbeit der Vermittlungsstelle abschließend entscheiden bzw. erforderlichenfalls „nachjustieren" zu können. Die Verweigerung der Anerkennung bzw. Zulassung kann der freie Träger im verwaltungsgerichtlichen Verfahren angreifen.[21]

Mit der Zulassung ist die Vermittlungsstelle berechtigt, die Bezeichnung „**anerkannte Auslandsvermittlungsstelle**" zu führen (Abs. 2 Satz 3). Wird die Bezeichnung ohne die erforderliche Zulassung verwendet, kann Unterlassung gefordert werden.[22] Ein Bußgeld (§ 14 AdVermiG) ist jedoch nicht vorgesehen.

III. Aufsicht über Vermittlungsstellen

Art. 11 lit. c HAÜ schreibt eine weitreichende **Aufsicht** über die im Bereich der internationalen Adoptionsvermittlung zugelassenen Organisationen vor. § 4 AdVermiG enthält in Abs. 3 und 4 die erforderlichen Befugnisse für die zentralen Adoptionsstellen, um auf die erforderlichen personellen und strukturellen Rahmenbedingungen sowie eine ordnungsgemäße Vermittlungstätigkeit hinwirken zu können. Die Letztverantwortung der jeweiligen Adoptionsvermittlungsstelle für die ordnungsgemäße Abwicklung der einzelnen von ihr betrauten Vermittlungsfälle bleibt hiervon unberührt.

17

18

19

20

21

17 OVG Hamburg 18.10.2006 – 4 Bs 224/06.
18 Vgl. VG Hamburg 20.2.2006 – 13 E 3690/05.
19 Maurer FamRZ 2003, 1337 unter Bezugnahme auf BT-Drs. 14/6011.
20 Zur Kritik an der Doppelfunktion der zentralen Adoptionsstellen als Auslandsvermittlungsstellen sowie Anerkennungs- und Aufsichtsbehörden Bienentreu JAmt 2008, 59.
21 Maurer FamRZ 2003, 1337.
22 Vgl. Wiesner/Elmauer AdVermiG § 4 Rn. 3 a.

22   § 4 Abs. 2 Satz 4 AdVermiG sieht die gegenseitige Unterrichtung der zentralen Adoptionsstellen und der BZAA über die Arbeit der jeweiligen Vermittlungsstelle vor, um einen umfassenden Kenntnisstand für die Anerkennung und Aufsicht der zentralen Adoptionsstellen und die Koordinierungstätigkeit der BZAA (§ 2 a Abs. 5 AdVermiG) sicherzustellen. Gem. § 9 e Abs. 1 Nr. 2 AdVermiG dürfen zum Zweck der Aufsicht personenbezogene Daten über einzelne Vermittlungs- fälle weitergegeben und genutzt werden. Weitere Erkenntnisse über die Arbeits- weise der Vermittlungsstelle erhält die Aufsichtsbehörde aus der Prüfung von Meldungen und Kindervorschlägen nach § 11 Abs. 2 AdVermiG.

23   Darüber hinaus kann sich die zentrale Adoptionsstelle bei der anerkannten Ver- mittlungsstelle über deren Arbeit informieren (§ 4 Abs. 4 Satz 1 AdVermiG), Einsicht in Unterlagen und Adoptionsakten nehmen (§ 4 Abs. 4 Satz 2 Nr. 1 AdVermiG), die Vorlage von Nachweisen (zB Führungszeugnisse, Satzung, Ar- beitsverträge, Kooperationsverträge, Rechnungen, Steuerbescheid) verlangen (§ 4 Abs. 4 Satz 2 Nr. 1 AdVermiG) und die Geschäftsräume innerhalb der üblichen Geschäftszeiten betreten (§ 4 Abs. 4 Satz 2 Nr. 2 AdVermiG). §§ 3 und 4 AdVermiStAnKoV enthalten **umfassende Unterrichtungs-** und **Berichtspflichten** der **Auslandsvermittlungsstellen** gegenüber der zuständigen zentralen Adoptions- stelle, welche die Meldepflichten gegenüber der BZAA (§ 2 a Abs. 6 AdVermiG) ergänzen und Aufschluss über die Arbeit der Vermittlungsstelle geben.

Die Vermittlungsstelle hat der für ihren Sitz zuständigen zentralen Adoptions- stelle von sich aus mitzuteilen, wenn Anhaltspunkte dafür bestehen, dass sie nicht mehr zu einer ordnungsgemäßen Aufgabenerfüllung in der Lage ist (Abs. 4 Satz 3). Dies wird bspw. anzunehmen sein, wenn die nach § 3 AdVermiG er- forderliche Personalausstattung nicht mehr gegeben ist, keine Gemeinnützigkeit mehr vorliegt Kooperationspartner wegfallen oder der finanzielle Fortbestand nicht mehr gesichert ist (Abs. 4 Satz 4). Die frühzeitige Einbeziehung der auf- sichtführenden zentralen Adoptionsstelle ermöglicht es, zeitnah das weitere Vor- gehen in Bezug auf die noch offenen Fälle der jeweiligen Vermittlungsstelle zu klären und zu regeln. Ein Verstoß gegen diese Vorgabe ist jedoch mit keinen Konsequenzen verbunden; insbesondere stellt er keine Ordnungswidrigkeit iSv § 14 AdVermiG dar. Steht fest, dass die Vermittlungsstelle tatsächlich geschlossen wird, so hat eine erneute Information nach § 4 a Abs. 1 Satz 1 AdVermiG durch diese zu erfolgen.

24   Nach § 4 Abs. 3 Satz 1, 2 AdVermiG ist eine nach § 4 Abs. 2 AdVermiG erteilte Zulassung zurückzunehmen bzw. zu widerrufen, wenn die Voraussetzungen für ihre Erteilung nicht vorgelegen haben oder nachträglich weggefallen sind.[23] Ist dies der Fall, so sind Rücknahme bzw. Widerruf **zwingend** zu verfügen; ein Ermessen besteht nicht.[24] Allerdings ist in Fällen, die kein sofortiges Einschreiten erfordern, der Vermittlungsstelle zunächst nach § 24 SGB X die Gelegenheit zur Äußerung und – ggf. im Wege einer nachträglichen Auflage – zur Abhilfe zu ge- ben. Dabei dürfte zugunsten einer Auslandsvermittlungsstelle zu berücksichtigen sein, wenn diese ungeeignete Fachkräfte oder ungeeignete weisungsbefugte Perso- nen entlässt, um dadurch der Gefahr des Widerrufs der Zulassung zu entgehen.[25] § 4 AdVermiG entspricht den völkerrechtlichen Vorgaben aus Art. 10 HAÜ. Neben der spezialgesetzlichen Regelung in § 4 Abs. 3 Satz 1, 2 AdVermiG sind die allgemeinen Rücknahmebestimmungen in §§ 47 und 48 SGB X daher nicht anwendbar. Möglich ist jedoch ein Widerruf nach § 4 Abs. 3 Satz 2 AdVermiG iVm § 47 Abs. 1 Nr. 2 SGB X, falls eine Vermittlungsstelle gegen ihr obliegende

---

23   VG Karlsruhe 12.4.2016 – 8 K 1758/14.
24   VG Hamburg 20.2.2006 – 13 E 3690/05.
25   VG Hamburg 20.2.2006 – 13 E 3690/05.

Auflagen verstößt. Das weitere Vorgehen im Fall der Schließung einer Vermittlungsstelle regelt § 4 a AdVermiG.

Rücknahme und Widerruf der Anerkennung bzw. Zulassung sind verwaltungsgerichtlich überprüfbare **Verwaltungsakte** iSv § 31 SGB X;[26] Widerspruch und Anfechtungsklage gegen die aufsichtlichen Verfügungen der zentralen Adoptionsstellen haben jedoch keine aufschiebende Wirkung (Abs. 5). 25

§ 4 a AdVermiG Verfahren bei der Schließung einer Adoptionsvermittlungsstelle

(1) ¹Steht fest, dass die Adoptionsvermittlungsstelle (§ 2 Absatz 3, § 2 a Absatz 4 Nummer 2) geschlossen wird, hat sie die zentrale Adoptionsstelle des Landesjugendamtes, in deren Bereich die Adoptionsvermittlungsstelle ihren Sitz hat, sowie die Adoptionsbewerber und die Annehmenden, die von ihr begleitet werden, unverzüglich über die bevorstehende Schließung zu informieren. ²Sie hat darüber hinaus die Adoptionsbewerber und die Annehmenden über die Folgen der Schließung zu informieren, insbesondere über die Möglichkeit der Fortsetzung des Vermittlungsverfahrens und über die Aktenaufbewahrung. ³Die Sätze 1 und 2 gelten entsprechend, wenn die Adoptionsvermittlungsstelle (§ 2 a Absatz 4 Nummer 2) ihre Zulassung in einem Heimatstaat dauerhaft verliert.

(2) ¹Wird die Adoptionsvermittlungsstelle (§ 2 Absatz 3, § 2 a Absatz 4 Nummer 2) geschlossen, übergibt sie die Aufzeichnungen und Unterlagen über jeden einzelnen Vermittlungsfall (Vermittlungsakten) der abgeschlossenen und der laufenden Vermittlungsverfahren unverzüglich an die zentrale Adoptionsstelle des Landesjugendamtes, in deren Bereich sie ihren Sitz hatte. ²Wenn bei der Schließung der Adoptionsvermittlungsstelle (§ 2 Absatz 3, § 2 a Absatz 4 Nummer 2) bereits feststeht, welche Adoptionsvermittlungsstelle (§ 9 b, § 2 Absatz 3, § 2 a Absatz 4) ein laufendes Vermittlungsverfahren fortsetzt, übergibt die schließende Adoptionsvermittlungsstelle die Vermittlungsakten unverzüglich an diese Adoptionsvermittlungsstelle.

(3) ¹Sind nach Schließung der Adoptionsvermittlungsstelle (§ 2 a Absatz 4 Nummer 2) noch Berichte über die Entwicklung des Kindes (§ 9 Absatz 4 Satz 1) zu fertigen, so sind die Vermittlungsakten unverzüglich an die örtliche Adoptionsvermittlungsstelle (§ 9 b) zu übergeben, die sodann die Berichte fertigt. ²Die örtliche Adoptionsvermittlungsstelle übersendet die Berichte an die zentrale Adoptionsstelle des Landesjugendamtes, in deren Bereich die Annehmenden ihren gewöhnlichen Aufenthalt haben, zur weiteren Übermittlung nach § 9 Absatz 4 Satz 1 Nummer 2. ³Nach der Fertigung des letzten Berichts sind die Vermittlungsakten der zentralen Adoptionsstelle des Landesjugendamtes, in deren Bereich die geschlossene Adoptionsvermittlungsstelle ihren Sitz hatte, zur Aufbewahrung nach § 9 c Absatz 1 zu übergeben.

§ 4 a AdVermiG **konkretisiert** das Vorgehen für den Fall der Schließung einer Adoptionsvermittlungsstelle in freier Trägerschaft. Dabei ist unerheblich, aus welchem Grund die Schließung erfolgt und ob diese auf die Entscheidung des Trägers oder eine Intervention der Aufsichtsbehörden (zB den Verlust der staatlichen Anerkennung oder – bei Auslandsvermittlungsstellen – einer besonderen Zulassung) zurückgeht. 1

1. Informationspflichten (Abs. 1 Satz 1 und 2). § 4 a Abs. 1 Satz 1 AdVermiG verpflichtet die von der Schließung betroffene Adoptionsvermittlungsstelle dazu, 2

---

26 Maurer FamRZ 2003, 1337.

die zentrale Adoptionsstelle, in deren Bereich die Vermittlungsstelle ihren Sitz hat, über die konkret anstehende Schließung zu informieren. Dies ergänzt die Informationspflicht nach § 4 Abs. 4 Satz 3 und 4 AdVermiG, die bereits eintritt, sobald nur Anhaltspunkte für die Schließung bestehen. Ziel ist es, schon frühzeitig das weitere Vorgehen und dabei insbesondere die lückenlose Fortsetzung der offenen Begleitungs-, Vermittlungs- und nachgehenden Aufgaben sicherzustellen.[1]

Auslandsvermittlungsstellen in freier Trägerschaft sind nach Abs. 1 Satz 3 überdies zu einer **Information** der zuständigen zentralen Adoptionsstelle verpflichtet, wenn sie eine erforderliche Zulassung, Akkreditierung oder sonstige Berechtigung zur Vermittlung von Kindern im Ausland verlieren. Dabei ist nach dem Gesetzeswortlaut nur ein dauerhafter Verlust zu melden. Dies ist nach der Begründung des Regierungsentwurfs[2] der Fall, wenn auf absehbare Zeit nicht mit einer neuerlichen Erteilung der Zulassung im Herkunftsstaat zu rechnen ist.

Stellt ein Träger die Vermittlungsarbeit ein, der über mehrere Vermittlungsstellen verfügt, so hat die Information an alle aufsichtsführenden zentralen Adoptionsstellen zu erfolgen.

3   Steht die Schließung fest oder verliert eine Auslandsadoptionsvermittlungsstelle eine erforderliche Zulassung im Ausland (Abs. 1 Satz 3), so sind hierüber auch alle davon betroffenen Adoptionsbewerber sowie alle noch begleiteten Adoptiveltern zu informieren. Gem. Abs. 1 Satz 2 sind dabei auch die **Folgen der Schließung mitzuteilen**, insbesondere welche Möglichkeiten einer Fortsetzung noch offener Verfahren bestehen, wer die weitere Nachsorge einschließlich eventuell noch erforderlicher Nachberichte übernimmt und bei welcher Stelle die vorhandenen Adoptionsakten weitergeführt werden. Da Abs. 1 Satz 2 keine abschließende Aufzählung enthält, sind auch alle weiteren Informationen über die konkreten Folgen der Schließung aufzunehmen, die für die Abwicklung des Rechtsverhältnisses zwischen der Vermittlungsstelle und ihren KlientInnen von Bedeutung sind. Bspw. wird regelmäßig die Rückerstattung bereits geleisteter Vorschüsse oder die Rückgabe von Originalurkunden und der Umgang mit Daten zu thematisieren sein, falls sich die Betroffenen gegen eine Fortsetzung des Verfahrens mit anderen Stellen entscheiden.

4   Ein **Verstoß** gegen die Informationspflicht ist mit keinen ordnungsrechtlichen Konsequenzen verbunden; insbesondere stellt er keine Ordnungswidrigkeit iSv § 14 AdVermiG dar. Allerdings kann im Fall eines Verstoßes ein zivilrechtlicher Schadensersatzanspruch in Betracht kommen, sofern dessen Voraussetzungen vorliegen. Sind die Informationen nach Abs. 1 Satz 3 unterblieben, kommen auch aufsichtliche Maßnahmen (§ 4 Abs. 3 und 4 AdVermiG) in Betracht.

5   **2. Übergabe der Adoptionsakten (Abs. 2).** § 4 a Abs. 2 AdVermiG enthält die in § 9 b Abs. 1 Satz 2 aF AdVermiG enthaltene Regelung über den **Umgang** mit den **Vermittlungsakten** (zum Begriff Abs. 2 Satz 1 und → AdVermiG § 9 c Rn. 2) im Fall einer Schließung der Vermittlungsstelle (zur Aufbewahrungsfrist s. § 9 c Abs. 1 AdVermiG). Dabei ist unerheblich, ob die Schließung durch den Träger oder die Aufsichtsbehörde erfolgte. Hat eine Auslandsvermittlungsstelle nur die besondere Zulassung für Vermittlungen aus einem bestimmten Herkunftsstaat (§ 4 Abs. 2 AdVermiG) verloren, aber setzt sie ihre Arbeit fort (zB weil sie noch mit anderen Staaten zusammenarbeitet oder sich fortan auf die innerdeutsche Vermittlung beschränkt), so liegt keine Schließung iSv Abs. 2 vor. Auch wenn ein freier Träger die Vermittlungsarbeit einstellt, aber noch die nachgehende Begleitung sowie die Unterstützung bei der Suche nach der eigenen Abstammung fortsetzt, wird nicht von einer Schließung der Vermittlungsstelle gesprochen wer-

---

1   BT-Drs. 19/16718, 43.
2   BT-Drs. 19/16718, 44.

den können, da diese noch Teilbereiche des gesamten Aufgabenspektrums der Vermittlungsarbeit (vgl. § 9 Abs. 2 Satz 3 Nr. 5 AdVermiG) fortführt. Mithin können die Adoptionsakten in den genannten Fällen in der bisherigen Stelle verbleiben.

Nach Abs. 2 Satz 1 sind die Adoptionsakten einer geschlossenen Vermittlungs- 6 stelle grundsätzlich der **aufsichtführenden zentralen Adoptionsstelle** am Sitz der Vermittlungsstelle zu übergeben. Diese übernimmt die weitere Aufbewahrung. Aus dem Wortlaut von Abs. 2, der von einem „übergeben" spricht, ergibt sich eine Ablieferungspflicht der aufgelösten Stelle. Mit Blick auf das Interesse Adoptierter, im Fall einer Suche möglichst umfängliche Informationen aus der Vermittlungsphase sowie über die Umstände der Adoptionsfreigabe zu erhalten, ist unerlässlich, dass die Akten tatsächlich vollständig übergeben werden. Insbesondere muss sichergestellt sein, dass im Fall elektronischer Teilakten auch diese (ggf. auf einem Datenträger oder in ausgedruckter Form) mit den in Papierform vorhandenen Teilen zusammengeführt und übergeben werden (→ AdVermiG § 9 c Rn. 6). Schließt ein Träger mehrere Vermittlungsstellen, so sind deren Akten den jeweils zuständigen zentralen Adoptionsstellen zu übergeben.

Steht dagegen bereits vor der endgültigen Schließung fest, dass ein noch laufen- 7 des Verfahren von einer anderen Adoptionsvermittlungsstelle übernommen wird (Abs. 2 Satz 1), so leitet die geschlossene Stelle die Akten dieser zu. Dabei ist eine automatische Verfahrensübernahme durch die örtliche Vermittlungsstelle des Jugendamts nicht vorgesehen (→ AdVermiG § 9 b Rn. 3); eine Verpflichtung der zentralen Adoptionsstelle des Landesjugendamts zur **Weiterführung** eines internationalen Verfahrens besteht nur unter den in → AdVermiG § 2 a Rn. 12, 13 genannten Voraussetzungen. Handelt es sich um ein internationales Verfahren (§ 2 a Abs. 1 AdVermiG), so muss die übernehmende Stelle über die erforderliche besondere Zulassung für Vermittlungen aus dem betreffenden Herkunftsstaat verfügen; darüber hinaus ist die Übernahme nur möglich, sofern die übernehmende Stelle nicht bereits die allgemeine Adoptionseignung der Bewerber nach § 7 b Abs. 1 AdVermiG überprüft hat, wie sich aus § 7 b Abs. 3 AdVermiG ergibt. Zu den Gebühren bei der Fortführung durch eine andere Stelle → AdVermiG § 2 a Rn. 14 ff. sowie → AdVermiG § 7 b Rn. 13.

3. Nachberichterstattung (Abs. 3). Ist das internationale Verfahren im Zeitpunkt 8 der Schließung bereits abgeschlossen, aber sind noch Entwicklungsberichte für den Herkunftsstaat des Kindes zu erstellen (hierzu § 9 Abs. 4 Satz 1 AdVermiG und die Kommentierung dort), so enthält Abs. 3 eine **Sonderregelung** zu Abs. 2: In dieser Situation hat die geschlossene Vermittlungsstelle die jeweiligen Vermittlungsakten nicht der zuständigen zentralen Adoptionsstelle zu übergeben, sondern der Adoptionsvermittlungsstelle des örtlichen Jugendamts, das aufgrund seiner **Auffangzuständigkeit** (§ 9 b Satz 1 AdVermiG) für die weitere Entwicklungsberichterstattung zuständig wird. Da den Adoptionsvermittlungsstellen der Jugendämter seit April 2021 jegliche Berechtigung zum grenzüberschreitenden Tätigwerden im Adoptionskontext fehlt (vgl. § 2 a Abs. 4 AdVermiG), dürfen sie keine Entwicklungsberichte in Herkunftsstaaten adoptierter Kinder übersenden. Vielmehr ist der jeweilige Bericht der für den gewöhnlichen Aufenthaltsort der Adoptiveltern zuständigen zentralen Adoptionsstelle zu übermitteln (Abs. 3 Satz 2). Diese leitet ihn sodann an die zuständige Fachstelle im Herkunftsstaat des Kindes weiter.

Ist die Entwicklungsberichterstattung abgeschlossen (häufig endet die Berichts- 9 pflicht nach einer bestimmten Zahl von Jahren oder ab einem gewissen Alter, spätestens aber mit dem Erreichen der Volljährigkeit des Adoptierten), so übersendet die Adoptionsvermittlungsstelle des örtlichen Jugendamts die Vermittlungsakten an die zentrale Adoptionsstelle, in deren Bereich die geschlossene Adoptionsvermittlungsstelle ihren Sitz hatte (Abs. 3 Satz 3).

§ 5 AdVermiG Vermittlungsverbote

(1) Die Adoptionsvermittlung ist nur den nach § 2 Absatz 1 befugten Jugendämtern und Landesjugendämtern und den nach § 2 Absatz 3 berechtigten Stellen gestattet; anderen ist die Adoptionsvermittlung untersagt.

(2) Es ist untersagt, Schwangere, die ihren Wohnsitz oder gewöhnlichen Aufenthalt im Geltungsbereich dieses Gesetzes haben, gewerbs- oder geschäftsmäßig durch Gewähren oder Verschaffen von Gelegenheit zur Entbindung außerhalb des Geltungsbereichs dieses Gesetzes
1. zu bestimmen, dort ihr Kind zur Adoption wegzugeben,
2. ihnen zu einer solchen Weggabe Hilfe zu leisten.

(3) [1]Es ist untersagt, Vermittlungstätigkeiten auszuüben, die zum Ziel haben, dass ein Dritter ein Kind auf Dauer bei sich aufnimmt, insbesondere dadurch, dass ein Mann die Vaterschaft für ein Kind, das er nicht gezeugt hat, anerkennt. [2]Vermittlungsbefugnisse, die sich aus anderen Rechtsvorschriften ergeben, bleiben unberührt.

1   Gem. § 5 Abs. 1 AdVermiG ist die Adoptionsvermittlung eine ausschließlich öffentliche oder von staatlicher Anerkennung oder Zulassung abhängige Tätigkeit. Die Vermittlung durch Privatpersonen und privatrechtliche Vereinigungen oder Betriebe, die nicht über die Anerkennung als Adoptionsvermittlungsstelle verfügen, ist seit dem Wegfall des in § 5 Abs. 2 AdVermiG aF enthaltenen „Verwandtenprivilegs" 2021 ausnahmslos verboten. Darüber hinaus dürfen Jugendämter keine Adoptionsvermittlung betreiben, wenn sie entgegen § 2 Abs. 1 Satz 2 AdVermiG keine Adoptionsvermittlungsstelle eingerichtet haben bzw. nicht über eine gemeinsame Vermittlungsstelle mit benachbarten Jugendämtern verfügen. Nicht verboten ist dagegen die reine **Adoptionsberatung**, die sich mit dem Kinderwunsch von Adoptionsinteressierten und möglichen Wegen zur Adoption eines Kindes aus dem In- oder Ausland auseinandersetzt, ohne dass konkrete Adoptionsmöglichkeiten aufgezeigt werden.

2   Verstöße gegen das **Vermittlungsverbot** in § 5 AdVermiG werden gem. § 14 AdVermiG als Ordnungswidrigkeit geahndet. Aufgrund des Territorialprinzips gilt dies nur für die im Inland ausgeübte unerlaubte Vermittlungstätigkeit.

§ 6 AdVermiG Adoptionsanzeigen

(1) [1]Es ist untersagt, Kinder zur Adoption oder Adoptionsbewerber durch öffentliche Erklärungen, insbesondere durch Zeitungsanzeigen oder Zeitungsberichte, zu suchen oder anzubieten. [2]§ 5 bleibt unberührt.

(2) Die Veröffentlichung der in Absatz 1 bezeichneten Erklärung unter Angabe eines Kennzeichens ist untersagt.

(3) Absatz 1 Satz 1 gilt entsprechend für öffentliche Erklärungen, die sich auf Vermittlungstätigkeiten nach § 5 Absatz 3 Satz 1 beziehen.

(4) Die Absätze 1 bis 3 gelten auch, wenn das Kind noch nicht geboren oder noch nicht gezeugt ist, es sei denn, dass sich die Erklärung auf eine Ersatzmutterschaft bezieht.

Kinder können und dürfen nicht Gegenstand öffentlicher Angebote oder Gesuche sein. § 6 AdVermiG untersagt daher, öffentlich nach adoptierbaren Kindern zu suchen oder diese anzubieten. **Verboten** sind Anzeigen in jeglichen Medien (Zeitung, Rundfunk, Internet, Fernsehen, Aushänge, Postwurfsendungen etc).[1] Verstöße gegen das in § 6 AdVermiG enthaltene Verbot werden gem. § 14 AdVermiG als Ordnungswidrigkeit geahndet. Aufgrund des Territorialprinzips gilt dies nur für Anzeigen im Inland.

1

Vorbemerkung zu § 7 AdVermiG: Vorbereitung der Vermittlung

Der EGMR hat in seiner Entscheidung Fretté/France vom 26.2.2002[1] darauf hingewiesen, dass der Staat darauf achten müsse, dass als Adoptiveltern **stets diejenigen Adoptionswilligen ausgewählt werden, die auf allen Gebieten die günstigsten Voraussetzungen bieten.** Der in der öffentlichen Diskussion oft gehörte Einwand, dass an Adoptionsbewerber iR der Adoptionseignungsprüfung überzogene Anforderungen im Vergleich zu leiblichen Eltern gestellt werden, ist angesichts des Schutzauftrags des Staates und der Intensität des in der Adoption liegenden staatlichen Eingriffs in die rechtliche, psychische und soziale Situation des vermittelten Kindes unbegründet. Es ist zu sehen, dass Adoptiveltern aufgrund des vom Kind erlebten Beziehungsabbruchs und der Situation des „Verlassenseins" mit zahlreichen Anforderungen und Risiken konfrontiert sind, denen sich leibliche Eltern nicht stellen müssen. Dennoch haben die Vermittlungsstellen bei der Überprüfung von Bewerbern auch die durchschnittlichen Umstände zu berücksichtigen, in denen sich Eltern mit leiblichen Kindern befinden. Sie sind insbes. gehindert, an den Gesundheitszustand oder die Einkommenssituation der Bewerber Anforderungen zu stellen, die weit über das gewöhnliche Maß hinausgehen.[2]

1

Die Prüfung der Adoptionseignung wird ausdrücklich von den international-rechtlichen Rahmenbedingungen in Art. 5 HAÜ und Art. 10 EAÜ (abgedruckt unten nach → Rn. 3) gefordert. Sie ist Gegenstand der Regelung in §§ 7 bis 7 c AdVermiG. Dabei regeln §§ 7 und 7 a AdVermiG die Eignungsprüfung bei innerdeutschen Vermittlungen; §§ 7 b und 7 c AdVermiG betreffen die Überprüfung von Adoptionsbewerbern im Rahmen von internationalen Verfahren (§ 2 a Abs. 1 AdVermiG). Im letzteren Fall ist ein „**zweistufiges Überprüfungsverfahren**" vorgesehen (§ 2 c Abs. 1 AdVermiG), in dessen Rahmen zunächst eine Adoptionsvermittlungsstelle die allgemeine Adoptionseignung der Annahmewilligen überprüft (hierzu § 7 b AdVermiG) und sodann die von den Bewerbern benannte Auslandsadoptionsvermittlungsstelle eine auslandsspezifische Überprüfung vornimmt (§ 7 c AdVermiG). Wegen der Details s. die Komm. dort.

Abzugrenzen ist die Eignungsüberprüfung von Ermittlungen, die in fachliche Äußerungen und Stellungnahmen einfließen, welche die Adoptionsvermittlungsstellen (§ 189 FamFG) sowie die Jugendämter (§ 194 FamFG iVm § 50 SGB VIII) gegenüber dem für den Adoptionsausspruch zuständigen Familiengericht abgeben. Zwar erfolgt auch hier eine Bewertung der Situation der Annehmenden. Diese dient jedoch im Gegensatz zur Eignungsprüfung nach §§ 7 ff. AdVermiG nicht der Vorbereitung einer Vermittlung, sondern der Bewertung des Eltern-Kind-Verhältnisses im Rahmen des gerichtlichen Adoptionsverfahrens nach einer bereits

2

---

1 Wiesner/Elmauer AdVermiG § 6 Rn. 3.
1 FamRZ 2003, 149 ff.; vgl. auch VG Hamburg JAmt 2002, 464 ff.; VG Freiburg FamRZ 2004, 1317 ff.
2 VG Hamburg 1.12.2005 – 13 K 3059/05; VG Düsseldorf ZfJ 1985, 40.

erfolgten Platzierung des Kindes. Zur örtlichen Zuständigkeit für die Eignungs-prüfung s. § 9 b Satz 2 AdVermiG.

3   Die Eignungsprüfung ist eingebunden in die in § 9 Abs. 1 AdVermiG geregelte **Adoptionsvorbereitung,**[3] der im Rahmen jeder Vermittlung (§ 1 AdVermiG) eine besondere Bedeutung für das Gelingen der späteren Platzierung zukommt. Im Fall einer **Stiefkindadoption** findet zwar keine Vermittlung statt (→ AdVermiG § 1 Rn. 4); gleichwohl sieht § 9 a AdVermiG auch hier eine umfassende Beratung der Beteiligten vor (zu den Details s. die Kommentierung dort). Häufig ergeben sich aus der psychosozialen Vorbereitung auch Fragen, die für die Adoptions-eignung eine Rolle spielen. Der Aspekt der Eignungsprüfung kann damit nicht getrennt von der Beratung und Begleitung der Annahmewilligen gesehen werden.

Anhang zur Vorbemerkung zu § 7 AdVermiG:

Europäisches Übereinkommen über die Adoption von Kindern (revidiert)

Vom 27. November 2008

– Auszug –

Art. 10 EAÜ – Vorangehende Ermittlungen

(1) Die zuständige Behörde darf die Adoption erst nach sachdienlichen Ermittlungen über den Annehmenden, das Kind und seine Familie aussprechen. Während solcher Ermittlungen und danach dürfen Daten nur unter Wahrung des Berufsgeheimnisses und Beachtung der Vorschriften zum Schutz personenbezogener Daten erhoben, verarbeitet und weitergeleitet werden.

(2) Die Ermittlungen haben sich, je nach den Umständen des Einzelfalls, soweit möglich und unter anderem auf folgende Fragen zu erstrecken:

a) die Persönlichkeit, den Gesundheitszustand und das soziale Umfeld des Annehmen-den, sein Familienleben und die Einrichtung seines Haushalts sowie seine Eignung zur Erziehung des Kindes;

b) die Gründe, aus denen der Annehmende das Kind anzunehmen wünscht;

c) wenn von Ehegatten oder eingetragenen Partnern nur einer die Adoption beantragt, die Gründe, aus denen sich der andere dem Antrag nicht anschließt;

d) die Frage, ob Kind und Annehmender zueinander passen, und die Zeitdauer, in der das Kind der Pflege des Annehmenden anvertraut gewesen ist;

e) die Persönlichkeit, den Gesundheitszustand und das soziale Umfeld des Kindes und, falls keine gesetzlich vorgesehenen Einschränkungen bestehen, der Familienhinter-grund und Personenstand des Kindes;

f) die ethnische, religiöse und kulturelle Herkunft des Annehmenden und des Kindes.

(3) Mit diesen Ermittlungen ist eine durch die Rechtsvorschriften oder von einer zu-ständigen Behörde hierfür anerkannte oder zugelassene Person oder Organisation zu betrauen. Die Ermittlungen sind, soweit möglich, von Sozialarbeitern durchzuführen, die aufgrund ihrer Ausbildung oder ihrer Erfahrung dazu befähigt sind.

(4) Dieser Artikel berührt nicht das Recht und die Pflicht der zuständigen Behörde, sich alle für nützlich erachteten Auskünfte und Beweise zu beschaffen, gleichviel ob sie die obigen Ermittlungen betreffen oder nicht.

---

3 Ebenso Art. 20 EAÜ.

(5) Die Ermittlungen, ob ein Annehmender zur Adoption geeignet ist und dafür in Betracht kommt, sowie über die Verhältnisse und die Beweggründe der betroffenen Personen und die Zweckmäßigkeit der Unterbringung des Kindes sind vor dem Zeitpunkt durchzuführen, in dem das Kind der Pflege des künftigen Annehmenden im Hinblick auf eine Adoption anvertraut wird.

§ 7 AdVermiG Anspruch auf Durchführung der Eignungsprüfung bei der Adoption eines Kindes im Inland; Umfang der Prüfung

(1) [1]Auf Antrag der Adoptionsbewerber führt die Adoptionsvermittlungsstelle (§ 2 Absatz 1) eine Prüfung der allgemeinen Eignung der Adoptionsbewerber (Eignungsprüfung) zur Adoption eines Kindes mit gewöhnlichem Aufenthalt im Inland durch. [2]Zur Eignungsprüfung sind auch die Adoptionsvermittlungsstellen nach § 2 Absatz 3 berechtigt.

(2) Die Eignungsprüfung umfasst insbesondere:

1. die persönlichen und familiären Umstände der Adoptionsbewerber,
2. den Gesundheitszustand der Adoptionsbewerber,
3. das soziale Umfeld der Adoptionsbewerber,
4. die Beweggründe der Adoptionsbewerber für die Adoption sowie
5. die Eigenschaften der Kinder, für die zu sorgen die Adoptionsbewerber fähig und bereit sind.

(3) [1]Die Adoptionsvermittlungsstelle (§ 2 Absatz 1 und 3) verfasst über das Ergebnis ihrer Eignungsprüfung einen Bericht. [2]Das Ergebnis der Eignungsprüfung ist den Adoptionsbewerbern mitzuteilen. [3]Der Bericht, der die Eignung positiv feststellt, darf den Adoptionsbewerbern nicht ausgehändigt werden.

Literatur:

Bayerisches Landesjugendamt (Hrsg.), Eignungsüberprüfung von Bewerbern, 2. Aufl. 2006; *GZA Rheinland-Pfalz und Hessen* (Hrsg.), Praxisleitfaden für Fachkräfte der Adoptionsvermittlungsstellen zur Feststellung der Adoptionseignung nach § 7 AdVermiG, 2009; *LVR-Landesjugendamt Rheinland/LWL-Landesjugendamt Westfalen* (Hrsg.), Arbeitshilfe zur Überprüfung von Adoptionsbewerbern, 2010.

I. Begriff und Zuständigkeit

Abs. 1 enthält eine **Legaldefinition** für den Begriff der Eignungsprüfung. Hierunter ist demnach die Prüfung der allgemeinen Eignung von Adoptionsbewerbern zu verstehen, nicht aber die Eignung mit Blick auf ein konkretes Kind (diese ist nach § 7 a Abs. 1 AdVermiG zu prüfen) oder die auslandsspezifische Prüfung in Bezug auf einen bestimmten Herkunftsstaat von Kindern. 1

Gem. Abs. 1 iVm § 9 b AdVermiG haben Adoptionswillige gegenüber der Adoptionsvermittlungsstelle des für sie zuständigen örtlichen Jugendamts einen **Rechtsanspruch** auf Überprüfung (für den Fall einer Auslandsbewerbung s. § 7 b AdVermiG und die Kommentierung dort; zur Priorisierung → Rn. 6). Dieser geht 2 letztlich auf die durch das allgemeine Persönlichkeitsrecht (Art. 2 Abs. 1 iVm Art. 1 Abs. 1 GG) sowie Art. 6 GG grundgesetzlich geschützte Entscheidung für bzw. gegen eine Adoption und die Gründung einer Familie zurück.[1] Vor diesem Hintergrund dürfen Bewerber nicht ohne nähere und sachgerechte Überprüfung abgewiesen werden, etwa mit der pauschalen Begründung, sie seien zu alt oder es seien bereits ausreichend Adoptionswillige vorhanden und es bestehe kein Bedarf an weiteren Bewerbern. Vielmehr darf Adoptionswilligen die Zugangsmöglichkeit zu dem staatlich monopolisierten Vermittlungsverfahren nur aus wichtigen Gründen verwehrt werden, va wenn sie sich als ungeeignet für die Aufnahme eines Kindes erweisen.[2] Die **örtliche Zuständigkeit** für die Überprüfung richtet sich gem. § 9 b Satz 2 AdVermiG nach dem gewöhnlichen Aufenthalt der Adoptionsbewerber, also dem Schwerpunkt der familiären und beruflichen Bindungen der Annahmewilligen.[3]

3   Aufgrund des in § 7 Abs. 1 AdVermiG enthaltenen Verweises auf die in § 2 Abs. 1 AdVermiG genannten Stellen besteht in der Situation des sog. „**überregionalen Adoptionsausgleichs**" (§ 10 Abs. 3 AdVermiG) theoretisch auch ein Rechtsanspruch auf Eignungsüberprüfung gegenüber den zentralen Adoptionsstellen der Landesjugendämter. In der Praxis werden diese allerdings iaR bei den Vermittlungsstellen in ihrem Bereich oder dem Zuständigkeitsbereich der anderen zentralen Adoptionsstellen anfragen, ob dort bereits überprüfte geeignete Bewerber für ein bestimmtes zu vermittelndes Kind in Betracht kommen. Sollte dies nicht der Fall sein, wird in den allermeisten Fällen gem. § 7 a Abs. 3 AdVermiG die Adoptionsvermittlungsstelle die örtlich zuständigen Jugendamt um die Vornahme der erforderlichen Ermittlungen ersucht werden (→ AdVermiG § 7 a Rn. 13). Gleichwohl hat sich die zentrale Adoptionsstelle auch im Fall eines solchen Ersuchens letztverantwortlich selbst von der Adoptionseignung zu überzeugen (§ 20 Abs. 2 SGB X), sofern sie als Vermittlungsstelle tätig wird, bspw. auf der Grundlage des von der örtlichen Adoptionsvermittlungsstelle vorgelegten Berichts über die Bewerber, zusätzlicher Einzel- oder Paargespräche, eingereichter Unterlagen oder anderer geeigneter Ermittlungen.

4   Die Prüfung kann auch von Adoptionsvermittlungsstellen freier Träger vorgenommen werden (Abs. 1 Satz 2); diesen gegenüber besteht allerdings kein Rechtsanspruch auf Überprüfung, wie sich aus dem Wort „berechtigt" ergibt. Hieraus folgt zugleich, dass die freien Träger bei der Überprüfung nicht als sog. „Beliehene" hoheitlich tätig werden. Der Sicherstellungsauftrag hinsichtlich der staatlichen Pflicht zur Gewährleistung eines rechtsstaatlichen Vermittlungsverfahrens verpflichtet gem. § 9 b Satz 1 AdVermiG nämlich ausschließlich die Adoptionsvermittlungsstellen der örtlichen Jugendämter zum Tätigwerden.

5   Der Anspruch auf Eignungsprüfung gemäß Abs. 1 Satz 1 setzt einen **Antrag** voraus. Gem. § 9 Satz 1 SGB X ist dieser an keine bestimmte Form gebunden. Er kann also auch mündlich, telefonisch, schriftlich, per Mail, Fax oder in anderer Form gestellt werden.

6   Ein Vorrang des Anspruchs auf Eignungsüberprüfung für eine Inlandsadoption (Abs. 1) gegenüber der Prüfung für ein internationales Verfahren (§ 7 b AdVermiG) lässt sich trotz der Zugehörigkeit der Adoptionsvermittlung zur Kinder- und Jugendhilfe (→ AdVermiG Einl. Rn. 9) nicht aus dem Gesetz ableiten. Umgekehrt ergibt sich aus dem in Art. 35 HAÜ enthaltenen Beschleunigungsverbot aber auch keine Priorität der Auslands- gegenüber der Inlandsvermittlung

---

1 LG München 12.7.2011 – 12 O 6823/10; HK-Grundgesetz/Antoni GG Art. 6 Rn. 8 mwN.
2 VG Hamburg 18.12.2001 – 13 VG 2780/2001, JAmt 2002, 464 ff.
3 MüKoBGB/v. Hein EGBGB Art. 5 Rn. 123; Palandt/Thorn EGBGB Art. 5 Rn. 10; Mrozynski SGB I § 30 Rn. 23.

(hierzu → AdVermiG § 7 b Rn. 3). **Anträge auf Überprüfung der Bewerbereig-nung** nach **§§ 7 und 7 b AdVermiG** sind daher **grundsätzlich gleichberechtigt** zu behandeln (Art. 3 Abs. 1 GG). Etwas anderes gilt lediglich dann, wenn innerhalb des eigenen Zuständigkeitsbereichs oder im Rahmen des überregionalen Adopti-onsausgleichs (§ 10 AdVermiG) ein konkretes Kind zur Adoptionsvermittlung ansteht. Da in dieser Situation eine Priorisierung im Interesse des Kindeswohls nicht nur möglich, sondern geboten ist, sieht § 7 a Abs. 1 hier die Pflicht zu „un-verzüglichen" Ermittlungen und damit der schnellstmöglichen Klärung vor, ob eine Platzierung des konkreten Kindes bei bestimmten Bewerbern tragfähig er-scheint (→ AdVermiG § 7 a Rn. 5).

II. Umfang und Dauer der Ermittlungen

Der konkrete Umfang der Prüfung der einzelnen, nachfolgend skizzierten Eig-nungskriterien muss sich an den **Notwendigkeiten des Einzelfalles** orientieren. Nach der Rspr. ist die Vermittlungsstelle **verpflichtet, sich ein umfassendes Bild von den Adoptionsbewerbern** und davon zu machen, ob diese vor dem Hinter-grund der Voraussetzungen des § 1741 BGB als geeignet für die Aufnahme eines Kindes anzusehen sind. Dabei kommt es nicht auf eine Momentaufnahme an, sondern die Prüfung hat prognostisch mit Reichweite weit in die Zukunft hinein zu erfolgen. Entscheidend ist daher nicht allein, ob für kurz- und mittelfristige Zeiträume eine Verbesserung der Situation für das zu adoptierende Kind zu er-warten ist, sondern es sind die langfristigen Entwicklungen zu berücksichtigen.[4]

Die Tatsache, dass Abs. 2 nur eine unvollständige Auflistung von Eignungskri-terien vorsieht, darf keinesfalls zu einer Verkürzung der Prüfung auf die dort in Nr. 1 bis 5 genannten Punkte führen. Vielmehr entscheidet die Vermittlungs-stelle iR des **Amtsermittlungsprinzips** (§ 20 SGB X), welche Informationen für die Entscheidung über die Bewerbereignung erforderlich sind, und wie diese in sachgerechter Weise erhoben werden können (zB durch Vorlage von Doku-menten, Paargespräche, Einzelgespräche, Gruppengespräche, Seminare oder den Einsatz kreativer Methoden), vgl. § 21 Abs. 1 SGB X. Dabei ist weder eine Mindestzahl von Gesprächen mit den Bewerbern noch die Durchführung von Seminaren oder die Einholung von medizinischen oder psychologischen Fachgut-achten durch das Gesetz vorgegeben. Vielmehr liegt die Verfahrensgestaltung im pflichtgemäßen Ermessen der jeweiligen Vermittlungsstelle. Sowohl der Ab-lauf als auch Kriterien, Erkenntnisquellen und die gewählte Methodik haben sich dabei ausschließlich an den fachlichen Standards zu orientieren, wie sie in den einschlägigen Fachveröffentlichungen (s. die Literaturnachweise oben) und den Empfehlungen der BAGLJÄ (Nr. 7.4) niedergelegt sind. Im Rahmen der für die Überprüfung erforderlichen Ermittlungen sind die Vorgaben des Sozialdaten-schutzes und der DSGVO zu beachten (s. hierzu die Kommentierung bei § 9 e AdVermiG).

Bedient sich die Vermittlungsstelle im Rahmen der Ermittlungen externen Sachverstands (zB durch PsychologInnen, ÄrztInnen oder Honorarkräfte aus dem psychosozialen Bereich), trägt sie gleichwohl die Letztverantwortung für das Ergebnis der Überprüfung. Sie hat sich daher auch bei einer Delegation von Prüfungsschritten von deren fachgerechter Durchführung zu überzeugen (→ AdVermiG § 2 Rn. 3).

Auch zur **Dauer der Bewerberüberprüfung** finden sich im Gesetz keine Vorgaben. Es ist somit Aufgabe der Vermittlungsstelle, die erforderlichen Schritte so zu terminieren, dass einerseits keine unnötigen Verfahrensverzögerungen eintreten (vgl. § 9 Satz 2 SGB X, der ein „zügiges" Verfahren vorschreibt). Andererseits

7

8

---

4 VG Sigmaringen 25.9.2008 – 8 K 159/07.

ist Bewerbern ausreichend Zeit und Gelegenheit zu geben, um ihre Sichtweisen und Selbsteinschätzungen zu reflektieren und die Entscheidung für die Aufnahme eines Kindes und die Vorstellungen über dessen Eigenschaften reifen zu lassen. Die mit derartigen Prozessen zwangsläufig verbundene längere Verfahrensdauer ist angesichts von in der Praxis oft zu beobachtenden unzureichenden Vorinformationen, spontanen Entscheidungen oder pauschalem Denken der Bewerber (zB hinsichtlich Behinderungen und/oder Verhaltensauffälligkeiten) häufig dringend erforderlich und liegt auch im Bewerberinteresse. Eine Vorbereitungs- und Überprüfungszeit von sechs bis zwölf Monaten dürfte bei Bewerbern ohne besondere Problemstellungen dem Durchschnitt entsprechen[5] und iS eines zweckmäßigen Verfahrens nach § 9 Satz 2 SGB X angemessen sein. Die IAGJ geht davon aus, dass der Zeitrahmen „mindestens der Dauer einer Schwangerschaft entsprechen sollte."[6] Willkürlich und rechtlich unzulässig wäre dagegen, Gesprächstermine ohne jeden ersichtlichen Grund zu verzögern. Daher sollten die Vermittlungsstellen Bewerbern den Grund für etwaige längerfristige Terminvereinbarungen stets offen kommunizieren.

9   Die Bewerber sind gem. § 7 e AdVermiG zur **Mitwirkung** an der Eignungsprüfung verpflichtet (zu den Details s. dort). Stellen sie die erforderlichen Informationen oder Unterlagen nicht zur Verfügung oder verschließen sie sich fachlich erforderlichen Ermittlungen, so tragen sie das Risiko, dass ihre Adoptionseignung von der Vermittlungsstelle nicht abschließend positiv festgestellt werden kann.

Im Übrigen stehen den Bewerbern im Rahmen der Ermittlungen die allgemeinen Verfahrensrechte zu, etwa das Recht, sich von Bevollmächtigten vertreten und von Beiständen begleiten zu lassen (§ 13 Abs. 1 und 4 SGB X), das Recht auf Anhörung (§ 24 SGB X) und Akteneinsicht (§ 25 SGB X), das Auskunftsrecht aus Art. 15 Abs. 1 DSGVO iVm § 83 SGB X oder die Möglichkeit, Befangenheitsanträge zu stellen (§ 17 SGB X).

III. Eignungskriterien

10   Die bei der Überprüfung der Adoptionseignung anzuwendenden Kriterien sind allgemein niedergelegt in Art. 10 EAÜ.[7] Abs. 2 enthält eine Aufzählung von im Rahmen der Überprüfung zu berücksichtigen Eignungskriterien, die sich daran orientieren. Demnach ist im Rahmen der Eignungsprüfung auf die persönlichen und familiären Umstände (Nr. 1), den Gesundheitszustand (Nr. 2) und das soziale Umfeld der Adoptionsbewerber einzugehen (Nr. 3). Darüber hinaus sind die Beweggründe der Adoptionsbewerber für die Adoption (Nr. 4) und die Eigenschaften der Kinder, für die zu sorgen die Adoptionsbewerber fähig und bereit sind (Nr. 5), zu überprüfen. Diese Auflistung ist allerdings nicht abschließend und auch nicht zwingend, wie sich aus dem Wort „insbesondere" ergibt. Vielmehr hat eine **umfassende Eignungsüberprüfung** anhand **aller fachlich und rechtlich relevanten Aspekte** und abhängig von den Besonderheiten des **jeweiligen Einzelfalls** zu erfolgen. Konkret ergeben sich die im Rahmen der Eignungsprüfung relevanten Kriterien aus den fachlichen Standards, wie sie etwa in den Empfehlungen der BAGLJÄ zur Adoptionsvermittlung oder anderen Fachveröffentlichungen niedergelegt sind. Das VG Sigmaringen hat in seiner Entscheidung vom 25.9.2008[8] ausgeführt, dass die BAGLJÄ-Empf. zwar weder materiellen Gesetzescharakter haben noch eine Verwaltungsvorschrift sind. Sie böten jedoch

---

5   Ebenso die Antwort der Bundesregierung auf eine kleine Anfrage der FDP-Fraktion in BT-Drs. 15/4240, 6.
6   Abschlusserklärung der 13. Arbeitstagung 2002, 4.
7   Abgedruckt im Anhang zur Vorbemerkung zu § 7 AdVermiG.
8   VG Sigmaringen 25.9.2008 – 8 K 159/07.

angesichts der darin zum Ausdruck gebrachten fachlichen Ratschläge eine beachtliche Anwendungs- und Auslegungshilfe für die Normen des AdVermiG.[9] Als Eignungskriterien sind vor allem zu beachten:

- **Persönlichkeit, physische und psychische Belastbarkeit** der Bewerber.[10]

- **Gesundheit** (Abs. 2 Nr. 2): Die Annehmenden müssen physisch und psychisch in der Lage sein, die erzieherische und pflegerische Versorgung des Kindes sicherzustellen.[11] Zudem sollte die körperliche Konstitution der Bewerber gewährleisten, dass diese mit dem Kind herumtollen, es aber zumindest problemlos hochheben und vor Alltagsgefahren schützen können. Daran kann es bspw. bei extremer Fettleibigkeit oder anderen körperlichen Einschränkungen fehlen (zum datenschutzrechtlichen Umgang mit Gesundheitsdaten iSv Art. 4 Nr. 15 und Art. 9 DSGVO, → AdVermiG § 9 e Rn. 17).

- **Alter:** Eine obere Altersgrenze ist im Gesetz nicht vorgesehen. Das Alter der Bewerber ist damit per se kein Ausschlussgrund.[12] Entscheidend ist, ob die Annehmenden den möglichen Belastungen auf Dauer gewachsen sind[13] und eine langjährige Erziehung des Kindes in der Adoptivfamilie sichergestellt ist. Die Empf. zur Adoptionsvermittlung der BAGLJÄ gingen bis zur 6. Aufl. noch ausdrücklich davon aus, dass der Altersunterschied zwischen Kind und Bewerber daher 40 Jahre nicht überschreiten sollte und oberhalb dieser Grenze nur in Ausnahmefällen eine Vermittlung in Betracht kommt. Als Orientierungshilfe ist dieser Abstand weiterhin tauglich:[14] Zum einen wird dadurch der grundsätzlich erforderliche[15] Generationenabstand zumindest näherungsweise eingehalten und damit das von § 1741 BGB sowie Art. 9 Abs. 2 Satz 2 EAÜ geforderte Eltern-Kind-Verhältnis schon altersmäßig erreicht. Zum anderen ist auch nach der Rspr. bei gesundheitlich in allen für die Adoption relevanten Bereichen voll leistungsfähigen Adoptionsbewerbern nicht zu beanstanden, wenn die Prognose bei vergleichsweise älteren Bewerbern im Einklang mit der allgemeinen Lebenserfahrung weniger günstig ausfällt, weil innerhalb des zu prognostizierenden Zeitraums mit höherer Wahrscheinlichkeit mit gesundheitlichen Einschränkungen und einem Verlust körperlicher Leistungsfähigkeit zu rechnen ist.[16] Eine positivere Prognose kann sich dagegen ergeben, wenn einer der adoptierenden Ehepartner wesentlich jünger ist als der andere.[17] In jedem einzelnen Fall ist aber die konkrete Situation entscheidend.[18] Unzulässig ist jedenfalls, Bewerber ohne nähere Prüfung alleine wegen ihres Alters abzulehnen.[19]

---

9   Ebenso VG München 21.4.2010 – M 18 K 09.4652; Paulitz Adoption/Krebs, S. 230 ff.

10   Vgl. hierzu VG Hamburg 1.12.2005 – 13 K 3059/05.

11   Empf. Nr. 7.4.2.3; Reinhardt BZGA-Forum 1/2014, 13 f.; LG Hamburg 20.5.2005 – 301 T 482/04; OLG Frankfurt a.M. 12.6.2003 – 20 W 264/02.

12   OLG Köln 27.1.2015 – 4 UF 181/14.

13   VG Hamburg 18.12.2001 – 13 VG 2780/2001; AG Rostock 25.3.2009 – 10 XVI 11/07; OLG Frankfurt a.M. 12.6.2003 – 301 T 482/02.

14   NK-BGB/Dahm BGB § 1741 Rn. 17 f.

15   NK-BGB/Dahm BGB § 1741 Rn. 17 f. mwN; AG Köln 19.11.2014 – 308 F 90/14 mwN; OLG Koblenz 23.2.2016 – 7 UF 758/15.

16   AG Rostock 25.3.2009 – 10 XVI 11/07; OLG Frankfurt a.M., 12.6.2003 – 20 W 264/02; LG Hamburg 20.5.2005 – 301 T 482/04; AG Köln 12.2.2007 – 60 XVI 152/06; OVG Greifswald 19.3.2020 – 1 M 251/18 OVG.

17   VG Hamburg 1.12.2005 – 13 K 3059/05; VG Sigmaringen 25.9.2008 – 8 K 159/07.

18   OLG Köln 27.1.2015 – 4 UF 181/14; ebenso die Neufassung der Empf. in Nr. 7.4.2.2 und die Antwort der Bundesregierung auf die kleine Anfrage der FDP-Fraktion in BT-Drs. 15/4240, 8.

19   VG Hamburg 1.12.2005 – 13 K 3059/05.

- **Lebensziele/Lebenszufriedenheit**; Auseinandersetzung mit der eigenen Biografie.[20]
- **Entwicklung eines ausreichenden Problembewusstseins** und ausreichende Auseinandersetzung mit dem eigenen Adoptionswunsch:[21] Insoweit ist nach dem Motiv der Adoption zu fragen (Abs. 2 Nr. 4). Unlautere Motive werden etwa gegeben sein, wenn die Adoption einzig der Einreise des Kindes aus dem Ausland dient oder sie lediglich die Verbesserung der materiellen Situation des Kindes[22] oder die Erwartung einer besseren Ausbildung und besserer Zukunftschancen in Deutschland[23] bezweckt. Bei der Adoption von Enkelkindern oder Geschwistern wird regelmäßig zu bedenken sein, dass es dadurch zu für das Kind nachteiligen „massiven Verwirrungen"[24] der verwandtschaftlichen Beziehungen kommen kann. Daher wird die Adoption durch Großeltern nur in Ausnahmefällen in Betracht kommen.[25] Entsprechendes wird bei der Adoption unter Geschwistern zu bedenken sein.
- **Erziehungsleitende Vorstellungen:** IR der Eignungsüberprüfung ist das künftige Erziehungsverhalten zu prognostizieren und zu bewerten.[26] Insoweit ist auch die Bereitschaft zur **Aufklärung des Kindes über seine Adoption** zu bedenken, da dies großen Einfluss auf die weitere Identitätsentwicklung des Adoptierten haben kann;[27] (s. a. → AdVermiG § 8 a Rn. 1).
- **Partnerschaftliche Stabilität und soziales Umfeld** (Abs. 2 Nr. 1 und 3): Da es für das adoptierte Kind von zentraler Bedeutung ist, in seiner neuen Familie stabile und dauerhafte Bindungen aufbauen zu können, ist eine stabile Partnerschaft der Annehmenden erforderlich.[28] Das OLG Nürnberg stellt zwar ausdrücklich fest, dass keine Mindestdauer der Ehe vorgeschrieben ist, nimmt aber unter Verweis auf das französische Recht nach einer Ehedauer von mindestens 2 Jahren die Stabilität der Beziehung an.[29] Bei nichtehelichen Lebensgemeinschaften sieht § 1766 a Abs. 2 Nr. 1 BGB vier Jahre vor (zu den Details → BGB § 1766 a Rn. 18 ff.).
  Bei **nichtehelichen Lebensgemeinschaften** und eingetragenen gleichgeschlechtlichen **Lebenspartnerschaften** (§ 1 LPartG) hat die Eignungsüberprüfung auch die Partnerin bzw. den Partner der adoptierenden Person einzubeziehen, da nur in diesem Fall ein umfassendes Bild von der zukünftigen Lebenssituation des Kindes entstehen kann.[30] Bei der **Stiefkindadoption im Rahmen nichtehelicher Lebensgemeinschaften** ist besonderes Augenmerk auf die Bestandsfestigkeit der Paarbeziehung zu richten (vgl. § 1766 a BGB und → BGB § 1766 a Rn. 8 ff.) und diese im Wege einer detaillierten Einzelfallbetrachtung zu ermitteln.[31] Auch Art. 7 Abs. 2 Satz 2 EAÜ stellt auf das Kriterium der

---

20 Vgl. VG Hamburg 18.12.2001 – 13 VG 2780/2001.
21 VG Hamburg 18.12.2001 – 13 VG 2780/2001; s. a. Art. 10 Abs. 2 lit. b und Abs. 5 EAÜ.
22 LG Flensburg 28.3.2011 – 5 T 157/10.
23 LG Lüneburg 31.1.2007 – 3 T 14/07.
24 BayObLG 6.12.1996 – 1Z BR 100/96.
25 OLG Oldenburg 3.11.1995 – 5 W 187/95; Deutsches Institut für Vormundschaftswesen ZfJ 1997, 223.
26 Empf. Nr. 7.4.2.8; LG Hamburg 20.5.2005 – 301 T 482/04.
27 OLG Stuttgart 20.5.2015 – 17 UF 61/15.
28 Empf. Nr. 7.4.2.5; LG Hamburg 20.5.2005 – 301 T 482/04.
29 OLG Nürnberg 5.11.2018 – 7 UF 958/15 Rn. 66.
30 GZA Rheinland-Pfalz und Hessen (Hrsg.), Praxisleitfaden für Fachkräfte der Adoptionsvermittlungsstellen zur Feststellung der Adoptionseignung nach § 7 AdVermiG, 2009, S. 55.
31 BVerfG 2.5.2019 – 1 BvR 673/17.

partnerschaftlichen Stabilität ab, soweit die Adoption durch weder verheiratet noch verpartnert zusammenlebende Paare vorgesehen ist.
In Bezug auf **gleichgeschlechtliche Annehmende** hat das BVerfG in seiner Entscheidung zur Sukzessivadoption durch eingetragene Lebenspartner[32] ausdrücklich darauf hingewiesen, dass keinerlei Hinweise auf ein nachteiliges Aufwachsen von Kindern bei gleichgeschlechtlichen Elternpaaren ersichtlich sind. Allein die Tatsache, dass das Kind bei homosexuellen (Ehe- oder Lebens-) Partnern aufwächst, steht deren Adoptionseignung somit grds. nicht entgegen.[33] Auch der EGMR hält die Verweigerung einer Adoptionsmöglichkeit für unzulässig, sofern diese ausschließlich auf die Tatsache der Homosexualität gestützt wird.[34] Allerdings wird in einer solchen Situation der Umgang mit möglichen Diskriminierungen eines durch zwei Elternteile gleichen Geschlechts adoptierten Kindes zu thematisieren sein.
Die Annahme eines Kindes durch **alleinstehende Bewerber** bedarf ebenfalls einer besonders eingehenden Kindeswohlprüfung. Insbes. ist sicherzustellen, dass die adoptierende Person auch wirklich zur Hauptbezugsperson des Kindes wird. Die Vereinbarkeit von Elternschaft und Erwerbstätigkeit muss sichergestellt sein, um eine Fremdunterbringung des Kindes – gerade während der Eingewöhnungszeit – zu vermeiden (s. u. „Berufstätigkeit").[35]
In die Eignungsprüfung sind auch die **weiteren Kinder in der Familie der Annehmenden** einzubeziehen. Diese können ihre Interessen zudem gem. § 1745 BGB in das gerichtliche Adoptionsverfahren einbringen (vgl. § 193 FamFG). Erwachsene Kinder der Annehmenden gehören nicht mehr zu deren Familiensystem, so dass es für die Integration des anzunehmenden Kindes und damit die Frage der Elterneignung nicht darauf ankommt, welche Einstellung diese in Bezug auf die geplante Adoption besitzen.[36] Gleichwohl sollte das weitere soziale **Umfeld als Unterstützungssystem** grds. hinter der Adoption stehen.[37] Sind bereits Kinder mit besonderen Anforderungen in der Familie, kann dies im Einzelfall gegen die Eignung für die Aufnahme eines weiteren Kindes sprechen.[38]

■ **Wohnverhältnisse:**[39] Es ist zu prüfen, ob in der Wohnung der Annehmenden ein gemeinsamer Haushalt mit dem angenommenen Kind geführt werden kann, oder – falls dies nicht der Fall ist – der Umzug in eine größere Wohnung aufgrund der finanziellen Situation realistisch ist[40] (zu Mietverträgen in Adoptionsakten → AdVermiG § 9 e Rn. 7). Zumindest muss eine kindgerechte Umgebung mit ausreichendem Rückzugsraum zur Verfügung stehen.

■ **Berufstätigkeit:** Diese stellt als solche kein Vermittlungshindernis dar.[41] Gleichwohl darf die Erziehung des Kindes – gerade in der Eingewöhnungszeit – nicht überwiegend außerhalb der Familie stehenden Personen überlassen sein. Die Rspr.[42] weist in diesem Zusammenhang darauf hin, dass Adoptivkinder angesichts der Erfahrung des Zerbrechens familiärer Bindungen und der damit verbundenen Erschütterung des Vertrauens in die Stabilität

---

32　BVerfG 19.2.2013 – 1 BvL 1/11 sowie 1 BvR 3247/09; hierzu Reinhardt RdJB 2013, 343 und Schütze RdJB 2013, 351 ff.
33　Schütze RdJB 2013, 351 ff. mwN.
34　EGMR 22.1.2008 – 43546/02; EGMR 19.2.2013 – 19010/07.
35　Vgl. VG Freiburg 8.12.2003 – 8 K 1625/02.
36　VG Hamburg 1.12.2005 – 13 K 3059/05.
37　Empf. Nr. 7.4.2.10.
38　OVG Greifswald 19.3.2020 – 1 M 251/18 OVG.
39　Hierzu OLG Nürnberg 5.11.2018 – 7 UF 958/15 Leitsatz 2.
40　VG München 27.4.2005 – M 18 K 04.39.
41　VG Hamburg 1.12.2005 – 13 K 3059/05.
42　VG Hamburg 18.12.2001 – 13 VG 2780/2001; VG Freiburg 8.12.2003 – 8 K 1625/02.

zwischenmenschlicher Beziehungen in erhöhtem Maß auf die künftigen Bezugspersonen angewiesen sind und deren erhöhte Verfügbarkeit benötigen.[43]

■ **Wirtschaftliche Verhältnisse:** Auch die wirtschaftliche Gesamtsituation der Familie stellt eine Rahmenbedingung für die kindliche Entwicklung dar. Von den Bewerbern muss daher ein schlüssiges finanzielles Konzept vorgelegt werden, wie der Lebensunterhalt ihrer Familie nach Aufnahme eines Adoptivkindes finanziert werden könnte.[44] Bei Abhängigkeit von Sozialleistungen wird dies zu bezweifeln sein;[45] ebenso, wenn der Annehmende gegenüber anderen Unterhaltsbedürftigen im Unterhaltsrückstand ist oder auf absehbare Zeit keine Erfüllung von Unterhaltspflichten zu erwarten ist.[46] Zu Kontoauszügen in Adoptionsakten → AdVermiG § 9 e Rn. 7.

■ **Vorstrafen:** Diese stehen einer Vermittlung nur dann entgegen, wenn sie auf ein ungeeignetes Verhalten gegenüber Kindern schließen lassen. Dies wird stets bei Straftaten gegen die sexuelle Selbstbestimmung anzunehmen sein. Gleiches kann für Vorstrafen wegen Körperverletzungs- oder Gewaltdelikten gelten, wenn aus diesen auf Gewalt als Konfliktlösungsmuster geschlossen werden kann.[47] Eine Vielzahl an Geld- und Bewährungsstrafen kann gegen die Adoptionseignung sprechen, wenn von diesen auf eine Fortsetzung krimineller Aktivitäten geschlossen werden kann und ein Bewährungswiderruf bzw. ein Gefängnisaufenthalt im Raum steht oder aber die Fähigkeit und Bereitschaft bezweifelt werden muss, die anzunehmenden Kinder zu rechtstreuem Verhalten anzuleiten.[48] Zur Erhebung und Verarbeitung von Informationen über strafrechtliche Verurteilungen s. Art. 10 DSGVO und → AdVermiG § 9 e Rn. 8.

■ **Sprache:** Ziel der Adoption ist die bestmögliche Eingliederung des Kindes in die Adoptivfamilie und das neue soziale Umfeld einschließlich der vorschulischen, schulischen und beruflichen Integration. Dies erfordert zwangsläufig ausreichende deutsche Sprachkenntnisse der Annehmenden, um zB Elterngespräche in der KiTa oder Elternabende in der Schule führen und verstehen zu können. Die Forderung eines bestimmten gehobenen Sprachniveaus (zB auf Level B2 oder C1 des Gemeinsamen Europäischen Referenzrahmens für Sprachen) wird rechtlich aber kaum begründbar sein. Gerade bei Stiefkind- und Verwandtenadoptionen ist zudem eine bereits entstandene Bindung des Kindes an die Annehmenden zu bedenken – auch deren drohender Abbruch ist mit den Risiken ggf. unzureichender deutscher Sprachkenntnisse der Annehmenden abzuwägen.

Im Rahmen der Überprüfung ist gem. Abs. 2 Nr. 5 auch auf die **Eigenschaften der Kinder** einzugehen, „für die zu sorgen die Adoptionsbewerber fähig und bereit sind". Die entsprechenden Erwägungen, die in den nach Abs. 3 zu erstellenden Bericht (→ Rn. 13) einfließen, sollen dazu beitragen, dass anschließend eine fundierte Platzierungsentscheidung getroffen werden kann. Wichtig ist dafür, dass nicht nur die vorhandenen Ressourcen, sondern vor allem auch die Grenzen der Annehmenden ausgelotet werden, weil nur in diesem Fall eine fachgerechte und

---

43 Ebenso die Antwort der Bundesregierung auf die kleine Anfrage der FDP-Fraktion in BT-Drs. 15/4240, 9 f.
44 VG München 27.4.2005 – M 18 K 04.3915.
45 Bayerisches Landesjugendamt (Hrsg.), Eignungsüberprüfung von Bewerbern, 2. Aufl. 2006, S. 19; OVG Greifswald 19.3.2020 – 1 M 251/18 OVG in Bezug auf die Abhängigkeit von Pflegegeld; AG Rostock 25.3.2009 – 10 XVI 11/07.
46 OLG Nürnberg 5.11.2018 – 7 UF 958/15 Rn. 67 ff.
47 Empf. Nr. 7.4.2.14.
48 OLG Nürnberg 5.11.2018 – 7 UF 958/15 Rn. 64 ff.

damit auch langfristig kindeswohldienliche Platzierungsentscheidung zu erwarten ist.

Weitere Kriterien und detaillierte Hinweise zur Bewerberüberprüfung, den fachlichen Methoden und der Bewertung der Kriterien finden sich in den og Fachveröffentlichungen der Landesjugendämter (→ AdVermiG § 7 Rn. 1).[49]

Die Vermittlungsstellen sind stets zu einer neutralen Ermittlung und Beurteilung   11
verpflichtet (§ 20 Abs. 2 SGB X). Laut der Rspr. können Bewerber Defizite in einzelnen Teilbereichen durch andere Vorzüge **ausgleichen**.[50] Gleichwohl stehen die einzelnen fachlichen Kriterien **nicht gleichberechtigt nebeneinander**. So ist etwa kaum vorstellbar, dass eine unzureichende persönliche Eignung durch das Vorhandensein einer besonders günstigen wirtschaftlichen Stellung kompensiert werden kann. Auch kann das Zusammentreffen verschiedener ungünstiger Aspekte, die jeweils für sich möglicherweise nicht zur Ablehnung der Adoptionseignung führen würden, trotz vorhandener positiver Aspekte eine Gesamtbeurteilung als ungeeignet rechtfertigen. Daher verbietet sich jegliche schematisch-mathematische Verrechnung von Plus- und Minuspunkten.[51]

IV. Entscheidung über die Adoptionseignung

Bei der Prüfung der Adoptionseignung hat die Vermittlungsstelle einen **Beurtei-**   12
lungsspielraum. Gleichwohl muss die Beurteilung auf einem ausreichend ermittelten Sachverhalt und damit einer geeigneten und tragfähigen fachlichen Grundlage basieren.[52]

Das Ergebnis der Überprüfung ist den Adoptionsbewerbern mitzuteilen (Abs. 3   13
Satz 2). Da keine Form vorgeschrieben ist (vgl. § 9 Satz 1 SGB X), kann die Mitteilung mündlich, schriftlich oder elektronisch erfolgen.[53] Zudem verfasst die Vermittlungsstelle gem. Abs. 3 Satz 1 einen **Bericht** (auch Eignungsbericht, Sozialbericht oder „Home Study" genannt), ganz gleich ob das Überprüfungsergebnis für die Bewerber positiv oder negativ ausgefallen ist. Zulässig ist es, in diesen auch Einschränkungen hinsichtlich der Eigenschaften der Kinder aufzunehmen, für die die Bewerber zu sorgen geeignet wären (vgl. Abs. 2 Nr. 5 und → Rn. 10). Möglich ist auch, die Geltungsdauer des Berichts zeitlich zu begrenzen, was insbesondere bei Bewerbern im fortgeschrittenen Alter von Bedeutung sein kann; ggf. kann eine Begrenzung der Geltungsdauer gegenüber einer völligen Ablehnung der Eignung im Einzelfall sogar aus Gründen der Verhältnismäßigkeit geboten sein.

Der Bericht darf den Bewerbern nicht ausgehändigt werden (Abs. 3 Satz 3), um   14
eine missbräuchliche Verwendung auszuschließen. Nicht vom Gesetz vorgesehen ist auch die Ausstellung allgemeiner „Eignungsbescheinigungen" oder sog. „**Un-**
bedenklichkeitsbescheinigungen" des Jugendamtes, mit denen Bewerbern eine allgemeine Adoptionseignung attestiert wird. Angesichts der negativen Erfahrungen mit Adoptionswilligen, die auf der Grundlage solcher Bescheinigungen wiederholt auf unbegleitetem und unseriösem Wege Kinder „beschaffen" konnten, kann von deren Ausstellung auch aus fachlicher Sicht nur dringend abgeraten

---

49 Ebenso bei Behrentin AdoptionsR-HdB/Braun Kap. B Rn. 276 ff. und 317 ff.
50 VG Sigmaringen 25.9.2008 – 8 K 159/07.
51 VG Hamburg 18.12.2001 – 13 VG 2780/2001; 1.12.2005 – 13 K 3059/05; VG Sigmaringen 25.9.2008 – 8 K 159/07.
52 StRspr., vgl. VG Hamburg 18.12.2001 – 13 VG 2780/2001; VG Freiburg 8.12.2003 – 8 K 1625/02; VG Sigmaringen 25.9.2008 – 8 K 159/07; VG München 27.4.2005 – M 18 K 04.3915.
53 Maurer FamRZ 2003, 1337.

werden.[54] Auch eine Weitergabe des Berichts an Notariate, Ausländerbehörden oder andere Stellen ist nicht vom Gesetz vorgesehen und wird wegen der strengen Zweckbindung von Adoptionsdaten (vgl. § 9 e Abs. 1 AdVermiG) in aller Regel datenschutzrechtlich unzulässig sein.

15   Der Bericht nach Abs. 3 dient der zusammenfassenden Darstellung des Ergebnisses der Ermittlungen der Adoptionsvermittlungsstelle. Die konkreten Anforderungen an den **Inhalt des Berichts** orientieren sich an Art. 15 Abs. 1 HAÜ: Er hat alle für die Adoptionseignung relevanten Angaben über die Person der Adoptionsbewerber, ihre persönlichen und familiären Umstände, ihren Gesundheitsstatus, ihr soziales Umfeld und ihre Beweggründe für die Adoption zu enthalten. Auch Aussagen über die Eigenschaften der Kinder, für die zu sorgen die Bewerber geeignet wären, sind aufzunehmen (vgl. Abs. 2 Nr. 5).

Hinweise für die Abfassung des Sozialberichts finden sich im Anhang der Empf. der BAGLJÄ oder in: GZA Rheinland-Pfalz und Hessen (Hrsg.): Praxisleitfaden für Fachkräfte der Adoptionsvermittlungsstellen zur Feststellung der Adoptionseignung nach § 7 AdVermiG, 2009, S. 87.

In rechtlicher Hinsicht ist hinsichtlich des Überprüfungsergebnisses zu differenzieren:

16   **1. Feststellung der Adoptionseignung.** Stellt die zuständige Adoptionsvermittlungsstelle die Eignung fest, so ist dies im Inlandsverfahren ohne unmittelbare Auswirkung auf die Bewerber. Allenfalls lässt sich aus der Folge, dass die als geeignet beurteilten Bewerber auf die in der Vermittlungsstelle geführte Liste der Adoptionswilligen gesetzt werden, eine mittelbare Auswirkung herleiten. Die positive Eignungsfeststellung stellt daher keinen Verwaltungsakt dar.[55] Anderes dürfte gelten, wenn die Eignung grundsätzlich bejaht, aber in Bezug auf die Eigenschaften des zu vermittelnden Kindes eingeschränkt wird (sog. Verwaltungsakt mit Doppelwirkung).

Bewerben sich Adoptionswillige bei einer anderen inländischen Vermittlungsstelle um die Adoption eines Kindes (unabhängig davon, ob diese in öffentlicher oder privater Trägerschaft betrieben wird), ist dieser der Bericht mit dem Einverständnis der Bewerber vorzulegen; den Bewerbern selbst darf er nicht ausgehändigt werden (Abs. 3 Satz 3).

17   **2. Ablehnung der Adoptionseignung.** Auch im Fall einer Eignungsablehnung sind die Bewerber hierüber zu informieren (Abs. 3 Satz 2) und es ist ein entsprechender Bericht zu erstellen (Abs. 3 Satz 1). Die **Ablehnung der Adoptionseignung** stellt wegen des damit verbundenen Ausschlusses vom weiteren Vermittlungsverfahren einen **Verwaltungsakt iSv § 31 SGB X** dar.[56] Vor der Ablehnung der Elterneignung ist den Bewerbern daher gem. § 24 SGB X Gelegenheit zur Stellungnahme zu geben (eine bestimmte Form ist hierfür nicht vorgegeben, vgl. § 9 SGB X). Sofern eine solche innerhalb einer angemessenen Frist eingeht, hat sich die Vermittlungsstelle in der Begründung eines nachfolgenden Ablehnungsbescheids mit den Argumenten der Bewerber auseinanderzusetzen.

Die Ablehnung selbst kann in jedweder Form und somit auch – bspw. im Rahmen eines Abschlussgesprächs – mündlich erfolgen (§ 33 Abs. 2 Satz 1 SGB X). Sie sollte aber aus Beweisgründen schriftlich oder elektronisch ergehen, wenn nach dem Verlauf der Kontakte und insbes. im Zuge der Anhörung nach § 24 SGB X ein Dissens mit den Bewerbern besteht und rechtliche Auseinandersetzun-

---

54 Empf. Nr. 7.4.3.1.
55 VG Hamburg JAmt 2002, 464 ff.; VG Freiburg FamRZ 2004, 1317 ff.; Paulitz Adoption/Kunkel, S. 182.
56 VG München 21.10.2015 – M 18 K 14.5346 mwN; VG Freiburg FamRZ 2004, 1317 ff. mwN; Wiesner/Elmauer AdVermiG § 7 Rn. 12.

gen zu befürchten sind. Eine mündliche Ablehnung ist zudem auf Verlangen der Bewerber zwingend schriftlich oder elektronisch zu bestätigen (§ 33 Abs. 2 Satz 2 SGB X). In einem schriftlichen oder elektronischen Ablehnungsbescheid sind gem. § 35 SGB X Umfang, Art und Weise der Ermittlungen, die gewonnenen Erkenntnisse sowie die Kriterien bei der Ausübung des Beurteilungsspielraums (→ Rn. 12) hinsichtlich der Eignungsbewertung anzugeben. Zweckmäßigerweise werden sich die fachlichen Begründungen im Ablehnungsbescheid mit den Ausführungen in dem nach Abs. 3 Satz 1 zu erstellenden Bericht decken. Darüber hinaus muss der Bescheid gem. § 36 SGB X eine Rechtsbehelfsbelehrung enthalten.

Muster für ablehnende Bescheide finden sich in: GZA Rheinland-Pfalz und Hessen (Hrsg.), Praxisleitfaden für Fachkräfte der Adoptionsvermittlungsstellen zur Feststellung der Adoptionseignung nach § 7 AdVermiG, 2009, S. 89 und LVR-Landesjugendamt Rheinland/LWL-Landesjugendamt Westfalen (Hrsg.), Arbeitshilfe zur Überprüfung von Adoptionsbewerbern, 2010, S. 58 ff.

Gegen die Ablehnung der Adoptionseignung können die Bewerber **Widerspruch** (§ 68 Abs. 1 VwGO)[57] bzw. **Anfechtungsklage vor dem Verwaltungsgericht**[58] erheben.   18

▶ **Muster: Antrag Anfechtungsklage**   19

Die Entscheidung des/der Beklagten vom ... (Datum) wird aufgehoben. ◀

oder (sofern ein Widerspruchsverfahren durchgeführt wurde):

▶ Die Entscheidung des/der Beklagten vom ... (Datum) in Gestalt des Widerspruchsbescheids vom ... (Datum) – wird aufgehoben. ◀

Die Entscheidung der Vermittlungsstelle hinsichtlich der Adoptionseignung ist wegen des ihr zustehenden Beurteilungsspielraums (→ Rn. 12) nur **eingeschränkt der gerichtlichen Überprüfung zugänglich.**[59] Das Gericht kann und darf lediglich überprüfen, ob die Entscheidung der Beklagten fachlich vertretbar und nachvollziehbar ist. Die verwaltungsgerichtliche Überprüfung muss sich dabei darauf beschränken, ob im Rahmen der Ermittlung und der Bewertung des Sachverhalts allgemeingültige fachliche Maßstäbe beachtet worden sind, ob keine sachfremden Erwägungen eingeflossen sind und die Adressaten in umfassender Weise beteiligt worden sind.[60]   20

Da die Feststellung der Eignung keine unmittelbare Außenwirkung hat und somit keinen Verwaltungsakt darstellt (→ Rn. 16), wäre eine Anfechtungsklage gegen die Eignungsablehnung zugleich als **allgemeine Leistungsklage auf Feststellung der Adoptionseignung** zulässig[61] (für den Fall einer Auslandsbewerbung s. die Hinweise bei → AdVermiG § 7 b Rn. 9 ff.).   21

▶ **Muster: Antrag allgemeine Leistungsklage**   22

Die/der Beklagte wird verurteilt, die Eignung des/der Kläger/s. als Adoptionsbewerber festzustellen und einen die Adoptionseignung des/der Kläger/s. bestätigenden Bericht zu erstellen. ◀

---

57 In einigen Bundesländern wurde das Widerspruchsverfahren vor verwaltungsrechtlichen Klagen abgeschafft, in anderen besteht die Möglichkeit, fakultativ Widerspruch einzulegen oder sofort Klage beim Verwaltungsgericht zu erheben.
58 Zum Rechtsweg im Detail Reinhardt JAmt 2015, 2.
59 VG Freiburg FamRZ 2004, 1317 mwN.
60 BVerwG ZfJ 2000, 31; VG Hamburg 1.12.2005 – 13 K 3059/05.
61 VG München 21.10.2015 – M 18 K 14.5346 mwN; VG Hamburg 11.3.1983 – 2450/82 und 18.12.2001, JAmt 2002, 464 ff.; VG Freiburg FamRZ 2004, 1317 ff.

23 Wird die Adoptionseignung durch eine **Vermittlungsstelle in freier Trägerschaft** abgelehnt und das weitere Vermittlungsverfahren nicht fortgeführt, so ist die Entscheidung der Auslandsvermittlungsstelle auf zivilrechtlichem Wege überprüfbar.[62] Maßstab der gerichtlichen Prüfung ist hier nur die Frage, ob die Vermittlungsstelle die Eignung willkürlich oder aus anderen Gründen unter Verstoß gegen den Grundsatz von Treu und Glauben (§ 242 BGB) abgelehnt hat. Dies wird dann nicht der Fall sein, wenn die unter → Rn. 7 ff. genannten Kriterien und Standards beachtet wurden.

V. Kosten der Eignungsüberprüfung

24 Die Überprüfung der Adoptionseignung für ein Kind aus dem Inland durch eine Adoptionsvermittlungsstelle in öffentlicher Trägerschaft ist nicht an Gebühren oder Auslagen geknüpft (§ 64 Abs. 1 SGB X). Zu den Kosten internationaler Verfahren iSv § 2 a Abs. 1 AdVermiG s. § 5 Nr. 2 AdVermiStAnKoV sowie → AdVermiG § 7 b Rn. 12 ff.

§ 7 a AdVermiG   Sachdienliche Ermittlungen bei der Adoption eines Kindes im Inland

(1) [1]Wird der Adoptionsvermittlungsstelle (§ 2 Absatz 1 und 3) bekannt, dass für ein Kind die Adoptionsvermittlung in Betracht kommt, so führt sie zur Vorbereitung der Adoptionsvermittlung unverzüglich die sachdienlichen Ermittlungen bei den Adoptionsbewerbern, bei dem Kind und seiner Familie durch. [2]Dabei ist insbesondere zu prüfen, ob die Adoptionsbewerber unter Berücksichtigung der Persönlichkeit des Kindes und seiner besonderen Bedürfnisse für die Adoption des Kindes geeignet sind.

(2) Mit den sachdienlichen Ermittlungen bei den Adoptionsbewerbern und bei der Familie des Kindes soll schon vor der Geburt des Kindes begonnen werden, wenn zu erwarten ist, dass die Einwilligung in die Adoption des Kindes erteilt wird.

(3) Auf Ersuchen einer Adoptionsvermittlungsstelle (§ 2 Absatz 1 und 3) übernimmt die örtliche Adoptionsvermittlungsstelle (§ 9 b), in deren Bereich die Adoptionsbewerber ihren gewöhnlichen Aufenthalt haben, die sachdienlichen Ermittlungen bei den Adoptionsbewerbern.

(4) Das Ergebnis der sachdienlichen Ermittlungen ist den jeweils Betroffenen mitzuteilen.

I. Sachdienliche Ermittlungen der Adoptionsvermittlungsstelle (Abs. 1)

1 § 7 a AdVermiG enthält Regelungen über die **Ermittlungspflicht** der Adoptionsvermittlungsstellen im Fall einer Inlandsadoption. Diese waren vor dem Inkrafttreten des Adoptionshilfe-Gesetzes in § 7 Abs. 1 und 2 AdVermiG aF enthalten. Bei den nach § 7 a AdVermiG erforderlichen Ermittlungen handelt es sich um eine **Amtspflicht** iSv § 839 BGB, soweit öffentliche Vermittlungsstellen tätig werden.[1] Unzureichende Ermittlungen können daher grds. Amtshaftungsansprüche nach § 839 BGB iVm Art. 34 GG auslösen.[2]

---

62 Zum Rechtsweg s. Reinhardt JAmt 2015, 2.
 1 StRspr.; vgl. LG Bonn 5.9.2018 – 1 O 397/17; LG Baden-Baden 27.11.2015 – 2 O 341/14; OLG Frankfurt a.M. FamRZ 2015, 518.
 2 Bei Ermittlungen freier Träger gilt dies nicht, vgl. OLG Karlsruhe 5.8.2016 – 15 U 174/15; Reinhardt JAmt 2015, 2.

1. Allgemeines. Anders als bei der Eignungsüberprüfung, die gem. §§ 7 und 7 b   2
AdVermiG nur auf Antrag der Adoptionsbewerber erfolgt, haben die Adoptionsvermittlungsstellen gem. § 7 a Abs. 1 AdVermiG die Pflicht, auch ohne Antrag
tätig zu werden, wenn für ein **konkretes Kind** die Vermittlung zu möglichen
Adoptiveltern in Betracht kommt. Bspw. kann sich ein Adoptionsbedarf aus der
Hilfeplanung (§ 36 Abs. 1 Satz 2 SGB VIII) oder dadurch ergeben, dass sich abga-
bewillige Elternteile oder -paare bei der Vermittlungsstelle melden. Ein etwaiger
„Vermittlungsauftrag" abgebender Eltern ist verwaltungsrechtlich als Anzeige
an die Vermittlungsstelle zu verstehen, dh als Hinweis auf einen etwaigen Adop-
tionsbedarf und das entsprechende Vorbereitungs-, Begleitungs-, Prüfungs- und
Vermittlungserfordernis. Da es sich bei § 7 a Abs. 1 AdVermiG nicht um ein
Antrags-, sondern um ein Amtsverfahren isv §§ 18, 20 SGB X handelt, ist der
Hinweis weder von der Geschäftsfähigkeit des Anzeigenden abhängig, noch muss
dieser ein rechtliches Interesse an der Aufnahme von Ermittlungen behaupten
können. Auch eine bestimmte Form ist nicht vorgegeben (vgl. § 9 Satz 1 SGB X).
Folglich ist für die Berechtigung zur Erteilung eines „Vermittlungsauftrags" unerheblich, ob den Anzeigenden die elterliche Sorge über das betreffende Kind
zusteht oder nicht.

Aufgrund der massiven statusrechtlichen Implikationen der Adoption sollen
die Ermittlungen auch sicherstellen, dass die Annahmeentscheidung nicht nach
§ 1760 BGB oder § 1763 BGB aufgehoben werden kann. Die Vermittlungsstelle hat daher auch zu prüfen, ob die Adoption **rechtlich realisierbar** ist. Dazu
gehört, dass – ggf. nach Beratung durch die zentrale Adoptionsstelle (§ 11 Abs. 1
AdVermiG) – geklärt wird,

- ob die Adoption bei Auslandsbezug in Deutschland ausgesprochen werden
  kann (zur internationalen Zuständigkeit der deutschen Familiengerichte
  s. § 101 FamFG. In diesem Fall erfolgt der Adoptionsausspruch nach deutschem Adoptionsrecht, vgl. Art. 22 Abs. 1 Satz 1 EGBGB.

- ob die gesetzlichen Adoptionsvoraussetzungen vorliegen. Insbes. ist zu klären, ob die nach §§ 1746 ff. BGB erforderlichen Einwilligungserklärungen
  vorliegen, zu erwarten oder nach §§ 1747 Abs. 4, 1748 BGB entbehrlich sind
  (→ Rn. 10).

Der gesetzliche Vertreter des für die Adoption in Betracht kommenden Kindes
kann die von Amts wegen anzustellenden Ermittlungen der Adoptionsvermittlungsstelle zwar nicht verhindern. Allerdings muss er im konkreten Einzelfall der
Adoption gem. § 1746 Abs. 1 Satz 2 BGB zustimmen. Wendet sich ein Vormund
gegen eine Vermittlung seines Mündels, wird daher kaum mit der Zustimmung
zu rechnen sein, sofern diese nicht pflichtwidrig verweigert wird und daher nach
§ 1746 Abs. 3 BGB ersetzt werden könnte.[3]

In der Situation einer **Stiefkindadoption** liegt keine Vermittlung iSv § 1 vor   3
(→ AdVermiG § 1 Rn. 4), so dass § 7 a Abs. 1 AdVermiG hier nicht greift.
Eine Vermittlungsstelle, welche die nach § 9 a AdVermiG erforderliche Beratung
der an der Stiefkindadoption Beteiligten vornimmt, wird aber iaR im Rahmen
der Pflichtberatung zugleich die für die im Anschluss nach §§ 189 FamFG
abzugebende Stellungnahme erforderlichen Informationen einholen, wozu sie
entsprechend § 20 SGB X verpflichtet ist. Hierzu ist das Einverständnis der zu
beratenden Personen erforderlich (→ AdVermiG § 9 e Rn. 11).

In Bezug auf die **örtliche Zuständigkeit** ist von einer Allzuständigkeit der jewei-   4
ligen Vermittlungsstelle auszugehen, was die Ermittlungen bei den abgebenden
Elternteilen und dem Kind betrifft (zur Zuständigkeit für die Annehmenden

---

3 Zu den nicht ganz unstrittigen Details Staudinger/Helms BGB § 1746 Rn. 19 f.

→ § 9 b Satz 2 AdVermiG).[4] Ist eine Adoptionsvermittlungsstelle in freier Trägerschaft tätig, so ist diese bundesweit zuständig, sofern sich nicht aus dem Anerkennungsbescheid etwas anderes ergibt.[5] Wird ein bei einem Kind bestehender Adoptionsbedarf mehrerer Vermittlungsstellen bekannt, so übernimmt die zuerst befasste Stelle das Verfahren (§ 2 SGB X). Ggf. sind Abstimmungen mit anderen Vermittlungsstellen erforderlich (§ 2 Abs. 4 AdVermiG). Sind Ermittlungen außerhalb des eigenen örtlichen Zuständigkeitskreises erforderlich, besteht die Möglichkeit, eine dort zuständige Vermittlungsstelle um die Übernahme der Ermittlungen zu ersuchen (Abs. 3).

5   **2. Erforderliche Ermittlungen.** Gemäß Abs. 1 erfolgen die Ermittlungen bei allen an dem jeweiligen Adoptionsvorgang Beteiligten, dh dem Kind und seinen Eltern sowie den Adoptionsbewerbern. Sie haben **unverzüglich** zu erfolgen und sollen gemäß Abs. 2 bereits vor der Geburt des Kindes aufgenommen werden, wenn zu erwarten ist, dass die erforderliche Einwilligung zumindest eines Elternteils in die Adoption des Kindes erteilt werden wird. Gleiches gilt, wenn die Einwilligung eines Elternteils nach § 1747 Abs. 4 BGB entbehrlich ist oder sie nach aller Voraussicht gem. § 1748 BGB ersetzt werden kann. Zur Mitwirkung bei den Ermittlungen sind nur die Adoptionsbewerber verpflichtet, wie § 7 e AdVermiG klarstellt. Das Kind und seine Herkunftseltern haben nur die allgemeine Mitwirkungspflicht aus § 21 Abs. 2 SGB X, die jedoch keine konkreten Mitwirkungshandlungen vorsieht und nicht erzwungen werden kann.[6] Das Ergebnis der Ermittlungen ist den jeweiligen Betroffenen mitzuteilen (Abs. 4).

6   **a) Beim Kind.** Für eine am **Kindeswohl** orientierte Platzierungsentscheidung hat die Vermittlungsstelle einen umfassenden und fundierten Kenntnisstand über die spezifischen Anforderungen des Kindes an seine künftigen Adoptiveltern sicherzustellen. Dies ergibt sich aus § 7 a Abs. 1 Satz 2 AdVermiG, wonach im Rahmen der Ermittlungen die Persönlichkeit des Kindes und seine besonderen Bedürfnisse zu berücksichtigen sind. Es gilt, den konkreten Entwicklungs- und Gesundheitszustand sowie die soziale Situation des Kindes und die prognostischen Entwicklungen so genau wie möglich zu erfassen. Dies kann durch die Vermittlungskräfte selbst, aber auch mittels Einschaltung externer Fachleute (Ärzte, Psychologen, Frühfördereinrichtungen etc) geschehen;[7] (zu Einzelheiten der Delegation näher → AdVermiG § 2 Rn. 3); in diesem Fall sind jedoch die datenschutzrechtlichen Vorgaben der DSGVO und der §§ 78, 80 SGB X zu beachten.[8] Die erforderlichen Schritte bestimmt die Vermittlungsstelle nach pflichtgemäßem Ermessen (§ 20 Abs. 1 und 2 SGB X); die sachdienlichen Ermittlungen sind aber so früh wie möglich durchzuführen, um die Platzierungsentscheidung nicht unnötig zu verzögern (vgl. § 9 Satz 2 SGB X). Das Kind ist entsprechend seinem Entwicklungsstand in den Vermittlungsprozess einzubeziehen.[9]

7   Den Bewerbern sind alle für die Aufnahme des Kindes relevanten Informationen über das Kind zu geben, um eine bewusste und tragfähige Entscheidung zu ermöglichen. Das ist datenschutzrechtlich unproblematisch (§ 9 e Abs. 1 Nr. 1 AdVermiG). Werden unrichtige bzw. unvollständige Informationen gegeben oder unterlässt es die Adoptionsvermittlungsstelle, die Annahmewilligen über bekannte Besonderheiten oder nicht ausgeräumte Verdachtsfälle von Schädigungen oder

---

4   So die Gegenäußerung der Bundesregierung in BT-Drs. 19/16718, 79 und die Beschlussempfehlung des Familienausschusses in BT-Drs. 19/19596, 13 unter Verweis auf die ständige Praxis der Adoptionsvermittlungsstellen.
5   Behrentin AdoptionsR-HdB/Grünenwald/Nunez Kap. A Rn. 23.
6   LPK-SGB X/Lang SGB X § 21 Rn. 28.
7   OLG Hamm 15.7.1992 – 11 U 52/92.
8   Reinhardt JAmt 2018, 130.
9   Empf. Nr. 7.3.

Retardierungen des Kindes zu informieren, kommen ggf. Ansprüche auf **Scha-densersatz** in Betracht.[10]

Lebt das Kind im **Ausland**, ist zunächst zu klären, ob ein internationales Verfahren iSv § 2 a Abs. 1 AdVermiG erforderlich ist. Ist dies der Fall, weist Art. 4 HAÜ die Ermittlungen in Bezug auf die Situation des Kindes grundsätzlich den zuständigen Behörden im Heimatstaat des Kindes zu. Eine Pflicht der hiesigen Vermittlungsstellen zu eigenen Ermittlungen im Ausland lässt sich weder aus § 7 a noch aus dem Vermittlungsverhältnis entnehmen.[11] Zu beachten ist im Fall eines Kindervorschlags aus dem Ausland aber die Prüfungs- und Dokumentationspflicht aus § 2 c Abs. 3 AdVermiG. Ist dagegen mangels eines Aufenthaltswechsels des Kindes kein internationales Verfahren erforderlich, besteht in Bezug auf ein im Ausland lebendes Kind keine internationale Zuständigkeit und damit keine Ermittlungpflicht (§ 30 Abs. 1 SGB I). 8

b) In der Herkunftsfamilie. Die Ermittlungen bei den abgebenden Eltern (zu deren Beratung und Begleitung → § 9 AdVermiG) haben sich wegen der Neutralitätspflicht der Vermittlungsstelle (§ 20 Abs. 2 SGB X) und mit Blick auf Art. 6 GG auch darauf zu erstrecken, ob (ggf. bei Unterstützung der Familie durch Jugendhilfeleistungen) ein **Verbleib des Kindes in seiner Herkunftsfamilie** ermöglicht werden kann oder nur eine vorübergehende außerfamiliäre Unterbringung (zB in einer Pflegefamilie) denkbar wäre. Da die Ermittlungen gem. Abs. 2 bereits vor der Geburt aufgenommen werden sollen, sind die entsprechenden Überlegungen idR schon während der Schwangerschaft der abgebenden Mutter anzustellen. 9

Sind im Einzelfall (zB bei bi-nationalen Elternpaaren oder im Ausland lebenden Elternteilen) Ermittlungen im Ausland zweckmäßig (vgl. § 9 Satz 2 SGB X), bietet Art. 15 EAÜ die Möglichkeit zu Ermittlungen in anderen Vertragsstaaten des EAÜ. In diesem Fall haben die hiesigen Stellen entsprechende **Auskunftsersuchen** an die hierfür von den jeweiligen Staaten benannten Behörden zu richten. Eine Pflicht zur Ermittlung von Elternteilen oder deren Aufenthalt im Ausland besteht aber nur in der Situation des § 1748 Abs. 2 BGB iVm § 51 Abs. 1 Satz 3 SGB VIII.

Im Zuge der Ermittlungen ist zu prüfen, ob die **Vaterschaft** des Kindes feststeht und die erforderlichen Einwilligungserklärungen der Eltern (§ 1747 BGB), des Kindes (§ 1746 BGB) und eventuell weiterer Personen (zB Vormund, Ehegatte, eingetragener oder nichtehelicher Lebenspartner) vorliegen oder nach aller Voraussicht erteilt werden, entbehrlich sind (§ 1747 Abs. 4 BGB) oder ersetzt wurden bzw. werden können (§ 1748 BGB; zum Erfordernis der Belehrung und Beratung in dieser Situation gem. § 51 SGB VIII → AdVermiG § 9 Rn. 7 mwN). Denn nur dann ist die angedachte Adoption auch rechtlich realisierbar. Daher ist die Klärung der Elternschaft und damit verbunden die Frage nach den erforderlichen Einwilligungen Teil der Adoptionsvermittlung.[12] Ggf. kann die Elternschaft noch geklärt werden, wenn sich das Kind bereits zur Adoptionspflege (§ 1744 BGB) bei den Adoptionsbewerbern befindet (vgl. Art. 16 EAÜ). Es ist aber nicht Aufgabe der Adoptionsvermittlungsstellen, die gerichtliche Feststellung von 10

---

10 OLG Hamm FamRZ 1993, 704 und OLG Frankfurt a.M. 21.5.2014 – 1 U 305/12; LG Bonn 5.9.2018 – 1 O 397/17; LG Baden-Baden 27.11.2015 – 2 O 341/14. In Bezug auf Vermittlungsstellen freier Träger OLG Karlsruhe 5.8. 2016 – 15 U 174/15; Anders/Gehle, Das Recht der freien Dienste (2001), Rn. 683; LG Frankfurt a.M. 15.1.1988 – 2/2 O 249/87.

11 OLG Köln 11.7.2019 – I-7 U 151/18; OLG Karlsruhe 5.8.2016 – 15 U 174/15; ebenso BT-Drs. 14/6011, 38.

12 Empf. Nr. 7.2.2.

Elternteilen zu betreiben.[13] Steht die Elternschaft noch nicht fest, ist das Adoptionsverfahren auszusetzen.[14]

Wegen des Rechts des Kindes auf **Kenntnis seiner Abstammung**[15] (→ AdVermiG § 9 c Rn. 10) ist der biologische Vater des Kindes auch dann in die Ermittlungen einzubeziehen, wenn er nicht der rechtliche Vater des Kindes iSv § 1592 BGB ist. Wurde die rechtliche Vaterschaft noch nicht geklärt, aber bestehen gewichtige Hinweise auf die biologische Vaterschaft eines Mannes, so ist dieser durch das Familiengericht auf das eventuell gegebene Erfordernis einer Einwilligung nach § 1747 Abs. 1 Satz 2 BGB hinzuweisen.[16] Im Interesse einer reibungslosen Verfahrensabwicklung sollte aber bereits die Vermittlungsstelle im Rahmen ihrer Ermittlungen im Vorfeld des Gerichtsverfahrens an den mutmaßlichen biologischen Vater herantreten, um dessen Rolle nach § 7 a Abs. 1 AdVermiG zu klären und ihm die nach § 9 Abs. 1 bzw. § 9 a AdVermiG gebotene Beratung anzubieten.[17]

11   Der Herkunftsfamilie ist das Ergebnis der Ermittlungen mitzuteilen (Abs. 4).

12   **c) Bei den Adoptionsbewerbern.** Die Ermittlungen bei den Adoptionsbewerbern haben sich gem. Abs. 1 Satz 2 insbesondere darauf zu erstrecken, ob diese „unter Berücksichtigung der Persönlichkeit des Kindes und seiner besonderen Bedürfnisse für die Adoption des Kindes geeignet sind". Über die Prüfung der allgemeinen Adoptionseignung hinaus (hierzu → AdVermiG § 7 Rn. 7 ff.) ist somit vor der Platzierung des Kindes auch stets zu überprüfen, ob die Möglichkeiten, vor allem aber auch die Grenzen der Bewerber nach aller Voraussicht den individuellen Anforderungen und Bedürfnissen des konkret zur Vermittlung anstehenden Kindes Rechnung tragen können. Nur wenn auch diese besondere Adoptionseignung im jeweiligen einzelnen Vermittlungsfall gegeben ist („**Matching**"), darf die Platzierung des Kindes bei den Adoptionsbewerbern erfolgen (§ 8 AdVermiG).

II. Ermittlungen auf Ersuchen einer anderen Adoptionsvermittlungsstelle (Abs. 3)

13   Abs. 3 erfasst vor allem die Fälle, in denen sich Adoptionsbewerber bei mehreren Jugendämtern außerhalb ihres gewöhnlichen Aufenthalts bzw. bei freien Trägern um die Vermittlung eines Kindes bemühen, was zulässig ist. Die für das Kind zuständige Vermittlungsstelle kann in dieser Situation nach Abs. 3 bei der für die Überprüfung der Bewerber zuständigen Stelle den von dieser erstellten Bericht (§ 7 Abs. 3 AdVermiG) anfordern oder um weitergehende Ermittlungen in Bezug auf die speziellen Anforderungen eines konkret zur Vermittlung stehenden Kindes ersuchen. Auch in Fällen des überregionalen Adoptionsausgleichs (§ 10 AdVermiG) wird die mit diesem betraute zentrale Adoptionsstelle typischerweise die Adoptionsvermittlungsstelle der örtlichen Jugendämter um die erforderlichen Ermittlungen bei den Beteiligten vor Ort ersuchen (→ AdVermiG § 7 Rn. 3).

14   Eine Auslandsvermittlungsstelle in freier Trägerschaft kann die Ermittlungen bei den Adoptionsbewerbern dagegen nicht gem. Abs. 3 auf das örtliche Jugendamt abwälzen. Abs. 3 bezieht sich nämlich – wie sich schon aus der Überschrift ergibt – nicht auf internationale Verfahren iSv § 2 a Abs. 1 AdVermiG. Die Kooperation von Vermittlungsstellen im Rahmen internationaler Verfahren ist ausschließlich Gegenstand der Regelungen in § 2 c Abs. 1 iVm §§ 7 b und 7 c AdVermiG sowie (bei Vertragsstaaten des HAÜ) §§ 4 Abs. 4 und 5 Abs. 4 AdÜb-AG.

---

13   Empf. Nr. 7.2.2.
14   Art. 16 EAÜ; Empf. Nr. 7.2.2.
15   BVerfG FamRZ 1989, 255 ff. = NJW 1989, 891.
16   BGH 18.2.2015 – XII ZB 473/13, amtl. Leitsatz c.
17   Staudinger/Helms BGB § 1747 Rn. 21 ff. sowie 36 ff.

§ 7 b AdVermiG Anspruch auf Durchführung der Eignungsprüfung bei der Adoption eines Kindes aus dem Ausland

(1) [1]Auf Antrag der Adoptionsbewerber erfolgt eine Eignungsprüfung der Adoptionsbewerber zur Adoption eines Kindes mit gewöhnlichem Aufenthalt im Ausland durch eine örtliche Adoptionsvermittlungsstelle nach § 9 b. [2]Zur Eignungsprüfung sind auch die Adoptionsvermittlungsstellen nach § 2 Absatz 3 berechtigt.

(2) [1]Die Adoptionsvermittlungsstelle (§ 9 b, § 2 Absatz 3) verfasst über das Ergebnis ihrer Eignungsprüfung einen Bericht, den sie einer von den Adoptionsbewerbern benannten Adoptionsvermittlungsstelle (§ 2 a Absatz 4) zuleitet. [2]§ 7 Absatz 3 Satz 2 und 3 ist anzuwenden.

(3) Erfolgt die Eignungsprüfung durch eine Adoptionsvermittlungsstelle nach § 2 Absatz 3, so darf diese Adoptionsvermittlungsstelle nicht zugleich die von den Adoptionsbewerbern benannte Adoptionsvermittlungsstelle nach § 2 a Absatz 4 Nummer 2 sein.

I. Allgemeines

Während sich §§ 7 und 7 a AdVermiG ausschließlich auf die Inlandsvermittlung beziehen, regelt § 7 b AdVermiG die **erste Stufe** der **Eignungsüberprüfung** im Fall eines **internationalen** Verfahrens iSv § 2 a Abs. 1 AdVermiG. Wird dabei die allgemeine Adoptionseignung positiv festgestellt, so erfolgt in einem zweiten Schritt eine auslandsspezifische Überprüfung der Adoptionseignung durch die Auslandsvermittlungsstelle, die das grenzüberschreitende Verfahren übernimmt (hierzu § 7 c AdVermiG und die Anm. dort). Für Verfahren mit Vertragsstaaten des HAÜ gilt gem. § 2 a Abs. 3 AdVermiG ergänzend § 4 Abs. 4 AdÜbAG (wegen der Details s. die Komm. dort). 1

Wollen Adoptionsbewerber ein Kind aus dem Ausland aufnehmen, haben sie bei der örtlichen Adoptionsvermittlungsstelle des für sie nach § 9 b Satz 2 AdVermiG zuständigen Jugendamts oder bei einer Vermittlungsstelle in freier Trägerschaft die Überprüfung ihrer allgemeinen Adoptionseignung zu beantragen. Auch in der Situation eines internationalen Verfahrens besteht ein entsprechender **Rechtsanspruch** gegenüber der Adoptionsvermittlungsstelle des örtlichen Jugendamts (Abs. 1 Satz 1). Die Eignungsüberprüfung kann auch durch Vermittlungsstellen freier Träger erfolgen (Abs. 1 Satz 2); gegenüber diesen besteht jedoch kein Rechtsanspruch. Da alle staatlich anerkannten Auslandsvermittlungsstellen in freier Trägerschaft zwangsläufig zugleich als Inlandsvermittlungsstelle anerkannt sind (§ 4 Abs. 2 Satz 1 iVm §§ 4 Abs. 1 und 2 Abs. 3 AdVermiG; → AdVermiG § 4 Rn. 5), kann auch eine Auslandsvermittlungsstelle die allgemeine Eignungsprüfung iSv Abs. 1 durchführen. In diesem Fall muss allerdings nachfolgend eine andere Stelle iSv § 2 a Abs. 4 AdVermiG das weitere grenzüberschreitende Verfahren übernehmen, wie Abs. 3 klarstellt. Laut der dort getroffenen Regelung darf die Adoptionsvermittlungsstelle, welche die allgemeine Eignungsprüfung nach Abs. 1 durchgeführt hat, in dem betreffenden Fall nicht als Auslandsvermittlungsstelle tätig werden. Im Rahmen der besonders sensiblen und anspruchsvollen grenzüberschreitenden Vermittlung wird durch die Aufteilung der allgemeinen und der auslandsspezifischen Eignungsprüfung auf zwei verschiedene Fachstellen ein – aus fachlicher Sicht wünschenswertes[1] – Vier-Augen-Prinzip gewährleistet. 2

---

1 Reinhardt (2016), S. 250 f.

Kann ein internationales Vermittlungsverfahren nicht durchgeführt werden (etwa, weil die Adoption im Herkunftsstaat des Kindes verboten ist oder weil dort keinerlei Kooperationsstrukturen vorhanden sind, die eine kindeswohlgerechte Vermittlungsentscheidung gewährleisten, vgl. § 2 c Abs. 2 AdVermiG), besteht auch kein Rechtsanspruch der Annahmewilligen auf die allgemeine Eignungsprüfung, zumal der entsprechende Bericht im weiteren nicht verwendbar wäre.[2]

3   Der Rechtsanspruch auf Eignungsüberprüfung für ein internationales Verfahren ist gegenüber einer Prüfung nach § 7 Abs. 1 AdVermiG nicht prioritär zu behandeln. Dies lässt sich insbesondere nicht aus dem in Art. 35 HAÜ enthaltenen Beschleunigungsgebot in der Auslandsvermittlung herleiten, da dieser nach seinem Wortlaut nicht zwischen nationalen und internationalen Verfahren differenziert. Umgekehrt ergibt sich auch aus der Zugehörigkeit der Inlandsvermittlung zur deutschen Kinder- und Jugendhilfe aber auch kein Nachrang internationaler Verfahren, so lange noch kein konkretes Kind zu einer innerdeutschen Vermittlung in Betracht kommt (§ 7 a Abs. 1 AdVermiG und → AdVermiG § 7 Rn. 6). Wird für ein Kind aus dem Ausland nach einer Platzierungsmöglichkeit gesucht, wird dies ohnehin keine prioritäre Überprüfung rechtfertigen, da insofern keine Zuständigkeit der deutschen Kinder- und Jugendhilfe besteht (→ AdVermiG vor § 1 Rn. 11); zudem wäre dann auch die in § 2 c Abs. 4 AdVermiG sowie in Art. 14 ff. HAÜ und Art. 10 Abs. 5 EAÜ vorgezeichnete Prüfungsreihenfolge nicht gewahrt.

4   Gemäß Abs. 1 erfolgt die Überprüfung nur auf **Antrag**. Dieser ist an keine besondere Form gebunden (vgl. § 9 SGB X). Nach § 7 e AdVermiG obliegen den Adoptionsbewerbern umfassende Mitwirkungspflichten. Sie haben alle für die Prüfung und den Bericht benötigten Angaben zu machen und geeignete Nachweise (zB Verdienstbescheinigungen, Geburts- und Heiratsurkunden, polizeiliche Führungszeugnisse, ärztliche Atteste, Mietvertrag usw) zu erbringen. Ggf. sind sie im Rahmen der Mitwirkungspflicht auch zur Abgabe einer Einwilligung (Art. 6 Abs. 1 lit. a; Art. 7 DSGVO) zu Ermittlungen der Vermittlungsstelle bei Dritten verpflichtet.[3]

II. Verfahren und Entscheidung

5   Gem. § 2 c Abs. 1 AdVermiG und der Bezugnahme in Abs. 1 auf die in § 7 AdVermiG enthaltene Legaldefinition erstreckt sich die erste Stufe der Überprüfung von Bewerbern für eine Auslandsadoption auf dieselben Fragen wie die Eignungsprüfung für eine Inlandsadoption. Wegen der insoweit relevanten **Kriterien** und das **Verfahren** darf daher auf die Kommentierungen zu → AdVermiG § 7 Rn. 7 ff. verwiesen werden.

6   Gem. Abs. 2 Satz 2 informiert die mit der allgemeinen Eignungsprüfung befasste Adoptionsvermittlungsstelle die Adoptionsbewerber über das Ergebnis der Überprüfung. Zudem erstellt sie hierüber nach Abs. 2 Satz 1 einen Bericht (zu den Details → AdVermiG § 7 Rn. 13). Entsprechend der für die Inlandsvermittlung geltenden Bestimmung des § 7 Abs. 3 Satz 1 AdVermiG darf dieser nicht den Adoptionsbewerbern ausgehändigt werden (Abs. 2 Satz 2). Auch die Ausstellung von „Eignungsbescheinigungen" oder „Unbedenklichkeitsbescheinigungen" ist nicht vorgesehen und fachlich abzulehnen (→ AdVermiG § 7 Rn. 14). Vielmehr darf der **Bericht** – unabhängig vom Überprüfungsergebnis – gemäß dem eindeutigen Wortlaut von Abs. 2 Satz 1 ausschließlich der von den Adoptionsbewerbern beauftragten Auslandsvermittlungsstelle zugeleitet werden, sofern die Adoptionswilligen ihre Bewerbung nicht (zB aufgrund eines negativen Prüfungsergebnisses

---

2   OVG Hamburg 18.6.2012 – 4 Bf 135/10; VG München 21.4.2010 – M 18 K 09.4652.
3   Handbuch Sozialdatenschutz/Reinhardt/v. Hardenberg/Marburger, Kap. 5 Rn. 52 f.

oder einer inzwischen eingetretenen Schwangerschaft) zwischenzeitlich zurückgenommen haben.

Völlig **unzulässig** wäre es, den Eignungsbericht an eine andere als die von den 7
Bewerbern genannte Auslandsvermittlungsstelle zu übermitteln. Auch die Übersendung des Berichts direkt in das Ausland wäre ein schwerer Verstoß gegen die Vorgaben über das zweistufige Vermittlungsverfahren (§ 2 c Abs. 1 sowie §§ 7 b und c AdVermiG). Ausgeschlossen ist aus datenschutzrechtlichen Gründen auch die Übermittlung an andere Behörden (zB Ausländer- oder Asylbehörden), → AdVermiG § 9 e AdVermiG Rn. 11 und → AdVermiG § 7 c Rn. 12.

In Bezug auf die Rechtsnatur der Entscheidung der Adoptionsvermittlungsstelle 8
darf auf die Anmerkungen zu → § 7 AdVermiG Rn. 12 ff. verwiesen werden. Demnach handelt es sich nur bei der Ablehnung der Adoptionseignung um einen **Verwaltungsakt**, sofern diese durch eine öffentliche Adoptionsvermittlungsstelle erfolgt (zu den Anfechtungsmöglichkeiten → AdVermiG § 7 Rn. 18 ff.). Bestehen Zweifel an der Adoptionseignung, so ist den Bewerbern gem. § 24 SGB X frühzeitig Gelegenheit zu geben, sich innerhalb einer angemessenen Frist zu den entscheidungserheblichen Tatsachen zu äußern.

Eine positive Eignungsfeststellung entfaltet dagegen keine unmittelbaren rechtli- 9
chen Auswirkungen auf die Bewerber und stellt deshalb kein Verwaltungsakt iSv § 31 SGB X dar. Sie kann somit ebenso wie die Erstellung und Weiterleitung des in § 7 b Abs. 2 AdVermiG vorgesehenen Berichts lediglich im Wege der **allgemeinen Leistungsklage** eingeklagt werden.

▶ Muster: Antrag allgemeine Leistungsklage 10

Die/der Beklagte wird verurteilt, die allgemeine Eignung des/der Kläger/s. für die Adoption eines Kindes aus dem Ausland festzustellen, einen die Adoptionseignung des/der Kläger/s. bestätigenden Bericht zu erstellen und diesen der Auslandsvermittlungsstelle (folgt genaue Bezeichnung) zuzuleiten. ◀

Lehnt eine Adoptionsvermittlungsstelle in freier Trägerschaft die allgemeine 11
Eignung ab, kommen die **zivilrechtlichen Klagemöglichkeiten** in Betracht (→ AdVermiG § 7 Rn. 23).

III. Kosten der allgemeinen Eignungsüberprüfung

1. Gebühren. Die Überprüfung der Adoptionseignung für ein Kind aus dem Aus- 12
land durch die örtliche Vermittlungsstelle des Jugendamts ist **gebührenpflichtig** (§ 5 Nr. 1 AdVermiStAnKoV). Ein Ermessensspielraum besteht weder hinsichtlich der Frage, ob die Gebühr erhoben wird, noch hinsichtlich ihrer Höhe. Auch in einfach und eindeutig gelagerten Fällen oder wenn nur noch Ermittlungen in geringem Umfang erforderlich sind (zB weil die Bewerber bereits als Inlands- oder Pflegekindbewerber überprüft waren), ist die Gebühr daher stets in voller Höhe zu erheben. Zur fehlenden steuerlichen Absetzbarkeit → AdVermiG § 2 a Rn. 14 ff.

Die Gebühr beträgt 1.300 EUR und umfasst alle im Zusammenhang mit der Eignungsüberprüfung vorgenommenen Verwaltungshandlungen, dh die Auswertung der von den Bewerbern vorgelegten Unterlagen, die Bewerberinformation, Einzel- und Gruppengespräche sowie die Erstellung des Berichts nach Abs. 2 Satz 1. Bei Bewerberseminaren ist nur der fachlich-inhaltliche Teil durch die Gebühr abgegolten. Sog. „Hotelleistungen" (zB Kosten für Unterkunft und Verpflegung bei einem Wochenendseminar), können bei den Bewerbern auf der Grundlage einer gesonderten privatrechtlichen Kostenübernahmeerklärung abgerechnet werden. Nicht von der Gebühr abgedeckt sind auch Kosten für externe medizinische oder psychologische Gutachten. Diese können aber als Auslagen von den Bewerbern gefordert werden (→ Rn. 14).

13 Das Gebührenerhebungsverfahren durch öffentliche Vermittlungsstellen unterliegt den **landesrechtlichen Kostenvorschriften**. Danach kann die Gebühr meist erst mit Abschluss der Verwaltungshandlung und mithin im Zeitpunkt der abschließenden Entscheidung über die Bewerbereignung erhoben werden. Möglich ist aber in aller Regel auch, die Gebühr schon bei Antragstellung im Wege eines Vorschusses in voller Höhe zu erheben. Die Gebührenerhebung erfolgt durch Verwaltungsakt (§ 31 SGB X). Wurde ein Vorschuss erhoben, ist nach den allgemeinen kostenrechtlichen Bestimmungen bei Abschluss des Verfahrens ein abschließender Abrechnungsbescheid erforderlich. Den landesrechtlichen Kostengesetzen unterliegt auch die Frage, ob im Fall der Antragsrücknahme oder einer sonstigen Verfahrenserledigung die (ggf. teilweise) Rückerstattung bereits geleisteter Gebühren möglich ist.[4]

14 **2. Auslagen.** Neben der Gebühr für die Eignungsprüfung haben die Bewerber nach § 6 AdVermiStAnKoV auch die entstandenen Auslagen für die Beschaffung von Urkunden, Übersetzungen und die Vergütung von Sachverständigen (zB für die Erstellung eines medizinischen oder psychologischen Gutachtens zu Teilfragen der Eignungsprüfung) zu **erstatten**. Nicht erstattungsfähig sind nach der AdVermiStAnKoV dagegen die Auslagen für den Postversand oder den Einsatz eines Kurierdienstes bei der Übersendung von Adoptionsunterlagen ins Ausland. Die entsprechenden Kosten können daher allenfalls von den Bewerbern verlangt werden, wenn hierzu eine entsprechende privatrechtliche Kostenübernahmeerklärung vorliegt.

§ 7 c AdVermiG Länderspezifische Eignungsprüfung bei der Adoption eines Kindes aus dem Ausland

(1) Ist das Ergebnis der Eignungsprüfung positiv festgestellt, prüft die von den Adoptionsbewerbern benannte Adoptionsvermittlungsstelle (§ 2 a Absatz 4) die länderspezifische Eignung der Adoptionsbewerber.

(2) [1]Die länderspezifische Eignungsprüfung umfasst insbesondere:

1. das Wissen und die Auseinandersetzung der Adoptionsbewerber mit der Kultur und der sozialen Situation im Heimatstaat des Kindes,

2. die Bereitschaft der Adoptionsbewerber, die Herkunft des Kindes in das zukünftige Familienleben zu integrieren, sowie

3. die Bereitschaft der Adoptionsbewerber, sich auf die besonderen Bedürfnisse des Kindes auf Grund seiner Herkunft und auf Grund des Wechsels des Kulturkreises einzulassen.

[2]Hält die von den Adoptionsbewerbern benannte Adoptionsvermittlungsstelle (§ 2 a Absatz 4) die länderspezifische Eignung der Adoptionsbewerber für gegeben, so ergänzt sie den Bericht zur Eignungsprüfung um das Ergebnis ihrer länderspezifischen Eignungsprüfung. [3]Das Ergebnis der länderspezifischen Eignungsprüfung ist den Adoptionsbewerbern mitzuteilen. [4]Der Bericht, der die Eignung positiv feststellt, darf den Adoptionsbewerbern nicht ausgehändigt werden.

---

4   Zur Rückerstattung bei der Vermittlung durch private Vermittlungsstellen LG Karlsruhe 16.4.2010 – 9 S 259/09; BGH 10.10.1996 – III ZR 205/95; OLG Koblenz 21.8.2013 – 5 U 1138/12; OLG Oldenburg 14.12.1990 – 2 W 113/90.

(3) Ist das Ergebnis der Eignungsprüfung und der länderspezifischen Eignungsprüfung positiv festgestellt, so leitet die von den Adoptionsbewerbern benannte Adoptionsvermittlungsstelle (§ 2 a Absatz 4) den Bericht über das Ergebnis der Fachstelle des Heimatstaats des Kindes zu.

I. Allgemeines

§ 7 c Abs. 1 AdVermiG regelt die **zweite Stufe der Eignungsprüfung** bei internationalen Verfahren (§ 2 a Abs. 1 AdVermiG). Demnach hat die Auslandsvermittlungsstelle (§ 2 a Abs. 4 AdVermiG), über welche die Annahmewilligen die grenzüberschreitende Adoption abwickeln möchten, die speziellen Aspekte der Adoptionseignung bei internationalen Verfahren zu überprüfen. Das Gesetz spricht in §§ 2 c Abs. 1 und 7 c AdVermiG von einer „länderspezifischen" Prüfung. Dies ist missverständlich und in der Sache verkürzt, da die Adoptionsvorbereitung und Bewerberprüfung nicht nur die Voraussetzungen des speziellen Herkunftsstaats, sondern auch allgemeine Aspekte abzudecken hat, die generell für Adoptionen aus dem Ausland gelten. Ziel der auslandsspezifischen Überprüfung ist, sich positiv davon zu überzeugen, dass die Adoptionsbewerber bestmöglich auf die besonderen Aspekte grenzüberschreitender Adoptionen vorbereitet sind und die besonderen damit verbundenen Anforderungen, Belastungen und Risiken bewältigen können.

Voraussetzung für den Eintritt in die **auslandsspezifische Eignungsprüfung** ist gem. Abs. 1, dass die Prüfung der allgemeinen Adoptionseignung der Bewerber gem. § 7 b AdVermiG bereits mit einem positiven Ergebnis abgeschlossen wurde. Dies hat die Auslandsvermittlungsstelle auf der Grundlage des Berichts über die allgemeine Adoptionseignung zu überprüfen, der ihr von der entsprechenden Vermittlungsstelle nach § 7 b Abs. 2 AdVermiG zugeleitet worden ist. Wurde die allgemeine Adoptionseignung nicht festgestellt, so darf auch keine auslandsspezifische Überprüfung erfolgen.[1] Um in der Situation internationaler Verfahren das erforderliche Vier-Augen-Prinzip sicherzustellen, darf die Stelle, welche die auslandsspezifische Prüfung vornimmt, nicht identisch sein mit der Vermittlungsstelle, welche die allgemeine Eignung überprüft hat (§ 7 b Abs. 3 AdVermiG).

II. Auslandsspezifische Eignungsprüfung

§ 7 c Abs. 2 Satz 1 AdVermiG enthält eine Auflistung von **Kriterien**, die im Rahmen der auslandsspezifischen Überprüfung zu beachten sind:

■ Demnach muss zunächst eine **Auseinandersetzung der Bewerber mit der Kultur und der sozialen Situation** in dem von den Bewerbern gewählten Herkunftsstaat erfolgt sein (Satz 1 Nr. 1). Dies soll Bewerbungen ausschließen, in denen der Heimatstaat des Kindes nur aus rein pragmatischen Gründen (zB kurze Verfahrensdauer, geringe Kosten, hohe Vermittlungswahrscheinlichkeit) gewählt wurde. Die Auseinandersetzung hat auch in Bezug auf die in dem betreffenden Staat typischen Ursachen für die Freigabe von Kindern zur Adoption zu erfolgen. Bspw. sind in einigen Herkunftsstaaten vor allem sog. „Armutsfreigaben" zu beobachten, während in anderen Heimatländern nur sog. „Special-Needs-Kinder" (va behinderte und chronisch kranke Kinder oder Gruppen von Geschwisterkindern) oder Kinder von Eltern, denen

1   So auch BT-Drs. 19/16718, 47.

aufgrund von massivem Fehlverhalten gegenüber dem Kind die Elternrechte entzogen wurden, für die Auslandsadoption in Betracht kommen.

■ Da es insbesondere für die Wertschätzung gegenüber dem angenommenen Kind und seiner kulturellen Identität wichtig ist, dass diesem seine Herkunft zur gegebenen Zeit mit der erforderlichen Wertschätzung nahegebracht wird, ist nach Abs. 1 Satz 1 Nr. 2 zudem die Bereitschaft der Annahmewilligen vorauszusetzen, die **Herkunft des Kindes** in das zukünftige Familienleben zu integrieren (bspw. durch das Angebot an den Adoptierten, mit ihm Zeit in seinem Heimatstaat zu verbringen und dadurch seine Identitätsfindung mit zu unterstützen).

■ Gem. Nr. 3 müssen Bewerber auf die mit einem eventuellen Wechsel des Kulturkreises des Kindes verbundenen speziellen Bedürfnisse des Kindes aufgrund seiner Herkunft und aufgrund des **Wechsels des Kulturkreises** umgehen können.[2] In diesem Zusammenhang werden insbesondere die Vorstellungen und Möglichkeiten der Annehmenden zur Integration eines Kindes aus dem Ausland zu bedenken sein (dazu gehört ua die Unterstützung des Spracherwerbs und die Vermittlung kultureller Verhaltensregeln sowie von Werten und Normen), aber auch der Umgang mit ausländerfeindlichen oder rassistischen Äußerungen bzw. dem „Anderssein" und Aussehen des aufgenommenen Kindes.

3   Wie sich aus dem Wort „insbesondere" ergibt, ist die Auflistung in Abs. 2 nicht abschließend.[3] Daher wird auch stets die bei grenzüberschreitenden Verfahren im Vergleich zu innerdeutschen Adoptionen zwingend erforderliche **erhöhte Risikobereitschaft** der Adoptionsbewerber zu überprüfen sein. Diese muss insbesondere bei Vermittlungen aus Staaten erwartet werden, aus denen im Vorfeld der Adoption nur wenige oder unscharfe Informationen über die psychische, medizinische und soziale Situation des Kindes, seine Herkunft, die Umstände der Schwangerschaft und deren Verlauf sowie andere spezielle Bedürfnisse und Förderbedarfe zu erhalten sind. Gleiches gilt für die Risiken von nur schwer diagnostizierbaren Defiziten, Entwicklungsverzögerungen oder Auffälligkeiten oder die Gefahr eines fetalen Alkoholsyndroms (FAS).

Zudem sind erhöhte Anforderungen an die **Belastbarkeit und Flexibilität** der Bewerber zu stellen, da bei Auslandsadoptionen – nicht zuletzt wegen sprachlicher, sozialer und kultureller Barrieren – besondere Eingewöhnungsschwierigkeiten auftreten können. Erschwert wird die Situation auch dadurch, dass das Kind meist aus seinem Heimatland nach Deutschland gebracht werden kann, ohne dass zuvor eine angemessene Zeit für die Kontaktanbahnung zur Verfügung stand (eine § 1744 BGB vergleichbare Adoptionspflegezeit ist nur in den Rechten einzelner Herkunftsstaaten vorgesehen, etwa in einigen afrikanischen Staaten oder der Türkei). Es ist daher „ohne Weiteres nachzuvollziehen, dass eine Auslandsadoption durch den damit verbundenen Wechsel des Kultur- und Sprachraums besondere Schwierigkeiten in sich birgt, die bei einem älteren Kind nochmals verstärkt zu erwarten sind, und diese Schwierigkeiten sich ihrerseits im späteren Alltag in einer deutlich erhöhten Belastung und Anforderung an die Adoptiveltern niederschlagen."[4] Auch dies ist in zwingend im Rahmen einer fachgerechten auslandsspezifischen Eignungsüberprüfung zu bedenken.

4   Darüber hinaus wird die **Motivation** für die Annahme eines Kindes aus dem Ausland in das Ergebnis der auslandsspezifischen Prüfung einzubeziehen sein.

---

2   OVG Greifswald 19.3.2020 – 1 M 251/18 OVG.
3   Zu den auslandsspezifischen Kriterien näher Oberloskamp/Köhler ZKJ 2015, 408; Behrentin AdoptionsR-HdB/Bienentreu Kap. A Rn. 282 ff.
4   VG Hamburg 1.12.2005 – 13 K 3059/05.

Gegen eine Eignung spricht speziell bei der Annahme von älteren Kindern oder Jugendlichen aus dem Ausland, wenn die Adoption vorrangig zum Zweck der Ausbildung oder aus aufenthaltsrechtlichen Gründen erfolgen soll und nicht das von § 1741 BGB geforderte Eltern-Kind-Verhältnis angestrebt wird. Soll ein älterer Minderjähriger aufgenommen werden, ist schon aufgrund des fortgeschrittenen Alters genau zu prüfen, ob ein solches bis zum Eintritt der Volljährigkeit überhaupt noch realisierbar ist.

Zudem ist im Rahmen der gebotenen, speziell auf den speziellen Herkunftsstaat zugeschnittenen Eignungsprüfung zwangsläufig auf die **spezifischen Vorgaben des jeweiligen Staats** einzugehen. Beispielsweise existieren in machen Herkunftsstaaten Altersgrenzen für Annahmewillige oder Beschränkungen für nicht verheiratete oder homosexuelle Bewerber. 5

III. Entscheidung über die Eignung

Die Auslandsvermittlungsstelle hat den Bewerbern das **Ergebnis** der länderspezifischen Überprüfung mitzuteilen (Abs. 2 Satz 3). Hat sich die Auslandsvermittlungsstelle von der **auslandsspezifischen Eignung** überzeugt, so ergänzt sie gem. Abs. 2 Satz 2 den ihr nach § 7 b Abs. 2 übersandten Bericht über die allgemeine Eignungsprüfung um ihre Erkenntnisse in Bezug auf die länderspezifische Adoptionseignung der Bewerber. Dabei werden insbesondere Aussagen über die rechtliche Befähigung und die Eignung der Adoptionsbewerber zur Übernahme der mit einer internationalen Adoption verbundenen Verantwortung und die in Abs. 2 Nr. 1 bis 3 sowie oben bei → Rn. 2 ff. genannten Kriterien in den Bericht aufzunehmen sein. 6

Aus dem Wortlaut von Abs. 2 sowie dem Sinn und Zweck des „zweistufigen" Verfahrens (§ 2 c Abs. 1 AdVermiG) ergibt sich, dass die Auslandsvermittlungsstelle nicht von den Beurteilungen der ersten Stufe der Eignungsprüfung (§ 7 b AdVermiG) abweichen darf, insbesondere auch, was die Eigenschaften der Kinder betrifft, für die die Bewerber in Betracht kommen. Der von der für die allgemeine Prüfung zuständigen Vermittlungsstelle nach § 7 b Abs. 2 AdVermiG übersandte Bericht darf nicht geändert, sondern lediglich „ergänzt" werden (Abs. 2 Satz 1). Sollen Formulierungen aus dem Bericht über die allgemeine Adoptionseignung oder die Eigenschaften der anzunehmenden Kinder verändert werden (bspw. weil sie im Ausland missverstanden werden könnten), so hat die Auslandsvermittlungsstelle dies mit der die allgemeine Eignung prüfenden Stelle abzustimmen. Das ergibt sich aus der allgemeinen Kooperationspflicht nach § 2 Abs. 4 AdVermiG sowie im Fall der Vermittlung aus Vertragsstaaten des HAÜ aus § 4 Abs. 4 AdÜbAG (zu den Details s. die Erl. dort). Weicht die Auslandsvermittlungsstelle ohne weitere Abstimmung von den Einschätzungen oder Formulierungen des allgemeinen Eignungsberichts ab, kann dies aufsichtliche Folgen haben (§ 4 Abs. 3 – 4 AdVermiG).

Der vollständige Bericht über die Adoptionseignung der Bewerber darf diesen nicht ausgehändigt werden (Abs. 2 Satz 4). Dadurch sollen Fälle verhindert werden, in denen die Annahmewilligen sich auf der Grundlage des Berichts auf eigene Faust in anderen Herkunftsstaaten oder außerhalb der vorgesehenen zwischenstaatlichen Verfahren um die Adoption eines Kindes bemühen, was mit der in § 2 a Abs. 2 AdVermiG enthaltenen Vermittlungspflicht bzw. dem Verbot unbegleiteter Adoptionen aus dem Ausland nach § 2 b AdVermiG nicht zu vereinbaren wäre. 7

Wird die länderspezifische Eignung der Bewerber für die Adoption eines Kindes aus dem Ausland durch eine zentrale Adoptionsstelle abgelehnt, so stellt die entsprechende Entscheidung einen **Verwaltungsakt** iSv § 31 SGB X dar, der im Wege der **Anfechtungsklage** angegriffen werden kann (→ AdVermiG § 7 8

Rn. 17 ff.). Darüber hinaus besteht auch in der zweiten Stufe der Überprüfung in einem internationalen Verfahren die Möglichkeit einer **allgemeinen Leistungsklage** auf Feststellung der länderspezifischen Adoptionseignung, die entsprechende Ergänzung des Eignungsberichts und Weiterleitung des ergänzten Berichts an die zuständige Fachstelle im Herkunftsstaat des Kindes.[5]

9 ▶ **Muster: Antrag allgemeine Leistungsklage**

Die/der Beklagte wird verurteilt, die länderspezifische Eignung des/der Kläger/s. für die Adoption eines Kindes aus (folgt Angabe des Herkunftsstaats) festzustellen, den die allgemeine Adoptionseignung des/der Kläger/s. bestätigenden Bericht der (folgt Angabe der Vermittlungsstelle, die die allgemeine Eignung überprüft hat) entsprechend zu ergänzen und den vollständigen Bericht der (folgt genaue Bezeichnung der Fachstelle im Herkunftsstaat des Kindes) zuzuleiten. ◀

IV. Weiteres Verfahren (Abs. 3)

10 Laut § 7 c Abs. 3 AdVermiG leitet die von den Bewerbern gewählte Auslandsvermittlungsstelle den Sozialbericht über die Bewerber, der die allgemeine wie auch die länderspezifische Adoptionseignung für den speziellen, von diesen gewählten Herkunftsstaat bestätigt, der dort zuständigen Fachstelle zu.

Einen **Anspruch** auf die **Weiterleitung** des Eignungsberichts haben die Bewerber nur dann, wenn ihre Adoptionseignung sowohl im Rahmen der allgemeinen (§ 7 b AdVermiG) als auch im Rahmen der länderspezifischen Eignungsprüfung (Abs. 1 und 2) positiv festgestellt werden konnte. Bestehen Zweifel an der Adoptionseignung, darf keine Weiterleitung in das Ausland erfolgen.

11 Gem. Abs. 3 darf Empfangsstelle des Sozialberichts nur eine zur internationalen Adoptionsvermittlung berechtigte und für den Empfang von Adoptionsunterlagen autorisierte **Fachstelle im Herkunftsstaat** des Kindes sein. Nur auf die Weiterleitung an eine solche erstreckt sich auch der Rechtsanspruch der Bewerber nach Abs. 3. Der Eignungsbericht darf ausschließlich in den Verfügungsbereich einer Fachstelle gelangen, die für das weitere Vermittlungsverfahren Verantwortung übernimmt.[6] Bei Gerichten ist dies nur der Fall, wenn diese nicht nur über die Adoption entscheiden, sondern bereits im Vorfeld des Adoptionsausspruchs Vermittlungsaufgaben erledigen und zB Kindervorschläge in den Aufnahmestaat versenden. Vor der Übermittlung der Unterlagen in einen Staat außerhalb der EU ist das ausdrückliche Einverständnis der Betroffenen hierzu einzuholen;[7] zuvor sind sie über die damit verbundenen datenschutzrechtlichen Risiken zu belehren (Art. 49 Abs. 1 lit. a DSGVO; → AdÜbAG § 4 Rn. 18).

Mit dem Erfordernis, dass es sich bei der Empfangsstelle um eine Fachstelle des Heimatstaats des Kindes handeln muss, wird zugleich die sog. **Drittstaatenvermittlung** ausgeschlossen, die den fachlichen Standards typischerweise nicht genügt, weil eine in einem Drittstaat ansässige Stelle iaR weder mit den Verhältnissen im Heimatsstaat des Kindes noch im Aufnahmestaat hinreichend vertraut ist.

12 Neben der Empfangsstelle im Ausland ist das Ergebnis der Eignungsprüfung im Zuge der partnerschaftlichen Zusammenarbeit (§ 2 Abs. 4 AdVermiG) auch den beteiligten örtlichen Adoptionsvermittlungsstellen und spätestens mit der Vorlage eines Kinderberichts aus dem Ausland (§ 11 Abs. 2 Satz 2 AdVermiG) auch den zuständigen zentralen Adoptionsstellen für deren Aufgaben **zur Kenntnis**

---

5 VG Hamburg 11.3.1983 – 2450/82 und 18.12.2001, JAmt 2002, 464 ff.; VG Freiburg FamRZ 2004, 1317 ff.
6 Vgl. BT-Drs. 14/6011, 53 zur Vorgängernorm in § 7 Abs. 3 S. 6 aF.
7 Reinhardt JAmt 2018, 131.

zu geben.[8] Nicht vorgesehen ist dagegen die Übermittlung des Sozialberichts an die Ausländerbehörde, die über die Einreise und den Aufenthalt des Kindes entscheidet.[9] Für die Aufgabenwahrnehmung der Ausländerbehörden ist ausreichend, dass eine Bescheinigung nach § 2 d AdVermiG vorgelegt wird oder – falls die Voraussetzungen für deren Erteilung noch nicht gegebenen sind – mit Einwilligung der Annehmenden (Art. 6 Abs. 1 lit. a; 7 DSGVO) die Begleitung des Verfahrens allgemein bestätigt wird.

Aus Abs. 3 ergibt sich im **Umkehrschluss**, dass der Sozialbericht keinesfalls den Adoptionsbewerbern oder ihren Repräsentanten (Rechtsanwalt, Beistand, sonstiger Vertreter) ausgehändigt werden darf.[10] Zulässig ist dagegen die Zuleitung von Unterlagen an externe Übersetzer und weitere inländische Stellen bzw. Auslandsvertretungen zum Zwecke der (Über-)Beglaubigung, Legalisierung oder Apostillierung, sofern die entsprechenden Schritte von der Auslandsvermittlungsstelle in eigener Verantwortung veranlasst werden. 13

Soweit **Dritte** nicht nur als Erfüllungsgehilfen oder Boten für den Transport und die Übermittlung der Bewerbungsunterlagen an die Fachstellen des Herkunftslands fungieren, sondern eigenständige Verfahrensentscheidungen treffen oder beeinflussen, die für den weiteren Gang der Adoptionsvermittlung von maßgeblicher Bedeutung sein können, stellt die Übermittlung des Sozialberichts an diese einen schwerwiegenden Verstoß gegen § 7 c Abs. 3 AdVermiG und den Grundsatz dar, dass die zwischenstaatliche Kooperation den entsprechend autorisierten Fachstellen des Aufnahme- und des Heimatstaates vorbehalten ist. Die hochsensiblen Adoptionsunterlagen dürfen nach der Vorstellung des Gesetzgebers bzw. der Vertragsstaaten des HAÜ nicht in die Hände Dritter gelangen, die nicht zur Vermittlung internationaler Adoptionen zugelassen sind.[11] 14

Auch in internationalen Verfahren ist die Ausstellung „genereller Eignungsbescheinigungen" oder sog. „Unbedenklichkeitsbescheinigungen" gesetzlich nicht vorgesehen und fachlich wegen der damit verbundenen **Missbrauchsmöglichkeiten** eindeutig abzulehnen (→ AdVermiG § 7 Rn. 14). 15

V. Kosten der Eignungsüberprüfung

Die Überprüfung der länderspezifischen Adoptionseignung für ein Kind aus dem Ausland durch eine zentrale Adoptionsstelle ist gebührenpflichtig, wobei die für die Eignungsüberprüfung nach Abs. 1 anfallenden **Kosten** in der für das Verfahren mit dem Ausland insgesamt anfallenden Gebühr in Höhe von 1.200 EUR enthalten sind (§ 5 Nr. 2 AdVermiStAnKoV). Darüber hinaus sind auch die anfallenden Auslagen zu erstatten (§ 6 AdVermiStAnKoV). Wegen der Details der Kostenerhebung darf auf die Erläuterungen bei → AdVermiG § 2 a Rn. 14 und → AdVermiG § 7 b Rn. 12 ff. verwiesen werden. 16

---

8 Empf., Nr. 13.2.2.2.
9 VG München 21.4.2010 – M 18 K 09.4652; missverständlich insoweit der Leitsatz in juris zur Entscheidung des OVG Berlin-Brandenburg 21.4.2009 – 3 B 8.07; zum Thema insgesamt Reinhardt/Otto, Die Zusammenarbeit von Adoptionsvermittlungsstellen und Ausländerbehörden bei Auslandsadoptionen, JAmt 2011, 443 ff.
10 VG München 21.4.2010 – M 18 K 09.4652.
11 OVG Hamburg 18.10.2006 – 4 Bs 224/06.

§ 7 d AdVermiG Bescheinigung für im Ausland lebende Adoptionsbewerber

(1) Auf Antrag deutscher Adoptionsbewerber mit gewöhnlichem Aufenthalt im Ausland prüft die Bundeszentralstelle, ob die Adoptionsbewerber nach den deutschen Sachvorschriften die rechtliche Befähigung zur Adoption eines Kindes besitzen.

(2) Stellt die Bundeszentralstelle die rechtliche Befähigung positiv fest, so stellt sie den Adoptionsbewerbern eine Bescheinigung über diese Feststellung aus.

(3) Die Prüfung und die Bescheinigung erstrecken sich weder auf die Gesundheit der Adoptionsbewerber noch auf deren Eignung nach den §§ 7 b und 7 c zur Adoption eines Kindes; hierauf ist in der Bescheinigung hinzuweisen.

1   Häufig verlangen ausländische Stellen eine **Bescheinigung** darüber, dass im Ausland lebende deutsche Bewerber nach dem deutschen Recht zur Annahme eines Kindes **befähigt** sind. Laut § 7 d AdVermiG erstellt die Bundeszentralstelle für Auslandsadoption eine derartige Bescheinigung auf Antrag der Bewerber.

2   Gem. Abs. 1 steht der BZAA ein Prüfungsrecht hinsichtlich der Voraussetzungen für die Ausstellung der Bescheinigung zu. Nach § 7 e Nr. 4 AdVermiG obliegt es den Adoptionsbewerbern, die für die Prüfung und Ausstellung der Bescheinigung erforderlichen Angaben zu machen und die zugehörigen Nachweise zu erbringen.

Die Bescheinigung wird nur erteilt, wenn die BZAA die **Befähigung positiv** festgestellt, also keine Zweifel an der rechtlichen Befähigung der Adoptionsbewerber hat. Abs. 3 stellt klar, dass insoweit keine fachlichen Kriterien (ähnlich wie sie in §§ 7 Abs. 2 AdVermiG oder 7 c Abs. 2 AdVermiG enthalten sind) geprüft werden. Stellt sich jedoch heraus, dass Antragsteller nur zum Schein einen Wohnsitz im Ausland begründet haben, um dort nach den nationalen Bestimmungen und unter Umgehung der Vorschriften über die internationale Adoption (v.a. das Begleitungserfordernis nach § 2 a Abs. 2 AdVermiG) zu adoptieren, so kann die Ausstellung der Bescheinigung verweigert werden.

3   Die Bescheinigung trifft nach Abs. 2 keine Aussagen zur Adoptionseignung, sondern ausschließlich zu den materiellrechtlichen Vorgaben in §§ 1741 ff. BGB. Hierauf ist in der Bescheinigung ausdrücklich hinzuweisen (Abs. 3 Satz 1 Hs. 2).

4   Gegen die Ablehnung der Ausstellung durch die BZAA ist gem. §§ 23 ff. EGGVG der **Rechtsweg** zu den ordentlichen Gerichten eröffnet, da § 3 Abs. 2 Satz 1 AdÜbAG die Tätigkeit der Bundeszentralstelle dem Bereich des Justizverwaltungsverfahrens zuordnet. Die Ausstellung der Bescheinigung ist gebührenpflichtig.

§ 7 e AdVermiG Mitwirkungspflicht der Adoptionsbewerber

[1]Den Adoptionsbewerbern obliegt es, die erforderlichen Angaben zu machen und geeignete Nachweise zu erbringen für:
1. die Eignungsprüfung (§ 7 und § 7 b Absatz 1 und 2),
2. die sachdienlichen Ermittlungen (§ 7 a Absatz 1 und 2),
3. die länderspezifische Eignungsprüfung (§ 7 c Absatz 1 und 2),
4. die Prüfung nach § 7 d Absatz 1.

[2]Die Vorschriften des Dritten Abschnitts des Dritten Titels des Ersten Buches Sozialgesetzbuch gelten entsprechend.

§ 7 e AdVermiG regelt, dass die Adoptionsbewerber in allen Phasen der Eig- 1
nungsüberprüfung (Nr. 1 bis 3) sowie hinsichtlich der Voraussetzungen für eine
nach § 7 d AdVermiG beantragte Bescheinigung (Nr. 4) **mitwirkungspflichtig
sind.**

Gem. Satz 1 haben Adoptionsbewerber die für die Eignungsfeststellung bzw. die
Erstellung der Bescheinigung nach § 7 d AdVermiG erforderlichen Angaben zu
machen und die erforderlichen Nachweise (zB medizinische und psychologische
Atteste, polizeiliche Führungszeugnisse, Personenstandsurkunden, Mietverträge,
Verdienstbescheinigungen, Steuerbescheide und weitere Unterlagen) vorzulegen.
Eine bestimmte Form ist dabei nicht vorgegeben, so dass die Nachweise auch auf
elektronischem Weg übermittelt oder gefaxt werden können (vgl. § 9 SGB X).
Bestehen allerdings Zweifel an der Echtheit von nur elektronisch bereitgestellten
Unterlagen, so kann die Vermittlungsstelle nach pflichtgemäßem Ermessen auch
die Vorlage der Originale verlangen (vgl. § 21 Abs. 1 Satz 1 SGB X).

Darüber hinaus sind Adoptionsbewerber wegen des Verweises in Satz 2 auf die in 2
§§ 60 ff. SGB I enthaltenen Mitwirkungspflichten dazu verpflichtet,

- von den Vermittlungsstellen verwendete Vordrucke zu verwenden (§ 60
  Abs. 2 SGB I; zu denken ist hier insbesondere an die in der Praxis vielfach
  verwendeten „Bewerberfragebögen")

- zu Besprechungen, Vorbereitungsseminaren etc zu erscheinen (§ 61 SGB I), oder

- sich ärztlichen und psychologischen Untersuchungen zu unterziehen
  (§ 62 SGB I),

sofern dies fachlich erforderlich ist und die damit einhergehende Belastung der
Bewerber verhältnismäßig erscheint (vgl. § 65 SGB I). Gerade im Fall von ärztlichen Untersuchungen oder psychologischen Gutachten wird die Mitwirkung
regelmäßig geboten sein, wenn die Vermittlungsstelle auf der Grundlage der
vorhandenen Erkenntnisse noch keine abschließende Entscheidung treffen kann
(zur datenschutzrechtlichen Einordnung solcher Gutachten → AdVermiG § 9 e
Rn. 9), so dass ohne die erforderliche Mitwirkung keine positive Eignungsfeststellung getroffen werden könnte. Ggf. kann der Mitwirkungspflicht auch nachgekommen werden, indem die Betroffenen die entsprechenden Ermittlungen
der Adoptionsvermittlungsstelle bei Dritten (zB ÄrztInnen oder PsychologInnen)
durch **Schweigepflichtsentbindungen**[1] ermöglichen. Ist die erforderliche Mitwirkung unterblieben und bestehen Zweifel an der Adoptionseignung, die ohne die
Mitwirkung nicht ausgeräumt werden können, so ist die Eignung gemäß dem
entsprechend anwendbaren § 66 Abs. 1 und 2 SGB I abzulehnen. Allerdings sind
die Adoptionsbewerber zuvor schriftlich auf diese Folge hinzuweisen und es ist
eine angemessene Frist zur Nachholung der unterbliebenen Mitwirkung zu setzen
(§ 66 Abs. 3 SGB I). Dabei muss die Frist so bemessen sein, dass die Nachholung
unter den Umständen des konkreten Einzelfalls auch tatsächlich möglich ist.[2]

§ 8 AdVermiG Beginn der Adoptionspflege

**Das Kind darf erst dann zur Eingewöhnung bei den Adoptionsbewerbern in
Pflege gegeben werden (Adoptionspflege), wenn feststeht, dass die Adoptionsbewerber für die Annahme des Kindes geeignet sind.**

---

1 Zu deren Wirksamkeit Handbuch Sozialdatenschutz/Reinhardt/v. Hardenberg/Marbur-
  ger, Kap. 5 Rn. 27 ff.; Reinhardt JAmt 2018, 126 f.
2 LPK-SGB I/Trenk-Hinterberger SGB I § 66 Rn. 21; Mrozynski SGB I § 66 Rn. 30.

1   Die Adoptionspflegezeit (§ 1744 BGB) dient der **Eingewöhnung** des Kindes und
     der „Erprobung" des perspektivischen Eltern-Kind-Verhältnisses (vgl. Art. 19
     EAÜ). Unter Pflege ist in diesem Zusammenhang die Aufnahme eines Kindes,
     dessen tatsächliche Betreuung sowie die Übernahme von Verantwortung für
     dieses zu verstehen.[1] Die **Adoptionspflegezeit** muss nicht notwendigerweise in
     Deutschland durchgeführt werden; dies kann auch im Ausland geschehen. Eine
     Pflegeerlaubnis ist nicht erforderlich (§ 44 Abs. 1 Satz 2 Nr. 6 SGB VIII). Auch
     steht Adoptionswilligen kein Pflegegeld nach § 39 SGB VIII zu. Haben diese das
     Kind schon seit längerer Zeit als Pflegekind aufgenommen, wandelt sich das Pfle-
     geverhältnis nicht automatisch bei Vorliegen der elterlichen Einwilligung in ein
     Adoptionspflegeverhältnis um;[2] vielmehr endet ein Pflegekindverhältnis als Hilfe
     zur Erziehung iSv § 33 SGB VIII erst in dem Moment, in dem Adoptionsbewer-
     ber ihren Adoptionswillen ausdrücklich oder konkludent (zB durch Einreichung
     des Adoptionsantrags oder eine entsprechende Aussage gegenüber dem Jugend-
     amt) nach außen bekunden.[3] Sind die Erfolgsaussichten der Adoption in diesem
     Zeitpunkt noch ungewiss (zB weil zunächst ein gerichtliches Verfahren zur Erset-
     zung der Einwilligung eines leiblichen Elternteils abzuwarten ist, dessen Ausgang
     offen ist), ist weiterhin ein Pflegeverhältnis iSv § 33 SGB VIII anzunehmen.[4]
     Aufgrund der immer wieder gegebenen rechtlichen und praktischen Unsicherheit
     kann die Adoptionsvermittlungsstelle durch feststellenden Verwaltungsakt förm-
     lich klären, zu welchem Zeitpunkt die Adoptionspflege begonnen hat.[5]

2   Liegen neben der Inpflegenahme mit dem Ziel der Adoption auch die erfor-
     derlichen elterlichen Einwilligungen vor, so entsteht nach § 1751 Abs. 4 BGB
     eine vorrangige **Unterhaltsverpflichtung** der Adoptionsbewerber. Auch können
     bereits mit der Inpflegegabe bestimmte Sozialleistungen beansprucht werden.[6]
     Die Vormundschaft über das anzunehmende Kind ist mit der Inpflegegabe nicht
     verbunden; nach § 1751 Abs. 1 BGB entsteht idR eine **Amtsvormundschaft** des
     Jugendamts am gewöhnlichen Aufenthalt der Annehmenden (vgl. § 87 c Abs. 4
     SGB VIII). Während der Pflegezeit begleitet und unterstützt die Adoptionsver-
     mittlungsstelle die Adoptionsbewerber (§ 9 Abs. 1 AdVermiG).

3   Gem. § 8 AdVermiG hat sich die **Auswahl der Bewerber** für ein adoptierbares
     Kind durch die Vermittlungsstelle ausschließlich an den Bedürfnissen des Kindes
     zu orientieren. Die Bewerber müssen aus der Sicht der Vermittlungsstelle auf
     der Grundlage einer bereits abgeschlossenen Überprüfung gem. §§ 7 bzw. 7 a
     Abs. 1 AdVermiG als geeignet für die Adoption des konkreten Kindes angesehen
     werden können, bevor dessen Inpflegegabe erfolgen kann (ebenso Art. 10 Abs. 5
     EAÜ). Finanzielle Erwägungen, politische Einflussnahmen, Wartezeiten oder an-
     dere Erwägungen sind dagegen nicht relevant für die Platzierungsentscheidung.

4   Die **Dauer der Adoptionspflege** ist gesetzlich nicht festgelegt und richtet sich
     nach dem konkreten Einzelfall.[7] Sie beträgt bei Säuglingen und Kleinkindern
     idR ein Jahr; bei älteren Kindern und Jugendlichen länger.[8] Ein Verzicht auf
     die Adoptionspflegezeit kann nicht alleine deshalb erfolgen, weil ein Kind durch

---

1 Wiesner/Elmauer AdVermiG § 8 Rn. 2.
2 VG Magdeburg 10.5.2004 – 6 A 354/02.
3 BSG NJW 1993, 1156; VG Saarland 23.11.2005 – 10 K 71/05.
4 VG Aachen 23.12.2008 – 2 K 1644/05 mwN.
5 Oberloskamp ZfJ 2005, 348.
6 Vgl. hierzu die Übersicht in MüKoBGB/Maurer BGB § 1751 Rn. 108.
7 BT-Drs. 7/3061, 32; MüKoBGB/Maurer BGB § 1744 Rn. 30 f.
8 NK-BGB/Dahm BGB § 1744 Rn. 10; Empf. Nr. 8.5.

einen gleichgeschlechtlichen Ehe- oder Lebenspartner adoptiert werden soll, in dessen Familie es aufgewachsen ist.[9]

Am **Ende** der Adoptionspflegezeit soll eine Aussage dazu möglich sein, ob die Voraussetzungen des § 1741 BGB vorliegen. Dies ist der Fall, wenn ein Eltern-Kind-Verhältnis zu erwarten ist und die Adoption nach aller Voraussicht dem Wohl des Kindes dient. Misslingt die Integration des Kindes in der Familie oder wird die Adoption aus anderen Gründen (zB fehlende oder unwirksame Einwilligungserklärungen) nicht ausgesprochen, so endet die Adoptionspflege. Ggf. ist diese in ein Pflegeverhältnis nach § 33 SGB VIII zu überführen. Hierfür wird iaR ein Hilfeplanverfahren (§ 36 Abs. 2 SGB VIII) erforderlich sein. Hat sich das Kind bei den Annehmenden eingelebt, kommt ggf. eine Verbleibensanordnung (§ 1632 Abs. 4 BGB) in Betracht,[10] selbst wenn sich die Adoption (zB weil die leiblichen Eltern wider Erwarten ihre Einwilligung in die Adoption verweigern) nicht mehr realisieren lässt.

Bei **internationalen Adoptionsverfahren** iSv § 2 a Abs. 1 AdVermiG ist § 8   **5** AdVermiG als verwaltungsrechtliche Vorschrift gemäß dem Territorialitätsprinzip (§ 30 Abs. 1 SGB I) nicht anwendbar, wenn die Platzierung des Kindes durch die zuständigen Stellen im Ausland erfolgt. Ob eine Adoptionspflegezeit im Herkunftsstaat überhaupt erforderlich ist, ergibt sich aus dem dort anwendbaren Sachrecht. Soll ein Kind aus einem Vertragsstaat des HAÜ adoptiert werden und findet die Adoptionspflege in Deutschland statt, ist die hiesige Auslandsvermittlungsstelle gem. § 7 Abs. 4 AdÜbAG durch das Jugendamt, den Vormund bzw. Pfleger des Kindes und die örtliche Adoptionsvermittlungsstelle umfassend über die Entwicklung des Kindes zu informieren und an allen das Kind betreffenden (zB Hilfeplan-)Verfahren zu beteiligen. Die deutsche Auslandsvermittlungsstelle wiederum informiert die zentrale Behörde im Herkunftsstaat des Kindes über dessen Entwicklung während der Pflegezeit (Art. 9, 20, 21 HAÜ).

§ 8 a AdVermiG   Informationsaustausch oder Kontakt vor und nach der Adoption

(1) [1]Die Adoptionsvermittlungsstelle (§ 2 Absatz 1 und 3) soll vor Beginn der Adoptionspflege sowohl mit den Adoptionsbewerbern als auch mit den Eltern erörtern, ob ein Informationsaustausch oder Kontakt zum Wohl des Kindes zwischen den Adoptionsbewerbern und dem Kind auf der einen Seite und den Eltern auf der anderen Seite zukünftig stattfinden kann und wie der Informationsaustausch oder Kontakt gestaltet werden kann. [2]Die Adoptionsvermittlungsstelle nimmt das Ergebnis der Erörterungen zu den Akten.

(2) [1]Mit dem Einverständnis der abgebenden Eltern und der Annehmenden soll die Adoptionsvermittlungsstelle (§ 2 Absatz 1 und 3) nach der Adoption die Erörterungen gemäß Absatz 1 Satz 1 in angemessenen Zeitabständen wiederholen. [2]Dies gilt, bis das Kind das 16. Lebensjahr vollendet hat. [3]Das Ergebnis jeder Erörterung ist zu den Akten zu nehmen. [4]Das Einverständnis soll vor dem

---

9   So laut Kaiser FamRZ 2017, 1894 mwN auch die Adoptionsvermittlungspraxis; aA Behrentin AdoptionsR-HdB/Braun Kap. B Rn. 328; MüKoBGB/Maurer BGB § 1744 Rn. 31; Erman/Saar BGB § 1744 Rn. 2 a, jeweils unter Bezugnahme auf das AG Elmshorn 20.12.2010 – 46 F 9/10; deutlich differenzierter und in der Sache zutreffend AG Göttingen 29.6.2015 – 40 F 9/14 AD; vgl. zum Problem iÜ Reinhardt RPflStud 2018, 37 und Staudinger/Helms BGB § 1744 Rn. 6.

10   NK-BGB/Dahm BGB § 1632 Rn. 17; beachte aber die strengen Vorgaben des EGMR (22.5.2018 – 27025/17) sowie des BVerfG (22.5.2014 – 1 BvR 2882/13) in Bezug auf erforderliche Rückführungsversuche.

Reinhardt   97

Beschluss, spätestens muss es nach dem Beschluss, durch den das Familiengericht die Adoption ausspricht, eingeholt werden. [5]Das Einverständnis kann jederzeit widerrufen werden.

(3) Das Kind ist bei den Erörterungen nach den Absätzen 1 und 2 entsprechend seinem Entwicklungsstand zu beteiligen und sein Interesse ist entsprechend zu berücksichtigen.

(4) Wird das Ergebnis der Erörterung zum Informationsaustausch oder Kontakt nicht umgesetzt oder besteht Uneinigkeit über die Umsetzung des Ergebnisses, so hat die Adoptionsvermittlungsstelle (§ 2 Absatz 1 und 3) im Rahmen der bestehenden Möglichkeiten auf eine Lösung hinzuwirken.

I. Allgemeines

1   Die „Öffnung von Adoptionen" im Sinne von vor wie auch nach dem Adoptionsausspruch bestehenden Kontakten zwischen den abgebenden Eltern und der Familie der Annehmenden ist für die Identitätsfindung und Persönlichkeitsentwicklung des Kindes förderlich. Zugleich können durch geöffnete Adoptionen negative Auswirkungen der Adoptionsfreigabe bei Herkunftseltern aufgefangen werden.[1] Ziel des Adoptionshilfe-Gesetzes war es, die aus fachlicher Sicht schon seit den 1980er Jahren als wichtig erachtete und in der Vermittlungspraxis längst eingeführte Öffnung von Adoptionen gesetzlich zu verankern.[2] §§ 8 a, 8 b und 9 AdVermiG verpflichten die Adoptionsvermittlungsstellen daher nun ausdrücklich in allen Phasen der Vermittlung und Begleitung, Möglichkeiten offener oder teiloffener Adoptionen mit den Beteiligten zu erörtern und diese bei der Umsetzung vereinbarter Maßnahmen und Kontakte zu unterstützen.

2   Der Begriff der „geöffneten" Adoption[3] bedeutet nicht zwingend, dass persönliche Kontakte erfolgen. Vielmehr reichen die praktizierten Modelle von einem gelegentlichen Austausch von Informationen über regelmäßige persönliche Schreiben und die Weitergabe von Fotos bis hin zu mehr oder weniger häufigen persönlichen Begegnungen, die bisweilen auch nur anonym oder in pseudonymisierter Form erfolgen. Auch die „offene" Adoption, bei der regelmäßige Kontakte und ein weitgehender Informationsaustausch unter Namensnennung erfolgen, ist – wenn auch eher selten – zu beobachten.

II. Erörterung vor dem Beginn der Adoptionspflege (Abs. 1)

3   Abs. 1 verpflichtet die Adoptionsvermittlungsstellen dazu, schon vor dem Beginn der Adoptionspflege (hierzu § 8 AdVermiG sowie § 1744 BGB) sowohl mit den Adoptionsbewerbern als auch mit den Herkunftseltern des Kindes zu erörtern, ob ein Informationsaustausch oder Kontakt zum Wohl des Kindes zwischen den Adoptionsbewerbern und dem Kind auf der einen Seite und dessen Herkunftseltern auf der anderen Seite zukünftig stattfinden kann. Ist dies der Fall, so ist darüber hinaus zu klären, wie der Informationsaustausch oder Kontakt konkret ausgestaltet werden soll. Dies gilt auch für Stiefkindadoptionen, was sich aus § 9 a Abs. 1 iVm. § 9 Abs. 1 Satz 3 Nr. 6 AdVermiG ergibt.

---

1   Expertise- und Forschungszentrum Adoption, Dossier Adoptionen in Deutschland (2017), S. 8, 91 ff. und 98 f.
2   So die Begründung des Regierungsentwurfs in BT-Drs. 19/16718, 27.
3   Zur Öffnung von Adoptionen im Detail Paulitz, Offene Adoption (1997); einen Überblick geben Siebert (in: Handbuch Kinder- und Jugendhilfe, 2. Aufl. 2016, S. 868 ff.); Riedle/Gillig-Riedle/Riedle, Adoption – Alles was man wissen muss, 3. Aufl. 2012, S. 191 ff.; zu rechtlichen Fragen Botthof (2014), S. 29 ff. mwN; Reinhardt (2015), S. 161 ff. mwN.

Die Verpflichtung zu den entsprechenden Erörterungen besteht nur in Rahmen von **Inlandsvermittlungen** durch Stellen in öffentlicher und freier Trägerschaft, da Abs. 1 lediglich auf § 2 Abs. 1 und 3 AdVermiG verweist. Von diesem Verweis werden auch die zentralen Adoptionsstellen erfasst. Diese sind daher ebenfalls zur Erörterung verpflichtet, sofern sie im Rahmen des sog. „überregionalen Adoptionsausgleichs" nach § 10 Abs. 3 AdVermiG eine Inlandsvermittlung übernehmen.

Im Rahmen **internationaler Verfahren** (§ 2 a Abs. 1 AdVermiG) sind die §§ 8 a und 8 b AdVermiG dagegen nicht anwendbar. Sie wären ohnehin regelmäßig nicht oder nur eingeschränkt umsetzbar, da jegliche Arbeit mit den Herkunftseltern des Kindes bei grenzüberschreitenden Verfahren grundsätzlich den Fachstellen im Herkunftsstaat des Kindes vorbehalten ist.[4] Denkbar wäre allerdings, in speziellen Kooperationsvereinbarungen zwischen deutschen und ausländischen Fachstellen vorzusehen, dass Möglichkeiten einer geöffneten grenzüberschreitenden Adoption von der jeweils zuständigen Stelle mit den durch sie betreuten Personen ausgelotet wird.

Gem. Abs. 1 Satz 1 soll die zuständige Adoptionsvermittlungsstelle bereits im   4
Vorfeld der Platzierungsentscheidung mit allen Beteiligten klären, inwieweit eine Öffnung der Adoption im Sinne eines **künftigen Informationsaustauschs** oder **Kontakts** zwischen den Beteiligten, dh den Herkunftseltern, dem Adoptierten und den Adoptiveltern denkbar erscheint. Dabei bedeutet ein Kontakt nicht zwangsläufig eine Offenlegung der Identität oder des Wohnorts; vielmehr sind auch anonymisierte oder pseudonymisierte Kontakte denkbar (→ Rn. 2).

Da § 8 a AdVermiG eine „Soll"-Bestimmung enthält, hat die Prüfung im Regelfall zu erfolgen. Es sind aber Ausnahmen denkbar. Gerade in Fällen vertraulicher Geburten oder anderer Formen der anonymen Kindsabgabe wird zwangsläufig kein Kontakt möglich sein. Aber auch aus der Vorgeschichte der Adoptionsfreigabe oder aus dem bereits nachdrücklich erklärten Willen der Annehmenden, des Kindes oder seiner Eltern kann sich ergeben, dass ein Austausch nicht in Betracht kommt oder nicht dem Kindeswohl entspricht. In diesem Fall ist die Erörterung entbehrlich. Die Begründung des Regierungsentwurfs stellt ausdrücklich klar, dass ein Informationsaustausch und Kontakt stets **nur zum Wohl des Kindes** stattfinden kann.[5] Insbesondere bei Traumatisierungen des Kindes aufgrund in der Herkunftsfamilie (mit-)erlebter Gewalt oder massiver Vernachlässigung wird eine Öffnung somit iaR nicht angezeigt sein. Ohnehin ist die Letztentscheidung über die geöffnete Ausgestaltung der Adoption und den Grad der Öffnung stets der Entscheidung der Beteiligten vorbehalten; die Vermittlungsstelle hat die vorhandenen Optionen lediglich neutral auszuloten.

Die **Erörterung** nach Abs. 1 soll mit den Annehmenden und den Herkunftseltern   5
erfolgen. Gem. Abs. 3 ist das Kind altersgerecht und entsprechend seinem Entwicklungsstand zu beteiligen. Seine Interessen sind – in den Grenzen des Kindeswohls, → Rn. 4 – zu berücksichtigen. Für die Erörterung ist keine bestimmte Form vorgeschrieben. Sie kann mit den Beteiligten also getrennt oder gemeinsam, im persönlichen Gespräch, im Wege eines Informationsblatts nebst Rückmeldebogen oder auf sonstige Art erfolgen (vgl. § 9 SGB X).

Das **Ergebnis** der Erörterungen ist zwingend zu den Akten zu nehmen (Abs. 1   6
Satz 2). Laut der Begründung des Regierungsentwurfs[6] verfolgt dies den Zweck, eine gewisse subjektive Verbindlichkeit bei den Beteiligten zu erreichen. Rechtlich

---

4   Vgl. Art. 4 HAÜ sowie BT-Drs. 19/16718, 48.
5   BT-Drs. 19/16718, 49.
6   BT-Drs. 19/16718, 49.

verbindlich oder durchsetzbar sind die getroffenen Absprachen jedoch nicht,[7] was hinter den Forderungen der Literatur zurückbleibt.[8]

7   Ein Unterlassen der Erörterung hat keine rechtlichen Auswirkungen. Allerdings kann ein Verstoß gegen die in § 8 a AdVermiG enthaltene Erörterungspflicht aufsichtlich beanstandet werden.

8   Zeigt sich im Rahmen der Erörterung, dass der Austausch von Informationen oder Kontakte (in welcher Form auch immer) von den Beteiligten gewünscht und beabsichtigt sind, so ist die **konkrete Ausgestaltung** mit den Beteiligten – einschließlich des altersadäquat einzubeziehenden Kindes (Abs. 3) – zu besprechen. Die Adoptionsvermittlungsstelle begleitet die Umsetzung der besprochenen Öffnung während der Adoptionspflege und im Rahmen der nachgehenden Begleitung der Adoption (vgl. § 9 Abs. 1 Satz 1 und § 9 Abs. 2 Satz 1 AdVermiG). In Streitfällen hat sie auf einvernehmliche Lösungen hinzuwirken (Abs. 4 und → Rn. 13).

III. Erörterung nach dem Ausspruch der Adoption (Abs. 2)

9   Die vor der Inpflegegabe des Kindes nach Abs. 1 bestehende Erörterungspflicht setzt sich gem. Abs. 2 nach dem Ausspruch der Adoption fort. Gem. Abs. 2 Satz 1 hat die Vermittlungsstelle (→ Rn. 3) die in Abs. 1 genannten Erörterungen in Bezug auf eine mögliche Öffnung und deren praktische Umsetzung auch nach dem Adoptionsausspruch regelmäßig und unter altersgerechter Einbeziehung des Adoptierten (Abs. 3) zu wiederholen. Dafür sind keine konkreten zeitlichen Abstände vorgegeben, vielmehr muss es sich jeweils um einen „angemessenen" Zeitraum handeln. Mithin sind die Umstände des konkreten Einzelfalls (→ Rn. 4), die Zufriedenheit mit den gefundenen Absprachen und deren Umsetzbarkeit für die Frage entscheidend, ob eine neuerliche Erörterung angezeigt ist; darüber hinaus kann eine solche auch erfolgen, wenn einer der Beteiligten dies ausdrücklich wünscht.[9]

10   Da mit dem Adoptionsausspruch die **elterliche Sorge** vollständig auf den oder die Annehmenden übergeht (§ 1754 Abs. 3 BGB), hängt die Entscheidung, sich auf neuerliche Erörterungen einzulassen, nach dem Ausspruch der Adoption vom Einverständnis der Adoptiveltern ab. Dieses ist von der Adoptionsvermittlungsstelle zwingend und von Amts wegen spätestens nach dem Wirksamwerden des Adoptionsbeschlusses (der ihr gem. § 189 Abs. 4 FamFG durch das Gericht mitzuteilen ist) einzuholen (Abs. 2 Satz 4).

Gerade im Fall von **Eingewöhnungsschwierigkeiten** oder sonstigen Problemen mit der Eingliederung des Kindes in seine neue Familie kann es im Einzelfall angezeigt sein, zumindest vorübergehend keinen weiteren Anfragen durch die Vermittlungsstelle ausgesetzt zu sein und stattdessen „Ruhe" in die Adoptivfamilie einkehren zu lassen. Daher kann ein nach dem Adoptionsbeschluss gegebenes Einverständnis von den Adoptiveltern jederzeit widerrufen werden. Eine bestimmte Form oder die Angabe von Gründen ist dafür nicht erforderlich. Auch erfolgt keine Überprüfung, ob der Widerruf ggf. dem Kindeswohl widerspricht oder aus anderen Gründen nicht sachgerecht erscheint.

11   Das Ergebnis jeder nach dem Adoptionsausspruch erfolgten neuerlichen Erörterung ist ebenfalls zu den Akten zu nehmen (Abs. 2 Satz 3). Die **Erörterungspflicht** endet mit dem 16. Geburtstag des Adoptierten. Sollte sich nach diesem Zeitpunkt noch der Bedarf oder die Möglichkeit einer Öffnung der Adoption

---

7 EGMR 5.6.2014 – 31021/08.
8 Vgl. Botthof (2014), S. 49 ff., unter Verweis auf entsprechende Regelungen im Ausland.
9 Vgl. BT-Drs. 19/16718, 49.

zeigen, kann die Adoptionsvermittlungsstelle diese auch noch zu einem späteren Zeitpunkt im Wege der Nachsorge (§ 9 Abs. 2 Satz 1 AdVermiG) anbahnen und begleiten, sofern alle Beteiligten damit einverstanden sind.

IV. Beteiligung des Kindes (Abs. 3)

In die Erörterungen vor und nach der Platzierungsentscheidung bzw. dem Adoptionsausspruch ist der Adoptierte gem. Abs. 3 alters- und entwicklungsangemessen einzubeziehen. Seine Interessen sind zu berücksichtigen, sofern keine Anhaltspunkte dafür vorliegen, dass diese nicht mit dem Kindeswohl vereinbar wären (Abs. 1 Satz 1). Der Maßstab der Beteiligung soll sich laut der Begründung des Regierungsentwurfs[10] nach § 8 SGB VIII richten. Demnach sind die Minderjährigen **altersgerecht anzuhören** und ihnen ist die Möglichkeit einer Äußerung zu den konkreten Öffnungsmöglichkeiten zu geben.[11] Darüber hinaus ist der geäußerte Wille aufgrund der Subjektstellung des Minderjährigen im Verfahren[12] in die abschließende Entscheidungsfindung einzubeziehen. Ab dem 14. Lebensjahr wird in der Regel von einer weitgehend ausgeprägten Einsichtsfähigkeit des Adoptierten auszugehen sein, so dass ein weiterer Informationsaustausch oder Kontakt gegen dessen **erklärten Willen** kaum realisierbar sein wird.

12

V. Uneinigkeit bei der Umsetzung (Abs. 4)

Da die Öffnung von Adoptionen aus fachlicher Sicht grundsätzlich anzustreben und zu unterstützen ist (→ Rn. 1), aber keine gerichtliche Einklagbarkeit vereinbarter Öffnungsregelungen besteht (→ Rn. 6), soll die Vermittlungsstelle gem. Abs. 4 in Fällen von **Schwierigkeiten** bei der Umsetzung der nach Abs. 1 oder 2 getroffenen Vereinbarungen helfen, für alle Beteiligen eine praktikable Lösung zu finden, die zumindest eine gewisse Öffnung ermöglicht. Anderes wird gelten, wenn es sich gezeigt hat, dass sich die vereinbarte Ausgestaltung des Kontakts nachteilig auf das Kind auswirkt, so dass (ggf. vorübergehend) kein weiterer Austausch geboten erscheint, um das Kindeswohl zu schützen. Auch auf Störungen in der Findungsphase der Adoptivfamilie oder Überlastungen auf der Seite der Annehmenden ist Rücksicht zu nehmen. Diese sollten dann nicht zusätzlich durch Kontaktforderungen belastet werden. Gleiches gilt zum Schutz der abgebenden Eltern, die im Fall einer Öffnung ggf. immer aufs Neue mit der Adoptionsfreigabe konfrontiert werden, was auch mit Selbstzweifeln oder Selbstvorwürfen verbunden sein kann. Daher kann auch aus diesem Grund ein deutlich verringerter oder gar (ggf. temporär) eingestellter Kontakt sinnvoll sein.

13

Keine Anwendung findet Abs. 4, wenn – aus welchen Gründen auch immer – von vornehrein keine Vereinbarung zwischen den Beteiligten über eine Öffnung der Adoption möglich war. Abs. 4 erfordert nämlich tatbestandlich, dass ein „Ergebnis der Erörterungen" überhaupt vorlag.

---

10 BT-Drs. 19/16718, 49.
11 Wiesner/Wiesner SGB VIII § 8 Rn. 33 und 35 ff.; jurisPK-SGB VIII/Heußner SGB VIII § 8 Rn. 16 ff.
12 Art. 12 UN-KRK; sowie Wiesner/Wiesner SGB VIII § 8 Rn. 9 und 38 f.; jurisPK-SGB VIII/Heußner SGB VIII § 8 Rn. 11.

§ 8 b AdVermiG Anspruch der abgebenden Eltern auf allgemeine Informationen über das Kind und seine Lebenssituation nach der Adoption

(1) [1]Die abgebenden Eltern haben gegen die Adoptionsvermittlungsstelle (§ 2 Absatz 1 und 3) einen Anspruch auf Zugang zu allgemeinen Informationen über das Kind und seine Lebenssituation, die der Adoptionsvermittlungsstelle von den Annehmenden zum Zweck der Weitergabe an die abgebenden Eltern freiwillig und unter Wahrung des Persönlichkeitsrechts des Kindes zur Verfügung gestellt wurden. [2]Die Adoptionsvermittlungsstelle gewährt den abgebenden Eltern den Zugang zu diesen Informationen, soweit dies dem Kindeswohl nicht widerspricht.

(2) [1]Mit dem Einverständnis der Annehmenden soll die Adoptionsvermittlungsstelle (§ 2 Absatz 1 und 3) darauf hinwirken, dass ihr die Annehmenden allgemeine Informationen nach Absatz 1 in regelmäßigen Abständen bis zur Vollendung des 16. Lebensjahres des Kindes schriftlich zukommen lassen, soweit dies dem Wohl des Kindes nicht widerspricht. [2]Das Kind ist entsprechend seinem Entwicklungsstand zu beteiligen. [3]Das Einverständnis soll vor dem Beschluss, spätestens muss es nach dem Beschluss, durch den das Familiengericht die Adoption ausspricht, eingeholt werden. [4]Das Einverständnis kann jederzeit widerrufen werden.

I. Anspruch auf Zugang zu Informationen (Abs. 1)

1   Unabhängig von der Frage, ob sich die Beteiligten auf eine geöffnete Form der Adoption geeinigt haben (§ 8 a AdVermiG), soll § 8 b AdVermiG sicherstellen, dass Herkunftseltern auf Anforderung zumindest allgemeine Informationen über die aktuelle Entwicklung des Kindes und seine Lebenssituation erhalten können. Zu diesem Zweck gibt Ihnen Abs. 1 einen entsprechenden **Rechtsanspruch** gegenüber der Vermittlungsstelle, die die Adoption vermittelt hat. Der Anspruch besteht jedoch – wie sich aus dem expliziten Verweis auf § 2 Abs. 1 und 3 AdVermiG ergibt – nur gegenüber einer **Inlandsvermittlungsstelle** und nicht im Fall eines internationalen Verfahrens iSv § 2 a Abs. 1 AdVermiG.

2   Der in Abs. 1 enthaltene Anspruch wird jedoch **eingeschränkt** durch folgende Maßgaben:

- Der Rechtsanspruch erstreckt sich nicht auf alle der Vermittlungsstelle vorliegenden Informationen über die Entwicklung des Adoptierten, sondern nur auf solche, die ihr von den Annehmenden freiwillig und mit dem Ziel der Weitergabe an die Herkunftseltern zur Verfügung gestellt wurden. Die Adoptiveltern haben keine Pflicht zur Bereitstellung der betreffenden Informationen für die Herkunftseltern. Infolge des eindeutigen Gesetzeswortlauts darf die Vermittlungsstelle den abgebenden Eltern keinerlei Informationen über die Entwicklung des Kindes geben, sofern die Annehmenden hierzu nicht ihre Einwilligung gegeben haben. Dieses **Prinzip der Freiwilligkeit** bleibt hinter der in der Literatur erhobenen[1] Forderung zurück, einklagbare und von der Einwilligung der Annehmenden unabhängige Informationsrechte einzuführen.

- Der Anspruch erstreckt sich nur auf **allgemeine Informationen** über das Kind und seine Lebenssituation. Damit ist ausgeschlossen, dass die Herkunftseltern Details über die gesundheitliche, psychische und emotionale Situation des Kindes, seine schulischen Leistungen oder seine Einstellungen, Haltungen oder Aktivitäten erhalten. Wo genau die Grenze zwischen einer „allgemeinen" Information und nicht durch den Anspruch gedeckten Details liegt, ist

---

1 Botthof (2014), S. 73 ff.

schwierig abzugrenzen. Laut der Begründung des Regierungsentwurfs[2] kommen v.a. Informationen zum Lebensumfeld (urban/ländlich), der familiären Situation (vorhandene Geschwister) oder die gewählte Schulform/Tagesstätte bzw. Interessen des Kindes (Hobbies, Sport, etc) in Betracht. Darüber hinaus ist aber auch an den Ausbildungsstand und den allgemeinen gesundheitlichen Zustand des Kindes zu denken.[3] Im Ergebnis geht es darum, den Herkunftseltern einen Eindruck von der Entwicklung des Kindes zu ermöglichen.[4]

Etwas missverständlich geht die Begründung des Regierungsentwurfs davon aus, dass es den Adoptiveltern freisteht, diese Informationen zu konkretisieren.[5] Der Anspruch erstreckt sich nämlich stets nur auf „**allgemeine**" Informationen. Alle weitergehenden Details stellen eine Öffnung der Adoption iSv § 8 a AdVermiG dar, die von dem Rechtsanspruch nach § 8 b AdVermiG rechtlich zu trennen ist.

Die Vermittlungsstelle hat zu prüfen und zu entscheiden, ob eine von den Annehmenden bereitgestellte Information noch als „allgemein" oder schon als zu sehr ins Detail gehend anzusehen ist. Ggf. hat sie die Annehmenden darüber zu beraten, welche Informationen im konkreten Einzelfall ausreichend oder fachlich angezeigt wären, um die durch § 8 b AdVermiG intendierte allgemeine Information der Herkunftseltern über die weitere Entwicklung des Adoptierten sicherzustellen (§ 9 Abs. 2 Satz 3 Nr. 2 AdVermiG).

■ Bei der Weitergabe der Informationen müssen die **Persönlichkeitsrechte des Kindes** gewahrt bleiben. Daher ist laut der Begründung des Regierungsentwurfs die Weitergabe von Daten unzulässig, welche zu einer Identifizierung des Kindes führen könnten.[6] Somit dürfen in aller Regel keine Fotos oder Filme und auch keine Alleinstellungsmerkmale („Deutscher Meister") Gegenstand der Information sein. Auch Informationen über die Intimsphäre des Kindes dürfen keinesfalls im Rahmen von § 8 b AdVermiG weitergegeben werden, etwa über die sexuelle Orientierung, weltanschauliche Ansichten, höchstsensible Gesundheitsdaten etc.

■ Grundsätzlich steht die Informationsweitergabe unter einem **Kindeswohlvorbehalt**, die Weitergabe von Informationen, die sich auf die weitere gesundheitliche, psychische oder emotionale Entwicklung des Kindes und seine Persönlichkeitsentwicklung negativ auswirken könnten, ist ausgeschlossen, selbst wenn die Adoptiveltern und/oder das Kind diese zur Weitergabe bereitgestellt hatten. Der Vermittlungsstelle obliegt daher vor der Weitergabe auch die Pflicht zur Überprüfung aller vorgelegten Informationen hinsichtlich einer möglichen (in der Praxis bei nur allgemeinen Informationen wohl eher selten und nur in extremen Ausnahmefällen zu befürchtenden) Gefahr für das Kindeswohl.

Da Abs. 1 den abgebenden Eltern einen Rechtsanspruch auf „Zugang" zu den   3
betreffenden Informationen gibt, sind diese **nicht automatisch oder von Amts wegen durch die Vermittlungsstelle weiterzugeben**, sofern dies nicht ausdrücklich im Rahmen einer Öffnung der Adoption (§ 8 a AdVermiG) zwischen den abgebenden und den aufnehmenden Eltern vereinbart wurde. Vielmehr setzt die Information iSv § 8 b AdVermiG ein entsprechendes (formloses, vgl. § 9 SGB X) Verlangen voraus. Der Anspruch auf Zugang zu den betreffenden Informationen besteht **zeitlich unbegrenzt**, dh Herkunftseltern können auch erst nach Jahren noch den Zugang zu längst bereitgestellten Informationen gem. Abs. 1 verlangen.

2 BT-Drs. 19/16718, 50.
3 Botthof (2014), S. 75 mwN.
4 Vgl. BT-Drs. 19/16718, 50.
5 BT-Drs. 19/16718, 50.
6 BT-Drs. 19/16718, 50.

Reinhardt 103

Mit dem 16. Geburtstag des Adoptierten endet nämlich nicht der Anspruch nach Abs. 1, sondern lediglich die Hinwirkungspflicht der Vermittlungsstelle auf die Bereitstellung von Informationen nach Abs. 2.

4   Eine bestimmte **Form** der Informationsbereitstellung durch die Annehmenden ist gesetzlich nicht vorgegeben, so dass diese entsprechend § 9 SGB X mündlich, telefonisch, per Mail, in Form von Briefen, Bild- und Tonaufnahmen oder auch im Rahmen persönlicher Gespräche erfolgen kann. Die Begründung des Regierungsentwurfs verweist darüber hinaus auch ausdrücklich auf die Möglichkeit, dass Adoptionsvermittlungsstellen Fragebögen (ggf. auch multiple choice) zur Verfügung stellen, welche die Adoptiveltern ausfüllen können.[7] Die Vermittlungsstelle hat aber darauf hinzuwirken, dass die betreffenden Informationen in schriftlicher Form bereitgestellt werden (Abs. 2 Satz 1).

5   Auch für den **Zugang** zu den Informationen durch die Herkunftseltern ist im Gesetz keine Form vorgesehen. Dieser wird daher zunächst davon abhängen, in welcher Form die Adoptiveltern die allgemeinen Informationen bereitgestellt haben. Wurden diese mündlich, elektronisch oder schriftlich übermittelt, sind sie in der jeweiligen Form zur Akte zu nehmen. Die Herkunftseltern können dann entweder den fraglichen Teil der Adoptionsakte zur Kenntnis nehmen oder die Fachkraft berichtet ihnen über diesen. Entsprechend der in § 25 Abs. 5 SGB X enthaltenen Wertung können den Herkunftseltern auch Kopien der Aktenteile mit den betreffenden Informationen gegeben werden. Haben die Annehmenden die Informationen in einem persönlichen Brief an die Herkunftseltern gegeben, ist ihnen dieser ohnehin persönlich auszuhändigen, da der Vermittlungsstelle insoweit eine „Botenfunktion" zukommt. Aus Gründen der Dokumentation und mit Blick auf eventuelle spätere Akteneinsichten nach § 9 c Abs. 2 AdVermiG sollte aber eine Kopie des Briefs zur Adoptionsakte genommen werden. Aufgrund der Prüfpflicht der Adoptionsvermittlungsstelle (→ Rn. 2) können Briefe im Rahmen von § 8 b AdVermiG nur offen hinterlegt werden. Die Übergabe verschlossener Briefe stellt dagegen eine Öffnung iSv § 8 a AdVermiG dar.

II. Hinwirkungspflicht der Vermittlungsstelle (Abs. 2)

6   Entsprechend der Regelung in § 8 a Abs. 2 AdVermiG soll die Adoptionsvermittlungsstelle nach dem Ausspruch der Adoption auch gem. § 8 b Abs. 2 Satz 1 AdVermiG noch regelmäßig darauf hinwirken, dass die Adoptiveltern die in Abs. 1 genannten allgemeinen Informationen über das Kind und seine Lebenssituation mit dem Ziel der Weitergabe an die Herkunftseltern in schriftlicher Form bereitstellen. Wegen des auf die Annehmenden übergegangenen Elternrechts (§ 1754 Abs. 3 BGB) ist es der Vermittlungsstelle auch in Bezug auf die Bereitstellung von Informationen aber nur dann erlaubt, von sich aus regelmäßig auf die Adoptiveltern zuzugehen, wenn sich diese zuvor hiermit einverstanden erklärt haben (Abs. 2 Satz 1). Wie in der Situation des § 8 a AdVermiG sieht daher auch Abs. 2 Satz 3 vor, dass die Vermittlungsstelle das entsprechende **Einverständnis** der Adoptiveltern spätestens bei Ausspruch der Adoption von Amts wegen einzuholen hat. Die Annehmenden können dieses jederzeit und ohne die Angabe von Gründen widerrufen (Abs. 2 Satz 3).

7   Gem. Abs. 2 Satz 2 ist das adoptierte Kind **altersangemessen** an der Frage zu beteiligen, welche Informationen den Herkunftseltern zur Verfügung gestellt werden. Mit zunehmendem Alter und zunehmender Einsichtsfähigkeit wird dieses selbst in der Lage sein, zu entscheiden, ob überhaupt und – wenn ja – welche Informationen weitergegeben werden dürfen. Ab dem 14. Lebensjahr wird in

---

7 BT-Drs. 19/16718, 50.

aller Regel von einem weitgehenden Alleinentscheidungsrecht des Adoptierten auszugehen sein, sofern dieser über die erforderliche Einsichtsfähigkeit verfügt.

Die Vermittlungsstelle soll **regelmäßig** auf die Bereitstellung von Informationen hinwirken. Laut der Begründung des Regierungsentwurfs[8] kann hier als „Richtwert" eine „Zeitspanne von ein bis zwei Jahren angenommen werden", wobei dies nur als allgemeine Orientierung gemeint sein kann; auch laut dem Regierungsentwurf können die Informationsabstände je nach Situation des Einzelfalles und „insbesondere unter Berücksichtigung des Alters des Kindes" variieren. Hinzuwirken ist auf die Bereitstellung schriftlicher Informationen, s. aber → Rn. 4. 8

Die Hinwirkungspflicht endet mit dem 16. Geburtstag des Kindes. Im Rahmen der allgemeinen Adoptionsbegleitung (§ 9 Abs. 2 Satz 1 AdVermiG) kann aber auch nach diesem Zeitpunkt noch eine weitere Bereitstellung von Informationen erfolgen, sofern alle Beteiligten damit einverstanden sind. 9

§ 9 AdVermiG Anspruch auf Adoptionsbegleitung

(1) [1]Die Adoptionsvermittlungsstelle (§ 2 Absatz 1, § 2 a Absatz 4 Nummer 1) hat vor und während der Adoptionsvermittlung sowie während der Adoptionspflege die Adoptionsbewerber, die Eltern und das Kind zu begleiten. [2]Zur Adoptionsbegleitung sind auch die Adoptionsvermittlungsstellen nach § 2 Absatz 3 und § 2 a Absatz 4 Nummer 2 berechtigt. [3]Die Adoptionsbegleitung umfasst insbesondere:

1. die allgemeine Beratung der Adoptionsbewerber, der Eltern und des Kindes zu Fragen im Zusammenhang mit der Adoption und die bedarfsgerechte Unterstützung,

2. die Information über die Voraussetzungen und den Ablauf des Adoptionsverfahrens sowie über die Rechtsfolgen der Adoption,

3. die Information für die abgebenden Eltern über unterstützende Maßnahmen im Rahmen der Kinder- und Jugendhilfe als Alternative zur Adoption sowie die Unterstützung der abgebenden Eltern bei der Bewältigung sozialer und psychischer Auswirkungen im Zusammenhang mit der bevorstehenden oder bereits erfolgten Einwilligung in die Adoption des Kindes,

4. die Information über die Rechte des Kindes, in der die Bedeutung der Kenntnis der Herkunft des Kindes für seine Entwicklung hervorzuheben ist,

5. das Hinwirken darauf, dass die Adoptionsbewerber das Kind von Beginn an entsprechend seinem Alter und seiner Reife über seine Herkunft aufklären,

6. die Information über die Möglichkeiten und Gestaltung von Informationsaustausch oder Kontakt zwischen den Adoptionsbewerbern und dem Kind auf der einen Seite und den Eltern auf der anderen Seite nach Maßgabe der §§ 8 a und 8 b,

7. die Erörterung der Gestaltung eines Informationsaustauschs oder von Kontakten zwischen den Adoptionsbewerbern und dem Kind auf der einen Seite und den Eltern auf der anderen Seite nach Maßgabe des § 8 a sowie

8. die Information über das Recht zur Akteneinsicht nach § 9 c Absatz 2 und die Information zu Möglichkeiten der Suche nach der Herkunft des Kindes.

(2) [1]Nach dem Beschluss, durch den das Familiengericht die Adoption ausspricht, haben das Kind, die Annehmenden und die abgebenden Eltern einen An-

---

8 BT-Drs. 19/16718, 50.

spruch auf nachgehende Adoptionsbegleitung durch die Adoptionsvermittlungsstelle (§ 2 Absatz 1, § 2 a Absatz 4 Nummer 1). [2]Zur nachgehenden Adoptionsbegleitung sind auch die Adoptionsvermittlungsstellen nach § 2 Absatz 3 und
§ 2 a Absatz 4 Nummer 2 berechtigt. [3]Die nachgehende Adoptionsbegleitung
umfasst insbesondere:

1. die bedarfsgerechte Beratung und Unterstützung des Kindes, der Annehmenden und der abgebenden Eltern,

2. die Förderung und die Begleitung eines Informationsaustauschs oder von
   Kontakten zwischen den Annehmenden und dem Kind auf der einen Seite
   und den abgebenden Eltern auf der anderen Seite nach Maßgabe der §§ 8 a
   und 8 b,

3. die Unterstützung der abgebenden Eltern bei der Bewältigung sozialer und
   psychischer Auswirkungen auf Grund der Entscheidung zur Einwilligung in
   die Adoption des Kindes, insbesondere indem die Adoptionsvermittlungsstelle den abgebenden Eltern Hilfen durch andere Fachdienste aufzeigt,

4. die Unterstützung der Annehmenden bei der altersentsprechenden Aufklärung des Kindes über seine Herkunft sowie

5. die Begleitung des Kindes bei der Suche nach der Herkunft, einschließlich
   der Begleitung des vertraulich geborenen Kindes bei der Einsichtnahme in
   den Herkunftsnachweis nach § 31 Absatz 1 des Schwangerschaftskonfliktgesetzes.

(3) [1]Die Adoptionsvermittlungsstelle (§ 2 Absatz 1 und 3, § 2 a Absatz 4) hat
bei Bedarf und mit Einverständnis der zu Beratenden im Rahmen der Adoptionsbegleitung nach den Absätzen 1 und 2 Hilfen und Unterstützungsangebote durch
andere Fachdienste aufzuzeigen. [2]Sie hat auf Wunsch der zu Beratenden den
Kontakt zu diesen Fachdiensten herzustellen.

(4) [1]Soweit es zur Erfüllung der Adoptionsvoraussetzungen, die von einem Heimatstaat aufgestellt werden, erforderlich ist, können die Adoptionsbewerber und
die Adoptionsvermittlungsstelle (§ 2 a Absatz 4) schriftlich vereinbaren, dass die
Adoptionsvermittlungsstelle

1. während eines in der Vereinbarung festzulegenden Zeitraums nach der Adoption die Entwicklung des Kindes beobachtet und

2. der zuständigen Stelle im Heimatstaat über die Entwicklung berichtet.

[2]Mit Zustimmung einer anderen Adoptionsvermittlungsstelle (§ 2 Absatz 1
und 3, § 2 a Absatz 4) kann vereinbart werden, dass diese Stelle die Aufgabe
nach Satz 1 Nummer 1 wahrnimmt und die Ergebnisse an die in Satz 1 genannte
Adoptionsvermittlungsstelle weiterleitet. [3]Im Fall der Schließung einer Adoptionsvermittlungsstelle (§ 2 a Absatz 4 Nummer 2) gilt § 4 a Absatz 3.

I. Allgemeines

1. Adoptionsbegleitung. Gem. § 9 AdVermiG ist Auftrag der Adoptionsvermitt- 1
lungsstelle die kontinuierliche Arbeit mit den abgebenden Eltern, den Annehmenden und dem Kind (vgl. Art. 20 EAÜ). Die Betreuung kann sich dabei
von der Erstberatung abgebender Eltern oder potenzieller Adoptionsbewerber
bis zur Nachsorge noch Jahre nach dem Ausspruch der Adoption erstrecken.
§ 9 AdVermiG enthält einen individuellen **Rechtsanspruch** der Beteiligten auf
Adoptionsbegleitung gegenüber der Vermittlungsstelle des örtlichen Jugendamts[1]
(zur Zuständigkeit → AdVermiG § 9 b Rn. 2 und 5). Die Verweigerung der
Adoptionsbegleitung durch die öffentlichen Adoptionsvermittlungsstellen stellt
einen Verwaltungsakt dar, gegen den verwaltungsgerichtlich vorgegangen werden
kann.[2] Eine unzureichende oder fehlerhafte Beratung öffentlicher Vermittlungsstellen kann eine Haftung wegen Amtspflichtverletzung nach sich ziehen.[3]

Vermittlungsstellen in **freier Trägerschaft** sind zur Begleitung der Betroffenen be- 2
rechtigt; gegenüber ihnen besteht jedoch besteht kein Rechtsanspruch, wie Abs. 1
Satz 2 für die Begleitung im Vorfeld der Adoption und Abs. 2 Satz 2 für die nachgehende Begleitung klarstellt. Gleichwohl kann sich ein vertraglicher Anspruch
aus dem Vermittlungsvertrag ergeben, wenn die (Inlands- oder Auslands-)Ver-
mittlungsstelle eines freien Trägers die Adoptionsvermittlung übernommen hat.[4]

Eine **Delegation** der Adoptionsbegleitung oder einzelner Schritte (zB Gestaltung 3
eines Informationsabends oder eines Bewerberseminars; Durchführung und Anleitung von Elterntreffen oder Herkunftselterngruppen) auf externe Fachkräfte
ist möglich (→ AdVermiG § 2 Rn. 3). Die Verantwortung für deren fach- und
bedarfsgerechte Ausgestaltung liegt aber auch in diesem Fall bei der Vermittlungsstelle, da diese die Vorbereitung und Begleitung aller am Adoptionsvorgang
Beteiligten schuldet.

2. Einverständnis. Die beratende und unterstützende Adoptionsbegleitung setzt 4
in allen Phasen des Verfahrens grds. das **Einverständnis** der zu Begleitenden
voraus. Dieses ist an keine bestimmte Form gebunden (vgl. § 9 Satz 1 SGB X). In
der vorbereitenden Phase wird es dadurch zum Ausdruck kommen, dass sich die
Beteiligten auf Gesprächsangebote der Vermittlungsstelle einlassen und an der
Vorbereitung der Adoption mitwirken. Fehlt es an der gebotenen Mitwirkung
(vgl. § 7 e AdVermiG) oder der erforderlichen Offenheit im Rahmen der Kontakte mit der Vermittlungsstelle, kann dies sich negativ auf die Beurteilung der Adoptionseignung auswirken (→ AdVermiG § 7 Rn. 9). Nach dem Ausspruch der
Adoption kann die Beratung und Begleitung durch die Adoptionsvermittlungsstelle ebenfalls nur dann erfolgen, wenn dies ausdrücklich von den Beteiligten gewünscht wird. Dies ergibt sich aus dem Wortlaut von Abs. 2 und daraus, dass die
Adoptivfamilie nach der Adoption den vollen Schutz des Art. 6 GG genießt und
sich die leiblichen Eltern aus dem allgemeinen Persönlichkeitsrecht (Art. 2 Abs. 1
iVm Art. 1 Abs. 1 GG) grundsätzlich gegen unerwünschte Kontaktaufnahmen
der Adoptionsvermittlungsstelle verwehren können (→ AdVermiG § 8 a Rn. 10;
→ AdVermiG § 8 b Rn. 6; zum Fall der Suche Adoptierter nach der eigenen
Herkunft jedoch → AdVermiG § 9 c Rn. 12).

---

1 MüKoBGB/Maurer BGB § 1744 Rn. 39 und 41; Maurer FamRZ 2003, 1337.
2 Paulitz Adoption/Kunkel, S. 182.
3 LG Bonn 5.9.2018 – 1 O 397/17; LG Baden-Baden 27.11.2015 – 2 O 341/14; OLG
Frankfurt/M. 21.5.2014 – 1 U 305/12; Erman/Saar BGB Vor § 1741 Rn. 3.
4 Eine Haftung nach § 839 BGB iVm Art. 34 GG scheidet hier aus, vgl. OLG Karlsruhe
5.8.2016 – 15 U 174/15.

II. Begleitung vor der Inpflegegabe (Abs. 1)

5   Abs. 1 verpflichtet die **Adoptionsvermittlungsstelle** dazu, alle am Vermittlungs-
vorgang und der Adoption **beteiligten** Personen (Bewerber, abgebende Eltern
und Kind) zu **begleiten.** Dabei ist der Begriff der „Begleitung" als „Beratung
und Unterstützung" zu verstehen.[5] Dies ist für eine informierte und wohlüberlegte Freigabeentscheidung der Herkunftseltern, die fachgerechte Vorbereitung
der Annehmenden und des Kindes, eine fundierte Platzierungsentscheidung und
damit das Gelingen des angedachten Adoptionsverhältnisses von entscheidender
Bedeutung. Dabei beginnt die Begleitung bereits vor der eigentlichen Adoptionsvermittlung, zB durch allgemeine Informationen über das Verfahren oder durch
Unterstützung bei der Entscheidungsfindung (bspw. ob eine Adoption oder doch
eine Pflegekindschaft die „passende" Lösung für die Betroffenen wäre oder ob
Alternativen zu der angedachten Adoptionsfreigabe bestehen). Stellen sich im
Rahmen der Begleitung komplizierte Detailfragen (zB zum psychischen Zustand
der abgebenden Eltern oder zu spezifischen Förderbedarfen beim Kind), so kann
die Vermittlungsstelle die Betroffenen gem. Abs. 3 auf hierfür spezialisierte Angebote verweisen und erforderlichenfalls den Kontakt zu diesen herstellen.

Abs. 1 Satz 3 konkretisiert die im Rahmen der Adoptionsvorbereitung relevanten
Themen im Wege einer – wie sich aus dem Wort „insbesondere" ergibt – unvollständigen Aufzählung. Die im Rahmen der Adoptionsvorbereitung konkret zu
bearbeitenden Aspekte sind stets von der spezifischen Konstellation im konkreten Einzelfall abhängig.

Grundsätzlich ist dabei zwischen der Vorbereitung der Herkunftsfamilie (dh der
abgebenden Eltern und des Kindes) und der Annehmenden zu differenzieren:

6   **1. Beratung der Herkunftseltern.** Die **leiblichen Eltern** des zu adoptierenden
Kindes sind umfassend über den Verlauf des Adoptionsverfahrens und die rechtlichen, sozialen und psychischen Auswirkungen der Adoption sowie alternative
Hilfemöglichkeiten mit dem Ziel des Erhalts der Herkunftsfamilie zu beraten
(vgl. Abs. 1 Satz 3 Nr. 1 bis 3). Da Herkunftseltern immer wieder mit sozialen
(zB Stigmatisierung als „erziehungsunfähig" oder als „Rabeneltern") und psychischen Auswirkungen (zB Selbstvorwürfe oder nachträgliche Zweifel) im Kontext
der Adoptionsfreigabe betroffen sind, sind diese gem. Satz 1 Nr. 3 besonders zu
unterstützen, ggf. durch den Verweis auf geeignete Angebote der Kinder- und
Jugendhilfe (§§ 16 ff. und 27 ff. SGB VIII) oder andere Hilfeangebote außerhalb
der Vermittlungsstelle (Abs. 3). Ziel ist die Unterstützung einer fundierten Entscheidungsfindung für oder gegen eine Adoptionsfreigabe.

Darüber hinaus erstreckt sich die Beratung auf das **Recht des Kindes** auf **Kenntnis seiner Abstammung** (Abs. 1 Satz 3 Nr. 4 und 8; hierzu auch → AdVermiG
§ 9 c Rn. 10)[6] sowie auf die Möglichkeiten einer „Öffnung" der Adoption bzw.
das Recht, im Nachgang zum Ausspruch der Adoption allgemeine Informationen
über die Entwicklung des Kindes erhalten zu können (Abs. 1 Satz 3 Nr. 6 und 7
iVm §§ 8 a und 8 b AdVermiG; wegen der Details s. die Anmerkungen dort).
Auch ist auf die Möglichkeit hinzuweisen, dass der Adoptierte ggf. noch Jahre
oder Jahrzehnte nach der Adoption die Möglichkeit hat, Informationen über
seine Herkunft zu erhalten (Abs. 1 Satz 3 Nr. 8).

Zudem ist im Rahmen der Vorbereitung der Herkunftseltern zu klären, inwieweit die erforderlichen **Einwilligungen** in die Adoption (§§ 1746–1749 BGB)
realisierbar oder entbehrlich sind (zu den Details → AdVermiG § 7 a Rn. 2).[7] Bei
Bedarf können die leiblichen Eltern zur Abgabe der Einwilligungserklärung beim

---

5   Vgl. BT-Drs. 19/16718, 51.
6   Erman/Saar BGB Vor § 1741 Rn. 7 mwN.
7   Zu den Details Empf. Nr. 7.2.2.

Notar begleitet werden. Nichtehelichen Vätern steht über die Beratung nach § 9 Abs. 1 AdVermiG hinaus auch ein allgemeiner Beratungsanspruch nach § 51 Abs. 4 SGB VIII gegenüber dem Jugendamt zu.[8]

Gem. § 51 Abs. 1 SGB VIII hat das Jugendamt (innerhalb des Amts nicht zwingend die Adoptionsvermittlungsstelle!) in **Ersetzungsverfahren** wegen Gleichgültigkeit nach § 1748 Abs. 2 Satz 1 BGB den betroffenen Elternteil über die Möglichkeit der Ersetzung seiner Einwilligung zu belehren, sofern dessen Aufenthaltsort nicht unbekannt ist bzw. vom Jugendamt nicht innerhalb von drei Monaten ermittelt werden kann. Trotz der Ermittlungs- und Belehrungspflicht ist es aber nicht Auftrag des Jugendamts oder der Vermittlungsstelle, Einwilligungen von leiblichen Eltern aus dem Ausland beizubringen oder zu beschaffen. Vielmehr ist die Belehrung lediglich gekoppelt mit einem ergebnisoffenen Beratungsangebot nach § 51 Abs. 2 SGB VIII.[9]

7

Sind die leiblichen Eltern des zu adoptierenden Kindes nicht miteinander verheiratet und haben sie keine Sorgeerklärungen abgegeben, so hat das Jugendamt (innerhalb des Amts nicht zwingend die Adoptionsvermittlungsstelle!) darüber hinaus den leiblichen Vater bei der Wahrnehmung seiner Rechte nach § 1747 Abs. 1, 3 BGB zu beraten (§ 51 Abs. 3 SGB VIII).

8

2. Vorbereitung des Kindes. Das Kind ist über die Ermittlung seiner Bedarfe und Bedürfnisse hinaus (hierzu § 7 a Abs. 1 AdVermiG und die Anm. dort) altersgerecht in die Adoptionsvorbereitung einzubeziehen, wie Abs. 1 ausdrücklich klarstellt. Insbesondere ist auszuloten, wie sich das Verhältnis zu seinen Herkunftseltern darstellt, ob das Kind die Adoption wünscht (dies wird insbesondere bei der Adoption von Jugendlichen eine Rolle spielen) und welche Wünsche und Vorstellungen es in Bezug auf die künftige Adoptivfamilie hat. Zudem ist mit dem Anzunehmenden gem. Abs. 1 Satz 3 Nr. 6 und 7 iVm § 8 a Abs. 3 bzw. 8 b Abs. 2 AdVermiG zu klären, wie dieser zu einer „geöffneten" Adoption oder zumindest der Weitergabe von Informationen über seine Entwicklung steht. Auf sein Akteneinsichtsrecht und die Möglichkeit, auch nach dem Adoptionsausspruch noch Informationen über seine Herkunft und Lebensgeschichte erhalten zu können, ist ebenfalls altersgerecht einzugehen (Abs. 1 Satz 3 Nr. 8).

9

3. Vorbereitung der Adoptionsbewerber. Die Arbeit mit den Adoptionsbewerbern beginnt meist mit Anfragen Interessierter nach Adoptionsmöglichkeiten. Nach § 9 Abs. 1 AdVermiG sind diese zunächst allgemein über die Adoptionsproblematik, die rechtlichen und fachlichen Voraussetzungen, die formellen Verfahrensanforderungen (zB Form des Annahmeantrags gem. § 1752 Abs. 2 Satz 2 BGB; Einwilligungserklärungen des Ehegatten nach § 1749 BGB, des Lebenspartners nach § 9 Abs. 6 LPartG oder des nichtehelichen Partners nach § 1766 a BGB), den Ablauf des Gerichtsverfahrens sowie die Anforderungen an künftige Adoptiveltern zu informieren (Abs. 1 Satz 3 Nr. 1 und 2). Darüber hinaus sind **offene Adoptionsformen** als mögliche Alternativen zum gesetzlichen Regelfall der Inkognitoadoption (§ 1747 Abs. 2 Satz 2 BGB) zu erörtern (Abs. 1 Satz 3 Nr. 6 und 7 sowie § 8 a Abs. 1 AdVermiG; zu den Details s. die Komm. zu § 8 a).[10] Bereits jetzt können die nach § 8 a Abs. 2 Satz 4 und § 8 b Abs. 2 Satz 3 AdVermiG erforderlichen Einwilligungen in spätere Kontaktaufnahmen durch die Vermittlungsstelle von dieser eingeholt werden. In der Situation einer **Verwandten- oder Stiefkindadoption** sind insbes. adoptionsferne Motive (zB Adoption mit dem Ziel der Ausgrenzung des anderen leiblichen Elternteils oder zur

10

---

8 Hierzu jurisPK-SGB VIII/Reinhardt SGB VIII § 51 Rn. 46 ff.
9 Wegen der Details vgl. Wiesner/Wapler SGB VIII § 51 Rn. 34 ff.; jurisPK-SGB VIII/Reinhardt SGB VIII § 51 Rn. 41 ff.
10 Auch Empf. Nr. 7.1.2.

Umgehung ausländerrechtlicher Vorschriften) zu erörtern und zu klären (hierzu genauer → AdVermiG § 9 a Rn. 1).[11]

11   Gem. Abs. 1 Satz 3 Nr. 4 hat die Vermittlungsstelle den Annahmewilligen **die Bedeutung des Wissens des angenommenen Kindes über die eigene Herkunft** nahezubringen. Dieses spielt für die Identitätsfindung und Persönlichkeitsentwicklung des Annehmenden eine entscheidende Rolle (hierzu → AdVermiG § 9 c Rn. 10). Daher hat die Vermittlungsstelle ausdrücklich darauf hinzuwirken, dass die Annehmenden ab dem Beginn der Adoptionspflege offen mit der Adoption und der Herkunft des Kindes umgehen und dieses entsprechend seinem Alter und seinem Entwicklungsstand über die Annahme aufklären (Abs. 1 Satz 3 Nr. 5). Dabei handelt es sich allerdings nur um ein „Hinwirken" auf die altersgerechte Aufklärung; die letztliche Entscheidung, ob und wie das Kind aufgeklärt werden soll, obliegt nach dem Ausspruch der Adoption den Adoptiveltern, da diese dann gem. § 1754 Abs. 3 BGB die vollständige elterliche Sorge über das Kind haben. Wegen der Bedeutung der Kenntnis der eigenen Abstammung sind die Annehmenden bereits im Vorfeld der Adoption gem. Abs. 1 Satz 3 Nr. 8 über Möglichkeiten der „Suche" zu informieren (→ Rn. 19), zumal Adoptiveltern als gesetzliche Vertreter des Kindes zu den entsprechenden Suchemaßnahmen berechtigt sind (zum Akteneinsichtsrecht des Adoptierten selbst ab seinem 16. Geburtstag → AdVermiG § 9 c Rn. 12, 21).

12   Bei **internationalen Verfahren** (§ 2 a Abs. 1 AdVermiG) sind auch die damit verbundenen besonderen Anforderungen an die Bewerber sowie die Zuständigkeiten und zwischenstaatlichen Verfahrensabläufe im Rahmen der allgemeinen Vorbereitung zu thematisieren. Die auslandsspezifischen Anforderungen, die Gegebenheiten im Herkunftsstaat des Kindes sowie das konkrete Verfahren mit diesem sind dagegen Gegenstand der auslandsspezifischen Vorbereitung durch die von den Bewerbern gewählte Auslandsvermittlungsstelle (§ 2 a Abs. 4 AdVermiG), was sich für Vertragsstaaten des HAÜ ausdrücklich aus § 4 Abs. 3 AdÜbAG und für Nichtvertragsstaaten aus § 7 c AdVermiG ergibt. Der Auslandsvermittlungsstelle obliegt daher bspw. die Vorbereitung der Bewerber auf das Verfahren im Herkunftsstaat des Kindes sowie die Bereitstellung von Information über diesen, seine Kultur und Wertvorstellungen, die Hintergründe der dort zur Vermittlung anstehenden Kinder, etc.

Jede im Ausland angestrebte Adoption sollte so vorbereitet werden, dass sie in Deutschland anerkannt werden kann (Art. 23 f. HAÜ, §§ 108 f. FamFG iVm §§ 2 bis 4 AdWirkG; wegen der Details s. dort).

III.   Begleitung während der Kontaktanbahnung und der Adoptionspflegezeit (Abs. 1)

13   In der Phase der **Kontaktanbahnung** erhalten die Bewerber alle der Vermittlungsstelle bekannten Informationen über das Kind und die Herkunftsfamilie, die für das Gelingen der Adoption von Bedeutung sind.[12] Dabei ist nicht auf jedwedes allgemeine Risiko hinzuweisen, für das kein konkreter Anhaltspunkt besteht.[13] Die Beteiligten werden auf das Kennenlernen und die Eingewöhnungsphase vor-

---

11   Die Rechtsprechung (BVerfG 29.11.2005 – 1 BvR 1444/01; BGH 23.3.2005 – XII ZB 10/03) stellt an die Stiefkindadoptionen gegen den Willen des Vaters strengere Voraussetzungen als an eine Fremdadoption, s. hierzu auch Empf. Nr. 7.1.3; Paulitz Adoption/Bach, S. 224 ff.

12   Zur Haftung bei unrichtigen oder unvollständigen Informationen OLG Hamm FamRZ 1993, 704; OLG Frankfurt a.M. 22.1.1998 – 1 U 117/96; OLG Hamm 3.7.2013 – 11 U 166/12, JAmt 2013, 525; OLG Frankfurt a.M. 21.5.2014 – 1 U 305/12; LG Bonn 5.9.2018 – 1 O 397/17.

13   LG Bonn 5.9.2018 – 1 O 397/17.

bereitet. Das Kind ist altersentsprechend auf seine neue Familie und die Begegnung mit den Adoptiveltern vorzubereiten. Die eigentliche Kontaktanbahnung ist entsprechend den Bedürfnissen des Kindes und (bei offenen Adoptionsformen) unter der nach § 8 a Abs. 1 AdVermiG vereinbarten Beteiligung der leiblichen Eltern auszugestalten.

Während der **Eingewöhnung** und der Adoptionspflegezeit (§ 1744 BGB) begleitet 14 die Vermittlungsstelle die künftige Adoptivfamilie. Im Zuge des gerichtlichen Adoptionsverfahrens gibt sie (falls keine Vermittlungsstelle tätig war, das Jugendamt, § 189 Abs. 2 Satz 2 FamFG) gegenüber dem Familiengericht unentgeltlich eine fachliche Äußerung (§ 189 Abs. 3 FamFG) zu der Frage ab, ob eine tragfähige Eltern-Kind-Beziehung nach aller Wahrscheinlichkeit zu erwarten ist und die Adoption dem Wohl des Kindes dient (zur Verwendung von Daten aus der Adoptionsvorbereitung hierfür → AdVermiG § 9 e Rn. 11). Wird eine Vermittlungsstelle des örtlichen Jugendamts tätig, kann diese darauf hinwirken, dass das Jugendamt gem. § 188 Abs. 2 Satz 2 FamFG einen Antrag auf Beteiligung am Adoptionsverfahren stellt, um seine Verfahrensposition aufzuwerten und die Möglichkeit zu erhalten, Akteneinsicht zu nehmen, Beweisanträge zu stellen, ergänzenden Sachvortrag einzubringen und alle verfahrensleitenden Verfügungen und Beschlüsse zu erhalten. Unabhängig von der Beteiligteneigenschaft kann das Jugendamt nach § 194 Abs. 2 Satz 2 FamFG Rechtsmittel gegen Beschlüsse des Familiengerichts (nicht jedoch gegen den Adoptionsausspruch selbst, vgl. § 197 Abs. 3 FamFG) einlegen, um die eigene fachliche Sichtweise gerichtlich durchzusetzen oder problematischen Entwicklungen in der Familie begegnen zu können.

IV. Begleitung nach dem Ausspruch der Adoption (Abs. 2)

Während sich Abs. 1 auf die **Adoptionsvorbereitung** und die **Begleitung** der 15 Adoptionspflegezeit bezieht, verpflichtet Abs. 2 die Vermittlungsstelle zur **nachgehenden Begleitung** aller an der Adoption Beteiligten nach dem Ausspruch der Adoption. Dabei ist für das Einfordern der Nachsorge (zum Rechtsanspruch → Rn. 1) kein expliziter Antrag erforderlich, aber zumindest ein (ggf. sich aus den Umständen des Einzelfalls ergebendes) Nachsuchen um Information, Beratung oder Unterstützung (→ Rn. 4). Eine anlasslose aufsuchende („Geh"-)Beratung durch die Adoptionsvermittlungsstelle ist nicht im Gesetz vorgesehen (s. aber → Rn. 17 und → AdVermiG § 9 c Rn. 27).

Eine konkrete **Form** der Nachsorge wird nicht vorgegeben. Neben der individuellen Information und Beratung kann diese daher in jedweder Form (zB Adoptivelterntreffen, Selbsthilfegruppen abgebender Eltern oder adoptierter Kinder, Fachtage oder Elternbildungsangebote) erfolgen.

Auch für die Begleitung der Beteiligten nach dem Adoptionsausspruch sieht das 16 Gesetz in Abs. 2 Satz 3 eine Auflistung von Themen vor, die aber nicht abschließend ist („insbesondere"). Entscheidend ist immer die im Einzelfall konkret angefragte Unterstützung und niemals ein reines „Abarbeiten" des Kataloges aus Abs. 2. Dies ergibt sich auch aus Abs. 2 Satz 3 Nr. 1: Demnach sind alle Beteiligten entsprechend ihrem **konkreten Bedarf im Einzelfall** (zB bei Schwierigkeiten im Einleben und der Bindungsentwicklung) oder in Bezug auf konkrete Ereignisse (zB erlebte Diskriminierung des Kindes oder der Annehmenden; akute Krise bei Abgebenden) zu unterstützen. Dabei kann auch an externe Angebote verwiesen werden (Abs. 3); die Vermittlungsstelle hat die Betroffenen erforderlichenfalls aktiv zu unterstützen, einen Kontakt zu diesen herzustellen. Ggf. können die Beteiligten beim Besuch der anderen Fachstelle begleitet werden. Nr. 3 konkretisiert die sich aus Abs. 2 Satz 1 Nr. 1 und Abs. 3 allgemein ergebende Pflicht speziell in Bezug auf die Unterstützung von Herkunftseltern.

17 Besondere Bedeutung hat die Begleitung bei **offenen und teiloffenen Adoptionsformen** (→ AdVermiG § 8 a Rn. 1). Zu den Aufgaben der Fachkräfte der Vermittlungsstelle gehört in diesem Fall die weitere Begleitung von Kontakten oder des Informationsaustauschs zwischen abgebenden und aufnehmenden Eltern (Abs. 2 Satz 3 Nr. 2).[14] Konkret reicht die Unterstützung von der bloßen Weiterleitung von Entwicklungs- und Lebensberichten, Fotos oder Geschenken bis zur Anbahnung, Begleitung und Nachbearbeitung von persönlichen Treffen der abgebenden Eltern mit der Adoptivfamilie. Darüber hinaus hat die Vermittlungsstelle gem. §§ 8 a Abs. 2 und 8 b Abs. 2 AdVermiG die Pflicht, nach dem Ausspruch der Adoption regelmäßig von sich aus Möglichkeiten der Öffnung zu erörtern und auf die Bereitstellung von Informationen über die Entwicklung des Kindes hinzuwirken, sofern die Adoptiveltern damit einverstanden sind (zu den Details → AdVermiG § 8 a Rn. 10 und → AdVermiG 8 b Rn. 6).

18 Gem. Abs. 2 Satz 3 Nr. 4 haben die Adoptionsvermittlungsstellen die Annehmenden bei der **Aufklärung des Kindes über seine Herkunft** zu unterstützen.[15] In der Praxis zeigen sich häufig Befürchtungen von Adoptiveltern, mit der Aufklärung ungewollte Reaktionen des Kindes auszulösen oder Unsicherheiten beim methodischen Vorgehen, damit die altersgerechte Aufklärung gelingt. Die entsprechenden Fragen hat die Adoptionsvermittlungsstelle im Rahmen der Nachsorge aufzugreifen und den Adoptiveltern praktische Unterstützung anzubieten. Denkbar wäre sogar, dass die Aufklärung durch die Adoptionsstelle selbst erfolgt, sofern die Adoptiveltern dies wünschen. Die Entscheidung, ob, wann und wie ein adoptiertes Kind über seine Adoption und die Herkunft aufgeklärt wird, obliegt jedoch stets ausschließlich den Adoptiveltern im Rahmen der ihnen nach dem Adoptionsausspruch zustehenden elterlichen Sorge (§ 1754 Abs. 3 BGB). Eine Aufklärung durch die Vermittlungsstelle ohne Kenntnis oder gegen den Willen der Adoptiveltern wäre daher ein schwerer Verstoß gegen das sich aus Art. 6 Abs. 2 GG ergebende Elterngrundrecht.[16]

19 Abs. 2 Satz 3 Nr. 5 enthält ausdrücklich die Pflicht der Adoptionsvermittlungsstelle zur **Begleitung suchender Adoptierter.** Die Fachkräfte sind daher verpflichtet, die Akteneinsicht nach § 9 c Abs. 2 AdVermiG vorzubereiten, Adoptierte bei der Einsicht in die Adoptionsakten zu begleiten (näher → AdVermiG § 9 c Rn. 23) und ihnen im Bedarfsfall bei weiteren Suchaktivitäten und Nachforschungen begleitend zur Seite zu stehen. Insbesondere kann die Vermittlungsstelle mögliche Informationsquellen außerhalb der Adoptionsakte benennen und dabei helfen, die Erkenntnisse aus diesen zu beurteilen und nicht falsch zu interpretieren. Eine Pflicht der Adoptionsvermittlungsstelle zu eigenen Suchaktivitäten besteht gleichwohl nicht: Das BVerfG[17] hat ausdrücklich festgestellt, dass das allgemeine Persönlichkeitsrecht kein Recht auf Verschaffung solcher Kenntnisse verleiht, sondern lediglich vor der Vorenthaltung erlangbarer Informationen durch staatliche Organe schützt. Die Betroffenen haben daher nur einen Anspruch auf unterstützende und beratende Begleitung durch die Vermittlungsstelle. Wichtig ist aus fachpraktischer Sicht in jedem Fall, dass stets die erforderliche „Rückbindung" des Suchenden an die begleitende Fachkraft sichergestellt ist, um neu gewonnene Erkenntnisse bearbeiten und die weiteren Schritte planen zu können. Um Adoptierte nicht zu überfordern, kann dabei hilfreich sein, die Suche „etappenweise" zu gestalten (etwa zunächst in Bezug auf die leibliche

---

14 Auf solche Kontakte besteht allerdings kein Rechtsanspruch, vgl. EGMR 5.6.2014 – 31021/08.
15 Fachliche Hinweise hierzu enthalten die Empf. in Nr. 9.2.
16 MüKoBGB/Maurer BGB § 1758 Rn. 48; Palandt/Diederichsen BGB § 1758 Rn. 2 unter Verweis auf BT-Drs. 7/3061.
17 BVerfG NJW 1997, 1769.

Mutter und dann auf den Vater oder zunächst nur bei einer und erst danach bei einer anderen Stelle).

Es ist aber möglich, dass Fachkräfte einzelne Schritte der Suche selbst übernehmen, sofern sie dies fachlich für angezeigt halten, bspw. weil einem Adoptierten nicht zugetraut wird, mit den sich aus einer bestimmten Quelle ergebenden Erkenntnissen neutral und sachgerecht umzugehen.

Sollte es die Vermittlungsstelle für erforderlich halten, dem Adoptierten im Rahmen der Nachsorge Informationen über seine Herkunft zu geben, die sich aus Akten ergeben, die sich bei einer anderen Vermittlungsstelle befinden, so kann sie die Akten über die abgebenden Eltern von dieser im Wege der Amtshilfe nach § 4 Abs. 1 Nr. 3, 4 SGB X anfordern.

Teil der Postadoptionsbegleitung ist auch die Unterstützung von Adoptierten bzw. deren leiblichen Verwandten bei der **Anbahnung und Begleitung von Kontakten zu gesuchten Personen**, sofern diese mit der Kontaktaufnahme einverstanden sind. Ein Rechtsanspruch Suchender gegen die Vermittlungsstelle auf Herstellung von Kontakten existiert aber nicht,[18] selbst wenn diese zwischen den abgebenden und den annehmenden Eltern vereinbart waren.[19]   20

Gleichwohl haben die Fachkräfte in jedem Einzelfall nach pflichtgemäßem Ermessen zu überprüfen, inwieweit eine Kontaktanbahnung sinnvoll und praktisch realisierbar wäre. Der Adoptierte ist zudem über alle Möglichkeiten und Risiken einer Kontaktaufnahme zu beraten. Insbesondere hat die begleitende Fachkraft mit dem Suchenden etwaige Fantasien über die gesuchte Person zu bearbeiten, wenn diese mit der Realität auseinanderfallen. Gerade in kritischen Fällen erscheint eine Begleitung des Suchenden zu einem etwaigen persönlichen Treffen oder gar die Durchführung der Begegnung in den Räumen der Vermittlungsstelle sinnvoll, um eine behutsame Ausgestaltung des Kontakts sicherzustellen und die Beteiligten in der nach dem Kontakt emotional in aller Regel extrem aufgewühlten Situation aufzufangen.

Über die Begleitung der Suche hinaus regelt Abs. 2 Satz 3 Nr. 5 für den Fall vertraulich iSv § 25 SchKG geborener Adoptierter, dass diese auch bei der **Einsichtnahme in ihren Herkunftsnachweis** nach § 31 Abs. 1 SchKG zu begleiten sind. Aus dieser Vorgabe ergibt sich, dass die Fachkraft den vertraulich geborenen Adoptierten ggf. zum Bundesamt für zivilgesellschaftliche Aufgaben (BAfZA) mit Sitz in Köln begleitet,[20] welches den Herkunftsnachweis aufbewahrt (§ 27 SchKG). Da dies einen enormen finanziellen und persönlichen Aufwand bedeutet, kann die Fachkraft mit dem Adoptierten auch vereinbaren, dass sie während der Einsicht des Herkunftsnachweises telefonisch, per SMS, Mail oder über bildgestützte Kommunikationsprogramme kontaktiert werden kann. Eine weitere Möglichkeit wäre es, dass der vertraulich geborene Adoptierte gem. § 31 Abs. 1 SchKG nur eine Kopie des Herkunftsnachweises verlangt und diese erst später und gemeinsam mit der Fachkraft in der Vermittlungsstelle einsieht. Zudem werden Möglichkeiten der Amtshilfe nach § 3 SGB X zu bedenken sein.   21

V. Verweis auf externe Dienste (Abs. 3)

Abs. 3 stellt klar, dass die Vermittlungsstelle die an der Adoption Beteiligten sowohl im Rahmen der Adoptionsvorbereitung (Abs. 1) als auch während der nachgehenden Begleitung (Abs. 2) auf Angebote externer, **spezialisierter Fach-**   22

---

18 OVG Lüneburg NJW 1994, 2634; Wiesner/Elmauer AdVermiG § 9 Rn. 3.
19 EGMR 5.6.2014 – 31021/08. Kommt es zu Problemen bei der Umsetzung einer vereinbarten Öffnung, hat die Adoptionsvermittlungsstelle gem. § 8 a Abs. 4 AdVermiG auf einvernehmliche Lösungen hinzuwirken.
20 So auch die Begründung des Regierungsentwurfs in BT-Drs. 19/16718, 32.

dienste aufmerksam zu machen hat (zur generellen Kooperationspflicht der Vermittlungsstelle mit solchen Diensten → AdVermiG § 2 Abs. 5). Dabei richtet sich die Auswahl des betreffenden Dienstes nach der spezifischen Problematik des konkreten Einzelfalls. Sofern die Betroffenen dies wünschen (ein expliziter oder gar schriftlicher Antrag ist hierfür nicht erforderlich, vgl. § 9 SGB X), ist durch die Vermittlungsstelle ein Kontakt zu der betreffenden spezialisierten Einrichtung (zB Allgemeine Soziale Dienste des Jugendamts, Erziehungsberatungsstelle, Frühförderstelle etc) oder Person (freiberufliche PsychologIn oder SozialarbeiterIn, KinderärztIn etc) herzustellen. Die Formulierung „Kontakt herstellen" impliziert, dass Kontaktinformationen weitergegeben, Terminmöglichkeiten ausgelotet und ggf. Termine vereinbart werden. Ist im Rahmen der Kontaktherstellung (zB damit sich die angefragte Stelle einen ersten Eindruck von der Problematik verschaffen kann) die Weitergabe personenbezogener Informationen über begleitete Personen erforderlich, ist dies nach § 9 e Abs. 1 Nr. 1 AdVermiG (Zweck der Adoptionsbegleitung) zwar grundsätzlich zulässig. Aus Gründen der Verhältnismäßigkeit und Datensparsamkeit ist aber stets zu bedenken, ob eine Vorbesprechung nicht auch in anonymisierter oder pseudonymisierter Form (Art. 4 Nr. 5 DSGVO) möglich wäre oder der Betroffene ausdrücklich gem. Art. 6 Abs. 1 lit. a bzw. (bei besonders schützenswerten Daten, etwa Gesundheitsdaten) Art. 9 Abs. 2 lit. a DSGVO in die Datenweitergabe eingewilligt hat. Allein in dem allgemeinen Wunsch, die Adoptionsvermittlungsstelle möge einen Kontakt zu einem Spezialdienst herstellen, ist indes noch keine wirksame Einwilligung in die Weitergabe von personenbezogenen Daten zu sehen.

VI. Nachberichterstattung (Abs. 4)

23   Im Rahmen internationaler Adoptionsverfahren bestehen viele Herkunftsstaaten darauf, über die Entwicklung der adoptierten Kinder im Aufnahmestaat unterrichtet zu werden. Abs. 4 enthält die für eine entsprechende Nachberichterstattung durch deutsche Vermittlungsstellen relevanten Bestimmungen.

24   **1. Pflicht zur Berichterstattung (Abs. 4 Satz 1).** Gem. Abs. 4 Satz 1 AdVermiG können die Auslandsvermittlungsstellen (§ 2 a Abs. 4 AdVermiG) mit den Annehmenden eine **Vereinbarung** über die Möglichkeit zur Beobachtung des Adoptierten (Nr. 1) und die Erstattung von Berichten über dessen Entwicklung (Nr. 2) treffen. In der Vereinbarung wird festgelegt, welche Maßnahmen konkret erforderlich sind (zB Hausbesuch oder Vorlage eines Berichts der Annehmenden über diesen), und über welchen Zeitraum und in welcher Häufigkeit dem Herkunftsstaat des Kindes berichtet wird. Die Berichtspflicht der Adoptiveltern ergibt sich somit – unabhängig davon, ob es sich um einen Vertrags- oder einen Nichtvertragsstaat des HAÜ handelt – nicht automatisch und für jeden Vermittlungsfall aus § 9 Abs. 4 AdVermiG, sondern ausschließlich aus der entsprechenden Vereinbarung. Diese ist **schriftlich** zu treffen; eine Absprache per Mail oder Fax ist demnach unwirksam (§ 125 BGB). Ein Rechtsanspruch der Bewerber auf Berichterstattung durch die örtliche Vermittlungsstelle des Jugendamts besteht nicht; vielmehr bedarf die Berichterstattung deren ausdrücklicher Zustimmung (Abs. 4 Satz 2 AdVermiG).[21] Die Nachberichterstattung bei **Wegfall der Auslandsvermittlungsstelle** ist in § 4 a Abs. 3 AdVermiG geregelt, wie Abs. 4 Satz 3 klarstellt.

25   **2. Umfang und Durchführung der Berichterstattung.** Nicht geregelt ist, wie viele Berichte während des Berichterstattungszeitraums zu erstellen sind, welchen Umfang die Entwicklungsberichte haben sollen, welche Aspekte in diesen zu thema-

---

21   AA offenbar MüKoBGB/Maurer BGB Anh. II Vor § 1741 Rn. 41, der allerdings nicht zwischen Nachsorge und Nachberichterstattung unterscheidet.

tisieren sind und welche Qualifikation von der den Bericht erstellenden Person verlangt wird. Dies wird ausschließlich von den Vorgaben des Herkunftsstaates und dem Inhalt der Vereinbarung zwischen der Auslandsvermittlungsstelle und den Bewerbern abhängen.

Vor der Übersendung eines Entwicklungsberichts in einen Herkunftsstaat außerhalb der EU ist das ausdrückliche Einverständnis der Betroffenen hierzu einzuholen;[22] zuvor sind diese über die damit verbundenen datenschutzrechtlichen Risiken zu belehren (Art. 49 Abs. 1 lit. a DSGVO).

Der **Durchsetzbarkeit** und **Vollstreckbarkeit** der Vereinbarung nach Abs. 4 Satz 1 **26** sind rechtliche Grenzen gesetzt, insbes. was Umfang und Informationsdichte der Entwicklungsberichte betrifft. Denkbar ist aber, dass Vermittlungsstellen freier Träger zur Durchsetzung der Berichterstattungspflicht Vertragsstrafen für den Fall der Nichterfüllung vorsehen oder eine „Kaution" von den Adoptionsbewerbern einfordern, die mit jedem abgegebenen Bericht anteilig zurückgezahlt wird.

3. Delegation der Berichterstattung (Abs. 4 Satz 2). Zwar ist durch die schrift-**27** liche Vereinbarung nach Abs. 4 Satz 1 die im konkreten Fall zuständige Adoptionsvermittlungsstelle zur **Nachberichterstattung** verpflichtet, diese kann aber externe Dienste für zum Zweck der erforderlichen Ermittlungen oder andere Vorarbeiten einschalten (→ AdVermiG § 2 Rn. 3). In diesem Fall trägt gleichwohl die nach Satz 1 zuständige Stelle die fachliche und rechtliche Verantwortung für eine ordnungsgemäße Erfüllung der vereinbarten Berichtpflicht sowie die nach Satz 1 Nr. 1 erforderlichen Ermittlungen und Einschätzungen. Folglich hat sich die Vermittlungsstelle auch in der Situation der Nachberichterstattung von der Qualifikation der eingesetzten Dienste, der fachlich und verfahrenstechnisch einwandfreien Ermittlung, Bewertung und Berichterstellung durch die externen Dienstleister zu überzeugen und die Einhaltung der einschlägigen datenschutzrechtlichen Vorgaben sicherzustellen.

Abs. 4 Satz 2 ermöglicht es, die Nachberichterstattung im allseitigen Einverständ-**28** nis einer anderen Adoptionsvermittlungsstelle, insbes. der Vermittlungsstelle des für die Adoptivfamilie zuständigen örtlichen Jugendamts, zu übertragen. Bei der übernehmenden Stelle muss es sich um eine Adoptionsvermittlungsstelle iSv § 2 AdVermiG, nicht aber notwendigerweise um eine Auslandsvermittlungsstelle (§ 2 a Abs. 4 AdVermiG) handeln. Die übernehmende Stelle hat ausdrücklich in die Übernahme der Berichterstattungspflicht einzuwilligen. Schriftform ist hierfür nicht vorgeschrieben, aber aus Beweisgründen sinnvoll. Wurde die Berichtspflicht übernommen, trägt im Gegensatz zur **Delegation** von Ermittlungsaufgaben nach → Rn. 27 die übernehmende Stelle die volle fachliche und inhaltliche Gewähr für die übermittelten Erkenntnisse. Abs. 4 Satz 2 sieht ausdrücklich keine Überprüfungspflicht durch die Auslandsvermittlungsstelle vor. Diese erstellt aus den erhaltenen Informationen lediglich den Bericht und leitet diesen sodann weiter an die zuständigen Fachstellen im Herkunftsstaat des Kindes (Satz 2).

Die Übernahme der Berichterstattung bedeutet nicht, dass die übernehmende **29** Stelle auch die Übersetzung bzw. Beglaubigung, Legalisierung oder Apostillierung des Berichts in die Wege leitet oder gar die Kosten hierfür trägt. Vielmehr ist nach Satz 2 nur die Bereitstellung eines Vermerks über die Ergebnisse der Beobachtungen nach Satz 1 Nr. 1 geschuldet, welcher der zuständigen Auslandsvermittlungsstelle übersandt wird.

---

22 Reinhardt JAmt 2018, 131.

§ 9 a AdVermiG Verpflichtende Beratung bei Stiefkindadoption

(1) Nimmt ein Ehegatte ein Kind seines Ehegatten allein an, so müssen sich vor Abgabe ihrer notwendigen Erklärungen und Anträge zur Adoption von der Adoptionsvermittlungsstelle (§ 2 Absatz 1 und 3) nach § 9 Absatz 1 beraten lassen:

1. die Eltern des anzunehmenden Kindes,

2. der Annehmende und

3. das Kind gemäß § 8 des Achten Buches Sozialgesetzbuch.

(2) Die Adoptionsvermittlungsstelle hat über die Beratung eine Bescheinigung auszustellen.

(3) Die Beratung eines Elternteils ist nicht erforderlich, wenn

1. er zur Abgabe einer Erklärung dauernd außerstande ist,

2. sein Aufenthalt dauernd unbekannt ist,

3. seine Einwilligung nach § 1748 des Bürgerlichen Gesetzbuchs ersetzt wird oder

4. es sich um den abgebenden Elternteil handelt und dieser seinen gewöhnlichen Aufenthalt im Ausland hat.

(4) [1]Die Beratungspflicht nach Absatz 1 besteht nicht, wenn der annehmende Elternteil zum Zeitpunkt der Geburt des Kindes mit dem Elternteil des Kindes verheiratet ist. [2]Die Beratungspflicht des annehmenden und des verbleibenden Elternteils bleibt bestehen, wenn das Kind im Ausland geboren wurde und der abgebende Elternteil seinen gewöhnlichen Aufenthalt im Ausland hat.

(5) In den Fällen des § 1766 a des Bürgerlichen Gesetzbuchs gelten die Absätze 1 bis 4 entsprechend.

I. Hintergrund der Regelung

1   Bei **Stiefkindadoptionen** sind oftmals adoptionsferne Motive zu beobachten. Immer wieder verfolgen sie den Zweck, einen Elternteil des Kindes aus dessen Leben und der „neuen" Familie auszuschließen oder andere Ziele zu erreichen als das in § 1741 BGB vorausgesetzte Eltern-Kind-Verhältnis. Auch ist nicht immer sichergestellt, dass die Annehmenden auch nach dem Scheitern der aktuellen Ehe oder (Lebens-)Partnerschaft weiterhin die elterliche Verantwortung für das nun anzunehmende Kind haben wollen.[1] Sowohl auf der Seite des abgebenden Elternteils (zB Wunsch, sich der Unterhaltpflicht zu entziehen) als auch auf der Seite des Annehmenden (zB Adoption zur Umgehung ausländerrechtlicher Vorschriften) und des mit diesem verheirateten bzw. verpartnert oder nichtehelich zusammenlebenden Elternteils des anzunehmenden Kindes (zB Adoption mit dem Ziel der Ausgrenzung des anderen leiblichen Elternteils) wird die Entscheidung für eine Adoption nicht immer kritisch reflektiert getroffen. Daher stellt

---

1 Zu den Details Griebel/Fthenakis in Paulitz Adoption, S. 120 ff.; Reinhardt (2015), S. 154 ff. mwN.

die Rspr.[2] insbes. an Stiefkindadoptionen gegen den Willen eines abgebenden Elternteils **strengere Voraussetzungen** als an eine Fremdadoption.[3] Auch im Ausland wird die Stiefkindadoption vielfach kritisch gesehen, va wenn ein Kind zu dem nun nicht mehr mit ihm lebenden leiblichen Elternteil eine soziale und/oder tatsächliche Beziehung aufgebaut hat.[4] Teilweise ist die Stiefkindadoption im Ausland nur mit schwachen Wirkungen möglich.[5]

Da im Fall von Stiefkindadoptionen keine Vermittlung iSv § 1 erfolgt (→ dort, Rn. 4), wurden diese in der Vergangenheit dem Jugendamt oftmals erst bekannt, wenn es nach der Stellung des Adoptionsantrags gem. § 194 FamFG zur Stellungnahme durch das Familiengericht aufgefordert wurde. Vielfach sind die betreffenden Fälle daher nur auf einer unzureichenden Informations- und Aufklärungslage der Beteiligten entschieden worden, was beim Scheitern der Adoptivfamilie häufig mit unerwünschten Ergebnissen auf allen Seiten verbunden war. Durch die mit dem Adoptionshilfe-Gesetz 2021 eingeführte **Beratungspflicht** nach § 9 a Abs. 1 AdVermiG soll sichergestellt werden, dass die Beteiligten schon vor der Stellung des Adoptionsantrags eine bewusste und reflektierte Entscheidung auf der Grundlage aller relevanten Informationen treffen können. Gleichzeitig besteht die Möglichkeit, die im **Einzelfall** bei jeder Stiefkindadoption zu hinterfragenden[6] Motive zu klären. Soll die Stiefkindadoption nach einer Samenspende und/oder Leihmutterschaft oder einer vorsätzlich falschen Vaterschaftsanerkennung[7] (zur Zulässigkeit der Adoption in diesen Fällen → AdVermiG § 1 Rn. 6) erfolgen, wird v.a. der Aspekt des Kinderwunsches mit den Beteiligten zu klären sein. Die entsprechende psychosoziale Beratung bedeutet damit eine wichtige Ergänzung zu der ebenfalls erforderlichen Beratung durch den die Einwilligungserklärungen und den Adoptionsantrag beurkundenden Notar, die sich in der Regel eher auf die rechtlichen Aspekte des Adoptionsausspruches und der Einwilligungsabgabe erstreckt.

Während des Gesetzgebungsverfahrens wurde seitens mehrerer Fraktionen eine Benachteiligung verheirateter lesbischer Paare durch eine Beratungspflicht beanstandet.[8] Dies führte letztlich zum Scheitern des ursprünglichen Gesetzentwurfs für das Adoptionshilfe-Gesetz im Bundesrat. Erst auf der Grundlage einer entsprechenden Beschlussempfehlung des Vermittlungsausschusses[9] wurde sodann eine Ausnahmeregelung in Abs. 4 aufgenommen und das Adoptionshilfe-Gesetz beschlossen.

Ob die in § 9 a AdVermiG eingeführte **Pflichtberatung** die Zielsetzung des Gesetzgebers erreichen kann, wird im Rahmen des nach § 16 AdVermiG zu erstellendem Berichts zu überprüfen sein. Da jegliche Beratung im Zwangskontext spezifische Kompetenzen der Fachkräfte erfordert, werden die pädagogisch-bera-

2 BVerfG 29.11.2005 – 1 BvR 1444/01; BGH 23.3.2005 – XII ZB 10/03.
3 Ebenso Empf. Nr. 7.1.3 und Paulitz Adoption/Bach, S. 224 ff.
4 Frank FamRZ 2007, 1695.
5 Paulitz Adoption/Oberloskamp, S. 116; zu dieser Forderung in Bezug auf das deutsche Recht Frank FamRZ 2007, 1693 ff.; Reinhardt (2015), S. 154 ff.; Paulitz Adoption/Oberloskamp, S. 115 f.
6 Empf, Nr. 7.1.3.
7 Zum Problem BT-Drs. 16/3291, 9 ff. Die 2008 zur Bekämpfung des entsprechenden Vorgehens in § 1600 BGB eingeführten Regelungen zur behördlichen Vaterschaftsanfechtung hat das BVerfG für verfassungswidrig erklärt, vgl. BVerfG 17.12.2013 – 1 BvL 6/10.
8 So der Antrag Abgeordneter der FDP in BT-Drs. 19/19619, 2, von Bündnis 90/Die Grünen in BT-Drs. 19/19609, 2 und der Linken in BT-Drs. 19/19608, 2.
9 BT-Drs. 19/25163.

terischen Konzepte für die Arbeit mit Stieffamilien vor dem Hintergrund der Regelung aber jedenfalls entsprechend fortzuentwickeln sein.[10]

II. Beratung der Beteiligten (Abs. 1)

3 **1. Beratungspflicht und Rechtsanspruch.** Gem. Abs. 1 müssen sich in der Situation einer Stiefkindadoption alle an dieser beteiligte Personen von einer Adoptionsvermittlungsstelle beraten lassen. Das sind nach Nr. 1 und 2 der **Annehmende sowie der abgebende und der verbleibende Elternteil.** Wird die Stiefkindadoption durch einen nicht mit dem verbleibenden Elternteil verheirateten oder verpartnerten Annahmewilligen beantragt (§ 1766 a BGB),[11] unterliegt dieser gem. Abs. 5 der Beratungspflicht.

Das Kind ist gem. Abs. 1 Nr. 3 iVm § 8 Abs. 1 SGB VIII entsprechend seinem Entwicklungsstand zu beraten und in geeigneter Weise auf seine Rechte im weiteren Verfahren hinzuweisen.

4 Nach Abs. 4 Satz 1 besteht die Beratungspflicht nicht, wenn der Annehmende im Zeitpunkt der Geburt des Kindes mit dem „verbleibenden" Elternteil des Adoptierten verheiratet war. Diese **Ausnahme** betrifft gleichgeschlechtliche Ehepaare, die von der Geburt des Kindes an als soziale Familie zusammenlebten. Hier vermutet der Gesetzgeber eine vergleichbare Situation wie bei der Geburt eines gemeinsamen leiblichen Kindes.[12] Wurde das Kind jedoch im Ausland geboren und lebt der „abgebende" Elternteil nicht in Deutschland, besteht die Beratungspflicht für den annehmenden und den verbleibenden Elternteil fort (Abs. 4 Satz 2), da in dieser Situation nicht die soziale Familie im Vordergrund steht, sondern die Befürchtung unreflektierter Stiefkindadoptionen nach vorherigen Leihmutterschaften oder vorsätzlich falschen Vaterschaftsanerkenntnissen im Ausland, so dass im Interesse des Kindeswohls eine Beratung angezeigt ist.

5 Ist eine nach Abs. 1, 4 Satz 2 oder Abs. 5 erforderliche Beratung unterblieben, kann die Adoption nicht ausgesprochen werden (§ 196 a FamFG). Der Nachweis der Beratung durch die Bescheinigung nach Abs. 2 stellt in der Situation der Stiefkindadoption eine zusätzliche **materielle Adoptionsvoraussetzung** dar.[13]

6 Die zur Beratung nach Abs. 1 bzw. Abs. 3 verpflichteten Personen haben gegenüber der Adoptionsvermittlungsstelle des örtlichen Jugendamts einen **Rechtsanspruch** auf Beratung (vgl. § 9 b Satz 1 AdVermiG). Es ist aber auch möglich, dass eine Vermittlungsstelle in freier Trägerschaft die Beratung übernimmt, was sich aus dem Verweis auf § 2 Abs. 3 AdVermiG ergibt. Die **örtliche Zuständigkeit** ergibt sich in Bezug auf den Annehmenden aus § 9 b Satz 2 AdVermiG. Der abgebende Elternteil und der Anzunehmende haben Wahlfreiheit, wo sie sich beraten lassen wollen, da ausweislich der Gesetzesmaterialien[14] (dazu auch → AdVermiG § 9 b Rn. 6) bewusst keine Zuständigkeit für die Vorbereitung der Herkunftsfamilie in das Gesetz aufgenommen werden sollte. Stellt eine örtlich nicht zuständige Vermittlungsstelle die Bescheinigung aus, ist dies in Übereinstimmung mit der in § 42 SGB X enthaltenen Wertung unbeachtlich für die Wirksamkeit der Bescheinigung, sofern tatsächlich eine Beratung erfolgte.

---

10 Reinhardt JAmt 2021, 62 (64).
11 S.a. BVerfG 26.3.2019 – 1 BvR 673/17.
12 So die entsprechenden Anliegen der Fraktionen in BT-Drs. 19/19608, 19/19609 und 19/19610 sowie des Bundesrats (BR-Drs. 320/20 nebst Plenarprotokoll 992, S. 225).
13 BT-Drs. 19/16718, 59; Bernauer notar 2021, 79 (83).
14 Vgl. die Gegenäußerung der Bundesregierung in BT-Drs. 19/16718, 79 sowie die Begründung der Beschlussempfehlung in BT-Drs. 19/19596, 13.

2. Ausnahmen von der Beratungspflicht (Abs. 3). Abs. 3 enthält Ausnahmen 7
von der Beratungspflicht. Demnach ist die Beratung eines Elternteils nicht erforderlich, wenn dessen Einwilligung in die Adoption **entbehrlich** ist, etwa in der
Situation des § 1747 Abs. 4 BGB (Abs. 3 Nr. 1 und 2) oder im Fall der Ersetzung
nach § 1748 BGB (Abs. 3 Nr. 3, hierzu → Rn. 9). Gemeint sind die rechtlichen
Eltern iSd §§ 1591 ff. BGB, dh der abgebende und der „verbleibende" Elternteil,
sofern sich die Elternschaft gem. Art. 19 EGBGB nach deutschem Recht beurteilt.[15] Wurde das Kind im Ausland geboren (→ Rn. 4) und hat der abgebende
Elternteil seinen gewöhnlichen Aufenthalt im Ausland, **entfällt** für diesen (nicht
aber für den verbleibenden und den annehmenden Elternteil, vgl. Abs. 4 Satz 2)
die Beratungspflicht nach Abs. 3 Nr. 4 (→ Rn. 10).

Die zu beratenden Personen und ihr gewöhnlicher Aufenthalt sind nicht von 8
der Vermittlungsstelle zu ermitteln. Grundsätzlich besteht ausschließlich in der
Situation einer Ersetzung der Einwilligung wegen Gleichgültigkeit (§ 1748 Abs. 2
BGB; § 51 Abs. 1 Satz 3 SGB VIII) eine Ermittlungspflicht des Jugendamts.[16]
Entsprechend der Praxis der Adoptionsvermittlungsstellen ist allerdings auch
im Rahmen der Beratung zu einer Stiefkindadoption nach § 9 a AdVermiG die
Vater- bzw. Mutterschaft mit dem anderen leiblichen Elternteil zu besprechen
(Empf Nr. 7.2.2 und → AdVermiG § 7 a Rn. 2 und 10 sowie → AdVermiG
§ 9 Rn. 6) und auf umfassende Angaben hinzuwirken sein, zumal diese auch im
gerichtlichen Adoptionsverfahren relevant sein werden.

Unklar ist in Bezug auf die **Entbehrlichkeit der Beratung** nach Abs. 3 Nr. 3, 9
ob die Ersetzung der Einwilligung nach § 1748 BGB beantragt oder bereits
ausgesprochen sein muss oder es genügt, dass eine Ersetzung im Raum
steht. Der Wortlaut des Gesetzes („ersetzt wird") deutet darauf hin, dass die
Ersetzung noch nicht ausgesprochen sein muss; gleichzeitig muss aber auch
eine gewisse Wahrscheinlichkeit bestehen, dass es zu einer Ersetzung kommen
wird.[17] Letztlich ist die Entbehrlichkeit der Beratung aber nicht von der Adoptionsvermittlungsstelle, sondern durch das für den Adoptionsausspruch zuständige
Familiengericht zu überprüfen (§ 26 FamFG). Aufgabe der Vermittlungsstelle ist
gem. Abs. 1 iVm § 9 Abs. 1 Satz 2 Nr. 2 AdVermiG allerdings, die Beteiligten
auf die grundsätzliche Pflicht zur Beratung hinzuweisen, sofern die Ersetzung
nicht bereits beantragt wurde und nach einer kursorischen Prüfung des Vorbrin-
gens von einer solchen auszugehen sein wird. Wird der Ersetzungsantrag in der
Folge abgelehnt, bleibt der betreffende Elternteil einwilligungspflichtig; dann ist
auch die Belehrung nach Abs. 1 erforderlich. Vor der Ersetzung einer elterlichen
Einwilligung wegen **Gleichgültigkeit** (Abs. 3 Nr. 3) hat das Jugendamt den betreffenden Elternteil gem. §§ 1748 Abs. 2 BGB und § 51 Abs. 1 Satz 3 SGB VIII zu
belehren. Das in diesem Zusammenhang nach § 51 Abs. 2 SGB VIII erforderliche
Beratungsangebot ist sinnvollerweise um einen Hinweis auf die Beratungspflicht
nach § 9 a AdVermiG zu ergänzen.

Nach Abs. 3 Nr. 4 ist die Beratung entbehrlich, wenn der abgebende Elternteil 10
seinen **gewöhnlichen Aufenthalt im Ausland** hat. Auch hier wird eine Überprüfung des Aufenthalts der zu beratenden Person durch die Adoptionsvermittlungsstelle nicht immer möglich sein; dies ist auch nicht Auftrag der Vermittlungsstelle, sondern des Familiengerichts (§ 26 FamFG). Bestehen nach dem Vorbringen

---

15 Der BGH hat dies für den Fall einer Leihmutterschaft in der Ukraine bejaht, vgl.
    BGH 20.3.2019 – XII ZB 530/17. Ebenso AG Frankfurt a.M. 9.4.2018 – 470 F
    16020/AD mwN; aA OLG München 12.2.2018 – 33 UF 1152/17. Eine im Ausland
    gerichtlich festgestellte Elternschaft der „Wuscheltern" nach einer Leihmutterschaft ist
    nach BGH 5.9.2018 – XII ZB 224/17 in Deutschland anzuerkennen.
16 Zur Ermittlungspflicht des Familiengerichts Hoffmann ZKJ 2020, 46.
17 Ähnlich Keuter NZFam 2021, 49 (51).

der übrigen Beteiligten Zweifel, ob ein Elternteil seinen Lebensmittelpunkt im Ausland hat, sind diese nach Abs. 1 iVm § 9 Abs. 1 Satz 3 Nr. 2 AdVermiG auf die möglicherweise bestehende Beratungspflicht und die Tatsache hinzuweisen, dass eine unterbliebene Beratung ein Adoptionshindernis darstellt. Die Entscheidung über die **Entbehrlichkeit** der Beratung trifft aber auch in dieser Situation das für den Adoptionsausspruch zuständige Gericht auf der Grundlage der durch dieses nach § 26 FamFG von Amts wegen anzustellenden Ermittlungen. Dies können ggf. Anfragen an das zuständige Einwohnermeldeamt oder das Ausländerzentralregister sein; denkbar sind darüber hinaus Anfragen bei den deutschen Auslandsvertretungen im angeblichen Aufenthaltsstaat des betreffenden Elternteils. Lässt sich dieser weder im Ausland noch im Inland auffinden, greift Abs. 3 Nr. 2 und die Beratung ist entbehrlich.

11   **3. Zeitpunkt der Beratung.** Die Beratung hat **zeitlich** vor der Abgabe der erforderlichen notariellen Einwilligung in die Adoption durch die Eltern (§§ 1747, 1749 BGB) und das Kind (§ 1746 BGB) bzw. vor der notariellen Beurkundung des Adoptionsantrags (§ 1752 Abs. 1 BGB) zu erfolgen. Zur Fehlerfolge → Rn. 17.

12   **4. Inhalt der Beratung.** Gem. Abs. 1 erstreckt sich die Beratung auf die in § 9 Abs. 1 AdVermiG genannten Inhalte, dh die **allgemeine Adoptionsberatung** der Beteiligten (§ 9 Abs. 1 Satz 3 Nr. 1 AdVermiG) einschließlich der Informationen über **Voraussetzungen** und **Wirkungen** der Adoption, den **Ablauf** des Verfahrens (§ 9 Abs. 1 Satz 3 Nr. 2 AdVermiG) und die **Unterstützung** des abgebenden Elternteils (§ 9 Abs. 1 Satz 3 Nr. 3 AdVermiG). Darüber hinaus ist die Offenheit im Umgang mit der Adoption einschließlich der möglichen Ausgestaltung von Kontakten zwischen dem abgebenden Elternteil und dem Kind bzw. seinen Eltern nach der Adoption (§ 9 Abs. 1 Satz 3 Nr. 4 – 7 AdVermiG; §§ 8 a und 8 b AdVermiG) zu thematisieren. Gemäß der Begründung des Regierungsentwurfs[18] soll im Rahmen der Beratung „besonderes Augenmerk auf die Beweggründe für die Adoption bzw. die Adoptionsfreigabe sowie auf Alternativen gelegt werden", so dass die Betroffenen „vor Abgabe der notariellen Erklärungen einen umfassenden Überblick über die weitreichenden und unumkehrbaren Folgen einer Adoption und die damit zusammenhängenden Fragestellungen bekommen". Zudem sollen Informationen über mögliche Alternativen gegeben werden, um klären zu können, ob das Kind der Adoption durch den annahmewilligen Stiefelternteil zwingend bedarf und es diese auch wirklich wünscht. Ziel der Beratung ist, dass eine wohlüberlegte und fundierte Entscheidung aller Beteiligten für oder gegen die angedachte Adoption ermöglicht wird.

13   **5. Form der Beratung.** Für die Beratung ist **keine bestimmte Form** vorgeschrieben.[19] Sie muss also nicht zwingend persönlich vor der beratenden Fachkraft erfolgen, sondern kann ebenso online, telefonisch oder auch schriftlich erfolgen (vgl. § 9 SGB X). Eine nicht persönlich durchgeführte Beratung wird zwar kaum einmal umfassend auf die vorhandenen Lebenslagen und Bedarfe der Beteiligten im konkreten Einzelfall eingehen können und daher auf Ausnahmefälle beschränkt sein. Gleichwohl ist eine nur allgemeine Beratung (ggf. unter Verweis auf weitergehende persönliche Beratungsmöglichkeiten) nicht durch das Gesetz ausgeschlossen. Damit jedoch von einer „Beratung" iSv § 9 a AdVermiG und nicht nur von einer bloßen Information gesprochen werden kann, ist im Fall einer nur schriftlichen oder elektronischen Vorgehensweise sicherzustellen, dass im Detail und mit hoher Verständlichkeit und Nachvollziehbarkeit auf die spezifischen und typischerweise mit der Stiefkindadoption verbundenen Fragen

---

18   BT-Drs. 19/16718, 55.
19   Für die Beratung nach § 14 SGB I s. LPK-SGB I/Trenk-Hinterberger SGB I § 14 Rn. 11 sowie Mrozynski SGB I § 14 Rn. 13.

im konkreten Einzelfall eingegangen wird.[20] Ziel muss sein, dass die Lesenden für die speziellen Anforderungen sensibilisiert werden, ihre Adoptionsmotivation selbstkritisch überprüfen und auf Folgen und Risiken aufmerksam gemacht werden, wenn ihre Beziehung zu dem „verbleibenden" Elternteil des Kindes scheitern sollte. Eine konkrete Empfehlung[21] wird dagegen angesichts der Höchstpersönlichkeit der Entscheidung für oder gegen eine Adoption nicht im Rahmen der Beratung erforderlich sein. Entscheidend ist auch bei einer schriftlichen oder elektronischen Beratung aber, dass der Betroffene ohne Weiteres erkennen kann, welche Gesichtspunkte für ihn persönlich von Bedeutung sind.[22] Zudem sollte er auf mögliche weitergehende persönliche Beratungsangebote hingewiesen werden sowie darauf, dass im Fall einer nicht persönlich erfolgten Beratung kein ausreichender Eindruck von den Hintergründen der angestrebten Adoption und der Situation der Beteiligten gewonnen werden kann, ein solcher aber für die nach §§ 189 Abs. 3 FamFG abzugebende Stellungnahme der Vermittlungsstelle von Bedeutung ist (zur datenschutzrechtlichen Problematik der Verwendung von Adoptionsdaten für Stellungnahmen → AdVermiG § 9 e Rn. 11). Eine bloße formularmäßige Information genügt nicht.

Ist unklar, ob eine beratene Person den Inhalt der Beratung aufgrund geistiger   14
Einschränkungen oder Behinderungen überhaupt verstehen kann, wird der für den fraglichen Aufgabenkreis zuständige **gesetzliche Betreuer** in die Beratung einzubeziehen sein. Die Beratung jüngerer Anzunehmender sollte in altersgerechter Sprache erfolgen.

III. Bescheinigung der Beratung (Abs. 2)

Über die erfolgte Beratung hat die Vermittlungsstelle den beratenen Personen   15
eine Bescheinigung auszustellen (Abs. 2). Da § 196 a FamFG lediglich die Vorlage der Bescheinigung als zusätzliche Adoptionsvoraussetzung für Stiefkindadoptionen normiert, beschränkt sich deren Aussage ausschließlich auf die Tatsache der Beratung, nicht aber auf deren Inhalte. Keinesfalls ersetzt die Beratungsbescheinigung die nach §§ 189 Abs. 1 bis 3 FamFG erforderliche Stellungnahme. Konsequenterweise ist die **Beratungsbescheinigung** unabhängig von der Frage zu erteilen, ob die beratende Fachkraft bzw. die Adoptionsvermittlungsstelle oder das Jugendamt die Adoption als kindeswohlentsprechend ansieht und wie sie das Eltern-Kind-Verhältnis zwischen dem Annahmewilligen und dem Anzunehmenden einschätzt. Die Beratung ist folglich auch dann zu bescheinigen, wenn sich die Vermittlungsstelle nach der Beratung aus ihrer fachlichen Sicht gegen die Adoption ausspricht. Die Entscheidung über die Adoption ist nämlich dem Familiengericht vorbehalten (§ 1752 Abs. 1 BGB) und kann nicht durch die Einschätzung einer Adoptionsvermittlungsstelle und die auf deren Grundlage erfolgte Verweigerung der Bescheinigung ersetzt oder verhindert werden.[23]

Nicht geregelt ist, welche Konsequenzen es hat, wenn Betroffene zwar zu einem   16
Beratungstermin erscheinen, dort aber ausschließlich schweigen oder die beratende Person hinsichtlich der Adoptionsmotivation, der familiären Situation oder der Umstände der Adoption belügen. Da es sich bei der sensibilisierenden und die Entscheidungsfindung der Beteiligten fördernden Beratung nach § 9 a

---

20 Vgl. BT-Drs. 16/16718, 55. Zur im Einzelfall bisweilen schwierigen Abgrenzung vgl. LPK-SGB I/Trenk-Hinterberger SGB I § 14 Rn. 7, der eine „genaue Erfassung der konkreten Fragen" fordert, damit von einer Beratung gesprochen werden kann.
21 Vgl. LPK-SGB I/Trenk-Hinterberger SGB I § 14 Rn. 7.
22 LPK-SGB I/Trenk-Hinterberger SGB I § 14 Rn. 14.
23 Reinhardt JAmt 2021, 62 (65). Bernauer notar 2021, 79 (82).

AdVermiG zwar um eine Zwangs-, nicht aber um eine Konfliktberatung[24] handelt, ist die Beratung auch dann nach Abs. 2 zu bescheinigen, wenn sich die Beteiligten im Rahmen des Kontakts zur Vermittlungsstelle nicht auf ein Gespräch einlassen, aber die Ausführungen der Fachkräfte gleichwohl zur Kenntnis nehmen. Ohnehin sind die Angaben der Beteiligten durch die Vermittlungsstelle nicht zu hinterfragen, da es sich bei der Entscheidung für oder gegen eine Adoption bzw. die Einwilligung in diese um **höchstpersönliche** Entscheidungen und Erklärungen handelt (§ 1750 Abs. 3 BGB),[25] die sich einer Überprüfung entziehen.[26] Gleichwohl wird die beratende Fachkraft alleine schon aus berufsethischen und fachlichen Gründen zu versuchen haben, mit den Betroffenen in ein Gespräch über die intendierte Adoption zu kommen und die tatsächlichen Beweggründe und Umstände zu ermitteln (vgl. § 7 a Abs. 1 AdVermiG und § 20 SGB X), zumal diese auch für die später abzugebende fachliche Stellungnahme gegenüber dem Familiengericht von Bedeutung sein werden. Dieser Umstand ist den zu Beratenden mitzuteilen (Art. 13 DSGVO). Gleichzeitig sollte das Einverständnis der beratenen Person zur Nutzung der Beratungsinhalte für die Stellungnahme nach § 189 FamFG eingeholt werden;[27] (dazu → AdVermiG § 9 e Rn. 11).

17   Für die Bescheinigung ist **keine konkrete Form** vorgeschrieben, so dass diese ggf. auch nur per Fax oder elektronisch erteilt werden könnte (vgl. § 9 SGB X). In aller Regel wird aus Gründen der Beweisbarkeit eine schriftliche Bescheinigung ausgestellt werden. Deren Inhalt ist einzig die Tatsache der Beratung (→ Rn. 15). Da § 196 a FamFG seinem Wortlaut nach lediglich formal auf das Vorliegen einer Beratungsbescheinigung abstellt und das Familiengericht keine weitergehende inhaltliche Überprüfung der Beratung vorzunehmen hat, ist entscheidend für die Möglichkeit des Adoptionsausspruchs allein die Tatsache, dass die Bescheinigung einer hierzu berechtigten Adoptionsvermittlungsstelle iSv § 2 Abs. 1 bzw. 3 AdVermiG vorgelegt wird. Hat die Beratung entgegen Abs. 1 erst nach der Abgabe der notariellen Einwilligung bzw. der Stellung des notariellen Adoptionsantrags stattgefunden, so ist dies ebenso wenig ein Adoptionshindernis wie die Beratung durch eine örtlich unzuständige Vermittlungsstelle (→ Rn. 6).[28] Folglich ist auch nicht erforderlich, das Beratungsdatum in die Bescheinigung aufzunehmen. Etwaige fachliche Fragen, die von der Vermittlungsstelle aufgrund einer verspäteten Beratung offen sind oder als problematisch angesehen werden, können im Zuge der fachlichen Äußerung nach § 189 FamFG oder im Rahmen einer eventuellen Beteiligung des Jugendamts (§ 188 Abs. 2 FamFG) in das gerichtliche Adoptionsverfahren eingebracht werden.

18   Für die Ausstellung der Beratungsbescheinigung hat die beratene Person ihre **Identität** mittels geeigneter amtlicher Papiere (Personalausweis, Reisepass, ggf. Führerschein) nachzuweisen, um eine „Scheinberatungen" zu verhindern. Schon grundsätzlich sollte sich die beratende Fachkraft von der Identität überzeugen, um nicht in die Gefahr vom Datenschutzverstößen und anderen Verfahrensfehlern zu geraten. Die Beratungsbescheinigung des minderjährigen Anzunehmenden erhält dessen gesetzlicher Vertreter. Sind zu dem fraglichen Zeitpunkt noch beide Eltern sorgeberechtigt (da die die Beratung gemäß vor der Abgabe der notariellen Einwilligung zu erfolgen hat, wird dies immer der Fall sein, wenn diesen nicht das Sorgerecht entzogen wurde oder die Sorge ruht, vgl. § 1751

---

24   In dieser Situation wäre gem. BVerfG 28.5.1993 – 2 BvF 2/90, Rn. 234 ff. die Angabe von Hintergründen zwingend erforderlich.
25   Hierzu Staudinger/Helms BGB § 1750 Rn. 14 f.
26   Vgl. BVerfG 25.2.1975 – 1 BvF 1/74, Rn. 164.
27   Reinhardt JAmt 2021, 62 (64).
28   Ebenso Bernauer notar 2021, 79 (83); aA Botthof NJW 2021, 1127 (1129) und Keuter NZFam 2021, 49 (50, 52).

Abs. 1 BGB), sollte sicherheitshalber beiden leiblichen Elternteilen jeweils eine Bescheinigung über die Beratung des Kindes ausgestellt werden.

Findet keine Beratung statt, so darf diese auch nicht bescheinigt werden. Ist 19 eine zu beratende Person bekannt, einwilligungspflichtig und erreichbar (kein Ausnahmefall iSv Abs. 3), meldet sie sich aber auf ein Beratungsangebot der Vermittlungsstelle hin nicht, so kann keine Beratungsbescheinigung ausgestellt werden. Erfolgt ausnahmsweise eine schriftliche oder elektronische Beratung, so kann diese nur dann bescheinigt werden, wenn die zu beratende Person ausdrücklich bestätigt hat, dass sie die spezifischen Hinweise über die Situation der Stiefkindadoption erhalten, zur Kenntnis genommen, verstanden und bedacht hat.

Keine Beratungsbescheinigung kann erteilt werden, wenn eine betroffene Person iSv Abs. 1 die Beratung definitiv und kategorisch ablehnt und damit zu verstehen gibt, dass sie nicht bereit ist, sich mit den fraglichen Punkten auseinanderzusetzen.[29] Besteht der Betroffene gleichwohl auf die Bescheinigung durch die Vermittlungsstelle eines Jugendamts, so ist deren Ausstellung durch Verwaltungsakt (§§ 31, 33 SGB X) **abzulehnen**.

§ 9 b AdVermiG Örtliche Adoptionsvermittlungsstelle; Pflichtaufgaben

[1]Die Jugendämter haben die Wahrnehmung der Aufgaben nach den §§ 7, 7 a, 7 b, 8 a, 8 b, 9 und 9 a für ihren jeweiligen Bereich sicherzustellen. [2]Für die Adoptionsbewerber und die Annehmenden richtet sich die örtliche Zuständigkeit nach ihrem gewöhnlichen Aufenthalt.

I. Sicherstellung der Adoptionsvermittlung und -begleitung (Satz 1)

§ 9 b AdVermiG enthält den **Sicherstellungauftrag** der Jugendämter für die Wahr- 1 nehmung der Aufgaben im Rahmen der Adoptionsvorbereitung einschließlich der Eignungsprüfung (§§ 9 Abs. 1; § 7 bis 7 b, 8 a, 8 b und 9 a AdVermiG) sowie im Nachgang zum Ausspruch der Adoption (§§ 9 Abs. 2, 8 a Abs. 2 und 8 b AdVermiG) und dabei insbesondere für die Erfüllung der in den betreffenden Vorschriften enthaltenen Rechtsansprüche.

In Bezug auf die sachliche Zuständigkeit ergibt sich aus § 9 b Satz 1 iVm 2 § 2 Abs. 1 AdVermiG, dass die Adoptionsvermittlung **Pflichtaufgabe der Jugendämter** ist und diese die Wahrnehmung der Adoptionsaufgaben durch die Einrichtung eigener oder gemeinsamer (s. § 2 Abs. 2 AdVermiG) Adoptionsvermittlungsstellen sicherzustellen haben.[1] Eine Möglichkeit zur Delegation der gesamten Vermittlungsarbeit auf Vermittlungsstellen freier Träger, andere externe Fachdienste oder Honorarkräfte ist gesetzlich nicht vorgesehen. Der Subsidiaritätsgrundsatz des § 4 Abs. 2 SGB VIII gilt in der Adoptionsvermittlung nicht, da das AdVermiG zwar Teil des Sozialgesetzbuchs ist (§ 68 Nr. 12 SGB I), aber systematisch eigenständig als sozialrechtliches Spezialgesetz neben dem SGB VIII steht. Lediglich die Vergabe einzelner **Teilaufgaben** aus dem Aufgabenspektrum der Adoptionsvermittlung an Außenstehende ist möglich, sofern deren fachkundige Durchführung und die Wahrung der datenschutzrechtlichen Rahmenbedingungen sichergestellt sind. In diesem Fall trägt gleichwohl die Vermittlungsstelle des jeweiligen Jugendamts gem. § 9 b Satz 1 AdVermiG die fachliche und rechtliche Letztverantwortung (→ AdVermiG § 2 Rn. 3 AdVermiG). Aus dem

---

29 Zur vergleichbaren Situation der Ablehnung eines Beratungsangebots iSv § 51 Abs. 2 SGB VIII s. jurisPK-SGB VIII/Reinhardt § 51 Rn. 44.
1 Oberloskamp ZfJ 2005, 349.

Sicherstellungsauftrag in § 9 b Satz 1 AdVermiG ergibt sich darüber hinaus im Umkehrschluss, dass Adoptionsvermittlungsstellen in freier Trägerschaft nicht zur Übernahme von Verfahren, der Nachsorge (§ 9 Abs. 2 AdVermiG) oder den anderen in Abs. 1 genannten Aufgaben verpflichtet sind. Vielmehr unterliegt das Verhältnis zwischen Bewerbern und anerkannter Vermittlungsstelle dem Zivilrecht und damit der Vertragsfreiheit (→ AdVermiG § 2 Rn. 14).

3 Stellt eine Vermittlungsstelle eines freien Trägers ihre Tätigkeit ein (zB wegen Insolvenz oder Wegfall der nach § 4 AdVermiG erforderlichen Anerkennung oder Zulassung), so hat die örtliche Adoptionsvermittlungsstelle des Jugendamts gem. § 9 b Satz 1 AdVermiG deren Pflichten gegenüber den Adoptionsbewerbern bzw. der Adoptivfamilie während der Eignungsüberprüfung (§ 7 ff. AdVermiG) und der Adoptionsbegleitung (§ 9 AdVermiG) wahrzunehmen, sofern diese das wünschen. Wie sich aus § 4 a Abs. 2 AdVermiG ergibt, erfolgt in dieser Situation kein automatischer Verfahrensübergang; vielmehr bedarf die Verfahrensübernahme einer entsprechenden (nach § 9 SGB X formlosen) Willenserklärung der Adoptionsbewerber. Steht bereits im Vorfeld der Schließung fest, dass die örtliche Vermittlungsstelle des Jugendamts ein bereits begonnenes Verfahren übernimmt, sind dieser nach § 4 a Abs. 2 AdVermiG die bereits vorhandenen Akten von der geschlossenen Stelle direkt zu übergeben. Die übernehmende Stelle ist aber nicht an die bis zur Übernahme erfolgten Einschätzungen der weggefallenen Stelle hinsichtlich der Bewerbereignung oder der Bewertung eines Kindervorschlages gebunden. Sie kann und sollte daher nach dem Verfahrensübergang eigene Ermittlungen anstellen und eigene Bewertungen treffen.

4 Sind im Fall der Schließung einer Auslandsvermittlungsstelle noch **Entwicklungsberichte** für das Kindes zu fertigen, ist dies ebenfalls von der örtlichen Vermittlungsstelle des Jugendamts zu erledigen. Die Berichte werden sodann der zuständigen zentralen Adoptionsstelle zur Weiterleitung ins Ausland zur Verfügung gestellt (§ 4 a Abs. 3 AdVermiG). Eine **Übernahme internationaler Vermittlungsverfahren** durch die örtlichen Vermittlungsstellen nach Schließung einer Auslandsvermittlungsstelle scheidet dagegen aus, weil die Jugendämter nicht nach § 2 a Abs. 4 AdVermiG zu grenzüberschreitenden Tätigkeiten berechtigt sind.

II. Örtliche Zuständigkeit (Satz 2)

5 **1. Adoptionsbewerber und Annehmende.** Die örtliche Zuständigkeit für die Beratung und Vorbereitung von Adoptionsbewerbern (§§ 9 Abs. 1, 7 ff., 8 a und 8 b AdVermiG) sowie von Annehmenden in der Situation einer Stiefkindadoption (§ 9 a AdVermiG) richtet sich gem. § 9 b Satz 2 AdVermiG nach deren **gewöhnlichem Aufenthalt.**[2] Dieser ist auch entscheidend für die nachgehende Begleitung (§ 9 Abs. 2 AdVermiG). Verziehen Adoptionsbewerber innerhalb Deutschlands, wird gem. Satz 2 die Adoptionsvermittlungsstelle an ihrem neuen gewöhnlichen Aufenthalt für die Adoptionsvorbereitung, Überprüfung und Begleitung zuständig. Bei Vermittlungsstellen freier Träger bleibt die Zuständigkeit durch einen Umzug iaR unberührt. Verziehen Bewerber hingegen ins Ausland, besteht keine Zuständigkeit der Vermittlungsstellen in öffentlicher oder freier Trägerschaft mehr (§ 30 Abs. 1 SGB I). Ggf. wird ein internationales Adoptionsverfahren iSv § 2 a Abs. 1 AdVermiG erforderlich, sofern Annahmewillige von ihrem neuen Aufenthalt im Ausland aus ein Kind aus Deutschland aufnehmen wollen (§ 2 a Abs. 1 Satz 3 AdVermiG).

6 **2. Andere Beteiligte.** Um ein niedrigschwelliges Angebot für Abgebende sicherzustellen, hat sich in der Praxis eingespielt und bewährt, ratsuchende abgebende

---

2 Zum Begriff im Detail LPK-SGB I/Meißner/Timme SGB I § 30 Rn. 8 f.

Eltern unabhängig von ihrem Wohnort oder Lebensmittelpunkt zu beraten und zu begleiten. Der Gesetzgeber hat daher die örtliche Zuständigkeit für die den Vermittlungsstellen gegenüber den Herkunftseltern und dem Anzunehmenden obliegenden Aufgaben bewusst nicht geregelt.[3] In Bezug auf die Arbeit mit den Abgebenden und dem Kind ist somit eine **Allzuständigkeit** der bei den Jugendämtern eingerichteten Vermittlungsstellen anzunehmen. Dies gilt auch für die Beratung des Anzunehmenden und seiner leiblichen Eltern in der Situation einer Stiefkindadoption (→ AdVermiG § 9 a Rn. 6).

3. Aufgaben nach dem SGB VIII. Für die sich aus dem SGB VIII ergebenden 7 Aufgaben im Rahmen von Adoptionsverfahren, insbes. die Stellungnahme an das Gericht (§ 50 SGB VIII), die Beratung und Belehrung von Elternteilen, deren Einwilligung in die Adoption ersetzt werden soll (§ 51 SGB VIII), aber auch im Rahmen der Adoptionspflege oder -begleitung veranlasste allgemeine Beratungsleistungen (§§ 11, 16 ff. SGB VIII) oder Hilfen zur Erziehung (§ 27 ff. SGB VIII), richtet sich die örtliche Zuständigkeit ausschließlich nach §§ 86 ff. SGB VIII.

§ 9 c AdVermiG Vermittlungsakten

(1) Vermittlungsakten sind, gerechnet vom Geburtsdatum des Kindes an, 100 Jahre lang aufzubewahren.

(2) [1]Soweit die Vermittlungsakten die Herkunft und die Lebensgeschichte des Kindes betreffen oder ein sonstiges berechtigtes Interesse besteht, ist dem gesetzlichen Vertreter des Kindes und, wenn das Kind das 16. Lebensjahr vollendet hat, auch diesem selbst auf Antrag unter Anleitung durch eine Fachkraft Einsicht zu gewähren. [2]Die Einsichtnahme ist zu versagen, soweit überwiegende Belange einer betroffenen Person entgegenstehen.

(3) Die Adoptionsvermittlungsstelle (§ 2 Absatz 1 und 3, § 2 a Absatz 4) hat die Annehmenden auf das Akteneinsichtsrecht des Kindes nach Absatz 2 Satz 1 hinzuweisen, sobald das Kind das 16. Lebensjahr vollendet hat.

I. Aktenaufbewahrung (Abs. 1 Sätze 1, 3)

§ 9 c Abs. 1 AdVermiG regelt die **Aufbewahrung von Vermittlungsakten** sowie 1 die Voraussetzungen für den Zugang zu den betreffenden Informationen durch Adoptierte. Dabei ist unerheblich, ob die Akten von einer Vermittlungsstelle in öffentlicher oder in freier Trägerschaft geführt werden (vgl. § 35 Abs. 1 Satz 4 SGB I; zum Umgang mit Akten im Fall der Auflösung einer Vermittlungsstelle s. § 4 a Abs. 2 und 3 AdVermiG).

Vermittlungsakten sind gemäß der in § 4 a Abs. 2 AdVermiG enthaltenen **Legal-** 2 **definition** alle Aufzeichnungen und Unterlagen über jeden Vermittlungsfall. Dies sind alle Aktenteile, die sich auf die abgebenden Eltern, das Kind und die auf-

---

3 Vgl. die Gegenäußerung der Bundesregierung in BT-Drs. 19/16718, 79 und die Begründung der Beschlussempfehlung in BT-Drs. 19/19596, 13.

nehmenden Eltern beziehen. Wenn die Beratung und Begleitung der abgebenden Eltern von einer anderen Vermittlungsstelle als derjenigen vorgenommen wurde, welche die Bewerber vorbereitete, können sich Vermittlungsakten bei verschiedenen Stellen befinden; ein Zusammenführen der Akten ist nicht vorgesehen. Angesichts der Pflicht der Fachstellen zur nachgehenden Begleitung sowohl der abgebenden Eltern als auch der Annehmenden, wäre dies auch nicht sinnvoll. Denkbar wäre aber eine Einbeziehung der bei anderen öffentlichen Vermittlungsstellen verfügbaren Informationen in Wege der Amtshilfe (§§ 3, 4 Abs. 1 Nr. 4 SGB X).

Nicht eindeutig geht aus der Regelung hervor, ob auch Aufzeichnungen der Vermittlungsstellen über die Betreuung nach dem Ausspruch der Adoption noch zu den Vermittlungsakten gehören. Da § 9 c AdVermiG dem Zweck dient, Adoptierten Informationen über ihren Lebensweg und ihre Herkunft zu erhalten, dürfte dies für Dokumente über die Begleitung des Adoptierten in der Adoptivfamilie jedenfalls zu bejahen sein. Seit der gesetzlichen Klarstellung, dass auch die **Nachsorge** für abgebende Eltern wichtiger Teil einer gelingenden Vermittlungsarbeit ist (weshalb auch der Name des Gesetzes bewusst um den Aspekt der Begleitung ergänzt wurde),[1] werden auch Unterlagen über die weitere Begleitung der leiblichen Eltern oder anderer Mitglieder der Herkunftsfamilie nach dem Ausspruch der Adoption (§ 9 Abs. 2 AdVermiG) zu den Vermittlungsakten zu rechnen sein. Gleiches gilt für die nach § 8 b AdVermiG hinterlegten Informationen über die Entwicklung des Kindes nach der Adoption.

3   Auch Unterlagen über die nach § 9 a AdVermiG erforderliche **Pflichtberatung bei Stiefkindadoptionen** sind als **Vermittlungsakten** iSv §§ 4 a Abs. 2 und 9 c AdVermiG anzusehen, obwohl in dieser Situation keine Vermittlung iSv § 1 AdVermiG erfolgt (→ AdVermiG § 1 Rn. 4). Im Rahmen von § 9 a AdVermiG werden aber – wie der Verweis von § 9 a Abs. 1 auf § 9 Abs. 1 AdVermiG zeigt – Beratungsaufgaben erledigt, die einen wichtigen Teil der Vermittlungsarbeit ausmachen. Zudem kann es für die Situation einer Herkunftssuche des Kindes wichtig sein, die Unterlagen über die Beratung gemäß Abs. 2 einsehen zu können. Auch die Tatsache, dass die Regelung über die Pflichtberatung bewusst in das AdVermiG und nicht in das SGB VIII aufgenommen wurde (was wegen der sachlichen Nähe der Beratung zu den Aufgaben des Jugendamts im Rahmen der Familiengerichtshilfe nach §§ 50 Abs. 1 Nr. 3 und 51 SGB VIII denkbar gewesen wäre), spricht dafür, die Unterlagen über die Pflichtberatung nach § 9 a Abs. 1 AdVermiG als Vermittlungsakten iSv Abs. 1 anzusehen.

4   Hat die Vermittlungsstelle bei einer **vertraulichen Geburt** Erkenntnisse über die Identität der Mutter (gemäß der Legaldefinition in § 25 Abs. 1 S. 2 SchKG setzt die vertrauliche Geburt lediglich deren Anonymität „bei der Entbindung", dh gegenüber der geburtshilflichen Einrichtung oder Person voraus,[2] so dass der Vermittlungsstelle in der Praxis tatsächlich Informationen zur Mutter vorliegen können), so sind diese in die Adoptionsakte aufzunehmen, zumal sie für die gesetzlich vorgeschriebene nachgehende Begleitung von Kind und Mutter von Bedeutung sind. Nicht zu den Vermittlungsakten iSd AdVermiG gehören dagegen die Angaben der leiblichen Mutter zu ihrer Identität nach § 26 SchKG (sog. „Herkunftsnachweis"). Diese werden nur gegenüber der Schwangerschaftsberatungsstelle gemacht und sodann nicht der Adoptionsvermittlungsstelle, sondern dem Bundesamt für Familie und zivilgesellschaftliche Aufgaben zugeleitet (§§ 25 Abs. 3, 26 Abs. 7 und 8 sowie § 27 Abs. 1 SchKG). Für sie gilt die spezielle Akteneinsichtsmöglichkeit in § 31 SchKG (zu den Details → AdVermiG § 9 Rn. 21).

---

1   BT-Drs. 19/16718, 37.
2   NK-BGB Familienrecht/Reinhardt BGB § 1674 a Rn. 3.

Die Adoptionsvermittlungsstellen haben alle zumutbaren technischen und orga- 5
nisatorischen Vorkehrungen zu treffen, um die Vermittlungsakten vor unberech-
tigtem Zugriff und unzulässiger Verarbeitung zu schützen (vgl. Art. 32, 24
und 25 DSGVO). Sie sind **bis zum hundertsten Geburtstag** des Adoptierten
aufzubewahren (Satz 1).

Zur **Form der Vermittlungsakten** enthält § 9 c AdVermiG keine Angabe. Ent- 6
scheidend für die Art der Aktenführung innerhalb der jeweiligen Vermittlungsstelle sind somit die Vorgaben des Landes- oder Kommunalrechts bzw. kirchen-
rechtlicher oder anderer trägerspezifischer Regelungen. Problematisch ist aber,
wenn Vermittlungsakten ausschließlich in elektronischer Form geführt werden.
Angesichts der grundlegenden Bedeutung des Grundrechts auf Kenntnis der eigenen Abstammung (hierzu → Rn. 10) und der langen Aufbewahrungsfrist von
bis zu 100 Jahren (Satz 1) sollte dringend bedacht werden, dass sowohl bei den
technischen Standards als auch bei den verwendeten Speichermedien keinerlei
Gewähr besteht, dass noch 80 oder 90 Jahre nach deren Speicherung fehlerfrei
auf die entsprechenden digitalen Daten zugegriffen werden kann. Die hohe Zahl
von Suchen Adoptierter im sehr weit fortgeschrittenen Alter unterstreicht aber,
dass ein langfristiger Zugriff auf die Adoptionsunterlagen für die Praxis extrem
relevant und für die Betroffenen von erheblicher Wichtigkeit ist.

Keinesfalls als vereinbar mit den Bestimmungen zur Aufbewahrung der Adoptionsakten ist, wenn Teile der Adoptionsakte auf CDs, DVDs, Speichersticks
oder ähnlichen Medien der Papierakte ergänzend beigefügt werden – hier ist
möglicherweise schon in wenigen Jahren keine Nutzbarkeit mehr gegeben. Wird
die Adoptionsakte oder Teile daraus in Speicherclouds ausgelagert, ist neben den
Vorbehalten in Bezug auf den technischen Datenschutz auch zu bedenken, dass
auch hier die entsprechenden Speicherorte und -medien möglicherweise innerhalb kürzester Zeit nicht mehr zur Verfügung stehen oder technisch nicht mehr
nutzbar sind. Daher ist im Ergebnis der Aktenführung in **Papierform** weiterhin
grundsätzlich der Vorzug vor (ggf. ergänzend vorzuhaltenden) elektronischen
oder digitalen Speichervarianten zu geben.

Ohnehin ist in jedem Fall zu beachten, dass Adoptionsakten (wie § 26 Abs. 8
SchKG für den Fall vertraulich geborener Kinder ausdrücklich vorsieht!) typischerweise **Originalurkunden** enthalten, die im Eigentum eines der Beteiligten
stehen oder zur Übergabe an diesen zu einem bestimmten Zeitpunkt in der
Zukunft vorgesehen sind (zB Brief der leiblichen Mutter mit Originalfotografien,
Geschenke oder andere Gegenstände, die von der Vermittlungsstelle nach dem
Willen der Eigentümer an einem bestimmten Zeitpunkt an den Adoptierten weitergegeben werden sollen). Hier wäre eine Vernichtung der Originale rechtlich
unzulässig. Es werden somit zwangsläufig in einer Vielzahl von Fällen zwangsläufig Adoptionsakten(-teile) in konventioneller Form erforderlich sein.

Somit kann zur technisch-organisatorischen und faktischen Absicherung des Ak-
teneinsichtsrechts nur dringendst empfohlen werden, dass trotz einer sich aus der
einschlägigen Aktenordnung ergebenden Verpflichtung zur elektronischen Aktenführung **zusätzlich stets eine Aufbewahrung in Papierform** erfolgt, selbst wenn
dies nach der einschlägigen landesrechtlichen Regelung nicht mehr erforderlich
sein soll. Anderenfalls wäre nicht sichergestellt, dass die Adoptionsvermittlungsstelle die ihr gem. § 9 Abs. 2 S. 3 Nr. 1 bis 5 AdVermiG obliegenden Nachsorge-
pflichten im Einzelfall erfüllen kann.

Nach dem hundertsten Geburtstag des Adoptierten sind die Vermittlungsakten 7
zu vernichten; elektronisch geführte Akten sind zu löschen (Art. 17 Abs. 1 lit. a
DSGVO). Eine Aushändigung der zu vernichtenden Akten oder von Teilen daraus an den Adoptierten, dessen Erben oder andere Personen ist vom Gesetz
nicht vorgesehen. Befinden sich dagegen in den Akten Gegenstände oder Nach-

richten, die von den abgebenden Eltern mit dem Ziel der Aushändigung an den Adoptierten in der Akte hinterlegt wurden (zB Briefe oder Andenken der abgebenden Mutter), so sind diese der betreffenden Person zur gegebenen Zeit zu übergeben.

8   Als Alternative zu einer Vernichtung können Vermittlungsakten nach dem Ablauf der gesetzlichen Aufbewahrungsfrist aus § 9 c Abs. 1 AdVermiG ersatzweise den (Kommunal- oder Staats-)Archiven angeboten und dort gemäß den einschlägigen landesrechtlichen Bestimmungen der **Archivierung** zugeführt werden. Laut Art. 4 lit. b DSGVO[3] gilt dies als rechtmäßiger Verarbeitungsvorgang iSv Art. 6 DSGVO, sofern ein ausreichender Schutz der Daten gewährleistet ist und die Betroffenenrechte im Fall der Archivierung nicht ausgeschlossen werden (auch in Bezug auf besonders schutzwürdige Daten ist die Archivierung möglich, vgl. Art. 9 Abs. 2 lit. j DSGVO).

9   **Kommt es nicht zu einer Vermittlung**, sind die Akten gemäß dem Erforderlichkeitsgrundsatz (Art. 5 Abs. 1 lit. e DSGVO) zu vernichten, wenn sie für die Arbeit der Vermittlungsstelle nicht mehr benötigt werden. IdR wird dies (in Anlehnung an die allgemeine Verjährungsfrist in § 195 BGB (vgl. insoweit Art. 17 Abs. 3 lit. e DSGVO) drei Jahre nach dem letzten Kontakt zu den Adoptionsbewerbern bzw. nach einer eventuellen Antragsrücknahme der Fall sein, sofern hierzu keine landes- oder kommunalrechtlichen Sonderregelungen bestehen. Unterlagen, die im Eigentum der Adoptionsbewerber stehen (zB beglaubigte Urkunden oder Übersetzungen, die für die Bewerbung benötigt wurden), sind diesen zurückzugeben. Wegen des in §§ 7 Abs. 3 Satz 3, 7 b Abs. 2 Satz 2 und 7 c Abs. 2 Satz 4 AdVermiG enthaltenen Aushändigungsverbots aus § 7 Abs. 3 Satz 6 AdVermiG gilt dies jedoch nicht für Ausfertigungen und Übersetzungen von Eignungs- oder Sozialberichten (→ AdVermiG § 7 Rn. 14, § 7 b Rn. 6 und § 7 c Rn. 7).

II. Akteneinsicht (Abs. 2)

10   **1. Ziel der Regelung.** Ziel von Abs. 2 ist die Umsetzung von Art. 30 HAÜ (gleichzeitig wird Art. 22 Abs. 3 EAÜ umgesetzt), wonach Adoptierten der Zugang zu den Vermittlungsakten unter angemessener Anleitung zu gewähren ist. Das BVerfG hat in seinem grundlegenden Urteil vom 31.1.1989 ausdrücklich festgestellt, dass sich aus dem **allgemeinen Persönlichkeitsrecht** (Art. 2 Satz 1 iVm Art. 1 Abs. 1 GG) ein Recht Adoptierter auf Kenntnis der eigenen Abstammung ergibt. Diese lege nicht nur die genetische Ausstattung des Einzelnen fest und präge so seine Persönlichkeit mit; sie nehme auch im Bewusstsein des Einzelnen eine Schlüsselstellung für Individualitätsfindung und Selbstverständnis ein und biete daher unabhängig vom Ausmaß wissenschaftlicher Ergebnisse wichtige Anknüpfungspunkte für das Verständnis und die Entfaltung der eigenen Individualität.[4] Vor diesem Hintergrund dürfen Adoptierten Erkenntnisse der staatlichen Organe über die Abstammung nicht vorenthalten werden.[5] Da das **Recht auf Kenntnis der eigenen Abstammung** gleichwohl keinen Vorrang gegenüber Persönlichkeitsrechten Dritter hat,[6] wurde im Zuge der Reform des Adoptionsvermittlungsrechts 2002 mit dem damaligen § 9 b Abs. 2 AdVermiG aF eine differenzierte Lösung geschaffen, welche die verfassungsrechtlich gebotene weitestgehende Entfaltung aller betroffenen Grundrechtspositionen der Beteiligten ermöglicht. Diese wurde 2021 in § 9 c AdVermiG überführt.

---

3   Ebenso Erwägungsgrund 50 zur DSGVO.
4   BVerfG NJW 1989, 891; s. auch Hassenstein FamRZ 1988, 120.
5   BVerfG NJW 1997, 1769.
6   BVerfGE 89, 69; Muscheler/Bloch FPR 2002, 339.

Als Sonderregelung für die spezifische Situation der Herkunftssuche Adoptierter 11
konkretisiert der **begleitete Akteneinsichtsanspruch** aus Abs. 2 die allgemeine
datenschutzrechtliche Auskunftspflicht aus Art. 15 DSGVO[7] sowie die Verarbei-
tungsbefugnis aus Art. 6 Abs. 1 lit. f DSGVO. Auch **besonders schützenswerte
Daten der Gesuchten** iSv Art. 9 DSGVO (insbesondere Gesundheitsdaten oder
Daten zur Herkunft und Religion eines (Groß-)Elternteils) können Gegenstand
der Akteneinsicht sein, da das AdVermiG als Teil des Sozialrechts (§ 68 Nr. 11
SGB I) zur „Versorgung und Verwaltung im Sozialbereich" iSv Art. 9 Abs. 2
lit. h DSGVO zu rechnen ist und das strenge Fachkräftegebot und der besonders
strenge Datenschutz in der Adoptionsvermittlung die nach Art. 9 Abs. 3 DSGVO
erforderlichen „Bedingungen und Garantien" bieten (s. aber die Einschränkung
→ Rn. 17). Gleiches ergibt sich aus Erwägungsgrund 52 zur DSGVO: Danach
sind „Ausnahmen vom Verbot der Verarbeitung besonderer Kategorien von personenbezogenen Daten (erlaubt), wenn sie im (...) Recht der Mitgliedstaaten
vorgesehen sind, und (dies) erforderlich ist, um rechtliche Ansprüche, sei es in
einem Gerichtsverfahren oder in einem Verwaltungsverfahren oder einem außer-
gerichtlichen Verfahren, geltend zu machen, auszuüben oder zu verteidigen."

2. Rechtsträger. § 9 c Abs. 2 Satz 1 AdVermiG eröffnet **nur dem Adoptierten** die 12
Möglichkeit der Akteneinsicht. Eine Einsichtnahme durch die leiblichen Eltern
hinsichtlich des Verbleibs des Adoptierten wäre durch Wortlaut und Normzweck
ebenso wenig gedeckt[8] wie die Einsichtnahme durch leibliche Geschwister des
Adoptierten, zB wie sie zu diesem Kontakt herstellen wollen (wurden die Geschwister selbst adoptiert, steht diesen zwar ein eigenes Akteneinsichtsrecht nach
§ 9 c Abs. 2 AdVermiG zu; dieses bezieht sich jedoch nur auf ihre eigene Herkunft, nicht aber auf den Lebensweg des gesuchten Geschwisterteils seit dessen
Adoption).

Leibliche Verwandte oder andere **Personen**, die nach **Adoptierten suchen**, haben
keinen Rechtsanspruch auf Auskunft bzw. Akteneinsicht aus Abs. 2.[9] Nach den
allgemeinen verwaltungsrechtlichen Grundsätzen besteht lediglich ein Anspruch
auf ermessensfehlerfreie Entscheidung über das Erteilen einer Auskunft[10] (s. iÜ
Art. 6 Abs. 1 lit. d, f. DSGVO). Im Rahmen dieses Ermessens hat die Adoptionsvermittlungsstelle aber den den im Fall der **Inkognitoadoption** aus § 1758
BGB ergebenden besonderen Geheimhaltungsschutz zu berücksichtigen,[11] sofern
dessen Schutzzweck berührt ist (s. u.). Zudem wird in aller Regel die strenge
Zweckbindung der Adoptionsdaten (§ 9 e Abs. 1 AdVermiG; Art. 5 Abs. 1 lit. b
DSGVO) einer Auskunftserteilung entgegenstehen, insbesondere wenn es sich
um Gesundheitsinformationen oder andere besonders schützenswerte Daten iSv
Art. 9 DSGVO handelt. Im Ergebnis wird eine Informationsweitergabe an die
suchende Person daher in den meisten Fällen nur dann zulässig sein, wenn der
insoweit einsichtsfähige gesuchte Adoptierte sowie – bei auch diese betreffenden
Daten – zusätzlich die Adoptiveltern ein ausdrückliches, in der Regel schriftlich

---

7 Reinhardt JAmt 2018, 132.
8 Ebenso MüKoBGB/Maurer BGB Anh. II Vor § 1741 Rn. 63; Maurer FamRZ 2003,
1337; Stalinski FamRZ 2005, 856.
9 Reinhardt JAmt 2008, 460; Hoffmann JAmt 2016, 590; zur Akteneinsicht von Adoptionswilligen nach einer erfolglosen Adoptionsbewerbung VG Karlsruhe 27.10.2009 –
5 K 949/08.
10 StRspr., vgl. OVG Münster 20.6.1984 – 8A 846/83; OVG Lüneburg 9.3.1994 – 5 L
6725/93; VG Stuttgart 7.7.2015 – 7 K 803/14; VG Neustadt/Weinstraße, 2.10.2015
– 4 K 292/15 NW; Lohse, Inkognito-Adoption und Datenschutz in der Adoptionsvermittlung, DiJuF Rechtsgutachten TG-1027, 2015; Hoffmann JAmt 2015, 591.
11 OVG Lüneburg 9.3.1994 – 5 L 6725/93; Hoffmann JAmt 2015, 590 ff.; in Bezug auf
die Einsicht von Gerichtsakten OLG Düsseldorf 17.12.2013 – I-3 Va 7/13, 3 Va 7/13
sowie OLG Hamm 26.7.2011 – II-2 WF 131/11.

oder elektronisch erteiltes Einverständnis (vgl. § 67 b Abs. 2 SGB X; Art. 7 DSGVO) zur Offenlegung der entsprechenden Informationen gegeben haben.[12] Um die Interessenlage des Gesuchten erheben oder seine Einwilligung einholen zu können, darf die Vermittlungsstelle an einen erwachsenen Adoptierten herantreten, wenn er nicht mehr im Haushalt der Adoptiveltern wohnt. Dies stellt bei volljährigen Adoptierten, die die gemeinsame Wohnung mit den Adoptiveltern verlassen haben, keinen Verstoß gegen § 1758 BGB dar. Der durch Art. 6 GG gewährleistete Schutz des Erziehungsrechts der Adoptivfamilie, dem § 1758 BGB dient, tritt nämlich ab dem 16. Lebensjahr des Adoptierten sukzessive zurück und endet spätestens mit dem Verlassen der elterlichen Wohnung durch den volljährigen Adoptierten.[13] Es besteht somit immer die Möglichkeit, dass nicht über die Adoption aufgeklärte Adoptierte im Zuge von Suchbemühungen Dritter mit der eigenen Adoption konfrontiert werden. Laut dem VG Stuttgart[14] darf die Vermittlungsstelle jedenfalls dann gegen den Willen der Adoptiveltern an einen volljährigen Adoptierten herantreten, wenn dieser über die Adoption aufgeklärt war.

13   Ohne die Einwilligung des gesuchten Adoptierten ist allenfalls in extremen Einzelfällen ein allgemeines Akteneinsichtsrecht der suchenden Person gem. Art. 6 Abs. 1 lit. d und f. DSGVO denkbar (zB lebensrettende Knochenmarkspende für einen suchenden leiblichen Verwandten des Adoptierten).

14   **3. Voraussetzungen der Akteneinsicht.** § 9 c Abs. 2 Satz 1 AdVermiG stellt den Anspruch des Adoptierten auf Einsicht in die Vermittlungsakten zwar als Grundsatz voran. Dieser besteht jedoch nur insoweit, als sich die Informationen in der Akte auf die eigene Herkunft und Lebensgeschichte des Adoptierten selbst beziehen oder dieser ein berechtigtes Interesse geltend machen kann.

15   ▪   Zu den Informationen über die **Herkunft und Lebensgeschichte des Adoptierten** selbst gehören zB die Umstände der Schwangerschaft, der Geburt und der Adoptionsfreigabe, die Tatsache, dass leibliche Geschwister vorhanden waren sowie Informationen über Beruf, Herkunft und Lebenswelt der leiblichen Vorfahren in der Zeit bis zur Adoption. Nicht zur Lebensgeschichte des Adoptierten gehören dagegen Informationen über die weitere Entwicklung der Situation der leiblichen Eltern oder Geschwister seit dem Ausspruch der Adoption. Auch Informationen im Zusammenhang mit der Eignungsüberprüfung der Adoptiveltern betreffen nicht den eigenen Lebensweg des Adoptierten.

16   ▪   **Weitere Informationen**, die über die Abstammung, Herkunft und Geschichte des Adoptierten selbst hinausgehen, sind zum Schutz des Persönlichkeitsrechts der Angehörigen der Ursprungsfamilie (insbes. der leiblichen Eltern) nur dann Gegenstand der Akteneinsicht, wenn der Adoptierte in Bezug auf diese Informationen ein **berechtigtes Interesse** geltend machen kann (vgl. Art. 6 Abs. 1 lit. f DSGVO). Berechtigt bedeutet, dass ein rein tatsächliches Interesse (Neugier) nicht für einen Akteneinsichtsanspruch ausreicht.[15] Vielmehr ist ein rechtlich geschütztes Interesse erforderlich, etwa das Bestreben,

---

12   Hoffmann JAmt 2015, 594; zur Akteneinsicht eines potenziellen Vaters DIJuF Rechtsgutachten v. 10.5.2017, JAmt 2017, 360.
13   Reinhardt JAmt 2008, 457 ff.; ähnl. Wiesner/Elmauer AdVermiG § 9 b Rn. 5; NK-BGB/Dahm BGB § 1758 Rn. 13; nunmehr auch Staudinger/Helms BGB § 1758 Rn. 18. AA dagegen – ohne Begründung – Erman/Saar BGB § 1758 Rn. 3; wiederum aA Stalinski FamRZ 2005, 856, laut dem die Eltern bereits ab dem 16. Lebensjahr des Adoptierten die Verfügungsmacht über Informationen zu dessen Herkunft verlieren.
14   7.7.2015 – 7 K 803–14; ebenso NK-BGB/Dahm BGB § 1758 Rn. 9.
15   AA Maurer FamRZ 2003, 1337.

Schadensersatz-, Erb- oder Unterhaltsansprüche geltend zu machen,[16] die genetische Prädisposition für eine Erkrankung abzuklären oder eine Rückenmarksspende für eine Therapie zu erhalten. Der Adoptierte hat das berechtigte Interesse darzulegen und glaubhaft zu machen.[17] Laut dem LG Bremen[18] ist auch die Verarbeitung des schwierigen Verhältnisses zu den Adoptiveltern ein zu beachtendes Interesse. Ungeklärt ist dagegen, ob die bloße Absicht einer Kontaktaufnahme zu leiblichen Verwandten oder der seinerzeit tätigen Adoptionsfachkraft mit dem Ziel, die eigene Lebensgeschichte „aus erster Hand" geschildert zu bekommen, ein berechtigtes Interesse darstellt. Dies wird zu bezweifeln sein, da sich der Gesetzgeber in Abwägung der verfassungsrechtlichen Vorgaben bewusst für die begleitete Akteneinsicht entschieden hat; eine höchstpersönliche Auskunftspflicht der Gesuchten findet sich im Gesetz dagegen nicht. Maurer[19] geht davon aus, dass nur in Ausnahmefällen überhaupt ein geschütztes Interesse angenommen werden kann.

Nach Satz 2 ist die Einsichtnahme zu versagen, soweit ihr **überwiegende Belange der Betroffenen,** namentlich der leiblichen Eltern, entgegenstehen.[20] 17

- Haben die Betroffenen in die Akteneinsicht oder die Offenlegung von Informationen durch die Vermittlungsstelle nach einer Art. 7 Abs. 2 DSGVO genügenden Aufklärung ausdrücklich und vorzugsweise schriftlich oder elektronisch eingewilligt (§ 9 e Abs. 1 AdVermiG iVm § 67 b Abs. 2 SGB X), ist die Einsichtnahme problemlos möglich.

- In allen anderen Fällen hat die Adoptionsvermittlungsstelle die Interessenlage der Betroffenen zu ermitteln (auch insoweit gilt das Amtsermittlungsprinzip, § 20 SGB X)[21] und gegen die Interessen des Suchenden abzuwägen. Das Recht auf Kenntnis der eigenen Abstammung hat dabei grds. **keinen Vorrang gegenüber Persönlichkeitsrechten Dritter** (zB Schutz des familiären Bereichs, der persönlichen Beziehungen oder dem Recht auf informationelle Selbstbestimmung).[22] In Bezug auf die Tatsache der Mutterschaft nimmt das KG Berlin[23] einen Vorrang der Rechte des Kindes an, wenn die Mutter nicht das Verfahren der Vertraulichen Geburt (§§ 25 ff. SchKG), sondern eine andere Form der anonymen Kindesabgabe gewählt hat. Ob die Geheimhaltung von Prostitution, Verwahrlosung, Inzest, Misshandlung oder Vergewaltigung grds. überwiegende Interessen darstellen, ist strittig.[24] Allerdings betont das BVerfG, dass die Verpflichtung der Mutter zur Preisgabe von Informationen zu ihren geschlechtlichen Beziehungen einen schwerwiegenden Persönlichkeitsrechtseingriff darstellt.[25] Die bloße Befürchtung eines Scheiterns der Ehe der Mutter oder des leiblichen Vaters oder die Sorge, die Mutter könne wegen eines Mehrverkehrs während der Empfängniszeit bloßgestellt werden, kann für sich alleine nicht der Abstammungskenntnis entgegengehalten werden können, zumal „Schutz- und Verschwiegenheitsverträ- 18

---

16 Vgl. LG Münster NJW 1999, 726.
17 MüKoBGB/Maurer BGB Anh. II Vor § 1741 Rn. 64.
18 LG Bremen NJW 1999, 729.
19 Maurer FamRZ 2003, 1337.
20 Hierzu Stalinski FamRZ 2005, 856.
21 MüKoBGB/Maurer BGB Anh. II Vor § 1741 Rn. 62.
22 Vgl. BVerfGE 89, 69; aA offenbar Wiesner/Elmauer AdVermiG § 9 b Rn. 5.
23 31.5.2017 – 3 WF 22/17.
24 Dafür MüKoBGB/Maurer BGB Anh. II Vor § 1741 Rn. 62, der unter Bezugnahme auf das BVerfG (NJW 1984, 419) unterstreicht, dass der Abstammungsfrage, die grundrechtlich geschützte Belange des Kindes berührt, grds. kein Eingriff in den unantastbaren Bereich privater Lebensgestaltung angenommen werden kann; ebenso Staudinger/Helms BGB § 1758 Rn. 13.
25 BVerfG 24.2.2015 – 1 BvR 472/14.

ge" zwischen der Mutter und dem Kindesvater als Vereinbarungen zulasten Dritter regelmäßig unbeachtlich sind.[26] Im Fall einer Inkognitoadoption wird dagegen eine gesteigerte Schutzbedürftigkeit der leiblichen Eltern in Betracht kommen,[27] wenn die Abgabe durch extreme Lebensumstände belastet war (zB Schwangerschaft nach einer Vergewaltigung, Bedrohung der Abgebenden mit „Ehrenmord") oder die abgebende Person die Adoptionsfreigabe nicht ausreichend psychisch verarbeitet hat, so dass ein eventueller Kontakt in der Folge der Akteneinsicht zu massiven gesundheitlichen Auswirkungen bis hin zur Suizidalität führen könnte.

Das Interesse Verstorbener tritt regelmäßig hinter dem suchender Adoptierter an der Kenntnis ihrer Abstammung zurück.[28] Ähnliches wird für monetäre Interessen gelten. Was die Geheimhaltungsinteressen von an der Adoption beteiligten Fachleuten betrifft, wird sehr genau abzuwägen sein, warum der Annehmende deren Identität zu erfahren begehrt. Ohnehin ist ausschließlich deren Name, keinesfalls aber eine weitergehende Information (zB eine aktuelle Anschrift) bereitzustellen, da dies eine Verletzung des arbeits- bzw. dienstrechtlichen Datenschutzes bedeuten würde.[29]

Keinesfalls kann sich die Vermittlungsstelle iR der erforderlichen Abwägung damit begnügen, dass ein Beteiligter im Zuge der Adoption aktenkundig gemacht hat, er wünsche die Weitergabe seiner personenbezogenen Daten an das Kind nicht. Da sich diese Haltung im Laufe der Zeit ändern kann, ist der **aktuelle Wille** der betreffenden Person mit Eingang des Akteneinsichtsersuchens erneut zu ermitteln.[30] Ggf. kann die Vermittlungsstelle externen Sachverstand (zB ein psychologisches Gutachten) beiziehen, um sich ein abschließendes Bild über die Interessenlage zu verschaffen. Kann die Vermittlungsstelle trotz ausreichender Ermittlungsbemühungen (zB durch brieflichen oder telefonischen Kontakt) keine entgegenstehenden Interessen feststellen (zB weil die Gesuchten jeglichen Kontakt zur Vermittlungsstelle ablehnen oder nicht auffindbar sind), wird die **Akteneinsicht im Zweifel zu gewähren** sein.[31] Sind dagegen entgegenstehende Interessen vorhanden, so hat die aktenführende Stelle zu prüfen, inwieweit dem suchenden Adoptierten nicht zumindest eine allgemeine Auskunft gegeben und dadurch ein angemessener Interessenausgleich gefunden werden kann.[32]

19   Die **Zustimmung der Adoptiveltern** nach § 1758 BGB in die Akteneinsicht durch den über 16-jährigen Adoptierten ist nicht erforderlich. Zum einen ist § 1758 BGB nicht auf das Verhältnis zwischen Annehmenden und Adoptiertem anwendbar.[33] Zum anderen enthält § 9 c Abs. 2 AdVermiG ein eigenständiges subjektives öffentliches Recht des Adoptierten. Auf dieses sind die Adoptiveltern am 16. Geburtstag des Adoptierten durch die Stelle, welche die Adoption vermittelt hat, von Amts wegen ausdrücklich hinzuweisen (Abs. 3 und → Rn. 27).

20   **4. Entscheidung über die Akteneinsicht.** Die Verweigerung der Akteneinsicht durch eine öffentliche Adoptionsvermittlungsstelle stellt einen **Verwaltungs-**

---

26 Muscheler/Bloch FPR 2002, 339.
27 Maurer FamRZ 2003, 1337 unter Bezugnahme auf BT-Drs. 14/6011.
28 Vgl. BGH 29.10.2014 – XII ZB 20/14.
29 BGH 20.1.2015 – VI ZR 137/14; s.a. EGMR 25.10.2016 – 60818/10 – News GmbH vs. Austria.
30 Maurer FamRZ 2003, 1337.
31 Ebenso Empf. Nr. 4.3.4; zur Problematik insgesamt Reinhardt JAmt 2008, 457 ff.
32 So Erwägungsgrund 63 Satz 6 zur DSGVO.
33 MüKoBGB/Maurer BGB § 1758 Rn. 9.

akt (§ 31 SGB X) dar und ist verwaltungsgerichtlich überprüfbar[34] (dazu → AdVermiG § 2 Rn. 14). Dies insbes. hinsichtlich der Frage, ob eine erforderliche Güterabwägung unter Berücksichtigung aller wichtigen Belange erfolgte, keine sachfremden Erwägungen in die Erwägung Eingang gefunden haben und die Argumente nachvollziehbar gewichtet wurden. Gegen **Vermittlungsstellen in freier Trägerschaft** ist der Anspruch aus § 9 c Abs. 2 AdVermiG iR einer Klage auf Akteneinsicht auf dem Zivilrechtsweg durchzusetzen.[35]

5. Rahmenbedingungen der Akteneinsicht. Die Akteneinsicht setzt einen **Antrag** 21 voraus. Hat der Adoptierte das sechzehnte Lebensjahr vollendet, ist die Akteneinsicht durch diesen selbst zu beantragen; er ist insofern handlungsfähig (§ 11 Abs. 1 Nr. 2 SGB X). Die Zustimmung des gesetzlichen Vertreters zur Antragstellung ist nicht erforderlich. Für unter sechzehn Jahre alte Adoptierte ist der Antrag jedoch durch den gesetzlichen Vertreter des Kindes zu stellen.

Der Antrag ist nicht an eine bestimmte **Form** gebunden (vgl. § 9 Satz 1 SGB X). 22 Angesichts der besonderen datenschutzrechtlichen Sensibilität hat sich die Vermittlungsstelle jedoch vor der Gewährung der Akteneinsicht von der Identität des Antragstellers zu überzeugen,[36] zB durch Vorlage des Personalausweises.

Die Akteneinsicht ist durch eine **Fachkraft** iSv § 3 AdVermiG (zu den Details → 23 AdVermiG § 3 Rn. 2 ff.) zu begleiten. Dies entspricht den Vorgaben in Art. 30 HAÜ und stellt sicher, dass die früheren Lebensumstände des Adoptierten in der Herkunftsfamilie in die richtigen Zusammenhänge gestellt und differenziert bewertet werden können. Gleichzeitig soll die psychische und emotionale Belastung der suchenden Person durch das Begleitungserfordernis minimiert und die Möglichkeit fachkundiger psychosozialer Hilfe eröffnet werden.

Es ist zulässig, dass sich der Adoptierte durch einen **Beistand** zur Akteneinsicht begleiten lässt (§ 13 Abs. 4 SGB X). Eine Vertretung (§ 13 Abs. 1 SGB X) des über 16-jährigen Adoptierten bei der Akteneinsicht kommt dagegen nicht in Betracht, da in diesem Fall die fachliche Begleitung faktisch leerlaufen würde. Auch darf aus den gleichen Erwägungen heraus keine Herausgabe der Akte oder von Kopien daraus anstelle einer persönlichen begleiteten Einsichtnahme an Suchende oder deren Bevollmächtigte erfolgen. Ist die Akteneinsicht dagegen in die gesetzlich gebotene fachlich fundierte Begleitung eingebunden, können in Übereinstimmung mit der Wertung in § 25 Abs. 5 SGB X und § 13 Abs. 3 FamFG auch Abschriften der Aktenteile, auf die sich die Einsicht erstreckt (das ist nicht notwendigerweise die gesamte Adoptionsakte, → Rn. 24), an den Adoptierten herausgegeben werden.[37]

Der **Umfang der Akteneinsicht** des Adoptierten erstreckt sich nur auf die Infor- 24 mationen, zu denen er nach § 9 c Abs. 2 AdVermiG Zugang haben darf. Es sind daher vor der Akteneinsicht alle Teile der Akte zu entfernen oder unkenntlich zu machen, in denen weitere, nicht vom Akteneinsichtnahmerecht gedeckte personenbezogene Informationen enthalten sind. Zulässig ist mit Blick auf das gebotene zweckmäßige Verfahren (vgl. § 9 Satz 2 SGB X) auch, dass der Adoptierte, wenn er damit einverstanden ist, nur mündlich von der Fachkraft über den wesentlichen Akteninhalt (mit Ausnahme geheimhaltungsbedürftiger Passagen) informiert wird. Auch kann die Fachkraft im Zuge der Begleitung mit dem Adoptierten vereinbaren, dass die Einsichtnahme auf mehrere Termine

---

34 MüKoBGB/Maurer BGB Anh. II vor § 1741 Rn. 64; aA VG Frankfurt a.M. 9.4.2014 – 7 K 683/14, welches die Adoptionsvermittlung durch das Jugendamt völlig unzutreffend als privatrechtliche Tätigkeit qualifiziert.
35 Reinhardt JAmt 2015, 2.
36 Maurer FamRZ 2003, 1337.
37 MüKoBGB/Maurer BGB Anh. II Vor § 1741 Rn. 59; aA Maurer FamRZ 2003, 1337.

verteilt wird oder in sonstiger Weise sukzessive erfolgt, um ihm die Verarbeitung der Informationen zu erleichtern (zur Begleitung Adoptierter bei der Suche iÜ → AdVermiG § 9 Rn. 19 f.).

25   § 9 c Abs. 2 AdVermiG ermöglicht nur die Einsichtnahme in die Akten inländischer Vermittlungsstellen. Sofern bei internationalen Adoptionsverfahren auch bei **ausländischen Stellen** Daten über die Herkunft des Suchenden verfügbar sind, richtet sich der Zugang zu diesen nach dem Recht des betreffenden Staates und – sofern es sich um einen Mitgliedstaat der EU handelt – der DSGVO. Das HAÜ enthält keine Verpflichtung, dass dessen Vertragsstaaten den Zugang zu den dort vorhandenen Informationen ermöglichen müssten (Art. 30 Abs. 2 HAÜ). Für die **Mitgliedstaaten des EAÜ** gilt jedoch dessen Art. 22 Abs. 3. Danach ist Adoptierten grundsätzlich ein Zugang zu den Adoptionsakten zu gewähren. Der EGMR hat am 25.9.2012 festgestellt, dass das Vorenthalten von Informationen über die eigene Abstammung einen Verstoß gegen das allgemeine Persönlichkeitsrecht (Art. 8 der Europäischen Menschenrechtskonvention) verstößt. Somit muss im Ergebnis zumindest in allen **Mitgliedstaaten der** EU der Zugang zu den entsprechenden Daten grundsätzlich gewährleistet sein, selbst wenn diese das EAÜ (noch) nicht ratifiziert haben.[38]

26   **Weitere Möglichkeiten** der Adoptierten, Informationen über ihre Abstammung zu erhalten, bieten der beglaubigte Registerausdruck aus dem Geburtseintrag (frühere Abstammungsurkunde) gem. § 63 Abs. 1 PStG, die (erweiterte) Melderegisterauskunft nach § 10 BMG (Bundesmeldegesetz) sowie die Akteneinsicht bei dem Familiengericht, das die Adoption ausgesprochen hat (§ 13 Abs. 1 FamFG).

III. Hinweis auf das Akteneinsichtsrecht (Abs. 3)

27   Gem. Abs. 3 sind die Adoptiveltern am 16. Geburtstag des Adoptierten auf das diesem gem. Abs. 2 zustehende **Akteneinsichtsrecht hinzuweisen.** Die Vermittlungsstelle hat zu dem fraglichen Termin von sich aus auf die Adoptiveltern (nicht: den Adoptierten!) zuzugehen und sie entsprechend zu informieren. Auch wenn diese Information grundsätzlich sinnvoll ist, bleibt an der in Abs. 3 enthaltenen Regelung unbefriedigend, dass der Hinweis an die Adoptiveltern keineswegs sicherstellt, dass der Adoptierte selbst dadurch von seiner Adoption oder den ihm selbst zustehenden Möglichkeiten der Herkunftssuche erfährt.[39]

28   Die Pflicht zur Hinweiserteilung hat „die Adoptionsvermittlungsstelle". Ist die nach § 1 AdVermiG erforderliche Zusammenführung von Kindern und Adoptionsbewerbern im Zusammenwirken mehrerer Stellen erfolgt, haben sich diese gem. § 2 Abs. 4 AdVermiG auch in Bezug auf die Frage abzustimmen, welche der **beteiligten Stellen** den Hinweis gibt. Ist dies nicht möglich, weil keine der die Vermittlung begleitenden Stellen Informationen über den aktuellen Aufenthalt der Adoptivfamilie hat, hat in Übereinstimmung mit der in § 9 b Satz 2 AdVermiG und § 86 SGB VIII enthaltenen Wertung und der Tatsache, dass der Hinweis ausweislich der Begründung des Regierungsentwurfs[40] im Kontext der nachgehenden Begleitung (§ 9 Abs. 2 AdVermiG) zu sehen ist, diejenige Vermittlungsstelle die nach § 20 SGB X erforderlichen Ermittlungen über den Verbleib der Adoptivfamilie anzustellen, in deren Zuständigkeitsbereich die Annehmenden zuletzt ihren gewöhnlichen Aufenthalt hatten. Dies gilt auch, wenn die Vermittlung durch die Vermittlungsstelle eines freien Trägers erfolgt ist, aber diese ihre Arbeit zwischenzeitlich eingestellt hat. § 4 a AdVermiG enthält für diesen Fall ebenfalls keine Zuständigkeitsregelung, so dass der Sicherstellungsauftrag

---

38   EGMR 25.9.2012 – 33783/09 – Godelli/Italien.
39   Zu den Bedenken und alternativen Regelungsmöglichkeiten Reinhardt (2015), S. 172 f.
40   BT-Drs. 19/ 16718, 56.

(§ 9 b Satz 1 AdVermiG) und die, mit diesem verbundene allgemeine Regel des § 9 b Satz 2 AdVermiG auch hier greifen.

Was den **Umfang** der erforderlichen Ermittlungen zum Aufenthalt der Adoptivfamilie betrifft, haben die Vermittlungsstellen nach pflichtgemäßem Ermessen iSv § 20 Abs. 1 SGB X alle zumutbaren Ermittlungsmaßnahmen anzustellen, ggf. mithilfe anderer Behörden (zB Meldebehörde, Standesamt). Sind danach keine Anhaltspunkte für den Aufenthalt gegeben und weitere Bemühungen im Verhältnis zum Erfolg nicht mehr vertretbar, so besteht auch keine Ermittlungspflicht mehr.[41]   29

Zum **Inhalt** des Hinweises enthält Abs. 3 keine konkreten Vorgaben. Er verfolgt das Ziel, die Adoptiveltern nochmals hinsichtlich der Bedeutung der Kenntnis des Adoptierten über die seine Abstammung zu sensibilisieren. In der Praxis sollte er daher ergänzt werden um das Angebot, etwaige spätere „Suchbemühungen" fachlich zu begleiten, wozu die Vermittlungsstellen nach § 9 Abs. 2 Satz 3 Nr. 5 AdVermiG ausdrücklich verpflichtet sind (→ AdVermiG § 9 Rn. 19 f.). Ist der Adoptierte nicht über die Adoption aufgeklärt, sollte die Adoptionsvermittlungsstelle den Annehmenden Unterstützung bei der Aufklärung anbieten (vgl. § 9 Abs. 2 Satz 3 Nr. 4 AdVermiG).   30

§ 9 d AdVermiG Durchführungsbestimmungen

(1) [1]Das Bundesministerium für Familie, Senioren, Frauen und Jugend wird ermächtigt, im Einvernehmen mit dem Bundesministerium der Justiz und für Verbraucherschutz durch Rechtsverordnung[1] mit Zustimmung des Bundesrates das Nähere über die Anerkennung und Beaufsichtigung von Adoptionsvermittlungsstellen nach § 2 Absatz 3 und den §§ 3 und 4, die Zusammenarbeit auf dem Gebiet der internationalen Adoptionsvermittlung nach § 2 a Absatz 5 und 6,[2] die sachdienlichen Ermittlungen nach § 7 a, die Eignungsprüfung nach den §§ 7, 7 b und 7 c, die Bescheinigung nach § 7 d, die Adoptionsbegleitung nach § 9 und die Gewährung von Akteneinsicht nach § 9 c sowie über die von den Adoptionsvermittlungsstellen dabei zu beachtenden Grundsätze zu regeln. [2]Durch Rechtsverordnung nach Satz 1 können insbesondere geregelt werden:

1. Zeitpunkt, Gliederung und Form der Meldungen nach § 2 a Absatz 6 Satz 1 Nummer 1 und 2 sowie Satz 2;

2. Anforderungen an die persönliche und fachliche Eignung des Personals einer Adoptionsvermittlungsstelle (§ 3, § 4 Absatz 1 Satz 1 Nummer 1);

3. Anforderungen an die Arbeitsweise und die Finanzlage des Rechtsträgers einer Adoptionsvermittlungsstelle (§ 4 Absatz 1 1 Satz 1 Nummer 2);

4. besondere Anforderungen für die Zulassung zur internationalen Adoptionsvermittlung (§ 4 Absatz 2);

5. Antragstellung und vorzulegende Nachweise im Verfahren nach § 7 d;

6. Zeitpunkt und Form der Unterrichtung der Annehmenden über das Leistungsangebot der Adoptionsbegleitung nach § 9 Absatz 1 und 2;

7. das Verfahren bei der Schließung einer Adoptionsvermittlungsstelle nach § 4 a.

---

41 Kopp/Ramsauer VwVfG § 24 Rn. 35.
1 Siehe hierzu die AdVermiStAnKoV.
2 Siehe die AuslAdMV.

(2) [1]Durch Rechtsverordnung nach Absatz 1 Satz 1 kann ferner vorgesehen werden, dass die Träger der staatlichen Adoptionsvermittlungsstellen von den Adoptionsbewerbern für eine Eignungsprüfung nach den §§ 7, 7 b und 7 c oder für eine internationale Adoptionsvermittlung Gebühren sowie Auslagen für die Beschaffung von Urkunden, für Übersetzungen und für die Vergütung von Sachverständigen erheben. [2]Die Gebührentatbestände und die Gebührenhöhe sind dabei zu bestimmen; für den einzelnen Vermittlungsfall darf die Gebührensumme 2 500 Euro nicht überschreiten. [3]Solange das Bundesministerium für Familie, Senioren, Frauen und Jugend von der Ermächtigung nach Absatz 1 Satz 1 in Verbindung mit Satz 1 keinen Gebrauch gemacht hat, kann diese durch die Landesregierungen ausgeübt werden; die Landesregierungen können diese Ermächtigung durch Rechtsverordnung auf oberste Landesbehörden übertragen.

1   Von den in § 9 d Abs. 1 und 2 AdVermiG enthaltenen Verordnungsermächtigungen hat der Bund Gebrauch gemacht:

■   Die Adoptionsvermittlungsstellenanerkennungs- und Kostenverordnung (AdVermiStAnKoV, abgedruckt unter → Rn. 2) enthält zum einen Regelungen über das Verfahren bei der Anerkennung, besonderen Zulassung und Beaufsichtigung von Adoptionsvermittlungsstellen in freier Trägerschaft (wegen der Details s. die Erl. zu § 4 AdVermiG). Zum anderen schreibt sie vor, dass die Vermittlungsstellen in öffentlicher Trägerschaft für eine Eignungsprüfung zum Zweck der Adoption eines Kindes aus dem Ausland, sowie für die Abwicklung des internationalen Adoptionsvermittlungsverfahrens Gebühren und Auslagen erheben (zu deren Vereinbarkeit mit Art. 32 HAÜ → AdVermiG § 4 Rn. 2; bezüglich der Details der Gebührenerhebung → AdVermiG § 2 a Rn. 14 ff. und → AdVermiG § 7 b Rn. 12 ff.).

■   Die Auslandsadoptions-Meldeverordnung (AuslAdMV, abgedruckt unter → Rn. 3) enthält die Detailvorschriften für die nach § 2 a Abs. 6 AdVermiG erforderlichen Meldungen an die Bundeszentralstelle für Auslandsadoption. Die demnach erforderlichen Übermittlungen erfolgen auf den Vordrucken der BZAA. Bei Vermittlungen aus Vertragsstaaten des HAÜ haben die Auslandsvermittlungsstellen in öffentlicher und freier Trägerschaft die Übersendung des Sozialberichtes an die zuständige ausländische Stelle, die Zustimmung zum Kindervorschlag (§ 7 AdÜbAG) und den Abschluss des Vermittlungsverfahrens zu melden. Bei Vermittlungen aus Nichtvertragsstaaten ist die Pflicht zur Datenübermittlung gem. § 2 a Abs. 6 Satz 2 AdVermiG auf den Abschluss des Vermittlungsverfahrens beschränkt. Hierunter ist bei erfolgreicher Vermittlung der Zeitpunkt der Adoptionsentscheidung zu verstehen. Führt die Vermittlung nicht zur Adoption des Kindes, so erfolgt nach § 5 Satz 1 AuslAdMV keine abschließende Meldung.

Anhang 1:

2

Verordnung über die Anerkennung von Adoptionsvermittlungsstellen in freier Trägerschaft sowie die im Adoptionsvermittlungsverfahren zu erstattenden Kosten (Adoptionsvermittlungsstellenanerkennungs- und Kostenverordnung – AdVermiStAnKoV)

Vom 4. Mai 2005 (BGBl. I S. 1266)
(FNA 404–21–2)

zuletzt geändert durch Art. 4 Abs. 3 AdoptionshilfeG vom 12.2.2021 (BGBl. I S. 226)

Auf Grund des § 9 c Abs. 1 Satz 1 und 2 Nr. 4 und Abs. 2 des Adoptionsvermittlungsgesetzes in der Fassung der Bekanntmachung vom 22. Dezember 2001 (BGBl. 2002 I S. 354) in Verbindung mit dem 2. Abschnitt des Verwaltungskostengesetzes vom 23. Juni 1970 (BGBl. I S. 821) verordnet das Bundesministerium für Familie, Senioren, Frauen und Jugend im Einvernehmen mit dem Bundesministerium der Justiz:

Abschnitt 1
Anerkennung und Überprüfung von Adoptionsvermittlungsstellen in freier Trägerschaft

§ 1 AdVermiStAnKoV Anerkennung als Adoptionsvermittlungsstelle

(1) Der Antrag auf Anerkennung als Adoptionsvermittlungsstelle nach § 2 Absatz 3 des Adoptionsvermittlungsgesetzes muss insbesondere enthalten:

1. Satzung des Trägers,

2. Auszug aus dem für die juristische Person oder Personenvereinigung maßgeblichen Register,

3. Wirtschaftsplan,

4. Darlegung der Finanzlage des Trägers,

5. Schätzung der durchschnittlichen Kosten eines Adoptionsvermittlungsverfahrens,

6. vorläufige Bescheinigung über die Gemeinnützigkeit oder Körperschaftsfreistellungsbescheid,

7. Darlegung des Beratungs- und Vermittlungskonzeptes,

8. Darlegung der personellen Zusammensetzung der Adoptionsvermittlungsstelle, insbesondere Nachweis der persönlichen und fachlichen Eignung der Fachkräfte und der Personen nach § 3 Abs. 1 Satz 2 des Adoptionsvermittlungsgesetzes durch die Vorlage von Prüfungs- und Arbeitszeugnissen und des vollständigen Lebenslaufs, sowie

9. Führungszeugnisse für die in Nummer 8 genannten Personen und die Vertreter des Trägers.

(2) [1]Hat die Adoptionsvermittlungsstelle in freier Trägerschaft außerhalb des Zuständigkeitsbereichs der für ihren Sitz zuständigen zentralen Adoptionsstelle des Landesjugendamtes Nebenstellen, die selbst keine eigene Adoptionsvermittlung durchführen, so ist der Antrag auf Anerkennung als Adoptionsvermittlungsstelle ausschließlich an die für den Sitz des Trägers zuständige zentrale Adoptionsstelle des Landesjugendamtes zu stellen. [2]Soweit eine Nebenstelle Adoptionsvermittlung durchführt, bedarf es eines Antrages nach Absatz 1 an die für den Sitz der Nebenstelle zuständige zentrale Adoptionsstelle des Landesjugendamtes.

(3) [1]Verlegt die Adoptionsvermittlungsstelle in freier Trägerschaft ihren Sitz in den Zuständigkeitsbereich einer anderen zentralen Adoptionsstelle eines Landesjugendamtes, so bedarf sie der erneuten Anerkennung durch die nunmehr zuständige zentrale Adoptionsstelle des Landesjugendamtes. [2]Sofern binnen eines Monats nach der Sitzverlegung ein Antrag auf erneute Anerkennung gestellt worden ist, gilt die bisherige Anerkennung bis zur Entscheidung über den Antrag auf erneute Anerkennung fort. [3]Bis zur Entscheidung nach Satz 2 bleibt die bisher zuständige zentrale Adoptionsstelle für Entscheidungen nach § 4 Abs. 3 Satz 1 und 2 des Adoptionsvermittlungsgesetzes zuständig.

§ 2 AdVermiStAnKoV Zulassung als anerkannte Auslandsvermittlungsstelle

(1) Der Antrag auf Zulassung als anerkannte Auslandsvermittlungsstelle nach § 2 a Absatz 4 Nummer 2 des Adoptionsvermittlungsgesetzes muss zusätzlich zu den nach § 1 Absatz 1 geforderten Angaben insbesondere enthalten:

1. Benennung des oder der Staaten, aus denen Kinder zur Adoption vermittelt werden sollen,

2. Bezeichnung der zentralen Behörde oder der zugelassenen Stelle des Heimatstaates, mit der das Adoptionsvermittlungsverfahren durchgeführt werden soll,

3. außerhalb des Anwendungsbereichs des Haager Übereinkommens vom 29. Mai 1993 über den Schutz von Kindern und die Zusammenarbeit auf dem Gebiet der internationalen Adoption (BGBl. 2001 II S. 1034) den Nachweis der Zulassung der Stelle nach Nummer 2 durch den Heimatstaat oder, soweit das nationale Recht des Heimatstaates eine Zulassung nicht kennt, den Nachweis der fachlichen Qualifikation der Stelle,

4. Nachweis der Zusammenarbeit mit Stellen im Heimatstaat unter Vorlage entsprechender Vereinbarungen,

5. Nachweis der Berechtigung zur Adoptionsvermittlung im Heimatstaat,

6. Darstellung des Ablaufs des Adoptionsvermittlungsverfahrens einschließlich eventueller Projektförderung,

7. Schätzung der durchschnittlichen Kosten des Adoptionsvermittlungsverfahrens, aufgegliedert nach Heimatstaaten, und

8. Darlegung der besonderen Eignung nach § 4 Absatz 2 Satz 4 des Adoptionsvermittlungsgesetzes.

(2) Im Zulassungsverfahren sind die übrigen zentralen Adoptionsstellen der Landesjugendämter und die Bundeszentralstelle für Auslandsadoption zu beteiligen.

(3) Bei der Entscheidung ist auch zu berücksichtigen, ob die allgemeinen Strukturen der internationalen Adoptionsvermittlung im Heimatstaat die Gewähr für eine ordnungsgemäße Abwicklung der internationalen Adoptionsvermittlung bieten und andere Belange nach § 4 Absatz 2 Satz 4 des Adoptionsvermittlungsgesetzes nicht entgegenstehen.

(4) [1]Können aufgrund des Verfahrensstandes die Unterlagen nach Absatz 1 Nummer 3 bis 5 noch nicht vorgelegt werden, kann die Anerkennung als Auslandsvermittlungsstelle auf ein Jahr befristet mit der Auflage erteilt werden, innerhalb dieser Zeit die fehlenden Unterlagen nachzureichen. [2]Die Frist kann in begründeten Ausnahmefällen verlängert werden.

§ 3 AdVermiStAnKoV Unterrichtung der zentralen Adoptionsstelle des Landesjugendamtes

[1]Die Adoptionsvermittlungsstelle in freier Trägerschaft hat der zentralen Adoptionsstelle des Landesjugendamtes, die die Anerkennung oder die Zulassung erteilt hat, wesentliche Änderungen gegenüber den Angaben nach § 1 Abs. 1 und § 2 Abs. 1 unverzüglich mitzuteilen. [2]Dies sind insbesondere:

1. Änderung der Satzung, insbesondere aufgrund Verlegung des Sitzes,

2. Änderung der Vertretung unter Vorlage der in § 1 Abs. 1 Nr. 9 genannten Unterlagen,

3. Wegfall der Gemeinnützigkeit,

4. Ausscheiden einer Fachkraft,

5. Einstellung einer Fachkraft oder einer Person nach § 3 Abs. 1 Satz 2 des Adoptionsvermittlungsgesetzes unter Vorlage der in § 1 Abs. 1 Nr. 8 und 9 genannten Unterlagen,

6. Wechsel oder Hinzutreten einer kooperierenden Stelle im Sinne des § 2 Abs. 1 Satz 1 Nr. 2; § 2 Abs. 1 Satz 1 Nr. 3 ist entsprechend anzuwenden,

7. Wegfall der Zulassung einer kooperierenden Stelle im Heimatstaat,

8. Wegfall der Zulassung der Adoptionsvermittlungsstelle in freier Trägerschaft im Heimatstaat,

9. wesentliche Veränderungen im Ablauf des Adoptionsvermittlungsverfahrens und

10. Auflösung der Adoptionsvermittlungsstelle in freier Trägerschaft.

§ 4 AdVermiStAnKoV Bericht an die zentrale Adoptionsstelle des Landesjugendamtes

(1) Die Adoptionsvermittlungsstelle in freier Trägerschaft hat der zentralen Adoptionsstelle des Landesjugendamtes, die die Anerkennung oder Zulassung erteilt hat, nach Ablauf eines jeden Kalenderjahres bis spätestens 31. März des folgenden Jahres einen ausführlichen Bericht vorzulegen, der insbesondere folgende Angaben enthalten muss:

1. Anzahl der erfolgreich abgeschlossenen Adoptionsvermittlungsverfahren,

2. Anzahl der abgebrochenen Adoptionsvermittlungsverfahren,

3. Anzahl der laufenden Adoptionsvermittlungsverfahren,

4. Anzahl der selbst erstellten Eignungsberichte,

5. Nationalität und Alter der vermittelten Kinder,

6. Aufschlüsselung der durchschnittlichen Kosten eines Adoptionsvermittlungsverfahrens nach Heimatstaaten,

7. Wirtschaftsplan für das auf das Berichtsjahr folgende Jahr,

8. Jahresabschluss für das abgelaufene Kalenderjahr, der durch eine geeignete unabhängige Stelle geprüft sein muss,

9. Einrichtung von Nebenstellen und eine Beschreibung ihrer Aufgaben, soweit dort keine Adoptionsvermittlung durchgeführt wird.

(2) Die zentrale Adoptionsstelle des Landesjugendamtes kann die Frist nach Absatz 1 in begründeten Fällen verlängern.

Abschnitt 2
Kosten, Inkrafttreten

§ 5 AdVermiStAnKoV Gebühren

Führen staatliche Adoptionsvermittlungsstellen das Adoptionsvermittlungsverfahren durch, sind folgende Gebühren zu erheben:

1.	für eine Eignungsprüfung nach § 7 b Absatz 1 des Adoptionsvermittlungsgesetzes	1 300 Euro,
3.	für die Durchführung eines internationalen Adoptionsvermittlungsverfahrens einschließlich einer länderspezifischen Eignungsprüfung nach § 7 c Absatz 1 des Adoptionsvermittlungsgesetzes	1 200 Euro.

§ 6 AdVermiStAnKoV Erstattung von Auslagen

Bei internationalen Adoptionsvermittlungsverfahren erhebt die staatliche Adoptionsvermittlungsstelle folgende Auslagen:

1. Aufwendungen für die Beschaffung von Urkunden,

2. Aufwendungen für Übersetzungen,

3. Vergütung von Sachverständigen.

§ 7 AdVermiStAnKoV Inkrafttreten

Diese Verordnung tritt am Tage nach der Verkündung in Kraft.

Anhang 2:

3

Verordnung über Meldungen internationaler Adoptionsvermittlungsfälle an die Bundeszentralstelle für Auslandsadoption (Auslandsadoptions-Meldeverordnung – AuslAdMV)

Vom 11. November 2002 (BGBl. I S. 4394)
(FNA 404–21–1)

zuletzt geändert durch Art. 4 Abs. 2 Adoptionshilfe-G vom 12. Februar 2021
(BGBl. I S. 226)

Auf Grund des § 9 c Abs. 1 Satz 1 und 2 Nr. 1 in Verbindung mit § 2 a Abs. 5 Satz 1 Nr. 1 und Satz 2 des Adoptionsvermittlungsgesetzes in der Fassung der Bekanntmachung vom 22. Dezember 2001 (BGBl. 2002 I S. 354) verordnet das Bundesministerium für Familie, Senioren, Frauen und Jugend im Einvernehmen mit dem Bundesministerium der Justiz:

Abschnitt 1
Allgemeines

§ 1 AuslAdMV Anwendungsbereich

[1]Diese Verordnung regelt die Meldungen der nach dem Adoptionsvermittlungsgesetz zur internationalen Adoptionsvermittlung befugten Stellen an das Bundesamt für Justiz als Bundeszentralstelle für Auslandsadoption (Bundeszentralstelle). [2]Die Verordnung gilt für alle Vermittlungsfälle, in denen

1. das Kind oder die Adoptionsbewerber ihren gewöhnlichen Aufenthalt im Ausland haben

   oder

2. das Kind innerhalb von zwei Jahren vor der Einleitung des Vermittlungsverfahrens in das Inland gebracht worden ist.

Abschnitt 2
Adoptionsvermittlungsverfahren im Verhältnis zu Vertragsstaaten des Adoptionsübereinkommens

§ 2 AuslAdMV Anlässe für Meldungen

(1) Der Bundeszentralstelle sind zu melden:

1. die Übermittlung des Berichts über die Adoptionsbewerber an die Zentrale Behörde des Heimatstaates des Kindes nach Artikel 15 Abs. 2 des Haager Übereinkommens vom 29. Mai 1993 über den Schutz von Kindern und die Zusammenarbeit auf dem Gebiet der internationalen Adoption (Adoptionsübereinkommen) (BGBl. 2001 II S. 1034),

2. die Annahme des Vermittlungsvorschlags aus dem Heimatstaat des Kindes nach Artikel 16 Abs. 2 des Adoptionsübereinkommens durch die Adoptionsbewerber und

3. der vorläufige oder endgültige Abschluss des Vermittlungsverfahrens bei der meldepflichtigen Stelle.

(2) Kommt eine Vermittlung zustande, gilt das Vermittlungsverfahren für die Zwecke dieser Verordnung als endgültig abgeschlossen, wenn die Entscheidung über die Annah-

me als Kind wirksam geworden ist und das Kind seinen gewöhnlichen Aufenthalt oder Wohnsitz bei den Adoptiveltern hat.

(3) Ist das Vermittlungsverfahren vorläufig abgeschlossen worden, ohne dass eine Adoption zustande gekommen ist, erfolgt eine zusätzliche Meldung, wenn

1. endgültig feststeht, dass das Kind für eine Adoptionsvermittlung nicht mehr in Betracht kommt, oder

2. die Adoptionsbewerber an einer internationalen Adoptionsvermittlung erkennbar nicht mehr interessiert sind.

§ 3 AuslAdMV Meldepflichtige Stelle, Mitteilung von Änderungen und Berichtigungen

[1]Meldepflichtig ist die nach dem Adoptionsvermittlungsgesetz zur internationalen Adoptionsvermittlung befugte Stelle, die zum Zeitpunkt des die Meldepflicht auslösenden Ereignisses die Akten des Adoptionsverfahrens führt. [2]Ein Wechsel der aktenführenden Stelle sowie Änderungen, Berichtigungen oder Ergänzungen des Inhalts einer Meldung sind der Bundeszentralstelle unverzüglich mitzuteilen.

§ 4 AuslAdMV Inhalt der Meldungen

(1) Die Meldung nach § 2 Abs. 1 Nr. 1 muss enthalten:

1. Daten der beteiligten Stellen:

   a) Bezeichnung der nach dem Adoptionsvermittlungsgesetz zur internationalen Adoptionsvermittlung befugten aktenführenden Stelle, deren Anschrift und Aktenzeichen,

   b) zentrale Adoptionsstelle des für die Adoptionsbewerber zuständigen Landesjugendamtes und

   c) zuständige örtliche Adoptionsvermittlungsstelle (§ 9 b des Adoptionsvermittlungsgesetzes),

2. Daten der Adoptionsbewerber:

   a) Familienname,

   b) Geburtsname,

   c) Vornamen,

   d) Geschlecht,

   e) Geburtsdatum,

   f) Geburtsort,

   g) Staatsangehörigkeit,

   h) Familienstand und

   i) Wohnsitz oder gewöhnlicher Aufenthalt,

3. Angabe des Heimatstaates, aus dem die Adoptionsbewerber ein Kind annehmen möchten,

4. Datum der Übermittlung des Berichts sowie

5. Angaben nach Absatz 3 Nr. 1 und 2, soweit diese bereits bekannt sind.

(2) Alle weiteren Meldungen müssen enthalten:

1. die von der Bundeszentralstelle auf Grund der Meldung nach § 2 Abs. 1 Nr. 1 vergebene Verfahrensnummer,

2. die Angaben nach Absatz 1 Nr. 1 Buchstabe a, Nr. 2 Buchstabe a und b und Nr. 3 sowie

3. das Datum des die Meldepflicht auslösenden Ereignisses.

(3) Die Meldung nach § 2 Abs. 1 Nr. 2 muss ferner folgende Daten enthalten, soweit diese bekannt und noch nicht nach Absatz 1 Nr. 5 übermittelt worden sind:

1. bezüglich des Kindes:
   a) Geburtsname,
   b) Vornamen,
   c) Geschlecht,
   d) Geburtsdatum,
   e) Geburtsort,
   f) Staatsangehörigkeit,
   g) Wohnsitz oder gewöhnlicher Aufenthalt,
2. bezüglich der Mutter und des Vaters des Kindes:
   a) Familienname,
   b) Geburtsname,
   c) Vornamen,
   d) Geschlecht,
   e) Geburtsdatum,
   f) Geburtsort,
   g) Staatsangehörigkeit,
   h) Familienstand und
   i) Wohnsitz oder gewöhnlicher Aufenthalt sowie
3. bezüglich des Verfahrens im Heimatstaat des Kindes die Bezeichnung der Zentralen Behörde oder sonstigen zuständigen Stelle, deren Anschrift und das Aktenzeichen des dortigen Vermittlungsverfahrens.

(4) Die Meldung nach § 2 Abs. 1 Nr. 3 muss über die Angaben nach Absatz 2 hinaus enthalten:

1. wenn das Verfahren mit der Annahme des Kindes abgeschlossen wird:
   a) das Datum der Zustimmung des Heimatstaates nach Artikel 17 Buchstabe c des Adoptionsübereinkommens,
   b) das Datum der Entscheidung über die Annahme als Kind und ihres Wirksamwerdens,
   c) den Familiennamen des Kindes nach der Annahme als Kind, falls er vom Familiennamen der Annehmenden abweicht,
   d) die Vornamen des Kindes nach der Annahme als Kind und
   e) soweit bekannt die Staatsangehörigkeit des Kindes nach der Annahme als Kind,
2. wenn die Annahme des Kindes nicht erfolgt: die Mitteilung dieser Tatsache.

Abschnitt 3
Adoptionsvermittlungsverfahren im Verhältnis zu sonstigen Staaten

§ 5 AuslAdMV Einmalige Meldung

[1]Betrifft das Vermittlungsverfahren sonstige Staaten, sind der Bundeszentralstelle mit Abschluss des Vermittlungsverfahrens in sinngemäßer Anwendung die Angaben nach § 4 Abs. 1 Nr. 1 bis 3, Abs. 3 und Abs. 4 Nr. 1 Buchstabe b bis e in einer Meldung zusammengefasst zu übermitteln. [2]§ 2 Abs. 2 und § 3 gelten entsprechend.

Abschnitt 4
Verfahren

§ 6 AuslAdMV Form und Frist der Meldungen der Daten

(1) [1]Die Meldungen sollen im Wege der Datenfernübertragung übermittelt werden und dem von der Bundeszentralstelle festgelegten Muster entsprechen. [2]Dabei sind dem jeweiligen Stand der Technik entsprechende Maßnahmen zur Sicherstellung von Datenschutz und Datensicherheit zu treffen, die insbesondere die Vertraulichkeit und Unversehrtheit der Daten sowie die Authentizität der übermittelnden und der empfangenden Stelle gewährleisten; bei der Nutzung allgemein zugänglicher Netze sind Verschlüsselungsverfahren anzuwenden.

(2) [1]Die Meldungen sind innerhalb von drei Monaten nach Eintritt des die Meldepflicht auslösenden Ereignisses zu übermitteln. [2]Innerhalb der Frist können mehrere Meldungen zusammengefasst übermittelt werden.

Abschnitt 5
Übergangs- und Schlussvorschriften

§ 7 AuslAdMV Übergangsregelung

Für internationale Adoptionsvermittlungsverfahren im Verhältnis zu Vertragsstaaten des Adoptionsübereinkommens, die zum Zeitpunkt des Inkrafttretens dieser Verordnung begonnen, aber noch nicht abgeschlossen sind, gelten die §§ 2 bis 4 mit der Maßgabe, dass die Meldungen bei Eintritt eines neuen meldepflichtigen Ereignisses zusammengefasst übermittelt werden können.

§ 8 AuslAdMV Inkrafttreten

Diese Verordnung tritt am Tage nach der Verkündung in Kraft.

Der Bundesrat hat zugestimmt.

§ 9 e AdVermiG Datenschutz

(1) [1]Für die Verarbeitung personenbezogener Daten gilt das Zweite Kapitel des Zehnten Buches Sozialgesetzbuch mit der Maßgabe, dass Daten, die für die Adoptionsvermittlung und für andere Zwecke dieses Gesetzes erhoben worden sind, nur für folgende Zwecke verarbeitet werden dürfen:

1. für die Adoptionsvermittlung oder Adoptionsbegleitung,
2. für die Anerkennung, Zulassung oder Beaufsichtigung von Adoptionsvermittlungsstellen,
3. für die Überwachung von Vermittlungsverboten,
4. für die Verfolgung von Verbrechen oder anderen Straftaten von erheblicher Bedeutung,
5. für die internationale Zusammenarbeit auf diesen Gebieten oder
6. für die Durchführung bestimmter wissenschaftlicher Vorhaben zur Erforschung möglicher politisch motivierter Adoptionsvermittlung in der DDR.

[2]In den Fällen des Satzes 1 Nummer 6 dürfen die betroffenen Personen nicht kontaktiert werden. [3]Die Vorschriften über die internationale Rechtshilfe bleiben unberührt.

(2) [1]Die Bundeszentralstelle übermittelt den zuständigen Stellen auf deren Ersuchen die zu den in Absatz 1 genannten Zwecken erforderlichen personenbezogenen Daten. [2]In dem Ersuchen ist anzugeben, zu welchem Zweck die Daten benötigt werden.

(3) [1]Die ersuchende Stelle trägt die Verantwortung für die Zulässigkeit der Übermittlung. [2]Die Bundeszentralstelle prüft nur, ob das Übermittlungsersuchen im Rahmen der Aufgaben der ersuchenden Stelle liegt, es sei denn, dass ein besonderer Anlass zur Prüfung der Zulässigkeit der Übermittlung besteht.

(4) Bei der Übermittlung an eine ausländische Stelle oder an eine inländische nicht öffentliche Stelle weist die Bundeszentralstelle darauf hin, dass die Daten nur für den Zweck verarbeitet werden dürfen, zu dem sie übermittelt werden.

Literatur:
Reinhardt JAmt 2018, 74 ff. (Teil I) und 126 ff. (Teil II); *ders.*, JAmt 2008, 401 ff.; *Paulitz* Adoption/*Kunkel*, S. 206 ff.

I. Bereichsspezifischer Datenschutz in der Adoptionsvermittlung

1   Da das AdVermiG zwar Teil des Sozialgesetzbuchs, nicht aber des SGB VIII ist, verweist § 9 e Abs. 1 AdVermiG hinsichtlich des Datenschutzes auf §§ 67 ff. SGB X. Die darin enthaltenen Regelungen gelten in gleicher Weise für Adoptionsvermittlungsstellen in öffentlicher wie auch freier Trägerschaft (§ 35 Abs. 1 Satz 4 SGB I). Überlagert wird dieses System durch die DSGVO, die in Deutschland unmittelbar als normenhierarchisch vorrangige Regelung gegenüber dem nationalen deutschen Recht anzuwenden ist (Art. 288 AEUV).[1] Auch die DSGVO gilt für alle Adoptionsvermittlungsstellen unabhängig von deren Trägerschaft; insbesondere gibt sie gem. Art. 91 DSGVO auch den Rahmen für den Datenschutz bei kirchlichen Trägern vor.

2   **1. Erheben von Daten.** Nach dem **Erforderlichkeitsprinzip** (Art. 5 Abs. 1 lit. c DSGVO) ist die **Erhebung von Daten** (dh das aktive Einholen personenbezogener Informationen durch eine Adoptionsvermittlungsstelle) nur zulässig, soweit die Daten für einen konkreten Vermittlungsfall benötigt werden. Da sich die Eignungsprüfung auf eine Vielzahl von Lebensbereichen bezieht, sind weitreichende Erhebungen möglich. Gleichwohl dürfen keine Daten „auf Vorrat" erhoben werden.[2]

3   Die Erhebung hat grds. bei den betroffenen Personen selbst zu erfolgen („**Unmittelbarkeitsprinzip**", § 9 e Abs. 1 AdVermiG iVm § 67 a Abs. 2 SGB X).[3] Dabei sind diese gemäß dem **Transparenzprinzip** (Art. 5 Abs. 1 lit. a DSGVO) im Zeitpunkt der Datenerhebung ua über Rechtsgrundlage und Verarbeitungszweck, die Datenempfänger (einschließlich der Absicht, Daten in das Ausland zu übermitteln), die Betroffenenrechte (einschließlich des Rechts zum jederzeitigen Widerruf einer Einwilligung, vgl. Art. 7 Abs. 3 Satz 3 DSGVO) sowie Namen und Kontaktdaten des Verantwortlichen und des Datenschutzbeauftragten zu informieren (Art. 13 DSGVO). Die Information der Betroffenen hat gem. Art. 12

---

1   Kunkel ZFF 2017, 213.
2   Vgl. Paulitz Adoption/Kunkel, S. 208.
3   Hierzu die Begründung des Gesetzentwurfs zur Anpassung des SGB X an die DSGVO in BT-Drs. 18/12611, 102; ebenso Kunkel, ZFF 2017, 214.

Abs. 1 DSGVO in präziser, transparenter, verständlicher und leicht zugänglicher Form sowie in einer klaren und einfachen Sprache zu erfolgen. Eine bestimmte Form ist für die Belehrung nicht vorgeschrieben (Art. 12 Abs. 1 Satz 2 DSGVO); mit Blick auf die Rechenschaftspflicht des Verantwortlichen (Art. 5 Abs. 1 lit. a, Abs. 2 DSGVO) sollte aber sicherheitshalber die schriftliche (zB im Rahmen von Bewerberfragebögen) oder elektronische Form gewählt werden.

Keine Belehrung ist bei sog. „aufgedrängten Daten" erforderlich, dh wenn Betroffene von sich aus (bspw. im Rahmen eines Erstkontakts oder einer Terminanfrage) personenbezogene Informationen offenbaren.[4] Belehrungen sind darüber hinaus bei Folgeerhebungen unnötig, wenn die betroffene Person bereits im Rahmen der ersten Erhebung belehrt wurde (Art. 13 Abs. 4 DSGVO).

Da Adoptionsbewerber gem. § 7 e AdVermiG sowie § 21 SGB X eine Mitwirkungspflicht trifft, kann von ihnen statt eigener Angaben und Nachweise ggf. die Einwilligung in die Erhebung einzelner Daten verlangt werden, die bei anderen Fachdiensten verfügbar sind.[5]   4

Vor der etwaigen Einholung von **Fachgutachten** (genauer → Rn. 9 und → Rn. 18) ist den betroffenen Personen analog § 200 Abs. 2 SGB VII[6] ein Wahlrecht hinsichtlich der Auswahl des Gutachters einzuräumen. Eine Erhebung bei Dritten **ohne die Einwilligung der Betroffenen** wird nur ausnahmsweise in den seltenen Fällen des § 9 e Abs. 1 AdVermiG iVm § 67 a Abs. 2 SGB X oder im Rahmen aufsichtlicher Maßnahmen nach § 4 Abs. 4 AdVermiG eine Rolle spielen. In diesem Fall richten sich die Informationspflichten nach Art. 14 DSGVO. Gemäß dessen Abs. 1 lit. f ist dann insbesondere auch die Informationsquelle zu benennen; die Unterrichtung muss binnen eines Monats nach der Erhebung erfolgen (Art. 14 Abs. 3 DSGVO).

Informationen aus sozialen Netzwerken im Internet oder aus anderen öffentlichen Quellen sind keine geschützten personenbezogenen Daten. Meist sind Informationen aus dem Internet keine geeigneten Ermittlungsmaßnahmen, da deren Wahrheitsgehalt und Richtigkeit oftmals fraglich ist. Allerdings können sie im Rahmen von Beratungs- und Überprüfungsgesprächen thematisiert und hieraus weitere Rückschlüsse auf die Erheblichkeit der Informationen abgeleitet werden.   5

2. Speichern von Daten. Gemäß dem **Zweckbindungsprinzip** (Art. 5 Abs. 1 lit. b DSGVO; § 67 c Abs. 1 SGB X) dürfen Daten grundsätzlich nur für den Zweck gespeichert werden, für den sie erhoben wurden. § 9 e Abs. 1 AdVermiG konkretisiert diesen Grundsatz dahin gehend, dass alle im Rahmen der Adoptionsvermittlung erhobenen Daten grundsätzlich nur für Zwecke der Adoptionsvermittlung und -begleitung (Nr. 1), die Anerkennung und Aufsicht über Vermittlungsstellen (Nr. 2), die Überwachung von Vermittlungsverboten (Nr. 3), die Bekämpfung gewichtiger Straftaten (Nr. 4) sowie die internationale Zusammenarbeit (Nr. 5) gespeichert werden dürfen. Zudem besteht die Möglichkeit der Speicherung für wissenschaftliche Vorhaben im Zusammenhang mit der Erforschung möglicher politisch motivierter Adoptionsvermittlungen in der DDR (Nr. 6).   6

In die Akte dürfen nur die für die Durchführung der Adoptionsvermittlung auch tatsächlich relevanten Informationen aufgenommen werden, nicht aber darüber hinausgehende Angaben (**Grundsatz der „Datenminimierung"**, vgl. Art. 5 Abs. 1 lit. c DSGVO). Vor diesem Hintergrund sind aus vorgelegten Mietverträgen nur die Angaben zu Wohnungsgröße und -zuschnitt sowie der Miethöhe und bei   7

---

4 Vgl. LPK-SGB X/Diering/Seidel SGB X § 67 Rn. 10; Krahmer/Palsherm ZFSH/SGB 2019, 600 (608).

5 Reinhardt JAmt 2018, 132; Handbuch Sozialdatenschutz/Reinhardt/v. Hardenberg/Marburger, Kap. 5 Rn. 52.

6 Zu dessen Analogiefähigkeit ausdr. BSG 5.2.2008 – B2 U 8/07 R, Rn. 33.

Arbeitsverträgen nur die Informationen zu Arbeitszeit und -entgelt zu speichern. Alle weiteren Informationen aus den betreffenden Unterlagen sollten unkenntlich gemacht werden. Gleiches gilt bei der Vorlage von Kontoauszügen: Hier wird nur der jeweilige Kontostand erheblich sein; der Empfänger von Zahlungen darf dagegen unkenntlich gemacht werden.[7] Ohnehin werden Kontoauszüge nur im Ausnahmefall über einen längeren Zeitraum (etwa bei extrem unregelmäßigem Einkommen) eingefordert werden können.[8]

8   Die Verarbeitung von personenbezogenen **Daten über Straftaten** und strafrechtliche Verurteilungen der Annahmewilligen, der abgebenden Eltern oder des Anzunehmenden unterliegt Art. 10 DSGVO. Sie ist zulässig, da insoweit eine ausreichende behördliche Aufsicht (bei öffentlichen Trägern durch die Kommunalaufsicht; bei freien Trägern über die Aufsicht der für die Anerkennung und besondere Zulassung nach § 4 AdVermiG zuständigen Behörden) gegeben ist.

9   Im Fall der **Einholung externer Gutachten** (→ Rn. 4) wird für die Tätigkeit der Vermittlungsstelle in aller Regel ein zusammenfassendes Ergebnis im Sinne eines Attests ausreichend sein. Die vollständige Begutachtung kann in einem verschlossenen Kuvert mit der Aufschrift „nur vom ärztlichen/psychologischen Dienst zu öffnen" zur Akte genommen werden.[9] Dadurch werden die darin enthaltenen besonders sensiblen personenbezogenen Daten entsprechend Art. 9 DSGVO geschützt; gleichzeitig behält die Vermittlungsstelle die Option, bei Zweifeln oder fachlichen Rückfragen zum Ergebnis der Begutachtung eine Zweitmeinung (ggf. der zentralen Adoptionsstelle, die gem. § 13 AdVermiG wiederum auf den erforderlichen medizinischen, psychologischen und sozialpädagogischen Sachverstand zurückgreifen können muss) einzuholen.

10   Aufgrund der in § 9 e Abs. 1 AdVermiG enthaltenen strengen Zweckbindung sind alle Adoptionsakten und -daten räumlich und inhaltlich strengstens von anderen im Jugendamt bearbeiteten Bereichen abzuschotten und mit einer Zugangsbeschränkung zu versehen, die ausschließlich den Zugriff durch die mit den konkreten Einzelfällen betrauten Fachkräfte sowie die verantwortlichen Leitungs- und Unterstützungsstellen (zB Registratur, Poststelle, Sekretariat) erlaubt (sog. „Trennprinzip", vgl. § 35 Abs. 1 Satz 2 SGB I). Art. 32, 24 f. DSGVO verpflichten die Adoptionsvermittlungsstellen, die Vermittlungsdaten **durch alle zumutbaren technischen und organisatorischen Maßnahmen zu schützen**. Dies gilt sowohl für die Zugriffsmöglichkeiten auf digitale Speichermedien (zur entsprechenden Problematik → § 9 c AdVermiG Rn. 6) als auch für die Aufbewahrung von Papierakten (Art. 2 Abs. 1 DSGVO). Da die DSGVO keine konkreten Ausführungen über geeignete oder zwingend zu treffende Maßnahmen enthält, ist hinsichtlich der erforderlichen Schutzmöglichkeiten auf den jeweils aktuellen technischen Standard abzustellen.[10] Wichtige Hinweise gibt auch die nach dem Inkrafttreten der DSGVO noch hilfreiche Anlage zu § 78 a SGB X aF, welche die erforderlichen **Zutritts-, Zugangs- und Zugriffskontrollen** weiter ausdifferenziert.[11] Da die Vermittlungsstelle im Streitfall nachweisen können muss, dass ausreichende technisch-organisatorische Maßnahmen ergriffen wurden, sollte dokumentiert werden, welche Verschlüsselungsmaßnahmen im Einzelfall ergriffen und/oder den Klientinnen und Klienten nahegelegt wurden. Eine Datenschutz-

---

7 BSG 19.9.2008 – B 14 AS 45/07 R.
8 LSG München 24.9.2012 – L 7 AS 660/12 ER, Rn. 15; LSG Sachsen-Anhalt 19.1.2011 – L 5 AS 452/10 BER, Rn. 51.
9 Bayer. Landesbeauftragter für den Datenschutz, 27. Tätigkeitsbericht 2016, S. 160.
10 Zu den organisatorischen Rahmenbedingungen Reinhardt JAmt 2018, 128 f.
11 Hierzu auch LPK-SGB X/Diering/Seidel SGB X § 78 a Rn. 6 ff.

Folgeabschätzung nach Art. 35 DSGVO ist dagegen regelmäßig nicht erforder-lich.[12]

3. Übermitteln und Nutzen personenbezogener Daten. Die **Nutzung, Übermitt-**   11
lung oder **anderweitige Verarbeitung** von im Zuge der Adoptionsvermittlung
oder -begleitung erhobenen Daten ist nur iR der in Art. 5 Abs. 1 lit. b DSGVO
und § 9 e Abs. 1 Satz 1 AdVermiG enthaltenen Zweckbindung erlaubt. Danach
dürfen die Erkenntnisse aus einzelnen Vermittlungsfällen durch die Adoptionsvermittlungsstellen vor allem für deren **eigene Vermittlungstätigkeit** und die
nachgehende Betreuung der Beteiligten verwendet werden. Die Datenweitergabe
oder anderweitige Nutzung ist lediglich im Rahmen der gesetzlichen Übermittlungspflichten (vgl. Art. 6 Abs. 1 lit. c DSGVO) an die zentrale Adoptionsstelle
(§§ 4 a Abs. 1 und 2, 10 und 11 Abs. 2 AdVermiG), die örtliche Adoptionsvermittlungsstelle (§ 4 a Abs. 1 und 2 AdVermiG sowie §§ 4 Abs. 4 und 5 Abs. 4
AdÜbAG) sowie die Bundeszentralstelle für Auslandsadoption (§ 2 a Abs. 6
AdVermiG) zulässig. In internationalen Verfahren (§ 2 a Abs. 1 AdVermiG) greifen zudem die Weiterleitungspflichten aus § 7 b Abs. 2 und 7 c Abs. 3 AdVermiG,
sofern die Betroffenen die entsprechenden Empfangsstellen benannt haben. Darüber hinaus besteht die Möglichkeit der Weiterleitung von Daten an die zentralen Adoptionsstellen zum Zweck der **Anerkennung** und **Zulassung** bzw. **Aufsicht**
über die Vermittlungsstellen freier Träger (Nr. 2), sowie für die Überwachung
von Vermittlungsverboten (Nr. 3) und die – auch internationale – Bekämpfung
von Verbrechen und anderen erheblichen Straftaten (Nr. 4 und 5).[13]
Problematisch ist die Frage, ob Informationen aus der Adoptionsvorbereitung
(§ 9 Abs. 1 AdVermiG) oder der Pflichtberatung bei Stiefkindadoptionen (§ 9 a
AdVermiG) für die anschließend nach § 189 Abs. 2 und 3 FamFG abzugebende
fachliche Äußerung der Adoptionsvermittlungsstelle oder die nach § 194 Abs. 1
FamFG und § 50 Abs. 1 Satz 2 Nr. 3 SGB VIII erforderliche Stellungnahme des
Jugendamts genutzt und anschließend an das Familiengericht übermittelt werden
dürfen. Aufgrund der strengen **Zweckbindung** in § 9 e Abs. 1 AdVermiG ist dies
nicht der Fall, sofern die betroffenen Personen hierzu nicht ausdrücklich ihre
Einwilligung (Art. 6 Abs. 1 lit. a; 9 Abs. 2 lit. a und 7 DSGVO) gegeben haben.
Diese ist somit sicherheitshalber von der Adoptionsvermittlungsstelle einzuholen,
welche die Beteiligten berät und begleitet.[14]

Gem. § 9 e Abs. 1 Satz 1 Nr. 6 AdVermiG können personenbezogene Daten auch   12
für die **Erforschung möglicher politisch motivierter Adoptionsvermittlung in der**
DDR genutzt und übermittelt werden. Da Nr. 6 nur die grundsätzliche Nut-
zungsbefugnis enthält, aber wegen der Details auf den Sozialdatenschutz nach
dem SGB X verwiesen wird, sind zusätzlich die sich aus § 75 SGB X ergebenden
Voraussetzungen für Datenverarbeitungen zu Forschungszwecken zu beachten.
Alle anderen Forschungsvorhaben, bei denen es nicht um die Aufarbeitung von
DDR-Unrecht geht, dürfen nicht auf der Grundlage personenbezogener Informa-
tionen erfolgen, sondern lediglich mit anonymisierten oder pseudonymisierten
Angaben.

Die Formulierung „bestimmtes" wissenschaftliches Vorhaben verdeutlicht, dass
die personenbezogenen Daten stets für ein konkretes Forschungsprojekt erforderlich sein müssen. Eine Datensammlung auf Vorrat für eventuelle spätere Vorhaben ist damit ausgeschlossen. Zudem wird durch die Beschränkung auf „wissenschaftliche" Projekte deutlich, dass aus rein privaten Interessen kein Zugriff auf

---

12 Reinhardt JAmt 2018, 128.
13 Laut BVerfG (24.7.2013 – 2 BvR 298/12) sind Straftaten, die im Höchstmaß mit
     Freiheitsstrafe unter fünf Jahren bedroht sind, „nicht mehr ohne Weiteres" als Straftat
     von erheblicher Bedeutung anzusehen.
14 Reinhardt JAmt 2021, 62 (64).

Adoptionsakten erfolgen kann. Individuelle Informationsanliegen müssen im Wege der Akteneinsicht nach § 9 c Abs. 2 AdVermiG, § 25 SGB X, der Information nach Art. 15 DSGVO oder über die einschlägigen Informationsfreiheitsgesetze verfolgt werden.

Da Nr. 6 keine Einschränkung zum Umfang oder Niveau der Forschung enthält, können die betreffenden Daten auch im Rahmen von kleineren Projekten oder wissenschaftlichen Abschlussarbeiten verwendet werden. Bereits im Fall einer Bachelor- oder Masterarbeit ist ein „bestimmtes wissenschaftliches Vorhaben" gegeben, da auch dort bereits konkrete Forschungsfragen bearbeitet werden. Allerdings muss das Forschungsvorhaben zwingend das Ziel haben, die Adoptionsstrukturen in der DDR mit dem Blick auf politisch motivierte Vermittlungen zu erforschen.

Auch wenn es sich um ein entsprechendes Forschungsprojekt handelt, dürfen Klarnamen aus den Adoptionsakten den forschenden Personen wegen des Grundsatzes der Erforderlichkeit und Datensparsamkeit grds. nur dann bekannt werden, wenn dies für die Durchführung des Forschungsvorhabens unerlässlich ist und der Forschungserfolg nicht auch auf der Grundlage einer anonymisierten oder pseudonymisierten Datenweitergabe erreicht werden kann. Unerlässlich wird die Datenweitergabe insbes. dann sein, wenn es um einen Abgleich der Adoptionsakten mit Unterlagen der Meldebehörden, Standesämter oder anderer Stellen geht, was nur bei Kenntnis des Namens des Betroffenen möglich ist. Erfolgt eine Datenweitergabe, ist den Empfängern gemäß dem ergänzend geltenden § 78 SGB X untersagt, die betreffenden personenbezogenen Informationen an Dritte weiter zu übermitteln: Gemäß der Begründung der entsprechenden Gesetzesinitiative[15] dürfen diese „nur zwischen beteiligten Forschern, ihren Erfüllungsgehilfen sowie Mitarbeitern von öffentlichen Stellen, deren Mitwirkung für die Erstellung der Studie erforderlich ist, offengelegt werden."

13 Gem. Abs. 1 Satz 2 dürfen die in § 9 e Abs. 1 Satz 1 Nr. 6 AdVermiG genannten Forschungsdaten keinesfalls dafür verwendet werden, die betroffenen Personen (dh die Adoptierten, die Adoptiveltern und die abgebenden Eltern) zu **kontaktieren**. Daher dürfen im Rahmen der Forschung keine Befragungen der Betroffenen erfolgen; schon gar nicht darf das Forschungsprojekt dazu führen, dass die Tatsache einer Adoption oder ihrer Umstände entgegen § 1758 BGB offengelegt wird.

14 § 9 e AdVermiG enthält **keine Pflicht** zur Verwendung personenbezogener Daten für die in Nr. 1–6 genannten Zwecke, sondern nur die Befugnis hierzu. Die Vermittlungsstelle hat daher in jedem Einzelfall nach pflichtgemäßem Ermessen zu entscheiden, ob die entsprechende Verarbeitung erfolgen kann oder nicht. Dabei wird im Fall von Nr. 6 die Bedeutung des Projekts für die Gewinnung neuer Erkenntnisse über DDR-Unrecht mit den Risiken der Weitergabe höchstpersönlicher und höchstsensibler Informationen abzuwägen sein. Im Ergebnis werden Daten für Bachelor- und Masterarbeiten daher vor allem dann herausgegeben werden können, wenn diese in einem größeren Forschungszusammenhang stehen und nicht nur die Nachverfolgung von Einzelschicksalen bezwecken.

15 Keine Meldepflichten ergeben sich für die Adoptionsvermittlungsstellen aus § 8 a SGB VIII, da die Adoptionsvermittlung grds. nicht dem SGB VIII, sondern dem AdVermiG unterliegt, welches in § 9 e AdVermiG eine spezialgesetzliche datenschutzrechtliche Begrenzung der Datenweitergabe enthält. In **Fällen der Kindeswohlgefährdung** besteht aber trotz der besonders strengen datenschutzrechtlichen Zweckbindung in § 9 e Abs. 1 AdVermiG gem. § 4 Abs. 3 KKG die Möglichkeit einer Information des Jugendamts bzw. des jugendamtsintern

---

15 Vgl. BT-Drs. 19/14429, 10.

zuständigen Fachdienstes durch die sozialpädagogischen oder psychologischen Adoptionsfachkräfte.[16] Geht es dagegen um die Vorabklärung eines möglichen Verdachtsfalles mit einer insoweit erfahrenden Fachkraft, so hat der Austausch mit dieser gem. § 4 Abs. 2 KKG zwingend in pseudonymisierter Form (Art. 4 Nr. 5 DSGVO) zu erfolgen.

Im Übrigen wird die Verwendung von Adoptionsvermittlungsdaten nur erfolgen können, wenn die Betroffenen hierzu ihre (ausdrückliche, vgl. Art. 4 Nr. 11 DSGVO) **Einwilligung** gegeben haben, die in aller Regel in schriftlicher oder elektronischer Form zu erfolgen hat (§ 67 b Abs. 2 Satz 1 SGB X). Lediglich in begründeten Ausnahmefällen, wie bei besonderer Eilbedürftigkeit, Auslandsaufenthalt oder Krankheit des Betroffenen, wäre eine Ausnahme denkbar.[17] Die Einwilligung muss darüber hinaus freiwillig (Art. 7 Abs. 4 DSGVO) und auf der Grundlage einer den Vorgaben von Art. 7 DSGVO sowie § 67 b Abs. 2 Satz 2 SGB X genügenden Information des Betroffenen erfolgt sein. Zudem ist zu beachten, dass pauschale Einwilligungen in aller Regel unzulässig sind.[18] Auch sollte die Einwilligung zeitlich aktuell sein.[19] Diese Kriterien gelten auch für **Schweigepflichtsentbindungen**, denn auch diese sind rechtlich betrachtet Einwilligungen.[20] Ggf. ergibt sich für die Betroffenen eine Pflicht zur Einwilligung bzw. Abgabe einer Schweigepflichtsentbindung aus ihrer Mitwirkungspflicht (vgl. § 7 e Satz 2 AdVermiG iVm § 60 Abs. 1 Nr. 1 SGB I).[21] **Minderjährige** können datenschutzrechtlich wirksame Einwilligungserklärungen abgeben, wenn sie nach ihrem individuellen Reifegrad über die insoweit erforderliche Einsichts- und Urteilsfähigkeit verfügen.[22] Wegen der in § 36 SGB I niedergelegten sozialrechtlichen Handlungsfähigkeit wird die Einwilligungsfähigkeit im sozialrechtlichen Kontext nach Vollendung des 15. Lebensjahres zu vermuten sein.[23] Die Einwilligung ist jederzeit frei widerruflich; jedoch wirkt ein eventueller Widerruf nur für die Zukunft (Art. 7 Abs. 3 Satz 2 DSGVO); alle bis dahin erfolgten Bearbeitungen bleiben aber rechtmäßig.

Liegt keine Einwilligung vor, so ist die Nutzung von Erkenntnissen der Adoptionsvermittlungsstelle über eine Adoptivfamilie durch andere Fachdienste des Jugendamts oder den allgemeinen Sozialdienst in aller Regel unzulässig.[24]

Die Verarbeitung **besonders schutzwürdiger Daten** (hierzu gehören gem. Art. 9 Abs. 1 DSGVO ua Informationen über die Herkunft, die körperliche und geistige Gesundheit, religiöse und weltanschauliche Überzeugungen oder Informationen zum Sexualleben und der sexuellen Orientierung) ist durch Art. 9 Abs. 2 lit. h DSGVO gedeckt, zumal sie durch unter Schweigepflicht stehende (§ 203 Abs. 1 Nr. 2 sowie 4 bis 6 StGB bzw. – bei Vermittlungsstellen der Jugendämter – § 203 Abs. 2 Nr. 1 und 2 StGB) Fachkräfte iSv § 3 AdVermiG zu erfolgen hat und damit die nach Art. 9 Abs. 3 DSVO erforderliche „Garantien" gegeben sind.[25] Sicherheitshalber kann zusätzlich eine Einwilligung der Betroffenen eingeholt

16

17

16 Reinhardt JAmt 2018, 127 f.
17 LPK-SGB X/Diering/Seidel SGB X § 67 c Rn. 5.
18 BVerfG 13.7.2013 – 1 BVR 3167/08, Rn. 27, 29; Hoffmann NZS 2017, 807.
19 LG Berlin 2.7.2004 – 15 O 653/03, Rn. 26; Hoffmann NZS 2017, 807.
20 Handbuch Sozialdatenschutz/Reinhardt/v. Hardenberg/Marburger, Kap. 5 Rn. 26.
21 Handbuch Sozialdatenschutz/Reinhardt/v. Hardenberg/Marburger, Kap. 5 Rn. 52.
22 Trenczek/Tammen/Behlert/v.Boetticher, Grundzüge des Rechts, 5. Aufl. 2018, S. 781; Papenheim, Verwaltungsrecht für die Soziale Praxis, 26. Aufl. 2018, S. 174 und 240; Palandt/Ellenberger Überblick Vor BGB § 104 Rn. 8; Mrozynski SGB I § 60 Rn. 20.
23 LPK-SGB X/Diering/Seidel SGB X § 67 b Rn. 3; ebenso Palandt/Weidenkaff BGB § 630 d Rn. 3; zum Streitstand Handbuch Sozialdatenschutz/Reinhardt/v. Hardenberg/Marburger, Kap. 5 Rn. 29.
24 Reinhardt JAmt 2018, 132.
25 Reinhardt JAmt 2018, 129 f.

werden (Art. 9 Abs. 2 lit. a DSGVO). Die Adoptionsvermittlungsstellen haben die Betroffenen aber (bspw. im Rahmen von „Bewerberfragebögen") darüber zu informieren, dass auch besonders schützenswerte Informationen für die fachgerechte Adoptionsvermittlung benötigt, in die Adoptionsakte aufgenommen und ggf. an Dritte weitergeleitet werden. Die weitere Verwendung der erhobenen Daten ist sodann im Rahmen der Zweckbindung des § 9 e Abs. 1 AdVermiG möglich.

18   Bedient sich eine Vermittlungsstelle **externer Dienstleister** (zB Übersetzungsdienste, medizinische oder psychologische Gutachter), so ist zu unterscheiden:

Reine **Hilfsdienste** ohne jegliche eigene Ermittlungs-, Beurteilungs- und Entscheidungsbefugnis (zB Übersetzungsbüros)[26] sind lediglich als „ausführendes Werkzeug" der auftraggebenden Stelle anzusehen. Die Weitergabe von zu übersetzenden Informationen an diese ist als Auftragsdatenverarbeitung anzusehen, die gem. § 80 Abs. 3 Nr. 1 SGB X unproblematisch ist, wenn die Vermittlungsstelle nicht selbst über die erforderlichen Kompetenzen verfügt. Allerdings ist im Rahmen des mit dem jeweiligen Dienstleister geschlossenen Vertrags zwingend die Einhaltung der in Art. 28 DSGVO vorgegeben Rahmenbedingungen (ua des bestehenden Geheimhaltungs-, Schutz- und Informationspflichten sowie Überwachungsrechte der Adoptionsvermittlungsstelle als Auftraggeber) zu vereinbaren und die Einhaltung der datenschutzrechtlichen Vorgaben so gut als möglich zu überwachen. Die geplante Auftragsdatenverarbeitung ist der zuständigen Rechts- oder Fachaufsichtsbehörde rechtzeitig anzuzeigen (§ 80 Abs. 1 SGB X).

Bei ärztlichen oder psychologischen **Gutachten** kann nicht von einer bloßen Auftragsdatenverarbeitung gesprochen werden.[27] Schwierig ist die Abgrenzung, ob es sich um eine Datenübermittlung iSd DSGVO handelt, wenn eine Adoptionsvermittlungsstelle personenbezogene Informationen an einen Gutachter übermittelt (in der Praxis wird dies ohnehin nur im Ausnahmefall erforderlich sein).[28] In diesem Fall wären die strengen Vorgaben aus § 78 Abs. 1 Satz 1, 3 SGB X einzuhalten (sog. „verlängerter Datenschutz") und das Einverständnis der Betroffenen in die Datenweitergabe einzuholen.[29] Können die externen Gutachter dagegen aufgrund einer ständigen Kooperationsbeziehung als Teil der Vermittlungsstelle angesehen werden, stellen diese keine „Dritten" iSd Datenschutzrechts dar.[30] In diesem Fall ist die Nutzung der Daten durch die externen Fachdienste entsprechend Art. 29 DSGVO zulässig, sofern die Externen den gleichen Verschwiegenheitspflichten unterliegen wie die Beschäftigten der Vermittlungsstelle selbst.[31]

19   Abs. 2–4 enthalten spezielle Bestimmungen zu den Daten, die der BZAA gem. § 2 a Abs. 6 Satz 1 AdVermiG übermittelt und dort gem. § 2 a Abs. 7 Satz 1 AdVermiG zu einer Datei zusammengefasst werden.

20   Bei grenzüberschreitenden Adoptionen wird der **Datenschutz im Ausland** trotz der strengen Vorgaben in Art. 31 HAÜ nicht immer gewährleistet sein. Hierauf sind Bewerber gem. Art. 49 Abs. 1 lit. a DSGVO ausdrücklich hinzuweisen, sofern die Bewerbung in einem Drittland im Sinne der DSGVO, dh einem Staat

---

26 Zu den Kriterien im Einzelnen Bayerischer Landesbeauftragter für den Datenschutz, 27. Tätigkeitsbericht, S. 172 f.; ähnlich Schütze/Bieresborn SGB X § 80 Rn. 4; LPK-SGB X/Diering/Seidel SGB X § 80 Rn. 11.
27 Handbuch Sozialdatenschutz/Reinhardt/v. Hardenberg/Marburger, Kap. 5 Rn. 152 f.; Bayerischer Landesbeauftragter für den Datenschutz, 27. Tätigkeitsbericht, S. 172.
28 Reinhardt JAmt 2018, 131.
29 So Reinhardt JAmt 2018, 131.
30 Handbuch Sozialdatenschutz/Reinhardt/v. Hardenberg/Marburger, Kap. 5 Rn. 153 mwN.
31 Bayerischer Landesbeauftragter für den Datenschutz, 27. Tätigkeitsbericht, S. 172 unter Bezugnahme auf BSG 5.2.2008 – B 2 U 8/07 R, Rn. 40 f.

außerhalb der EU erfolgt. § 4 Abs. 3 Satz 2 AdÜbAG erweitert die Belehrungspflicht in Bezug auf sämtliche Vertragsstaaten des HAÜ. § 9 e Abs. 4 AdVermiG enthält eine entsprechende Hinweispflicht der BZAA, falls diese personenbezogene Informationen in das Ausland weiterleitet. Auslandsvermittlungsstellen in freier Trägerschaft kann durch Nebenbestimmungen im Zulassungsbescheid auferlegt werden, ihre Repräsentanten im Ausland vertraglich zur Einhaltung des Datenschutzes gemäß den in Deutschland geltenden Standards zu verpflichten. Eine solche Verpflichtung führt aber für sich allein noch nicht automatisch zur Wahrung der Vorgaben der DSGVO.[32]

II. Betroffenenrechte; Sanktionen; Schadensersatz

Um die nach Art. 5 Abs. 1 lit. d DSGVO gebotene Richtigkeit von Daten zu erreichen, sehen Art. 16 ff. DSGVO (konkretisiert in § 84 SGB X) umfassende Berichtigungs-, Vervollständigungs-, Beschränkungs- und Löschungsansprüche der Betroffenen vor, die durch Widerspruchs- (Art. 21 DSGVO) und Beschwerderechte (Art. 77 Abs. 1 DSGVO) bzw. die Möglichkeit zur Einschaltung des nach § 81 SGB X zuständigen Datenschutzbeauftragten nebst nachfolgender Klagemöglichkeit (§ 81 a SGB X) flankiert werden.   21

Eine unzulässige oder unrichtige Verarbeitung personenbezogener Daten kann neben einer eventuellen **Strafbarkeit** nach § 203 StGB bzw. § 85 SGB X ein **Bußgeld** nach sich ziehen (Art. 83 DSGVO); die Träger der öffentlichen Adoptionsvermittlungsstellen sind allerdings von der Bußgeldpflicht gem. § 85 a Abs. 3 SGB X ausgenommen.   22

Darüber hinaus sieht Art. 82 DSGVO eine Schadensersatzpflicht vor, die sich auch auf den Ersatz des **immateriellen Schadens** erstreckt (Art. 82 Abs. 5 DSGVO). Dabei wird das Verschulden des Verantwortlichen oder des Auftragsverarbeiters vermutet, solange dieser nicht entsprechend Art. 5 Abs. 2 DSGVO das Gegenteil nachweisen kann.   23

Neben einer eventuellen Schadensersatzpflicht besteht auch das Risiko **dienst- und arbeitsrechtlicher Sanktionen**.

§ 10 AdVermiG   Unterrichtung der zentralen Adoptionsstelle des Landes-jugendamtes

(1) [1]Die Adoptionsvermittlungsstelle hat die zentrale Adoptionsstelle des Landesjugendamtes zu unterrichten, wenn ein Kind nicht innerhalb von drei Monaten nach Abschluss der bei ihm durchgeführten Ermittlungen Adoptionsbewerbern mit dem Ziel der Adoption in Pflege gegeben werden kann. [2]Die Unterrichtung ist nicht erforderlich, wenn bei Fristablauf sichergestellt ist, dass das Kind in Adoptionspflege gegeben wird.

(2) Absatz 1 gilt entsprechend, wenn Adoptionsbewerber, bei denen Ermittlungen durchgeführt wurden, bereit und geeignet sind, ein schwer vermittelbares Kind aufzunehmen, sofern die Adoptionsbewerber der Unterrichtung der zentralen Adoptionsstelle zustimmen.

(3) [1]In den Fällen des Absatzes 1 Satz 1 sucht die Adoptionsvermittlungsstelle und die zentrale Adoptionsstelle nach geeigneten Adoptionsbewerbern. [2]Sie unterrichten sich gegenseitig vom jeweiligen Stand ihrer Bemühungen. [3]Im Einzelfall kann die zentrale Adoptionsstelle die Vermittlung eines Kindes selbst übernehmen.

---

32   Reinhardt JAmt 2018, 131.

1   Regelungsinhalt von § 10 AdVermiG ist der sog. **überregionale Adoptionsausgleich.** Hintergrund ist, dass für sog. schwer vermittelbare Kinder (dh Kinder mit Behinderungen, Verhaltensauffälligkeiten, Entwicklungsverzögerungen sowie ältere Kinder und gemeinsam zu platzierende Geschwister)[1] im Zuständigkeitsbereich eines Jugendamtes oder bei einem freien Träger häufig keine geeigneten Bewerber vorhanden sind. § 10 AdVermiG eröffnet daher die Möglichkeit, über die zentrale Adoptionsstelle des Landesjugendamts auch im Zuständigkeitsbereich anderer Jugendämter, anderer freier Träger oder (über andere zentrale Adoptionsstellen) bundesweit nach geeigneten Eltern zu suchen (Abs. 1). Um eine mögliche Platzierung nicht unnötig zu verzögern, tritt die Unterrichtungspflicht ein, wenn das Kind drei Monate nach Abschluss der Ermittlungen nach § 7 a Abs. 1 AdVermiG nicht in Adoptionspflege gegeben werden kann.

2   Da der zentralen Adoptionsstelle gem. § 10 Abs. 2 AdVermiG von den Adoptionsvermittlungsstellen der freien und öffentlichen Träger auch **Informationen über Bewerber** zu melden sind, die im Bedarfsfall für die Aufnahme eines Kindes mit besonderen Anforderungen geeignet und hierzu bereit wären (sofern sie der Unterrichtung der zentralen Adoptionsstelle zugestimmt haben), erhöht sich durch den überregionalen Adoptionsausgleich die theoretische Wahrscheinlichkeit, geeignete Eltern für ein konkret zur Vermittlung stehendes Kind zu finden.

3   Wird ein Kind im Zuge des überregionalen Adoptionsausgleichs vermittelt, **ändert dies nichts an der Zuständigkeit** der örtlichen Jugendämter für die Adoptionsvorbereitung, die Platzierungsentscheidung und die nachgehende Begleitung. Eine Zuständigkeit und Verantwortlichkeit der zentralen Adoptionsstelle können allerdings entstehen, wenn diese die Vermittlung gem. § 10 Abs. 3 Satz 3 AdVermiG ausdrücklich übernimmt und selbst durchführt. Das Verfahren der zentralen Adoptionsstelle orientiert sich in diesem Fall an den auch für die örtlichen Vermittlungsstellen geltenden Abläufen und Standards. Die nun zuständige zentrale Adoptionsstelle ist dann zur Adoptionsvorbereitung (§ 9 Abs. 1 AdVermiG), Eignungsüberprüfung (§ 7 AdVermiG), Ermittlungen (§ 7 a AdVermiG), Erörterung von Öffnungsmöglichkeiten (§§ 8 a, 8 b AdVermiG) und Nachsorge (§ 9 Abs. 2 AdVermiG) verpflichtet. In aller Regel wird sie die Adoptionsvermittlungsstelle des örtlichen Jugendamts um die Vornahme eventuell erforderlicher weiterer Ermittlungen ersuchen (§ 7 a Abs. 3 AdVermiG).

§ 11 AdVermiG   Aufgaben der zentralen Adoptionsstelle des Landesjugendamtes

(1) Die zentrale Adoptionsstelle des Landesjugendamtes unterstützt die Adoptionsvermittlungsstelle bei ihrer Arbeit, insbesondere durch fachliche Beratung,

1. wenn ein Kind schwer zu vermitteln ist,

2. wenn ein Adoptionsbewerber oder das Kind eine ausländische Staatsangehörigkeit besitzt oder staatenlos ist,

3. wenn ein Adoptionsbewerber oder das Kind seinen Wohnsitz oder gewöhnlichen Aufenthalt außerhalb des Geltungsbereichs dieses Gesetzes hat,

4. in sonstigen schwierigen Einzelfällen.

(2) [1]Die Adoptionsvermittlungsstelle (§ 2 Absatz 1 und 3, § 2 a Absatz 4 Nummer 2) hat in den Fällen des Absatzes 1 Nummer 2 und 3 die zentrale Adoptionsstelle des Landesjugendamtes, in deren Bereich die Adoptionsvermittlungsstelle ihren Sitz hat, und die zentrale Adoptionsstelle des Landesjugendamtes, in deren

---

1   Vgl. Paulitz Adoption/Kasten, S. 256.

Bereich die Annehmenden ihren gewöhnlichen Aufenthalt haben, ab Beginn der sachdienlichen Ermittlungen nach § 7 a zu beteiligen. [2]Unterlagen der in den Artikeln 15 und 16 des Adoptionsübereinkommens genannten Art sind den in Satz 1 genannten zentralen Adoptionsstellen zur Prüfung vorzulegen.

I. Fachliche Beratung und Unterstützung (Abs. 1)

§ 11 AdVermiG verpflichtet die **zentrale Adoptionsstelle** des Landesjugendamts zur fachlichen Beratung und Unterstützung der Adoptionsvermittlungsstellen der Jugendämter und freien Träger in ihrem räumlichen Zuständigkeitsbereich. Ausgehend von der Überlegung, dass die örtlichen Vermittlungsstellen angesichts geringer Vermittlungszahlen häufig nicht über die erforderlichen praktischen Erfahrungen im Umgang mit besonders schwierig gelagerten und selten vorkommenden Einzelfällen verfügen, ergänzt § 11 AdVermiG damit den allgemeinen Fachberatungsauftrag des Landesjugendamts aus § 85 Abs. 2 Nr. 5 SGB VIII speziell für den Bereich der Adoptionsvermittlung.   1

Unterstützung iSv § 11 Abs. 1 AdVermiG bedeutet vor allem **fachliche Beratung.**   2
Dabei kann die zentrale Adoptionsstelle auch auf Kooperationsmöglichkeiten mit weiteren Fachdiensten (zB dem Gesundheitsamt oder einem psychologischen Dienst) nach § 2 Abs. 5 AdVermiG verweisen. Da es sich bei der Unterstützung nicht um Amtshilfe handelt,[1] haben die Landesjugendämter die Kosten der Unterstützung selbst zu tragen.[2] Im Rahmen der Fachberatung ist stets zu prüfen, inwieweit diese eine Übermittlung personenbezogener Daten erfordert (Art. 5 Abs. 1 lit. c DSGVO) oder ob nicht eine Besprechung in anonymisierter oder pseudonymisierter Form (Art. 4 Nr. 5 DSGVO) ausreicht, was iaR der Fall sein wird. Die Unterstützung ist für die nachfolgenden Konstellationen vorgesehen:

1. Vermittlung sog. schwer vermittelbarer Kinder (Nr. 1). Die Verpflichtung der   3
zentralen Adoptionsstellen zur Unterstützung bei der Vermittlung sog. schwer vermittelbarer Kinder (zum Begriff → AdVermiG § 10 Rn. 1) ergänzt die Maßnahmen nach § 10 Abs. 3 AdVermiG. Die örtlichen Vermittlungsstellen können daher unabhängig von einer überregionalen Suche nach Bewerbern jederzeit die erforderliche fachliche Unterstützung durch die zentrale Adoptionsstelle einfordern.

2. Adoption mit Auslandsberührung (Nr. 2, 3; Abs. 2 Satz 1). Eine **Auslandsbe-**   4
rührung liegt vor, wenn mindestens ein Adoptionsbewerber oder das Kind eine ausländische Staatsangehörigkeit besitzt, staatenlos ist, oder den Wohnsitz bzw. gewöhnlichen Aufenthalt im Ausland hat (Nr. 2 und 3). Die Auslandsberührung hat nicht zwingend zur Folge, dass ein internationales Verfahren iSv § 2 a Abs. 1 AdVermiG erforderlich ist. Dies ist nur dann der Fall, wenn im Zusammenhang mit der Adoption ein Wechsel des Aufenthalts des Kindes von einem Staat in einen anderen erfolgt (→ AdVermiG § 2 a Rn. 2) oder dass das Kind noch nicht seit zwei Jahren in Deutschland lebt (§ 2 a Abs. 1 Satz 2 AdVermiG).

Abs. 2 stellt klar, dass im Fall einer **Auslandsberührung** sowohl die zentrale   5
Adoptionsstelle am gewöhnlichen Aufenthaltsort der Annehmenden als auch die für den Sitz der Adoptionsvermittlungsstelle zuständige zentrale Adoptionsstelle zu beteiligen ist. Dies gilt auch, wenn es sich nicht um einen schwierigen Fall handelt und die erforderliche Sachkenntnis in der Vermittlungsstelle vorhanden ist.

Beteiligung bedeutet zunächst die Information über den konkreten Fall (zB durch Übermittlung eines Formblatts mit den vorhandenen Daten der Bewerber

---

1 Paulitz Adoption/Kunkel, S. 183.
2 Im Detail vgl. Wiesner/Elmauer AdVermiG § 11 Rn. 6.

und des Kindes). Darüber hinaus beinhaltet die Beteiligung die Einbeziehung etwaiger Äußerungen der zentralen Adoptionsstelle in die eigenverantwortliche Entscheidungsfindung der jeweiligen Vermittlungsstelle. Nach dem Wortlaut von Abs. 2 hat die Meldung nicht bereits im Moment der Bewerbung zu erfolgen, sondern erst dann, wenn die erforderlichen Ermittlungen nach § 7 a Abs. 1 und 2 AdVermiG aufgenommen werden oder das erste persönliche Vorbereitungs- und Eignungsprüfungsgespräch mit Bewerbern im Rahmen einer Eignungsprüfung nach §§ 7 oder 7 b AdVermiG erfolgt ist. Haben Bewerber zunächst nur allgemeine Informationen erhalten (zB iR einer Informationsveranstaltung), so kann noch nicht vom Beginn der Ermittlungen gesprochen werden.

6   Neben der zentralen Adoptionsstelle haben Auslandsvermittlungsstellen in freier Trägerschaft iR der **Eignungsüberprüfung** von Bewerbern auch die Adoptionsvermittlungsstelle des örtlichen **Jugendamts** zu beteiligen, sofern die Vermittlung eines Kindes aus einem Vertragsstaat des HAÜ angestrebt ist und die Auslandsvermittlungsstelle eigene Ermittlungen zur allgemeinen Bewerbereignung angestellt bzw. einen eigenen Bericht erstellt hat (§ 4 Abs. 4 AdÜbAG).

7   **3. Sonstige schwierige Einzelfälle (Nr. 4).** Hierbei handelt es sich um einen **Auffangtatbestand.** Denkbar ist ein Beratungsbedarf der Adoptionsvermittlungsstellen bspw. bei schwierigen Konstellationen der Elternschaft (zB Vertrauliche Geburt, Eizellenspende, Leihmutterschaft im Ausland, vorsätzlich falsche Vaterschaftsanerkenntnisse, Scheinvaterschaft, Co-Elternschaft nach ausländischem Recht) oder seltenen körperlichen oder psychischen Symptomen und Erkrankungen, die eine besondere, von der örtlichen Vermittlungsstelle nicht zu erwartende Sachkenntnis erfordern.

II. Vorlage von Kinderberichten aus dem Ausland (Abs. 2 Satz 2)

8   Nach Abs. 2 Satz 2 sind alle aus dem Ausland eingehenden **Kindervorschläge** und für die Adoption erforderlichen Einwilligungen den in Abs. 1 genannten zentralen Adoptionsstellen (→ Rn. 5) zur Prüfung vorzulegen. Diese Verpflichtung besteht unabhängig davon, ob es sich um die Vermittlung eines Kindes aus einem Vertragsstaat des HAÜ handelt oder nicht. Ziel der Regelung ist einerseits die fachliche Unterstützung der zuständigen Auslandsvermittlungsstelle durch die zentrale Adoptionsstelle; andererseits erhält die nach § 4 Abs. 2 AdVermiG aufsichtsführende zentrale Adoptionsstelle aus den Kinderberichten wichtige Informationen über die Arbeitsweise der Vermittlungsstelle, die für die weitere Anerkennung und Zulassung von Bedeutung sind.

9   Ungeachtet der Pflicht zur Einbindung der zentralen Adoptionsstellen haben Auslandsvermittlungsstellen freier Träger auch die Adoptionsvermittlungsstelle des örtlich zuständigen Jugendamts in Bezug auf einen Kindervorschlag aus einem Vertragsstaat des HAÜ zu **beteiligen** (§ 5 Abs. 4 AdÜbAG). Die Prüfung des Kindervorschlags und insbes. dessen Passgenauigkeit in Bezug auf die Möglichkeiten und Grenzen der Bewerber impliziert, dass der zentralen Adoptionsstelle bzw. der nach § 5 Abs. 4 AdÜbAG zu beteiligenden Stelle mit diesem auch die für die Beurteilung der erforderlichen Lebenssituation der Bewerber erforderlichen Informationen oder (nicht zwingend, aber sinnvollerweise) der gemäß § 7 c Abs. 3 AdVermiG erstellte Sozialbericht vorgelegt werden. Dies ist datenschutzrechtlich nach § 9 e Abs. 1 Nr. 1 AdVermiG zulässig.

§ 12 AdVermiG (aufgehoben)

§13 AdVermiG Ausstattung der zentralen Adoptionsstelle des Landes-jugendamtes

Zur Erfüllung ihrer Aufgaben sollen der zentralen Adoptionsstelle mindestens ein Kinderarzt oder Kinderpsychiater, ein Psychologe mit Erfahrungen auf dem Gebiet der Kinderpsychologie und ein Jurist sowie Sozialpädagogen oder Sozialarbeiter mit mehrjähriger Berufserfahrung zur Verfügung stehen.

§ 13 AdVermiG ergänzt die Vorgaben des § 3 AdVermiG in Bezug auf die   1 personelle Ausstattung der zentralen Adoptionsstellen. Anders als bei den gem. § 3 AdVermiG erforderlichen sozialpädagogischen und sozialarbeiterischen Fachkräften muss es sich bei den in § 13 AdVermiG genannten Personen nicht notwendigerweise um Beschäftigte der zentralen Adoptionsstelle handeln. Auch ist nicht vorgeschrieben, in welchem zeitlichen Umfang diese der zentralen Adoptionsstelle zur Verfügung stehen müssen. Mithin ist insoweit auch der Einsatz von Honorarkräften, Beschäftigten aus anderen Fachbereichen des jeweiligen Landesjugendamts oder sogar aus anderen Behörden (zB Gesundheitsamt, schulpsychologischer Dienst) möglich.[1] Zu den datenschutzrechtlichen Maßgaben im Fall der Einschaltung externer Fachkräfte → AdVermiG § 9 e Rn. 18.

Zweiter Abschnitt
Ersatzmutterschaft

§13 a AdVermiG Ersatzmutter

Ersatzmutter ist eine Frau, die auf Grund einer Vereinbarung bereit ist,

1. sich einer künstlichen oder natürlichen Befruchtung zu unterziehen oder

2. einen nicht von ihr stammenden Embryo auf sich übertragen zu lassen oder sonst auszutragen

und das Kind nach der Geburt Dritten zur Adoption oder zur sonstigen Aufnahme auf Dauer zu überlassen.

§13 b AdVermiG Ersatzmuttervermittlung

[1]Ersatzmuttervermittlung ist das Zusammenführen von Personen, die das aus einer Ersatzmutterschaft entstandene Kind annehmen oder in sonstiger Weise auf Dauer bei sich aufnehmen wollen (Bestelleltern), mit einer Frau, die zur Übernahme einer Ersatzmutterschaft bereit ist. [2]Ersatzmuttervermittlung ist auch der Nachweis der Gelegenheit zu einer in § 13 a bezeichneten Vereinbarung.

§13 c AdVermiG Verbot der Ersatzmuttervermittlung

Die Ersatzmuttervermittlung ist untersagt.

---

1 Ebenso Wiesner/Elmauer AdVermiG § 13 Rn. 5.

§ 13 d AdVermiG Anzeigenverbot

Es ist untersagt, Ersatzmütter oder Bestelleltern durch öffentliche Erklärungen, insbesondere durch Zeitungsanzeigen oder Zeitungsberichte, zu suchen oder anzubieten.

1 §§ 13 a ff. AdVermiG enthalten die **Definition** und das **Verbot** der Ersatzmuttervermittlung sowie ein entsprechendes Anzeigeverbot (§ 13 d AdVermiG). Verstöße gegen die betreffenden Vorschriften stellen eine Straftat dar (§ 14 b AdVermiG).[1]

2 Das Verbot der Ersatzmuttervermittlung wurde 1989 in das AdVermiG aufgenommen. Der Zusammenhang der rein ordnungs- und sanktionspolitischen Regelungen der §§ 13 a ff. AdVermiG mit den auf die Adoptionsvermittlung anzuwendenden Normen erscheint gesetzestechnisch fragwürdig,[2] zumal § 1 Satz 3 AdVermiG ausdrücklich klarstellt, dass die Ersatzmuttervermittlung nicht als Adoptionsvermittlung gilt. Die Adoption kommt allenfalls dann im Nachgang zu einer im Ausland durchgeführten Leihmutterschaft in Betracht, wenn auf die Abstammung nach Art. 19 EGBGB deutsches Recht anwendbar ist,[3] denn in diesem Fall sind die Leihmutter und deren eventuell vorhandener Ehemann als Eltern des Kindes anzusehen (§§ 1591 f. BGB) und müssen gem. § 1747 Abs. 1 BGB grundsätzlich in die angestrebte Adoption des Kindes einwilligen. Ist die Identität der Leihmutter nicht aufzuklären, greift § 1747 Abs. 4 BGB.

Anderes gilt, wenn die Auftraggeber in einer ausländischen Gerichtsentscheidung als Mutter und Vater festgestellt werden, da eine solche in Deutschland grundsätzlich anerkannt wird.[4] In diesem Fall ist konsequenterweise keine Adoption mehr durch die „Bestelleltern" erforderlich.

Dritter Abschnitt
Straf- und Bußgeldvorschriften

§ 14 AdVermiG Bußgeldvorschriften

(1) Ordnungswidrig handelt, wer

1. entgegen § 5 Absatz 1 oder 3 Satz 1 eine Vermittlungstätigkeit ausübt oder

2. entgegen § 6 Absatz 1 Satz 1, auch in Verbindung mit Absatz 2 oder 3, oder § 13 d durch öffentliche Erklärungen

   a) Kinder zur Adoption oder Adoptionsbewerber,

   b) Kinder oder Dritte zu den in § 5 Absatz 3 Satz 1 genannten Zwecken oder

   c) Ersatzmütter oder Bestelleltern

   sucht oder anbietet.

---

1 Zu den Details MüKoBGB/Maurer BGB Anh. II Vor § 1741 Rn. 79 ff. und Nr. 6.1 der Empf.
2 Lüderitz NJW 1990, 1633 ff.; zur Entstehungsgeschichte vgl. Wiesner/Elmauer AdVermiG Vor § 1 I 3.
3 BGH 20.3.2019 – XII ZB 530/17; BVerfG 22.8.2012 – 1 BvR 573/12; VG Berlin 5.9.12 – 23 L 283.12.
4 BGH 5.9.2018 – XII ZB 224/17; 10.12.2014 – XII ZB 463/13.

(2) Ordnungswidrig handelt auch, wer

1. entgegen § 5 Absatz 1 oder 3 Satz 1 eine Vermittlungstätigkeit ausübt und dadurch bewirkt, dass das Kind in den Geltungsbereich dieses Gesetzes oder aus dem Geltungsbereich dieses Gesetzes verbracht wird, oder

2. gewerbs- oder geschäftsmäßig

   a) entgegen § 5 Absatz 2 Nummer 1 eine Schwangere zu der Weggabe ihres Kindes bestimmt oder

   b) entgegen § 5 Absatz 2 Nummer 2 einer Schwangeren zu der Weggabe ihres Kindes Hilfe leistet.

(3) Die Ordnungswidrigkeit kann in den Fällen des Absatzes 1 mit einer Geldbuße bis zu fünftausend Euro, in den Fällen des Absatzes 2 mit einer Geldbuße bis zu dreißigtausend Euro geahndet werden.

§ 14 a AdVermiG (weggefallen)

§ 14 b AdVermiG Strafvorschriften gegen Ersatzmuttervermittlung

(1) Wer entgegen § 13 c Ersatzmuttervermittlung betreibt, wird mit Freiheitsstrafe bis zu einem Jahr oder mit Geldstrafe bestraft.

(2) [1]Wer für eine Ersatzmuttervermittlung einen Vermögensvorteil erhält oder sich versprechen lässt, wird mit Freiheitsstrafe bis zu zwei Jahren oder Geldstrafe bestraft. [2]Handelt der Täter gewerbs- oder geschäftsmäßig, so ist die Strafe Freiheitsstrafe bis zu drei Jahren oder Geldstrafe.

(3) In den Fällen der Absätze 1 und 2 werden die Ersatzmutter und die Bestelleltern nicht bestraft.

§§ 14 ff. AdVermiG **sanktionieren** die unerlaubte Adoptionsvermittlung (§§ 5, 6 AdVermiG) sowie die Ersatzmuttervermittlung (§§ 13 a–d AdVermiG). Darüber hinaus kann eine Strafbarkeit wegen Kindesentziehung (§ 235 StGB) und Kinderhandel (§ 236 StGB) gegeben sein.   1

Die zuständige Behörde für die Verfolgung der in § 14 AdVermiG genannten Ordnungswidrigkeiten ergibt sich aus dem Landesrecht (§ 35 ff. OWiG). Ermittlungen wegen einer Straftat nach § 14 b AdVermiG oder dem Strafgesetzbuch erfolgen durch die Strafverfolgungsbehörden. In Verdachtsfällen haben auch die zentralen Adoptionsstellen tätig zu werden, da diese als zentrale Behörden iSd HAÜ gem. dessen Art. 8 verpflichtet sind, geeignete Maßnahmen gegen Kinderhandel zu ergreifen.[1] Bspw. können sie bei Verdacht auf unerlaubte Vermittlungstätigkeiten Schutzmaßnahmen für das Kind durch das örtlich zuständige Jugendamt (zB Herausnahme des Kindes aus der Familie; Veranlassung einer Regelung der gesetzlichen Vertretung des Kindes durch das Familiengericht) anregen.   2

Zivilrechtlich wird die Annahme von Kindern durch § 1741 Abs. 1 Satz 2 BGB erschwert, wenn der Annehmende an einer gesetzes- oder sittenwidrigen Vermittlung oder Verbringung eines Kindes zum Zwecke der Annahme mitgewirkt oder einen Dritten damit beauftragt oder hierfür belohnt hat (zur Frage, ob § 1741 Abs. 1 Satz 2 BGB in Fällen einer im Ausland erfolgten Leihmutterschaft zur Anwendung kommt → AdVermiG § 1 Rn. 6). In der Praxis ist die Anwendung der entsprechenden straf- und zivilrechtlichen Schutzvorschriften allerdings weitestgehend bedeutungslos.   3

---

1 Kritisch zur aktuellen Struktur zu Recht Tribowski/Loibl JAmt 2017, 58 ff.

Vierter Abschnitt
Übergangs- und Schlussvorschriften

§ 15 AdVermiG   Anzuwendendes Recht

Vom Zeitpunkt des Inkrafttretens einer Änderung dieses Gesetzes an richtet sich die weitere Durchführung einer vor dem Inkrafttreten der Änderung begonnenen Vermittlung, soweit nicht anders bestimmt, nach den geänderten Vorschriften.

1   Die in § 15 AdVermiG enthaltene Regelung ist für alle Verfahren relevant, die vor dem Inkrafttreten des Adoptionshilfe-Gesetzes begonnen wurden. Deren Fortsetzung richtet sich seit dem 1.4.2021 nach den durch das Adoptionshilfe-Gesetz geänderten Vorgaben. Da viele der Änderungen lediglich die bereits vorher bestehende Praxis wiedergeben, hat § 15 AdVermiG nur wenige praktische Auswirkungen.

2   Insbesondere haben die Adoptionsvermittlungsstellen bei **innerdeutschen Vermittlungen** über das Ergebnis aller nach dem 1.4.2021 abgeschlossenen Überprüfungsverfahren einen Bericht zu erstellen (§ 7 Abs. 3 Satz 1 AdVermiG). In diesen Fällen hat eine Erörterung von Öffnungsmöglichkeiten gem. §§ 8 a Abs. 1 und 9 Abs. 1 Satz 3 Nr. 6 und 7 AdVermiG zu erfolgen und dokumentiert zu werden. Das Einverständnis der Adoptiveltern in die weitere Kontaktaufnahme durch die Adoptionsvermittlungsstelle (§ 8 a Abs. 2 Satz 2 AdVermiG) und zur Bereitstellung von Informationen über das Kind (§ 8 b Abs. 2 Satz 3 AdVermiG) ist spätestens bei Ausspruch der Adoption einzuholen.

Im Fall einer Stiefkindadoption sind die nach § 9 a Abs. 2 AdVermiG erforderlichen Beratungsbescheinigungen auch dann auszustellen, wenn die Beratung bereits vor dem Inkrafttreten des Adoptionshilfe-Gesetzes erfolgt ist, über den Adoptionsantrag aber erst nach dem 1.4.2021 entschieden wird.[1]

Alle Adoptiveltern, deren Adoptivkinder nach dem Inkrafttreten des Adoptionshilfe-Gesetzes das 16. Lebensjahr vollenden, sind mit dem 16. Geburtstag des Adoptierten auf dessen Akteneinsichtsrecht hinzuweisen (§ 9 c Abs. 3 AdVermiG).

3   Alle **internationalen Adoptionsverfahren** iSv § 2 a Abs. 1 AdVermiG haben seit 1.4.2021 begleitet zu erfolgen (§ 2 a Abs. 2 AdVermiG), wobei ein Verfahren nur unter den Voraussetzungen des § 2 c Abs. 2 AdVermiG in Betracht kommt. Zudem müssen alle nach dem Inkrafttreten des Adoptionshilfe-Gesetzes begonnenen Verfahren die Vorgaben an das „zweistufige" Eignungsprüfungsverfahren gem. § 2 c Abs. 1 AdVermiG iVm §§ 7 b und c AdVermiG erfüllen, sofern die allgemeine Eignungsprüfung zu diesem Zeitpunkt noch nicht abgeschlossen war. Nach dem 1.4.2021 eingehende Kindervorschläge sind gem. dem in § 2 c Abs. 3 bis 6 AdVermiG vorgegebenen Verfahren zu behandeln; bei Verfahren mit Vertragsstaaten des HAÜ gelten weiterhin vorrangig §§ 4 ff. AdÜbAG.

§ 16 AdVermiG   Bericht

[1]Die Bundesregierung legt dem Deutschen Bundestag bis zum 30. September 2026 einen Bericht über die Auswirkungen der §§ 2 a, 2 b, 2 c, 2 d, 8 a, 8 b und 9 a sowie über die gegebenenfalls notwendigen Anpassungen dieser Vorschriften vor. [2]Der Bericht darf keine personenbezogenen Daten enthalten.

---

1   Keuter NZFam 2021, 49 (52); aA Bernauer notar 2021, 79 (83).

§ 16 AdVermiG enthält eine Berichtspflicht der Bundesregierung. Diese hat dem 1
Bundestag zum 30.9.2026 über die Umsetzung der neu in das AdVermiG aufgenommenen §§ 2 a–d, 8 a und b sowie 9 a AdVermiG zu berichten und erforderlichenfalls Anpassungen des Gesetzes vorzuschlagen. Konkret hat sich der Bericht
damit auf die Neuregelungen bei internationalen Adoptionsverfahren einschließlich der Frage zu erstrecken, ob das Verbot der unbegleiteten Auslandsadoption-
en in der Praxis wirksam greift und die Nichtanerkennung unbegleiteter Adoptionen ein wirksames, auch präventiv wirkendes Sanktionsinstrument darstellt.
Darüber hinaus hat er Ausführungen über die Umsetzung und Auswirkungen der
Regelungen über die Öffnung von Adoptionen sowie über die Pflichtberatung bei
Stiefkindadoptionen zu enthalten.

Laut der Begründung des Regierungsentwurfs[1] ist der Bericht auf der Basis von 2
Daten aus der Adoptionsstatistik (§ 98 Abs. 1 Nr. 6 § SGB VIII) sowie von Daten
der BZAA zu erstellen. Erforderlichenfalls ist eine „speziell auf die jeweilige Fra-
gestellung zugeschnittene" Untersuchung zu erstellen und dem Bericht zu Grunde
zu legen. Dabei dürfen keine personenbezogenen Daten aus Adoptionsakten verwendet werden (§ 9 e Abs. 1 AdVermiG).

§§ 17 bis 22 AdVermiG (weggefallen)

---

1 BT-Drs. 19/16718, 58.

Gesetz zur Ausführung des Haager Übereinkommens vom 29. Mai 1993 über den Schutz von Kindern und die Zusammenarbeit auf dem Gebiet der internationalen Adoption (Adoptionsübereinkommens-Ausführungsgesetz – AdÜbAG)

Vom 5. November 2001 (BGBl. I S. 2950)
(FNA 404-29)

zuletzt geändert durch Art. 4 Abs. 4 AdoptionshilfeG vom 12. Februar 2021
(BGBl. I S. 226)

Aufsatzliteratur:

Althammer, Verfahren mit Auslandsbezug nach dem neuen FamFG, IPrax 2009, 384; *Bienentreu/Busch,* Stiefkind- und Verwandtenadoptionen im Recht der internationalen Adoptionsvermittlung, JAmt 2003, 273; *Botthof/Bienentreu/Behrentin,* Das Ende der vermittelten Auslandsadoption, JAmt 2013, 503; *Busch,* Kein Staatsangehörigkeitserwerb bei der schwachen Auslandsadoption, StAZ 2003, 297; *Frank,* Neuregelungen auf dem Gebiet des internationalen Adoptionsrechts, StAZ 2003, 257; *Henrich,* Wirksamkeit einer Auslandsadoption und Rechtsfolgen für die Staatsangehörigkeit, IPRax 2008, 237; *Hoksbergen/Lange,* Perspektiven für Adoptivkinder in Europa und den Vereinigten Staaten von Amerika, JAmt 2013, 494; *Lessing,* Auslandsadoptionen, RPflStud 2005, 1; *Maurer,* Das Gesetz zur Regelung von Rechtsfragen auf dem Gebiet der internationalen Adoption und zur Weiterentwicklung des Adoptionsvermittlungsrechts, FamRZ 2003, 1337; *Oberloskamp/Köhler,* Die internationale Adoption im deutschen Recht, ZKJ 2015, 404; *Reinhardt,* Das Adoptionshilfe-Gesetz – Neues aus dem Recht der Adoptionsvermittlung; Teil 2 – Die neuen Regelungen zur grenzüberschreitenden Adoptionsvermittlung, JAmt 2021, 129; *Reinhardt,* Machtwort oder Übergangslösung? Die Entscheidung des BVerwG zu Kafala und internationaler Adoptionsvermittlung, JAmt 2011, 180; *Reinhardt,* Rechtliche Fragen der Adoption mit Auslandsberührung, RPflStud 2017, 186; *Reinhardt,* Die Einreise Minderjähriger im Kontext grenzüberschreitender Adoptionen, RPflStud 2017, 123; *Schlauß,* Die Anerkennung von Auslandsadoptionen in der vormundschaftsgerichtlichen Praxis, FamRZ 2007, 1699; *Steiger,* Im alten Fahrwasser zu neuen Ufern, DNotZ 2002, 184; *Weitzel,* Das Haager Adoptionsübereinkommen vom 29.5.1993, NJW 2008, 186; *Zimmermann,* Das Adoptionsverfahren mit Auslandsberührung, NZFam 2016, 150; *Zimmermann,* Die Auslandsadoption, NZFam 2016, 249.

Einleitung

I. Zweck des Gesetzes

1 Am 1.3.2002 ist das Haager Übereinkommen über den Schutz von Kindern und die Zusammenarbeit auf dem Gebiet der internationalen Adoption (→ AdÜbAG

Anh. 2) für die Bundesrepublik Deutschland in Kraft getreten. Es geht zurück auf
Art. 21 des Übereinkommens über die Rechte des Kindes vom 20.11.1989 (**UN-
Kinderrechtekonvention**)[1] und konkretisiert die darin genannten Standards. Neben grundlegenden rechtlichen und fachlichen Prinzipien, die dem Schutz des
Kindeswohls dienen, legt das HAÜ konkrete Verfahrensabläufe für internationale
Adoptionsverfahren (zum Begriff und den üblichen Synonymen → AdVermiG
§ 2 a Rn. 1) zwischen den Vertragsstaaten des Übereinkommens fest. Damit soll
auf der Seite der abgebenden Eltern vorschnellen Adoptionsfreigaben vorgebeugt
und die rechtliche Adoptierbarkeit des Kindes gewährleistet werden. Gleichzeitig
wird die Vermittlung zu Personen ausgeschlossen, die zur Übernahme der elterlichen Sorge aus rechtlichen oder tatsächlichen Gründen ungeeignet sind. Insgesamt soll mit dem Übereinkommen jeglicher Form unlauterer Machenschaften
und Kinderhandel vorgebeugt werden.[2] Mit dem Adoptionsübereinkommens-
Ausführungsgesetz werden die Vorgaben des Übereinkommens in das deutsche
Recht umgesetzt.

II. Entstehungsgeschichte

Zwischen den späten 1960er und den frühen 2000er Jahren erlangte die Adopti-   2
on von Kindern aus dem Ausland zunehmende Bedeutung.[3] Nachdem grenzüberschreitende Adoptionen zunächst (etwa während der Korea- und der Vietnam-
Krisen) v.a. vom sozialen Engagement der aufnehmenden Eltern geprägt waren,
haben die Zunahme ungewollt kinderloser Paare einerseits und der Rückgang
der Zahl der adoptierbaren Kinder in Deutschland andererseits seit Mitte der
1980er Jahre zu einem regelrechten „Boom" der Auslandsadoption geführt. Dessen „Nebenwirkungen" waren auch Adoptionstourismus und Kinderhandel.[4]

Dem daraus resultierenden Bedarf an international vereinheitlichten Regelungen   3
und Schutzbestimmungen wurde 1993 durch Verabschiedung des **Haager Adoptionsübereinkommens** Rechnung getragen.[5] Von der Bundesrepublik Deutschland wurde das Übereinkommen am 7.11.1997 gezeichnet und am 22.11.2001
ratifiziert. Es trat am 1.3.2002 in Kraft. Die Konvention stellt in erster Linie ein
Kooperationsübereinkommen auf dem Gebiet der grenzüberschreitenden Adoption dar. Da die Vorgaben des HAÜ aber auch Auswirkungen auf die Standards
und Organisation der Adoptionsvermittlung in Deutschland insgesamt hatten,
wurde das Gesetz zur Regelung von Rechtsfragen auf dem Gebiet der internationalen Adoption und zur Weiterentwicklung des Adoptionsvermittlungsrechts
vom 5.11.2001 beschlossen.[6] Dieses ist am 1.1.2002 in Kraft getreten und enthielt neben dem AdÜbAG auch Änderungen des Adoptionsvermittlungsgesetzes
sowie das Adoptionswirkungsgesetz, mit dem ein gerichtliches Verfahren zur Anerkennung und Umwandlung im Ausland ergangener Adoptionsentscheidungen
eingeführt wurde.

In den letzten fünfzehn Jahren hat die Bedeutung der **Auslandsadoption deutlich
abgenommen**. Neue und verbesserte Möglichkeiten der Reproduktionsmedizin
sowie die Option von Leihmutterschaft[7] oder Eizellenspende im Ausland sowie

---

1 Der einschlägige Art. 21 ist abgedruckt unter → AdÜbAG Anh. 1.
2 Generell zum Übereinkommen Paulitz Adoption/Weitzel, S. 272 ff.
3 Steiger DNotZ 2002, 184.
4 Loibl, The Transnational Illegal Adoption Market (2019); Bach, Gekaufte Kinder
   (1986); Maurer FamRZ 2003, 1337.
5 Das revidierte Europäische Übereinkommen über die Adoption von Kindern vom
   27.11.2008 enthält dagegen keine speziellen Vorschriften über die Abwicklung grenzüberschreitender Adoptionen.
6 BGBl. I 2950.
7 Hierzu Empf. Nr. 6.

eine restriktivere Vermittlungspraxis in den sogenannten „Herkunftsstaaten" (zur problematischen Begrifflichkeit des „Heimatstaats" → AdVermiG § 2 a Rn. 2) führten zu einer kontinuierlichen Abnahme von Bewerber- und Vermittlungszahlen.[8]

Mit dem am 1.4.2021 in Kraft getretenen **Adoptionshilfe-Gesetz** (Gesetz zur Verbesserung der Hilfen für Familien bei Adoption vom 12.2.2021 BGBl. I 226) wurde die unbegleitete Adoption von Kindern aus dem Ausland verboten (§ 2 b AdVermiG) und das internationale Verfahren neu geordnet. Die Eignungsüberprüfung von Adoptionsbewerbern für Auslandsadoptionen ist seitdem als zweistufiges Verfahren ausgestaltet (vgl. §§ 2 c Abs. 1, 7 b und 7 c AdVermiG). Die Prüfpflichten für Kindervorschläge aus dem Ausland wurden in § 2 c Abs. 3 AdVermiG konkretisiert. Da sich diese Veränderungen auf alle internationalen Adoptionsverfahren iSv § 2 a Abs. 1 AdVermiG beziehen, aber sich an den Maßgaben des HAÜ orientieren, hat das AdÜbAG durch das Adoptionshilfe-Gesetz nur einzelne redaktionelle Veränderungen sowie eine kleinere Anpassung im Rahmen der Bewerberüberprüfung (§ 4 Abs. 4 AdÜbAG; → AdÜbAG Einl. Rn. 3) erfahren.

III. Anwendbarkeit des Gesetzes und des HAÜ

4   Die Bestimmungen des AdÜbAG gelten ausschließlich für die grenzüberschreitende Kooperation im Rahmen des HAÜ und **ausschließlich für internationale Adoptionsverfahren iSv § 2 a Abs. 1 AdVermiG im Verhältnis zu dessen Vertragsstaaten** (§ 10 AdÜbAG).[9] Das Übereinkommen und damit das AdÜbAG sind anzuwenden, wenn ein Kind unter 18 Jahren, das seinen gewöhnlichen Aufenthalt[10] in einem Vertragsstaat des HAÜ hat, von Annehmenden mit gewöhnlichem Aufenthalt in einem anderen Vertragsstaat adoptiert werden soll.[11] Dabei ist unerheblich, ob die Adoption in Herkunftsstaat des Kindes oder im Aufnahmestaat ausgesprochen wird. Irrelevant ist auch, ob es sich um eine starke oder eine schwache Adoption handelt.[12] Entscheidend ist vielmehr, dass das Kind im Zusammenhang mit einer angestrebten oder bereits ausgesprochenen Adoption in den Aufnahmestaat gebracht wird (Art. 2 Abs. 1 HAÜ). Maßgeblich für die Anwendung der Bestimmungen des HAÜ und des AdÜbAG ist somit ausschließlich das **Verbringen des Kindes** von einem Vertragsstaat in einen anderen. Die Staatsangehörigkeiten der Beteiligten spielen dagegen für die Anwendbarkeit keine Rolle.

Lebt das Kind bereits seit zwei Jahren im Inland, ist kein internationales Adoptionsverfahren mehr durchzuführen (§ 2 a Abs. 1 Satz 2 AdVermiG), da sich sein Aufenthalt im Inland in diesem Fall verfestigt hat und damit die Situation der einer Inlandsadoption ähnelt.[13] Zwar enthält das gegenüber dem AdVermiG rechtssystematisch vorrangige HAÜ (vgl. Art. 25 Satz 2 GG) keine entsprechende zeitliche Begrenzung. Allerdings ist das in Art. 2 Abs. 1 HAÜ enthaltene subjektive Kriterium der Adoptionsabsicht oftmals nicht nachzuweisen, wenn die

---

8   Hoksbergen/Lange JAmt 2013, 494 ff.; Reinhardt JAmt 2013, 499 ff.
9   Eine Liste der Vertragsstaaten findet sich auf der Internetseite der Haager Konferenz unter https://www.hcch.net/en/instruments/conventions/status-table/?cid=69.
10 Zum Begriff Palandt/Thorn EGBGB Art. 5 Rn. 10; MüKoBGB/v. Hein EGBGB Art. 5 Rn. 123; Mrozynski SGB I § 30 Rn. 23.
11 BT-Drs. 14/6011, 19 unter Verweis auf Rn. 76 des erläuternden Berichts (BT-Drs. 14/5437).
12 Frank StAZ 2003, 259; zum Begriff: Wuppermann, Adoption, S. 29; Busch StAZ 2003, 297.
13 BT-Drs. 19/16718, 39.

Einreise des Kindes schon länger zurückliegt.[14] Vor diesem Hintergrund war Ziel von § 2 a Abs. 1 AdVermiG aF[15] ebenso wie das seiner Änderung durch das Adoptionshilfe-Gesetz, pragmatische Lösungen zu ermöglichen, die gleichermaßen für Vertrags- und Nichtvertragsstaaten gelten.[16] Auch die Regelungen des HAÜ und des AdÜbAG sind daher nach Ablauf von 2 Jahren, nachdem das Kind ins Inland gebracht wurde, nicht mehr anzuwenden.[17]

Das Übereinkommen ist wegen des eindeutigen Wortlauts von Art. 2 Abs. 1 HAÜ   5
und § 2 a AdVermiG unabhängig davon anwendbar, ob eine Adoptionsvermittlung iSv § 1 AdVermiG vorliegt. Es ist daher insbes. auch im Fall von **Stiefkind-und Verwandtenadoptionen**[18] und in anderen Konstellationen anzuwenden, in denen das zu adoptierende Kind und die Annahmewilligen von vornherein feststehen.[19]

Keine Anwendung findet das Übereinkommen gem. Art. 2 Abs. 2 HAÜ auf an-   6
dere Formen der Unterbringung von Kindern in Familien, die kein dauerhaftes Eltern-Kind-Verhältnis begründen, etwa die **Pflegekindschaft** oder die in islamischen Staaten vorgesehene **Kafala**[20] (→ AdVermiG § 2 a Rn. 4). Ebenfalls unanwendbar ist das HAÜ auf die Adoption von **Volljährigen.** Entscheidend ist das Alter im Zeitpunkt der Erklärungen nach Art. 17 lit. c HAÜ (Art. 3 HAÜ).

IV. Zum Inhalt des Haager Adoptionsübereinkommens

1. Grundsätzliche Aussagen (Art. 4 ff. HAÜ). Laut der Präambel des HAÜ muss   7
bei jeder Adoption das **Wohl des Kindes** im Vordergrund stehen. Kinderhandel sowie unstatthafte Vermögens- und sonstige Vorteile im Zusammenhang mit einer Adoption sind zu verhindern (Art. 8, 32 HAÜ). Ziel des Verfahrens ist es, Eltern für adoptionsbedürftige Kinder zu finden und nicht umgekehrt Kinder für Adoptionswillige. Auch bei internationalen Adoptionsverfahren geht es nicht primär um die Verwirklichung des Kinderwunschs von Bewerbern; Adoptionsbewerber haben **keinen Rechtsanspruch auf Vermittlung eines Kindes.**[21] Die zuständigen Stellen sind gehalten, das Kind und seine Bedürfnisse in das Zentrum ihrer Bemühungen zu stellen (Art. 21 UN-KRK): Die Adoption in einen anderen Staat darf nur dann erfolgen, wenn die Adoptionsbedürftigkeit des Kindes festgestellt ist, der Verbleib des Kindes in seiner Herkunftsfamilie nicht möglich ist und sich im Heimatstaat des Kindes keine geeigneten Adoptiv- oder Pflegeeltern finden (Art. 4 lit. b HAÜ, sog. **Subsidiarität** der Auslandsadoption).[22] Darüber hinaus sind die Rechte der leiblichen Eltern und des Kindes zu achten (Art. 4 lit. c HAÜ). Im Rahmen des „Matching" sind stets die bestmöglich geeigneten Bewerber auszuwählen.[23]

14　Zu den Abgrenzungsproblemen BT-Drs. 14/6011, 19.
15　BT-Drs. 14/6011, 50.
16　Vgl. das Wort „immer" in BT-Drs. 19/16718, 39.
17　BT-Drs. 19/16718, 39.
18　Vgl. Erläuternder Bericht zum HAÜ in BT-Drs. 14/5437, 38 (Rn. 92); Frank StAZ 2003, 257; Guide to Good Practice, Nr. 8.6.4, S. 113.
19　BZAA, S. 22.
20　Maurer FamRZ 2003, 1339; zur Kafala allgemein Behrentin AdoptionsR-HdB/Yassari, S. 445 ff.; seit 1.1.2011 unterliegt die Frage der grenzüberschreitenden Platzierung von Kindern auf der Grundlage einer Kafala Art. 33 HKSÜ und – in Bezug auf die Anerkennung – Art. 23 HKSÜ; vgl. BVerwG 26.10.2010 – 1 C 16.09; 10.3.2011 – 1 C 7.10.
21　EGMR FamRZ 2003, 149; Empf. Nr. I 1.
22　S. hierzu die Abschlusserklärung der 13. Arbeitstagung der IAGJ 2002.
23　EGMR FamRZ 2003, 149 ff.; VG Hamburg 1.12.2005 – 13 K 3059/05 mwN.

8 **2. Einheitliches Verfahren (Art. 6 ff. HAÜ).** Eine Verpflichtung der Vertragsstaaten zur Durchführung internationaler Adoptionsverfahren besteht nicht.[24] Wird ein Verfahren durchgeführt, sind die Vorgaben des HAÜ aber stets zu beachten und **nicht abdingbar.** Danach ist die Abwicklung ausschließlich über zentrale Behörden (gem. Art. 22 Abs. 1 HAÜ können auch Nichtregierungsorganisationen deren Aufgaben wahrnehmen) im Herkunfts- und im Aufnahmestaat zulässig:

- Die zuständigen Stellen im **Heimatstaat** des Kindes haben gem. Art. 4 lit. b, c HAÜ zu klären, ob eine internationale Adoption angesichts der konkreten Situation des Kindes für dieses eine tragfähige Perspektive bietet. Sie stellen sicher, dass die erforderlichen (zB elterlichen) Einwilligungen in eine Adoption vorliegen und die Einwilligenden entsprechend beraten worden sind.

- Die Stellen im **Aufnahmestaat** prüfen die Eignung der Adoptionsbewerber und stellen sicher, dass das Kind in den Aufnahmestaat einreisen und sich dort aufhalten darf (Art. 5 lit. c, 17 lit. d, 18 HAÜ).

- **Heimat- und Aufnahmestaat** entscheiden gemeinsam, ob sie der Fortsetzung des Verfahrens im jeweiligen konkreten Einzelfall zustimmen (Art. 17 lit. c HAÜ). Dieses Erfordernis beiderseitiger Zustimmung soll sicherstellen, dass eine Adoption nur dann ausgesprochen wird, wenn sie nach der Einschätzung beider Staaten zur Wahrung des Kindeswohls die beste Lösung darstellt.[25]

Die konkreten Verfahrensschritte sind in Art. 14 ff. HAÜ niedergelegt (→ Rn. 13 ff.).[26]

9 **3. Anerkennung ausländischer Adoptionsbeschlüsse (Art. 23 ff. HAÜ).** Das Übereinkommen fördert die Rechtssicherheit der an der Adoption Beteiligten, indem Adoptionsentscheidungen eines Vertragsstaates in den anderen Vertragsstaaten **kraft Gesetzes anerkannt** werden, wenn sie gemäß den Bestimmungen des Übereinkommens zustande gekommen sind und eine entsprechende Bescheinigung des Herkunftsstaates vorliegt (Art. 23 Abs. 1 HAÜ). Ohne eine solche Bescheinigung bedarf die Adoption zwingend der Anerkennung durch das insoweit zuständige deutsche Familiengericht (§ 108 Abs. 2 Satz 3 FamFG iVm § 1 Abs. 2 AdWirkG; zu den Details → FamFG § 108 Rn. 3 f. und → AdWirkG § 4 Rn. 3). Auch im Fall einer kraft Gesetzes gegebenen Anerkennungsfähigkeit ist den Beteiligten aber stets zu empfehlen, ein Verfahren nach dem AdWirkG beim Familiengericht einzuleiten, um abschließende und umfassende Rechtssicherheit hinsichtlich der Anerkennungsfähigkeit der im Ausland erfolgten Adoption zu erhalten.

10 **4. Akkreditierung von Auslandsvermittlungsstellen (Art. 10 ff. HAÜ).** Schließlich enthält das HAÜ in Art. 10 ff. Vorgaben hinsichtlich der Zulassung und Überwachung von Adoptionsvermittlungsstellen in freier Trägerschaft.[27]

V. Umsetzung der Vorgaben des HAÜ in Deutschland

11 Die verfahrenstechnischen Vorgaben des HAÜ für eine internationale Adoption werden in Deutschland durch das AdÜbAG umgesetzt, das damit in Bezug auf die Adoption von Kindern aus Vertragsstaaten den allgemeinen Regelungen des AdVermiG vorgeht (§ 2 a Abs. 3 AdVermiG, zu den Details → AdVermiG § 2 a Rn. 9 f. und → AdÜbAG § 3 Rn. 3). Die Maßgaben des Übereinkommens für die

---

24 Guide to Good Practice, Nr. 8.2.1, S. 100.
25 Im Detail Weitzel NJW 2008, 186.
26 S. a. Paulitz Adoption/Reinhardt, S. 284 ff.
27 Vgl. hierzu auch den Guide to Good Practice, Nr. 4.3, S. 54 ff. sowie den Guide No. 2.

Anerkennung von Vermittlungsstellen nichtstaatlicher Träger sind Gegenstand der §§ 2 bis 4 AdVermiG.

Die **Vermittlung aus Nichtvertragsstaaten** richtet sich ausschließlich nach den   12
Regelungen des AdVermiG. Eine analoge Anwendung des AdÜbAG ist nicht möglich.[28] Gleichwohl sind die Schutzstandards des HAÜ (insbes. die Subsidiarität der Auslandsadoption, die Kindeswohlzentriertheit des Verfahrens, die Notwendigkeit der Prüfung der Adoptionseignung der Bewerber sowie der Adoptionsbedürftigkeit des Kindes und das Vorliegen der erforderlichen elterlichen Einwilligungen) als übergeordneter Maßstab auch bei Vermittlungen aus Nichtvertragsstaaten zu beachten, wie § 2 c AdVermiG klarstellt.[29]

VI. Der Ablauf der internationalen Adoption nach dem HAÜ und dem AdÜbAG

Zwischen den Vertragsstaaten des HAÜ darf eine grenzüberschreitende Adopti-   13
on ausschließlich über zentrale Behörden (Art. 6, 7 Abs. 1 HAÜ) oder andere autorisierte Fachstellen iSv Art. 22 Abs. 1 HAÜ abgewickelt werden. Bei der Adoption aus einem oder in einen **Vertragsstaat** ergibt sich daher die Pflicht zur Abwicklung des internationalen Verfahrens über eine der in § 1 AdÜbAG genannten Stellen sowohl aus § 2 a Abs. 2 AdVermiG als auch unmittelbar aus dem HAÜ.[30]

1. Annahme eines Kindes aus dem Ausland. Ist die Annahme eines Kindes aus   14
dem Ausland angedacht, können Adoptionsbewerber allgemeine Informationen bei den Adoptionsvermittlungsstellen der Jugendämter erhalten. Hierauf besteht ein Rechtsanspruch (§ 9 Abs. 1 AdVermiG). Über die speziellen Bedingungen in einem bestimmten Vertragsstaat des HAÜ informieren die Auslandsvermittlungsstellen iSv § 2 a Abs. 4 AdVermiG (§ 4 Abs. 1 AdÜbAG). Die Überprüfung der Adoptionseignung erfolgt im Rahmen des durch § 2 c Abs. 1 AdVermiG vorgezeichneten zweistufigen Verfahrens (vgl. § 4 Abs. 4 AdÜbAG und → AdVermiG § 2 c Rn. 2), dh zunächst wird die allgemeine Adoptionseignung der Bewerber durch eine Adoptionsvermittlungsstelle in öffentlicher oder freier Trägerschaft gem. § 7 b AdVermiG überprüft, bevor die Auslandsvermittlungsstelle eine länderspezifische (richtiger wäre der Begriff „auslandsspezifisch", vgl. → AdVermiG § 7 c Rn. 1) weitere Überprüfung durchführt (§ 7 c AdVermiG). Ist die Auslandsvermittlungsstelle von der rechtlichen Befähigung und der tatsächlichen Eignung der Adoptionswilligen für die Annahme eines Kindes aus dem betreffenden Herkunftsstaat überzeugt, so ergänzt sie den Bericht der Vermittlungsstelle aus der „ersten Stufe" um die Erkenntnisse über die länderspezifische Eignung (§ 7 c Abs. 2 Satz 2 AdVermiG) oder sie erstellt nach Abstimmung mit der Adoptionsvermittlungsstelle des für die Bewerber zuständigen Jugendamts einen eigenen Eignungsbericht über die Bewerber (§ 4 Abs. 4 AdÜbAG). Sodann übersendet die Auslandsvermittlungsstelle den vollständigen Eignungsbericht („**Home study**") gemeinsam mit den weiteren für die Bewerbung im Herkunftsstaat des Kindes erforderlichen Unterlagen an die dortige zentrale Behörde (Art. 15 Abs. 2 HAÜ; § 4 Abs. 5 AdÜbAG); bei dieser kann es sich ebenfalls um eine staatliche oder um eine staatlich akkreditierte Stelle in freier Trägerschaft handeln.

Die im Ausland zuständige Stelle prüft, ob die Bewerbung akzeptiert wird. Sollte   15
nach ihrer Einschätzung die Platzierung eines Kindes in Betracht kommen, so

---

28　BVerwG 26.10.2010 – 1 C 16.09; 10.3.2011 – 1 C 7.10; VG Hamburg 4.3.2010 – 13 K 2959/09.
29　Zu den Grundsätzen s. im Detail Guide to Good Practice, S. 134; Oberloskamp/Köhler ZKJ 2015, 407; Behrentin AdoptionsR-HdB/Grünenwald/Nunez Kap. A Rn. 204.
30　BZAA, S. 23.

unterbreitet sie der hiesigen Vermittlungsstelle einen **Vermittlungsvorschlag**. Der entsprechende Bericht über das konkrete vorgeschlagene Kind (Art. 16 Abs. 1 lit. a HAÜ) wird von der deutschen Auslandsvermittlungsstelle geprüft, mit der Adoptionsvermittlungsstelle des örtlichen Jugendamts sowie den in § 11 Abs. 2 AdVermiG genannten zentralen Adoptionsstellen abgestimmt und bei positiver Bewertung mit den Adoptionsbewerbern besprochen (§ 5 Abs. 2, 4 AdÜbAG). Entscheiden sich diese für die Annahme des Kindes (hierzu im Detail § 7 AdÜbAG), so erteilt die Vermittlungsstelle die Zustimmung zur Fortsetzung des Verfahrens nach Art. 17 lit. c HAÜ (§ 5 Abs. 3 Satz 2 AdÜbAG). Danach kann die Adoption entweder im Herkunftsstaat des Kindes vollzogen oder die Entscheidung getroffen werden, das Kind den Adoptionsbewerbern anzuvertrauen, um dieses nach Deutschland zu bringen und die Adoption vor einem deutschen Gericht durchzuführen.

16   Möglich ist auch, dass Vertragsstaaten **Anfragen** an die zentralen Behörden potenzieller Aufnahmestaaten richten, ob für adoptierbare Kinder (meist handelt es sich dabei um „special-needs"-Kinder mit besonderen Bedürfnissen und Anforderungen oder mehrere Geschwister, die gemeinsam vermittelt werden sollen) geeignete Bewerber vorhanden sind. In diesem Fall darf die angefragte Stelle wegen der in Art. 14 ff. HAÜ und § 2 c Abs. 4 AdVermiG vorgezeichneten Prüfungsreihenfolge nur auf bereits überprüfte Bewerber zurückgreifen (→ AdÜbAG § 5 Rn. 7).

17   **2. Annehmende mit Wohnsitz oder Aufenthalt im Ausland.** Soll ein in Deutschland lebendes Kind durch in einem anderen Vertragsstaat lebende Bewerber (gleich welcher Staatsangehörigkeit, → Rn. 4) adoptiert werden, so sind nur die zentralen Adoptionsstellen der Landesjugendämter zur Abwicklung des Verfahrens **berechtigt** (§ 2 Abs. 1 letzter Hs. AdÜbAG). Die Einschaltung dieser Stellen ist für das internationale Verfahren zwingend erforderlich (§ 2 a Abs. 1 Satz 3 iVm § 2 b AdVermiG). Dies gilt auch für den Fall von Stiefkind- und Verwandtenadoptionen, da § 2 b AdVermiG nicht an den Vermittlungsbegriff iSv § 1 AdVermiG, sondern die in § 2 a Abs. 1 AdVermiG enthaltene Definition des internationalen Verfahrens anknüpft. Ein solches liegt aber auch bei Stiefkind- und Verwandtenadoptionen vor (hierzu → Rn. 5 und → AdVermiG § 2 b Rn. 1). In der Praxis spielen Adoptionen in das Ausland kaum eine Rolle.

18   Im Fall eines **internationalen Verfahrens**, in dem ein Kind aus Deutschland in das Ausland vermittelt werden soll, obliegt es der zentralen Adoptionsstelle, sich auf der Grundlage eines Sozialberichts aus dem Ausland (Art. 15 HAÜ) über die Möglichkeiten und Grenzen der Bewerber zu informieren. Der zuständigen ausländischen Stelle ist ein ausführlicher Kinderbericht gem. Art. 16 HAÜ zu übersenden (zu dessen Inhalt → AdÜbAG § 5 Rn. 4), sofern ein rechtlich adoptierbares Kind mit einem entsprechenden Adoptionsbedarf bekannt ist (Art. 4 HAÜ).[31] Bei **Stiefkind- und Verwandtenadoptionen** wird der für den Aufnahmestaat erforderliche Kinderbericht (Art. 16 HAÜ) in aller Regel auf ein entsprechendes Ersuchen der zentralen Adoptionsstelle (§ 7 a Abs. 3 AdVermiG) durch die Adoptionsvermittlungsstelle des für das Kind zuständigen Jugendamts erstellt, zumal diese schon nach § 7 a Abs. 1 AdVermiG zu den erforderlichen Ermittlungen beim Kind und seiner Herkunftsfamilie verpflichtet ist und in jedem Fall die nach § 9 AdVermiG erforderliche Begleitung sicherzustellen hat (§ 9 b Satz 1 AdVermiG). Die Weiterleitung des Berichts in das Ausland erfolgt sodann durch die zuständige zentrale Adoptionsstelle, nachdem sich diese über den Adoptionsbedarf und die rechtliche Adoptierbarkeit des Kindes vergewissert hat (Art. 4 HAÜ).

---

31 Zum Verfahren vgl. iÜ Empf. Nr. 13.5.

Abschnitt 1
Begriffsbestimmungen, Zuständigkeiten und Verfahren

§1 AdÜbAG Begriffsbestimmungen

(1) Zentrale Behörden im Sinne des Artikels 6 des Haager Übereinkommens vom 29. Mai 1993 über den Schutz von Kindern und die Zusammenarbeit auf dem Gebiet der internationalen Adoption (BGBl. 2001 II S. 1034) (Übereinkommen) sind das Bundesamt für Justiz als Bundeszentralstelle für Auslandsadoption (Bundeszentralstelle) und die zentralen Adoptionsstellen der Landesjugendämter (zentrale Adoptionsstellen).

(2) Zugelassene Organisationen im Sinne der Artikel 9 und 22 Abs. 1 des Übereinkommens sind die anerkannten Auslandsvermittlungsstellen, soweit sie zur internationalen Adoptionsvermittlung im Verhältnis zu Vertragsstaaten des Übereinkommens zugelassen sind (§ 2 a Absatz 4 Nummer 2, § 4 Absatz 2 des Adoptionsvermittlungsgesetzes).

(3) Im Sinne dieses Gesetzes

1. sind Auslandsvermittlungsstellen die zentralen Adoptionsstellen und die in Absatz 2 genannten Adoptionsvermittlungsstellen;

2. ist zentrale Behörde des Heimatstaates (Artikel 2 Absatz 1 des Übereinkommens) die Stelle, die nach dem Recht dieses Staates die jeweils in Betracht kommende Aufgabe einer zentralen Behörde wahrnimmt.

I. Zentrale Behörden (Abs. 1)

Gem. Art. 6 Abs. 1 HAÜ haben alle Vertragsstaaten **zentrale Behörden** zu bestim- 1
men. Diese wickeln die Einzelfälle ab und arbeiten allgemein zum Schutz der Kinder sowie zur Verwirklichung der übrigen Ziele des HAÜ zusammen. Sie fördern auch die Zusammenarbeit zwischen den (sonstigen) zuständigen Stellen innerhalb ihres Staates.[1] § 1 AdÜbAG legt die Stellen fest, die in Deutschland den im Übereinkommen verwendeten Bezeichnungen entsprechen:

Abs. 1 benennt die **Bundeszentralstelle für Auslandsadoption** im Bundesamt für 2
Justiz als zentrale Behörde. Diese ist nicht zu einer eigenständigen Vermittlungs-tätigkeit befugt (§ 2 a Abs. 4 AdVermiG und → AdÜbAG § 2 Rn. 7). Vielmehr kommt ihr vor allem eine zentrale Anlauf- und Koordinierungsfunktion inner-halb Deutschlands zu (§ 2 a Abs. 5 AdVermiG; näher → AdÜbAG § 2 Rn. 7 f. und → AdVermiG § 2 a Rn. 21 ff.).

Auf der Länderebene sind die **zentralen Adoptionsstellen** der Landesjugendämter (§§ 2 Abs. 1; 2 a Abs. 4 Nr. 1 AdVermiG) zentrale Behörden iSd HAÜ. Damit hat der Gesetzgeber von der Möglichkeit in Art. 6 Abs. 2 HAÜ Gebrauch gemacht, wonach bundesstaatlich verfasste Staaten mehrere zentrale Behörden bestimmen können.

II. Zugelassene Organisationen (Abs. 2)

Neben den in § 1 Abs. 1 AdÜbAG genannten zentralen Adoptionsstellen kön- 3
nen auch nichtstaatliche Organisationen Aufgaben nach dem Übereinkommen wahrnehmen (Art. 9, 22 HAÜ). Abs. 2 eröffnet diese Option für die in Deutsch-land **staatlich anerkannten Auslandsvermittlungsstellen** der freien Träger (vgl. § 4 Abs. 2 AdVermiG, der zugleich die Vorgaben der Art. 10, 11 HAÜ zu deren Zulassung und Beaufsichtigung umsetzt). Diese sind zur internationalen

---

[1] Zu den Details BT-Drs. 14/6011, 16 f.; Guide to Good Practice, Nr. 4.2, S. 50.

Vermittlung berechtigt, aber nicht verpflichtet (zum Verhältnis zwischen den Adoptionsbewerbern und Vermittlungsstellen in freier Trägerschaft → AdVermiG § 2 Rn. 14). Zusätzlich zur besonderen Zulassung in Deutschland benötigen die staatlich anerkannten Auslandsvermittlungsstellen gem. Art. 12 HAÜ auch die **Genehmigung der zuständigen Stellen im Herkunftsstaat** des Kindes, um dort tätig werden zu dürfen. Diese ist der hiesigen Zulassungsbehörde gem. § 2 Abs. 1 Nr. 5 AdVermiStAnKoV[2] vorzulegen. Ist dies im Zeitpunkt der Entscheidung über die hiesige Zulassung noch nicht möglich, so kann die besondere Zulassung auf ein Jahr befristet und mit der Auflage erteilt werden, innerhalb dieser Zeit die Akkreditierung durch den betreffenden Herkunftsstaat nachzureichen (§ 2 Abs. 4 AdVermiStAnKoV).[3] Anerkannte Adoptionsvermittlungsstellen (§ 2 Abs. 3 AdVermiG), die nicht über die besondere Zulassung zur grenzüberschreitenden Adoptionsvermittlung nach § 4 Abs. 2 AdVermiG verfügen, dürfen keine grenzüberschreitenden Adoptionsaufgaben wahrnehmen und daher auch nicht als zugelassene Organisation iSd HAÜ tätig werden.

III. Auslandsvermittlungsstellen (Abs. 3 Nr. 1)

4   Auslandsvermittlungsstellen gem. Abs. 3 Nr. 1 sind die in § 2 a Abs. 4 AdVermiG genannten **zentralen Adoptionsstellen** der Landesjugendämter sowie die staatlich anerkannten **Auslandsvermittlungsstellen freier Träger** (→ Rn. 3), soweit sie über die nach § 4 Abs. 2 AdVermiG erforderliche besondere Zulassung verfügen. Die **Bundeszentrale für Auslandsadoption** ist dagegen – auch nicht im Verhältnis zu Vertragsstaaten – zur internationalen Adoptionsvermittlung berechtigt, wie § 1 Abs. 3 Nr. 1 AdÜbAG klarstellt.

IV. Zentrale Behörden des Heimatstaates (Abs. 3 Nr. 2)

5   Die Regelung in § 1 Abs. 3 Nr. 2 AdÜbAG stellt klar, dass auch in anderen Vertragsstaaten nichtstaatliche Organisationen Aufgaben einer zentralen Behörde wahrnehmen dürfen.[4] Welche Stelle mit welchen konkreten Aufgaben betraut ist, bestimmt sich nach dem Recht des betreffenden Staates und dem Inhalt der entsprechenden Notifikation gem. Art. 13 HAÜ.

Hinweis:

Eine Übersicht über die zentralen Behörden der Vertragsstaaten findet sich im Internet unter http://www.hcch.net/index_en.php?act=conventions.authorities&c id=69.

§ 2 AdÜbAG   Sachliche Zuständigkeiten

(1) Die in § 1 Absatz 2 genannten Adoptionsvermittlungsstellen nehmen unbeschadet des Absatzes 3 Satz 1 für die von ihnen betreuten Vermittlungsfälle die Aufgaben nach den Artikeln 9 und 14 bis 21 des Übereinkommens wahr, die anerkannten Auslandsvermittlungsstellen jedoch nur hinsichtlich der Vermittlung eines Kindes mit gewöhnlichem Aufenthalt im Ausland an Adoptionsbewerber mit gewöhnlichem Aufenthalt im Inland.

(2) [1]Die Bundeszentralstelle nimmt die Aufgaben gemäß Artikel 6 Absatz 2 Satz 2 des Übereinkommens sowie gemäß § 4 Absatz 6 und § 9 dieses Gesetzes wahr und koordiniert die Erfüllung der Aufgaben nach den Artikeln 7 und 9

---

2   Abgedruckt unter → AdVermiG § 9 d Anh. 1.
3   Abgedruckt unter → AdVermiG § 9 d Anh. 1.
4   BT-Drs. 14/6011, 34 f.

des Übereinkommens mit den Auslandsvermittlungsstellen. [2]Die Erfüllung der Aufgaben nach Artikel 8 des Übereinkommens koordiniert sie mit den zentralen Adoptionsstellen. [3]Soweit die Aufgaben nach dem Übereinkommen nicht nach Satz 1 der Bundeszentralstelle zugewiesen sind oder nach Absatz 1 oder Absatz 3 Satz 1 von Jugendämtern, anerkannten Auslandsvermittlungsstellen oder sonstigen zuständigen Stellen wahrgenommen werden, nehmen die zentralen Adoptionsstellen diese Aufgaben wahr.

(3) [1]In Bezug auf die in den Artikeln 8 und 21 des Übereinkommens vorgesehenen Maßnahmen bleiben die allgemeinen gerichtlichen und behördlichen Zuständigkeiten unberührt. [2]In den Fällen des Artikels 21 Absatz 1 des Übereinkommens obliegt jedoch die Verständigung mit der zentralen Behörde des Heimatstaates den nach den Absätzen 1 oder 2 zuständigen Stellen.

I. Abwicklung von Einzelfällen gem. Art. 9 und 14–21 HAÜ (Abs. 1)

§ 2 AdÜbAG regelt die Zuständigkeiten der **zentralen Behörden** und der anderen auf dem Gebiet internationaler Adoptionsverfahren tätigen Stellen. 1

Gem. § 2 Abs. 1 AdÜbAG dürfen die in § 1 Abs. 2 AdÜbAG genannten anerkannten Auslandsvermittlungsstellen die bei der Abwicklung der von ihnen betreuten Vermittlungsfälle anfallenden Aufgaben nach Art. 9 und 14–21 HAÜ für die Bundesrepublik Deutschland wahrnehmen. Sie können Vermittlungen aus Vertragsstaaten in das Inland damit im Regelfall vollständig in eigener Verantwortung betreuen. 2

Dagegen darf die Vermittlung eines in Deutschland lebenden Kindes zu **Adoptionsbewerbern im Ausland** gem. § 2 Abs. 1 letzter Hs. AdÜbAG ausschließlich durch die zentralen Adoptionsstellen erfolgen. Zum Verfahren → AdÜbAG Einl. Rn. 17 f. 3

II. Maßnahmen gem. Art. 8 und 21 HAÜ (Abs. 3)

Gem. Art. 22 Abs. 1 HAÜ ist es zulässig, die **Zuständigkeiten** für **Schutzmaßnahmen** losgelöst von den Aufgaben der zentralen Behörden zu regeln. In § 2 Abs. 3 AdÜbAG hat der Gesetzgeber von dieser Möglichkeit Gebrauch gemacht (→ AdVermiG §§ 14 ff. Rn. 2). 4

1. Verhinderung unstatthafter Vermögensvorteile. Gem. Art. 8 HAÜ haben die Vertragsstaaten **Maßnahmen** zur Verhinderung unstatthafter Vermögensvorteile im Zusammenhang mit einer Adoption zu ergreifen. § 2 Abs. 3 AdÜbAG verweist insoweit auf die in Deutschland bestehenden strafrechtlichen Sanktionsmöglichkeiten sowie auf die Zuständigkeit der für die Verfolgung von Straftaten und Ordnungswidrigkeiten berufenen Gerichte und Behörden. Über diese hinaus haben die BZAA und die zentralen Adoptionsstellen der Landesjugendämter gem. Art. 33 HAÜ den Auftrag, bei Verstößen gegen das Übereinkommen die zuständigen Stellen einzuschalten und die erforderlichen Maßnahmen anzuregen. Die Befugnis zur Übermittlung der insoweit erforderlichen personenbezogenen Daten ergibt sich aus § 9 e Abs. 1 Nr. 3–5 AdVermiG. Zur Prüfung der Einnahmen im Rahmen der besonderen Zulassung als Auslandsvermittlungsstelle iÜ → AdÜbAG § 4 Rn. 9. 5

2. Schutzmaßnahmen für das Kind. Auch in Bezug auf die in Art. 21 HAÜ genannten Schutzmaßnahmen für den Fall, dass das Kindeswohl bei den Adoptionsbewerbern nicht sichergestellt ist (zB Inobhutnahme und anschließende Unterbringung in einer (Bereitschafts-)Pflegefamilie oder einem Heim), belässt es § 2 Abs. 3 AdÜbAG bei der **Zuständigkeit** der hierfür in Deutschland generell zuständigen Stellen, dh insbes. des Jugendamts und des Familiengerichts. Werden diese tätig, so ist die mit dem betreffenden Einzelfall betraute Auslandsvermitt- 6 lungsstelle gem. § 7 Abs. 4 AdÜbAG während der Adoptionspflegezeit, dh bis zum Abschluss des gerichtlichen Adoptionsverfahrens, an den entsprechenden, das Kind betreffenden gerichtlichen und behördlichen Verfahren zu beteiligen. Die Auslandsvermittlungsstelle übernimmt sodann – ggf. unter Beteiligung der BZAA – die nach Art. 21 Abs. 1 lit. b HAÜ erforderliche Kommunikation und weitere Abstimmung mit den Behörden des Herkunftsstaats des Kindes.

III. Weitere Aufgaben der zentralen Behörden (Abs. 2 Satz 1, 2)

7   § 2 Abs. 2 Satz 1 AdÜbAG umreißt das **Tätigkeitsfeld der BZAA**.[1] Diese hat den Auftrag,

- als **zentrale Empfangsstelle** in Deutschland für Mitteilungen aus dem Ausland zu fungieren (Art. 6 Abs. 2 Satz 2 HAÜ), sofern die ausländischen Fachstellen nicht unmittelbar mit der in Deutschland zuständigen Auslandsvermittlungsstelle kommunizieren,

- auf Antrag der Bewerber an der **Übermittlung von Unterlagen** an die zentrale Behörde des Heimatstaates mitzuwirken (§ 4 Abs. 6 AdÜbAG), und

- die Ordnungsmäßigkeit der in einem anderen Vertragsstaat des HAÜ ausgestellten **Bescheinigung** über eine dort vollzogene Adoption auf Antrag zu bestätigen (§ 9 AdÜbAG).

Auf Antrag bestätigt die Bundeszentralstelle Adoptionsbewerbern zudem deren rechtliche Befähigung zur Adoption (§ 7 d Abs. 1, 2 AdVermiG).

8   Darüber hinaus kommt der BZAA eine **Koordinierungsfunktion** in Bezug auf die Aufgaben nach Art. 7–9 HAÜ zu (§ 2 Abs. 2 Satz 2 AdÜbAG). Zu diesem Zweck normiert § 2 a Abs. 5 AdVermiG eine Kooperationspflicht der Auslandsvermittlungsstellen mit der BZAA. § 2 a Abs. 6 AdVermiG enthält entsprechende Informations- und Übermittlungspflichten der Adoptionsvermittlungsstellen gegenüber der Bundeszentralstelle; diese werden konkretisiert in der AuslMV (zu den Details → AdVermiG § 9 d Rn. 1 und 3). Die Bundeszentralstelle darf auf direktem Wege mit zentralen Behörden anderer Vertragsstaaten kommunizieren (§ 3 Abs. 1 Satz 1 AdÜbAG) und allgemeine Informationen sowie konkrete Details über einzelne Vermittlungsfälle austauschen (im Fall des § 4 Abs. 6 AdÜbAG nur auf Antrag der Bewerber). Dabei hat sie die ausländischen Stellen gem. § 3 Abs. 1 Satz 2 AdÜbAG iVm § 9 e Abs. 4 AdVermiG darauf hinzuweisen, dass die Daten nur für den Zweck verarbeitet und genutzt werden dürfen, zu dem sie übermittelt werden.

9   Auch wenn die BZAA im Rahmen eines grenzüberschreitenden Verfahrens als zentrale Stelle auf Bundesebene tätig werden kann, sind die Auslandsvermittlungsstellen nicht gehindert, selbst unmittelbar mit den zuständigen Stellen in anderen Vertragsstaaten in Kontakt zu treten (§ 3 Abs. 1 Satz 1 AdÜbAG). Sie werden durch die Einschaltung der BZAA auch nicht von der eigenständigen Erfüllung ihrer Aufgaben nach dem HAÜ und der Letztverantwortung für die ordnungsgemäße Abwicklung der von ihnen betrauten Einzelfälle entbunden.

IV. Auffangzuständigkeit der zentralen Adoptionsstellen (Abs. 2 Satz 3)

10   § 2 Abs. 2 Satz 3 AdÜbAG begründet eine **Auffangzuständigkeit** der zentralen Adoptionsstellen der Landesjugendämter für alle Aufgaben, die nicht entweder nach Abs. 2 Satz 1 der BZAA zugewiesen sind oder nach § 2 Abs. 1 oder Abs. 3 Satz 1 AdÜbAG von Jugendämtern, anerkannten Auslandsvermittlungsstellen oder sonstigen zuständigen Stellen wahrgenommen werden.[2]

---

1 Hierzu im Detail Paulitz Adoption/Weitzel, S. 306 ff.
2 Bienentreu/Busch JAmt 2003, 273.

Von praktischer Bedeutung für die zentralen Adoptionsstellen ist insbes. die **11**
Verpflichtung aus § 2 Abs. 2 Satz 3 AdÜbAG **zur Übernahme zwischenstaatlicher**
Verfahren.[3] Wegen des insoweit eindeutigen Wortlauts von § 2 Abs. 2 Satz 3
AdÜbAG kann eine Subsidiarität der Tätigkeit der zentralen Adoptionsstellen
gegenüber den Vermittlungsstellen freier Träger nicht hergeleitet werden.[4] Auch
§ 4 SGB VIII gilt für die Adoptionsvermittlung nicht, da diese zwar eine Jugendhilfemaßnahme darstellt, aber nicht im SGB VIII geregelt ist (→ AdVermiG Einl.
Rn. 9). Dies ergibt sich bereits aus dem Wortlaut von § 4 Abs. 1 AdÜbAG,
wonach Adoptionsbewerber ihre Bewerbung entweder an die zentrale Adoptionsvermittlungsstelle oder an eine der anerkannten Auslandsvermittlungsstellen
richten können. Der Gesetzgeber ist somit offensichtlich von einem **Wahlrecht**
der Adoptionswilligen zwischen gleichberechtigt nebeneinanderstehenden Auslandsvermittlungsstellen ausgegangen.[5]

Wegen der gesetzlich festgeschriebenen Auffangzuständigkeit dürfen die zentra- **12**
len Adoptionsstellen Bewerber nicht darauf verweisen, ein Adoptivkind aus
einem anderen Land anzunehmen oder sich an eine andere Adoptionsvermittlungsstelle zu wenden. Allerdings besteht die Pflicht der zuständigen zentralen
Adoptionsstelle zur Übernahme eines Verfahrens nur, wenn die allgemeine Adoptionseignung der Bewerber bereits durch eine andere Adoptionsvermittlungsstelle
festgestellt wurde (§ 7 c Abs. 1 AdVermiG iVm § 4 Abs. 4 AdÜbAG) und sie sich
selbst positiv von der auslandsspezifischen Bewerbereignung überzeugen konnte
(§ 7 c Abs. 3 AdVermiG iVm § 4 Abs. 4 AdÜbAG). Dh es dürfen keine Zweifel
der zentralen Adoptionsstelle an der Bewerbereignung bestehen (→ AdVermiG
§ 7 c Rn. 1). Zudem kommt die Verfahrensübernahme nur in Betracht, wenn die
Adoption in dem betreffenden Herkunftsstaat des Kindes erlaubt und realisierbar
ist. Darüber hinaus muss in diesem eine zur Auslandsvermittlung befugte und zur
Zusammenarbeit mit der jeweiligen zentralen Adoptionsstelle bereite Fachstelle
vorhanden sein (§ 2 c Abs. 2 AdVermiG).

§ 3 AdÜbAG Verfahren

(1) [1]Die Bundeszentralstelle und die Auslandsvermittlungsstellen können unmittelbar mit allen zuständigen Stellen im Inland und im Ausland verkehren. [2]Auf
ihre Tätigkeit finden die Vorschriften des Adoptionsvermittlungsgesetzes Anwendung. [3]Die §§ 9 c und 9 e des Adoptionsvermittlungsgesetzes gelten auch für die
von der zentralen Behörde eines anderen Vertragsstaates des Übereinkommens
übermittelten personenbezogenen Daten und Unterlagen. [4]Für die zentralen Adoptionsstellen und die Jugendämter gilt ergänzend das Zehnte Buch Sozialgesetzbuch, soweit nicht bereits § 9 e des Adoptionsvermittlungsgesetzes auf diese
Bestimmungen verweist.

(2) [1]Das Verfahren der Bundeszentralstelle gilt unbeschadet des Absatzes 1 Satz 2
und 3 als Justizverwaltungsverfahren. [2]In Verfahren nach § 4 Abs. 6 oder § 9
kann dem Antragsteller aufgegeben werden, geeignete Nachweise oder beglaubigte Übersetzungen beizubringen. [3]Die Bundeszentralstelle kann erforderliche
Übersetzungen selbst in Auftrag geben; die Höhe der Vergütung für die Übersetzungen richtet sich nach dem Justizvergütungs- und -entschädigungsgesetz.

---

3 BT-Drs. 14/6011, 35.
4 VG Düsseldorf 7.5.2007 – 19 K 900/06.
5 Reinhardt JAmt 2015, 2.

I. Direkte Kommunikation (Abs. 1 Satz 1)

1   § 3 AdÜbAG enthält **grundsätzliche** Regelungen für die Abwicklung von Verfahren nach dem HAÜ.

2   § 3 Abs. 1 Satz 1 AdÜbAG ermöglicht, dass sich die BZAA und die in § 1 Abs. 3 Nr. 1 AdÜbAG genannten Auslandsvermittlungsstellen – ganz gleich in welcher Trägerschaft – ohne Einhaltung von Dienstwegen an alle mit der Ausführung des HAÜ betrauten Stellen im Ausland wenden können. Der darin liegende Verzicht auf die Einhaltung der diplomatischen Wege bedeutet für die **Praxis** eine erhebliche Verfahrensvereinfachung und -beschleunigung. Werden im Rahmen der internationalen Kooperation personenbezogene Daten übermittelt, ist dies gem. § 3 Abs. 1 Satz 2 AdÜbAG und 9 e Abs. 1 AdVermiG grundsätzlich zulässig. Für die Übermittlung in nicht der EU angehörige Staaten ist jedoch eine gesonderte Einwilligung der betroffenen Personen erforderlich (Art. 49 Abs. 1 lit. a DSGVO).[1]

II. Anwendung der Bestimmungen des AdVermiG (Abs. 1 Sätze 2–4)

3   Für Vermittlungen aus Vertragsstaaten gehen die **Sondervorschriften** des AdÜbAG wegen Art. 25 Satz 2 GG den Regelungen des AdVermiG vor (§ 2 a Abs. 3 AdVermiG). § 3 Abs. 1 Satz 2 AdÜbAG stellt aber klar, dass die grenzüberschreitende Adoptionsvermittlung iÜ den Bestimmungen des AdVermiG unterliegt. Von Bedeutung für die Vermittlungspraxis sind insbes. die Vorschriften des AdVermiG zur Vorbereitung und Überprüfung von Bewerbern (§ 9 Abs. 1 sowie §§ 7 b und c AdVermiG) sowie zur nachgehenden Begleitung einschließlich der Nachberichterstattung (§ 9 Abs. 2 und 4 AdVermiG). Darüber hinaus sind die in § 2 a Abs. 5, 6 AdVermiG enthaltenen Vorgaben zur Zusammenarbeit der Adoptionsvermittlungsstellen mit der BZAA wichtig für die einheitliche Umsetzung des HAÜ in Deutschland. § 11 AdVermiG regelt die Kooperation mit den zentralen Adoptionsstellen. Schließlich verweist § 3 Abs. 1 AdÜbAG in Satz 3 und 4 ausdrücklich auf die Anwendbarkeit von §§ 9 c und 9 e AdVermiG, welche in Umsetzung von Art. 30 HAÜ und Art. 22 EAÜ die Aufbewahrung von und den Zugang zu den Vermittlungsakten regeln und den bereichsspezifischen datenschutzrechtlichen Rahmen vorgeben.

III. Verfahren der Bundeszentralstelle (Abs. 2)

4   § 3 Abs. 2 Satz 1 AdÜbAG ordnet die Tätigkeit der Bundeszentralstelle unbeschadet der Geltung des AdVermiG dem Bereich des **Justizverwaltungsverfahrens** zu. Daher ist gegen Maßnahmen der BZAA gem. §§ 23 ff. EGGVG der Rechtsweg zu den ordentlichen Gerichten eröffnet. Die Erhebung von Kosten richtet sich nach der JVKostO.[2]

5   Für Personen, die eine Beteiligung der BZAA bei der Unterlagenübersendung in das Ausland (§ 4 Abs. 6 AdÜbAG) oder die Ausstellung einer Bescheinigung nach § 9 AdÜbAG beantragen, enthält § 3 Abs. 2 Satz 2 AdÜbAG eine Mitwirkungs- und Nachweispflicht. Die **Kosten** der erforderlichen Nachweise oder Übersetzungen haben entsprechend Art. 34 Satz 2 HAÜ die Antragsteller zu tragen.

6   Nach § 3 Abs. 2 Satz 3 AdÜbAG kann die BZAA auch Übersetzungen in Auftrag geben, die nicht im Zusammenhang mit einem bestimmten Einzelfall stehen (zB wenn sie für die Klärung grundsätzlicher Verfahrensfragen mit einem Herkunftsstaat oder die Ermittlung ausländischer Gesetzeswortlaute erforderlich sind). Wegen der Höhe der von der BZAA hierfür an die Übersetzer zu zahlenden

---

1 Hierzu Reinhardt JAmt 2018, 131 f.
2 BT-Drs. 14/6011, 36.

Entschädigung wird auf das Gesetz über die Entschädigung von Zeugen und Sachverständigen verwiesen.

Abschnitt 2
Internationale Adoptionsvermittlung im Verhältnis zu anderen Vertragsstaaten

§ 4 AdÜbAG Adoptionsbewerbung

(1) Adoptionsbewerber mit gewöhnlichem Aufenthalt im Inland richten ihre Bewerbung entweder an die zentrale Adoptionsstelle oder an eine der anerkannten Auslandsvermittlungsstellen im Sinne des § 1 Absatz 2.

(2) Den Adoptionsbewerbern obliegt es,

1. anzugeben, aus welchem Heimatstaat sie ein Kind annehmen möchten,

2. an den Voraussetzungen für die Vorlage der Berichte nach § 7 b Absatz 2 Satz 1 und § 7 c Absatz 2 Satz 2 des Adoptionsvermittlungsgesetzes mitzuwirken und

3. zu versichern, dass eine weitere Bewerbung um die Vermittlung eines Kindes aus dem Ausland nicht anhängig ist.

(3) [1]Die Auslandsvermittlungsstelle berät die Adoptionsbewerber. [2]Sie teilt den Adoptionsbewerbern rechtzeitig vor der ersten Übermittlung personenbezogener Daten an den Heimatstaat mit, inwieweit nach ihrem Kenntnisstand in dem Heimatstaat der Schutz des Adoptionsgeheimnisses und anderer personenbezogener Daten sowie die Haftung für eine unzulässige oder unrichtige Verarbeitung personenbezogener Daten gewährleistet sind, und weist die Adoptionsbewerber auf insoweit bestehende Gefahren hin.

(4) Die Auslandsvermittlungsstelle kann eigene Ermittlungen anstellen und nach Beteiligung der für den gewöhnlichen Aufenthaltsort der Adoptionsbewerber zuständigen örtlichen Vermittlungsstelle (§ 9 b des Adoptionsvermittlungsgesetzes) sowie unter Einhaltung der in den §§ 7 b und 7 c des Adoptionsvermittlungsgesetzes geregelten Verfahrensvorschriften den in § 7 c Absatz 3 des Adoptionsvermittlungsgesetzes genannten Bericht selbst erstellen.

(5) [1]Hat sich die Auslandsvermittlungsstelle von der Eignung der Adoptionsbewerber überzeugt, so leitet sie die erforderlichen Bewerbungsunterlagen einschließlich eines Berichts nach Artikel 15 des Übereinkommens der zentralen Behörde des Heimatstaates zu. [2]Die Übermittlung bedarf der Einwilligung der Adoptionsbewerber.

(6) [1]Auf Antrag der Adoptionsbewerber wirkt die Bundeszentralstelle bei der Übermittlung nach Absatz 5 und bei der Übermittlung sonstiger die Bewerbung betreffender Mitteilungen an die zentrale Behörde des Heimatstaates mit. [2]Sie soll ihre Mitwirkung versagen, wenn die beantragte Übermittlung nach Form oder Inhalt den Bestimmungen des Übereinkommens oder des Heimatstaates erkennbar nicht genügt.

I. Adressat der Adoptionsbewerbung (Abs. 1)

1   Nach Art. 14 HAÜ haben sich Personen mit gewöhnlichem Aufenthalt in einem Vertragsstaat, die ein Kind mit gewöhnlichem Aufenthalt in einem anderen Vertragsstaat adoptieren möchten, an die zentrale Behörde im Staat ihres gewöhnlichen Aufenthalts zu wenden. Entsprechend § 2 Abs. 1 AdÜbAG konkretisiert § 4 Abs. 1 AdÜbAG diese Vorgabe dahin gehend, dass die Bewerbung stets an eine **Auslandsvermittlungsstelle** iSv § 1 Abs. 3 Nr. 1 AdÜbAG iVm § 2 a Abs. 4 AdVermiG zu richten ist. Die unmittelbare Bewerbung im Heimatstaat des Kindes ist durch Art. 14 HAÜ und § 4 Abs. 1 AdÜbAG ausgeschlossen.

2   **Sachlich zuständig** für die Entgegennahme und Bearbeitung von Bewerbungen für die Adoption von Kindern aus Vertragsstaaten sind somit die zentralen Adoptionsstellen der Landesjugendämter (§ 2 a Abs. 4 Nr. 1 AdVermiG) und die staatlich anerkannten Auslandsvermittlungsstellen (§ 2 a Abs. 4 Nr. 2 AdVermiG; § 4 Abs. 2 AdVermiG). Wegen der Details darf auf die Erl. zu → AdVermiG § 2 a Rn. 11 ff. verwiesen werden.

3   Zwischen den in § 2 a AdVermiG genannten Vermittlungsstellen in öffentlicher oder freier Trägerschaft haben Bewerber grundsätzlich die **Wahl.**[1] Jedoch sind lediglich die zentralen Adoptionsstellen zur Übernahme von Verfahren aus Vertragsstaaten verpflichtet (zu den Details → AdÜbAG § 2 Rn. 11 und → AdVermiG § 2 a Rn. 11 ff.).

4   Die **örtliche Zuständigkeit** der zentralen Adoptionsstellen richtet sich nach dem gewöhnlichen Aufenthalt der Adoptionsbewerber. Darunter ist der Daseinsmittelpunkt, dh der Schwerpunkt der familiären und beruflichen Bindungen zu verstehen.[2] Sofern ein gewöhnlicher Aufenthalt in den Bezirken zweier verschiedener zentraler Adoptionsstellen besteht, haben Bewerber unter diesen die Wahl;[3] die zuerst befasste Stelle übernimmt das Verfahren (§ 2 SGB X). Die staatlich anerkannten Auslandsvermittlungsstellen freier Träger vermitteln bundesweit zu Bewerbern im Inland, sofern sich nicht aus dem Anerkennungs- oder Zulassungsbescheid etwas anderes ergibt.

5   Da die **Bundeszentralstelle** für Auslandsadoption zwar zentrale Behörde iSd HAÜ ist (§ 1 Abs. 1 AdÜbAG), aber selbst keine Adoptionsvermittlung betreibt (→ AdÜbAG § 1 Rn. 3 und 5), kann die Bewerbung nicht an die BZAA gerichtet werden.

6   Das internationale Verfahren kann nicht durch eine Adoptionsvermittlungsstelle mit Sitz im Ausland übernommen werden. Die darin liegende sog. „**Drittstaatenadoption**" wird aus fachlicher Sicht vor allem deshalb abgelehnt, weil die Stellen im Drittstaat meist weder die Situation der Bewerber vor Ort noch die des Kindes ausreichend genau beurteilen können. Dadurch ist die Gefahr scheiternder Adoptionsverhältnisse deutlich erhöht.[4]

---

1   VG Düsseldorf 7.5.2007 – 19 K 900/06.
2   Palandt/Thorn EGBGB Art. 5 Rn. 10; MüKoBGB/v. Hein EGBGB Art. 5 Rn. 123; Mrozynski SGB I § 30 Rn. 23.
3   BT-Drs. 14/6011, 37.
4   Paulitz Adoption/Radke, S. 304 f.

Unbegleitete Adoptionen aus Vertragsstaaten sind sowohl nach § 2 b AdVermiG 7
als auch durch die Konvention ausgeschlossen.[5] Eine gleichwohl in einem Vertragsstaat des HAÜ erfolgte Adoption wird in Deutschland nicht anerkannt (§ 4
Abs. 1 iVm § 1 Abs. 2 AdWirkG und Art. 23 HAÜ). Eine Anerkennungsfeststellung durch das zuständige Familiengericht (§ 1 Abs. 2 AdWirkG) kann gem. § 4
Abs. 1 Satz 2 AdWirkG in dieser Situation allenfalls dann erfolgen, wenn im
Zeitpunkt der Anerkennungsentscheidung (§ 4 Abs. 2 AdWirkG) zwischen den
Annehmenden und dem unbegleitet adoptierten Kind ein Eltern-Kind-Verhältnis
entstanden ist und die Annahme für das Wohl des Kindes zwingend erforderlich
ist (zu den Details → AdWirkG § 4 Rn. 4 mwN).

II. Kostenpflicht des Verfahrens

Für die Abwicklung des internationalen Verfahrens einschließlich der länderspe- 8
zifischen Eignungsprüfung durch die zentralen Adoptionsstellen werden **Gebühren** iHv 1.200 EUR erhoben (§ 5 Nr. 2 AdVermiStAnKoV).[6] Weitere 1.300 EUR
fallen für die allgemeine Eignungsprüfung nach § 7 b AdVermiG an, sofern
diese durch die Vermittlungsstelle eines örtlichen Jugendamts erfolgt (§ 5 Nr. 1
AdVermiStAnKoV). Zudem sind von den Bewerbern die **Auslagen** für die Beschaffung von Urkunden und Übersetzungen oder die Vergütung von Sachverständigen zu tragen (§ 6 AdVermiStAnKoV). Die Erhebung der Gebühren und
Auslagen richtet sich nach den einschlägigen landesrechtlichen Kostenregelungen. Wegen der Details darf auf die Erl. zum AdVermiG (→ AdVermiG § 7 b
Rn. 12 ff.) verwiesen werden.

Die Vergütung der Auslandsvermittlungsstellen in **freier Trägerschaft** ergibt sich 9
aus der entsprechenden Vereinbarung im Vermittlungsvertrag. Sie ist begrenzt
durch das Verbot in Art. 8 und 32 HAÜ, unstatthafte Vorteile mit der Adoption
zu verbinden. Die konkrete Vergütungskalkulation der staatlich anerkannten
Auslandsvermittlungsstellen ist daher im Rahmen der besonderen Zulassung (§ 4
Abs. 2 AdVermiG) der insoweit zuständigen zentralen Adoptionsstelle dazulegen
und von dieser zu prüfen (wegen der Details → AdVermiG § 4 Rn. 2, 16).

III. Pflichten der Bewerber (Abs. 2)

1. Entscheidung für einen Heimatstaat (Nr. 1). Nach § 4 Abs. 2 Nr. 1 AdÜbAG 10
müssen sich Adoptionsbewerber für die Adoption aus einem bestimmten Staat
entscheiden. Die Konkretisierung der Bewerbung auf diesen wird benötigt, um
die länderspezifische Eignung der Bewerber für die Annahme eines Kindes gerade aus dem betreffenden Kulturkreis beurteilen zu können (vgl. § 7 c Abs. 2
AdVermiG) und die Bewerber entsprechend zu beraten (§§ 4 Abs. 3, 5 Abs. 2
AdÜbAG) bzw. vorzubereiten (§ 9 Abs. 1 AdVermiG). Zudem sollen dadurch
Mehrfachbewerbungen in mehreren ausländischen Staaten ausgeschlossen werden (→ Rn. 14).

Eine **Antragsänderung** in Bezug auf den Herkunftsstaat des Kindes ist im Verlauf 11
des Verfahrens möglich. Befinden sich die Unterlagen der Bewerber bereits in
dem ursprünglich avisierten Herkunftsstaat, so sind die dortigen Fachstellen
von der hiesigen zentralen Behörde zu informieren, dass die Bewerbung nicht
weiterverfolgt wird. Erst danach darf die in Deutschland zuständige Stelle die
Bewerbung in einen anderen Herkunftsstaat übermitteln.

Die **Verbindung zweier Verfahren** (zB wenn sich Bewerber zunächst nur für ein 12
einzelnes Kind beworben hatten, sich im Verlauf des Verfahrens jedoch die Mög-

---

5 Steiger DNotZ 2002, 191; BZAA S. 23; Guide to Good Practice, Nr. 8.6.6, S. 115.
6 Abgedruckt unter → AdVermiG § 9 d Anh. 1.

lichkeit ergibt, Geschwister zu adoptieren) ist möglich, sofern beide Verfahren mit ein und demselben Herkunftsstaat durchgeführt werden.

13   **2. Mitwirkung an der Eignungsprüfung (Nr. 2).** Der nach Art. 15 Abs. 1 HAÜ erforderliche Eignungsbericht über die Bewerber ist der zentrale Bestandteil der Adoptionsbewerbung im Ausland. Die Bewerber haben gegenüber der Adoptionsvermittlungsstelle des örtlich zuständigen Jugendamts nach § 7 b Abs. 1 iVm § 9 b Satz 1 AdVermiG einen Rechtsanspruch auf Prüfung ihrer allgemeinen Adoptionseignung und Übermittlung eines Berichts über das Ergebnis der Überprüfung an die Auslandsvermittlungsstelle (§ 7 b Abs. 2 AdVermiG; wegen der Details → AdVermiG § 7 b Rn. 6). Nach § 7 e AdVermiG sind die Bewerber zur **Mitwirkung** an der Eignungsüberprüfung verpflichtet, so dass § 4 Abs. 2 Nr. 2 AdÜbAG vor allem eine klarstellende Funktion zukommt.

14   **3. Keine Mehrfachbewerbung im Ausland (Nr. 3).** Gem. § 4 Abs. 2 Nr. 3 AdÜbAG sind **Mehrfachbewerbungen** im Ausland unzulässig. Dies gilt unabhängig davon, ob es sich um Vertrags- oder Nichtvertragsstaaten des HAÜ handelt. Die Entscheidung für einen bestimmten Herkunftsstaat des Kindes soll parallel geführte und unkoordinierte Vermittlungsverfahren vermeiden, da in dieser Situation unabgestimmte Mehrfachplatzierungen denkbar sind, welche die Bewerber in aller Regel überfordern und daher nicht im Interesse des Kindes liegen.

15   Nicht geregelt ist dagegen die Frage, ob **Bewerbungen in mehreren Bundesstaaten** eines Vertragsstaats (zB Brasilien, Vereinigtes Königreich, USA) gleichzeitig eingereicht werden können. Nach dem Normzweck, unkoordinierte Mehrfachplatzierungen von Kindern zu bestimmten Bewerbern zu verhindern, ist dies ausgeschlossen, sofern nicht eine zentrale Stelle innerhalb des Herkunftsstaats die Unterbreitung von Kindervorschlägen aus den einzelnen Bundesstaaten koordiniert (dies ist zB in Brasilien vorgesehen).

16   Da sich das Verbot der Mehrfachbewerbung ausdrücklich nur auf Bewerbungen im Ausland bezieht, verbietet Nr. 3 nach seinem insoweit eindeutigen Wortlaut nicht, dass Auslandsbewerber zugleich eine Bewerbung für eine **Inlandsadoption** verfolgen.[7] Im Zuge der partnerschaftlichen Zusammenarbeit (§ 2 Abs. 4 AdVermiG) haben sich die in Deutschland beteiligten Vermittlungsstellen in einer solchen Situation aber zeitnah abzustimmen, um etwaige unkoordinierte Platzierungen sowohl eines inländischen als auch eines ausländischen Kindes zu vermeiden.

IV. Pflichten der Auslandsvermittlungsstelle (Abs. 3)

17   Nach § 4 Abs. 3 Satz 1 AdÜbAG obliegt der Auslandsvermittlungsstelle die **Beratung der Bewerber** in Bezug auf die Besonderheiten bei der Annahme eines Kindes aus dem Ausland und auf die Auswahl eines bestimmten Herkunftsstaats. Darüber hinaus sind auch die voraussichtlich entstehenden Kosten und Auslagen im Ausland Gegenstand der Beratung.[8] Der in § 4 Abs. 3 Satz 1 AdÜbAG vorgesehene Rechtsanspruch der Bewerber auf auslandsspezifische Beratung[9] ergänzt damit die allgemeine Beratung, Vorbereitung und Begleitung der Adoptionsbewerber durch die Adoptionsvermittlungsstellen der örtlichen Jugendämter. Auf diese haben die Adoptionsbewerber ebenfalls einen Rechtsanspruch (§ 9 Abs. 1

---

7   Ebenso Behrentin AdoptionsR-HdB/Bienentreu Kap. A Rn. 274; aA offenbar – ohne rechtliche Begründung – die Empf. in Nr. 13.2.2.1, wonach die gleichzeitige Bewerbung in Deutschland „grundsätzlich nicht mehr möglich sein" soll.

8   Zur Beratung in Bezug auf das Kostenrisiko im Fall eines Scheiterns der Adoptionspflege s. OLG Köln 11.7.2019 – I-7 U 151/18.

9   Steiger DNotZ 2002, 195.

iVm § 9 b Satz 1 AdVermiG). Zum Inhalt der Beratung vgl. → AdVermiG § 9 Rn. 5 ff. und Empf. Nr. 13.2.2.1.

§ 4 Abs. 3 Satz 2 AdÜbAG verpflichtet die Auslandsvermittlungsstelle ebenso wie   18
Art. 49 Abs. 1 lit. a DSGVO ausdrücklich zur Information der Bewerber über den **Datenschutz** im Herkunftsstaat des Kindes. Zwar sieht Art. 31 HAÜ vor, dass die nach Art. 15 HAÜ übermittelten Daten ausschließlich bestimmungsgemäß verwendet werden dürfen. Eine Wahrung des Inkognitos der Adoptiveltern vergleichbar § 1758 BGB wird aber gleichwohl nicht in allen Vertragsstaaten sichergestellt werden können.

Hinweis:

In der Praxis werden die Auslandsvermittlungsstellen kaum über gesicherte Erkenntnisse zu den konkreten datenschutzrechtlichen Gegebenheiten im Herkunftsstaat verfügen. Da sie auch nicht verpflichtet sind, diese zu ermitteln, haben sie die Adoptionsbewerber aber zumindest allgemein auf die vorhandenen datenschutzrechtlichen Risiken hinzuweisen.[10]

V. Eignungsüberprüfung (Abs. 4)

1. Allgemeines. Auch bei grenzüberschreitenden Adoptionen sollen für adoptier-   19
bare Kinder stets diejenigen Adoptionswilligen ausgewählt werden, die auf allen Gebieten die günstigsten Voraussetzungen bieten. Die Adoptionsvermittlungsstellen sind daher gehalten, die **bestmöglich** geeigneten Bewerber auszuwählen und sowohl deren Möglichkeiten als auch die Grenzen auszuloten, für ein konkret zur Vermittlung stehendes Kind zu sorgen.[11] Zu den Details → AdVermiG Vor § 7 Rn. 1 und → AdVermiG § 7 Rn. 7.

Die Vorgaben an die zuständigen Stellen in Bezug auf die **Feststellung der Eig-**   20
nung der Adoptionsbewerber ergeben sich aus Art. 15 HAÜ (bei freien Trägern iVm 22 Abs. 1 HAÜ): Diese haben sich positiv davon zu überzeugen, dass die Antragsteller für eine Adoption rechtlich in Betracht kommen und tatsächlich geeignet sind, für ein Kind zu sorgen. Ist dies der Fall, so ist ein ausführlicher Bericht zu erstellen (zu dessen Inhalten → Rn. 24), welcher der zentralen Behörde im Heimatstaat des Kindes übermittelt wird. § 4 Abs. 4 und 5 AdÜbAG sowie §§ 2 c Abs. 1, 7 b und 7 c AdVermiG konkretisieren diese Vorgaben für das deutsche Recht.

2. Zuständigkeit für die Prüfung. Auch bei internationalen Adoptionsverfahren   21
mit Vertragsstaaten des HAÜ hat gem. Abs. 4 grds. ein **zweistufiges Eignungs-**
überprüfungsverfahren iSv § 2 c Abs. 1 AdVermiG zu erfolgen. Dabei erstreckt sich die Prüfung der Bewerbereignung zunächst auf die allgemeine Eignung zur Aufnahme eines Kindes (§ 7 b Abs. 1 AdVermiG). Hierfür ist eine Adoptionsvermittlungsstelle in öffentlicher oder freier Trägerschaft berechtigt; gegenüber den Vermittlungsstellen der Jugendämter besteht insoweit ein Rechtsanspruch (zu den Details → AdVermiG § 7 b Rn. 2). Wurde die allgemeine Eignung positiv festgestellt, so übernimmt die von den Bewerbern gewählte Auslandsvermittlungsstelle (die gem. § 7 b Abs. 3 AdVermiG nicht mit der Vermittlungsstelle der „ersten Stufe" identisch sein darf) die auslandsspezifische Überprüfung der Bewerber speziell für den Herkunftsstaat, in dem die Bewerbung erfolgen soll (§ 7 c Abs. 1 AdVermiG; zu den Inhalten der auslandsspezifischen Prüfung → AdVermiG § 7 c Rn. 2 ff.).

Kann sich die Adoptionsvermittlungsstelle in der „ersten Stufe" trotz umfassender Ermittlungen – ggf. auch nach Einholung ergänzender psychologischer Gut-

---

10 Vgl. Art. 49 Abs. 1 lit. a DSGVO; ebenso BT-Drs. 14/6011, 37.
11 EGMR FamRZ 2003, 149 ff.; VG Hamburg 1.12.2005 – 13 K 3059/05 mwN.

achten[12] (dazu → AdVermiG § 9 e Rn. 4) – nicht positiv von der allgemeinen Adoptionseignung der Bewerber überzeugen, so darf die Auslandsvermittlungsstelle gem. § 7 c Abs. 1 AdVermiG keine länderspezifische Prüfung vornehmen. Allerdings kann die Auslandsvermittlungsstelle im Fall eines Verfahrens mit einem Vertragsstaat des HAÜ – anders als bei Verfahren aus Nichtvertragsstaaten – auch eigene Ermittlungen zu der in der ersten Stufe positiv festgestellten allgemeinen Adoptionseignung vornehmen und einen eigenen Bericht erstellen, der die Ergebnisse sowohl der allgemeinen als auch der auslandsspezifischen Überprüfung zusammenfasst. In diesem Fall ist die örtliche Vermittlungsstelle nach § 4 Abs. 4 AdÜbAG jedoch **zwingend zu beteiligen.**[13] Zu diesem Zweck hat sich die Auslandsvermittlungsstelle frühzeitig mit der Adoptionsvermittlungsstelle des örtlich zuständigen Jugendamts in Verbindung zu setzen, dieser die Gelegenheit zur Prüfung und Stellungnahme zu geben und die dortige Bewertung in die eigene Entscheidungsfindung hinsichtlich der Bewerbereignung einzubeziehen. Kommt es im Rahmen der nach Abs. 4 vorgeschriebenen Abstimmung nicht zu einer übereinstimmenden Einschätzung durch die Auslandsvermittlungsstelle und die örtliche Vermittlungsstelle, so ist die Einschätzung der letztverantwortlichen Auslandsvermittlungsstelle entscheidend. Das ergibt sich aus § 4 Abs. 5 AdÜbAG, der für die Weiterleitung der Bewerberunterlagen in das Ausland lediglich voraussetzt, dass sich die Auslandsvermittlungsstelle positiv von der Eignung überzeugt haben muss (→ Rn. 24). Ein Abweichen der Einschätzungen durch die Auslandsvermittlungsstelle kann aber aufsichtlich hinterfragt werden (§ 4 Abs. 3 und 4 AdVermiG).

22   **3. Durchführung der Prüfung.** Das HAÜ enthält **keine standardisierten Vorgaben** hinsichtlich der Eigenschaften von Bewerbern, die bei der Überprüfung von deren Adoptionseignung zu berücksichtigen sind. Insbes. gibt es dort keine Vorgaben an das Alter der Annehmenden. Die Adoption durch Einzelpersonen oder gleichgeschlechtliche Ehe- oder Lebenspartner ist nicht durch das HAÜ ausgeschlossen. Wird das Kind im Ausland adoptiert, können sich allerdings Einschränkungen der Adoptionsmöglichkeiten für bestimmte Bewerbergruppen (zB nicht verheiratete oder homosexuelle Bewerber oder Annahmewillige oberhalb bestimmter Altersgrenzen) aus dem dort auf die Adoption anzuwendenden Sachrecht ergeben. Zu den Kriterien der allgemeinen bzw. der auslandsspezifischen Vorbereitung in Deutschland s. → AdVermiG § 7 c Rn. 5 und § 7 d Rn. 2 ff.; im Detail auch → AdVermiG § 7 Rn. 7, 31 ff.[14]

23   **4. Nichteignung der Bewerber.** Eine etwaige Ablehnung der Elterneignung durch eine zentrale Adoptionsstelle ist **verwaltungsgerichtlich überprüfbar**[15] (wegen der Details → AdVermiG § 7 Rn. 17 ff.). Versagt eine anerkannte Auslandsvermittlungsstelle in freier Trägerschaft die Weiterleitung der Unterlagen in das Ausland, ist der **Rechtsweg zu den ordentlichen Gerichten** eröffnet (→ AdVermiG § 2 Rn. 23).

24   **5. Erstellung des Sozialberichts.** Hat die Auslandsadoptionsvermittlungsstelle keine Zweifel an der Bewerbereignung, so ergänzt sie den Bericht der Vermittlungsstelle aus der ersten Stufe der Bewerberüberprüfung (§ 7 c Abs. 2 AdVermiG) oder erstellt nach vorheriger Abstimmung mit der Adoptionsvermitt-

---

12 Zu deren datenschutzrechtlicher Einordnung Reinhardt JAmt 2018, 130 f.

13 BT-Drs. 14/6011, 37.

14 Bayerisches Landesjugendamt (Hrsg.), Eignungsüberprüfung von Bewerbern in der Adoptions- und Pflegekindervermittlung, 2. Aufl. 2006; Empf. Nr. 7.4.2 und die bei → Rn. 24 genannten Veröffentlichungen.

15 StRspr., vgl. VG Hamburg 18.12.2001 – 13 VG 2780/2001; VG Freiburg 8.12.2003 – 8 K 1625/02; VG Sigmaringen 25.9.2008 – 8 K 159/07; VG München 27.4.2005 – M 18 K 04.3915.

lungsstelle des zuständigen Jugendamts (→ Rn. 21) einen eigenen Sozialbericht („Home Study") über die Bewerber (Abs. 4 und 5). Gem. Art. 15 Abs. 1 HAÜ enthält dieser die **erforderlichen Angaben** über die Person der Adoptionsbewerber, ihre persönlichen und familiären Umstände, ihren Gesundheitsstatus, ihr soziales Umfeld und ihre Beweggründe für die Adoption sowie die Eigenschaften und besonderen Bedürfnisse der Kinder, für die zu sorgen die betreffenden Bewerber geeignet wären. Hinweise zu Aufbau, Inhalt und Abfassung des Sozialberichts finden sich im Anhang der Empfehlungen der BAGLJÄ oder in: GZA Rheinland-Pfalz und Hessen (Hrsg.): Praxisleitfaden für Fachkräfte der Adoptionsvermittlungsstellen zur Feststellung der Adoptionseignung nach § 7 AdVermiG (2009), S. 87; Landesjugendamt Rheinland – Landesjugendamt Westfalen (Hrsg.), Arbeitshilfe zur Überprüfung von Adoptionsbewerbern, 2010. Darüber hinaus können Herkunftsstaaten auch eigene Vorgaben an Aufbau und Inhalte des Berichts sowie die Qualifikation, der den Bericht erstellenden Person haben. Einige Vertragsstaaten (zB Philippinen, Peru, Tschechische Republik) fordern zusätzlich zum Sozialbericht psychologische Gutachten über die Bewerber.

VI. Übersendung der Bewerbung in das Ausland (Abs. 5, 6)

Nach § 4 Abs. 5 Satz 1 AdÜbAG haben sich die Fachkräfte der Auslandsvermittlungsstelle in eigener (Letzt-)Verantwortung von der Eignung der Bewerber zu überzeugen, bevor sie die Bewerbungsunterlagen der zuständigen ausländischen Fachstelle zuleiten. Da die für den **Eignungsbericht** erhobenen und in den Bewerbungsunterlagen enthaltenen Daten oftmals weit in die persönliche Sphäre hineinreichen, ist vor deren Weiterleitung an die zuständigen Stellen im Herkunftsstaat des Kindes nach § 4 Abs. 5 Satz 2 AdÜbAG und Art. 49 Abs. 1 lit. a DSGVO die ausdrückliche **Einwilligung** der Adoptionsbewerber hierzu einzuholen. Nach § 4 Abs. 3 AdÜbAG und Art. 49 Abs. 1 lit. a DSGVO sind die Bewerber zuvor über die datenschutzrechtlichen Risiken zu informieren (→ Rn. 18). Darüber hinaus berät die Auslandsvermittlungsstelle die Bewerber auch hinsichtlich der erforderlichen Übersetzungen, (Über-)Beglaubigungen bzw. Apostillierung.   25

Hinweis:

Eine Liste der die Apostille akzeptierenden Staaten findet sich im Internet unter http://www.hcch.net/index_en.php?act=conventions.status&cid=41. In allen anderen Staaten ist die grundsätzlich die Legalisierung der den Bewerbungsunterlagen beigefügten Urkunden erforderlich.

Die Zustellung der Bewerbungsunterlagen erfolgt **direkt an die ausländische Fachstelle** (§ 4 Abs. 5 AdÜbAG, § 7 c Abs. 3 AdVermiG). Die „Zwischenschaltung" weiterer Dienste oder Stellen, deren Funktion über diejenige eines Boten oder Erfüllungsgehilfen hinaus geht, ist nicht mit dem HAÜ vereinbar.[16] Die Aushändigung des Sozialberichts an die Adoptionsbewerber, deren Repräsentanten oder andere Stellen ist durch § 7 c Abs. 2 Satz 4 AdVermiG und Art. 15 HAÜ ausgeschlossen.[17] Fordert ein Herkunftsstaat trotz der Möglichkeit unmittelbarer Kooperation (§ 3 Abs. 1 AdÜbAG) die Einreichung der Bewerbungsunterlagen auf diplomatischem Wege, so ist die jeweilige Vertretung des betreffenden Staates entsprechend § 278 BGB als Erfüllungsgehilfe der dortigen zentralen Behörde und damit als empfangsberechtigt anzusehen.   26

Nach § 4 Abs. 6 AdÜbAG kann die BZAA an der **Weiterleitung der Bewerbung** an die ausländische zentrale Behörde mitwirken. Hierzu bedarf es eines entspre-   27

---

16 OVG Hamburg 18.10.2006 – 4 Bs 224/06.
17 VG München 21.4.2010 – M 18 K 09.4652.

chenden Antrags der Adoptionsbewerber an die BZAA. In diesem liegt zugleich die nach Art. 49 Abs. 1 lit. a DSGVO geforderte Einwilligung. Die BZAA soll ihre Mitwirkung versagen, wenn die zu übermittelnden Unterlagen nach einer Plausibilitätsprüfung den Bestimmungen des HAÜ nicht genügen (vgl. § 4 Abs. 6 AdÜbAG; nach § 3 Abs. 2 Satz 2 AdÜbAG hat der Antragsteller ggf. ergänzende Nachweise zu erbringen). Gegen die Versagung der Weiterleitung ist der Rechtsweg zu den ordentlichen Gerichten eröffnet (§ 3 Abs. 2 Satz 1 AdÜbAG iVm §§ 23 ff. EGGVG). Gem. Nr. 8 der Anlage zur JVKostO ist die Weiterleitung durch die Bundeszentralstelle gebührenpflichtig.

28 Die Übersendung der Bewerbung in den Herkunftsstaat des Kindes ist nach § 2 a Abs. 6 Satz 1 Nr. 1 AdVermiG iVm § 2 Abs. 1 Satz 2 Nr. 1 AuslAdMV[18] durch die Auslandsvermittlungsstelle **an die BZAA zu melden.**

VII. Kosten der Eignungsprüfung

29 Nach § 5 Nr. 1 AdVermiStAnKoV[19] ist die allgemeine Eignungsüberprüfung (§ 7 b Abs. 1 AdVermiG) durch eine Vermittlungsstelle in öffentlicher Trägerschaft **gebührenpflichtig.** Die Höhe der Gebühr beträgt 1.300 EUR. Die Gebühren für die auslandsspezifische Eignungsüberprüfung (§ 7 c Abs. 1 AdVermiG) sind in der Gebühr für die Abwicklung des internationalen Verfahrens durch die im Einzelfall tätige zentrale Adoptionsstelle enthalten. Sie beträgt nach § 5 Nr. 2 AdVermiStAnKoV 1.200 EUR. Darüber hinaus sind die Auslagen für die Beschaffung von Urkunden und Übersetzungen oder die Vergütung von Sachverständigen von den Bewerbern zu übernehmen (§ 6 AdVermiStAnKoV). Die Vergütung der Vermittlungsstellen freier Träger richtet sich nach dem Vermittlungsvertrag. Wegen der Details → AdVermiG § 7 b Rn. 12 ff.

§ 5 AdÜbAG   Aufnahme eines Kindes

(1) ¹Der Vermittlungsvorschlag der zentralen Behörde des Heimatstaates bedarf der Billigung durch die Auslandsvermittlungsstelle. ²Diese hat insbesondere zu prüfen, ob

1. die Annahme dem Wohl des Kindes dient und

2. a) mit der Begründung eines Annahmeverhältnisses im Inland zu rechnen ist oder,

   b) sofern die Annahme im Ausland vollzogen werden soll, diese nicht zu einem Ergebnis führt, das unter Berücksichtigung des Kindeswohls mit wesentlichen Grundsätzen des deutschen Rechts offensichtlich unvereinbar, insbesondere mit den Grundrechten unvereinbar ist.

³Die Auslandsvermittlungsstelle kann vor oder nach Eingang eines Vermittlungsvorschlags einen Meinungsaustausch mit der zentralen Behörde des Heimatstaates aufnehmen. ⁴Ein Meinungsaustausch sowie die Billigung oder Ablehnung eines Vermittlungsvorschlags sind mit den jeweils dafür maßgeblichen fachlichen Erwägungen aktenkundig zu machen.

(2) ¹Hat die Auslandsvermittlungsstelle den Vermittlungsvorschlag nach Absatz 1 gebilligt, so setzt sie die Adoptionsbewerber über den Inhalt der ihr aus dem Heimatstaat übermittelten personenbezogenen Daten und Unterlagen über das vorgeschlagene Kind in Kenntnis und berät sie über dessen Annahme. ²Identität und Aufenthaltsort des Kindes, seiner Eltern und sonstiger Sorgeinhaber soll sie

---

18 Abgedruckt unter → AdVermiG § 9 d Anh. 2.
19 Abgedruckt unter → AdVermiG § 9 d Anh. 1.

vor Erteilung der Zustimmungen nach Artikel 17 Buchstabe c des Übereinkommens nur offenbaren, soweit die zentrale Behörde des Heimatstaates zustimmt.

(3) [1]Hat die Beratung nach Absatz 2 stattgefunden, so fordert die Auslandsvermittlungsstelle die Adoptionsbewerber auf, innerhalb einer von ihr zu bestimmenden Frist eine Erklärung nach § 7 Abs. 1 abzugeben. [2]Ist die Abgabe dieser Erklärung nachgewiesen, so kann die Auslandsvermittlungsstelle Erklärungen nach Artikel 17 Buchstabe b und c des Übereinkommens abgeben.

(4) [1]Die Auslandsvermittlungsstelle soll sich über die Prüfung und Beratung nach Absatz 1 und 2 Satz 1 mit der für den gewöhnlichen Aufenthaltsort der Adoptionsbewerber zuständigen örtlichen Adoptionsvermittlungsstelle ins Benehmen setzen. [2]Sie unterrichtet diese über die Abgabe der Erklärungen gemäß Absatz 3 Satz 2.

I. Allgemeines

Bevor das Kind den künftigen Adoptiveltern anvertraut und in den Aufnahmestaat gebracht werden kann, verlangt Art. 16 HAÜ die Übersendung eines Berichts über das zu **vermittelnde** Kind an die zuständigen Stellen des Aufnahmestaats. Erscheinen die Annehmenden geeignet, das vorgeschlagene Kind anzunehmen und stimmen sie dem Vermittlungsvorschlag zu (Art. 17 lit. a HAÜ), ist nach Art. 17 lit. d HAÜ die Entscheidung über Einreise und Aufenthalt des Kindes sowie die Zustimmung der zentralen Behörden des Aufnahme- wie des Heimatstaates zur Fortsetzung des Verfahrens (Art. 17 lit. c HAÜ) erforderlich. § 5 AdÜbAG regelt die entsprechenden Schritte und dient damit der Umsetzung der Art. 4, 5 lit. a, b HAÜ sowie Art. 17 lit. a–c HAÜ.

II. Prüfung des Vermittlungsvorschlags (Abs. 1)

1. Inhalt des Kindervorschlags. Kommt es zu einem Vermittlungsvorschlag für ein bestimmtes Kind, so übersendet die zentrale Behörde des Staats, an die die Bewerbungsunterlagen übersandt wurden, der hiesigen Fachstelle einen Bericht über das **vorgeschlagene** Kind. Gemäß dem insoweit eindeutigen Wortlaut des Übereinkommens (Art. 16 Abs. 1 lit. a und Abs. 2 HAÜ) ist dies auch dann erforderlich, wenn das Kind, auf das sich die Bewerbung bezieht, schon von Anfang an feststeht (zB in der Situation der Stiefeltern- und Verwandtenadoption).

Über das Erfordernis des **Kinderberichts** (sog. „Kindervorschlag" oder „child study") soll sichergestellt werden, dass die rechtliche Adoptierbarkeit sowie die Adoptionsbedürftigkeit des Kindes gem. Art. 4 HAÜ geprüft werden. Die Fachstellen des Aufnahmestaates sollen dadurch in die Lage versetzt werden, die Platzierungsentscheidung gem. § 2 c Abs. 3 AdVermiG überprüfen zu können und mitzutragen. Nach Art. 16 HAÜ hat der Bericht Angaben über die rechtliche, medizinische, psychologische und soziale Situation des Kindes vorzusehen: Er hat

■ alle bekannten Informationen über dessen gesundheitliche und psychische Entwicklung sowie die Herkunft und Abstammung zu enthalten,

■ die Situation der Eltern zu beschreiben und deren Einwilligung in die Adoption zu bestätigen,

■ die Gründe für die Freigabe des Kindes zur Adoption zu nennen und

■ die Adoption zum Wohle des Kindes unter Beachtung des Subsidiaritätsgrundsatzes (Art. 4 lit. b HAÜ) zu befürworten.

4   Zum **Umfang**, inhaltlichen Anforderungen und Qualität des Berichts enthält das Übereinkommen keine konkreten Vorgaben. Der Guide to Good Practice[1] gibt lediglich Empfehlungen in Bezug auf medizinische Berichte. Die Empfehlungen der BAGLJÄ enthalten zwar in Anhang 2 konkrete, darüber hinausgehende Hinweise zur Abfassung eines Kinderberichts; diese sind für ausländische Fachstellen aber unverbindlich. Daher ist in der Praxis eine höchst unterschiedliche Informationsdichte der Berichte aus den einzelnen Herkunftsstaaten zu beobachten.

5   **Empfangsstelle** für den Bericht in Deutschland ist die zuständige Auslandsvermittlungsstelle. Geht der Bericht bei der BZAA oder einer anderen zentralen Behörde iSv § 1 AdÜbAG ein, so hat diese den Bericht im Zuge der Koordinierungs- (§ 2 a Abs. 5 AdVermiG) bzw. Kooperationspflicht (§ 2 Abs. 4 AdVermiG) unverzüglich an die zuständige Auslandsvermittlungsstelle weiterzuleiten. Für den Fall, dass der Kinderbericht **bei den Adoptionsbewerbern** eingeht, sollten diese durch die Auslandsvermittlungsstelle zur Weiterleitung an diese verpflichtet werden. Gem. § 5 Abs. 1 AdÜbAG und § 2 c Abs. 3–5 AdVermiG hat die Auslandsvermittlungsstelle den Vorschlag nämlich zu prüfen und die Bewerber zu beraten, bevor sie – im Fall einer Zustimmung zum Platzierungsvorschlag – die Zustimmung nach Art. 17 lit. c HAÜ bzw. § 2 c Abs. 6 AdVermiG erteilen kann.

6   **2. Prüfung des Kindervorschlags.** Die in Deutschland tätige Auslandsvermittlungsstelle prüft den Vermittlungsvorschlag der zentralen Behörde des Heimatstaates anhand des von dieser zur Verfügung gestellten Berichts und der weiteren übersandten Unterlagen (zB ärztliche Atteste, Fotos, gerichtlicher Verlassenheitsbeschluss, Adoptionsfreigabeerklärungen, Geburtsurkunden etc). Besteht nach Durchsicht der betreffenden Unterlagen weiterer Klärungsbedarf, so ist die hiesige Auslandsvermittlungsstelle zur Rückfrage bei der zuständigen Stelle im Herkunftsstaat des Kindes, nicht aber zu eigenen Ermittlungen im Ausland verpflichtet.[2] Dabei sind folgende Aspekte von Bedeutung:

7   **a) Matching.** Auf der Grundlage der Angaben der Adoptionsbewerber und der Erkenntnisse aus der Eignungsüberprüfung wird die Passgenauigkeit („Matching") des Platzierungsvorschlags beurteilt. Bei der Prüfung sind die besonderen Bedürfnisse des Kindes (Krankheiten, Behinderungen, Verhaltensauffälligkeiten) und die Eignung sowie die Bereitschaft der Bewerber zu berücksichtigen, für ein Kind mit den betreffenden Anforderungen zu sorgen. Laut § 5 Abs. 1 Satz 2 Nr. 1 AdÜbAG ist entscheidend, ob die Annahme nach Einschätzung der Auslandsvermittlungsstelle dem **Wohl des Kindes** dient. Die deutsche Auslandsvermittlungsstelle kann einem Matching-Vorschlag der Heimatbehörden des Kindes daher nicht zustimmen, wenn nicht zuvor die Eignung der Adoptionsbewerber zur Annahme gerade des vorgeschlagenen Kindes nochmals hinterfragt wurde.[3]

---

1   Annex 7–6 und 7–11.
2   OLG Köln 11.7. 2019 – I-7 U 151/18.
3   BT-Drs. 14/6011, 38.

b) Formale Kriterien. Neben der **perspektivischen Elterneignung** der Adoptions- 8
bewerber sind im Zuge der Kindeswohlprüfung auch die in **Art. 4 HAÜ und
§ 2 c Abs. 3 AdVermiG genannten Voraussetzungen** (rechtliche Adoptierbarkeit
des Kindes, Beachtung des Subsidiaritätsgrundsatzes, gültige formgerechte, informierte und bewusste Einwilligung in die Adoption, gebotene altersgerechte
Mitwirkung des Kindes) zu überprüfen,[4] wobei eine Plausibilitätsprüfung vorzunehmen ist (zu den Details → AdVermiG § 2 c Rn. 6 ff.). Art. 16 Abs. 2 HAÜ
verpflichtet den Herkunftsstaat zur Mitteilung von Gründen und zur Übermittlung der entsprechenden Nachweise. Daher kann die deutsche Vermittlungsstelle
bspw. die Wirksamkeit einer nach ausländischem Recht erfolgten Adoptionseinwilligung in Frage stellen (zB bei Unwirksamkeit in Deutschland wegen der Missachtung der 8-Wochen-Frist nach § 1747 Abs. 2 BGB, wenn aus ausländischer
Sicht keine solche Frist existiert) und auf Beibringung ergänzender Dokumente
hinwirken, um eine etwaige Annahme in Deutschland bzw. die Anerkennungsfähigkeit der im Ausland angestrebten Adoption nicht zu gefährden.

c) Weitere Kriterien. Die weiteren Kriterien hängen davon ab, ob die Adoption 9
im Inland oder im Ausland ausgesprochen werden soll:

aa) Adoption in Deutschland. Wird die Adoption in Deutschland durchgeführt, 10
so ist nach § 5 Abs. 2 Nr. 2 lit. a AdÜbAG zu prüfen, ob nach aller Voraussicht
mit dem Ausspruch der Annahme durch das zuständige deutsche Familiengericht
zu rechnen ist. Dies ist dann der Fall, wenn

- die **internationale Zuständigkeit** der deutschen Gerichte gegeben ist (§ 101
  FamFG)

- die Anforderungen des auf die Adoption in Deutschland gem. Art. 22
  Abs. 1 Satz 1 EGBGB **anzuwendenden deutschen Rechts** an den Adoptionsausspruch erfüllt sind. Es ist somit darauf abzustellen, dass die Voraussetzungen des § 1741 BGB erfüllt sind, die erforderlichen wirksamen Einwilligungserklärungen aller Beteiligten vorliegen oder nach § 1747 Abs. 4 bzw.
  § 1748 BGB entbehrlich sind und die Adoptionspflegezeit (§ 1744 BGB)
  durchgeführt wurde.

Für die entsprechenden, prognostischen Feststellungen trägt die in Deutschland 11
zuständige Auslandsvermittlungsstelle die Verantwortung.[5] Sie darf die Zustimmung zum Fortgang des Verfahrens gem. Art. 17 lit. c HAÜ nur erteilen, wenn
die genannten Anforderungen erfüllt und damit die Voraussetzungen des Art. 5
lit. a, b HAÜ gegeben sind.

bb) Adoption im Ausland. Wird die Adoption im Ausland ausgesprochen, er- 12
streckt sich die Prüfung nach § 5 Abs. 2 Nr. 2 lit. b AdÜbAG darauf, ob die
im Heimatstaat vorzunehmende Adoption nach aller Voraussicht im Inland **anerkannt** werden kann. Dies wäre dann nicht der Fall, wenn die ausländische
Adoptionsentscheidung im Ergebnis zu einem schwerwiegenden Verstoß gegen
die deutsche öffentliche Ordnung führen würde (Art. 24 HAÜ). Die hiesige Auslandsvermittlungsstelle hat daher vor ihrer Zustimmung nach Art. 17 lit. c HAÜ
analog § 109 FamFG zu prüfen, ob die grundlegenden, vom deutschen ordre
public umfassten Mitwirkungs- bzw. Zustimmungsrechte des Kindes und seiner
Eltern gewahrt sind und eine umfassende Kindeswohlprüfung erfolgt ist;[6] (wegen
der Details → FamFG § 109 Rn. 18 ff.). Unerheblich für die Anerkennungsfä-
keit der ausländischen Adoptionsentscheidung ist dagegen, ob es sich um eine

---

4 BT-Drs. 14/6011, 38 f.
5 Zum Verhältnis der Vorprüfung im Rahmen von Art. 17 lit. c HAÜ zum Entscheidungs-
  monopol der Familiengerichte vgl. BT-Drs. 14/6011, 21 f.
6 BT-Drs. 14/6011, 39.

Adoption mit starken oder schwachen Wirkungen handelt und ob diese durch Vertrag oder aufgrund Dekrets erfolgt ist.[7]

13 **d) Abstimmung mit der örtlichen Adoptionsvermittlungsstelle (Abs. 4) und den zentralen Adoptionsstellen (§ 11 AdVermiG).** Auf der Grundlage der verfügbaren Informationen setzt sich die Auslandsvermittlungsstelle **so frühzeitig wie möglich** mit der nach § 9 b Satz 2 AdVermiG zuständigen Adoptionsvermittlungsstelle des örtlichen Jugendamts **über den Kindervorschlag ins Benehmen** (§ 5 Abs. 4 Satz 1 AdÜbAG). Hierfür ist nicht ausreichend, dass die Auslandsvermittlungsstelle der örtlichen Vermittlungsstelle lediglich die Annahme des Kindervorschlages bekannt gibt und sie damit vor vollendete Tatsachen stellt.[8] Vielmehr ist ein frühzeitiger Informations- und Meinungsaustausch erforderlich.[9] Die Auslandsvermittlungsstelle hat die Einschätzung der örtlichen Vermittlungsstelle in ihre eigene Entscheidungsfindung einzubeziehen. Allerdings verbleibt die Entscheidung über das Matching und damit die **Letztverantwortung** für die Vermittlung bei der Auslandsvermittlungsstelle.

Da es sich bei Abs. 4 um eine „Soll"-Bestimmung handelt, hat die Abstimmung idR zu erfolgen. Lediglich in Ausnahmefällen kann hiervon abgesehen werden, bspw. bei Unerreichbarkeit der örtlichen Vermittlungsstelle oder wenn diese trotz mehrfacher Aufforderung keine Äußerung abgibt.

14 Neben der Abstimmung mit der örtlichen Vermittlungsstelle ist der Kindervorschlag gem. § 11 Abs. 2 Satz 2 AdVermiG auch den für den gewöhnlichen Aufenthalt der Bewerber sowie für den Sitz der Vermittlungsstelle zuständigen zentralen Adoptionsstellen zur **Prüfung** vorzulegen.

15 Werden die örtlichen Vermittlungsstellen oder die zentralen Adoptionsstellen von der Auslandsvermittlungsstelle nicht oder nur unzureichend über eingehende Kindervorschläge informiert oder setzt sich die Auslandsvermittlungsstelle wiederholt grundlos über Bedenken der öffentlichen Vermittlungsstellen hinweg, so kann ein **aufsichtliches Tätigwerden** der zuständigen zentralen Adoptionsstelle (§ 4 Abs. 4 AdVermiG) veranlasst sein. Die Jugendämter sind gem. § 9 e Abs. 1 Nr. 2 AdVermiG ausdrücklich befugt, zu diesem Zweck die entsprechenden einzelfallbezogenen Informationen an die zuständige zentrale Adoptionsstelle oder die BZAA weiterzugeben.

16 **e) Abstimmung mit der Fachstelle im Herkunftsstaat.** Stellt sich im Verlauf der Prüfung ein Bedarf an zusätzlichen Informationen über das Kind heraus oder besteht anderweitiger Klärungsbedarf, so ermöglicht § 5 Abs. 1 Satz 3 AdÜbAG einen **Meinungsaustausch** mit der zuständigen Stelle im Heimatstaat des Kindes. Jedoch ist die Auslandsvermittlungsstelle wegen der klaren Aufgabenverteilung in Art. 4 und 5 HAÜ lediglich zur Rückfrage bei der ausländischen Fachstelle verpflichtet, nicht aber zu eigenen Ermittlungen im Heimatstaat des Kindes über dessen Situation.[10] Der deutschen Vermittlungsstelle ist jedoch unbenommen, auf eine Änderung oder Ergänzung des unterbreiteten Vorschlags hinzuwirken. Auch kann der Fachstelle im Herkunftsstaat vorgeschlagen werden, das Kind anderen Adoptionsbewerbern zuzuordnen, wenn diese angesichts der spezifischen Bedürfnisse des Kindes aus deutscher Sicht besser geeignet sind, für dieses zu sorgen.

17 Gem. § 2 c Abs. 3 Satz 4 AdVermiG sind die Ergebnisse der Überprüfung der fachlichen und förmlichen **Kriterien in den Adoptionsakten zu dokumentieren.** Gleiches gilt gem. § 5 Abs. 1 Satz 4 AdÜbAG für den Meinungsaustausch mit der Fachstelle im Herkunftsstaat sowie die dabei gewonnenen Erkenntnisse. Dadurch

---

7 Frank StAZ 2003, 259.
8 Empf. Nr. 13.2.2.3.
9 BT-Drs. 14/6011, 41.
10 BT-Drs. 14/6011, 39; ebenso OLG Karlsruhe 5.8.2016 – 15 U 174/15.

soll der Verfahrensverlauf – auch für den Fall einer Akteneinsicht durch die Aufsichtsbehörde (§ 4 Abs. 4 Satz 2 Nr. 1 AdVermiG) – transparent gestaltet werden. Dies ist auch mit Blick auf das Grundrecht der Adoptierten auf Kenntnis ihrer Abstammung (hierzu Art. 22 Abs. 3, 5 EAÜ sowie → AdVermiG § 9 c Rn. 10 ff.) und die datenschutzrechtliche Rechenschaftspflicht aus Art. 5 Abs. 2 DSGVO[11] von Bedeutung.

III. Beratung und Unterrichtung der Bewerber (Abs. 2)

Billigt die Auslandsvermittlungsstelle nach der Abstimmung mit der örtlichen 18
Adoptionsvermittlungsstelle (§ 5 Abs. 4 AdÜbAG) den Vermittlungsvorschlag, so unterrichtet und berät sie die Bewerber darüber (§ 5 Abs. 2 AdÜbAG; § 2 c Abs. 5 AdVermiG). Nach Absprache mit der Auslandsvermittlungsstelle kann (zB aus zeitlichen Gründen) im Zuge der partnerschaftlichen Zusammenarbeit (§ 2 Abs. 4 AdVermiG) die Adoptionsvermittlungsstelle des örtlichen Jugendamts die Eröffnung des **Kindervorschlags** übernehmen.[12] Ist der Kinderbericht dagegen unzureichend oder wird die Platzierung des vorgeschlagenen Kindes bei den Bewerbern aus der Sicht des Kindeswohls nicht als sinnvoll angesehen und daher das „Matching" verneint, besteht keine Pflicht der Vermittlungsstelle, die Bewerber über den Eingang oder gar den Inhalt des Kindervorschlags zu informieren.[13]

Den Bewerbern sind im Zuge der Beratung und der Kontaktanbahnung alle 19
verfügbaren **Informationen** über das Kind zur Verfügung zu stellen, um eine fundierte Entscheidung über die Annahme des Kindervorschlags zu ermöglichen (zur Haftung bei unrichtigen oder unvollständigen Informationen → AdVermiG § 9 Rn. 13 mwN). Nach Art. 29 HAÜ und § 5 Abs. 2 Satz 2 AdÜbAG dürfen Identität und Aufenthaltsort des Kindes, seiner Eltern und sonstiger Sorgeinhaber vor der Erteilung der Zustimmung nach Art. 17 lit. c HAÜ den Annehmenden nicht offenbart werden. Im Rahmen der Information und Beratung nach § 5 Abs. 2 Satz 1 AdÜbAG besteht daher keine Verpflichtung, den Bewerbern Einsicht in die übermittelten Unterlagen zu gewähren;[14] ggf. erfolgt die Beratung der Bewerber ausschließlich auf der Grundlage des Vornamens des Kindes. Die Geheimhaltungspflicht besteht nicht, wenn die zentrale Behörde des Heimatstaates der Mitteilung von Identität und Aufenthaltsort des Kindes zugestimmt hat. Sie endet, sobald die Zustimmungen gem. Art. 17 lit. c HAÜ vorliegen (§ 5 Abs. 2 Satz 2 AdÜbAG).

Während der Adoptionspflegezeit obliegt der Auslandsvermittlungsstelle die Be- 20
treuung der Bewerber (§ 9 Abs. 1 AdVermiG). Dabei ist eine Begleitung rund um die Uhr grundsätzlich nicht erforderlich; es genügt, die Erreichbarkeit der Vermittlungsstelle für die Annehmenden sicherzustellen.[15] Im Fall der Vermittlung durch eine zentrale Adoptionsstelle sollte diese die Annehmenden von Anfang an darauf hinweisen, dass sie keine Begleitung vor Ort leisten kann und sich die Bewerber ggf. selbst um Angebote vor Ort (zB durch selbstständige Sozialarbeiterinnen oder Sozialarbeiter) bemühen müssen. Zusätzlich sollten die Vermittlungsstellen eine möglichst weitgehende telefonische Erreichbarkeit sicherstellen, um den Anforderungen von § 9 Abs. 1 AdVermiG zu genügen.

Nach dem Ausspruch der Adoption kann der Adoptierte gem. § 9 c Abs. 2 21
AdVermiG Einsicht in die Vermittlungsakten der in Deutschland tätigen Vermitt-

---

11 Hierzu Reinhardt JAmt 2018, 133.
12 Empf. Nr. 13.2.2.3.
13 VG Karlsruhe 27.10.2009 – 5 K 949/08.
14 BT-Drs. 14/6011, 40; VG Karlsruhe 27.10.2009 – 5 K 949/08.
15 LG München 12.7.2011 – 12 O 6823/10.

lungsstelle nehmen (zu den Details → AdVermiG § 9 c Rn. 10 ff.).[16] Der Zugang zu eventuell im Herkunftsstaat des Kindes existierenden Adoptionsakten richtet sich nach dem dortigen Recht. Laut Art. 22 Abs. 3 EAÜ muss Adoptierten in den Mitgliedsstaaten des EAÜ grundsätzlich Zugang zu den entsprechenden Daten gewährleistet sein. Gleiches gilt laut dem EGMR für alle Mitgliedsstaaten der EU.[17] Für die übrigen Vertragsstaaten enthält Art. 30 HAÜ keine Verpflichtung, dass diese eine **Einsichtnahme** in die Adoptionsakten gewähren müssen. Daher sollten die Annehmenden selbst möglichst genau die Umstände und das Umfeld des Kindes in dessen Herkunftsstaat dokumentieren.[18]

IV. Zustimmung der Bewerber zum Kindervorschlag (Abs. 3)

22 Gem. Art. 17 lit. a HAÜ bedarf der Vermittlungsvorschlag des **Einverständnisses** der Adoptionsbewerber, bevor ihnen das Kind anvertraut werden kann. Nach § 5 Abs. 3 Satz 1 AdÜbAG obliegt es den Annehmenden, nach Aufforderung durch die Vermittlungsstelle eine entsprechende Erklärung abzugeben. Die Bereiterklärung der Bewerber zur Aufnahme des Kindes stellt noch keinen Adoptionsantrag dar[19] und begründet auch keine Verpflichtung der Bewerber, einen solchen bei Gericht einzureichen.

23 Die Auslandsvermittlungsstelle soll für die Abgabe der Erklärung eine **Frist** bestimmen. Diese ist so festzusetzen, dass auch etwaige Zeitvorgaben des Heimatstaates erfüllt werden. Da die dortigen Stellen häufig eine schnelle Lösung für das Kind benötigen und ggf. eine Vermittlung an andere Bewerber vornehmen, sind in der Praxis relativ kurze Fristen für die Annahme des Vermittlungsvorschlags üblich, zumal bei deren Bemessung auch Postlaufzeiten ins Ausland zu berücksichtigen sind.

Hinweis:

Bei knappen Fristsetzungen sollten der Fachstelle im Herkunftsstaat die Ursachen für eventuelle Verzögerungen (zB Unmöglichkeit der kurzfristigen Eröffnung des Kindervorschlages, weil die Bewerber in Urlaub sind) kommuniziert und auf eine Fristverlängerung hingewirkt werden. Zumindest sollte eine Zwischennachricht erfolgen.

24 Die Erklärung der Bewerber ist durch das Jugendamt **zu beurkunden** (zu den Details → AdÜbAG § 7 Rn. 2 ff.). Funktionell zuständig hierfür ist der Urkundsbeamte (§ 59 Abs. 1 Nr. 5 SGB VIII). Eine beglaubigte Abschrift der Erklärung wird der Auslandsvermittlungsstelle übersandt (§ 7 Abs. 1 Satz 3 AdÜbAG). Diese stimmt sodann dem Fortgang des Verfahrens im Herkunftsstaat zu (Art. 17 lit. b, c HAÜ, § 5 Abs. 3 Satz 2 AdÜbAG).[20] Über die Zustimmung ist das örtliche Jugendamt zu unterrichten (§ 5 Abs. 4 Satz 2 AdÜbAG).

25 Die Erteilung der Erklärung nach Art. 17 lit. c HAÜ ist von der Auslandsvermittlungsstelle gem. § 2 a Abs. 6 Satz 1 Nr. 1 AdVermiG iVm § 2 Abs. 1 Satz 2 Nr. 2 AuslAdMV[21] **an die BZAA zu melden.** Handelt es sich um eine Auslandsvermittlungsstelle in freier Trägerschaft, ist die Erklärung auch den in § 11

---

16 Reinhardt, Die Suche nach der eigenen Abstammung und die Suche nach leiblichen Verwandten JAmt 2008, 457 ff. und Guide to Good Practice Nr. 9.1, S. 123 ff.
17 EGMR 25.9.2012 – 33783/09 – Godelli/Italien.
18 Riedle/Gillig-Riedle, S. 126 ff.
19 Steiger DNotZ 2002, 194.
20 Zur Interaktion der zentralen Behörden und der Bedeutung der Erklärung nach Art. 17 lit. c HAÜ für die Anerkennungsfähigkeit der Adoptionsentscheidung allgemein vgl. Weitzel NJW 2008, 186; Guide to Good Practice, Nr. 7.28, S. 89.
21 Abgedruckt unter → AdVermiG § 9 d Anh. 2.

Abs. 2 AdVermiG genannten zentralen Adoptionsstellen zuzuleiten (§ 2 c Abs. 6 AdVermiG).

§ 6 AdÜbAG Einreise und Aufenthalt

(1) Zum Zwecke der Herstellung und Wahrung einer familiären Lebensgemeinschaft zwischen den Adoptionsbewerbern und dem aufzunehmenden Kind finden auf dessen Einreise und Aufenthalt die Vorschriften des Aufenthaltsgesetzes über den Kindernachzug vor dem Vollzug der Annahme entsprechende Anwendung, sobald

1. die Auslandsvermittlungsstelle den Vermittlungsvorschlag der zentralen Behörde des Heimatstaates nach § 5 Abs. 1 Satz 1 gebilligt hat und

2. die Adoptionsbewerber sich gemäß § 7 Abs. 1 mit dem Vermittlungsvorschlag einverstanden erklärt haben.

(2) [1]Auf Ersuchen der Auslandsvermittlungsstelle stimmt die Ausländerbehörde der Erteilung eines erforderlichen Sichtvermerks vorab zu, sofern die Voraussetzungen des Absatzes 1 erfüllt sind und ausländerrechtliche Vorschriften nicht entgegenstehen. [2]Der Sichtvermerk wird dem Kind von Amts wegen erteilt, wenn die Auslandsvermittlungsstelle darum ersucht und ausländerrechtliche Vorschriften nicht entgegenstehen.

(3) Entfällt der in Absatz 1 genannte Aufenthaltszweck, so wird die dem Kind erteilte Aufenthaltserlaubnis als eigenständiges Aufenthaltsrecht befristet verlängert, solange nicht die Voraussetzungen für die Erteilung einer Niederlassungserlaubnis vorliegen oder die zuständige Stelle nach Artikel 21 Abs. 1 Buchstabe c des Übereinkommens die Rückkehr des Kindes in seinen Heimatstaat veranlasst.

I. Allgemeines

Das mit der Adoption beabsichtigte Eltern-Kind-Verhältnis setzt in aller Regel 1 eine familiäre Lebensgemeinschaft zwischen den Annehmenden und dem Kind voraus. Nach Art. 5 lit. c und 17 lit. d HAÜ ist für eine konventionsgemäße Adoption daher die Entscheidung der zuständigen Behörden des Aufnahmestaates erforderlich, dass dem Kind die **Einreise** und der **ständige Aufenthalt** in diesem bewilligt werden. Art. 18 HAÜ verpflichtet die zentralen Behörden des Heimat- und des Aufnahmestaates, alle erforderlichen Maßnahmen zu treffen, um die Bewilligung der Ausreise des Kindes aus seinem Herkunftsstaat sowie die Einreise und den ständigen Aufenthalt im Aufnahmestaat zu erwirken. Im Detail hängen diese davon ab, ob die Adoption im Ausland oder in Deutschland ausgesprochen werden soll:

1. Adoption des Kindes im Ausland. a) Volladoption durch Bewerber mit deut- 2 scher Staatsangehörigkeit. Wird das Kind im Ausland adoptiert, so ist es nach Art. 11 Abs. 1 GG zur Einreise und zum ständigen Aufenthalt in Deutschland berechtigt, wenn es durch die Adoption die **deutsche Staatsangehörigkeit** erworben hat.[1] Nach § 6 StAG vermittelt die Adoption unmittelbar (dh ohne dass es hierzu einer behördlichen Entscheidung bedarf) und kraft Gesetzes die deutsche Staatsangehörigkeit, wenn mindestens einer der Annehmenden die deutsche Staatsangehörigkeit besitzt und

---

1 BVerfGE 2, 266; 43, 203.

■ die Adoption nach den deutschen Gesetzen **anerkennungsfähig** ist.[2] Für die Feststellung der Einreiseberechtigung ist die Durchführung eines förmlichen Anerkennungsverfahrens nach § 1 Abs. 2 AdWirkG nicht verpflichtend, sofern die übereinkommenskonforme Vorgehensweise bescheinigt wurde und die Adoption daher nach Art. 23 HAÜ kraft Gesetzes anzuerkennen ist. Ist die Adoption in einem Vertragsstaat erfolgt, aber kann die von Art. 23 HAÜ vorausgesetzte Bescheinigung nicht vorgelegt werden, so wird die Adoption nicht kraft Gesetzes anerkannt. In dieser Situation ist gem. § 5 Abs. 1 Satz 2 AdWirkG unverzüglich nach dem Ergehen der ausländischen Adoptionsentscheidung bei dem in Deutschland zuständigen Familiengericht ein Antrag auf Anerkennungsfeststellung zu stellen, der nicht zurückgenommen werden kann (§ 2 Abs. 2 AdWirkG). Bestätigt die hiesige Auslandsvermittlungsstelle den Annehmenden sodann gem. § 2 d AdVermiG die Begleitung des Verfahrens, so tritt zwar gem. § 7 AdWirkG eine vorläufige Anerkennung ein. Diese ist gem. § 7 Satz 2 AdWirkG aber nicht mit einem Erwerb der deutschen Staatsangehörigkeit verbunden.

■ das Kind im Zeitpunkt der Zustimmung nach Art. 17 lit. c HAÜ das **18. Lebensjahr noch nicht vollendet** hat (Adoptionen aus Vertragsstaaten sind nach Art. 23 HAÜ auch dann materiell anzuerkennen, wenn die Adoption zwar nach Vollendung des 18. Lebensjahres ausgesprochen wurde, aber die Zustimmungen nach Art. 17 lit. c HAÜ noch während der Minderjährigkeit des Kindes erteilt wurden, vgl. Art. 3 HAÜ), und

■ es sich um eine Adoption mit **starken Wirkungen** handelt. § 6 StAG setzt voraus, dass durch die Annahme das Eltern-Kind-Verhältnis bzw. die familienrechtlichen Beziehungen zu den leiblichen Verwandten erloschen sind. Dies ist der Fall, wenn die ausländische Adoption in ihren Wirkungen zu einer deutschen Adoption gleichwertig ist.[3] Eine wesentliche Gleichwertigkeit ist aber nur dann gegeben, wenn das Kindschaftsverhältnis zu den leiblichen Eltern durch die Adoption grundsätzlich beendet wurde.[4] Unerheblich ist dagegen, ob das Kind durch die Adoption seine bisherige Staatsangehörigkeit verloren hat oder nicht.[5] Bei Adoptionen mit **schwachen Wirkungen**[6] wird die deutsche Staatsangehörigkeit nur dann erworben, wenn zuvor erfolgreich ein Umwandlungsverfahren nach § 3 AdWirkG durchgeführt wurde.

3   **b) Andere Fälle.** Ist nicht wenigstens einer der Annehmenden deutscher Staatsangehöriger oder handelt es sich um eine Adoption mit schwachen Wirkungen, so behält das Kind seine ursprüngliche Staatsangehörigkeit. Über die Einreise und den Aufenthalt des Kindes ist in diesem Fall nach den allgemeinen Vorschriften des AufenthG zu entscheiden. Für die Einreise aus vielen Staaten ist danach ein Sichtvermerk (**Visum**) erforderlich (§ 4 Abs. 1 Satz 2 Nr. 1 iVm § 6 AufenthG). Dieses erteilt die deutsche Auslandsvertretung im Herkunftsstaat des Kindes nach vorheriger Zustimmung der für den Wohnort der Annehmenden zuständigen Ausländerbehörde (§ 31 AufenthV iVm § 6 Abs. 2 Satz 1 AdÜbAG; zu den Details der Visumserteilung → Rn. 5 ff.).[7]

---

2 Hierzu § 109 FamFG, § 4 Abs. 1 AdWirkG und die Erl. bei MüKoBGB/Helms EGBGB Art. 22 Rn. 45.

3 MüKoBGB/Helms EGBGB Art. 22 Rn. 45 mwN; OVG Hamburg 19.10.2006 – 3 Bf 275/04; kritisch Busch StAZ 2003, 297; Henrich IPRax 2008, 237.

4 BVerwG 25.10.2017 – 1C 30.16; Müller/Sieghörtner/Emmerling de Oliveira, Adoptionsrecht in der Praxis, Rn. 338.

5 Busch StAZ 2003, 297.

6 Zum Begriff Wuppermann, Adoption, S. 29; Busch StAZ 2003, 297.

7 Zu Fragen der Einreise s. im Übrigen Reinhardt RpflStud 2017, 123; Reinhardt/Otto, Die Zusammenarbeit von Adoptionsvermittlungsstellen und Ausländerbehörden JAmt 2011, 443; speziell mit Bezug zur Kafala s. Reinhardt JAmt 2011, 180.

2. Adoption des Kindes in Deutschland; Anwendung des Aufenthaltsgesetzes 4
(Abs. 1). Für den Fall, dass die Annahme eines Kindes aus einem Vertragsstaat erst nach der Einreise und der erforderlichen Adoptionspflegezeit (§ 1744 BGB iVm Art. 22 Abs. 1 Satz 1 EGBGB) in Deutschland ausgesprochen werden soll, erklärt § 6 Abs. 1 AdÜbAG die Vorschriften des **Aufenthaltsgesetzes** über den Kindernachzug von Ausländern (§ 32 AufenthG) für anwendbar (zur Visumserteilung → Rn. 5 ff.). Sofern

■ die Auslandsvermittlungsstelle den Vermittlungsvorschlag aus dem Heimatstaat gebilligt hat (§ 6 Abs. 1 Nr. 1 AdÜbAG) und

■ sich die Adoptionsbewerber mit dem Vermittlungsvorschlag einverstanden erklärt und die damit verbundene gesetzliche Verpflichtung nach § 7 Abs. 2 AdÜbAG übernommen haben (§ 6 Abs. 1 Nr. 2 AdÜbAG),

erhalten die anzunehmenden Kinder ausländerrechtlich bereits vor dem Ausspruch der Adoption eine Rechtsstellung, die derjenigen eines leiblichen Kindes der Adoptionsbewerber entspricht.[8] Das anzunehmende Kind wird **nachzugsberechtigt**, wenn auch ein leibliches Kind der Adoptionsbewerber gem. § 32 AufenthG nachziehen könnte. Es erhält eine zum Status der Adoptionsbewerber akzessorische aufenthaltsrechtliche Stellung. Sind diese Ausländer, so erhält das Kind die gleiche Form der Aufenthaltsgenehmigung (Aufenthalts- oder Niederlassungserlaubnis) wie diese.

II. Visumerteilung (Abs. 2)

1. Vorabzustimmung (Abs. 2 Satz 1). Ist für die Einreise eines Kindes aus einem 5
Vertragsstaat im Zusammenhang mit einer Adoption ein Visum erforderlich, so wird gem. § 6 Abs. 2 Satz 1 AdÜbAG zunächst eine Vorabzustimmung zu dessen Erteilung benötigt. Diese wird auf **Ersuchen der Auslandsvermittlungsstelle** durch die Ausländerbehörde erteilt. Ein Antrag durch das Kind oder die Annehmenden ist nicht erforderlich. Das Ersuchen setzt voraus, dass die Auslandsvermittlungsstelle den Vermittlungsvorschlag aus dem Heimatstaat gebilligt hat (§ 6 Abs. 1 Nr. 1 AdÜbAG), sich die Adoptionsbewerber mit dem Vermittlungsvorschlag einverstanden erklärt und die damit verbundene gesetzliche Verpflichtung nach § 7 Abs. 2 AdÜbAG übernommen haben (§ 6 Abs. 1 Nr. 2 AdÜbAG).

Darüber hinaus sind die allgemeinen **aufenthaltsrechtlichen** Vorschriften über 6
den Kindernachzug (zB die Altersbeschränkung gem. § 32 Abs. 2 AufenthG) zu beachten.[9] Neben diesen besteht kein weiteres Ermessen der Ausländerbehörde, sofern um die Vorabzustimmung nach fachlicher Prüfung durch die Vermittlungsstelle ersucht wurde.[10]

2. Erteilung des Visums (Abs. 2 Satz 2). Abs. 2 Satz 2 verpflichtet die zuständige 7
deutsche Auslandsvertretung, auf der Grundlage eines **Ersuchens der Auslandsvermittlungsstelle** dem Kind ein Visum zu erteilen, wenn dieses für Einreise sowie Aufenthalt erforderlich ist und ausländerrechtliche Vorschriften nicht entgegenstehen (→ Rn. 6). Erforderlich ist gem. § 31 AufenthV auch die Zustimmung der Ausländerbehörde, die nach § 6 Abs. 2 Satz 1 AdÜbAG ebenfalls auf Ersuchen der Auslandsvermittlungsstelle erteilt wird (→ Rn. 5). Die Entscheidung über die Zustimmung zur Einreise ist damit den Adoptionsvermittlungsstellen zugewiesen; ein eigenständiges fachliches Ermessen der Ausländerbehörden, das über die formalen Versagungsgründe des Ausländerrechts hinaus geht, besteht nicht.[11]

---

8   Steiger DNotZ 2002, 194.
9   BT-Drs. 14/6011, 41.
10 BT-Drs. 14/6011, 42; Bienentreu/Busch JAmt 2003, 277.
11 Bienentreu/Busch JAmt 2003, 273.

III. Scheitern der Adoptionspflege (Abs. 3)

8   Scheitert die Adoptionspflege oder kann die Adoption nach der Einreise des Kindes aus anderen Gründen (zB wegen fehlender oder ungültiger Einwilligungserklärungen) in Deutschland nicht realisiert werden, so erhält der Minderjährige nach § 6 Abs. 3 AdÜbAG zu seiner Absicherung ein eigenständiges, nicht auf einen bestimmten Zweck beschränktes, befristetes **Aufenthaltsrecht**, solange die Rückkehr in den Herkunftsstaat nicht veranlasst ist. Diese Regelung geht zurück auf Art. 21 Abs. 1 lit. c HAÜ, wonach die Rückführung des Kindes in seinen Heimatstaat nur als ultima ratio und unter dem Vorbehalt des Kindeswohls vorgenommen werden soll (zu den Details vgl. Guide to Good Practice, Nr. 9.4).

9   Nicht vom Anwendungsbereich der Vorschrift erfasst ist der Fall, in dem sich das Kind nach wie vor bei ausländischen Adoptionsbewerbern in Adoptionspflege befindet, aber diese ihren Aufenthaltsstatus verlieren. Zwar kann auch in diesem Fall die Adoption im Inland nicht realisiert werden; ursächlich hierfür ist aber nicht das Scheitern der Adoptionspflege. Wegen der **akzessorischen** aufenthaltsrechtlichen Stellung des Kindes (→ Rn. 4) kann dessen Aufenthalt daher – auch nach vollzogener Adoption und ebenso wie bei einem leiblichen Kind – grundsätzlich zusammen mit dem der Adoptiveltern beendet werden.[12]

10   Zur **Haftung** der Bewerber für öffentliche Leistungen in Folge des Scheiterns der Adoptionspflege → AdÜbAG § 7 Rn. 6 ff.

§ 7 AdÜbAG   Bereiterklärung zur Adoption; Verantwortlichkeiten für ein Adoptivpflegekind

(1) [1]Die Erklärung der Adoptionsbewerber, dass diese bereit sind, das ihnen vorgeschlagene Kind anzunehmen, ist gegenüber dem Jugendamt abzugeben, in dessen Bereich ein Adoptionsbewerber zur Zeit der Aufforderung nach § 5 Abs. 3 Satz 1 mit Hauptwohnsitz gemeldet ist. [2]Die Erklärung bedarf der öffentlichen Beurkundung. [3]Das Jugendamt übersendet der Auslandsvermittlungsstelle eine beglaubigte Abschrift.

(2) [1]Auf Grund der Erklärung nach Absatz 1 sind die Adoptionsbewerber gesamtschuldnerisch verpflichtet, öffentliche Mittel zu erstatten, die vom Zeitpunkt der Einreise des Kindes an für die Dauer von sechs Jahren für den Lebensunterhalt des Kindes aufgewandt werden. [2]Die zu erstattenden Kosten umfassen sämtliche öffentlichen Mittel für den Lebensunterhalt einschließlich der Unterbringung, der Ausbildung, der Versorgung im Krankheits- und Pflegefall, auch soweit die Aufwendungen auf einem gesetzlichen Anspruch des Kindes beruhen. [3]Sie umfassen jedoch nicht solche Mittel, die

1.   aufgewandt wurden, während sich das Kind rechtmäßig in der Obhut der Adoptionsbewerber befand, und

2.   auch dann aufzuwenden gewesen wären, wenn zu diesem Zeitpunkt ein Annahmeverhältnis zwischen den Adoptionsbewerbern und dem Kind bestanden hätte.

[4]Die Verpflichtung endet, wenn das Kind angenommen wird.

(3) [1]Der Erstattungsanspruch steht der öffentlichen Stelle zu, die die Mittel aufgewandt hat. [2]Erlangt das Jugendamt von der Aufwendung öffentlicher Mittel nach Absatz 2 Kenntnis, so unterrichtet es die in Satz 1 genannte Stelle über

---

12   BT-Drs. 14/6011, 42.

den Erstattungsanspruch und erteilt ihr alle für dessen Geltendmachung und Durchsetzung erforderlichen Auskünfte.

(4) [1]Das Jugendamt, auch soweit es als Vormund oder Pfleger des Kindes handelt, ein anderer für das Kind bestellter Vormund oder Pfleger sowie die Adoptionsvermittlungsstelle, die Aufgaben der Adoptionsbegleitung nach § 9 des Adoptionsvermittlungsgesetzes wahrnimmt, unterrichten die Auslandsvermittlungsstelle über die Entwicklung des aufgenommenen Kindes, soweit die Auslandsvermittlungsstelle diese Angaben zur Erfüllung ihrer Aufgaben nach den Artikeln 9, 20 und 21 des Übereinkommens benötigt. [2]Bis eine Annahme als Kind ausgesprochen ist, haben das Jugendamt, die Ausländerbehörde, das Vormundschafts- und das Familiengericht die Auslandsvermittlungsstelle außer bei Gefahr im Verzug an allen das aufgenommene Kind betreffenden Verfahren zu beteiligen; eine wegen Gefahr im Verzug unterbliebene Beteiligung ist unverzüglich nachzuholen.

I. Allgemeines

§ 7 AdÜbAG regelt die **Details** zur Abgabe der Erklärung der Adoptionsbewerber nach § 5 Abs. 3 Satz 1 AdÜbAG. Darüber hinaus enthält er Regelungen für den Fall, dass das anzunehmende Kind den Bewerbern vor der Adoption zur Durchführung der Adoptionspflege (§ 1744 BGB, § 8 AdVermiG) in Deutschland anvertraut wird. 1

II. Erklärung zur Annahme des Kindes (Abs. 1)

Zuständig für die Entgegennahme der Bereiterklärung zur Adoption nach § 7 Abs. 1 Satz 1 AdÜbAG ist das Jugendamt, in dessen Bereich die Adoptionsbewerber im Zeitpunkt der Aufforderung zur Erklärung durch die Auslandsvermittlungsstelle ihren **Hauptwohnsitz** hatten. Da § 7 Abs. 1 AdÜbAG insoweit auf die gemeldete Adresse abstellt (vgl. § 22 BMG), kann es sein, dass die Beurkundung durch ein anderes als das für Adoptionsbegleitung und Eignungsüberprüfung zuständige Jugendamt (insoweit ist gem. § 9 b Satz 2 AdVermiG der Ort des gewöhnlichen Aufenthalts entscheidend) vorzunehmen ist. Der maßgebliche Zeitpunkt für die Frage, welches Wohnsitzjugendamt für die Beurkundung zuständig ist, ist derjenige, in dem die Auslandsvermittlungsstelle die Bewerber zur Abgabe der Erklärung aufgefordert hat (§ 5 Abs. 3 Satz 1 AdÜbAG). Eine vor dieser Aufforderung abgegebene Erklärung der Bewerber ist unwirksam.[1] 2

Funktionell zuständig für die nach Satz 2 erforderliche öffentliche Beurkundung ist die **Urkundsperson** des Jugendamts (§ 59 Nr. 5 SGB VIII). Möglich ist auch die Beurkundung durch einen Notar (§ 1 BeurkG). Die beurkundende Person hat die Adoptionsbewerber gem. § 1 Abs. 2, § 17 Abs. 1 BeurkG über die rechtliche Tragweite der Erklärung und dabei insbes. über die aus der Erklärung folgenden Verpflichtungen nach § 7 Abs. 2 und 3 AdÜbAG zu belehren. Die Belehrung sollte wegen der möglichen Auswirkungen der Erklärung und auch zu Beweiszwecken schriftlich dokumentiert werden. Dabei genügt im Rahmen der Belehrung ein Hinweis auf erhebliche Haftungsrisiken; eine genaue Bezifferung der möglichen Kosten ist nicht erforderlich[2] und angesichts der vielfältigen möglichen Fallgestaltungen auch gar nicht möglich. Ergeben sich im Rahmen der Belehrung keine Anhaltspunkte für Unklarheiten oder Irrtümer auf der Seite der Annahmewilligen, so besteht keine Pflicht der beurkundenden Person, solche aufzuspüren.[3] 3

---

1 BT-Drs. 14/6011, 43.
2 OVG Münster 3.3.2020 – 12 A 1353/17.
3 OLG Köln 11.7.2019 – 7 U 151/18.

4   Ist das vorgeschlagene Kind den Bewerbern im Zeitpunkt der Erklärung noch nicht namentlich bekannt (→ AdÜbAG § 5 Rn. 19), so ist es in der Urkunde anhand eines von der Auslandsvermittlungsstelle zu vergebenden **Identifikationsmerkmals** konkret zu bezeichnen.[4]

5   Das beurkundende Jugendamt übersendet der Auslandsvermittlungsstelle eine beglaubigte Abschrift der abgegebenen Bereiterklärung und informiert sie dadurch über diese (§ 7 Abs. 1 Satz 3 AdÜbAG). Die Auslandsvermittlungsstelle kann sodann auf der Grundlage dieser Information ihre Zustimmung gem. Art. 17 lit. c HAÜ gegenüber der zuständigen Stelle im Herkunftsstaat des Kindes erteilen (§ 5 Abs. 3 Satz 2 AdÜbAG).

III. Haftung für öffentliche Leistungen während der Adoptionspflegezeit (Abs. 2, 3)

6   Sofern die Adoptionsbewerber das anzunehmende Kind zunächst in Adoptionspflege (§ 1744 BGB, § 8 AdVermiG) bei sich aufnehmen, die **Adoptionspflege scheitert** und dadurch öffentliche Leistungen für das Kind erforderlich werden, sind die Bewerber gem. § 7 Abs. 2 Satz 1 AdÜbAG mit ihrer Erklärung über die Annahme des Kindervorschlags nach Art. 17 lit. b HAÜ und § 7 Abs. 1 AdÜbAG zur Erstattung aller öffentlichen Leistungen für den Lebensunterhalt des Kindes einschließlich der Unterbringung und Ausbildung (vgl. Abs. 2 Satz 2) verpflichtet. Die **Haftung** tritt auch dann ein, wenn der Kindervorschlag aus dem Ausland unrichtige oder unvollständige Angaben über das Kind enthalten hat[5] und dies zu einer Fehlplatzierung und damit letztlich zum Scheitern der Adoptionspflege geführt hat. Ggf. müssen die Bewerber in diesem Fall Schadensersatzansprüche gegen die im Ausland zuständige Stelle anstreben. Auch wenn die Belehrung nach Abs. 1 fehlerhaft war, haben die Annahmewilligen die **Kosten** einer eventuellen Unterbringung des Kindes für die Dauer von sechs Jahren zu tragen; eine fehlerhafte Belehrung kann jedoch Amtshaftungsansprüche gegen die beurkundende Person auslösen.[6] Die Erstattungspflicht nach Abs. 2 besteht unabhängig von einer eventuellen Unterhaltsverpflichtung der Annehmenden aus § 1751 Abs. 4 BGB und entspricht der allgemeinen ausländerrechtlichen Verpflichtung aus § 68 AufenthG.

7   Da die Adoption in den meisten Fällen bereits im Herkunftsstaat des Kindes ausgesprochen wird, bevor dieses nach Deutschland einreist, wird die Vorschrift nur in wenigen Fällen relevant. Nur wenige Vertragsstaaten sehen die Adoption nach einer in Deutschland durchzuführenden Adoptionspflege vor. Zudem ist die Haftung der Adoptionsbewerber beschränkt:

■   Erfasst werden nur diejenigen **öffentlichen Aufwendungen**, die aus dem Scheitern der Adoptionspflege resultieren (zB Kosten der Unterbringung des Kindes in einer anderen Pflegefamilie oder in einem Heim).

Hinweis:

Scheitert die Adoptionspflege und wird dadurch die Fremdunterbringung (zB in einem Heim) sowie ggf. intensiver Betreuungsbedarf erforderlich, so können auf die Bewerber enorme finanzielle Belastungen (über die Zeit von sechs Jahren hinweg möglicherweise in Höhe mehrerer hunderttausend Euro!) zukommen. Zusätzlich zur verpflichtend vorgeschriebenen Belehrung durch die

---

4   BT-Drs. 14/6011, 43.
5   Hierzu OLG Köln 11.7.2019 – 7 U 151/18.
6   OVG Münster 3.3.2020 – 12 A 1353/17; OLG Köln 11.7.2019 – 7 U 151/18.

Urkundsperson (→ Rn. 3) sollte daher auch die Auslandsvermittlungsstelle die Annehmenden über die entsprechenden Risiken beraten.[7]

- Die Verpflichtung der Adoptionsbewerber aus § 7 Abs. 2 AdÜbAG beschränkt sich auf einen Zeitraum von **sechs Jahren ab Einreise** des Kindes.

- Sie endet, wenn das Kind adoptiert wird (§ 7 Abs. 2 Satz 4 AdÜbAG), wobei unerheblich ist, ob das Kind durch die Erklärenden, oder (nach einem eventuellen Scheitern der Adoptionspflege bei diesen) im Anschluss durch andere Adoptionsbewerber adoptiert wird.[8]

- Nach § 7 Abs. 2 Satz 3 AdÜbAG sind von der Erstattung alle öffentlichen Leistungen ausgenommen, welche auch bei Bestehen des beabsichtigten Annahmeverhältnisses angefallen wären (zB Kinder- und Elterngeld),[9] sofern die Adoptionsbewerber das Kind rechtmäßig in ihrer Obhut hatten.[10]

Ein Ermessen der zuständigen Behörden, ob der Aufwendungsersatzanspruch nach Abs. 2 gegenüber den Annahmewilligen eingefordert und durchgesetzt wird, besteht nicht.[11] In atypischen Fällen kann von der Inanspruchnahme aber abgesehen werden.[12] Die Einzelheiten des öffentlich-rechtlichen **Erstattungsanspruchs** gegenüber den Adoptionsbewerbern sowie die zur Durchsetzung des Anspruchs erforderlichen Mitteilungspflichten des Jugendamtes enthält § 7 Abs. 3 AdÜbAG in Anlehnung an § 68 Abs. 2 Satz 3, Abs. 4 AufenthG. 8

IV. Informationspflichten während der Adoptionspflegezeit (Abs. 4)

§ 7 Abs. 4 AdÜbAG ermöglicht der Auslandsvermittlungsstelle einen kontinuierlichen fallbezogenen Austausch mit der ausländischen Partnerstelle über die Entwicklung des Kindes während der Adoptionspflegezeit (§ 1744 BGB). Satz 1 enthält zu diesem Zweck **Unterrichtungspflichten**, weshalb die entsprechende Datenübermittlung nach § 9 e Abs. 1 Nr. 1 und 5 AdVermiG zulässig ist: 9

- Der Vormund oder Pfleger des Kindes (auch das Jugendamt als Amtsvormund gem. § 1751 Abs. 1 Satz 2 BGB) sowie

- die Adoptionsvermittlungsstelle des Jugendamts, sofern diese die künftige Adoptivfamilie begleitet (§ 9 Abs. 1 AdVermiG)

haben die Auslandsvermittlungsstelle über die **Entwicklung des Kindes** während der Adoptionspflegezeit zu unterrichten, soweit diese die Informationen für eine Auskunft an die Fachstelle im Herkunftsstaat des Kindes (Art. 9, 20, 21 HAÜ) benötigt.

Gem. § 7 Abs. 4 Satz 2 AdÜbAG ist die Auslandsvermittlungsstelle zudem durch das Jugendamt, die Ausländerbehörde sowie das Familiengericht an allen **Verfahren zu beteiligen**, die das aufgenommene Kind während der Adoptionspflegezeit betreffen. 10

Die Verpflichtungen nach § 7 Abs. 4 AdÜbAG enden, wenn die Adoption ausgesprochen ist. Die Abgabe von **Berichten über die Entwicklung von Kindern** nach ihrer Annahme ist im Übereinkommen und dem AdÜbAG nicht geregelt. Gleichwohl bestehen viele Herkunftsstaaten auf eine regelmäßige Berichterstattung. Der Guide to Good Practice empfiehlt, dies zu respektieren.[13] Dementsprechend 11

---

7 Vgl. OLG Köln 11.7.2019 – I-7 U 151/18.
8 BT-Drs. 14/6011, 43.
9 Vgl. BT-Drs. 14/6011, 43.
10 Vgl. VG Düsseldorf 28.3.2017 – 19 K 6164/15.
11 OVG Münster 3.3.2020 – 12 A 1353/17 unter Verweis auf die behördliche Pflicht zur sparsamen Haushaltsführung.
12 Hoffmann JAmt 2020, 219 f.; DIJuF-Rechtsgutachten JAmt 2019, 248.
13 Guide to Good Practice Nr. 9.3, S. 127.

sieht § 9 Abs. 4 AdVermiG die Möglichkeit der Adoptionsnachberichterstattung ausdrücklich vor (zu den Details → AdVermiG § 9 Rn. 26 ff.).

Abschnitt 3
Bescheinigungen über das Zustandekommen oder die Umwandlung eines Annahmeverhältnisses

§ 8 AdÜbAG Bescheinigungen über eine im Inland vollzogene Annahme oder Umwandlung eines Annahmeverhältnisses

[1]Hat eine zentrale Adoptionsstelle die Zustimmung gemäß Artikel 17 Buchstabe c des Übereinkommens erteilt, so stellt diese auf Antrag desjenigen, der ein rechtliches Interesse hat, die Bescheinigung gemäß Artikel 23 oder Artikel 27 Abs. 2 des Übereinkommens aus. [2]Hat ein Jugendamt oder eine anerkannte Auslandsvermittlungsstelle die Zustimmung erteilt, so ist die zentrale Adoptionsstelle zuständig, zu deren Bereich das Jugendamt gehört oder in deren Bereich die anerkannte Auslandsvermittlungsstelle ihren Sitz hat.

1   Sofern kein Verstoß gegen den ordre public vorliegt (Art. 24 HAÜ), ist gem. Art. 23 HAÜ jede Adoptionsentscheidung, die in einem anderen Vertragsstaat unter Beachtung der Konventionsregelungen zustande gekommen ist, **kraft Gesetzes** in allen Vertragsstaaten anzuerkennen (zur Anwendbarkeit von § 8 AdÜbAG auf neu hinzu gekommene Vertragsstaaten s. § 11 Abs. 1 AdÜbAG), ohne dass es hierfür einer förmlichen Anerkennungsentscheidung bedarf. Auch Umwandlungen von „schwachen" Adoptionen in solche mit starken Wirkungen werden automatisch anerkannt (Art. 27 Abs. 2 iVm Art. 23 Abs. 1 HAÜ).

2   Voraussetzung für den Anerkennungsautomatismus des Übereinkommens ist, dass die zuständige Stelle des Staates, in dem die Adoption bzw. die Umwandlung ergangen ist, eine Bescheinigung ausstellt, aus der hervorgeht

■ das (wirksame) Zustandekommen des Annahmeverhältnisses unter Beachtung der Regeln der Art. 4, 5, 14 ff. HAÜ sowie

■ Angaben darüber, wann und von wem die für die Verfahrensfortführung erforderlichen Zustimmungen nach Art. 17 lit. c HAÜ erteilt wurden.

Ein **Muster** für den Inhalt der Bescheinigung enthält der Guide to Good Practice in Annex Nr. 7–4. Durch die konkreten und detaillierten inhaltlichen Vorgaben soll voreiligen und fehlerhaften Bescheinigungen vorgebeugt werden.[1]

3   § 8 AdÜbAG enthält die Regelungen zur Antragsberechtigung und Zuständigkeit für das Ausstellen dieser Bescheinigungen für den Fall, dass der Adoptionsausspruch bzw. die Umwandlungsentscheidung nach § 3 AdWirkG in Deutschland ergangen ist.

4   **Antragsberechtigt** sind nach § 8 Satz 1 AdÜbAG – schon im Hinblick auf das Adoptionsgeheimnis – nur diejenigen Personen, die ein rechtliches Interesse an der Anerkennung der Adoption haben. Insbes. sind dies die Annehmenden, einer der annehmenden Ehegatten, der eingetragene oder – im Fall der Stiefkindadoption – nichteheliche Lebenspartner des Annehmenden sowie das angenommene Kind.

5   **Zuständig** für die Ausstellung der Bescheinigung ist die **zentrale Adoptionsstelle,** die das Verfahren übernommen und gegenüber der ausländischen Zentralbehörde die Zustimmung gem. Art. 17 lit. c HAÜ zur Fortsetzung des Adoptionsver-

---

1   Frank StAZ 2003, 259.

fahrens erteilt hat (§ 8 Satz 1 AdÜbAG). Wurde das Vermittlungsverfahren durch eine anerkannte Auslandsvermittlungsstelle durchgeführt, so erstellt die Bescheinigung nach Art. 23 oder 27 Abs. 2 HAÜ die für deren Sitz örtlich zuständige zentrale Adoptionsstelle.[2] Maßgeblich für die örtliche Zuständigkeit ist der Zeitpunkt der Abgabe der Zustimmung gem. Art. 17 lit. c HAÜ.

Die **Voraussetzungen** für die Ausstellung der Bescheinigung ergeben sich aus Art. 23 Abs. 1 HAÜ und Art. 27 Abs. 2 HAÜ. Als Nachweis für das konventionsgemäße Zustandekommen der Annahme wird in der Regel die Vorlage des Adoptions- oder Umwandlungsbeschlusses des hiesigen Familiengerichts erforderlich, aber auch ausreichend sein.[3] 6

Wird die Ausstellung der **Bescheinigung abgelehnt**, so ist hiergegen der Rechtsweg zu den Verwaltungsgerichten eröffnet, da nur die Tätigkeit der BZAA gem. § 3 Abs. 2 Satz 1 AdÜbAG als Justizverwaltungsverfahren gilt. 7

§ 9 AdÜbAG Überprüfung ausländischer Bescheinigungen über den Vollzug einer Annahme oder die Umwandlung eines Annahmeverhältnisses

[1]Auf Antrag desjenigen, der ein rechtliches Interesse hat, prüft und bestätigt die Bundeszentralstelle die Echtheit einer Bescheinigung über die in einem anderen Vertragsstaat vollzogene Annahme oder Umwandlung eines Annahmeverhältnisses, die Übereinstimmung ihres Inhalts mit Artikel 23 oder Artikel 27 Abs. 2 des Übereinkommens sowie die Zuständigkeit der erteilenden Stelle. [2]Die Bestätigung erbringt Beweis für die in Satz 1 genannten Umstände; der Nachweis ihrer Unrichtigkeit ist zulässig.

Nach Art. 23 Abs. 1 HAÜ und Art. 27 Abs. 2 HAÜ ist die in einem Vertragsstaat durchgeführte Adoption oder die Umwandlung einer schwachen in eine starke Adoption in allen Vertragsstaaten **kraft Gesetzes anzuerkennen**, wenn die zuständige Behörde des Staates, in dem die Adoption bzw. Umwandlung durchgeführt worden ist, bescheinigt, dass die Adoption bzw. Umwandlung gemäß dem Übereinkommen zustande gekommen ist. Wurde eine solche Bescheinigung im Ausland erstellt, kann deren Echtheit nach § 9 AdÜbAG auf Antrag geprüft und bestätigt werden. Dadurch soll den Adoptiveltern die Verwendung der im Ausland ausgestellten Bescheinigung in Deutschland erleichtert werden. Zeitaufwändige Prüfungen (zB im Rahmen der Beantragung von Kindergeld bzw. anderen Sozialleistungen oder im Zuge der Beischreibung des Kindes im Familienbuch) werden über die Echtheitsbescheinigung vereinfacht, zumal die dieser zugrunde liegenden Bescheinigungen ausländischer Behörden typischerweise in einer fremden Sprache, ggf. sogar in fremden Schriftzeichen, ausgestellt sind und von Stellen stammen, deren Zuständigkeit den hiesigen Behörden nicht zwingend bekannt ist.[1] 1

Hinweis:

Da die Beweiskraft der von der BZAA erteilten Bestätigung **nur widerleglich vermutet** wird,[2] bietet die gerichtliche Anerkennung der ausländischen Adoption nach § 2 AdWirkG gegenüber der Verwendung der Bescheinigung nach Art. 23

---

2 Steiger DNotZ 2002, 194.
3 BT-Drs. 14/6011, 44.
1 Frank StAZ 2003, 259.
2 Zimmermann NZFam 2016, 158.

HAÜ nebst Echtheitsbestätigung durch die BZAA nach § 9 AdÜbAG den Vorteil, dass die Anerkennungsentscheidung durch das Familiengericht auch Aussagen über die konkreten rechtlichen Wirkungen der Adoption enthält und für und gegen jedermann (mit Ausnahme der leiblichen Eltern) wirkt. Dies bedeutet für die Beteiligten eine höhere Rechtssicherheit und -klarheit. In aller Regel wird den Annehmenden daher trotz des Anerkennungsautomatismus des HAÜ in der Praxis die **Durchführung eines förmlichen Anerkennungsverfahrens nach dem AdWirkG zu empfehlen** sein. Zusätzlich ist es bei einer Adoption aus einem Vertragsstaat gleichwohl sinnvoll, die Bescheinigung nach Art. 23 HAÜ einzuholen, da deren Vorlage die Prüfung im Rahmen eines gerichtlichen Anerkennungsverfahrens erheblich erleichtern und beschleunigen kann.

2 **Zuständig** für die Überprüfung nach § 9 AdÜbAG ist die **BZAA**. Die Prüfung erfolgt nur auf **Antrag**. Antragsberechtigt ist, wer ein **rechtliches Interesse** an der Überprüfung hat. Das sind grundsätzlich die an der Adoption beteiligten Personen. Aber auch die tätige Auslandsvermittlungsstelle kann ein berechtigtes Interesse an der Feststellung haben, da diese ggf. gegenüber ihrer Anerkennungs- und Aufsichtsbehörde belegen können muss, dass die von ihr vermittelten Adoptionen ordnungsgemäß abgewickelt wurden. Auch das Standesamt kann ein rechtliches Interesse geltend machen, da es für die inhaltliche Richtigkeit der öffentlichen Register verantwortlich ist und die Beantragung der Bescheinigung gegenüber der Einleitung eines Wirkungsverfahrens (zu der das Standesamt gem. § 5 Abs. 1 Satz 1 Nr. 1 lit. d AdWirkG ebenfalls berechtigt wäre) das mildere Mittel darstellt.

Gegenstand der Prüfung ist ausschließlich die **formelle Ordnungsmäßigkeit** der Bescheinigung, dh insbes. deren Echtheit und die Zuständigkeit der ausländischen Stelle für die Ausstellung der Bescheinigung. Keine Aussage trifft die Bestätigung dagegen zur Vereinbarkeit der Annahme mit dem inländischen ordre public (Art. 24 HAÜ) oder zu den konkreten Adoptionswirkungen nach dem ausländischen Recht.[3] Da sich die Bestätigung der BZAA gem. Satz 2 nicht nur auf die Echtheit der Bescheinigung, sondern auch die Übereinstimmung ihres Inhalts mit Art. 23 oder Art. 27 Abs. 2 HAÜ sowie die Zuständigkeit der erteilenden Stelle erstreckt, kann § 9 AdÜbAG als „qualifizierte Form der Legalisation" aufgefasst werden.[4] Die Möglichkeit, eine Bescheinigung nach § 9 AdÜbAG zu erhalten, steht jedoch einer „herkömmlichen" Legalisation durch die zuständige Auslandsvertretung nicht entgegen.

3 Zur zeitlichen Anwendbarkeit von § 9 AdÜbAG s. § 11 AdÜbAG und die Erl. dort. Die Bestätigung ist zu versagen, wenn sich die Bescheinigung der ausländischen Behörde auf eine Adoption bezieht, bei deren Ausspruch das Übereinkommen im Verhältnis zwischen Heimat- und Aufnahmestaat noch nicht in Kraft war.[5] In diesem Fall stammt die Bescheinigung nämlich nicht von einer iSv Art. 23 HAÜ und § 11 Abs. 2 AdÜbAG „zuständigen" Stelle.

4 Das Verfahren nach § 9 AdÜbAG ist nach Nr. 8 der Anlage zur Justizverwaltungskostenordnung (JVKostO) **gebührenpflichtig** und damit – im Gegensatz zum Verfahren nach dem Adoptionswirkungsgesetz – mit Kosten für die Antragsteller verbunden. Die Antragsteller trifft darüber hinaus die Pflicht zur Beibringung der ggf. erforderlichen Nachweise (§ 3 Abs. 3 Satz 2 AdÜbAG).

5 Wird die Ausstellung der **Bestätigung abgelehnt**, so ist hiergegen gem. § 3 Abs. 2 Satz 1 AdÜbAG iVm §§ 23 ff. EGGVG der Rechtsweg zu den ordentlichen Gerichten eröffnet.

---

3 Frank StAZ 2003, 259.
4 Steiger DNotZ 2002, 195.
5 BT-Drs. 14/6011, 45 f.

Abschnitt 4
Zeitlicher Anwendungsbereich

§ 10 AdÜbAG   Anwendung des Abschnitts 2

(1) Die Bestimmungen des Abschnitts 2 sind im Verhältnis zu einem anderen Vertragsstaat des Übereinkommens anzuwenden, wenn das Übereinkommen im Verhältnis zwischen der Bundesrepublik Deutschland und diesem Vertragsstaat in Kraft ist und wenn die Bewerbung nach § 4 Abs. 1 der Auslandsvermittlungsstelle nach dem Zeitpunkt des Inkrafttretens zugegangen ist.

(2) [1]Die Bundeszentralstelle kann mit der zentralen Behörde des Heimatstaates die Anwendung der Bestimmungen des Übereinkommens auch auf solche Bewerbungen vereinbaren, die der Auslandsvermittlungsstelle vor dem in Absatz 1 genannten Zeitpunkt zugegangen sind. [2]Die Vereinbarung kann zeitlich oder sachlich beschränkt werden. [3]Auf einen Vermittlungsfall, der einer Vereinbarung nach den Sätzen 1 und 2 unterfällt, sind die Bestimmungen des Abschnitts 2 anzuwenden.

Das **HAÜ** ist für die Bundesrepublik Deutschland am 1.3.2002 in Kraft getreten. Gem. § 10 Abs. 1 AdÜbAG und Art. 41 HAÜ ist das zwischenstaatliche Verfahren nach Art. 14 ff. HAÜ seitdem im Verhältnis zu allen Staaten durchzuführen, die das HAÜ im Zeitpunkt der Adoptionsbewerbung (§ 4 AdÜbAG) ratifiziert hatten oder dem Übereinkommen beigetreten sind.[1] 1

Hinweis:

Eine Liste der Vertragsstaaten nebst dem Zeitpunkt des Inkrafttretens des HAÜ findet sich im Internet unter https://www.bundesjustizamt.de/DE/Themen/Buerg erdienste/BZAA/Vertragsstaaten/Vertragsstaaten_node.html oder http://www.hcc h.net/index_en.php?act=conventions.status&cid=69.

Auch wenn **der Antrag vor der Ratifikation** oder dem Beitritt des Herkunftsstaates bei der zuständigen deutschen Stelle eingegangen ist, kann das Verfahren den Bestimmungen des HAÜ unterstellt werden. Hierfür ist eine Vereinbarung der BZAA mit der zentralen Behörde des betreffenden Vertragsstaates erforderlich (Abs. 2). Eine solche wird aber allenfalls dann sinnvoll sein, wenn sich das jeweilige Bewerbungsverfahren noch nicht in einem fortgeschrittenen Stadium befindet.[2] 2

§ 11 AdÜbAG   Anwendung des Abschnitts 3

(1) Eine Bescheinigung nach § 8 wird ausgestellt, sofern die Annahme nach dem in § 10 Abs. 1 genannten Zeitpunkt und auf Grund der in Artikel 17 Buchstabe c des Übereinkommens vorgesehenen Zustimmungen vollzogen worden ist.

(2) Eine Bestätigung nach § 9 wird erteilt, sofern das Übereinkommen im Verhältnis zwischen der Bundesrepublik Deutschland und dem Staat, dessen zuständige Stelle die zur Bestätigung vorgelegte Bescheinigung ausgestellt hat, in Kraft ist.

---

1 Hierzu Frank StAZ 2003, 258.
2 Vgl. BT-Drs. 14/6011, 45.

I. Allgemeines

1 Die Vorschrift regelt den **zeitlichen** Anwendungsbereich der Bestimmungen in §§ 8 und 9 AdÜbAG.

II. Bescheinigung nach § 8 AdÜbAG

2 Die Bescheinigung nach § 8 AdÜbAG iVm Art. 23 Abs. 1 HAÜ über das **konventionsgemäße Zustandekommen** einer Adoption setzt gem. § 11 AdÜbAG voraus,

- dass das HAÜ im Zeitpunkt des Adoptionsausspruches sowohl für die Bundesrepublik als auch für den Herkunftsstaat des Kindes in Kraft getreten ist, und

- die Adoption erfolgt ist, nachdem die Zustimmungen von Herkunfts- und Aufnahmestaat nach Art. 17 lit. c HAÜ erteilt waren. Sind im Vorfeld der Adoption keine Erklärungen nach Art. 17 lit. c HAÜ ergangen (zB weil das HAÜ zu diesem Zeitpunkt noch nicht für beide Staaten galt oder der Herkunftsstaat keine entsprechende Einwilligung erteilt hat), so tritt auch der Anerkennungsautomatismus nach Art. 23 ff. HAÜ nicht ein.

III. Bestätigung nach § 9 AdÜbAG

3 Die in § 9 AdÜbAG vorgesehene Bestätigung der Echtheit ausländischer Bescheinigungen nach Art. 23 HAÜ wird erteilt, wenn das HAÜ im **Zeitpunkt der Bestätigung** zwischen dem betreffenden Staat und der Bundesrepublik in Kraft getreten ist (§ 11 Abs. 2 AdÜbAG). Gilt das HAÜ für beide Staaten, so sind diese verpflichtet, sämtliche, auch vor der eigenen Ratifikation erfolgten Adoptionen aus allen anderen Vertragsstaaten anzuerkennen. Weitere Voraussetzung für diesen Anerkennungsautomatismus ist, dass die betreffenden Adoptionen konventionsgemäß zustande gekommen sind und dies nach Art. 23 HAÜ bescheinigt wurde.

Anhang 1:

1

Übereinkommen über die Rechte des Kindes (UN-Kinderrechtskonvention)

– Auszug –

Art. 21 UN-Kinderrechtskonvention Adoption

Die Vertragsstaaten, die das System der Adoption anerkennen oder zulassen, gewährleisten, dass dem Wohl des Kindes bei der Adoption die höchste Bedeutung zugemessen wird; die Vertragsstaaten

a) stellen sicher, dass die Adoption eines Kindes nur durch die zuständigen Behörden bewilligt wird, die nach den anzuwendenden Rechtsvorschriften und Verfahren und auf der Grundlage aller verlässlichen einschlägigen Informationen entscheiden, dass die Adoption angesichts des Status des Kindes in Bezug auf Eltern, Verwandte und einen Vormund zulässig ist und dass, soweit dies erforderlich ist, die betroffenen Personen in Kenntnis der Sachlage und auf der Grundlage einer gegebenenfalls erforderlichen Beratung der Adoption zugestimmt haben;

b) erkennen an, dass die internationale Adoption als andere Form der Betreuung angesehen werden kann, wenn das Kind nicht in seinem Heimatland in einer Pflege-oder Adoptionsfamilie untergebracht oder wenn es dort nicht in geeigneter Weise betreut werden kann;

c) stellen sicher, dass das Kind im Fall einer internationalen Adoption in den Genuss der für nationale Adoptionen geltenden Schutzvorschriften und Normen kommt;

d) treffen alle geeigneten Maßnahmen, um sicherzustellen, dass bei internationaler Adoption für die Beteiligten keine unstatthaften Vermögensvorteile entstehen;

e) fördern die Ziele dieses Artikels gegebenenfalls durch den Abschluss zwei- oder mehrseitiger Übereinkünfte und bemühen sich in diesem Rahmen sicherzustellen, dass die Unterbringung des Kindes in einem anderen Land durch die zuständigen Behörden oder Stellen durchgeführt wird.

Anhang 2:

Haager Übereinkommen vom 29. Mai 1993 über den Schutz von Kindern und die Zusammenarbeit auf dem Gebiet der internationalen Adoption (HAÜ)

– Auszug –

Die Unterzeichnerstaaten dieses Übereinkommens – in der Erkenntnis, dass das Kind zur vollen und harmonischen Entfaltung seiner Persönlichkeit in einer Familie und umgeben von Glück, Liebe und Verständnis aufwachsen sollte, unter Hinweis darauf, dass jeder Staat vorrangig angemessene Maßnahmen treffen sollte, um es dem Kind zu ermöglichen, in seiner Herkunftsfamilie zu bleiben, in der Erkenntnis, dass die internationale Adoption den Vorteil bieten kann, einem Kind, für das in seinem Heimatstaat keine geeignete Familie gefunden werden kann, eine dauerhafte Familie zu geben, überzeugt von der Notwendigkeit, Maßnahmen zu treffen, um sicherzustellen, dass internationale Adoptionen zum Wohl des Kindes und unter Wahrung seiner Grundrechte stattfinden, und die Entführung und den Verkauf von Kindern sowie den Handel mit Kindern zu verhindern, in dem Wunsch, zu diesem Zweck gemeinsame Bestimmungen festzulegen, die von den Grundsätzen ausgehen, die in internationalen Übereinkünften anerkannt sind, insbesondere dem Übereinkommen der Vereinten Nationen vom 20. November 1989 über die Rechte des Kindes und der Erklärung der Vereinten Nationen über die sozialen und rechtlichen Grundsätze für den Schutz und das Wohl von Kindern unter besonderer Berücksichtigung der Aufnahme in eine Pflegefamilie und der Adoption auf nationaler und internationaler Ebene (Resolution 41/85 der Generalversammlung vom 3. Dezember 1986) – haben die folgenden Bestimmungen vereinbart:

Kapitel I
Anwendungsbereich des Übereinkommens

Artikel 1 HAÜ

Ziel des Übereinkommens ist es,

a) Schutzvorschriften einzuführen, damit internationale Adoptionen zum Wohl des Kindes und unter Wahrung seiner völkerrechtlich anerkannten Grundrechte stattfinden;

b) ein System der Zusammenarbeit unter den Vertragsstaaten einzurichten, um die Einhaltung dieser Schutzvorschriften sicherzustellen und dadurch die Entführung und den Verkauf von Kindern sowie den Handel mit Kindern zu verhindern;

c) in den Vertragsstaaten die Anerkennung der gemäß dem Übereinkommen zustande gekommenen Adoptionen zu sichern.

Artikel 2 HAÜ

(1) Das Übereinkommen ist anzuwenden, wenn ein Kind mit gewöhnlichem Aufenthalt in einem Vertragsstaat („Heimatstaat") in einen anderen Vertragsstaat („Aufnahmestaat") gebracht worden ist, wird oder werden soll, entweder nach seiner Adoption im Heimatstaat durch Ehegatten oder eine Person mit gewöhnlichem Aufenthalt im Aufnahmestaat oder im Hinblick auf eine solche Adoption im Aufnahme- oder Heimatstaat.

(2) Das Übereinkommen betrifft nur Adoptionen, die ein dauerhaftes Eltern-Kind-Verhältnis begründen.

Artikel 3 HAÜ

Das Übereinkommen ist nicht mehr anzuwenden, wenn die in Artikel 17 Buchstabe c vorgesehenen Zustimmungen nicht erteilt wurden, bevor das Kind das achtzehnte Lebensjahr vollendet hat.

Kapitel II
Voraussetzungen internationaler Adoptionen

Artikel 4 HAÜ

Eine Adoption nach dem Übereinkommen kann nur durchgeführt werden, wenn die zuständigen Behörden des Heimatstaats

a) festgestellt haben, dass das Kind adoptiert werden kann;

b) nach gebührender Prüfung der Unterbringungsmöglichkeiten für das Kind im Heimatstaat entschieden haben, dass eine internationale Adoption dem Wohl des Kindes dient;

c) sich vergewissert haben,

　1. dass die Personen, Institutionen und Behörden, deren Zustimmung zur Adoption notwendig ist, soweit erforderlich beraten und gebührend über die Wirkungen ihrer Zustimmung unterrichtet worden sind, insbesondere darüber, ob die Adoption dazu führen wird, dass das Rechtsverhältnis zwischen dem Kind und seiner Herkunftsfamilie erlischt oder weiter besteht;

　2. dass diese Personen, Institutionen und Behörden ihre Zustimmung unbeeinflusst in der gesetzlich vorgeschriebenen Form erteilt haben und diese Zustimmung schriftlich gegeben oder bestätigt worden ist;

　3. dass die Zustimmungen nicht durch irgendeine Zahlung oder andere Gegenleistung herbeigeführt worden sind und nicht widerrufen wurden und

　4. dass die Zustimmung der Mutter, sofern erforderlich, erst nach der Geburt des Kindes erteilt worden ist, und

d) sich unter Berücksichtigung des Alters und der Reife des Kindes vergewissert haben,

　1. dass das Kind beraten und gebührend über die Wirkungen der Adoption und seiner Zustimmung zur Adoption, soweit diese Zustimmung notwendig ist, unterrichtet worden ist;

　2. dass die Wünsche und Meinungen des Kindes berücksichtigt worden sind;

　3. dass das Kind seine Zustimmung zur Adoption, soweit diese Zustimmung notwendig ist, unbeeinflusst in der gesetzlich vorgeschriebenen Form erteilt hat und diese Zustimmung schriftlich gegeben oder bestätigt worden ist und

4. dass diese Zustimmung nicht durch irgendeine Zahlung oder andere Gegenleistung herbeigeführt worden ist.

Artikel 5 HAÜ

Eine Adoption nach dem Übereinkommen kann nur durchgeführt werden, wenn die zuständigen Behörden des Aufnahmestaats

a) entschieden haben, dass die künftigen Adoptiveltern für eine Adoption in Betracht kommen und dazu geeignet sind,

b) sich vergewissert haben, dass die künftigen Adoptiveltern soweit erforderlich beraten worden sind, und

c) entschieden haben, dass dem Kind die Einreise in diesen Staat und der ständige Aufenthalt dort bewilligt worden sind oder werden.

Kapitel III
Zentrale Behörden und zugelassene Organisationen

Artikel 6 HAÜ

(1) Jeder Vertragsstaat bestimmt eine Zentrale Behörde, welche die ihr durch dieses Übereinkommen übertragenen Aufgaben wahrnimmt.

(2) Einem Bundesstaat, einem Staat mit mehreren Rechtssystemen oder einem Staat, der aus autonomen Gebietseinheiten besteht, steht es frei, mehrere Zentrale Behörden zu bestimmen und deren räumliche und persönliche Zuständigkeit festzulegen. Macht ein Staat von dieser Möglichkeit Gebrauch, so bestimmt er die Zentrale Behörde, an welche Mitteilungen und Übermittlungen an die zuständige Zentrale Behörde in diesem Staat gerichtet werden können.

Artikel 7 HAÜ

(1) Die Zentralen Behörden arbeiten zusammen und fördern die Zusammenarbeit der zuständigen Behörden ihrer Staaten, um Kinder zu schützen und die anderen Ziele des Übereinkommens zu verwirklichen.

(2) Sie treffen unmittelbar alle geeigneten Maßnahmen, um

a) Auskünfte über das Recht ihrer Staaten auf dem Gebiet der Adoption zu erteilen und andere allgemeine Informationen, wie beispielsweise statistische Daten und Musterformblätter, zu übermitteln;

b) einander über die Wirkungsweise des Übereinkommens zu unterrichten und Hindernisse, die seiner Anwendung entgegenstehen, so weit wie möglich auszuräumen.

Artikel 8 HAÜ

Die Zentralen Behörden treffen unmittelbar oder mit Hilfe staatlicher Stellen alle geeigneten Maßnahmen, um unstatthafte Vermögens- oder sonstige Vorteile im Zusammenhang mit einer Adoption auszuschließen und alle den Zielen des Übereinkommens zuwiderlaufenden Praktiken zu verhindern.

Artikel 9 HAÜ

Die Zentralen Behörden treffen unmittelbar oder mit Hilfe staatlicher Stellen oder anderer in ihrem Staat ordnungsgemäß zugelassener Organisationen alle geeigneten Maßnahmen, um insbesondere

a) Auskünfte über die Lage des Kindes und der künftigen Adoptiveltern einzuholen, aufzubewahren und auszutauschen, soweit dies für das Zustandekommen der Adoption erforderlich ist;

b) das Adoptionsverfahren zu erleichtern, zu überwachen und zu beschleunigen;

c) den Aufbau von Diensten zur Beratung während und nach der Adoption in ihrem Staat zu fördern;

d) Berichte über allgemeine Erfahrungen auf dem Gebiet der internationalen Adoption auszutauschen;

e) begründete Auskunftsersuchen anderer Zentraler Behörden oder staatlicher Stellen zu einem bestimmten Adoptionsfall zu beantworten, soweit das Recht ihres Staates dies zulässt.

Artikel 10 HAÜ

Die Zulassung erhalten und behalten nur Organisationen, die darlegen, dass sie fähig sind, die ihnen übertragenen Aufgaben ordnungsgemäß auszuführen.

Artikel 11 HAÜ

Eine zugelassene Organisation muss

a) unter Einhaltung der von den zuständigen Behörden des Zulassungsstaats festgelegten Voraussetzungen und Beschränkungen ausschließlich gemeinnützige Zwecke verfolgen;

b) von Personen geleitet und verwaltet werden, die nach ihren ethischen Grundsätzen und durch Ausbildung oder Erfahrung für die Arbeit auf dem Gebiet der internationalen Adoption qualifiziert sind, und

c) in Bezug auf ihre Zusammensetzung, Arbeitsweise und Finanzlage der Aufsicht durch die zuständigen Behörden des Zulassungsstaats unterliegen.

Artikel 12 HAÜ

Eine in einem Vertragsstaat zugelassene Organisation kann in einem anderen Vertragsstaat nur tätig werden, wenn die zuständigen Behörden beider Staaten dies genehmigt haben.

Artikel 13 HAÜ

Jeder Vertragsstaat teilt die Bestimmung der Zentralen Behörden und gegebenenfalls den Umfang ihrer Aufgaben sowie die Namen und Anschriften der zugelassenen Organisationen dem Ständigen Büro der Haager Konferenz für Internationales Privatrecht mit.

Kapitel IV
Verfahrensrechtliche Voraussetzungen der internationalen Adoption

Artikel 14 HAÜ

Personen mit gewöhnlichem Aufenthalt in einem Vertragsstaat, die ein Kind mit gewöhnlichem Aufenthalt in einem anderen Vertragsstaat adoptieren möchten, haben sich an die Zentrale Behörde im Staat ihres gewöhnlichen Aufenthalts zu wenden.

Artikel 15 HAÜ

(1) Hat sich die Zentrale Behörde des Aufnahmestaats davon überzeugt, dass die Antragsteller für eine Adoption in Betracht kommen und dazu geeignet sind, so verfasst sie einen Bericht, der Angaben zur Person der Antragsteller und über ihre rechtliche Fähigkeit und ihre Eignung zur Adoption, ihre persönlichen und familiären Umstände, ihre Krankheitsgeschichte, ihr soziales Umfeld, die Beweggründe für die Adoption, ihre Fähigkeit zur Übernahme der mit einer internationalen Adoption verbundenen Aufgaben sowie die Eigenschaften der Kinder enthält, für die zu sorgen sie geeignet wären.

(2) Sie übermittelt den Bericht der Zentralen Behörde des Heimatstaats.

Artikel 16 HAÜ

(1) Hat sich die Zentrale Behörde des Heimatstaats davon überzeugt, dass das Kind adoptiert werden kann, so

a) verfasst sie einen Bericht, der Angaben zur Person des Kindes und darüber, dass es adoptiert werden kann, über sein soziales Umfeld, seine persönliche und familiäre Entwicklung, seine Krankheitsgeschichte einschließlich derjenigen seiner Familie sowie besondere Bedürfnisse des Kindes enthält;

b) trägt sie der Erziehung des Kindes sowie seiner ethnischen, religiösen und kulturellen Herkunft gebührend Rechnung;

c) vergewissert sie sich, dass die Zustimmungen nach Artikel 4 vorliegen, und

d) entscheidet sie, insbesondere aufgrund der Berichte über das Kind und die künftigen Adoptiveltern, ob die in Aussicht genommene Unterbringung dem Wohl des Kindes dient.

(2) Sie übermittelt der Zentralen Behörde des Aufnahmestaats ihren Bericht über das Kind, den Nachweis über das Vorliegen der notwendigen Zustimmungen sowie die Gründe für ihre Entscheidung über die Unterbringung, wobei sie dafür sorgt, dass die Identität der Mutter und des Vaters nicht preisgegeben wird, wenn diese im Heimatstaat nicht offen gelegt werden darf.

Artikel 17 HAÜ

Eine Entscheidung, ein Kind künftigen Adoptiveltern anzuvertrauen, kann im Heimatstaat nur getroffen werden, wenn

a) die Zentrale Behörde dieses Staates sich vergewissert hat, dass die künftigen Adoptiveltern einverstanden sind;

b) die Zentrale Behörde des Aufnahmestaats diese Entscheidung gebilligt hat, sofern das Recht dieses Staates oder die Zentrale Behörde des Heimatstaats dies verlangt;

c) die Zentralen Behörden beider Staaten der Fortsetzung des Adoptionsverfahrens zugestimmt haben und

d) nach Artikel 5 entschieden wurde, dass die künftigen Adoptiveltern für eine Adoption in Betracht kommen und dazu geeignet sind und dem Kind die Einreise in den Aufnahmestaat und der ständige Aufenthalt dort bewilligt worden sind oder werden.

Artikel 18 HAÜ

Die Zentralen Behörden beider Staaten treffen alle erforderlichen Maßnahmen, um die Bewilligung der Ausreise des Kindes aus dem Heimatstaat sowie der Einreise in den Aufnahmestaat und des ständigen Aufenthalts dort zu erwirken.

Artikel 19 HAÜ

(1) Das Kind kann nur in den Aufnahmestaat gebracht werden, wenn die Voraussetzungen des Artikels 17 erfüllt sind.

(2) Die Zentralen Behörden beider Staaten sorgen dafür, dass das Kind sicher und unter angemessenen Umständen in den Aufnahmestaat gebracht wird und dass die Adoptiveltern oder die künftigen Adoptiveltern das Kind wenn möglich begleiten.

(3) Wird das Kind nicht in den Aufnahmestaat gebracht, so werden die in den Artikeln 15 und 16 vorgesehenen Berichte an die absendenden Behörden zurückgesandt.

Artikel 20 HAÜ

Die Zentralen Behörden halten einander über das Adoptionsverfahren und die zu seiner Beendigung getroffenen Maßnahmen sowie über den Verlauf der Probezeit, falls eine solche verlangt wird, auf dem Laufenden.

Artikel 21 HAÜ

(1) Soll die Adoption erst durchgeführt werden, nachdem das Kind in den Aufnahmestaat gebracht worden ist, und dient es nach Auffassung der Zentralen Behörde dieses Staates nicht mehr dem Wohl des Kindes, wenn es in der Aufnahmefamilie bleibt, so trifft diese Zentrale Behörde die zum Schutz des Kindes erforderlichen Maßnahmen, indem sie insbesondere

a) veranlasst, dass das Kind aus der Aufnahmefamilie entfernt und vorläufig betreut wird;

b) in Absprache mit der Zentralen Behörde des Heimatstaats unverzüglich die Unterbringung des Kindes in einer neuen Familie mit dem Ziel der Adoption veranlasst oder, falls dies nicht angebracht ist, für eine andere dauerhafte Betreuung sorgt; eine Adoption kann erst durchgeführt werden, wenn die Zentrale Behörde des Heimatstaats gebührend über die neuen Adoptiveltern unterrichtet worden ist;

c) als letzte Möglichkeit die Rückkehr des Kindes veranlasst, wenn sein Wohl dies erfordert.

(2) Unter Berücksichtigung insbesondere des Alters und der Reife des Kindes ist es zu den nach diesem Artikel zu treffenden Maßnahmen zu befragen und gegebenenfalls seine Zustimmung dazu einzuholen.

Artikel 22 HAÜ

(1) Die Aufgaben einer Zentralen Behörde nach diesem Kapitel können von staatlichen Stellen oder nach Kapitel III zugelassenen Organisationen wahrgenommen werden, soweit das Recht des Staates der Zentralen Behörde dies zulässt.

(2) Ein Vertragsstaat kann gegenüber dem Verwahrer des Übereinkommens erklären, dass die Aufgaben der Zentralen Behörde nach den Artikeln 15 bis 21 in diesem Staat in dem nach seinem Recht zulässigen Umfang und unter Aufsicht seiner zuständigen Behörden auch von Organisationen oder Personen wahrgenommen werden können, welche

a) die von diesem Staat verlangten Voraussetzungen der Integrität, fachlichen Kompetenz, Erfahrung und Verantwortlichkeit erfüllen und

b) nach ihren ethischen Grundsätzen und durch Ausbildung oder Erfahrung für die Arbeit auf dem Gebiet der internationalen Adoption qualifiziert sind.

(3) Ein Vertragsstaat, der die in Absatz 2 vorgesehene Erklärung abgibt, teilt dem Ständigen Büro der Haager Konferenz für Internationales Privatrecht regelmäßig die Namen und Anschriften dieser Organisationen und Personen mit.

(4) Ein Vertragsstaat kann gegenüber dem Verwahrer des Übereinkommens erklären, dass Adoptionen von Kindern, die ihren gewöhnlichen Aufenthalt in seinem Hoheitsgebiet haben, nur durchgeführt werden können, wenn die Aufgaben der Zentralen Behörden in Übereinstimmung mit Absatz 1 wahrgenommen werden.

(5) Ungeachtet jeder nach Absatz 2 abgegebenen Erklärung werden die in den Artikeln 15 und 16 vorgesehenen Berichte in jedem Fall unter der Verantwortung der Zentralen Behörde oder anderer Behörden oder Organisationen in Übereinstimmung mit Absatz 1 verfasst.

Kapitel V
Anerkennung und Wirkungen der Adoption

Artikel 23 HAÜ

(1) Eine Adoption wird in den anderen Vertragsstaaten kraft Gesetzes anerkannt, wenn die zuständige Behörde des Staates, in dem sie durchgeführt worden ist, bescheinigt,

dass sie gemäß dem Übereinkommen zustande gekommen ist. Die Bescheinigung gibt an, wann und von wem die Zustimmungen nach Artikel 17 Buchstabe c erteilt worden sind.

(2) Jeder Vertragsstaat notifiziert dem Verwahrer des Übereinkommens bei der Unterzeichnung, der Ratifikation, der Annahme, der Genehmigung oder dem Beitritt Identität und Aufgaben der Behörde oder Behörden, die in diesem Staat für die Ausstellung der Bescheinigung zuständig sind. Er notifiziert ihm ferner jede Änderung in der Bezeichnung dieser Behörden.

Artikel 24 HAÜ

Die Anerkennung einer Adoption kann in einem Vertragsstaat nur versagt werden, wenn die Adoption seiner öffentlichen Ordnung offensichtlich widerspricht, wobei das Wohl des Kindes zu berücksichtigen ist.

Artikel 25 HAÜ

Jeder Vertragsstaat kann gegenüber dem Verwahrer des Übereinkommens erklären, dass er nicht verpflichtet ist, aufgrund des Übereinkommens Adoptionen anzuerkennen, die in Übereinstimmung mit einer nach Artikel 39 Absatz 2 geschlossenen Vereinbarung zustande gekommen sind.

Artikel 26 HAÜ

(1) Die Anerkennung einer Adoption umfasst die Anerkennung

a) des Eltern-Kind-Verhältnisses zwischen dem Kind und seinen Adoptiveltern;

b) der elterlichen Verantwortlichkeit der Adoptiveltern für das Kind;

c) der Beendigung des früheren Rechtsverhältnisses zwischen dem Kind und seiner Mutter und seinem Vater, wenn die Adoption dies in dem Vertragsstaat bewirkt, in dem sie durchgeführt worden ist.

(2) Bewirkt die Adoption die Beendigung des früheren Eltern-Kind-Verhältnisses, so genießt das Kind im Aufnahmestaat und in jedem anderen Vertragsstaat, in dem die Adoption anerkannt wird, Rechte entsprechend denen, die sich aus Adoptionen mit dieser Wirkung in jedem dieser Staaten ergeben.

(3) Die Absätze 1 und 2 lassen die Anwendung für das Kind günstigerer Bestimmungen unberührt, die in einem Vertragsstaat gelten, der die Adoption anerkennt.

Artikel 27 HAÜ

(1) Bewirkt eine im Heimatstaat durchgeführte Adoption nicht die Beendigung des früheren Eltern- Kind-Verhältnisses, so kann sie im Aufnahmestaat, der die Adoption nach dem Übereinkommen anerkennt, in eine Adoption mit einer derartigen Wirkung umgewandelt werden, wenn

a) das Recht des Aufnahmestaats dies gestattet und

b) die in Artikel 4 Buchstaben c und d vorgesehenen Zustimmungen zum Zweck einer solchen Adoption erteilt worden sind oder werden.

(2) Artikel 23 ist auf die Umwandlungsentscheidung anzuwenden.

Kapitel VI
Allgemeine Bestimmungen

Artikel 28 HAÜ

Das Übereinkommen steht Rechtsvorschriften des Heimatstaats nicht entgegen, nach denen die Adoption eines Kindes mit gewöhnlichem Aufenthalt in diesem Staat auch dort durchgeführt werden muss oder nach denen es untersagt ist, vor einer Adoption das Kind in einer Familie im Aufnahmestaat unterzubringen oder es in diesen Staat zu bringen.

Artikel 29 HAÜ

Zwischen den künftigen Adoptiveltern und den Eltern des Kindes oder jeder anderen Person, welche die Sorge für das Kind hat, darf kein Kontakt stattfinden, solange die Erfordernisse des Artikels 4 Buchstaben a bis c und des Artikels 5 Buchstabe a nicht erfüllt sind, es sei denn, die Adoption finde innerhalb einer Familie statt oder der Kontakt entspreche den von der zuständigen Behörde des Heimatstaats aufgestellten Bedingungen.

Artikel 30 HAÜ

(1) Die zuständigen Behörden eines Vertragsstaats sorgen dafür, dass die ihnen vorliegenden Angaben über die Herkunft des Kindes, insbesondere über die Identität seiner Eltern, sowie über die Krankheitsgeschichte des Kindes und seiner Familie aufbewahrt werden.

(2) Sie gewährleisten, dass das Kind oder sein Vertreter unter angemessener Anleitung Zugang zu diesen Angaben hat, soweit das Recht des betreffenden Staates dies zulässt.

Artikel 31 HAÜ

Unbeschadet des Artikels 30 werden die aufgrund des Übereinkommens gesammelten oder übermittelten personenbezogenen Daten, insbesondere die in den Artikeln 15 und 16 bezeichneten, nur für die Zwecke verwendet, für die sie gesammelt oder übermittelt worden sind.

Artikel 32 HAÜ

(1) Niemand darf aus einer Tätigkeit im Zusammenhang mit einer internationalen Adoption unstatthafte Vermögens- oder sonstige Vorteile erlangen.

(2) Nur Kosten und Auslagen, einschließlich angemessener Honorare an der Adoption beteiligter Personen, dürfen in Rechnung gestellt und gezahlt werden.

(3) Die Leiter, Verwaltungsmitglieder und Angestellten von Organisationen, die an einer Adoption beteiligt sind, dürfen keine im Verhältnis zu den geleisteten Diensten unangemessen hohe Vergütung erhalten.

Artikel 33 HAÜ

Eine zuständige Behörde, die feststellt, dass eine der Bestimmungen des Übereinkommens nicht beachtet worden ist oder missachtet zu werden droht, unterrichtet sofort die Zentrale Behörde ihres Staates. Diese Zentrale Behörde ist dafür verantwortlich, dass geeignete Maßnahmen getroffen werden.

Artikel 34 HAÜ

Wenn die zuständige Behörde des Bestimmungsstaats eines Schriftstücks darum ersucht, ist eine beglaubigte Übersetzung beizubringen. Sofern nichts anderes bestimmt ist, werden die Kosten der Übersetzung von den künftigen Adoptiveltern getragen.

Artikel 35 HAÜ

Die zuständigen Behörden der Vertragsstaaten handeln in Adoptionsverfahren mit der gebotenen Eile.

Artikel 41 HAÜ

Das Übereinkommen ist in jedem Fall anzuwenden, in dem ein Antrag nach Artikel 14 eingegangen ist, nachdem das Übereinkommen im Aufnahmestaat und im Heimatstaat in Kraft getreten ist.

Bürgerliches Gesetzbuch (BGB)

In der Fassung der Bekanntmachung vom 2. Januar 2002
(BGBl. I S. 42, ber. S. 2909 und BGBl. 2003 I S. 738)
(FNA 400–2)

zuletzt geändert durch Art. 13 Sanierungs- und
Insolvenzrechtsfortentwicklungsg vom 22. Dezember 2020 (BGBl. I S. 3256)

– Auszug –

Titel 7
Annahme als Kind

Untertitel 1 Annahme Minderjähriger

Vorbemerkung zu §§ 1741–1772 BGB

Aufsatzliteratur:

Braun, Die Reform des nationalen und internationalen Adoptionsrechts, StAZ 2020, 297; *Deutscher Verein für öffentliche und private Fürsorge e. V.,* Diskussionspapier zur Adoption, NDV 2014, 354; *Dodegge,* Das formelle und materielle deutsche Adoptionsrecht, FPR 2001, 321; *Eckebrecht,* Rechtsprechungsübersicht zum Adoptionsrecht (2016–2018), NZ-Fam 2018, 966; *Eckebrecht,* Die künftige Stiefkindadoption in der stabilen Patchworkfamilie, NZFam 2019, 977; *Eckebrecht,* Rechtsprechungsübersicht zum Adoptionsrecht (2019–2020), NZFam 2020, 1053; *Grziwotz,* Recht auf Stiefkindadoption in faktischen Lebensgemeinschaften?, NJW 2017, 1646; *Helms,* Öffnung der Stiefkindadoption für nichteheliche Lebensgemeinschaften und Reform des Internationalen Adoptionsrechts, FamRZ 2020, 645; *Herzog,* Die Minderjährigenadoption, FuR 2018, 630; *Hoffmann,* Ausländische Adoptionsentscheidungen in der deutschen gerichtlichen Anerkennungspraxis, ZKJ 2006, 542; *Kemper,* Die Neuregelung der Stiefkindadoption und der Anknüpfung von Adoptionen mit Auslandsbezug, FamRB 2020, 408; *Keuter,* Kostenrechtliche Aspekte in Adoptionsverfahren, FuR 2013, 567; *Keuter,* Namensrechtliche Adoptionsfolgen und ihre Anfechtbarkeit, FamRZ 2021, 165; *Kintzel,* Stiefkindadoption in nichtehelichen Familien, FF 2020, 135; *Krause,* Annahme als Kind, NotBZ 2006, 221, 273; 2007, 43; *Krause,* Annahme Minderjähriger als Kind, ZFE 2011, 170; *Krüger,* Adoptionsrecht – ein Überblick, 2014, ZAP Fach 11, 1253; *Leutheusser-Schnarrenberger,* Gleichstellung der Lebenspartnerschaften und Adoptionsrechts, DRiZ 2013, 14; *Löhnig,* Kinder mit mehreren Vätern: Aktuelle Fragen des Adoptionsrechts, NZFam 2017, 879; *Reimann,* Das Adoptivkind in der gesellschaftsrechtlichen Nachfolgeplanung, ZEV 2013, 479; *Reinhardt,* Viel Rauch um wenig Neues, RdJB 2013, 343; *Rotax,* Zum Recht des Kindes auf Information über seine leiblichen Eltern und zum Recht der Eltern auf Information über tatsächliche Mutter- bzw Vaterschaft, ZFE 2007, 9; *Staudinger,* Der ordre public-Vorbehalt bei der Anerkennung ausländischer Adoptionen, FamRBint 2007, 42; *Steinbach/Helms,* Stabilität nichtehelicher Lebensgemeinschaften aus soziologischer Perspektive vor dem Hintergrund des neuen § 1766 a BGB, FamRZ 2020, 476; *Teklote,* Stiefkindadoption in nichtehelichen Lebensgemeinschaften nach neuem Recht, NZFam 2020, 409; *Willutzki,* Die Ersetzung der elterlichen Einwilligung in die Adoption, ZKJ 2007, 18; *Zschiebsch,* Ausgewählte Themen zur Annahme als Kind, notar 2017, 195.

Der Siebte Titel des vierten Buchs des BGB betrifft die Annahme als Kind (Adoption). Es wird unterschieden zwischen der **Annahme Minderjähriger** (§§ 1741–1767 BGB) und der **Adoption Volljähriger** (§§ 1767–1772 BGB). Während Erstere zum Ausscheiden des angenommenen Kindes aus seiner bisherigen Familie und zur vollständigen Eingliederung in die Familie des Annehmenden führt, hat die Erwachsenenadoption weit geringere Folgen: Wird ein Erwachsener als Kind

1

angenommen, erlischt nur die Verwandtschaft zu seinen leiblichen Eltern, nicht aber zu den anderen Verwandten. Umgekehrt wird auch nur die Verwandtschaft zum Annehmenden begründet (nicht aber zu dessen Verwandten).

2 Die Annahme als Kind wird durch einen **Beschluss des Familiengerichts** bewirkt (§ 1752 BGB, sog. **Dekretsystem**). Dieser wird mit der Zustellung an den Annehmenden wirksam (§ 197 Abs. 2 FamFG). Er ist weder anfechtbar noch abänderbar (§ 197 Abs. 3 FamFG). Ebenfalls eingeschränkt sind die Möglichkeiten, eine Aufhebung der Annahme zu verlangen (§§ 1759–1763, 1771 BGB).

3 Zuständig für den Erlass des Annahmebeschlusses ist der **Richter** (§ 14 RPflG). Die internationale und die örtliche Zuständigkeit ergeben sich aus § 101 FamFG und aus § 187 FamFG.

4 Damit eine Annahme erfolgen kann, müssen Adoptionswillige und das zu adoptierende Kind zusammengebracht werden. Das bringt die Gefahr des „Kinderhandels" mit sich. Die **Adoptionsvermittlung** ist deswegen besonders (einschränkend) im Adoptionsvermittlungsgesetz[1] geregelt. Erfasst wird das Zusammenführen von Personen, die Kinder annehmen wollen, mit Kindern unter 18 Jahren oder der Nachweis der Gelegenheit, ein Kind anzunehmen oder annehmen zu lassen (§ 1 AdVermiG). Dieses Verhalten ist grundsätzlich ebenso untersagt (§ 5 AdVermiG mit Ausnahmen in § 5 Abs. 2 AdVermiG) wie Werbemaßnahmen in Zeitungen usw (§ 6 AdVermiG). Ergänzt werden die Regelungen des Adoptionsvermittlungsgesetzes durch die Adoptionsvermittlungsstellenanerkennungs- und Kostenverordnung – AdVermiStAnKoV.[2]

5 Zugelassen ist nur die Adoptionsvermittlung durch das Jugendamt, das Landesjugendamt und die örtlichen und zentralen Stellen des Diakonischen Werks, des Deutschen Caritasverbandes, der Arbeiterwohlfahrt und der diesen Verbänden angeschlossenen Fachverbände sowie sonstiger Organisationen, wenn sie von der nach Landesrecht **zuständigen Behörde** als Adoptionsvermittlungsstellen anerkannt worden sind (§ 2 AdVermiG). Mit der Adoptionsvermittlung dürfen nur erfahrene Fachkräfte betraut werden (§ 3 AdVermiG). Die Mitwirkung an einer gesetzes- oder sittenwidrigen Adoptionsvermittlung führt zur Verschärfung der Annahmevoraussetzungen (§ 1741 Abs. 1 Satz 2 BGB, → BGB § 1741 Rn. 5).

6 Für **internationale Adoptionen** (vor allem solche von ausländischen Kindern durch deutsche Eltern) sind das Gesetz zur Ausführung des Haager Übereinkommens vom 29.5.1993 über den Schutz von Kindern und die Zusammenarbeit auf dem Gebiet der internationalen Adoptionen[3] und das Gesetz zur Regelung von Rechtsfragen auf dem Gebiet der internationalen Adoption und zur Weiterentwicklung des Adoptionsvermittlungsrechts[4] einschlägig. Nach seinem Inkrafttreten ist auch das Gesetz zu dem Europäischen Übereinkommen vom 27.11.2008 über die Adoption von Kindern zu beachten, mit dem dieses Abkommen in das deutsche Recht übertragen wird.[5] Wesentliche Änderungen ergeben sich nicht, da das deutsche Recht schon den Anforderungen des Abkommens entspricht. Nur die Frist zur Aufbewahrung der Vermittlungsakten ist anders zu berechnen, als es § 9 b des Adoptionsvermittlungsgesetzes (AdVermiG) derzeit vorsieht. Das natio-

---

1 Vom 27.11.1989, BGBl. I 2014, neu gefasst durch Bekanntmachung v. 22.12.2001, BGBl. 2002 I 354, zuletzt geändert durch Art. 21 LPartRBerG v. 20.11.2015, BGBl. I 2010. Seit Inkrafttreten des AdoptionshilfeG am 1.4.2021 trägt das AdvermiG den Titel „Gesetz über die Vermittlung und Begleitung und über das Verbot der Vermittlung von Ersatzmüttern".
2 Vom 4.5.2005, BGBl. I 1266.
3 BGBl. 2001 I 2950, zuletzt geändert durch Art. 22 LPartRBerG v. 20.11.2015, BGBl. I 2010.
4 Vom 5.11.2001, BGBl. I 2950.
5 Vgl. BT-Drs. 18/2654.

nale Kollisionsrecht enthalten Art. 22 f. EGBGB, die internationale Zuständigkeit deutscher Gerichte ergibt sich aus § 101 FamFG, die Anerkennung ausländischer Adoptionsentscheidungen regeln §§ 108 f. FamFG und das AdWirkG.[6] Alle diese Vorschriften sind in gesonderten Abschnitten kommentiert. Auf diese Erläuterungen wird verwiesen.

Steuerlich können die Kosten von Adoptionen nicht als außergewöhnliche Belastungen geltend gemacht werden.[7]   7

§ 1741 BGB Zulässigkeit der Annahme

(1) [1]Die Annahme als Kind ist zulässig, wenn sie dem Wohl des Kindes dient und zu erwarten ist, dass zwischen dem Annehmenden und dem Kind ein Eltern-Kind-Verhältnis entsteht. [2]Wer an einer gesetzes- oder sittenwidrigen Vermittlung oder Verbringung eines Kindes zum Zwecke der Annahme mitgewirkt oder einen Dritten hiermit beauftragt oder hierfür belohnt hat, soll ein Kind nur dann annehmen, wenn dies zum Wohl des Kindes erforderlich ist.

(2) [1]Wer nicht verheiratet ist, kann ein Kind nur allein annehmen. [2]Ein Ehepaar kann ein Kind nur gemeinschaftlich annehmen. [3]Ein Ehegatte kann ein Kind seines Ehegatten allein annehmen. [4]Er kann ein Kind auch dann allein annehmen, wenn der andere Ehegatte das Kind nicht annehmen kann, weil er geschäftsunfähig ist oder das 21. Lebensjahr noch nicht vollendet hat.

I. Allgemeines

Die Vorschrift regelt die **grundlegenden Voraussetzungen für die Annahme als Kind.** Sie gilt direkt für die Annahme Minderjähriger und kraft Verweisung (§ 1767 BGB) für die Annahme Volljähriger. Sie stellt klar, dass eine Annahme nur zulässig ist, wenn sie dem Wohl des Kindes dient und die Entstehung eines Eltern-Kind-Verhältnisses prognostiziert werden kann (Abs. 1 Satz 1).   1

Grundvoraussetzung für eine Annahme nach §§ 1741 ff. BGB ist die **Minderjährigkeit des Anzunehmenden.** Die Adoption nach §§ 1741 ff. BGB scheidet deswegen auch dann aus, wenn der Anzunehmende im Lauf des Verfahrens volljährig wird.[1] In Betracht kommt dann nur noch eine Annahme nach §§ 1767 ff. BGB.   2

Minderjährig ist ein Kind **von der Geburt bis zur Vollendung des 18. Lebensjahres.** Grundsätzlich ist die Adoption bereits direkt nach der Geburt des Kindes möglich. Zeitliche Einschränkungen ergeben sich jedoch aus § 1747 BGB (Wartefrist für die Erteilung der Zustimmung zur Annahme) und dem Erfordernis der Adoptionspflege (§ 1744 BGB).   3

Dem Kindeswohl entspricht es auch, dass ein Kind grundsätzlich **nur gemeinschaftlich** angenommen werden kann, wenn der Annahmewillige verheiratet ist (Abs. 2 Satz 2, Ausnahmen: Abs. 2 Satz 3, 4); denn nur so kann sichergestellt   4

---

6 Zur Bindungswirkung von Anerkennungsentscheidungen s. BGH NJW 2015, 2805 mAnm Kemper.
7 BFH FamRZ 2015, 1496.
1 KG FamRZ 2004, 1315.

werden, dass das Kind in eine Familienbeziehung zu beiden Ehegatten hinein-
wächst.

5   Der Kindeswohlförderung dient auch Abs. 1 Satz 2, wonach eine Annahme nur
unter engeren Voraussetzungen erlaubt ist, wenn die Annahmewilligen an einer
**gesetzes- oder sittenwidrigen Vermittlung oder Verbringung eines Kindes zum
Zwecke der Annahme mitgewirkt**, Dritte damit beauftragt oder dafür belohnt
haben. Die Regelung soll verhindern, dass Kinder aus armen, aber intakten
Familien gerissen und zum Objekt von Geschäften gemacht werden.

6   **Weitere Voraussetzungen** für die Kindesannahme enthalten §§ 1742, 1743
und 1745 BGB. Außerdem ist die Annahme an die Einwilligung des Kindes,
seiner leiblichen Eltern, der Annehmenden und uU des Ehegatten von Kind oder
Annehmendem gebunden (vgl. §§ 1746–1749 BGB).

7   Die Annahme wird **durch Beschluss** ausgesprochen (§ 1752 BGB). Zu den **Wirkungen** vgl. §§ 1754–1758 BGB. Die **Aufhebung** der Annahme ist in §§ 1759–
1766 BGB speziell geregelt. Die allgemeinen Unwirksamkeitsgründe sind dadurch ausgeschlossen. Es kann daher fehlerhafte Adoptionen geben, die gleichwohl nicht aufgehoben werden können.

II. Voraussetzungen der Annahme

8   § 1741 BGB stellt **zwei Voraussetzungen** für die Annahme auf:

9   **1. Förderung des Kindeswohls.** Erforderlich ist zunächst, dass die Annahme **dem
Wohl des Kindes dient** (Abs. 1 Satz 1). Entscheidend ist nicht der Kinderwunsch
der Annehmenden, sondern das Wohl des Kindes. Die Annahme muss also
zu einer Verbesserung der Rechtsstellung des Kindes oder seiner persönlichen
Verhältnisse führen.[2] Das kann schon vorliegen, wenn es durch die Annahme
in einen funktionierenden Familienverband eingegliedert werden wird, während
es ohne sie ohne Familie aufwachsen müsste. Eine schematische Betrachtung
verbietet sich aber; es kommt jeweils auf die individuellen Umstände an.[3] Die
Annahme als Kind ist dagegen kein Instrument zur Verwirklichung einer Partnerschaft. Die Annahme muss deswegen dann unterbleiben, wenn das Wohl
des Kindes dadurch nicht gefördert wird, sondern nur erfolgen soll, damit die
Annehmenden ihren Wunsch nach einer „vollständigen" Familie verwirklichen
können. Umgekehrt kommt – gerade bei älteren Kindern – dem Willen des
Kindes entscheidende Bedeutung zu.[4]

10 Die **Herauslösung des Kindes aus seiner Familie** kann seinem Wohl so sehr
widersprechen, dass die Annahme unterbleiben muss. Regelmäßig besteht ein
Vorrang der Pflege des Kindes in seiner eigenen Familie.[5] Auch schulische Vorteile können den durch die Herauslösung aus der eigenen Familie resultierenden
Nachteil idR nicht ausgleichen.[6]

11 Ob die Adoption eines durch **anonyme Samenspende** gezeugten Kindes durch die
Lebenspartnerin oder gleichgeschlechtliche Ehefrau[7] der Mutter deswegen ausgeschlossen sein muss, weil der leibliche Vater des Kindes nicht bekannt ist, ist
dagegen nicht eindeutig zu beantworten. Zwar verliert der leibliche Vater durch
die Annahme die Möglichkeit, noch zum rechtlichen Vater des Kindes zu werden, so dass das Kind seinen männlichen Bezugspunkt verliert, und zumindest

---

2 BayObLG FamRZ 1983, 532; 1989, 1336; NK-BGB/Dahm BGB § 1741 Rn. 6.
3 NK-BGB/Dahm BGB § 1741 Rn. 8.
4 NK-BGB/Dahm BGB § 1741 Rn. 10.
5 MüKoBGB/Maurer BGB § 1741 Rn. 9.
6 LG Lüneburg 18.10.2010 – 3 T 66/10.
7 Diese wird bei Geburt eines Kindes nicht nach § 1592 Nr. 1 BGB automatisch zum
   anderen Elternteil des Kindes; vgl. OLG Dresden 27.4.2018 – 3 W 292/18.

faktisch wird in vielen Fällen dieser Art das Recht des Kindes auf Kenntnis seiner Abstammung intensiver gefährdet sein als ohne Adoption, weil die Neigung zur Offenlegung dieser Herkunft nach Begründung der Co-Mutterschaft der Lebenspartnerin noch geringer sein dürfte als ohne sie. Insoweit könnte also durchaus ein Widerspruch zur Förderung des Kindeswohls konstatiert werden. Stellen die Beteiligten dagegen sicher, dass das Kind später seine Herkunft ermitteln kann – bei einem Alt- oder Auslandsvorgang etwa dadurch, dass beim Notar ein verschlossener Umschlag mit Angaben zur Klinik und zum behandelnden Arzt hinterlegt worden ist bzw. wird, spricht nichts dagegen, auch in derartigen Fällen die Adoption zuzulassen.[8] Bei einer Zeugung im Inland kann das immer bejaht werden, wenn die Anforderungen des SamenspenderegisterG erfüllt sind.

Ist der **Erzeuger** des Kindes **bekannt,** entspricht die Annahme durch die Lebenspartnerin bzw. die gleichgeschlechtliche Ehefrau ebenso regelmäßig dem Wohl des anzunehmenden Kindes. Bei der Entscheidung ist zugunsten der Adoption zu berücksichtigen, dass von dem Erhalt der Rechtsposition des Kindesvaters idR keine positiven Effekte für die Kindesentwicklung erwartet werden können, wenn dieser seiner Elternverantwortung nicht nachzukommen wünscht, was er durch Zustimmung zur Adoption zum Ausdruck gebracht und bei einer gerichtlichen Anhörung noch einmal bestätigt hat, indem er klarstellte, dass er zwar weiterhin Umgangskontakte pflegen möchte und zu freiwilligen Unterstützungsleistungen bereit ist, in verbindlicher Weise aber elterliche Verantwortung und elterliche Sorge nicht wahrnehmen will.[9] 12

Der **Annahmewillige** muss für die Annahme **geeignet** sein. Das bezieht sich zum einen auf die charakterliche Eignung, zum anderen auf die Fähigkeit, das Kind zu betreuen und zu erziehen. So dient eine Annahme dem Wohl des Kindes idR nicht, wenn der Annahmewillige nur noch eine kurze Lebenserwartung hat und deswegen zu erwarten ist, dass das Kind bald (wieder) ohne lebende Eltern dastehen wird. Es ist daher zulässig, die Entscheidung über die Annahme von einem Gesundheitstest abhängig zu machen.[10] Aus einer Ablehnung des Tests darf aber nicht allein auf einen unzureichenden Gesundheitszustand geschlossen werden. An der Kindeswohldienlichkeit einer Annahme kann es auch fehlen, wenn der Altersunterschied zwischen Kind und Annahmewilligem zu klein oder zu groß ist.[11] Homosexualität ist dagegen kein Grund, die Ungeeignetheit als Annehmender zu begründen.[12] Bei Kleinkindern darf die Annahme von der Fähigkeit zur Betreuung abhängig gemacht werden, vor allem davon, dass einer der Annehmenden sich ständig um das Kind kümmern kann. Bei besonders betreuungsbedürftigen Kindern (zB behinderten Kindern) können die Anforderungen gesteigert sein. 13

Die **Kindeswohlprüfung** ist **verschärft,** wenn der Annahmewillige an einer gesetzes- oder sittenwidrigen Vermittlung oder Verbringung eines Kindes zum Zwecke der Annahme mitgewirkt oder einen Dritten hiermit beauftragt oder hierfür belohnt hat. Dann soll die Annahme nur erfolgen, wenn sie zum Wohl des Kindes erforderlich ist (Abs. 1 Satz 2). Gemeint ist die Mitwirkung genau an der Vermittlung oder Verbringung des anzunehmenden Kindes. Die entsprechende Mitwirkung an anderen Adoptionen reicht nicht. Ob die Inanspruchnahme einer anonymen Eizellenspende und einer Leihmutter im Ausland dem Anwen- 14

---

8 OLG Karlsruhe FamRZ 2014, 674.
9 OLG Köln FamRZ 2013, 1150.
10 KG FamRZ 1991, 1101.
11 Das OLG Hamm hat aber eine Stiefkindadoption bei einem Altersunterschied von nur 13 Jahren und 7 Monaten zugelassen, vgl. OLG Hamm RNotZ 2014, 236, das KG sie bei einem Unterschied von 12 Jahren abgelehnt, vgl. KG FamRZ 2014, 225.
12 EGMR FamRZ 2008, 845; NK-BGB/Dahm BGB § 1741 Rn. 12.

dungsbereich des § 1741 Abs. 1 Satz 2 BGB unterfallen, ist zweifelhaft. Bei der Eizellenspende ist Gegenstand der Vereinbarung kein Kind, sondern eine Eizelle. Die Inanspruchnahme einer Leihmutter ist daher auch keine Mitwirkung an der Vermittlung eines Kindes iSd § 1741 Abs. 1 S. 2 BGB, da die Leih- und Ersatzmutterschaft lediglich der Austragung des Kindes dient. Die Annahme richtet sich in diesen Fällen deswegen richtigerweise nach Abs. 1 Satz 1.[13] Der BGH lässt bei im Ausland vorgenommenen Leihmutterschaften die Anerkennung einer gerichtlichen Entscheidung, die die rechtliche Elternschaft zu dem Kind den Wunscheltern zuweist, jedenfalls dann zu, wenn ein Wunschelternteil – im Unterschied zur Leihmutter – mit dem Kind genetisch verwandt ist.[14] Eine Adoption ist dann nicht erforderlich.

15   Die in Abs. 1 S. 2 BGB genannten Personen sind grundsätzlich **von der Annahme ausgeschlossen**: Es reicht in diesen Fällen nicht, dass die Annahme das Kindeswohl nur fördert; dieses muss ohne die Annahme bedroht sein. Das wird kaum einmal anzunehmen sein. Die Regelung soll den Kinderhandel und ähnliche Praktiken erschweren, indem sie Mitwirkenden die rechtliche Verwirklichung des Kindeswunsches erschwert.[15]

16   **2. Entstehen eines Eltern-Kind-Verhältnisses.** Die zweite Voraussetzung für die Annahme ist, dass zu erwarten ist, dass zwischen dem Annehmenden und dem Kind ein Eltern-Kind-Verhältnis entstehen wird (Abs. 1 S. 1 aE). Erforderlich ist eine auf objektive Anhaltspunkte gestützte **Prognose**, dass zwischen Annehmendem und Kind eine Beziehung entstehen wird, wie sie zwischen leiblichen Eltern und ihren Kindern besteht.[16] Anhaltspunkte dafür liefert das Zusammenleben von Kind und Annehmenden in der Zeit der **Adoptionspflege**. Die Annahme soll daher erst ausgesprochen werden, wenn der Annahmewillige das Kind über eine angemessene Zeit in Pflege hatte (vgl. § 1744 BGB). Das zeigt, worauf es dem Gesetzgeber des § 1741 BGB besonders ankam: Es soll eine Familie begründet werden, in der das Kind genauso behandelt werden soll wie ein leibliches Kind. Die Voraussetzung des Entstehens eines Eltern-Kind-Verhältnisses ist deswegen die bedeutendste Voraussetzung im gesamten Adoptionsrecht (die auch im Erwachsenenadoptionsrecht zu beachten ist). Umgekehrt kann ein langes, tatsächlich gelebtes Eltern-Kind-Verhältnis sogar dazu führen, dass eine wegen ordre public-Verstoßes an sich nicht anerkennungsfähige Auslandsadoption doch anzuerkennen ist.[17]

17   Es **reicht nicht**, dass nur der Annahmewillige den **Wunsch** äußert, eine **derartige Beziehung aufzubauen**, wenn die bisherige Lebensgeschichte oder die Willensäußerungen des Kindes die Erwartung nahelegen, dass dieses zum Aufbau einer sozialen Bindung unfähig ist. Das Entstehen eines Eltern-Kind-Verhältnisses kann auch durch einen zu geringen oder einen zu großen Altersunterschied gehindert sein. Aus § 1756 BGB ergibt sich jedoch, dass eine Annahme durch Großeltern nicht in jedem Fall zu versagen ist. Zulässig kann sie vor allem dann sein, wenn es sich um ein Kind eines ersten oder zweiten Kindes handelt, die Großeltern aber selbst noch weitere Kinder im Alter des Anzunehmenden haben.

---

13 OLG Düsseldorf FamRZ 2017, 976 Rn. 18 ff.; OLG München FamRZ 2018, 1008; OLG Frankfurt a.M. FamRZ 2019, 899 Rn. 23; LG Frankfurt a.M. StAZ 2013, 222.
14 BGH FamRZ 2015, 240; BGHZ 210, 59 ff.
15 Vgl. BT-Drs. 13/8511, 75.
16 NK-BGB/Dahm BGB § 1741 Rn. 16; Palandt/Götz BGB § 1741 Rn. 4.
17 OLG Hamm FamRZ 2015, 1983.

III. Die Annahme durch eine Mehrheit von Personen

Um das Entstehen einer Eltern-Kind-Beziehung zu erleichtern, stellt Abs. 2 Regeln über die **Zahl der Annehmenden** auf. **Nicht verheiratete Personen** können ein Kind nur allein annehmen (Abs. 2 Satz 1). Die gemeinschaftliche Annahme eines Kindes durch beide Partner einer nichtehelichen Lebensgemeinschaft ist daher ausgeschlossen.[18] Ob diese Regelung auf Dauer Bestand haben wird, ist nach der Entscheidung des BVerfG zur **Stiefkindadoption**[19] durch Partner einer stabilen nichtehelichen Lebensgemeinschaft eher zweifelhaft, denn die dort geäußerten Bedenken gegen den Ausschluss lassen sich auf das Verbot der gemeinsamen Annahme übertragen. Die Stiefkindannahme ist dagegen seit dem 30.4.2020 zugelassen, wenn der Annehmende zusammen mit dem anderen Elternteil in einer verfestigten Lebensgemeinschaft in einem gemeinsamen Haushalt lebt (vgl. § 1766 a BGB). 18

Ehepaare können Kinder grundsätzlich nur gemeinschaftlich annehmen (Abs. 2 Satz 2), damit eine verwandtschaftliche Beziehung beider Ehepartner zu dem Kind entsteht und eine bessere Eingliederung in die Familie gewährleistet ist. Eine Mindestehezeit braucht aber nicht eingehalten zu werden.[20] Das Prinzip der gemeinschaftlichen Annahme durch Eheleute gilt auch für die Erwachsenenadoption und ist auch dort verfassungsrechtlich nicht zu beanstanden.[21] Ausnahmen bestehen nur, wenn das Kind schon mit dem Ehegatten verwandt ist, weil es sein leibliches Kind ist (Abs. 2 Satz 3, sog. Stiefkindadoption) oder wenn der Ehegatte das 21. Lebensjahr noch nicht vollendet hat oder geschäftsunfähig ist (Abs. 2 Satz 4), also ein Kind nicht annehmen kann. Der Ehegatte muss dann der Annahme zustimmen (vgl. § 1749 BGB). 19

Die **Stiefkindadoption** hat von den genannten Fällen die größte praktische Bedeutung. Ein Ehegatte, Lebenspartner oder der Partner einer verfestigten Lebensgemeinschaft kann das Kind seines Ehegatten (Lebenspartners, Partners) auch allein annehmen; mit dem anderen Elternteil ist das Kind ja ohnehin verwandt. Die Stiefkindadoption kommt nur in Betracht, wenn die Beziehung des Kindes zu seinem natürlichen Elternteil bereits gelockert ist oder gar nicht besteht. Sie darf keinesfalls als Instrument gegen den natürlichen nicht sorgeberechtigten Elternteil eingesetzt werden. Es geht um das Kind, nicht um die Interessen des neuen Partners des Elternteils. Der Stiefkindadoption müssen zustimmen: das Kind (§ 1746 BGB), der mit dem Annehmenden verheiratete Elternteil als Elternteil (§ 1747 BGB) und als Ehegatte (§ 1749 BGB) sowie der andere Elternteil (§ 1747 BGB). Letzteres entfällt aber dann, wenn er bereits verstorben ist. 20

Die **Partner einer eingetragenen Lebenspartnerschaft** konnten früher Kinder jeweils nur allein annehmen. Der Gesetzgeber hatte bewusst davon abgesehen, die für Eheleute vorgesehene Ausnahmeregelung auch auf sie zu erstrecken. Allerdings ist durch das Gesetz zur Überarbeitung des Lebenspartnerschaftsrechts[22] einem Lebenspartner die Möglichkeit eröffnet worden, das leibliche Kind seines Partners als Kind anzunehmen (Stiefkindadoption, § 9 Abs. 7 LPartG). Die Annahme von bereits durch den Partner angenommenen Kindern war dagegen weiterhin ausgeschlossen, damit es nicht doch noch zu einer gemeinsamen Annahme kam. Diese Lösung stellte einen typischen politischen Kompromiss dar, der allerdings die Kindesinteressen nur unzureichend berücksichtigte. Insofern spielt es keine Rolle, ob das Kind mit seinem Elternteil blutsverwandt oder durch 21

---

18 BT-Drs. 7/3061, 30.
19 BVerfG FamRB 2019, 266 mAnm Kemper.
20 AG Frankenthal FamRZ 2020, 1927.
21 OLG Koblenz FamRB 2014, 255; OLG Schleswig FamRZ 2014, 1039.
22 BGBl. 2004 I 3396.

Annahme verwandt ist: Sein Interesse geht in beiden Fällen dahin, in die neue Familie auch rechtlich eingegliedert zu werden (unterstellt, dass die faktischen Voraussetzungen dafür gegeben sind). Der Ausschluss der Lebenspartner von der gemeinschaftlichen Annahme bzw. der Sukzessivannahme wurde deswegen zunehmend als verfassungswidrig angesehen[23] und ist mittlerweile auch vom BVerfG für verfassungswidrig erklärt worden, soweit die Sukzessivadoption in Frage stand.[24] Der Gesetzgeber hat deswegen die **Sukzessivadoption** durch Lebenspartner mittlerweile zugelassen (Gesetz zur Umsetzung der Entscheidung des Bundesverfassungsgerichts zur Sukzessivadoption durch Lebenspartner vom 20.6.2014, BGBl. I 786). Weiterhin nicht zulässig ist dagegen die **gemeinsame Annahme eines Kindes** durch Lebenspartner. Auch in Bezug auf diese Frage ist es nicht unwahrscheinlich, dass das Verbot vom BVerfG ebenfalls für verfassungswidrig erklärt werden wird. Große praktische Bedeutung hat das aber nicht mehr, da die Lebenspartner die gemeinsame Elternschaft jetzt auch durch eine Sukzessivadoption erreichen können, so dass durch das Verbot der gemeinsamen Annahme nur eine Verzögerung des Eintritts, aber kein Ausschluss der gemeinsamen Elternschaft in Bezug auf adoptierte Kinder eintritt. Die Bedeutung der Frage hat weiter abgenommen, weil seit dem 1.10.2017 keine Lebenspartnerschaften mehr eingegangen werden (§ 1 Abs. 1 LPartG) und bestehende Lebenspartnerschaften in Ehen umgewandelt werden können (§ 20 a LPartG). Wollen Lebenspartner nach den für Eheleuten geltenden Regelungen adoptieren, brauchen sie nur ihre Lebenspartnerschaft in eine Ehe umzuwandeln. Danach gelten für sie dieselben Regelungen wie für verschiedengeschlechtliche Ehegatten.

22 Für **nichteheliche Lebensgemeinschaften** war eine „Stiefkindadoption" (die Annahme des Kindes des Partners) bislang nicht vorgesehen. Die Annahme des Kindes des Partners in einer nichtehelichen Lebensgemeinschaft führte deswegen bislang nicht dazu, dass danach beide Partner Eltern des Kindes waren. Erfolgte eine solche Adoption, dann wurde der Annehmende zwar zum Elternteil dieses Kindes. Dafür verlor aber der Partner, von dem das Kind blutmäßig abstammte, die Verwandtschaft zu seinem Kind (§§ 1754 Abs. 2, 1755).[25] Das BVerfG[26] hat diesen Ausschluss der „Stiefkindannahme" durch Partner einer stabilen nichtehelichen Lebensgemeinschaft für verfassungswidrig erklärt und dem Gesetzgeber aufgegeben, bis 31.3.2020 eine verfassungsgemäße Regelung zu schaffen. Diesem Verlangen ist der Gesetzgeber mit dem „Gesetz zur Umsetzung der Entscheidung des Bundesverfassungsgerichts vom 26.3.2019 zum Ausschluss der Stiefkindadoption in nichtehelichen Familien" vom 19.3.2020 (BGBl. I 541) nachgekommen. Die Voraussetzungen für eine Stiefkindannahme in nichtehelichen Familien finden sich jetzt in § 1766 a.

§ 1742 BGB   Annahme nur als gemeinschaftliches Kind

Ein angenommenes Kind kann, solange das Annahmeverhältnis besteht, bei Lebzeiten eines Annehmenden nur von dessen Ehegatten angenommen werden.

1 Die Norm ordnet die **Ausschließlichkeit** der Annahme an, indem sie eine weitere Adoption zu Lebzeiten des Annehmenden nur durch dessen Ehegatten zulässt

---

23 Die Verfassungswidrigkeit bejahend: OLG Hamburg NJW 2011, 1104; etwas zurückhaltender: Henkel, Fällt nun auch das „Fremdadoptionsverbot"?, NJW 2011, 259; die Verfassungsmäßigkeit des Verbots annehmend: OLG Hamm FamRZ 2010, 1259.
24 BVerfGE 133, 59 = FamRB 2013, 115 mAnm Kemper.
25 BGH FamRZ 2017, 626.
26 BVerfG FamRB 2019, 266 mAnm Kemper.

(gleichgültig, ob dieser das gleiche oder ein anderes Geschlecht hat). Sie soll Kettenadoptionen verhindern und will damit das Kind davor schützen, bei „Nichtgefallen" wieder zur Adoption freigegeben zu werden.[1] Für Lebenspartner wird in § 9 Abs. 7 LPartG auf § 1742 BGB verwiesen. Sie können seit Inkrafttreten des Gesetzes zur Umsetzung der Entscheidung des Bundesverfassungsgerichts zur Sukzessivadoption durch Lebenspartner vom 20.6.2014[2] ebenfalls das adoptierte Kind ihres Lebenspartners annehmen (→ BGB § 1741 Rn. 21). Für die Volljährigenadoption gilt § 1742 BGB nicht (§ 1768 Abs. 1 Satz 2 BGB).

Solange der Annehmende lebt, ist eine **weitere Annahme nur möglich**, wenn die **2** erste Adoption nichtig ist, wenn die Adoption aufgehoben wurde (§§ 1759 ff. BGB) oder wenn der Annehmende der Ehegatte oder Lebenspartner des Annehmenden der ersten Annahme ist (Stiefkindadoption, → BGB § 1741 Rn. 18). Wegen § 1741 Abs. 2 Satz 2 BGB kann dieser Fall bei Eheleuten nur vorkommen, wenn die Annahme erfolgte, als der Annehmende noch nicht oder mit einem anderen Partner verheiratet war oder wenn er das 21. Lebensjahr noch nicht vollendet hatte oder geschäftsunfähig war, als die Annahme ausgesprochen wurde. Seit der Zulassung der Sukzessivadoption auch bei durch Lebenspartner angenommenen Kindern[3] kommt nun auch die weitere Annahme durch eine Person in Betracht, deren Lebenspartner ein Kind angenommen hatte. Das BVerfG[4] hält den Ausschluss der „Stiefkindannahme" durch Partner einer stabilen nichtehelichen Lebensgemeinschaft für verfassungswidrig. Der Gesetzgeber hat deswegen auch für Partner einer verfestigten nichtehelichen Lebensgemeinschaft die Möglichkeit der Stiefkindadoption geschaffen (vgl. § 1766 a, in Kraft seit dem 31.3.2020). Darüber hinaus wird man eine Durchbrechung des § 1742 BGB zulassen müssen, wenn das Kind das Verwandtschaftsverhältnis zu seinen leiblichen Eltern wiederherstellen will, weil zu diesen wieder eine Eltern-Kind-Beziehung gewachsen ist und eine Aufhebung der Erstannahme nicht in Betracht kommt.[5]

Nicht durch § 1742 BGB erfasst wird die **Wiederholungsadoption**, also die Vor- **3** nahme einer Adoption durch Personen, welche dieselbe Person schon adoptiert haben. Grundsätzlich verdrängt aber auch die Anerkennung einer ausländischen Adoption nach § 2 AdWirkG die Wiederholungsadoption nach deutschem Recht. Eine Wiederholungsadoption ist jedoch zulässig, wenn ein besonderes Rechtsschutzbedürfnis besteht. Sonst gäbe es keine Möglichkeit, angenommene Mängel einer Auslandsadoption zu heilen.

Nach dem Tod des Annehmenden ist eine weitere Adoption ohne Einschränkun- **4** gen möglich. Die Adoption durch den Ehegatten bedarf nicht der Zustimmung der leiblichen Eltern des Kindes, weil das Verwandtschaftsverhältnis zu ihnen bereits durch die erste Adoption erloschen war (§ 1755 BGB).

§ 1743 BGB Mindestalter

[1]Der Annehmende muss das 25., in den Fällen des § 1741 Abs. 2 Satz 3 das 21. Lebensjahr vollendet haben. [2]In den Fällen des § 1741 Abs. 2 Satz 2 muss ein

---

1 NK-BGB/Dahm BGB § 1742 Rn. 3.
2 BGBl. 2014 I 786.
3 BVerfGE 133, 59 = FamRB 2013, 115 mAnm Kemper; s. auch die Neufassung von § 9 Abs. 7 LPartG durch das Gesetz zur Umsetzung der Entscheidung des Bundesverfassungsgerichts zur Sukzessivadoption durch Lebenspartner v. 20.6.2014, BGBl. I 786.
4 BVerfG FamRB 2019, 266 mAnm Kemper.
5 OLG Köln JAmt 2014, 462; MüKoBGB/Maurer BGB § 1742 Rn. 5; aA OLG Stuttgart NJW 1988, 2386.

Ehegatte das 25. Lebensjahr, der andere Ehegatte das 21. Lebensjahr vollendet haben.

I. Allgemeines

1   § 1743 BGB soll **eine gewisse geistige und erzieherische** Reife **des Annehmenden** sichern.[1] Es werden Alterserfordernisse aufgestellt, damit eine echte Eltern-Kind-Beziehung entstehen kann. Zum Alter des Kindes sagt die Norm nichts. Es folgt jedoch schon aus dem Titel des Abschnitts, dass es sich um einen Minderjährigen handeln muss (→ BGB § 1741 Rn. 2 f.).

II. Altersgrenzen bei Alleinannahme

2   **Nimmt eine Person ein Kind allein an** (§ 1741 Abs. 2 Satz 1 BGB), muss sie mindestens 25 Jahre alt sein. Das gilt auch, wenn sie mit dem Anzunehmenden verwandt ist. Eine Befreiung von diesem Erfordernis ist nicht möglich.

3   Eine **Ausnahme** von der 25-Jahres-Grenze besteht nur, wenn jemand ein Kind annimmt, das ein Kind seines Ehegatten oder Lebenspartners (§ 9 Abs. 7 Satz 2 LPartG) ist; denn dann ist das Entstehen eines Eltern-Kind-Verhältnisses auch zum Stiefelternteil erheblich wahrscheinlicher als bei Annahme eines Kindes, das zu keinem der Annehmenden eine Beziehung hat. Der Annehmende muss dann wenigstens das 21. Lebensjahr vollendet haben.[2]

4   Eine **Höchstaltersgrenze** gibt es nicht; ein sehr hohes Alter der Annehmenden kann aber dem Kindeswohl widersprechen, weil dann das Entstehen eines Eltern-Kind-Verhältnisses nicht mehr angenommen werden kann.[3] Insofern ist aber zu beachten, dass das Alter von Eltern in der letzten Zeit immer weiter angestiegen ist. Es ist nicht außergewöhnlich, dass auch noch im fortgeschrittenen vierten Lebensjahrzehnt natürliche Elternschaften entstehen. Dieser Umstand kann auch bei der Beurteilung der Höchstaltersgrenzen für Adoptionen nicht außer Betracht bleiben.

III. Altersgrenzen bei gemeinsamer Annahme

5   **Nehmen Ehegatten ein Kind gemeinsam an** (§ 1741 Abs. 2 Satz 2 BGB), muss einer von ihnen mindestens 25 Jahre alt sein. Der andere braucht dann nur 21 Jahre alt zu sein.

§ 1744 BGB   Probezeit

Die Annahme soll in der Regel erst ausgesprochen werden, wenn der Annehmende das Kind eine angemessene Zeit in Pflege gehabt hat.

Aufsatzliteratur:

Busch/Bienentreu, Zur Rechtsstellung des ausländischen Adoptivpflegekindes, NDV 2002, 185; *Lakies*, Zum Verhältnis von Pflegekindschaft und Adoption, FamRZ 1990, 698; *Luther*, Familiengemeinschaft und Pflegekindschaft, FamRZ 1983, 434.

1   § 1744 BGB regelt die sog. **Adoptionspflege.** Deren Sinn ist es, durch ein längeres Zusammenleben von Annehmenden und Anzunehmendem die Prognose zu erleichtern, ob ein Eltern-Kind-Verhältnis zwischen ihnen entstehen wird. Es handelt sich um eine Sollvorschrift. Sie kann v.a. überflüssig sein, wenn die

---

1   NK-BGB/Dahm BGB § 1743 Rn. 2; MüKoBGB/Maurer BGB § 1743 Rn. 1.
2   Kritisch zur unterschiedlichen Altersgrenze NK-BGB/Dahm BGB § 1743 Rn. 3.
3   OLG Frankfurt a.M. 12.6.2003 – 20 W 264/02.

Elternschaft auf andere Weise als durch Adoption nicht möglich ist, aber auf der einen Seite schon eine Eltern-Kind-Beziehung besteht (Stiefkindannahme).[1] Die Annahme unmittelbar nach der Geburt ohne Zusammenlebenszeit wird aber auch in diesem Fall nicht in Betracht kommen, weil es noch an der Eltern-Kind-Beziehung fehlt. Das gilt auch in den Fällen, in denen die Elternschaft des leiblichen Elternteils durch eine Samenspende begründet worden ist. Das Fehlen der Adoptionspflege macht die Annahme weder unwirksam noch aufhebbar (vgl. § 1762 BGB).

Das Kind soll eine **angemessene Zeit in Pflege** bei dem Anzunehmenden sein,   2 bevor die Annahme ausgesprochen wird. Eine starre Zeitgrenze gibt es dafür aber nicht; in Einzelfällen kann die Adoptionspflege sogar ganz entfallen.[2] Die Dauer muss so bemessen sein, dass sich die Hindernisse zeigen können, die der Begründung eines Eltern-Kind-Verhältnisses entgegenstehen können. Sie wird vom Gericht nach pflichtgemäßem Ermessen unter Berücksichtigung aller Umstände des Einzelfalles, vor allem der pädagogisch-psychologischen Erfahrungen von Kind und Bewerber, bestimmt. Eine Dauer von unter drei Monaten reicht dazu nicht. Im Regelfall sollte die Adoptionspflege wenigstens ein Jahr dauern.[3] Bei Kleinstkindern kann die Frist aber erheblich kürzer sein als bei älteren. Die Adoptionspflege ist von dem Pflegeverhältnisses nach §§ 27, 33 SGB VIII zu unterscheiden. Soll ein solches Kind adoptiert werden, muss das Pflegeverhältnis zunächst umgestellt werden.[4]

Voraussetzung für die Begründung der Adoptionspflege ist, dass einer Annahme   3 zur Zeit der Begründung der Adoptionspflege kein Hindernis entgegensteht. Die Eltern müssen also geeignet sein, die Adoption das Kindeswohl fördern und die Entstehung eines Eltern-Kind-Verhältnisses muss anzunehmen sein. Die Adoptionspflege kann aber bereits vor Abgabe der Einwilligung beginnen. Sonst wäre es nicht möglich, die anzunehmenden Kinder den Adoptionsbewerbern bereits in der Geburtsklinik in Pflege zu übergeben, denn die Einwilligung kann erst nach acht Wochen ergehen. Erst mit dieser Einwilligung treten aber die Folgen nach § 1751 BGB ein.

Während des Pflegeverhältnisses sind die Rechte und Pflichten der Adoptions-   4 pflegenden schon denen von Eltern angeglichen. Das ist unproblematisch, wenn die Einwilligung der leiblichen Eltern in die Adoption schon vorliegt, weil dann die elterliche Sorge ruht und das Jugendamt Vormund ist (§ 1751 BGB), das die Ausübung der Sorge dem Pflegenden überlässt. Während der Adoptionspflege gilt im Übrigen § 1688 Abs. 1, 3 BGB (§ 1751 Abs. 1 S. 5 BGB). Der Adoptionspflegende ist daher in Angelegenheiten des täglichen Lebens entscheidungsbefugt und vertritt den Sorgerechtsinhaber in solchen Angelegenheiten. Diese Befugnis kann allerdings vom Sorgeinhaber ausgeschlossen werden, oder das Familiengericht kann sie ausschließen oder einschränken, wenn das zum Wohl des Kindes erforderlich ist (vgl. § 1688 Abs. 3 BGB).

§ 1745 BGB   Verbot der Annahme

[1]Die Annahme darf nicht ausgesprochen werden, wenn ihr überwiegende Interessen der Kinder des Annehmenden oder des Anzunehmenden entgegenstehen oder

---

1   Für den Fall zweier Lebenspartnerinnen, von denen eine nach einer künstlichen Insemination ein Kind zur Welt bringt, welches die andere annehmen möchte AG Elmshorn NJW 2011, 1086; AG Göttingen FamRZ 2015, 1982.
2   NK-BGB/Dahm BGB § 1744 Rn. 4.
3   Palandt/Götz BGB § 1744 Rn. 2; NK-BGB/Dahm BGB § 1744 Rn. 10.
4   VG Magdeburg ZfF 2005, 275.

wenn zu befürchten ist, dass Interessen des Anzunehmenden durch **Kinder des Annehmenden gefährdet** werden. [2]Vermögensrechtliche Interessen sollen nicht ausschlaggebend sein.

I. Allgemeines

1 § 1745 BGB bildet das **Gegenstück zu § 1741 BGB**. Er ermöglicht es, bei der Entscheidung über die Adoption auch die Interessen der Kinder des Annehmenden und des Anzunehmenden sowie die des Anzunehmenden selbst zu berücksichtigen. Anders als bei § 1741 BGB ist nicht erforderlich, dass die genannten Interessen die Adoption fördern; sie dürfen nur nicht gefährdet werden.

II. Der Ausschluss der Annahme wegen entgegenstehender Interessen

2 Die Annahme ist ausgeschlossen, wenn eine Abwägung ergibt, dass ihr **überwiegende Interessen der Kinder des Annehmenden oder des Anzunehmenden entgegenstehen** (Satz 1). Die Adoption darf also nicht stattfinden, wenn die Interessen der Kinder des Annehmenden oder diejenigen der Kinder des Anzunehmenden gegen sie sprechen und das Interesse des Anzunehmenden daran, adoptiert zu werden, übersteigen. In Betracht kommen etwa Annahmen, durch welche sich die vorhandenen Kinder zurückgesetzt fühlen könnten, vor allem etwa nicht spiegelbildliche Stiefkindadoptionen.

3 **Vermögensrechtliche Interessen** sind in die Abwägung zwar einzubeziehen, sollen aber nicht ausschlaggebend sein (Satz 2). In Betracht kommt vor allem, dass sich durch die Annahme die Zahl der Unterhaltsberechtigten so erhöht, dass der Unterhalt der übrigen Kinder des Annehmenden gefährdet wäre.[1] Insofern ist aber Vorsicht angezeigt: Die Annahme eines Kindes allein wird nur in seltenen Ausnahmefällen eine derartige unterhaltsrechtliche Konstellation begründen können.[2] Auch mögliche erbrechtliche Nachteile können als gegen die Annahme sprechende Nachteile einbezogen werden.

4 Die Annahme darf auch nicht erfolgen, wenn die **Interessen des Anzunehmenden durch Kinder des Annehmenden gefährdet werden** (Satz 1 aE). Hier kommt es nur auf die Gefährdung, nicht auf eine Abwägung an. Die Regelung ist überflüssig.[3] In dem genannten Fall wird die Annahme regelmäßig schon nicht dem Wohl des Anzunehmenden dienen, so dass die Annahme schon an § 1741 BGB scheitert.

Vorbemerkung zu §§ 1746–1750 BGB

1 §§ 1746–1749 BGB regeln, **wer in eine Adoption einwilligen muss**. § 1750 BGB enthält dann die Einzelheiten der Einwilligungserklärungen.

2 Erforderlich sind die Einwilligung des Kindes (§ 1746 BGB), der Eltern (§§ 1747 f. BGB) und des Ehegatten des Annehmenden, wenn die Annahme durch diesen allein erfolgen soll. Die Zustimmung des Annehmenden ergibt sich schon daraus, dass er den Antrag auf Annahme stellt (vgl. § 1752 Abs. 1 BGB).

3 Einwilligung bedeutet nach § 183 Satz 1 BGB die vorherige Zustimmung. Eine nachträgliche Zustimmung (Genehmigung) ist ausgeschlossen. In bestimmten Fällen kann die Einwilligung ersetzt werden (§§ 1746 Abs. 3, 1748, 1749 Abs. 1 Satz 2 BGB).

---

1 LG Lüneburg 29.11.1999 – 6 T 46/99.
2 OLG Köln FamRZ 2015, 866.
3 NK-BGB/Dahm BGB § 1745 Rn. 5: „theoretisch".

§ 1746 BGB Einwilligung des Kindes

(1) ¹Zur Annahme ist die Einwilligung des Kindes erforderlich. ²Für ein Kind, das geschäftsunfähig oder noch nicht 14 Jahre alt ist, kann nur sein gesetzlicher Vertreter die Einwilligung erteilen. ³Im Übrigen kann das Kind die Einwilligung nur selbst erteilen; es bedarf hierzu der Zustimmung seines gesetzlichen Vertreters.

(2) ¹Hat das Kind das 14. Lebensjahr vollendet und ist es nicht geschäftsunfähig, so kann es die Einwilligung bis zum Wirksamwerden des Ausspruchs der Annahme gegenüber dem Familiengericht widerrufen. ²Der Widerruf bedarf der öffentlichen Beurkundung. ³Eine Zustimmung des gesetzlichen Vertreters ist nicht erforderlich.

(3) Verweigert der Vormund oder Pfleger die Einwilligung oder Zustimmung ohne triftigen Grund, so kann das Familiengericht sie ersetzen; einer Erklärung nach Absatz 1 durch die Eltern bedarf es nicht, soweit diese nach den §§ 1747, 1750 unwiderruflich in die Annahme eingewilligt haben oder ihre Einwilligung nach § 1748 durch das Familiengericht ersetzt worden ist.

I. Allgemeines

Die Vorschrift bestimmt, dass für die Annahme die **Einwilligung des Anzunehmenden** erforderlich ist. Soweit das Kind typischerweise noch nicht selbst fähig ist, die Bedeutung dieser Einwilligung einzusehen, wird sie von seinem gesetzlichen Vertreter erteilt. Im Übrigen muss dieser zustimmen, damit keine voreiligen Zustimmungen gegeben werden, die dem Wohl des Kindes widersprechen könnten. Die Genehmigung des Familiengerichts, die bisher bei unterschiedlicher Staatsangehörigkeit des Annehmenden und des Kindes erforderlich war (Ausnahme: die Annahme unterlag deutschem Recht), ist in keinem Fall mehr notwendig; im Rahmen der Neugestaltung des IPR durch das Gesetz zur Umsetzung der Entscheidung des Bundesverfassungsgerichts[1] vom 26.3.2019 zum Ausschluss der Stiefkindadoption in nichtehelichen Familien ist Abs. 1 S. 4 aF entfallen. 1

Zu den **Anforderungen an den Inhalt** der Einwilligung s. § 1750 BGB. 2

II. Die Erforderlichkeit der Einwilligung des Kindes

Die Einwilligung des Kindes in die Annahme ist **immer erforderlich** (Abs. 1 Satz 1). Bei fehlender Einwilligung ist die Annahme wirksam, aber aufhebbar (§§ 1760 ff. BGB). 3

1. Kind unter 14 Jahren. Die Einwilligung des Kindes kann nur von den gesetzlichen Vertretern erklärt werden, wenn es **geschäftsunfähig** ist (§ 104 BGB) oder **noch nicht das 14. Lebensjahr vollendet** hat (Abs. 1 Satz 1). Davon zu unterscheiden ist die Tatsache, dass bei allen Adoptionen auch der Wille eines jüngeren Kindes erforscht und bei der Entscheidung über die Annahme berücksichtigt werden muss. Deswegen müssen auch jüngere Kinder zumindest angehört werden.[2] Eine Adoption, bei der zwar die Einwilligungserklärung für das Kind durch seinen gesetzlichen Vertreter abgegeben wird, die aber dennoch gegen den Willen des Kindes erfolgen soll, wird jedenfalls bei älteren (aber noch nicht 14 Jahre alten) Kindern kaum je dem Kindeswohl entsprechen.[3] 4

Gesetzliche Vertreter sind **beide Eltern** gemeinschaftlich (Ausnahme: außerehelich geborene Kinder, wenn keine Sorgeerklärung abgegeben und auch durch das 5

---

1 BVerfG 26.3.2019 – 1 BvR 673/17.
2 NK-BGB/Dahm BGB § 1746 Rn. 3.
3 JurisPK-BGB/Heiderhoff, 9. Aufl. (Stand: 16.7.2020), § 1746 Rn. 2.

Familiengericht keine Mitsorge eingeräumt wurde, § 1626 a Abs. 3 BGB: Mutter). Soweit die elterliche Sorge entzogen oder übertragen wurde (§§ 1666, 1671 BGB), kommt es darauf an, wem die Personensorge zusteht. Ist das in vollem Umfang ein Pfleger, muss dieser zustimmen (aber → Rn. 7). Die Eltern bleiben also (auch) zuständig, soweit ihnen noch Teile der Personensorge zustehen. Bei Interessenkonflikten zwischen gesetzlichem Vertreter und Kind muss ihm ggf. das Sorgerecht entzogen werden (§ 1629 Abs. 2 Satz 3 BGB).

6   Die **Einwilligung der Eltern ist** aber **nicht** mehr zusätzlich **nötig**, wenn sie schon unwiderruflich in die Annahme eingewilligt haben (Abs. 3 Hs. 2). Das Gleiche gilt, wenn ihre Einwilligung durch das Familiengericht nach § 1748 BGB ersetzt worden ist (Abs. 3 Hs. 2).

7   Soweit ein **Vormund oder Pfleger** gesetzlicher Vertreter ist, kann die Einwilligung durch das Familiengericht ersetzt werden, wenn kein triftiger Grund für die Verweigerung vorliegt (Abs. 3 Hs. 1).

8   Die Erteilung der Einwilligung ist ein **höchstpersönliches Geschäft**; Vertretung ist unzulässig (§ 1750 Abs. 2 Satz 2 BGB).

9   **2. Kinder ab 14 Jahren.** Hat das Kind das 14. Lebensjahr vollendet (und ist es nicht geschäftsunfähig), kann es die Einwilligung nur noch selbst erteilen. Es benötigt dazu allerdings die Einwilligung des gesetzlichen Vertreters (Abs. 1 Satz 2). Für diese gilt das in → Rn. 5 ff. Gesagte; va kann die Zustimmung eines Vormunds durch das Familiengericht ersetzt werden (Abs. 3 Hs. 1).

10   Die **Ersetzung der Einwilligung** des Kindes kommt **nicht** in Betracht. Fehlt sie, muss die Annahme unterbleiben. Die Annahme gegen den Willen des Kindes entspricht nie dessen Wohl. Wenn ein Kind die Einwilligung ausdrücklich verweigert, ist daher seine Anhörung nach § 192 FamFG im weiteren Verlauf des Verfahrens nicht mehr erforderlich.

11   Die **Einwilligung** ist **bis zum Wirksamwerden des Ausspruchs** der Annahme gegenüber dem Familiengericht **widerruflich** (Abs. 2 Satz 1). Der Widerruf muss beurkundet werden (Abs. 2 Satz 2). Das kann durch einen Notar (§ 128 BGB), aber auch durch das Jugendamt (§ 59 Abs. 1 Satz 1 Nr. 6 SGB VIII) erfolgen. Die Zustimmung des gesetzlichen Vertreters ist nicht erforderlich (Abs. 2 Satz 3).

§ 1747 BGB Einwilligung der Eltern des Kindes

(1) [1]Zur Annahme eines Kindes ist die Einwilligung der Eltern erforderlich. [2]Sofern kein anderer Mann nach § 1592 als Vater anzusehen ist, gilt im Sinne des Satzes 1 und des § 1748 Abs. 4 als Vater, wer die Voraussetzung des § 1600 d Abs. 2 Satz 1 glaubhaft macht.

(2) [1]Die Einwilligung kann erst erteilt werden, wenn das Kind acht Wochen alt ist. [2]Sie ist auch dann wirksam, wenn der Einwilligende die schon feststehenden Annehmenden nicht kennt.

(3) Steht nicht miteinander verheirateten Eltern die elterliche Sorge nicht gemeinsam zu, so

1. kann die Einwilligung des Vaters bereits vor der Geburt erteilt werden;

2. kann der Vater durch öffentlich beurkundete Erklärung darauf verzichten, die Übertragung der Sorge nach § 1626 a Absatz 2 und § 1671 Absatz 2 zu beantragen; § 1750 gilt sinngemäß mit Ausnahme von Absatz 1 Satz 2 und Absatz 4 Satz 1;

3. darf, wenn der Vater die Übertragung der Sorge nach § 1626 a Absatz 2 oder § 1671 Absatz 2 beantragt hat, eine Annahme erst ausgesprochen werden, nachdem über den Antrag des Vaters entschieden worden ist.

(4) [1]Die Einwilligung eines Elternteils ist nicht erforderlich, wenn er zur Abgabe einer Erklärung dauernd außerstande oder sein Aufenthalt dauernd unbekannt ist. [2]Der Aufenthalt der Mutter eines gemäß § 25 Absatz 1 des Schwangerschaftskonfliktgesetzes vertraulich geborenen Kindes gilt als dauernd unbekannt, bis sie gegenüber dem Familiengericht die für den Geburtseintrag ihres Kindes erforderlichen Angaben macht.

Aufsatzliteratur:

Helms, Das Einwilligungsrecht des Vaterschaftsprätendenten bei der Adoption eines nichtehelichen Kindes, JAmt 2001, 57.

I. Systematik und Grundlagen

Die Vorschrift regelt die Einwilligung der Eltern des Kindes in die Annahme. Die **1** Zustimmungsbedürftigkeit ist **Ausfluss des Elternrechts** (Art. 6 GG). Die Einwilligung der Eltern kann daher nur unter den engen Voraussetzungen des § 1748 BGB ersetzt werden. Fehlt eine notwendige Einwilligung, kann die Annahme aufgehoben werden (§§ 1760 ff. BGB).

Einwilligungsbedürftig ist die Annahme des Kindes einschließlich der Wiederho- **2** lung wegen Wirksamkeitsbedenken[1] und einer erneuten Annahme (§ 1763 Abs. 3 BGB).

II. Die Notwendigkeit der Einwilligung der Eltern

Erforderlich ist die **Einwilligung beider Eltern**. Da das Zustimmungserfordernis **3** Ausfluss des Elternrechts ist, kommt es nicht darauf an, ob diese miteinander verheiratet sind oder waren[2] oder nicht.

Mutter ist die Frau, die das Kind geboren hat (§ 1591 BGB). **4**

Ist die Mutter verheiratet, ist **Vater** bis zur erfolgreichen Anfechtung der Va- **5** terschaft der Ehemann, der nach § 1592 Nr. 1 BGB als Vater vermutet wird. Sind sie nicht miteinander verheiratet, ist der Mann Vater, dessen Vaterschaft anerkannt (§§ 1592 Nr. 2, 1594, 1595 BGB) oder gerichtlich festgestellt ist (§§ 1592 Nr. 3, 1600 d BGB). In diesen Fällen kommt die Zustimmung eines anderen Mannes nie in Betracht. Im Übrigen gilt derjenige Mann als Vater, der die Voraussetzungen des § 1600 d Abs. 2 Satz 1 BGB (Beiwohnung während der Empfängniszeit, ohne dass schwerwiegende Zweifel an der Vaterschaft bestehen) glaubhaft macht. Das kann auch ein Samenspender sein, denn Art. 6 GG fordert insoweit eine ausdehnende Auslegung des Begriffs der Beiwohnung.[3] Der anonyme Samenspender, der sich an dem Verfahren nicht beteiligt, muss allerdings auch nicht einwilligen, denn er hat durch die Mitwirkung an der anonymen Samenspende konkludent auf seine Vaterrolle verzichtet.[4] Gar nicht als Vater in Betracht kommt ein Samenspender, der nach Inkrafttreten des Samenspenderegistergesetzes in dem dort vorgesehenen Verfahren Samen gespendet hat, denn seine Feststellung als Vater ist ausgeschlossen (§ 1600 d Abs. 4 BGB).

Das Interesse des leiblichen Vaters, die Rechtsstellung als Vater des Kindes ein- **6** nehmen zu können, ist **verfahrensrechtlich** dadurch zu sichern, dass dieser vom

---

1   OLG Frankfurt a.M. FamRZ 1992, 985.
2   OLG Celle FamRZ 1982, 197.
3   BGH FamRZ 2015, 828; BGHZ 197, 242 = FamRZ 2013, 1209.
4   NK-BGB/Dahm BGB § 1747 Rn. 27.

Familiengericht entsprechend § 7 Abs. 4 FamFG vom Verfahren benachrichtigt werden muss, um ihm eine Beteiligung am Verfahren zu ermöglichen. Von einer Benachrichtigung kann ausnahmsweise abgesehen werden, wenn es aufgrund der umfassend aufgeklärten Umstände unzweifelhaft ist, dass eine Beteiligung des möglichen leiblichen Vaters nicht in Betracht kommt. Das ist der Fall, wenn dieser auf sein grundrechtlich geschütztes Interesse von vornherein verzichtet hat (zB als Samenspender)[5] oder er nach § 1600 d Abs. 4 BGB nicht als Vater festgestellt werden kann. Darüber hinaus ist eine Benachrichtigung nur noch unter den Voraussetzungen des Abs. 4 entbehrlich.[6]

7 An die **Glaubhaftmachung** dürfen im Übrigen **keine überzogenen Anforderungen** gestellt werden. Vor allem darf nicht gefordert werden, dass ein Vaterschaftsgutachten eingeholt wird[7] oder dass ein Antrag auf Feststellung der Vaterschaft gestellt wird. Ggf. muss daher die Zustimmung mehrerer potenzieller Väter eingeholt werden, wenn die Annahme bereits vor der Feststellung der Vaterschaft stattfinden soll. Sinnvoller ist es dann, bis zur gerichtlichen Klärung der Vaterschaft zu warten. Dass sich daraus Verzögerungen des Verfahrens ergeben können, ist systemimmanent. Umgekehrt hat das Fehlen der Zustimmung eines Mannes, dessen Vaterschaft das Gericht als nicht glaubhaft gemacht ansieht, auch dann keine negativen Folgen für die Annahme, wenn sich später herausstellt, dass der Mann doch der Vater des Kindes war. Der Beschluss über die Annahme ist unanfechtbar (§ 197 Abs. 3 FamFG), und eine Aufhebung nach § 1760 BGB kommt gerade deshalb nicht in Betracht, weil die Zustimmung des Vaters mangels Glaubhaftmachung der Vaterschaft nicht erforderlich war.

8 Die **Einwilligung Dritter** (zB Großeltern oder anderer Verwandter, Stiefeltern, Pflegeeltern) ist nie erforderlich.[8] Sie können daher die Annahme (und den damit verbundenen Verlust der Verwandtschaft zu dem Kind) nicht verhindern. Auch Kinder des Annehmenden sind nicht notwendigerweise zu beteiligen. Den genannten Personen ist daher regelmäßig auch keine Verfahrenskostenhilfe zu gewähren.[9]

9 **Ausnahmsweise nicht erforderlich** ist die Einwilligung eines Elternteils, wenn dieser zur Abgabe einer Erklärung dauernd außerstande ist oder wenn sein Aufenthalt dauernd unbekannt ist (Abs. 4 Satz 1); denn eine Vertretung scheidet wegen des höchstpersönlichen Charakters der Einwilligung aus (vgl. § 1750 Abs. 3 Satz 1 BGB). Hierher gehören neben den Findelkindern und den Babyklappen-Fällen die Fälle der Geschäftsunfähigkeit der Eltern (§ 104 BGB) und die Fälle, in denen der nichtehelichen Mutter der Erzeuger bzw. die als solcher in Betracht zu ziehenden Personen unbekannt sind.[10] In den Fällen einer vertraulichen Geburt (§ 25 Abs. 1 Schwangerschaftskonfliktgesetz) gilt der Aufenthalt der Mutter als dauernd unbekannt, bis sie gegenüber dem Familiengericht die für den Geburtseintrag des Kindes erforderlichen Angaben macht (Abs. 4 Satz 2). Zur Ersetzung der Einwilligung s. § 1748 BGB.

III. Die Erteilung der Einwilligung

10 Die Erteilung der Einwilligung richtet sich zunächst nach § 1750 BGB.

11 Sie kann erst erteilt werden, wenn das **Kind acht Wochen alt** ist (Abs. 2 Satz 1, bei vorzeitiger Einwilligung Aufhebung der Annahme: § 1760 Abs. 2 BGB). Eine

---

5 OLG Nürnberg FamRZ 2020, 613.
6 BGH FamRZ 2015, 828.
7 Helms JAmt 2001, 57 ff.
8 NK-BGB/Dahm BGB § 1747 Rn. 16.
9 OLG Brandenburg FamRZ 2020, 39.
10 AG Berlin Tempelhof FamRZ 2005, 302; LG Freiburg FamRZ 2002, 1647.

Ausnahme besteht nur für nichteheliche Väter ohne Sorgerecht, wenn also weder eine Sorgeerklärung abgegeben noch die Mitsorge durch das Familiengericht übertragen wurde (Abs. 3 Nr. 1: schon vor der Geburt). Abs. 2 schließt es nicht aus, dass die Eltern bereits vor der Geburt die Absicht erklären, in eine Annahme einwilligen zu wollen. Rechtswirkungen lassen sich aus dieser Erklärung jedoch noch nicht ableiten. Bedenklich sind derartige Erklärungen wegen des moralischen Drucks, der sich aus ihnen für die Personen ergeben kann, welche die Zustimmung ankündigen. Ist aber die Achtwochenfrist abgelaufen, kann die Einwilligung auch schon dann erteilt werden, wenn noch gar kein Adoptionsantrag gestellt ist. Das ergibt sich mittelbar aus Abs. 3 Nr. 1; denn in den Fällen, in denen der nichteheliche Vater ohne Sorgerecht die Einwilligung vor der Geburt erteilt, gibt es keinen Adoptionsantrag.

Grundsätzlich muss sich die Einwilligung auf eine ganz bestimmte Adoption beziehen, bei der also auch die Annehmenden feststehen. Die Einwilligung ist jedoch auch dann wirksam, wenn der Einwilligende die schon feststehenden Annehmenden nicht kennt (Abs. 2 Satz 2, Fall der **Inkognitoadoption**). Unzulässig ist dagegen die Zustimmung zu einer Blankoadoption, also einer Adoption, bei der die Person des Annehmenden noch gar nicht feststeht.[11] Zulassen muss man aber die Einwilligung in Bezug auf mehrere Personen (zB eine Bewerberliste), denn diese bezieht sich ja ausdrücklich auf bestimmte Annehmende. Diese mehrfachen Zustimmungen können gleichzeitig (Listenbeispiel) oder nacheinander abgegeben werden (auch solange eine frühere Einwilligung noch wirksam ist). 12

Haben die **Eltern der Einwilligung des Kindes in die Annahme zugestimmt** (vgl. § 1746 BGB), liegt darin regelmäßig auch die eigene Einwilligung nach § 1747 BGB.[12] 13

Bei **nicht miteinander verheirateten Eltern**, denen die gemeinsame Sorge nicht zusteht, kann die Einwilligung des Vaters (nicht die der Mutter) bereits vor der Geburt erteilt werden (Abs. 3 Nr. 1). Hat der Vater die Übertragung der Sorge auf sich nach § 1626 a Abs. 2 oder § 1671 Abs. 2 BGB beantragt, darf die Annahme erst ausgesprochen werden, nachdem über den Antrag des Vaters entschieden worden ist (Abs. 3 Nr. 3); denn erst dann steht fest, wer gesetzlicher Vertreter des Kindes ist und damit, unter welchen Voraussetzungen seine Einwilligung ersetzt werden kann (vgl. § 1748 Abs. 4 BGB). Die erleichterte Ersetzbarkeit der Einwilligung des Vaters kann auch dadurch hergestellt werden, dass der Vater auf einen Antrag nach § 1626 a Abs. 2 oder § 1671 Abs. 2 BGB verzichtet; denn damit steht automatisch fest, dass er niemals gesetzlicher Vertreter des Kindes sein wird. Abs. 3 Nr. 2 gestattet diesen Verzicht. Die Verzichtserklärung muss öffentlich beurkundet werden. § 1750 BGB gilt für sie (bis auf die Regelung über das Unwirksamwerden in § 1750 Abs. 4 Satz 1 BGB) sinngemäß. 14

§ 1748 BGB Ersetzung der Einwilligung eines Elternteils

(1) [1]Das Familiengericht hat auf Antrag des Kindes die Einwilligung eines Elternteils zu ersetzen, wenn dieser seine Pflichten gegenüber dem Kind anhaltend gröblich verletzt hat oder durch sein Verhalten gezeigt hat, dass ihm das Kind gleichgültig ist, und wenn das Unterbleiben der Annahme dem Kind zu unverhältnismäßigem Nachteil gereichen würde. [2]Die Einwilligung kann auch ersetzt werden, wenn die Pflichtverletzung zwar nicht anhaltend, aber besonders schwer

---

11 MüKoBGB/Maurer BGB § 1747 Rn. 15; NK-BGB/Dahm BGB § 1747 Rn. 44; aA Bamberger/Roth/Enders BGB § 1747 Rn. 3.
12 BayObLGZ 21, 197.

ist und das Kind voraussichtlich dauernd nicht mehr der Obhut des Elternteils anvertraut werden kann.

(2) [1]Wegen Gleichgültigkeit, die nicht zugleich eine anhaltende gröbliche Pflichtverletzung ist, darf die Einwilligung nicht ersetzt werden, bevor der Elternteil vom Jugendamt über die Möglichkeit ihrer Ersetzung belehrt und nach Maßgabe des § 51 Abs. 2 des Achten Buches Sozialgesetzbuch beraten worden ist und seit der Belehrung wenigstens drei Monate verstrichen sind; in der Belehrung ist auf die Frist hinzuweisen. [2]Der Belehrung bedarf es nicht, wenn der Elternteil seinen Aufenthaltsort ohne Hinterlassung seiner neuen Anschrift gewechselt hat und der Aufenthaltsort vom Jugendamt während eines Zeitraums von drei Monaten trotz angemessener Nachforschungen nicht ermittelt werden konnte; in diesem Falle beginnt die Frist mit der ersten auf die Belehrung und Beratung oder auf die Ermittlung des Aufenthaltsorts gerichteten Handlung des Jugendamts. [3]Die Fristen laufen frühestens fünf Monate nach der Geburt des Kindes ab.

(3) Die Einwilligung eines Elternteils kann ferner ersetzt werden, wenn er wegen einer besonders schweren psychischen Krankheit oder einer besonders schweren geistigen oder seelischen Behinderung zur Pflege und Erziehung des Kindes dauernd unfähig ist und wenn das Kind bei Unterbleiben der Annahme nicht in einer Familie aufwachsen könnte und dadurch in seiner Entwicklung schwer gefährdet wäre.

(4) In den Fällen des § 1626 a Absatz 3 hat das Familiengericht die Einwilligung des Vaters zu ersetzen, wenn das Unterbleiben der Annahme dem Kind zu unverhältnismäßigem Nachteil gereichen würde.

Aufsatzliteratur:

Finger, Die Ersetzung der Einwilligung eines Elternteils in die Annahme als Kind nach § 1748 BGB, FuR 1990, 183; *Hoffmann,* Verfahrenskostenhilfe in Verfahren zur Ersetzung der elterlichen Einwilligung in eine Adoption, FamRZ 2010, 1394; *Oberloskamp,* Entscheidungen zur Ersetzung der Einwilligung in die Adoption gem. § 1748 BGB von 1980 bis 1999, ZfJ 2000, 218; *Willutzki,* Die Ersetzung der elterlichen Einwilligung in die Adoption, ZKJ 2007, 18.

I. Zielsetzung und Systematik

1 Die Norm gestattet im Interesse des Kindes, die nach §§ 1746 f. BGB erforderliche **Einwilligung der Eltern in eine Annahme zu ersetzen.** Der dadurch bedingte Eingriff in das Elternrecht ist durch das überwiegende Interesse des Kindes gerechtfertigt.[1] Es handelt sich um eine Ausnahmeregelung, deren Anwendung allein durch die Gewährleistung des Kindeswohls bestimmt werden darf.

---

1 Vgl. BVerfG NJW 1968, 2233.

II. Voraussetzungen der Ersetzung der Einwilligung

Die **Ersetzung** der Einwilligung in die Annahme ist im Allgemeinen **in vier Fällen** zulässig. Hinzu kommt eine **Sonderregelung für nichteheliche Väter**, denen kein Sorgerecht zusteht (Abs. 4).   **2**

1. Anhaltende gröbliche Pflichtverletzung. Die Einwilligung kann ersetzt werden, wenn ein Elternteil seine **Pflichten** gegenüber dem Kind **anhaltend gröblich verletzt** und das Unterbleiben der Annahme dem Kind zu unverhältnismäßigem Nachteil gereichen würde (Abs. 1 Fall 1). Betroffen sein muss immer das Kind, dessen Annahme in Frage steht.[2] Gemeint sind Pflichtverletzungen, die auch zum Entzug des Sorgerechts führen könnten (§ 1666 BGB). Hierher gehören zB Verwahrlosenlassen des Kindes durch Vernachlässigung von Ernährung, Körperpflege[3] und Bekleidung oder durch Verwahrlosenlassen der Wohnung (Indizien: Ungeziefer, Mülllagerung, fehlende Heizung), Misshandlung oder sexueller Missbrauch des Kindes, Verweigerung von Unterhaltsleistungen trotz Leistungsfähigkeit,[4] Entzug von Zuwendung,[5] Anhalten zum Schulschwänzen,[6] usw.   **3**

Erforderlich ist, dass die Pflichtverletzung **anhaltend** ist, also schon längere Zeit andauert und sich auch nicht in naher Zukunft ändern wird.[7] Eine feste Zeitgrenze besteht nicht. Es handelt sich um eine Frage des Einzelfalls. In die Beurteilung ist vor allem auch das Alter des Kindes einzubeziehen.   **4**

Ist eine **Änderung des Verhaltens zu prognostizieren** (zB bei bevorstehender Entlassung aus Haft), ist die Ersetzung daher wegen Unverhältnismäßigkeit des Eingriffs in das Elternrecht unzulässig. Ein Verschulden des Elternteils in Bezug auf die Pflichtverletzung ist aber nicht erforderlich (→ Rn. 7). Zu beachten ist außerdem, dass die Prognose realistische Grundlagen haben muss. Die bloße Ankündigung, das Verhalten ändern zu wollen, um die Annahme abzuwenden, reicht nicht.[8]   **5**

Das Unterbleiben der Annahme muss dem Kind zu **unverhältnismäßigem Nachteil** gereichen. Erforderlich ist eine Abwägung zwischen den Nachteilen für das Kind bei Unterbleiben der Annahme und dem Eingriff in das Elternrecht für den Fall des Ausspruchs der Annahme. Soweit Pflichtverletzungen keine nachteiligen Folgen für das Kind haben, bleiben sie daher außer Betracht. Deshalb reichen eine Drogen- oder Alkoholsucht, Haft oder Krankheit nicht, wenn gesichert ist, dass das Kind ausreichend versorgt wird.[9] Ebenso wenig reicht die bloße Nichtzahlung von Unterhalt.[10]   **6**

Subjektive Anforderungen sind in Abs. 1 Fall 1 nicht genannt. Gleichwohl wird man ein Minimum an Einsichtsfähigkeit verlangen müssen,[11] um nicht zu übermäßigen Eingriffen in das Elternrecht zu kommen. Fehlt jede Einsichtsfähigkeit, kommt eine Ersetzung nach Abs. 3 in Betracht.   **7**

2. Gleichgültigkeit gegenüber dem Kind. Die Einwilligungsersetzung kommt auch in Betracht, wenn der Elternteil durch sein Verhalten gezeigt hat, dass ihm sein **Kind gleichgültig** ist und das Unterbleiben der Annahme dem Kind zu unverhältnismäßigem Nachteil gereichen würde (Abs. 1 Fall 2). Damit wird   **8**

---

2 OLG Frankfurt a.M. FamRZ 2008, 296; NK-BGB/Dahm BGB § 1748 Rn. 20.
3 LG Hamburg DAVorm 1978, 49; LG Kiel DAVorm 1978, 284.
4 BayObLG FamRZ 1979, 1078; 1998, 1196.
5 OLG Karlsruhe FamRZ 1983, 1058.
6 BayObLG FamRZ 1989, 429.
7 BayObLG FamRZ 1984, 417.
8 NK-BGB/Dahm BGB § 1748 Rn. 28.
9 OLG Düsseldorf DAVorm 1977, 751.
10 BayObLG NJWE-FER 1998, 173.
11 BayObLGZ 1977, 148; BayObLG FamRZ 1999, 1688; OLG Köln FamRZ 1999, 889.

anerkannt, dass ein Kind nicht nur materieller Förderung bedarf, sondern auch der elterlichen persönlichen Zuwendung. Gleichgültigkeit bedeutet Desinteresse am Kind. Auf welchen Gründen die Gleichgültigkeit beruht, ist unerheblich.

9 Die Gleichgültigkeit muss sich aber **manifestiert haben**; die bloße innere Einstellung reicht nicht. Zu denken ist etwa an ein Alleinlassen des Kindes im Heim,[12] Umgangsverweigerungen, eine ihm gegenüber bestehende emotionale Kälte oder die teilnahmslose Hinnahme des Annahmevorhabens. Unter Umständen kann sie sich sogar gerade in einem übersteigerten Besitzwillen an dem Kind zeigen, wenn nämlich die Ablehnung der Annahme des Kindes darauf beruht, dass der Elternteil das Kind keinem anderen „gönnt". In Betracht kommt auch, dass der Vater trotz Information über die geplante Adoption in keiner Weise reagiert und auch an den Gerichtsverhandlungen nicht teilnimmt, obwohl er das könnte.[13] Schwierig ist die Situation von Leihmüttern zu beurteilen. Hier darf nicht vorschnell Gleichgültigkeit daraus gefolgert werden, dass es sich bei der Mutter um eine Leihmutter handelt. Schon die Tatsache, dass sie sich dem Kind zugewendet hat, kann deswegen in derartigen Fällen gegen die Ersetzung der Einwilligung sprechen.[14]

10 Ist die Gleichgültigkeit nicht mit anhaltenden gröblichen Pflichtverletzungen (dann schon Abs. 1 Fall 1) verbunden, darf die Einwilligung nicht ersetzt werden, bevor der Elternteil vom Jugendamt über die Möglichkeit ihrer Ersetzung **belehrt und nach § 51 Abs. 2 SGB VIII beraten** worden ist und seit der Belehrung wenigstens **drei Monate verstrichen** sind (Abs. 2 Satz 1). In der Belehrung ist auf die Frist hinzuweisen. Sie ist nur überflüssig, wenn der Elternteil seinen Aufenthaltsort ohne Hinterlassung seiner neuen Anschrift gewechselt hat und dieser vom Jugendamt in drei Monaten trotz angemessener Nachforschungen nicht ermittelt werden konnte. In diesem Fall beginnt die Frist mit der ersten auf die Belehrung und Beratung oder auf die Ermittlung des Aufenthaltsorts gerichteten Handlung des Jugendamts. Die Fristen laufen frühestens fünf Monate nach der Geburt des Kindes ab. Wird der Aufenthalt des Elternteils während des Verfahrens ermittelt, müssen Beratung und Belehrung nachgeholt werden.[15]

11 Aus dem Unterbleiben der Annahme muss ein **unverhältnismäßiger Nachteil** für das Kind folgen (→ Rn. 6).

12 **3. Besonders schwerwiegende Pflichtverletzungen.** Eine Einwilligungsersetzung kommt auch in Betracht bei besonders schweren Pflichtverletzungen, wenn das Kind voraussichtlich dauernd nicht mehr der Obhut des Elternteils anvertraut werden kann (Abs. 1 Satz 2). In diesen Fällen ist die Kindeswohlförderung durch die Annahme und die Verhältnismäßigkeit des Eingriffs in das Elternrecht offensichtlich. Es muss sich deswegen um evidente Fälle einer Kindeswohlgefährdung handeln.

13 Besonders schwere **Pflichtverletzungen** sind etwa die Tötung des anderen Elternteils,[16] schwerer sexueller Missbrauch, schwere Misshandlungen und alle anderen Straftaten zum Nachteil des Kindes. In diesen Fällen brauchen weder die Pflichtverletzungen anhaltend zu sein, so dass auch einmalige Vorgänge ausreichen können, noch brauchen dem Kind unverhältnismäßige Nachteile zu drohen, wenn die Annahme unterbleibt.[17] Es reicht, dass das Kind wegen der Pflichtverletzung voraussichtlich dauernd nicht mehr der Obhut des Elternteils anvertraut

---

12 Vgl. LG Hamburg DAVorm 1978, 49.
13 OLG Hamm FamRZ 2015, 868.
14 NK-BGB/Dahm BGB § 1748 Rn. 36.
15 OLG Köln FamRZ 1987, 203.
16 OLG Zweibrücken FamRZ 2001, 1730; OLG Brandenburg FamRZ 2007, 2006.
17 BayObLG FamRZ 1989, 429.

werden kann. Nicht ausreichend sind bloße Umgangsrechtsvereitelungen oder Fälle einer vorübergehenden Wegnahme des Kindes vom Sorgeberechtigten.[18]

4. Dauernde Unfähigkeit zur Pflege und Erziehung des Kindes wegen schwerer 14 **psychischer Erkrankung oder Behinderung.** Die Einwilligung kann auch ersetzt werden, wenn der Elternteil wegen einer **besonders schweren psychischen Krankheit** oder einer besonders schweren **geistigen oder seelischen Behinderung** zur Pflege und Erziehung des Kindes dauernd unfähig ist und wenn das Kind bei Unterbleiben der Annahme nicht in einer Familie aufwachsen könnte und dadurch in seiner Entwicklung schwer gefährdet wäre (Abs. 3). Die Regelung schließt die Lücke, die sich daraus ergibt, dass für die Ersetzung nach Abs. 1 wenigstens ein Minimum an subjektiver Anforderung iS einer Parallelwertung in der Laiensphäre vorliegen muss (→ Rn. 7). Es handelt sich um eine absolute Ausnahmeregelung, die eng ausgelegt werden muss, um gerade in den Fällen behinderter Eltern nicht zu vorschnellen Eingriffen in das Elternrecht zu kommen.[19]

Die in Abs. 3 genannten Begriffe der schweren psychischen Erkrankung oder 15 Behinderung entstammen § 1896 BGB. Sie sind hier aber funktional auszulegen. In Betracht kommen nur solche Erkrankungen und Behinderungen, welche sich direkt auf die Erziehungs- und Betreuungsfähigkeit auswirken. Geschäftsunfähigkeit der Eltern ist weder erforderlich noch ausreichend. **Hierher gehören** etwa schwere Depressionen und andere geistige Erkrankungen, durch welche die Sicherheit des Kindes gefährdet wird.

Erforderlich ist, dass die **Krankheit so schwerwiegend ist, dass das Kind in einem** 16 **Heim untergebracht werden muss.** Solange es bei Verwandten oder in einer Pflegefamilie[20] aufwachsen kann, ist die Einwilligungsersetzung daher ausgeschlossen. Das Gleiche gilt, wenn das Kind zwar in einem Heim untergebracht werden muss, die Unterbringung dort aber seine Entwicklung nicht gefährdet. Das wird aber regelmäßig nur bei älteren Kindern in Betracht kommen.

Weitere Anforderungen bestehen **nicht.** Vor allem fehlt das Erfordernis des „un- 17 verhältnismäßigen Nachteils". Das bedeutet jedoch angesichts der Voraussetzung der drohenden Heimunterbringung keinen sachlichen Unterschied; denn diese Art der Unterbringung bedeutet regelmäßig einen unverhältnismäßigen Nachteil.

5. Besondere Ersetzung bei nichtehelichen Vätern. Bei nichtehelichen Vätern, 18 denen keine Sorge zusteht, kann die Einwilligung ersetzt werden, wenn das **Unterbleiben der Annahme dem Kind zu unverhältnismäßigem Nachteil** gereichen würde (Abs. 4). Der Vater, der nie die Sorge und damit die Verantwortung getragen hat, soll kein Vetorecht gegen die Annahme haben. Insoweit besteht zwar eine Diskrepanz zur Lage bei einer Mutter, die ihr Sorgerecht durch Übertragung auf den Vater verloren hat (§§ 1626 a Abs. 2, 1671 Abs. 2 BGB), bei ihr greift nur Abs. 1. Das ist aber gerechtfertigt, weil die Mutter sonst durch Verhinderung der Annahme durch den Vater mit dem Kind allein gelassen werden könnte.[21]

Jedoch muss Abs. 4 im Lichte des Art. 6 GG **eng ausgelegt** werden, damit es 19 nicht zu einer vollständigen Entwertung des Elternrechts des Vaters kommt.[22] Die Ersetzung der Einwilligung kommt deswegen erst in Betracht, wenn die Adoption für das Kind solche Vorteile mit sich brächte, dass ein sich verständig um das Kind sorgender Elternteil auf der Einhaltung des Verwandtschaftsbandes

---

18 BayObLG FamRZ 1983, 648; 1990, 799.
19 Einschränkend auch MüKoBGB/Maurer BGB § 1748 Rn. 20.
20 OLG Frankfurt a.M. FGPrax 1996, 109.
21 BT-Drs. 13/4899, 124.
22 BGHZ 162, 357 (363); OLG Stuttgart FGPrax 2005, 66 (67); NK-BGB/Dahm BGB § 1748 Rn. 70.

in diesem Fall nicht bestehen würde.[23] Das ist in einer sorgfältigen Abwägung des Kindeswohls gegen das Elternrecht im Einzelfall zu prüfen.[24] Ein Vorrang des Kindeswohls kann etwa anzunehmen sein, wenn durch die Adoption ein Dauerpflegeverhältnis rechtlich abgesichert werden und für das Pflegekind ein Höchstmaß an Geborgenheit geschaffen werden soll.[25] In die Betrachtung eingehen muss auch die Prüfung des Vorverhaltens des Vaters. Vor allem muss geprüft werden, welche Gründe den Vater an der Aufrechterhaltung eines zunächst gelebten Vater-Kind-Verhältnisses gehindert haben, wenn es ein derartiges Verhältnis gab.[26] Zulässig ist die Ersetzung der Einwilligung aber nach Ansicht des BVerfG noch nicht einmal in dem Fall, in dem ein Vater schon in der Vergangenheit kein Interesse an dem Kind gezeigt und Unterhaltsleistungen verweigert hat und sich nun nicht kümmern kann, weil er inhaftiert ist, während umgekehrt das Kind in die neue Familie voll integriert ist und den Annehmenden bereits als seinen Vater betrachtet.[27] Die OLGe scheinen demgegenüber großzügiger zu sein. So ist nach Ansicht des OLG Hamm die Einwilligung zur Adoption zu ersetzen, wenn das anzunehmende Kind besonderer Fürsorge bedarf und der leibliche Vater selbstverschuldet seit Jahren keinerlei Kontakt zu seinem Kind hat.[28]

III. Verfahrensfragen

20 Das Verfahren um die Ersetzung der Einwilligung ist ein **selbstständiges Verfahren**. Vor seinem Abschluss kommt der Ausspruch der Annahme nicht in Betracht.

21 **Zuständig** ist das Familiengericht (§§ 111 Nr. 4, 186 Nr. 2 FamFG) mit funktioneller Zuständigkeit beim Richter (§ 14 Nr. 3 f. RPflG). Derjenige, dessen Einwilligung ersetzt werden soll, ist Mussbeteiligter am Verfahren (§ 188 Abs. 1 Nr. 2 FamFG), das Jugendamt und das Landesjugendamt sind Mussbeteiligte auf Antrag (§ 188 Abs. 2 FamFG). Die Beteiligten müssen vor der Entscheidung über die Ersetzung der Einwilligung angehört werden (§ 34 FamFG). Zusätzliche Verfahrensvoraussetzungen bei Ersetzung der Einwilligung wegen Gleichgültigkeit: → Rn. 10.

22 Der Beschluss über die Ersetzung der Einwilligung wird mit seiner Rechtskraft wirksam (§ 198 Abs. 1 Satz 1 FamFG). Bei Gefahr im Verzug kann das Gericht aber die sofortige Wirksamkeit anordnen (§ 198 Abs. 1 Satz 2 FamFG). Der Beschluss wird dann mit der Bekanntgabe an den Antragsteller wirksam (§ 198 Abs. 1 Satz 3 FamFG). Die Abänderung oder die Wiederaufnahme des Verfahrens ist ausgeschlossen (§ 198 Abs. 1 Satz 3 FamFG). Gegen die Ersetzung kann ebenso wie gegen die Ablehnung der Ersetzung **Beschwerde** eingelegt werden (§ 59 FamFG).

§ 1749 BGB Einwilligung des Ehegatten

(1) ¹Zur Annahme eines Kindes durch einen Ehegatten allein ist die Einwilligung des anderen Ehegatten erforderlich. ²Das Familiengericht kann auf Antrag des Annehmenden die Einwilligung ersetzen. ³Die Einwilligung darf nicht ersetzt

---

23 BGH NJW 2005, 1781; KG FamRZ 2016, 2019; die Kriterien nach Abs. 1 anwenden will OLG Stuttgart FamRZ 2005, 542; BayObLG FamRZ 2002, 486.
24 OLG Brandenburg 10.9.2015 – 10 WF 101/15.
25 OLG Hamm FamRZ 2017, 1064.
26 BVerfG FamRZ 2006, 94.
27 BVerfG NJW 2006, 2470 gegen OLG Saarbrücken FamRZ 2005, 1586.
28 OLG Hamm FamRZ 2015, 868.

werden, wenn berechtigte Interessen des anderen Ehegatten und der Familie der Annahme entgegenstehen.

(2) Die Einwilligung des Ehegatten ist nicht erforderlich, wenn er zur Abgabe der Erklärung dauernd außerstande oder sein Aufenthalt dauernd unbekannt ist.

I. Grundlagen und Systematik

Die Norm regelt einen Fall, in dem die Annahme die **Einwilligung eines Ehegat-** 1 **ten** erfordert: die Annahme durch einen Ehegatten allein (§ 1741 Abs. 2 Satz 3, 4 BGB). Der bislang in gleicher Weise geregelte Fall der Annahme eines verheirateten Minderjährigen kann nicht mehr vorkommen, wenn der eheschließende Minderjährige zur Zeit der Eheschließung das 16. Lebensjahr noch nicht vollendet hatte (vgl. § 1303 Satz 2 BGB). Der Gesetzgeber hat aber übersehen, dass die Eheschließung eines Minderjährigen, der zu diesem Zeitpunkt das 16. Lebensjahr bereits vollendet hat, zu einer wirksamen (und lediglich aufhebbaren Ehe führt). Dass die Adoption in diesem Fall ohne die Zustimmung des Ehegatten stattfinden können soll, erscheint sehr zweifelhaft. Die Zustimmung ist deswegen erforderlich – wie bei der Volljährigenannahme auch. Die für diese geltende Regelung des § 1767 Abs. 2 Satz 2 BGB ist deswegen analog anzuwenden.

Für Lebenspartner gelten Abs. 1 Satz 2, 3 und Abs. 2 entsprechend (§ 9 Abs. 6 LPartG). Der Konsens beider Partner bei Annahme eines Kindes durch einen von ihnen entspricht wie bei der Ehe dem Prinzip der Lebenspartnerschaft als umfassender Lebensgemeinschaft.

Das **Fehlen der Einwilligung** nach § 1749 BGB macht die Annahme weder un- 2 wirksam noch aufhebbar.

II. Die Einwilligung des Ehegatten des Annehmenden

Die Einwilligung des Ehegatten des Annehmenden ist erforderlich, **wenn die** 3 **Annahme** entgegen § 1741 Abs. 2 Satz 2 BGB **nur durch einen der Ehepartner erfolgen soll** (Abs. 1). Bei gemeinschaftlicher Annahme liegt die Einwilligung schon darin, dass an der Annahme zusammen mit dem anderen Ehegatten mitgewirkt wird.

Nimmt ein Ehegatte das Kind seines Ehegatten an (**Stiefkindadoption**), ist dessen 4 Zustimmung schon als Elternteil erforderlich (§ 1747 BGB).

Der Anwendungsbereich von Abs. 1 beschränkt sich daher auf die **Fälle des zu** 5 **geringen Alters des Ehegatten**. Nicht erforderlich ist die Einwilligung, wenn der Ehegatte geschäftsunfähig ist, sein Aufenthalt unbekannt ist (Abs. 2) oder wenn die Ehe aufgelöst wurde. Getrenntleben macht die Einwilligung dagegen nicht überflüssig.

Wird die **Einwilligung** verweigert, kann sie **ersetzt werden**, wenn nicht Interessen 6 des anderen Ehegatten oder solche der Familie der Annahme entgegenstehen (Abs. 1 Satz 2). Mit Familie sind nur die Kinder gemeint, nicht weitere Verwandte.[1]

III. Verfahrensfragen

Die Form der Einwilligungserklärung richtet sich nach § 1750 BGB. Für ihre 7 Ersetzung im Fall des Abs. 1 Satz 2 ist der Richter zuständig (§ 14 Abs. 1 Nr. 3 f. RPflG).

---

1 MüKoBGB/Maurer BGB § 1749 Rn. 6.

§ 1750 BGB   Einwilligungserklärung

(1) [1]Die Einwilligung nach §§ 1746, 1747 und 1749 ist dem Familiengericht gegenüber zu erklären. [2]Die Erklärung bedarf der notariellen Beurkundung. [3]Die Einwilligung wird in dem Zeitpunkt wirksam, in dem sie dem Familiengericht zugeht.

(2) [1]Die Einwilligung kann nicht unter einer Bedingung oder einer Zeitbestimmung erteilt werden. [2]Sie ist unwiderruflich; die Vorschrift des § 1746 Abs. 2 bleibt unberührt.

(3) [1]Die Einwilligung kann nicht durch einen Vertreter erteilt werden. [2]Ist der Einwilligende in der Geschäftsfähigkeit beschränkt, so bedarf seine Einwilligung nicht der Zustimmung seines gesetzlichen Vertreters. [3]Die Vorschrift des § 1746 Abs. 1 Satz 2, 3 bleibt unberührt.

(4) [1]Die Einwilligung verliert ihre Kraft, wenn der Antrag zurückgenommen oder die Annahme versagt wird. [2]Die Einwilligung eines Elternteils verliert ferner ihre Kraft, wenn das Kind nicht innerhalb von drei Jahren seit dem Wirksamwerden der Einwilligung angenommen wird.

I. Systematik und Grundlagen

1   Die Norm regelt Einzelheiten der Einwilligungserklärungen nach §§ 1746 f., 1749 BGB in Bezug auf Form, Inhalt, Zulässigkeit der Vertretung und Erlöschen.

II. Form, Inhalt, Zulässigkeit der Vertretung, Erlöschen von Einwilligungserklärungen

2   Die Erklärungen müssen **notariell beurkundet** (§ 128 BGB) und dem **Familiengericht gegenüber abgegeben** werden (Abs. 1 Satz 1, 2). Sie werden erst wirksam, wenn sie dem Familiengericht zugehen (Abs. 1 Satz 3). Das hat in der Praxis dazu geführt, dass die Erklärungen schon frühzeitig bei einem Notar aufgenommen werden, dann aber dem Gericht erst mit langer Verzögerung zugeleitet werden. Damit soll den Annahmewilligen, bei denen sich das Kind in Pflege befindet, eine Art Anwartschaft gesichert werden.

3   Die Einwilligung ist **befristungs- und bedingungsfeindlich** (Abs. 2 Satz 1). Sie kann im Interesse der Rechtssicherheit – vom Fall der Einwilligung des über 14-jährigen Kindes abgesehen – auch nicht widerrufen werden (Abs. 3 Satz 2). Die Anfechtung wegen Irrtums kommt nach dem Wechsel zum Dekretsystem nicht mehr in Betracht. Eine solche Anfechtung kann aber in einen Aufhebungsantrag nach § 1762 BGB umgedeutet werden.

4   **Stellvertretung** ist bei der Einwilligung **ausgeschlossen**. Diese ist höchstpersönlich (Abs. 3 Satz 1). Daher bedarf sie bei beschränkter Geschäftsfähigkeit (Ausnahme: Einwilligung des über 14-jährigen Kindes, § 1746 Abs. 1 Satz 2, 3 BGB) auch nicht der Zustimmung des gesetzlichen Vertreters. Auch gesetzliche Vertreter müssen persönlich handeln.

5   **Die Einwilligung wird unwirksam,** wenn die Annahme abgelehnt oder der Antrag zurückgenommen wird oder die Annahme nicht binnen drei Jahren nach der Einwilligung erfolgt (Abs. 4). Entsprechendes gilt, wenn die Personen, auf deren Annahme sich die Einwilligung bezogen hatte, erklären, diese nicht weiter zu betreiben.[1]

---

1 BayObLG FamRZ 1983, 761.

III. Verfahrensfragen

Über die Wirksamkeit einer Adoptionseinwilligung kann schon vor Einleitung **6** des Adoptionsverfahrens entschieden werden.[2] Örtliche Zuständigkeit: § 187 FamFG.

§ 1751 BGB Wirkung der elterlichen Einwilligung, Verpflichtung zum Unterhalt

(1) [1]Mit der Einwilligung eines Elternteils in die Annahme ruht die elterliche Sorge dieses Elternteils; die Befugnis zum persönlichen Umgang mit dem Kind darf nicht ausgeübt werden. [2]Das Jugendamt wird Vormund; dies gilt nicht, wenn der andere Elternteil die elterliche Sorge allein ausübt oder wenn bereits ein Vormund bestellt ist. [3]Eine bestehende Pflegschaft bleibt unberührt. [4]Für den Annehmenden gilt während der Zeit der Adoptionspflege § 1688 Abs. 1 und 3 entsprechend.

(2) Absatz 1 ist nicht anzuwenden auf einen Ehegatten, dessen Kind vom anderen Ehegatten angenommen wird.

(3) Hat die Einwilligung eines Elternteils ihre Kraft verloren, so hat das Familiengericht die elterliche Sorge dem Elternteil zu übertragen, wenn und soweit dies dem Wohl des Kindes nicht widerspricht.[1]

(4) [1]Der Annehmende ist dem Kind vor den Verwandten des Kindes zur Gewährung des Unterhalts verpflichtet, sobald die Eltern des Kindes die erforderliche Einwilligung erteilt haben und das Kind in die Obhut des Annehmenden mit dem Ziel der Annahme aufgenommen ist. [2]Will ein Ehegatte ein Kind seines Ehegatten annehmen, so sind die Ehegatten dem Kind vor den anderen Verwandten des Kindes zur Gewährung des Unterhalts verpflichtet, sobald die erforderliche Einwilligung der Eltern des Kindes erteilt und das Kind in die Obhut der Ehegatten aufgenommen ist.

I. Systematik und Grundlagen

Die Norm soll die **Lösung des Kindes von seinen leiblichen Eltern einleiten**. **1** Sobald diese durch die Einwilligung nach § 1747 BGB ihr Einverständnis damit erklärt haben, dass das Kind demnächst von ihnen auch rechtlich getrennt werden wird, ist es nicht mehr gerechtfertigt, dass sie noch weiter die Sorge für das Kind ausüben. Umgekehrt ist es nicht länger angemessen, sie und die bisherigen Verwandten in der bisherigen Weise zum Unterhalt heranzuziehen. Das Kind wird bald Verwandter des Annehmenden werden; daher soll dieser zunächst für seinen Unterhalt sorgen.

II. Das Ruhen der elterlichen Sorge

Die **elterliche Sorge ruht**, sobald ein Elternteil in die Annahme eingewilligt hat **2** (§ 1747 BGB, Wirksamwerden: Zugang beim Familiengericht, § 1750 Abs. 1 Satz 3 BGB) oder seine Einwilligung ersetzt wird (§ 1748 BGB). Etwas anderes gilt nur bei Einwilligung in die Annahme durch den anderen Ehegatten oder Lebenspartner (§ 9 Abs. 7 LPartG). In diesen Fällen scheidet das Kind nicht aus dem Verwandtschaftsverhältnis aus (§ 1755 Abs. 2 BGB); es bleibt daher bei den bisherigen Verhältnissen. Bedeutungslos ist die Regelung dann, wenn dem

---

2 OLG Hamm DNotZ 1987, 308; OLG Frankfurt a.M. FamRZ 1981, 206.
1 Im Verfahren nach § 1751 Abs. 3 hat das Jugendamt mitzuwirken; vgl. § 50 Abs. 1 Satz 1 SGB VIII.

Elternteil schon aus anderen Gründen die elterliche Sorge nicht mehr zusteht. Ruhen kann nur eine Sorge, die noch besteht.

3   Das Ruhen der Sorge bedeutet, dass der einwilligende Elternteil **nicht mehr berechtigt ist, diese auszuüben** (§ 1675 BGB). Vom Ruhen nach § 1675 BGB unterscheidet sich das Ruhen iSd § 1751 BGB aber dadurch, dass bei Entfallen der Voraussetzungen die elterliche Sorge nicht wieder automatisch auflebt (vgl. Abs. 3).

4   Sofern nicht der andere Ehegatte (der nicht in die Annahme eingewilligt hat) nun alleiniger **Träger der Sorge** ist (§ 1678 BGB) oder ein Vormund schon bestellt ist, wird das Jugendamt Amtsvormund (Abs. 1 Satz 2). Das Familiengericht muss ihm daher eine Bescheinigung über den Eintritt der Vormundschaft ausstellen (Abs. 1 Satz 3, wie in den Fällen des § 1791 c BGB).

5   Evtl. bestehende **Pflegschaften** werden durch das Ruhen der Sorge **nicht beeinflusst** (Abs. 1 Satz 4). Sie müssen jedoch aufgehoben werden, wenn ihr Zweck entfallen ist (§ 1919 BGB).

6   Befindet sich das Kind in **Adoptionspflege**, so darf die Pflegeperson in Angelegenheiten des täglichen Lebens allein entscheiden; diese Befugnis kann erweitert oder eingeschränkt werden, wenn der Inhaber der Sorge (das Jugendamt) etwas anderes erklärt oder das Familiengericht das zum Wohle des Kindes anordnet (Abs. 1 S. 5, § 1688 Abs. 1, 3 BGB analog).

7   Hat die Mutter in die Annahme eingewilligt, bedarf ein Antrag des **außerehelichen Vaters**, dem die Sorge nicht mit zusteht, auf Zuweisung der Sorge an sich (§ 1671 Abs. 2 BGB) nicht ihrer Zustimmung (§ 1671 Abs. 3, früher § 1751 Abs. 1 S. 5). In diesem Fall ist ihm die Sorge zu übertragen, wenn es dem Wohl des Kindes nicht widerspricht; es ist nicht erforderlich, dass die Übertragung dem Wohl des Kindes dient.[2] Der Vater kann daher unter erleichterten Umständen erreichen, dass er alleiniger Inhaber des Sorgerechts wird. Er kann die Verantwortung für das Kind übernehmen und damit dann auch die Adoption verhindern. Voraussetzung ist aber immer, dass seine Vaterschaft bereits feststeht, also anerkannt oder gerichtlich festgestellt ist. Auf andere Fälle des Sorgerechtsverlustes der Mutter ist § 1751 BGB nicht entsprechend anzuwenden. In diesen Fällen muss der Vater nach § 1696 BGB vorgehen.

8   Gleichzeitig mit dem Ruhen der Sorge **entfällt das Umgangsrecht** (§ 1684 BGB) des Einwilligenden mit dem Kind (Abs. 1 Satz 1). Das verstößt nicht gegen Art. 8 Abs. 1 EMRK.[3] Zwar unterfällt das Interesse der leiblichen Mutter am Umgang mit ihrem Kind nach dessen Adoption dem Schutz des Privatlebens gem. Art. 8 Abs. 1 EMRK. Der Durchsetzung steht aber das Interesse der Adoptivfamilie an einem störungsfreien Familienleben entgegen.

9   Die **Folgen** der Einwilligung **in Bezug auf das Umgangsrecht enden** automatisch, wenn die Einwilligung aus den in → BGB § 1750 Rn. 5 genannten Gründen unwirksam wird. Das Sorgerecht lebt aber nicht automatisch wieder auf; es muss erst vom Gericht zurückübertragen werden (Abs. 3). Dem Gericht soll das die Prüfung erlauben, ob ein (familiengerichtliches) Verfahren auf Sorgerechtsentziehung (§ 1666 BGB) eingeleitet werden muss.

III. Auswirkungen der Einwilligung auf die Unterhaltspflicht

10 Mit der Einwilligung wird die **Unterhaltspflicht der leiblichen Eltern** gegenüber einer (neu eintretenden) Unterhaltspflicht des Annehmenden **subsidiär**, sofern der Annehmende das Kind in Adoptionspflege genommen hat (Abs. 4 Satz 1). Vor

---

2   BGH FamRZ 2007, 1969 zu Abs. 1 S. 5 aF.
3   EGMR FamRZ 2014, 135.

der Einwilligung des leiblichen Elternteils bzw. vor rechtskräftiger gerichtlicher Ersetzung der Einwilligung besteht keine Unterhaltspflicht des Annehmenden. Der Annehmende ist darlegungs- und beweispflichtig, ab wann das Adoptivkind bei ihm gelebt hat und ab wann die Einwilligung des leiblichen Elternteils zur Adoption erteilt wurde bzw. ab wann das Gericht die Einwilligung durch gesetzliche Entscheidung ersetzt hat.[4]

Will ein Ehegatte ein Kind seines Ehegatten oder Lebenspartners (§ 9 Abs. 7 LPartG) annehmen, sind die Ehegatten bzw. Lebenspartner dem Kind von den anderen Verwandten des Kindes unterhaltspflichtig, sobald die erforderliche Einwilligung der Eltern des Kindes erteilt und das Kind in die Obhut der Ehegatten bzw. Lebenspartner aufgenommen ist (Abs. 4 Satz 2, § 9 Abs. 7 Satz 2 LPartG). Soweit nur die Einwilligung eines Elternteils erforderlich ist, braucht nur diese vorzuliegen.

Mit dem **Ende der Adoptionspflege** lebt auch die Unterhaltspflicht der Einwilligenden (automatisch) wieder in vollem Umfang auf. **11**

§ 1752 BGB Beschluss des Familiengerichts, Antrag

(1) Die Annahme als Kind wird auf Antrag des Annehmenden vom Familiengericht ausgesprochen.

(2) [1]Der Antrag kann nicht unter einer Bedingung oder einer Zeitbestimmung oder durch einen Vertreter gestellt werden. [2]Er bedarf der notariellen Beurkundung.

Die Norm bestimmt zunächst, dass die Annahme durch ein **Annahmedekret auf Antrag des Annehmenden** ausgesprochen wird (Abs. 1). Für den Antrag, der funktionell der Einwilligung des Anzunehmen, seiner Eltern und seines Ehegatten entspricht, gilt wie für diese, dass er bedingungs- und befristungsfeindlich ist, dass Stellvertretung ausgeschlossen ist (zulässig aber Überbringen durch Boten, vgl. § 1753 Abs. 2 BGB) und dass er der notariellen Beurkundung (§ 128 BGB) bedarf (Abs. 2). Folge des Antragsprinzips ist, dass bei einer Ablehnung des Antrags nur der Antragsteller beschwerdebefugt ist (§ 59 Abs. 2 FamFG).[1] Zur Beschwerdebefugnis des Jugendamts und des Landesjugendamts s. §§ 194 Abs. 2, 195 Abs. 2 FamFG. **1**

Wird der **Anzunehmende während des Verfahrens volljährig**, muss der Antrag auf die Volljährigenannahme umgestellt werden. Sonst ist er abzuweisen.[2] Die Volljährigenadoption kann dann allerdings mit den Wirkungen der Minderjährigenadoption ausgesprochen werden (§ 1772 Abs. 1 Satz 1 BGB).[3] **2**

Wird der Annehmende im laufenden Adoptionsverfahren **geschäftsunfähig**, so steht dieser Umstand einer Adoption nicht entgegen, wenn der Annehmende zum Zeitpunkt der Antragstellung geschäftsfähig war. Das Fortbestehen der Geschäftsfähigkeit des Annehmenden ist auch keine Wirksamkeitsvoraussetzung der Adoption. Maßgeblicher Zeitpunkt für die Geschäftsfähigkeit des Annehmenden ist die Antragstellung.[4] Zur Annahme **nach dem Tod des Annehmenden** s. § 1753 BGB. **3**

---

4 OLG München FamRZ 2018, 433.
1 OLG Nürnberg MDR 2011, 1295.
2 KG FamRZ 2004, 1315.
3 KG FamRZ 2004, 1315; aA LG Düsseldorf FamRZ 2010, 1261: Ausspruch als Minderjährigenannahme, offengelassen bei OLG Hamm FamRZ 2001, 859.
4 OLG München FamRZ 2015, 1509.

4   Der **Antrag** kann – anders als die Einwilligungserklärungen (vgl. § 1750 Abs. 4
    Satz 1 BGB) – bis zum Wirksamwerden der Annahme **zurückgenommen** werden.
    Eine trotz des Widerrufs ausgesprochene Annahme ist zwar wirksam, kann aber
    nach § 1760 BGB aufgehoben werden.

5   In dem **Beschluss**, durch den das Familiengericht die Annahme ausspricht, ist
    anzugeben, auf welche Gesetzesvorschriften sie sich gründet. Wenn die Einwilli-
    gung eines Elternteils nach § 1747 Abs. 4 BGB nicht für erforderlich erachtet
    wurde, muss das ebenfalls aufgenommen werden (§ 197 Abs. 1 Satz 2 FamFG).

6   Der Beschluss **wird mit der Zustellung an den Annehmenden**, nach dem Tod des
    Annehmenden mit der Zustellung an das Kind **wirksam** (§ 197 Abs. 2 FamFG).
    Er ist unanfechtbar und unabänderbar (§ 197 Abs. 3 FamFG).

§ 1753 BGB   Annahme nach dem Tode

(1) Der Ausspruch der Annahme kann nicht nach dem Tode des Kindes erfolgen.

(2) Nach dem Tode des Annehmenden ist der Ausspruch nur zulässig, wenn der
Annehmende den Antrag beim Familiengericht eingereicht oder bei oder nach der
notariellen Beurkundung des Antrags den Notar damit betraut hat, den Antrag
einzureichen.

(3) Wird die Annahme nach dem Tode des Annehmenden ausgesprochen, so hat
sie die gleiche Wirkung, wie wenn sie vor dem Tode erfolgt wäre.

I. Überblick und Systematik

1   Die Norm regelt, welche **Auswirkungen der Tod** des Annehmenden oder des An-
    zunehmenden (vor der Zustellung des Annahmebeschlusses an den Annehmen-
    den, vgl. § 197 Abs. 2 FamFG) auf die Annahme hat. Sie folgt der Regel, dass die
    Annahme sinnlos wird, wenn der Anzunehmende verstirbt, weil ein Toter nicht
    mehr in eine andere Familie aufgenommen werden kann. Umgekehrt kann der
    Anzunehmende ein Interesse daran haben, in die andere Familie eingegliedert zu
    werden, obwohl der Annehmende nicht mehr lebt. Die Annahme ist daher noch
    möglich, wenn der Annehmende zu Lebzeiten seinen Annahmewillen durch einen
    notariell beurkundeten Antrag bekundet hat.

II. Die Auswirkungen des Todes des Anzunehmenden (Abs. 1)

2   Der **Tod des Anzunehmenden** beendet das Annahmeverfahren. Die Annahme
    post mortem scheidet aus (Abs. 1). Das Kind wird (idR gesetzlich) von seiner
    bisherigen Familie beerbt.

III. Die Auswirkungen des Todes des Annehmenden (Abs. 2)

3   Stirbt der Annehmende, **kann die Annahme trotzdem erfolgen**, wenn der Anneh-
    mende entweder den Annahmeantrag bereits beim Familiengericht gestellt hat
    oder ihn notariell hat beurkunden lassen und den Notar ermächtigt hat, ihn
    einzureichen (Abs. 2). Er hat dann bereits ausreichend klar gemacht, dass er die
    Verwandtschaft zu dem Kind begründen will. Dazu reicht es aber nicht, dass der
    Notar den Antrag erst nach dem Tode des Annehmenden einreichen sollte.[1] In
    diesem Fall sollte es zu Lebzeiten des Annehmenden gerade nicht mehr zu einem
    Verwandtschaftsverhältnis kommen. Anders ist die Lage, wenn der Antrag zur
    Zeit der Minderjährigkeit des Anzunehmenden bei einem örtlich unzuständigen

---

1 OLG München ZFE 2010, 352.

Gericht eingereicht worden war. In diesem Fall war ein Antrag auf Volljährigenannahme gerade nicht gestellt und der gestellte Antrag kann nicht in einen solchen umgedeutet werden, weil eine Volljährigenannahme etwas anderes ist als eine Minderjährigenannahme (und kein Minus dazu). Dem Kind kann also nur durch die Anwendung von Abs. 2 geholfen werden.[2]

Ob die Annahme in diesen Fällen **ausgesprochen** wird, richtet sich nur nach dem **Kindeswohl** (§ 1741 Abs. 1 Satz 1 BGB); denn ein Eltern-Kind-Verhältnis zum Annehmenden kann nicht mehr entstehen. Die nach dem Tod des Annehmenden erfolgte Annahme wirkt auf den Zeitpunkt vor dessen Tod zurück. Das Kind ist daher nach ihm gesetzlich erb- (§ 1924 Abs. 1 BGB) und bei Enterbung pflichtteilsberechtigt (§ 2303 Abs. 1 BGB). Eine Verfügung von Todes wegen des Annehmenden ist anfechtbar (§ 2079 BGB). 4

Die **Annahme wird** (rückwirkend) mit der Zustellung des Annahmebeschlusses an den Anzunehmenden (bzw. seinen gesetzlichen Vertreter) **wirksam** (§ 197 Abs. 2 FamFG). War eine gemeinschaftliche Annahme beantragt und verstirbt ein Antragsteller, tritt die Wirksamkeit mit der Zustellung an den Überlebenden ein. 5

§ 1754 BGB Wirkung der Annahme

(1) Nimmt ein Ehepaar ein Kind an oder nimmt ein Ehegatte ein Kind des anderen Ehegatten an, so erlangt das Kind die rechtliche Stellung eines gemeinschaftlichen Kindes der Ehegatten.

(2) In den anderen Fällen erlangt das Kind die rechtliche Stellung eines Kindes des Annehmenden.

(3) Die elterliche Sorge steht in den Fällen des Absatzes 1 den Ehegatten gemeinsam, in den Fällen des Absatzes 2 dem Annehmenden zu.

§ 1755 BGB Erlöschen von Verwandtschaftsverhältnissen

(1) [1]Mit der Annahme erlöschen das Verwandtschaftsverhältnis des Kindes und seiner Abkömmlinge zu den bisherigen Verwandten und die sich aus ihm ergebenden Rechte und Pflichten. [2]Ansprüche des Kindes, die bis zur Annahme entstanden sind, insbesondere auf Renten, Waisengeld und andere entsprechende wiederkehrende Leistungen, werden durch die Annahme nicht berührt; dies gilt nicht für Unterhaltsansprüche.

(2) Nimmt ein Ehegatte das Kind seines Ehegatten an, so tritt das Erlöschen nur im Verhältnis zu dem anderen Elternteil und dessen Verwandten ein.

§ 1756 BGB Bestehenbleiben von Verwandtschaftsverhältnissen

(1) Sind die Annehmenden mit dem Kind im zweiten oder dritten Grad verwandt oder verschwägert, so erlöschen nur das Verwandtschaftsverhältnis des Kindes und seiner Abkömmlinge zu den Eltern des Kindes und die sich aus ihm ergebenden Rechte und Pflichten.

---

2 LG Düsseldorf FamRZ 2010, 1261.

(2) Nimmt ein Ehegatte das Kind seines Ehegatten an, so erlischt das Verwandtschaftsverhältnis nicht im Verhältnis zu den Verwandten des anderen Elternteils,
wenn dieser die elterliche Sorge hatte und verstorben ist.

I. Übersicht und Systematik

1   §§ 1754–1756 BGB regeln die abstammungsrechtlichen **Folgen der Annahme**.

II. Grundsatz: Begründung eines Kindschaftsverhältnisses zum Annehmenden

2   Nach § 1754 BGB wird der **Angenommene zum Kind des Annehmenden**, bei gemeinschaftlicher Annahme (oder Annahme durch den Ehegatten, § 1755 Abs. 2
BGB) zum gemeinschaftlichen Kind der Ehegatten (§ 1754 Abs. 1, 2 BGB).
Entsprechendes gilt bei Annahme des Stiefkindes durch den Lebenspartner (§ 9
Abs. 7 Satz 2 LPartG) oder den Partner einer verfestigten nichtehelichen Lebensgemeinschaft (§ 1766 a Abs. 1 BGB). Gleichzeitig werden (anders: Erwachsenenadoption, § 1770 BGB) die Verwandtschaft zu allen Verwandten des Annehmenden und die Schwägerschaft zu allen Schwägern des Annehmenden begründet.

3   Das Kind **steht einem leiblichen Kind in allem gleich.** Es hat ein gesetzliches
Erbrecht nach dem Annehmenden und dessen Verwandten (und umgekehrt). Die
elterliche Sorge folgt der Abstammungsregelung: Ist das Kind gemeinschaftliches
Kind der Annehmenden geworden, haben beide die elterliche Sorge gemeinsam;
ist es von einer Person allein angenommen, hat diese die elterliche Sorge allein
(§ 1754 Abs. 3 BGB, § 9 Abs. 7 Satz 2 LPartG). Adoptiveltern und Adoptivkinder
sind einander nach den §§ 1601 ff. BGB unterhaltspflichtig. Soweit die Staatsangehörigkeit an die Abstammung anknüpft, erhält das Kind die Staatsangehörigkeit des Annehmenden. Steuer- und sozialrechtlich wird das Adoptivkind wie ein
leibliches Kind behandelt.

4   **Unterschiede** zu leiblichen Kindern bestehen noch im Strafrecht (Unanwendbar-
keit des § 173 StGB) und im Eherecht (Eheverbot nach § 1308 BGB statt nach
§ 1307 BGB).

III. Ausscheiden aus dem alten Familienverbund

5   § 1755 BGB ordnet an, dass die **Verwandtschaftsverhältnisse zu der alten Familie erlöschen** (Ausnahmen: §§ 1755 Abs. 2, 1756 BGB). Das gilt auch für die
Abkömmlinge des Angenommenen. Mit der Annahme erlöschen daher (künftige)
Unterhaltsansprüche, gesetzliche Erb- oder Pflichtteilsrechte, die elterliche Sorge
und das Umgangsrecht der leiblichen Eltern usw (sofern sie nicht schon vorher
erloschen waren). Ebenso erlischt das Umgangsrecht von Geschwistern untereinander (§ 1685 BGB).[1]

6   **Ansprüche des Kindes, die bis zur Annahme entstanden sind,** vor allem auf
Renten, Waisengeld und entsprechende Leistungen, werden durch die Annahme
aber nicht berührt (§ 1755 Abs. 1 Satz 2 BGB). Auch eine bereits entstandene
Erb- oder Pflichtteilsberechtigung und Ansprüche auf rückständigen Unterhalt[2]
bleiben erhalten. Das soll Anreize gegen die Annahme vermeiden. Verlöre das
Kind Ansprüche auf Leistungen, die es ohne die Annahme hätte, würde die
Neigung gefördert, sich mit einem Dauerpflegeverhältnis zu begnügen.

7   **Ausnahmen** vom Erlöschen der Verwandtschaft sehen §§ 1755 Abs. 2, 1756
BGB vor. Nach § 1755 Abs. 2 BGB, § 9 Abs. 7 Satz 2 LPartG erlischt die
Verwandtschaft nicht, wenn ein Ehegatte oder Lebenspartner das Kind seines

---

1   OLG Dresden 12.10.2011 – 21 UF 581/11.
2   BGH NJW 1981, 2298.

Ehegatten bzw. Lebenspartners (seit 2020 auch seines nichtehelichen Lebensgefährten, § 1766 a BGB) annimmt (**Stiefkindadoption**). Das Kind soll dann gerade nicht aus der Familie des Elternteils ausscheiden, der mit dem Annehmenden verheiratet bzw. verpartnert ist oder mit ihm in einer verfestigten nichtehelichen Lebensgemeinschaft lebt. Es ist deswegen auch nicht gerechtfertigt, die Verwandtschaft des Kindes zu ihm und seinen Verwandten zu beenden. Bei der Annahme eines außerehelichen Kindes oder Kindes aus einer früheren Ehe des einen Ehegatten durch den anderen Ehegatten bzw. Lebenspartner erlischt daher nur das Verwandtschaftsverhältnis zu dem anderen leiblichen Elternteil des Kindes und zu dessen Verwandten. § 1755 Abs. 2 iVm § 1772 Abs. 1 Satz 1 BGB findet aber keine Anwendung, wenn der Annehmende die Annahme des Kindes seines geschiedenen Ehegatten begehrt.[3] Mit der Regelung des § 1755 Abs. 2 BGB soll die Stieffamilie in ihrem Zusammenhalt geschützt und damit dem besonderen Schutz der Familie gem. Art. 6 Abs. 1 GG Rechnung getragen werden.[4] Geschiedene und damit getrennt lebende Eheleute bedürfen eines solchen Schutzes nicht.

§ 1756 BGB schränkt das Erlöschen der Verwandtschaft für die **Verwandtenannahme und die Annahme des Kindes eines verstorbenen Ehegatten** ein. Insoweit ist es nicht erforderlich, das Kind ganz aus seiner Herkunftsfamilie herauszulösen. Es reicht, dass die Bindung zu den leiblichen Eltern beseitigt wird, um das Kind in die neue Familie eingliedern zu können; denn im ersten Fall bleiben die bisherigen Verwandten mit dem Kind verwandt, und im zweiten besteht kein Grund für die Beseitigung der durch den anderen leiblichen Elternteil vermittelten bisherigen Verwandtschaftsverhältnisse, weil der andere Elternteil bereits verstorben ist. Ohne § 1756 Abs. 1 BGB würden den Großeltern nach dem Tod ihres Kindes (des Elternteils des Angenommenen) auch noch die Enkel genommen. Die Regelung gilt aber nur dann, wenn der verstorbene Elternteil die elterliche Sorge hatte. Das bedeutet, dass es bei dem Erlöschen der Verwandtschaftsverhältnisse bleibt, wenn zum Todeszeitpunkt keine Sorge mehr bestand. Eine andere Lösung beachtete das Interesse des Kindes an einer stabilen Annahmebeziehung zu wenig und wäre deswegen im Hinblick auf Art. 21 der Kinderrechtskonvention problematisch.   8

Bei der **Verwandten- oder Verschwägertenadoption** erlischt die Verwandtschaft des Kindes und seiner Abkömmlinge zu den bisherigen Verwandten mit Ausnahme der Eltern entgegen § 1755 BGB nicht, wenn die Annahme durch Verwandte oder Schwager im zweiten (zB Geschwister) oder dritten Grad (zB Onkel, Tante) erfolgt. Die bisherigen Verwandtschaftsverhältnisse werden also beibehalten. Bei einer Annahme durch entferntere Verwandte (zB Großtanten, Großcousins) ist es dagegen nicht sinnvoll, die bisherigen Verwandtschaftsgrade beizubehalten. Hier wird die Verwandtschaft daher so umgestellt, als sei die Annahme durch Fremde erfolgt. Zu beachten ist, dass es wegen § 1754 BGB dazu kommen kann, dass das Kind weitere Großeltern bekommt.[5]   9

Bei der **Annahme eines Ehegatten- oder Lebenspartnerkindes** erlischt die Verwandtschaft zu den Verwandten des Ehegatten bzw. Lebenspartners nicht, wenn der Ehegatte oder Lebenspartner die elterliche Sorge hatte (Mitsorgeberechtigung reicht; vgl. § 1626 a BGB) und verstorben ist (§ 1756 Abs. 2 BGB, § 9 Abs. 7 Satz 2 LPartG).[6] Das soll den Großeltern, deren Kind verstorben ist, wenigstens die Verwandtschaftsbeziehung zu ihren Enkeln erhalten.   10

---

3 BGH FamRZ 2014, 546.
4 LG Düsseldorf NJWE-FER 2001, 9 (10).
5 NK-BGB/Dahm BGB § 1756 Rn. 4.
6 BGH FamRZ 2010, 273.

§ 1757 BGB   Name des Kindes

(1) [1]Das Kind erhält als Geburtsnamen den Familiennamen des Annehmenden. [2]Als Familienname gilt nicht der dem Ehenamen oder dem Lebenspartnerschaftsnamen hinzugefügte Name (§ 1355 Abs. 4; § 3 Abs. 2 des Lebenspartnerschaftsgesetzes).

(2) [1]Nimmt ein Ehepaar ein Kind an oder nimmt ein Ehegatte ein Kind des anderen Ehegatten an und führen die Ehegatten keinen Ehenamen, so bestimmen sie den Geburtsnamen des Kindes vor dem Ausspruch der Annahme durch Erklärung gegenüber dem Familiengericht; § 1617 Abs. 1 gilt entsprechend. [2]Hat das Kind das fünfte Lebensjahr vollendet, so ist die Bestimmung nur wirksam, wenn es sich der Bestimmung vor dem Ausspruch der Annahme durch Erklärung gegenüber dem Familiengericht anschließt; § 1617 c Abs. 1 Satz 2 gilt entsprechend.

(3) [1]Das Familiengericht kann auf Antrag des Annehmenden mit Einwilligung des Kindes mit dem Ausspruch der Annahme

1. Vornamen des Kindes ändern oder ihm einen oder mehrere neue Vornamen beigeben, wenn dies dem Wohl des Kindes entspricht;

2. dem neuen Familiennamen des Kindes den bisherigen Familiennamen voranstellen oder anfügen, wenn dies aus schwerwiegenden Gründen zum Wohl des Kindes erforderlich ist.

[2]§ 1746 Abs. 1 Satz 2, 3, Abs. 3 erster Halbsatz ist entsprechend anzuwenden.

I.   Überblick und Systematik

1   Die Norm regelt die **namensrechtlichen Folgen der Annahme**. Es gilt das Prinzip der Eingliederung in die neue Familie. Das Standesamt hat die so getroffene gerichtliche Entscheidung grundsätzlich ohne eigene Prüfung zu übernehmen.[1] Eine Ausnahme hiervon besteht, wenn der Annahmebeschluss ausnahmsweise nichtig ist[2] oder wenn die Namensbestimmung in dem Adoptionsbeschluss nichtig ist.[3] Das ist aber nur anzunehmen, wenn der Entscheidung jegliche rechtliche Grundlage fehlt oder wenn sie eine der Rechtsordnung ihrer Art nach unbekannte Rechtsfolge ausspricht. Eine bloß fehlerhafte Namensbestimmung ist hingegen wirksam und von dem Standesbeamten zu beachten.[4]

II.   Der Name des angenommenen Kindes

2   Das Kind erhält idR **als Geburtsnamen den Familiennamen des Annehmenden** (Abs. 1). Es verliert seinen alten Namen. Soweit der Annehmende einen Begleitnamen führt (§ 1355 Abs. 4 BGB, § 3 Abs. 2 LPartG), wird dieser nicht Bestandteil des Geburtsnamens des Kindes (Abs. 1 Satz 2). Insoweit bestehen keine Unterschiede zur Namensweitergabe bei leiblichen Kindern (vgl. § 1616 BGB).

3   **Bei gemeinschaftlicher Annahme** und bei Annahme des Kindes des Ehegatten oder Lebenspartners erhält das Kind den **Ehenamen** bzw. den **Lebenspartnerschaftsnamen der Annehmenden**. Falls sie keinen Ehenamen bzw. Lebenspartnerschaftsnamen führen, bestimmen sie den Geburtsnamen des Kindes vor dem Ausspruch der Annahme durch Erklärung gegenüber dem Familiengericht (Abs. 2 Satz 1). Gewählt werden kann der Name des einen oder des anderen Ehegatten bzw. Lebenspartners zur Zeit der Annahme (Abs. 2 Satz 1 iVm § 1617 Abs. 1

---

1   Gaaz/Bornhofen, PStG, 4. Aufl. 2018, PStG § 27 Rn. 52.
2   BGH FamRZ 2017, 1583; BayObLG FamRZ 1985, 201 ff.; OLG Hamm StAZ 2015, 83.
3   BayObLG FamRZ 2002, 1649 f.
4   OLG Düsseldorf StAZ 2013, 288.

Satz 1 BGB). Soweit bereits eine Erklärung in Bezug auf ein anderes Kind abgegeben wurde, gilt diese auch für ein neu angenommenes Kind (Abs. 2 Satz 1 iVm § 1617 Abs. 1 Satz 3 BGB). Auch insoweit ergeben sich keine Unterschiede zur Geburt eines weiteren Kindes.

Anders als bei leiblichen Kindern ist die Möglichkeit ausgeschlossen, dass die **Annehmenden sich nicht über die Namensgebung einigen** und das Bestimmungsrecht deswegen auf einen der Ehegatten bzw. Lebenspartner übertragen lassen (vgl. § 1617 Abs. 2 BGB). Das Familiengericht muss in solchen Fällen die Annahme verweigern, bis die Annehmenden den Namen des Kindes festgelegt haben. 4

Dem Selbstbestimmungsrecht des Kindes wird dadurch Rechnung getragen, dass die Namensbestimmung durch die Annehmenden nur wirksam ist, wenn es **sich der Bestimmung vor dem Ausspruch der Annahme anschließt.** Da bei Kleinstkindern nicht davon auszugehen ist, dass der Name für sie schon Bedeutung gewonnen hat, gilt das aber nur, wenn das Kind das fünfte Lebensjahr vollendet hat (Abs. 2 Satz 2). Das Kind wird bis zur Vollendung des 14. Lebensjahres durch seinen gesetzlichen Vertreter vertreten. Danach kann es die Erklärung nur selbst abgeben; es bedarf aber der Zustimmung seines gesetzlichen Vertreters (Abs. 2 Satz 2, § 1617 c Abs. 1 Satz 2 BGB). Erteilt dieser die Zustimmung nicht, kann ihm ggf. das Sorgerecht entzogen werden (§ 1666 BGB), oder die Zustimmung kann ersetzt werden (§ 1746 Abs. 3 BGB analog). Hat das Kind selbst die Zustimmung verweigert (und scheidet die Annahme nicht schon deswegen aus), bestimmt das Familiengericht den Namen des Kindes unter Berücksichtigung des Kindeswohls. 5

Die Regelung, dass sich dann, wenn das Kind verheiratet ist, die Änderung des Namens auf den **Ehenamen** nur erstreckt, wenn sich der Ehegatte der Namensänderung vor der Annahme durch Erklärung gegenüber dem Familiengericht angeschlossen hat (Abs. 3 aF), wurde durch das Gesetz zur Bekämpfung von Kinderehen beseitigt, da Ehen von Minderjährigen nicht mehr gültig geschlossen werden können bzw. zu aufhebbaren Ehen führen, die möglichst schnell aufgehoben werden sollen (vgl. §§ 1303, 1314 Abs. 1 Satz 1, 1316 Abs. 1 Nr. 1, Abs. 3 BGB). 6

Auf Antrag des Annehmenden mit Zustimmung des Kindes kann der **bisherige Familienname** des Kindes dem neuen **vorangestellt oder angefügt** werden, wenn das aus schwerwiegenden Gründen zum Wohl des Kindes erforderlich ist (Abs. 3 Satz 1 Nr. 2). Das ist idR anzunehmen, wenn das Kind ein gewisses Alter hat und schon tiefe Bindungen zu seinem Familiennamen besitzt.[5] Der neue Name mit dem hinzugefügten alten Namen ist ein echter zweigliedriger Name; der hinzugefügte alte Name ist nicht nur Begleitname iSd § 1355 Abs. 4 BGB.[6] Für die Einwilligung des Kindes gilt § 1746 Abs. 1 Satz 2, 3, Abs. 3 Hs. 1 BGB entsprechend. Das Kind kann die Einwilligung also nur selbst erteilen und bedarf der Zustimmung seines gesetzlichen Vertreters. Die von einem Vormund oder Pfleger verweigerte Zustimmung kann vom Familiengericht ersetzt werden. 7

Die **Änderung des Vornamens** erfolgt auf Antrag des Annehmenden mit Einwilligung des Kindes mit dem Ausspruch der Annahme, wenn es dem Wohl des Kindes entspricht (Abs. 3 Satz 1 Nr. 1). Entsprechendes gilt für die Hinzufügung von neuen Vornamen. Das soll es ermöglichen, dass die Adoptiveltern eine noch engere Verbindung zu dem Kind schaffen, und gleichzeitig verhindern, dass die Adoptiveltern das Kind nur faktisch mit einem neuen Vornamen benennen, während es rechtlich einen anderen führt. Das könnte zu einer Identitätskrise des Kindes führen. Das Gericht darf dem Antrag entsprechen, wenn die Aufgabe des 8

5 OLG Zweibrücken NJW-RR 2016, 262.
6 OLG Düsseldorf FamRZ 2019, 904.

bisherigen Vornamens keine Gefährdung des Kindeswohls verursacht, zB weil das Kind noch keine Bindung dazu hat (Kleinstkinder) oder wenn keine enge Bindung an den Namen besteht und zu erwarten ist, dass die Namensänderung bzw. -ergänzung zur verbesserten Integration in die neue Familie führt. Zur Einwilligung des Kindes → Rn. 5.

9 Wird in einer Adoptionsentscheidung der Ehename des Anzunehmenden in gesetzeswidriger Weise bestimmt, so ist die Entscheidung insoweit mit der **Beschwerde** anfechtbar. Dem steht nicht entgegen, dass § 197 Abs. 3 Satz 1 FamFG die Anfechtbarkeit eines Beschlusses, durch den das Gericht die Annahme als Kind ausspricht, grundsätzlich ausschließt.[7]

§ 1758 BGB   Offenbarungs- und Ausforschungsverbot

(1) Tatsachen, die geeignet sind, die Annahme und ihre Umstände aufzudecken, dürfen ohne Zustimmung des Annehmenden und des Kindes nicht offenbart oder ausgeforscht werden, es sei denn, dass besondere Gründe des öffentlichen Interesses dies erfordern.

(2) [1]Absatz 1 gilt sinngemäß, wenn die nach § 1747 erforderliche Einwilligung erteilt ist. [2]Das Familiengericht kann anordnen, dass die Wirkungen des Absatzes 1 eintreten, wenn ein Antrag auf Ersetzung der Einwilligung eines Elternteils gestellt worden ist.

I. Überblick und Systematik

1 **Die Norm sichert die Herauslösung des Kindes aus seiner bisherigen Familie durch die Aufstellung eines umfassenden Nachforschungs- und Offenbarungsverbots.** Zweck der Regelung ist es, die ungestörte Entwicklung des Kindes zu sichern. Sie ergänzt das Personenstandsrecht sowie die Geheimhaltungsregeln im FamFG (vgl. § 13 FamFG mit den Regelungen über das Recht zur Akteneinsicht). Sie gilt auch bei der Volljährigenadoption.[1]

II. Das Offenbarungs- und Ausforschungsverbot

2 Abs. 1 spricht das grundsätzliche **Verbot** aus, **Tatsachen, die geeignet sind, die Annahme und ihre Umstände aufzudecken, zu offenbaren oder auszuforschen.** Das betrifft etwa Vaterschaftsprätendenten, aber auch Verwandte des Kindes, welche die Wirksamkeit der Annahme überprüfen wollen.[2] Etwas anderes gilt nur dann, wenn der Annehmende und das Kind (beide) zustimmen[3] oder wenn besondere Gründe des öffentlichen Interesses es erfordern. Letzteres ist nur sehr restriktiv anzunehmen; denn das Gesetz verlangt ausdrücklich „besondere" Gründe, wie etwa, dass die Abstammungsfrage wichtig ist für die Frage, ob eine Straftat vorliegt oder ob eine genetische Disposition für bestimmte Erkrankungen besteht. In Betracht kommt dies auch für den Fall, dass die Aufhebung der Annahme vorbereitet wird, für die die entsprechenden Kenntnisse notwendig sind.[4] Stützt der Dritte als entfernter Verwandter des Annehmenden sein Interesse an der Einsichtnahme in die Akten eines Adoptionsverfahrens darauf, als möglicher

---

7 OLG Hamm 20.11.2020 – 7 UF 142/20.
1 OLG Frankfurt a.M. FamRZ 2020, 1581; OLG Koblenz FamRZ 2020, 270; aA Staudinger/Helms BGB (2019) § 1767 Rn. 49.
2 OLG Düsseldorf FamRZ 2014, 1480 für die Eltern der Mutter des Kindes nach deren Tod, welche die Wirksamkeit einer Stiefkindadoption überprüfen wollen.
3 BayObLG FamRZ 1996, 1436; OLG Hamm FamRZ 2012, 51 f.
4 OLG Karlsruhe NJWE-FER 1997, 5.

gesetzlicher Erbe in einem Erbscheinsverfahren die Geschäftsunfähigkeit des Annehmenden zum Zeitpunkt der Annahme und dessen Testierunfähigkeit bei Errichtung eines Testaments zugunsten des Angenommenen geltend zu machen, begründet dies dagegen weder ein besonderes öffentliches Interesse iSd § 1758 BGB noch ausnahmsweise ein besonderes privates Interesse, welches eine Ausnahme von dem allgemeinen Offenbarungs- und Ausforschungsverbot begründen würde.[5] Auf der anderen Seite ist aber zu berücksichtigen, dass nach der Rechtsprechung des Europäischen Gerichtshofs für Menschenrechte die Feststellung der rechtlichen Beziehungen eines Mannes zu seinem vermeintlichen Kind in den Schutzbereich von Art. 8 Abs. 1 EMRK fällt und die pauschale Annahme eines Vorrangs von Rechten des Kindes und der Adoptiveltern auf Wahrung ihrer Anonymität nach einer Inkognitoadoption gegenüber den Rechten eines potenziellen leiblichen Vaters nicht konventionskonform ist.[6] Die Entscheidung über den aus Art. 2 Abs. 1 iVm Art. 1 GG abzuleitenden Anspruch eines potenziellen Vaters auf Auskunftserteilung ist deswegen auch unter Berücksichtigung dieses Schutzaspekts zu treffen.

Nicht geregelt ist das **Verhältnis zwischen dem Kind und dem Annehmenden** 3 selbst. Das Kind hat einen Anspruch auf Aufklärung über seine Herkunft.[7] Wann aber dem Kind offenbart wird, dass es nicht das leibliche, sondern ein angenommenes Kind ist, ist eine Erziehungsfrage. Es wird aber spätestens von der Annahme erfahren, wenn es heiratet; denn dann ist eine Abstammungsurkunde vorzulegen (vgl. § 12 Abs. 2 PStG). Es kann außerdem ab der Vollendung seines 16. Lebensjahres Einsicht in das Geburtenregister nehmen (§ 62 Abs. 1 Satz 3 PStG).

Das Offenbarungs- und Ausforschungsverbot **beginnt,** wenn die Einwilligungs- 4 erklärung nach § 1747 BGB (Eltern) durch Zugang beim Familiengericht (§ 1750 Abs. 1 Satz 3 BGB) wirksam wird (Abs. 2 Satz 1). Willigen die Eltern nicht freiwillig ein, so dass ein Einwilligungsersetzungsverfahren (§ 1748 BGB) erforderlich wird, kann angeordnet werden, dass das Verbot bereits vorzeitig wirksam wird (Abs. 2 Satz 2). Es gilt dann ab dem Wirksamwerden dieses Beschlusses.

Fraglich ist, ob das Adoptionsgeheimnis auch einmal **endet.** Wenn dieses Ausfor- 5 schungsverbot die neue Familie schützen soll, dann spricht viel dafür anzunehmen, dass es mit Auszug des volljährig gewordenen Kindes aus der gemeinsamen Wohnung mit den Adoptiveltern beendet ist, denn dann ist das elterliche Erziehungsrecht beendet. Der Familienschutz aus Art. 6 GG reduziert sich. Das hat auch der Gesetzgeber anerkannt (→ Rn. 3). Es spricht deswegen in dieser Konstellation nichts mehr dagegen, suchenden Geschwistern zu ermöglichen, Adoptierte direkt zu kontaktieren, ohne vorher die Adoptiveltern fragen zu müssen.

§ 1759 BGB Aufhebung des Annahmeverhältnisses

Das Annahmeverhältnis kann nur in den Fällen der §§ 1760, 1763 aufgehoben werden.

Eine Annahme kann nur in den in § 1760 BGB (Mängel der Annahme) und 1 § 1763 BGB (Kindeswohl) genannten Fällen **aufgehoben** werden. Den einzigen Fall der automatischen Beendigung des Annahmeverhältnisses regelt § 1766 BGB

---

5 OLG Frankfurt a.M. FamRZ 2020, 1581.
6 EGMR NJW 2015, 2319.
7 BVerfGE 79, 256 = NJW 1989, 891.

(Eheschließung zwischen Angenommenem und Annehmenden). § 1759 BGB gilt **nicht** für die Volljährigenadoption. Hier enthält § 1771 BGB eine Spezialregelung.

2   Neben der Aufhebung kommt die im Gesetz nicht geregelte Geltendmachung der **Nichtigkeit** einer Adoption in Betracht. Diese ist auf besonders schwere Fälle begrenzt. Sie ist grundsätzlich nur dann anzunehmen, wenn der Entscheidung jegliche rechtliche Grundlage fehlt (zB durch das Jugendamt oder den Rechtspfleger ausgesprochene Adoption) oder wenn sie eine der Rechtsordnung ihrer Art nach unbekannte Rechtsfolge ausspricht.[1] Dabei können Mängel, die zur Aufhebung führen, schon gesetzessystematisch gerade nicht für eine Nichtigkeit hinreichen.[2]

3   Zum **Verfahren** s. §§ 191, 198 FamFG. Örtlich zuständig ist grundsätzlich das Familiengericht am Wohnsitz des Annehmenden (§ 187 Abs. 1 FamFG). Es entscheidet der Richter (§ 14 Nr. 3 f. RPflG). Dem Kind ist immer ein Verfahrensbeistand zu bestellen (§ 191 FamFG).

§ 1760 BGB Aufhebung wegen fehlender Erklärungen

(1) Das Annahmeverhältnis kann auf Antrag vom Familiengericht aufgehoben werden, wenn es ohne Antrag des Annehmenden, ohne die Einwilligung des Kindes oder ohne die erforderliche Einwilligung eines Elternteils begründet worden ist.

(2) Der Antrag oder eine Einwilligung ist nur dann unwirksam, wenn der Erklärende

a)   zur Zeit der Erklärung sich im Zustand der Bewusstlosigkeit oder vorübergehenden Störung der Geistestätigkeit befand, wenn der Antragsteller geschäftsunfähig war oder das geschäftsunfähige oder noch nicht 14 Jahre alte Kind die Einwilligung selbst erteilt hat,

b)   nicht gewusst hat, dass es sich um eine Annahme als Kind handelt, oder wenn er dies zwar gewusst hat, aber einen Annahmeantrag nicht hat stellen oder eine Einwilligung zur Annahme nicht hat abgeben wollen oder wenn sich der Annehmende in der Person des anzunehmenden Kindes oder wenn sich das anzunehmende Kind in der Person des Annehmenden geirrt hat,

c)   durch arglistige Täuschung über wesentliche Umstände zur Erklärung bestimmt worden ist,

d)   widerrechtlich durch Drohung zur Erklärung bestimmt worden ist,

e)   die Einwilligung vor Ablauf der in § 1747 Abs. 2 Satz 1 bestimmten Frist erteilt hat.

(3) [1]Die Aufhebung ist ausgeschlossen, wenn der Erklärende nach Wegfall der Geschäftsunfähigkeit, der Bewusstlosigkeit, der Störung der Geistestätigkeit, der durch die Drohung bestimmten Zwangslage, nach der Entdeckung des Irrtums oder nach Ablauf der in § 1747 Abs. 2 Satz 1 bestimmten Frist den Antrag oder die Einwilligung nachgeholt oder sonst zu erkennen gegeben hat, dass das Annahmeverhältnis aufrechterhalten werden soll. [2]Die Vorschriften des § 1746 Abs. 1 Satz 2, 3 und des § 1750 Abs. 3 Satz 1, 2 sind entsprechend anzuwenden.

---

1   OLG Oldenburg FamRZ 2019, 903; OLG Hamm StAZ 2015, 83; OLG Zweibrücken StAZ 2012, 54; OLG Düsseldorf FamRZ 2008, 1282.
2   OLG Düsseldorf FamRZ 2008, 1282; OLG Oldenburg FamRZ 2019, 903.

(4) Die Aufhebung wegen arglistiger Täuschung über wesentliche Umstände ist ferner ausgeschlossen, wenn über Vermögensverhältnisse des Annehmenden oder des Kindes getäuscht worden ist oder wenn die Täuschung ohne Wissen eines Antrags- oder Einwilligungsberechtigten von jemand verübt worden ist, der weder antrags- noch einwilligungsberechtigt noch zur Vermittlung der Annahme befugt war.

(5) [1]Ist beim Ausspruch der Annahme zu Unrecht angenommen worden, dass ein Elternteil zur Abgabe der Erklärung dauernd außerstande oder sein Aufenthalt dauernd unbekannt sei, so ist die Aufhebung ausgeschlossen, wenn der Elternteil die Einwilligung nachgeholt oder sonst zu erkennen gegeben hat, dass das Annahmeverhältnis aufrechterhalten werden soll. [2]Die Vorschrift des § 1750 Abs. 3 Satz 1, 2 ist entsprechend anzuwenden.

§ 1761 BGB Aufhebungshindernisse

(1) Das Annahmeverhältnis kann nicht aufgehoben werden, weil eine erforderliche Einwilligung nicht eingeholt worden oder nach § 1760 Abs. 2 unwirksam ist, wenn die Voraussetzungen für die Ersetzung der Einwilligung beim Ausspruch der Annahme vorgelegen haben oder wenn sie zum Zeitpunkt der Entscheidung über den Aufhebungsantrag vorliegen; dabei ist es unschädlich, wenn eine Belehrung oder Beratung nach § 1748 Abs. 2 nicht erfolgt ist.

(2) Das Annahmeverhältnis darf nicht aufgehoben werden, wenn dadurch das Wohl des Kindes erheblich gefährdet würde, es sei denn, dass überwiegende Interessen des Annehmenden die Aufhebung erfordern.

I. Überblick und Systematik

§§ 1760 f. BGB finden einen **Kompromiss zwischen dem Interesse des Kindes**   1 am Fortbestand des durch die Annahme begründeten Familienverhältnisses **und den Interessen der zustimmungsberechtigten Personen**, dass die Annahme nicht ohne ihre Zustimmung erfolgt. § 1760 BGB ordnet daher an, dass die Annahme aufgehoben werden kann, wenn sie ohne Antrag des Annehmenden, die Einwilligung des Kindes oder die erforderliche Zustimmung eines Elternteils ausgesprochen worden ist (§ 1760 Abs. 1 BGB). In § 1760 Abs. 2 BGB werden dann die Gründe aufgezählt, aus denen eine dieser Erklärungen unwirksam sein kann (§ 1760 Abs. 2 BGB) sowie Heilungstatbestände normiert (§ 1760 Abs. 3–5 BGB). Weitere Ausschlussgründe für die Aufhebung enthält § 1761 BGB.

Die Aufhebung **muss vom Familiengericht ausgesprochen werden**; automatisch   2 erlischt die Annahme nur bei Eheschließung zwischen Kind und Annehmendem (§ 1766 BGB). Irrtumsanfechtung oder die Berufung auf eine materielle Unwirksamkeit sind außerhalb des Verfahrens ausgeschlossen. §§ 1760 f. BGB gelten **nicht** für die Volljährigenadoption. Hier enthält § 1771 BGB eine Spezialregelung.

II. Die Aufhebung der Annahme

1. Aufhebungsgründe. Die Gründe für die Aufhebung der Annahme sind in   3 §§ 1760, 1763 BGB abschließend genannt. Es sind das Fehlen eines Antrags des Annehmenden (vgl. § 1752 BGB), der Zustimmung des Kindes (§ 1746 BGB) oder der Eltern (§ 1747 BGB). Fehlt nur die Zustimmung des Ehegatten (§ 1749 BGB), ist das für die Wirksamkeit der Annahme ohne Bedeutung. § 1763 lässt während der Minderjährigkeit des Angenommenen darüber hinaus die Aufhebung der Annahme zu, wenn dies aus schwerwiegenden Gründen zum Wohl des Kindes erforderlich ist. Das Annahmeverhältnis ist nach dem Eintritt der Volljährigkeit des Kindes aber auch bei schwersten Verfehlungen eines Beteiligten, wie dem sexuellen Missbrauch der Adoptivtochter durch den Adoptivvater, nicht mehr aufhebbar.[1] Das ist verfassungsgemäß.[2]

4 **Das Fehlen der Zustimmungen kommt in Betracht**, wenn diese fälschlicherweise als nicht erforderlich angesehen wurden (vgl. § 1760 Abs. 5 BGB) oder wenn sie ausnahmsweise unwirksam sind, weil sie etwa nicht notariell beurkundet sind oder unter einer Bedingung oder Zeitbestimmung oder durch einen Vertreter abgegeben wurden (vgl. §§ 1752, 1750 BGB).

5 Im Übrigen hat der Gesetzgeber die **Unwirksamkeit von Zustimmungserklärungen** durch die in § 1760 Abs. 2 BGB enthaltenen Regeln bewusst eingeschränkt, um der Annahme einen erhöhten Bestandsschutz zu verleihen. Die Gründe sind:

6 **Bewusstlosigkeit** oder **vorübergehende Störung der Geistestätigkeit** bei allen Erklärungen, **Geschäftsunfähigkeit** des Antragstellers (bei Geschäftsunfähigkeit des Kindes erteilt der gesetzliche Vertreter die Einwilligung, § 1746 Abs. 1 Satz 2 BGB; bei Geschäftsunfähigkeit eines Elternteils ist dessen Zustimmung nicht erforderlich, § 1747 Abs. 4 BGB) und die Erteilung der Einwilligung durch ein geschäftsunfähiges oder noch nicht 14 Jahre altes Kind selbst. Unbeachtlich ist, ob der gesetzliche Vertreter, der der Erklärung des über 14-jährigen Kindes zustimmen muss (§ 1746 Abs. 1 Satz 3 BGB), im Zeitpunkt der Zustimmung geschäftsfähig war; denn das Familiengericht hat unabhängig von ihm noch einmal geprüft, ob die Annahme dem Wohl des Kindes entspricht.

7 **Irrtümer** sind nur insoweit relevant, als sie sich darauf beziehen, dass der Erklärende nicht gewusst hat, dass es sich um eine Annahme als Kind handelt, oder wenn er dies zwar gewusst hat, aber einen Annahmeantrag nicht hat stellen oder eine Einwilligung zur Annahme nicht hat abgeben wollen oder wenn sich der Annehmende in der Person des anzunehmenden Kindes oder wenn sich das anzunehmende Kind in der Person des Annehmenden geirrt hat (§ 1760 Abs. 2 lit. b BGB). Die Lage entspricht derjenigen im Eherecht (vgl. § 1314 Abs. 2 BGB). Dagegen sind Irrtümer über persönliche Eigenschaften des Anzunehmenden oder des Annehmenden unbeachtlich. Das Gleiche gilt für sonstige Motivirrtümer,[3] vor allem den Irrtum darüber, dass es sich durch die Annahme zu aufenthaltsrechtlichen Vorteilen kommen werde, die dem Kind etwa eine Berufsausbildung in Deutschland ermöglichen würden.[4]

8 Unwirksam sind auch Erklärungen, zu deren Abgabe der Erklärende durch **arglistige Täuschung** über wesentliche Umstände (§ 1760 Abs. 2 c BGB) oder **widerrechtlich durch Drohung** (§ 1760 Abs. 2 d BGB) bestimmt worden ist. Allerdings ist die Aufhebung der Annahme ausgeschlossen, wenn die Täuschung (anders bei Drohung) ohne Wissen eines Antrags- oder Einwilligungsberechtigten von jemandem verübt worden ist, der weder antrags- noch einwilligungsberechtigt noch zur Vermittlung der Annahme befugt war (§ 1760 Abs. 4 Fall 2 BGB); denn wer sich nur auf die von Dritten mitgeteilten Informationen verlässt, ist nicht schutzwürdig. Unbeachtlich ist auch, wenn über Vermögensverhältnisse des Annehmenden oder des Kindes getäuscht worden ist (§ 1760 Abs. 4 Fall 1 BGB);

---

1 BGH FamRZ 2014, 930.
2 BVerfG FamRZ 2015, 1365.
3 OLG Brandenburg NJW-RR 2019, 3.
4 BGHZ 103, 12; NK-BGB/Dahm BGB § 1760 Rn. 13.

Kemper

denn finanzielle Umstände sollen die Entscheidung über die Zustimmung zur Annahme nicht beeinflussen.

Schließlich ist eine Einwilligung unwirksam, wenn sie **vor Ablauf der in** 9 **§ 1747 Abs. 2 Satz 1 BGB bestimmten Achtwochenfrist** erteilt wurde.

2. Der Ausschluss der Aufhebung. Im Interesse des Kindes am Bestand der An- 10 nahme hat der Gesetzgeber **Ausschlussgründe** normiert, bei deren Vorliegen die Aufhebung der Annahme trotz ursprünglicher Mangelhaftigkeit einer Zustimmung ausgeschlossen ist.

Die Aufhebung ist zunächst ausgeschlossen, wenn der Erklärende nach Wegfall 11 des Wirksamkeitshindernisses den **Antrag oder die Einwilligung nachgeholt** oder sonst zu erkennen gegeben hat, dass das Annahmeverhältnis aufrechterhalten werden soll (§ 1760 Abs. 3 Satz 1 BGB). Für diese Erklärung gelten die für die Einwilligung vorgesehenen Voraussetzungen hinsichtlich der Höchstpersönlichkeit der Erklärung (§ 1760 Abs. 3 Satz 2 BGB). Entsprechendes gilt, wenn zu Unrecht angenommen worden war, dass ein Elternteil zur Abgabe der Erklärung dauernd außerstande oder sein Aufenthalt dauernd unbekannt sei (§ 1760 Abs. 4 BGB).

Das Fehlen einer Zustimmung ist für die Wirksamkeit der Annahme auch ir- 12 relevant, wenn die **Voraussetzungen für die Ersetzung der Einwilligung** beim Ausspruch der Annahme vorgelegen haben oder wenn sie zum Zeitpunkt der Entscheidung über den Aufhebungsantrag vorliegen (§ 1761 Abs. 1 BGB). Der an sich Zustimmungsberechtigte ist dann nicht schutzwürdig; denn er hätte die Annahme ohnehin nicht verhindern können oder könnte sich jedenfalls gegen ihre erneute Vornahme nicht erfolgreich zur Wehr setzen.

Der Ausschluss der Aufhebung greift **nur bei fehlender oder unwirksamer Einwil-** 13 **ligung** ein, nicht aber, wenn die Annahme entgegen einer abgelehnten Ersetzung der Einwilligung ausgesprochen worden war; denn dann spricht das Interesse am Bestand der Entscheidung im Ersetzungsverfahren gegen den Ausschluss der Aufhebung. Dieser kommt daher allenfalls nach § 1761 Abs. 2 BGB in Betracht.

Die Annahme darf außerdem nicht aufgehoben werden, wenn **dadurch das Wohl** 14 **des Kindes erheblich gefährdet würde** (§ 1761 Abs. 2 BGB). Das kann vor allem dann angenommen werden, wenn die Annahme schon einige Zeit zurückliegt und das Kind fest in die neue Familie eingegliedert ist, selbst wenn die Fristen des § 1762 BGB noch nicht abgelaufen sind. Ihm soll ein erneuter Trennungsschmerz nach Möglichkeit erspart bleiben. Eine Ausnahme vom Aufhebungsausschluss gilt nur dann, wenn überwiegende Interessen des Annehmenden die Aufhebung der Annahme erfordern. Das ist nur ganz ausnahmsweise der Fall, etwa bei Unwirksamkeit des Annahmeantrags.

III. Verfahrensfragen

Die **Aufhebung erfolgt nur auf Antrag.** Er muss von demjenigen gestellt werden, 15 dessen Zustimmung fehlerhaft war (vgl. § 1762 BGB). Der Antrag bedarf der notariellen Beurkundung (§ 1762 Abs. 3 BGB).

§ 1762 BGB Antragsberechtigung; Antragsfrist, Form

(1) [1]Antragsberechtigt ist nur derjenige, ohne dessen Antrag oder Einwilligung das Kind angenommen worden ist. [2]Für ein Kind, das geschäftsunfähig oder noch nicht 14 Jahre alt ist, und für den Annehmenden, der geschäftsunfähig ist, können die gesetzlichen Vertreter den Antrag stellen. [3]Im Übrigen kann der Antrag nicht durch einen Vertreter gestellt werden. [4]Ist der Antragsberechtigte

in der Geschäftsfähigkeit beschränkt, so ist die Zustimmung des gesetzlichen Vertreters nicht erforderlich.

(2) ¹Der Antrag kann nur innerhalb eines Jahres gestellt werden, wenn seit der Annahme noch keine drei Jahre verstrichen sind. ²Die Frist beginnt

a) in den Fällen des § 1760 Abs. 2 Buchstabe a mit dem Zeitpunkt, in dem der Erklärende zumindest die beschränkte Geschäftsfähigkeit erlangt hat oder in dem dem gesetzlichen Vertreter des geschäftsunfähigen Annehmenden oder des noch nicht 14 Jahre alten oder geschäftsunfähigen Kindes die Erklärung bekannt wird;

b) in den Fällen des § 1760 Abs. 2 Buchstabe b, c mit dem Zeitpunkt, in dem der Erklärende den Irrtum oder die Täuschung entdeckt;

c) in dem Falle des § 1760 Abs. 2 Buchstabe d mit dem Zeitpunkt, in dem die Zwangslage aufhört;

d) in dem Falle des § 1760 Abs. 2 Buchstabe e nach Ablauf der in § 1747 Abs. 2 Satz 1 bestimmten Frist;

e) in den Fällen des § 1760 Abs. 5 mit dem Zeitpunkt, in dem dem Elternteil bekannt wird, dass die Annahme ohne seine Einwilligung erfolgt ist.

³Die für die Verjährung geltenden Vorschriften der §§ 206, 210 sind entsprechend anzuwenden.

(3) Der Antrag bedarf der notariellen Beurkundung.

1　§ 1762 BGB regelt **Antragsberechtigung** (Abs. 1), **Form** (Abs. 3) und **Frist** (Abs. 2) für den Antrag auf Aufhebung der Annahme.

2　**Antragsberechtigt** ist nur der, ohne dessen Antrag oder Einwilligung das Kind angenommen worden ist (Abs. 1 Satz 1). Das können sein: der Annehmende (bei Fehlen seines Antrags, § 1752 Abs. 1 BGB), das Kind (bei Fehlen seiner Einwilligung, § 1746 BGB), die leiblichen Eltern (bei Fehlen der Einwilligung, § 1747 BGB) und der gesetzliche Vertreter des Kindes (bei Fehlen seiner Einwilligung, § 1746 BGB). Weder der übergangene Ehegatte oder Lebenspartner (vgl. § 1749 BGB) noch sonstige Verwandte[1] des Kindes oder des Annehmenden sind antragsberechtigt. Ebenso wenig ist das Antragsrecht vererblich.[2]

3　Für ein Kind, das geschäftsunfähig oder noch nicht 14 Jahre alt ist, und für den Annehmenden, der geschäftsunfähig ist, können die **gesetzlichen Vertreter** den Antrag stellen (Abs. 1 Satz 2). Im Übrigen kann der Antrag nicht durch einen Vertreter gestellt werden (Abs. 1 Satz 3). Wenn der Antragsberechtigte in der Geschäftsfähigkeit beschränkt ist, ist die Zustimmung des gesetzlichen Vertreters nicht erforderlich (Abs. 1 Satz 4).

4　Im Interesse des Bestandsschutzes gilt für die Aufhebung eine **Frist** von drei Jahren seit der Annahme (Abs. 2). Nach Ablauf der Frist kommt eine Aufhebung nur noch nach § 1763 BGB in Betracht.[3] Außerdem gilt aber, dass der Antrag innerhalb einer Frist von einem Jahr gestellt werden muss.

5　Der **Fristbeginn** ist für die unterschiedlichen Aufhebungsgründe verschieden geregelt. Im Fall des Geschäftsfähigkeitsmangels (§ 1760 Abs. 2 lit. a BGB) beginnt sie, wenn der Erklärende wenigstens beschränkt geschäftsfähig wird oder wenn dem gesetzlichen Vertreter des geschäftsunfähigen Annehmenden oder des noch nicht 14 Jahre alten oder geschäftsunfähigen Kindes die Erklärung bekannt wird (Abs. 2 Satz 2 lit. a). Bei Täuschung oder Irrtum (§ 1760 Abs. 2 lit. b, c BGB) be-

---

1　BayObLG NJW-RR 1986, 872.
2　OLG München FamRZ 2008, 299.
3　BGH FamRZ 2018, 440.

ginnt sie bei Entdeckung des Willensmangels (Abs. 2 Satz 2 lit. b, c), bei Drohung (§ 1760 Abs. 2 lit. d BGB), wenn die Zwangslage wegfällt (Abs. 2 Satz 2 lit. d), bei Einwilligung vor Ablauf der Achtwochenfrist nach § 1747 Abs. 2 Satz 1 BGB mit dem Ablauf dieser Frist (Abs. 2 Satz 2 lit. e), im Fall des § 1750 Abs. 5 BGB (unzutreffende Annahme, dass ein Elternteil dauernd zur Abgabe der Einwilligung außerstande oder unbekannten Aufenthalts ist), wenn dem Elternteil bekannt wird, dass die Annahme ohne seine Einwilligung erfolgt ist. §§ 206, 210 BGB gelten entsprechend.

Der Antrag bedarf der **notariellen Beurkundung** (Abs. 3, § 128 BGB). Ein Antrag, der dieser Form nicht genügt, hat keine hinreichenden Erfolgsaussichten, so dass hierfür auch keine Verfahrenskostenhilfe gewährt werden kann.[4]   6

§ 1763 BGB Aufhebung von Amts wegen

(1) Während der Minderjährigkeit des Kindes kann das Familiengericht das Annahmeverhältnis von Amts wegen aufheben, wenn dies aus schwerwiegenden Gründen zum Wohl des Kindes erforderlich ist.

(2) Ist das Kind von einem Ehepaar angenommen, so kann auch das zwischen dem Kind und einem Ehegatten bestehende Annahmeverhältnis aufgehoben werden.

(3) Das Annahmeverhältnis darf nur aufgehoben werden,

a) wenn in dem Falle des Absatzes 2 der andere Ehegatte oder wenn ein leiblicher Elternteil bereit ist, die Pflege und Erziehung des Kindes zu übernehmen, und wenn die Ausübung der elterlichen Sorge durch ihn dem Wohl des Kindes nicht widersprechen würde oder

b) wenn die Aufhebung eine erneute Annahme des Kindes ermöglichen soll.

I. Überblick und Systematik

§ 1763 BGB erlaubt die **Aufhebung der Annahme von Amts wegen**. Wegen   1 des Eingriffs in die familiäre Beziehung zwischen Annehmendem und Angenommenem ist sie auf schwerwiegende Fälle beschränkt; denn auch die Beziehung zwischen Annehmendem und Angenommenen ist durch Art. 6 GG geschützt.

II. Die Aufhebung der Annahme als Kind im Interesse des Kindes

Die Aufhebung der Annahme setzt zunächst voraus, dass das angenommene   2 Kind **minderjährig** ist. Nach seiner Volljährigkeit kommt nur noch die Aufhebung nach § 1760 BGB in Betracht. Nach dem Eintritt der Volljährigkeit des Kindes ist das Annahmeverhältnis auch bei schwersten Verfehlungen eines Beteiligten (zB sexuellem Missbrauch der Adoptivtochter durch den Adoptivvater) nicht mehr aufhebbar. Das beruht auf einer bewussten Entscheidung des Gesetzgebers. Auch eine Analogie zu § 1763 BGB ist deswegen ausgeschlossen.[1]

Die Aufhebung der Annahme muss **aus schwerwiegenden Gründen zum Wohl**   3 **des Kindes erforderlich** sein. Gemeint sind besondere Ausnahmefälle,[2] etwa weil die Adoptiveltern das Kind misshandeln oder sexuell missbrauchen, Kind und Annehmende tiefgreifend entfremdet sind oder das Kind wegen kriminellen oder

---

4   KG FamRZ 2014, 1795.
1   BGH FamRZ 2014, 930 m. zust. Anm. Grommes FF 2014, 359; BVerfG FamRZ 2015, 1365; zu rechtspolitischen Erwägungen s. Frank FamRZ 2014, 1011.
2   OLG Oldenburg FamRZ 2004, 399.

unsittlichen Lebenswandels der Annehmenden selbst auf „die schiefe Bahn" zu geraten droht. Das Verhältnismäßigkeitsprinzip schließt die Aufhebung der Annahme aber aus, wenn Maßnahmen nach § 1666 BGB ausreichen, um das Kindeswohl zu sichern. Nicht ausreichend ist die Scheidung der Ehe der Annehmenden.[3]

4   Die Aufhebung darf grundsätzlich nur erfolgen, wenn der andere Ehegatte oder wenn ein leiblicher Elternteil **bereit ist, die Pflege und Erziehung des Kindes zu übernehmen,** und wenn die Ausübung der elterlichen Sorge durch ihn dem Wohl des Kindes nicht widerspricht (Abs. 3 lit. a).

5   Die Aufhebung der Annahme ist jedoch auch zulässig, wenn so **eine erneute Annahme des Kindes ermöglicht werden soll** (Abs. 3 lit. b); denn solange die Annahme besteht, ist eine weitere Annahme nicht möglich (§ 1742 BGB). Es reicht, dass die Annahme vorbereitet wird; sie braucht noch nicht entscheidungsreif zu sein. Die leiblichen Eltern müssen der neuen Annahme zustimmen (→ BGB § 1747 Rn. 3).

6   Bei einer **Ehegattenadoption** (§§ 1741 Abs. 2 Satz 2, 3, 1754 Abs. 1 BGB) ist auch die Aufhebung des Annahmeverhältnisses nur zu einem von ihnen zulässig (Abs. 2), wenn das ausreicht, um die Gefährdung des Kindeswohls zu beseitigen. Damit wird dem Grundsatz des geringstmöglichen Eingriffs Rechnung getragen.

§ 1764 BGB   Wirkung der Aufhebung

(1) [1]Die Aufhebung wirkt nur für die Zukunft. [2]Hebt das Familiengericht das Annahmeverhältnis nach dem Tode des Annehmenden auf dessen Antrag oder nach dem Tode des Kindes auf dessen Antrag auf, so hat dies die gleiche Wirkung, wie wenn das Annahmeverhältnis vor dem Tode aufgehoben worden wäre.

(2) Mit der Aufhebung der Annahme als Kind erlöschen das durch die Annahme begründete Verwandtschaftsverhältnis des Kindes und seiner Abkömmlinge zu den bisherigen Verwandten und die sich aus ihm ergebenden Rechte und Pflichten.

(3) Gleichzeitig leben das Verwandtschaftsverhältnis des Kindes und seiner Abkömmlinge zu den leiblichen Verwandten des Kindes und die sich aus ihm ergebenden Rechte und Pflichten, mit Ausnahme der elterlichen Sorge, wieder auf.

(4) Das Familiengericht hat den leiblichen Eltern die elterliche Sorge zurückzuübertragen, wenn und soweit dies dem Wohl des Kindes nicht widerspricht; andernfalls bestellt es einen Vormund oder Pfleger.

(5) Besteht das Annahmeverhältnis zu einem Ehepaar und erfolgt die Aufhebung nur im Verhältnis zu einem Ehegatten, so treten die Wirkungen des Absatzes 2 nur zwischen dem Kind und seinen Abkömmlingen und diesem Ehegatten und dessen Verwandten ein; die Wirkungen des Absatzes 3 treten nicht ein.

1   §§ 1764 f. BGB regeln die **Folgen der Aufhebung.** Sie entsprechen grundsätzlich spiegelbildlich denjenigen der Annahme und treten ex nunc vom Wirksamwerden der Aufhebung an ein (Abs. 1 Satz 1). Etwas anderes gilt nur, wenn der Annehmende oder das Kind stirbt und die Annahme – nach dem Tod auf einen vorher gestellten Antrag des Verstorbenen hin – aufgehoben wird (Abs. 1 Satz 2). Dann wirkt die Aufhebung auf die Zeit vor dem Tod des Antragstellers zurück, damit das Erbrecht nach dem Verstorbenen ausgeschlossen ist. Die Ausnahme

---

3   OLG Düsseldorf FamRZ 1998, 1196; BayObLG FamRZ 2000, 768; OLG Köln FamRZ 2009, 1692.

greift aber nur ein, wenn gerade derjenige stirbt, der den Aufhebungsantrag gestellt hat. Bei Aufhebung von Amts wegen (§ 1763 BGB), auf Antrag der Eltern des Angenommenen (§ 1760 Abs. 1 BGB) oder des Überlebenden ist sie nicht anzuwenden.

Die wichtigste Wirkung der Aufhebung der Annahme ist, dass das **Verwandt-** **schaftsverhältnis des Kindes** und seiner Abkömmlinge **zum Annehmenden und dessen Verwandten** erlischt (Abs. 2). Gleichzeitig lebt das Verwandtschaftsverhältnis des Kindes und seiner Abkömmlinge zu den leiblichen Verwandten des Kindes wieder auf (Abs. 3). [2]

Eine **Ausnahme** gilt nur für die **elterliche Sorge.** Insoweit wäre es problematisch, den leiblichen Eltern automatisch wieder die vollen Rechte zu übertragen, weil uU eine erhebliche Entfremdung zwischen ihnen und dem Kind eingetreten ist. Die Sorge muss den Eltern daher gesondert durch das Familiengericht zurückübertragen werden (Abs. 4 Hs. 1). Dieses nimmt eine Kindeswohlprüfung vor. Kommt es zu dem Ergebnis, dass die Rückübertragung dem Kindeswohl ganz oder teilweise widerspricht, unterbleibt die Rückübertragung, und es bestellt dem Kind einen Vormund oder Pfleger (Abs. 4 Hs. 2). Das trifft zu, wenn einer der Gründe vorliegt, die nach § 1666 BGB zur Entziehung der elterlichen Sorge berechtigen würden. [3]

Zu den **namensrechtlichen Folgen** der Aufhebung s. § 1765 BGB. [4]

Wird bei einer **Ehegattenadoption** die Annahme nur bezüglich eines Ehegatten aufgehoben (→ BGB § 1763 Rn. 6), erlischt die Verwandtschaft des Kindes und seiner Abkömmlinge nur zu diesem. Die Verwandtschaft zu den leiblichen Verwandten wird nicht wiederhergestellt (Abs. 5). [5]

§ 1765 BGB Name des Kindes nach der Aufhebung

(1) [1]Mit der Aufhebung der Annahme als Kind verliert das Kind das Recht, den Familiennamen des Annehmenden als Geburtsnamen zu führen. [2]Satz 1 ist in den Fällen des § 1754 Abs. 1 nicht anzuwenden, wenn das Kind einen Geburtsnamen nach § 1757 Abs. 1 führt und das Annahmeverhältnis zu einem Ehegatten allein aufgehoben wird. [3]Ist der Geburtsname zum Ehenamen oder Lebenspartnerschaftsnamen des Kindes geworden, so bleibt dieser unberührt.

(2) [1]Auf Antrag des Kindes kann das Familiengericht mit der Aufhebung anordnen, dass das Kind den Familiennamen behält, den es durch die Annahme erworben hat, wenn das Kind ein berechtigtes Interesse an der Führung dieses Namens hat. [2]§ 1746 Abs. 1 Satz 2, 3 ist entsprechend anzuwenden.

(3) Ist der durch die Annahme erworbene Name zum Ehenamen oder Lebenspartnerschaftsnamen geworden, so hat das Familiengericht auf gemeinsamen Antrag der Ehegatten oder Lebenspartner mit der Aufhebung anzuordnen, dass die Ehegatten oder Lebenspartner als Ehenamen oder Lebenspartnerschaftsnamen den Geburtsnamen führen, den das Kind vor der Annahme geführt hat.

§ 1765 BGB ergänzt § 1764 BGB um die Regelung der **namensrechtlichen Folgen** der Aufhebung der Annahme. [1]

Mit der Aufhebung der Annahme verliert der Angenommene das Recht, den durch die Annahme erhaltenen Namen (§ 1757 BGB) weiter zu führen, und erhält den **Familiennamen seiner leiblichen Eltern zurück.** Ob sich die Namensänderung auf seine Abkömmlinge erstreckt, richtet sich nach § 1616 a BGB. Der Vorname ist durch die Aufhebung der Annahme selbst dann nicht betroffen, [2] wenn er bei der Annahme geändert oder ergänzt wurde (vgl. § 1757 Abs. 4 Nr. 1 BGB).

3   Der Namensverlust **tritt nicht ein**, wenn ein Name nach § 1757 Abs. 1 BGB (Familienname der Annehmenden) geführt und die **Annahme nur im Verhältnis zu einem Elternteil aufgehoben** wird (Abs. 1 Satz 2). Dann kann das Recht, den Namen desjenigen zu tragen, zu dem das Annahmeverhältnis gelöst wurde, noch von dem Ehegatten abgeleitet werden, zu dem das Annahmeverhältnis bestehen bleibt. Die Änderung des Namens wäre daher ein Verstoß gegen den Verhältnismäßigkeitsgrundsatz.

4   Das Familiengericht kann auch auf Antrag des Kindes anordnen, dass es den mit der Annahme erworbenen Namen behält, wenn das Kind ein **berechtigtes Interesse an der Weiterführung** des Namens hat (Abs. 2 Satz 1), zB wenn es sich mit dem Namen identifiziert hat, so dass ein Namenswechsel nachteilige Folgen (zB eine Identitätskrise) hätte.

5   Schließlich findet kein Namenswechsel statt, wenn der Angenommene bereits geheiratet hat oder eine Lebenspartnerschaft eingegangen ist und **der durch die Annahme erworbene Name Ehename oder Lebenspartnerschaftsname geworden** ist (Abs. 1 Satz 3). Die Eheleute bzw. Lebenspartner können aber beim Familiengericht (gemeinsam) beantragen, dass sie als Ehenamen bzw. Lebenspartnerschaftsnamen den Namen führen, den das Kind vor der Annahme trug (Abs. 3). Das Gericht ändert dann den Ehenamen bzw. Lebenspartnerschaftsnamen zugleich mit dem Ausspruch über die Aufhebung der Annahme. Ist Ehename oder Lebenspartnerschaftsname der Name des anderen Ehegatten bzw. Lebenspartners, bleibt es dabei. Sofern das Kind aber seinen Namen dem Ehenamen oder Lebenspartnerschaftsnamen hinzugefügt hat (§ 1355 Abs. 4 BGB, § 3 Abs. 2 LPartG), ändert sich der Begleitname.

§ 1766 BGB   Ehe zwischen Annehmendem und Kind

[1]Schließt ein Annehmender mit dem Angenommenen oder einem seiner Abkömmlinge den eherechtlichen Vorschriften zuwider die Ehe, so wird mit der Eheschließung das durch die Annahme zwischen ihnen begründete Rechtsverhältnis aufgehoben. [2]§§ 1764, 1765 sind nicht anzuwenden.

1   Die Vorschrift ergänzt §§ 1760, 1763 BGB um den einzigen Grund einer **automatischen Auflösung** der Annahme. Heiraten Annehmender und Kind einander, wird mit der Heirat das zwischen ihnen bestehende Annahmeverhältnis aufgehoben, weil eine Ehe und ein Eltern-Kind-Verhältnis sich gegenseitig ausschließen.

2   Die **Eheschließung** zwischen einem Adoptivelternteil und dem Kind ist zwar nach § 1308 Abs. 1 BGB vor Aufhebung der Annahme **nicht zulässig**. Ein Verstoß macht die Eheschließung aber nicht unwirksam oder aufhebbar. Ohne § 1766 BGB könnte es zu der rechtsethisch zu missbilligenden Situation kommen, dass eine Ehe zwischen Adoptivmutter und -sohn (bzw. -tochter) oder Adoptivtochter (bzw. -sohn) und -vater besteht. Das wird durch das automatische Erlöschen der Rechtsbeziehung bei Eheschließung verhindert.

3   Das Annahmeverhältnis erlischt **nur zwischen den Eheschließenden**. In Bezug auf alle anderen Personen, mit denen durch die Annahme eine Verwandtschaft begründet wurde, bleibt diese erhalten. Auch namensrechtlich ist die Aufhebung ohne Bedeutung (Satz 3).

§ 1766 a BGB Annahme von Kindern des nichtehelichen Partners

(1) Für zwei Personen, die in einer verfestigten Lebensgemeinschaft in einem gemeinsamen Haushalt leben, gelten die Vorschriften dieses Untertitels über die Annahme eines Kindes des anderen Ehegatten entsprechend.

(2) [1]Eine verfestigte Lebensgemeinschaft im Sinne des Absatzes 1 liegt in der Regel vor, wenn die Personen

1. seit mindestens vier Jahren oder

2. als Eltern eines gemeinschaftlichen Kindes mit diesem

eheähnlich zusammenleben. [2]Sie liegt in der Regel nicht vor, wenn ein Partner mit einem Dritten verheiratet ist.

(3) [1]Ist der Annehmende mit einem Dritten verheiratet, so kann er das Kind seines Partners nur allein annehmen. [2]Die Einwilligung des Dritten in die Annahme ist erforderlich. [3]§ 1749 Absatz 1 Satz 2 und 3 und Absatz 2 gilt entsprechend.

Aufsatzliteratur:

Braun, Die Reform des nationalen und internationalen Adoptionsrechts, StAZ 2020, 297; *Eckebrecht*, Die künftige Stiefkindadoption in der stabilen Patchworkfamilie, NZFam 2019, 977; *Grziwotz*, Recht auf Stiefkindadoption in faktischen Lebensgemeinschaften?, NJW 2017, 1646; *Helms*, Öffnung der Stiefkindadoption für nichteheliche Lebensgemeinschaften und Reform des Internationalen Adoptionsrechts, FamRZ 2020, 645; *Kemper*, Die Neuregelung der Stiefkindadoption und der Anknüpfung von Adoptionen mit Auslandsbezug, FamRB 2020, 408; *Kintzel*, Stiefkindadoption in nichtehelichen Familien, FF 2020, 135; *Steinbach/Helms*, Stabilität nichtehelicher Lebensgemeinschaften aus soziologischer Perspektive vor dem Hintergrund des neuen § 1766 a BGB, FamRZ 2020, 476; *Teklote*, Stiefkindadoption in nichtehelichen Lebensgemeinschaften nach neuem Recht, NZFam 2020, 409.

I. Ausgangslage

Seit der 1976 erfolgten Umstellung des Adoptionsrechts auf das heute geltende **Dekretsystem** gilt der Grundsatz, dass die Annahme als Kind **nur zugunsten einer Einzelperson** ausgesprochen werden kann (§ 1741 Abs. 2 Satz 1 BGB). Das ist wichtig wegen der Wirkungen der Minderjährigenannahme: Die Verwandtschaftsverhältnisse zu allen Personen der Herkunftsfamilie erlöschen (§ 1755 Abs. 1 Satz 1 BGB). Stattdessen ist das Kind nun mit dem Annehmenden und dessen Verwandten verwandt (§ 1754 Abs. 2 BGB). Von diesen Grundsätzen gibt es aber einige wichtige Ausnahmen, die ursprünglich nur für die Annahme eines Kindes durch Eheleute galten: Ein **Ehepaar** kann ein fremdes Kind **nur gemeinschaftlich adoptieren,** es sei denn, dass ein Ehegatte zu jung (unter 21

Jahre) oder geschäftsunfähig ist (§ 1741 Abs. 2 Satz 4 BGB). Auch kann jeder Ehegatte das Kind seines Ehegatten allein annehmen (§ 1741 Abs. 1 Satz 2 BGB, sog. Stiefkindadoption). Das Kind erlangt in den Fällen der gemeinschaftlichen Adoption und der Stiefkindannahme die Stellung eines gemeinschaftlichen Kindes der Annehmenden bzw. des Annehmenden und seines anderen Elternteils (§ 1754 Abs. 1 BGB). Es ist also nach erfolgter Annahme mit beiden verwandt (und natürlich auch mit den Verwandten dieser Personen). Das Privileg der Stiefkindadoption besteht darin, dass die Verwandtschaft des Kindes zu dem anderen Elternteil und zu dessen Verwandten erhalten bleibt (vgl. § 1755 Abs. 2 BGB). Seit der Öffnung der Ehe für Partner gleichen Geschlechts versteht es sich von selbst, dass diese Regeln auch für Annahmen als Kind durch diese gelten.

2   Bereits mit Wirkung vom 1.1.2005 sind die Regelungen über die Stiefkindadoption – anders als die Bestimmungen über die gemeinschaftliche Annahme von Kindern – auf die Partner einer **eingetragenen Lebenspartnerschaft** übertragen worden (§ 9 Abs. 7 LPartG).[1] Allerdings wurde zunächst nur die Annahme eines biologischen Kindes des anderen Lebenspartners zugelassen. Die Annahme eines durch den anderen Lebenspartner adoptierten Kindes blieb dagegen ausgeschlossen, um die Umgehung des Verbots der gemeinschaftlichen Annahme eines Kindes zu verhindern. Diese Einschränkung der Stiefkindadoption hat das BVerfG am 19.2.2013 für verfassungswidrig erklärt.[2] Der Gesetzgeber hat daraufhin die **Sukzessivadoption** durch Lebenspartner im Jahr 2014 explizit zugelassen,[3] so dass in Bezug auf die Stiefkindadoption heute keine Unterschiede zwischen Ehegatten und Lebenspartnern mehr bestehen. Auch weiterhin ist aber die gleichzeitige gemeinsame Adoption von fremden Kindern durch beide Lebenspartner ausgeschlossen. Wollen sie das Ergebnis gemeinsamer Elternschaft erreichen, stehen ihnen zwei Wege offen: Entweder sie wandeln ihre Lebenspartnerschaft in eine Ehe um (vgl. § 20 a LPartG) und adoptieren dann das Kind nach den für Eheleute geltenden Regelungen gemeinsam; oder aber sie bleiben Lebenspartner und adoptieren das Kind nacheinander.

3   Bislang war eine der Lage bei Ehegatten und bei Lebenspartnern entsprechende Möglichkeit der Annahme des Kindes des Partners, mit dem der Annehmende in einer **nichtehelichen Lebensgemeinschaft** lebt, nicht vorgesehen. Das führte zu einer **Entweder-Oder-Lösung:** Brachte etwa die Frau eigene Kinder mit in die nichteheliche Lebensgemeinschaft, war (und ist) sie als Mutter mit ihren Kindern verwandt (§ 1591 BGB) und vermittelte ihnen die Verwandtschaft zu ihren Verwandten. Ihr Partner war dagegen als Außenstehender mit den Kindern weder verwandt noch verschwägert.[4] Adoptierte der Lebensgefährte der Mutter die Kinder, wurde er mit ihnen zwar verwandt und vermittelte ihnen die Verwandtschaft zu seinen Verwandten (§ 1754 Abs. 2 BGB). Gleichzeitig erlosch aber das Verwandtschaftsverhältnis zur Mutter und deren Verwandten (§ 1755 Abs. 1 BGB). Gemeinsame Elternschaft konnte durch eine Adoption also nicht begründet werden.

1   Gesetz zur Überarbeitung des Lebenspartnerschaftsrechts BGBl. 2004 I 3396.
2   BVerfGE 133, 59 = FamRB 2013, 115 mAnm Kemper.
3   Gesetz zur Umsetzung der Entscheidung des Bundesverfassungsgerichts zur Sukzessivadoption durch Lebenspartner vom 20.6.2014, BGBl. 2014 I 786.
4   Darin unterscheidet sich die Situation von der bei Ehegatten und Lebenspartnern, denn die Kinder des Ehegatten bzw. Lebenspartners sind mit dem anderen Ehegatten bzw. Lebenspartners im ersten Grad verschwägert (vgl. § 1590 Abs. 1 BGB, § 11 Abs. 1 LPartG).

Während der BGH gegen dieses Ergebnis keine Bedenken hatte,[5] hat das **BVerfG**[6] **4** wegen der unterschiedlichen Resultate einen **Verstoß der §§ 1754 und 1755 BGB gegen Art. 3 Abs. 1 GG** gesehen. Es begründet dieses Ergebnis damit, dass das Kind auf die Entscheidung des leiblichen Elternteils und des neuen Partners in Bezug auf die Gestaltung ihrer Beziehung, also auf die Eheschließung oder ihr Unterlassen, keinen Einfluss hat. Der Gleichheitsverstoß liegt in der unterschiedlichen Behandlung von Stiefkindern in Ehen und Lebenspartnerschaften einerseits und in nichtehelichen Lebensgemeinschaften andererseits. Diese Betrachtung aus der Sicht des Anzunehmenden entspricht der Zielsetzung des Adoptionsrechts, mit der Adoption die Interessen des anzunehmenden Kindes zu fördern (und nicht in erster Linie das Interesse der Annehmenden an der Beseitigung der Kinderlosigkeit bzw. dem Entstehen einer gemeinsamen Elternschaft).[7]

Das BVerfG hatte dem Gesetzgeber eine **Frist bis zum 31.3.2020** gesetzt, um den **5** verfassungswidrigen Zustand zu beheben. Das Ergebnis der gesetzgeberischen Aktivität war das „Gesetz zur Umsetzung der Entscheidung des Bundesverfassungsgerichts vom 26.3.2019 zum Ausschluss der Stiefkindadoption in nichtehelichen Familien."[8] Mit diesem Gesetz wird ein neuer § 1766 a in das BGB eingefügt, der für die Annahme des Kindes des Partners, mit dem der Annehmende in einer verfestigten Lebensgemeinschaft in einem gemeinsamen Haushalt lebt, eine Generalverweisung auf die für die Stiefkindannahme unter Eheleuten geltenden Bestimmungen enthält. Auf diese Weise wird den Partnern die Möglichkeit eröffnet, ein Verwandtschaftsverhältnis zu den Kindern des Partners herzustellen, ohne dass dessen Verwandtschaft zu den Kindern erlischt.

II. Die besonderen Voraussetzungen der Stiefkindannahme in einer nichtehelichen Lebensgemeinschaft

Die Vorgabe des BVerfG war es, die Stiefkindadoption auch nicht verheirateten **6** Paaren zu gestatten, wenn sie in einer **stabilen Beziehung** leben. Diese Beschränkung dient dem Kindeswohl, geht es bei einer Adoption doch darum, dem Kind ein beständiges und ausgeglichenes Zuhause zu verschaffen.[9] Der Gesetzgeber hat für die Bejahung des Vorliegens einer stabilen Beziehung in § 1766 a BGB drei Kriterien aufgestellt:

- Es muss sich um eine Lebensgemeinschaft von **zwei Personen** handeln.
- Die Lebensgemeinschaft muss **verfestigt** sein (Regelbeispiele in § 1766 a Abs. 2 BGB).
- Die Partner müssen **in einem Haushalt** leben.

Verfahrensrechtlich ist zu beachten, dass im Adoptionsverfahren der **Amtsermitt-** **7** **lungsgrundsatz** gilt (§ 26 FamFG). Das Familiengericht muss daher von Amts wegen prüfen, ob die in § 1766 a BGB genannten Voraussetzungen vorliegen und muss dazu auch eigene Ermittlungen anstellen, um die Stabilität der Beziehung zu klären.[10] Nur wenn aus seiner Sicht keine Zweifel bestehen, dass die Voraussetzungen einer stabilen Partnerschaft vorliegen, darf das Familiengericht sich deswegen mit den weiteren Voraussetzungen der Stiefkindannahme befassen.

1. Eheähnliche Lebensgemeinschaft von zwei Personen. Das erste Kriterium, **8** das dem Gesetzgeber als Nachweis der Stabilität der Beziehung dient, ist die

---

5 BGH FamRZ 2017, 626.
6 BVerfG FamRB 2019, 266.
7 Teklote NZFam 2020, 409 (410).
8 BGBl. 2020 I 541.
9 BT-Drs. 19/15618, 12 unter Bezugnahme auf BT-Drs. 7/3061, 28.
10 Teklote NZFam 2020, 409 (412).

Beschränkung der eheähnlichen Lebensgemeinschaft auf den Elternteil des Anzunehmenden und des Annehmenden (Abs. 1). Das Zusammenleben mit Kindern wird als selbstverständlich vorausgesetzt und nicht thematisiert. Die Stiefkindannahme ist aber ausgeschlossen, wenn der Elternteil des Anzunehmenden mit mehreren Partnern zusammenlebt (Poly-Beziehung). Ob die Lebensgemeinschaft zwischen Partnern verschiedenen oder des gleichen Geschlechts besteht, ist dagegen gleichgültig.[11]

9   **2. Verfestigung der Lebensgemeinschaft.** Die Stiefkindadoption durch nicht mit dem Elternteil verheiratete oder verpartnerte Partner kommt nur in einer **stabilen Beziehung** in Betracht, die eine **Dauerhaftigkeit vergleichbar einer Ehe** erwarten lässt. Der Gesetzgeber bezeichnet derartige Beziehungen in Abs. 1 als „verfestigte Lebensgemeinschaften." Ihm war dabei bewusst, dass der Begriff bereits in § 1579 Nr. 2 BGB benutzt worden war und dass die beiden Regelungen ganz unterschiedliche Zielsetzungen haben (Benennung der Durchbrechung der nachehelichen Solidarität einerseits und Prognose der dauerhaften Verantwortung für das anzunehmende Kind andererseits). Er hat deswegen den Begriff der verfestigten Lebensgemeinschaft für den Bereich der Stiefkindadoption durch drei Regelbeispiele (zwei positive und ein negatives) näher erläutert (Abs. 2).

10   **a) Regelbeispiele des Abs. 2. aa) Vierjähriges Zusammenleben.** Im ersten Regelbeispiel stellt der Gesetzgeber auf die schon absolvierte Dauer der Beziehung ab und folgert aus der Tatsache, dass die **eheähnliche Gemeinschaft** zwischen dem Elternteil des Anzunehmenden und dem Annehmenden **bereits seit mindestens vier Jahren andauert,** dass sie auch in Zukunft Bestand haben wird (Abs. 2 Satz 1 Nr. 1). Ob diese Vermutung zutreffend ist, kann durchaus bezweifelt werden. Sie geht letztlich auf eine Bemerkung des BVerfG in seiner Entscheidung zur Stiefkindadoption zurück. Die Dauer der Frist war Gegenstand kontroverser politischer Diskussionen, die Vierjahresfrist ein Kompromiss, nachdem der Referentenentwurf noch eine vorgängige Dauer der nichtehelichen Lebensgemeinschaft von zwei Jahren als ausreichend angesehen hatte.

11   Zu beachten ist, dass die Bestandsfrist **keinen Bezug zur Probezeit** iSd § 1744 BGB **aufweist,** denn für das Eingreifen des Abs. 2 Satz 1 Nr. 1 kommt es nur darauf an, dass der Elternteil des Anzunehmenden und der Annehmende die vier Jahre eheähnlich zusammengelebt haben. Wo das Kind in dieser Zeit gelebt hat, ist für die Beständigkeitsvermutung ohne Bedeutung,[12] denn diese bezieht sich auf die Beziehung des Elternteiles des Anzunehmenden zum Annehmenden und nicht auf das Verhältnis des Kindes zu einer oder beiden Personen.

12   **bb) Gemeinsame Elternschaft.** Das zweite für das Bestehen einer verfestigten Lebensgemeinschaft sprechende Regelbeispiel ist verwirklicht, wenn der Elternteil des **Anzunehmenden und der Annehmende Eltern eines gemeinschaftlichen Kindes sind** und zusammen mit diesem in eheähnlicher Lebensgemeinschaft zusammenleben (Abs. 2 Satz 1 Nr. 2). Die Norm setzt also das Vorhandensein eines weiteren Kindes voraus. Ob die Existenz eines weiteren Kindes Aussagekraft in Bezug auf die Beständigkeit der Beziehung der Eltern hat, kann aber durchaus bezweifelt werden. Der Gesetzgeber meint dagegen, dass in solchen Fällen in der Regel angenommen werden kann, dass ein mehr als kurzfristiger Bindungswunsch besteht.[13]

13   Die gemeinsame Elternschaft des Elternteils des Anzunehmenden und des Annehmenden bei dem gemeinschaftlichen Kind muss eine **rechtliche Elternschaft** sein, in der Regel also eine auf Seiten des Mannes eine durch Anerkennung (§ 1592

---

11   BT-Drs. 19/15618, 12.
12   Teklote NZFam 2020, 409 (412).
13   BT-Drs. 19/15618, 15.

Nr. 2 BGB) oder Vaterschaftsfeststellung (§ 1592 Nr. 3 BGB) begründete. Eine rein biologische Elternschaft, die sich nicht in einer rechtlichen Elternschaft niedergeschlagen hat, reicht nicht. In Ausnahmefällen kommt aber selbst eine nach § 1592 Nr. 1 BGB entstandene gemeinschaftliche Elternschaft in Betracht: Waren M und F verheiratet und ist aus dieser Ehe K1 hervorgegangen, kam es dann zur Scheidung und danach zu einer Beziehung der F zu X, aus der K2 stammt und finden M und F danach wieder zusammen, ohne wieder zu heiraten, liegt ein Fall des Abs. 2 Satz 1 Nr. 2 vor.

Die gemeinsame Elternschaft des Elternteils des Anzunehmenden und des Annehmenden kann selbst durch eine gemeinschaftliche (bei früher zwischen ihnen bestehender Ehe) oder durch Stiefkindannahme (bei früher zwischen ihnen bestehender Ehe oder Lebenspartnerschaft oder in denen in Bezug auf dieses Kind die Voraussetzungen des § 1766 a BGB vorlagen) begründet worden sein.   14

Das Regelbeispiel verlangt, dass die Eltern zum Zeitpunkt der Adoption mit   15
ihrem gemeinschaftlichen Kind **eheähnlich zusammenleben**. Anders als bei dem Regelbeispiel des Abs. 2 Satz 1 Nr. 1 BGB ist eine bestimmte Dauer für das Zusammenleben nicht explizit vorgegeben. Gleichwohl ist dem Kontext der Regelung, vor allem der Bezugnahme auf die Situation bei Eheleuten, zu entnehmen, dass es sich um ein Zusammenleben von einiger Dauer handeln muss. Entscheidend ist, was die Verkehrsanschauung noch als Zusammenleben werten würde (und was nicht). So wird ein Zusammenleben idR auch dann noch bejaht werden können, wenn das Kind eine Schule mit Internatsunterbringung besucht, weil der Lebensmittelpunkt noch bei seinen Eltern liegt. Genau das Gegenteil ist anzunehmen, wenn das gemeinschaftliche Kind dauerhaft bei den Großeltern oder anderen Verwandten lebt. Dieser Fallgruppe wird man auch die Fälle zuordnen müssen, in denen sich das Kind wegen einer schweren Krankheit oder Behinderung in einem Heim oder einer Klinik aufhalten muss. Das Regelbeispiel des Abs. 2 Satz 1 Nr. 2 liegt dann nicht vor. Die Stabilität der Beziehung muss deswegen aus anderen Tatsachen hergeleitet werden können.

cc) Keine Ehe mit dritter Person. Abs. 2 Satz 2 enthält ein negatives Regelbei-   16
spiel: Danach liegt eine verfestigte Lebensgemeinschaft in der Regel **nicht vor, wenn ein Partner mit einem Dritten verheiratet ist.** Über § 21 LPartG gilt das auch, wenn eine eingetragene Lebenspartnerschaft besteht. Der Gesetzgeber vermengt hier die Beurteilung der Beständigkeit der Lebensgemeinschaft mit dem Status der Partner dieser Lebensgemeinschaft. Das ist methodisch zweifelhaft, denn gewollt ist (nach der Entschärfung des Entwurfs im Ausschuss für Recht und Verbraucherschutz)[14] ein grundsätzliches Verbot der Annahme durch den anderweitig verheirateten bzw. verpartnerten Partner einer nichtehelichen Lebensgemeinschaft. Noch deutlicher war das im ersten Entwurf des Gesetzes bestimmt, wo noch die absolute Unvereinbarkeit einer verfestigten Lebensgemeinschaft mit einer gleichzeitig bestehenden Ehe oder Lebendpartnerschaft eines der Partner postuliert worden war.[15] Wenn aber ein Verbot gewollt war, dann hätte es auch als solches formuliert und nicht nur über die Auslegung eines Regelbeispiels mittelbar diese Wirkung erzielt werden sollen.

Auch der Grundansatz ist **nicht zwingend**. Die Voraussetzung der „verfestigten   17
Lebensgemeinschaft" soll sicherstellen, dass das anzunehmende Kind in eine beständige Beziehung aufgenommen wird, nachdem es durch die Annahme schon einmal die Hälfte seiner Verwandten verloren hat. Dem Schutz eines Dritten (des Ehegatten bzw. Lebenspartners) dient das Erfordernis dagegen nicht. Auch die Prämisse, dass das Bestehen einer Ehe oder Lebenspartnerschaft Aussagekraft

---

14 BT-Drs. 19/17154, 3.
15 BT-Drs. 19/15618, 5.

in Bezug auf die Beständigkeit einer daneben geführten eheähnlichen Gemeinschaft in der Weise haben kann, dass die Verfestigung im Regelfall ausscheidet, erscheint zweifelhaft.[16] Für die Praxis bedeutet das Regelbeispiel aber, dass die Annahme eines Kindes des Partners im Regelfall ausgeschlossen ist, solange dieser oder der Annehmende verheiratet oder verpartnert ist. Etwas anderes gilt nur dann, wenn die aus dem Regelbeispiel folgende Vermutung, dass es sich bei der Beziehung nicht um eine verfestigte Lebensgemeinschaft handelt, widerlegt werden kann.

18   **b) Bedeutung und Wirkungsweise der Regelbeispiele.** Die Tatbestände des Abs. 2 begründen **nur Vermutungen** – die in Satz 1 zugunsten der Beständigkeit der Beziehung, in Satz 2 gegen sie. Greifen die beiden positiven Vermutungen nicht ein, weil der Elternteil des Anzunehmenden und der Annehmende kein gemeinschaftliches Kind haben und ihre eheähnliche Lebensgemeinschaft noch nicht seit mindestens vier Jahren besteht, hindert das die Feststellung nicht, dass die bestehende Lebensgemeinschaft aus anderen Gründen als verfestigt anzusehen ist.[17] Das kann etwa der Fall sein, wenn die Partner zusammen eine Immobilie erworben[18] und dafür erhebliche Opfer gebracht haben, vor allem, wenn sie beide erhebliche Eigenleistungen erbracht haben oder wenn sie wirtschaftlich auf das Engste miteinander verflochten sind, weil sie gerade ein Unternehmen aufbauen oder betreiben, für dessen Verbindlichkeiten sie beide persönlich haften. In Betracht kommt schließlich auch, dass die Beziehung zwischen dem Elternteil des Anzunehmenden und dem Annehmenden bereits seit langer Zeit andauert, dass hingegen die eheähnliche Gemeinschaft erst seit weniger als vier Jahren besteht.[19]

19   Umgekehrt folgt aus dem Regelbeispielscharakter der in **Abs. 2 Satz 1** aufgeführten Tatbestände, dass aus deren Verwirklichung noch **nicht absolut auf das Vorliegen** einer hinreichend verfestigten Lebensgemeinschaft **geschlossen werden kann**. Trotz Verwirklichung eines oder beider Regelbeispiele scheidet die Stiefkindannahme daher aus, wenn die Beziehung erkennbar in der Krise ist und ein Scheitern in absehbarer Zeit wahrscheinlich zu sein scheint. Erst recht gilt das, wenn die Annahme zum Kitten einer gescheiterten Beziehung dienen soll.

20   Aus dem negativen Regelbeispiel des **Abs. 2 Satz 2** folgt die **Vermutung**, dass es sich bei der **Beziehung nicht um eine verfestigte Lebensgemeinschaft handelt**, wenn der Elternteil des Anzunehmenden oder der Annehmende verheiratet oder verpartnert ist. Auch diese Vermutung kann jedoch widerlegt werden. Das ergibt sich daraus, dass die Rechtsfolge nur „in der Regel" eingreifen soll. Die Betroffenen können also Gründe anführen, die es gerechtfertigt erscheinen lassen, vom in Abs. 2 Satz 2 genannten Regelfall abzuweichen. Unter welchen Voraussetzungen das geschehen kann, ist nicht geregelt. Die Gesetzesmaterialien betonen aber, dass das bloße Getrenntleben der Eheleute nicht ausreicht, um das Regelbeispiel zu entkräften, sondern dass „besondere Umstände" hinzutreten müssen.[20] Dieser Gedanke ist im Ansatz sicher richtig. Würde jedes Getrenntleben bereits ausreichen, um das Regelbeispiel auszuschalten, bliebe von dem Vorrang der Ehe bzw. Lebenspartnerschaft nichts mehr übrig, weil dann das Regelbeispiel durch die bloße Trennung ausgeschaltet werden könnte.[21] Gleichwohl wird zumindest bei sehr langen Trennungszeiten in Betracht kommen, die Trennungsdauer als „besondere Umstände" anzusehen und trotz der Ehe bzw. Lebenspartnerschaft die daneben bestehende nichteheliche Beziehung als verfestigte Lebensgemeinschaft

16   Steinbach/Helms FamRZ 2020, 476 (477).
17   BT-Drs. 19/15618, 14.
18   Teklote NZFam 2020, 409 (410).
19   BT-Drs. 19/15618, 14.
20   BT-Drs. 19/17154, 8.
21   Helms FamRZ 2020, 645 (648).

einzuordnen. Im Übrigen kommt die Stiefkindannahme neben einer bestehenden Ehe bzw. Lebenspartnerschaft in Betracht, wenn die Scheidung aus Härtegründen ausgeschlossen ist (vgl. § 1568 BGB) oder wenn der adoptionswillige nichteheliche Partner die Scheidung seiner Ehe ernsthaft betreibt, das Verfahren aber aus Gründen, die nicht in seiner Person liegen, außergewöhnlich verzögert wird.[22]

Kommt es in den Fällen des Abs. 2 Satz 2 ausnahmsweise zur Adoption, erfolgt **21** diese durch den verheirateten bzw. verpartnerten Partner des Elternteils des Anzunehmenden allein (und nicht zusammen mit dessen Ehegatten, Abs. 3 Satz 1). Der Ehegatte bzw. Lebenspartner muss der Annahme zustimmen (Abs. 3 Satz 2) – was er in der Praxis in vielen Fällen verweigern wird. Unter den Voraussetzungen des auch sonst in den Fällen einer Adoption durch eine verheiratete Person geltenden § 1749 Abs. 1 Satz 2 und 3, Abs. 2 BGB kann die fehlende Ehegatten- bzw. Lebenspartnerzustimmung deswegen ersetzt werden (1766 a Abs. 3 Satz 3 BGB).

3. Gemeinsamer Haushalt. Abs. 1 BGB bestimmt ausdrücklich, dass es nicht **22** ausreicht, dass der Elternteil des anzunehmenden Kindes und der Annehmende in einer verfestigten Lebensgemeinschaft leben. Erforderlich ist vielmehr, dass sie das in einem gemeinsamen Haushalt tun. Die Regelung ist viel enger gefasst als § 1579 Nr. 2 BGB. Es kommt auf die **tatsächliche gemeinsame Haushaltsführung** an. Ob die melderechtlichen Anforderungen erfüllt sind, ist dagegen ohne Belang. Probleme ergeben sich durch die Anforderung, wenn die Partner zwei getrennte Haushalte führen. Das Modell des „in getrennten Wohnungen Zusammenlebens" ist als Grundlage einer Stiefkindadoption nicht ausreichend.[23] Bei beruflich bedingter doppelter Haushaltsführung ist danach zu unterscheiden, ob an einem der Wohnorte ein Schwerpunkt in dem Sinne besteht, dass dort die Wochenenden, Feiertage, Urlaubstage und sonstigen freien Tage verbracht werden oder ob das nicht der Fall ist. Bejahendenfalls kann eine ausreichende Basis für eine Stiefkindadoption angenommen werden, verneinendenfalls nicht. Es handelt sich immer um eine Entscheidung des **Einzelfalls**,[24] so dass detaillierter Vortrag zu den Details des Zusammenlebens angeraten ist.

III. Die weiteren Voraussetzungen der Stiefkindannahme

§ 1766 a BGB statuiert mit der Voraussetzung der verfestigten, in einem gemein- **23** samen Haushalt gelebten Lebensgemeinschaft des Annehmenden mit dem Elternteil des Anzunehmenden nur eine notwendige, nicht aber die hinreichende Bedingung für die Stiefkindannahme. Daneben bleiben die weiteren Voraussetzungen für eine Stiefkindadoption bestehen, die auch für Eheleute und Lebenspartner gelten: Vor allem muss die Annahme dem **Wohl des Kindes** dienen und anzunehmen sein, dass ein **Eltern-Kind-Verhältnis** zwischen dem Annehmenden und dem Kind entstehen wird (§ 1741 Abs. 1 BGB). Da Stiefkindadoptionen oft aus anderen Gründen erfolgen, sind diese Voraussetzungen genau zu prüfen: Eine Adoption dient nicht dazu, die Interessen des Elternteils und des Annehmenden zu fördern, sondern hat ausschließlich den Zweck, das Wohl des Kindes zu fördern. Zur Begründung des Wunsches nach einer Stiefkindadoption sind daher die Vorstellung, dem Partner mit der Annahme einen Gefallen zu tun oder die gemeinsame Beziehung durch die gemeinsame Elternschaft auf ein höheres Niveau bringen zu wollen, nicht ausreichend. Erst Recht vermag die Absicht des Annehmenden, durch die Adoption seinen aufenthaltsrechtlichen Status zu verbessern

---

22 Helms FamRZ 2020, 645 (648).
23 Helms FamRZ 2020, 645 (646).
24 BT-Drs. 19/15618, 12.

oder (wegen des Hinzutretens eines weiteren vorrangigen Unterhaltsberechtigten) den unterhaltsrechtlichen Status eines früheren Ehegatten zu verschlechtern, eine Stiefkindadoption nicht zu rechtfertigen.

IV. Die in die Verweisung einbezogenen Vorschriften

24   Durch die Verweisung des § 1766 a Abs. 1 BGB werden folgende Vorschriften des Untertitels 1 in Bezug genommen:

25   Durch die Bezugnahme der **Verweisung** auf § 1741 Abs. 2 Satz 3 BGB wird Personen in verfestigten Lebensgemeinschaften die Adoption eines Kindes ihres Partners (**Stiefkindadoption**) ermöglicht. Über die Verweisung erfolgt ebenfalls eine Gleichstellung bezüglich der Wirkung der Annahme und des Erlöschens von Verwandtschaftsverhältnissen (§ 1754 Abs. 1, 2. Fall, Abs. 3 BGB und § 1755 Abs. 2 iVm Abs. 1 Satz 1 BGB).

26   Die Verweisung erfasst auch § 1742 BGB und ermöglicht somit die **Sukzessivadoption** in nichtehelichen Partnerschaften, denn es ist kein sachlicher Grund erkennbar, der Ungleichbehandlungen rechtfertigt, die mit einem Ausschluss dieser Adoptionsmöglichkeit verbunden wären.[25]

27   Da § 1743 Satz 1 BGB auf § 1741 Abs. 2 Satz 3 BGB Bezug nimmt, der von der Verweisung erfasst ist, gilt das dort vorgeschriebene **Mindestalter von 21 Jahren** auch bei einer Stiefkindadoption in verfestigten Lebensgemeinschaften.

28   § 1749 BGB, der die **Einwilligung** des anderen Ehegatten in eine Einzeladoption durch einen Ehegatten regelt, ist in den Fällen der Stiefkindadoption in einer verfestigten Lebensgemeinschaft schon wegen des ausdrücklichen Verweises in § 1766 a Abs. 3 BGB anwendbar. Im Fall des § 1749 Abs. 2 BGB geht die Verweisung allerdings teilweise ins Leere. Der Fall, dass eine Einwilligung eines Partners einer verfestigten Lebensgemeinschaft nicht erforderlich ist, weil sein Aufenthalt dauernd unbekannt ist, kann nicht eintreten, weil nach § 1766 a Abs. 1 BGB das Zusammenleben der Partner gerade Voraussetzung für die Anwendbarkeit der Vorschrift ist.

29   § 1751 Abs. 2 und Abs. 4 Satz 2 BGB (die Regelungen zur Wirkung der elterlichen Einwilligung und zum Unterhalt) sind **anwendbar**.

30   Bei einer Stiefkindadoption in verfestigten Lebensgemeinschaften bleibt zudem nach § 1756 Abs. 2 BGB das **Verwandtschaftsverhältnis** zu den Verwandten des anderen Elternteils bestehen, wenn dieser die elterliche Sorge hatte und verstorben ist.

31   Die nichtehelichen Partner, die mangels Ehe keinen **Ehenamen** führen, können deshalb verschiedene Familiennamen tragen, müssen in entsprechender Anwendung des § 1757 Abs. 2 Satz 1 BGB so wie Ehegatten ohne Ehenamen den Geburtsnamen des Kindes gegenüber dem Familiengericht bestimmen.[26]

V. Die Annahme von erwachsenen Stiefkindern

32   Das Gesetz zur Umsetzung der Entscheidung des Bundesverfassungsgerichts vom 26.3.2019 zum Ausschluss der Stiefkindadoption in nichtehelichen Familien enthält keine besonderen Regelungen für die **Annahme Volljähriger**. Es gelten deswegen grundsätzlich die Bestimmungen über die Minderjährigenannahme entsprechend (§ 1767 Abs. 2 Satz 1 BGB). Zu beachten ist insoweit, dass die Erwachsenenadoption die bestehenden Verwandtschaftsverhältnisse unberührt lässt und eine Verwandtschaftsbeziehung nur zum Annehmenden selbst begründet

---

25   BT-Drs. 19/15618, 13.
26   AG Büdingen NJW-RR 2020, 888.

(vgl. § 1770 BGB). Etwas anderes, die Erwachsenenadoption mit den Wirkungen der Minderjährigenadoption, lässt aber § 1772 Abs. 1 lit. c BGB für den Fall zu, dass der Annehmende das Kind seines Ehegatten annimmt. Wegen § 1767 Abs. 2 Satz 1 BGB muss dasselbe gelten, wenn ein Partner einer nichtehelichen Lebensgemeinschaft unter den Voraussetzungen des § 1766 a BGB das Kind seines Partners annimmt und die Annahme mit den Wirkungen der Minderjährigenadoption beantragt.[27]

Untertitel 2 Annahme Volljähriger

Vorbemerkung zu §§ 1767–1772 BGB

Aufsatzliteratur:

Becker, Die Erwachsenenadoption als Instrument der Nachlassplanung, ZEV 2009, 25; *Frank*, Rechtsprobleme der Erwachsenenadoption, StAZ 2008, 65; *Grziwotz,* Praktische Probleme der Hinzuadoption Volljähriger, FamRZ 2005, 2038; *Keuter*, Kostenrechtliche Aspekte in Adoptionsverfahren, FuR 2013, 567; *Kretzer-Mossner*, Die Erwachsenenadoption – Zivilrechtliche und steuerliche Gesichtspunkte, Grundeigentum 2009, 566; *Leis*, Sittliche Rechtfertigung und das Bestehen eines Eltern-Kind-Verhältnisses als Voraussetzungen der Erwachsenenadoption, ZFE 2004, 307; *Maurer*, Wahlmöglichkeiten eines Erwachsenen nach der Adoption hinsichtlich des Familiennamens, FamRZ 2009, 440; *ders*., Zur sogenannten starken Adoption, FamRZ 2010, 47; *Müller*, Probleme der Volljährigenadoption, insbesondere derjenigen mit „starken Wirkungen", MittBayNot 2011, 16; *Niemeyer,* Verfassungsrechtliche Beurteilung des gesetzlichen Verbots der Zweitadoption Volljähriger, FuR 1991, 79; *Slabon*, Adoption eines Volljährigen zur Vorbereitung der Unternehmensnachfolge, ErbBstg 2020, 220; *Wedemann*, Volljährigenadoption im Ausland ein Bereich für forum shopping?, FamRZ 2015, 2106; *Wenhardt*, Die Adoption als steuerliches Gestaltungsmittel, GStB 2010, 15; *Zimmermann*, Die Adoption Erwachsener, NZFam 2015, 484, 1134.

Die Volljährigenadoption ist vom Gesetzgeber trotz einiger Zweifel an ihrer Berechtigung bei der Neuregelung des Adoptionsrechts beibehalten worden, um in **Härtefällen**, in denen sich zwischen Volljährigen ein echtes Eltern-Kind-Verhältnis gebildet hat, auch die rechtliche Zuordnung zu ermöglichen. 1

Die Volljährigenadoption soll die **Ausnahme** bleiben; sie ist daher an zusätzliche Voraussetzungen gebunden (§§ 1767, 1769 BGB). Außerdem ist sie eine Annahme mit geringeren Wirkungen als die Annahme Minderjähriger; denn sie führt grundsätzlich nicht zur vollständigen Eingliederung des Angenommenen in die Familie des Annehmenden und zum vollständigen Ausscheiden aus seiner bisherigen Familie (§ 1770 BGB). Das Verfahren entspricht im Wesentlichen demjenigen bei der Annahme Minderjähriger (vgl. § 1768 BGB). 2

§§ 1767–1772 BGB enthalten nur **Sonderregelungen** für die Volljährigenadoption. Im Übrigen gelten die Regeln für die Minderjährigenadoption entsprechend (§ 1767 Abs. 2 BGB). 3

§ 1767 BGB Zulässigkeit der Annahme, anzuwendende Vorschriften

(1) Ein Volljähriger kann als Kind angenommen werden, wenn die Annahme sittlich gerechtfertigt ist; dies ist insbesondere anzunehmen, wenn zwischen dem Annehmenden und dem Anzunehmenden ein Eltern-Kind-Verhältnis bereits entstanden ist.

---

27 BT-Drs. 19/15618, 13.

(2) [1]Für die Annahme Volljähriger gelten die Vorschriften über die Annahme Minderjähriger sinngemäß, soweit sich aus den folgenden Vorschriften nichts anderes ergibt. [2]Zur Annahme eines Verheirateten oder einer Person, die eine Lebenspartnerschaft führt, ist die Einwilligung seines Ehegatten oder ihres Lebenspartners erforderlich. [3]Die Änderung des Geburtsnamens erstreckt sich auf den Ehe- oder Lebenspartnerschaftsnamen des Angenommenen nur dann, wenn sich auch der Ehegatte oder Lebenspartner der Namensänderung vor dem Ausspruch der Annahme durch Erklärung gegenüber dem Familiengericht anschließt; die Erklärung muss öffentlich beglaubigt werden.

I. Überblick und Systematik

1   Die Norm enthält in Abs. 1 die Grundnorm für die **Voraussetzungen der Volljährigenadoption**. In Abs. 2 ordnet sie an, dass die Vorschriften für die Minderjährigenadoption entsprechend gelten, sofern nicht etwas anderes bestimmt ist. Soweit eine Minderjährigenadoption nicht in Betracht kommt, scheidet daher eine Volljährigenadoption ebenfalls aus. Stichtag für die Frage, ob eine Minderjährigen- oder eine Volljährigenannahme vorliegt, ist der Tag des Erlasses des Beschlusses. Wird ein Kind während des Verfahrens volljährig, muss der Antrag auf eine Volljährigenadoption mit den Wirkungen der Minderjährigenadoption umgestellt werden (vgl. § 1772 BGB), wenn eine solche Adoption noch gewollt ist.

II. Voraussetzungen der Volljährigenadoption

2   Voraussetzung der Volljährigenadoption ist zunächst, dass die Annahme dem **Wohl des Anzunehmenden** dient und zu erwarten ist, dass zwischen dem Annehmenden und dem Angenommenen ein **Eltern-Kind-Verhältnis** entsteht (vgl. § 1741 Abs. 1 BGB). Die Annahme muss daher immer verweigert werden, wenn sich auch nur auf einer Seite der Wille zeigt, ein derartiges Verhältnis nicht zu begründen. Das ist vor allem dann der Fall, wenn die Beziehung nicht wesentlich durch die Bereitschaft zum gegenseitigen Beistand geprägt ist, sondern mehr auf die Erlangung anderer Vorteile, wie zB steuerlicher Vorteile ausgerichtet ist.[1] Sehr kritisch ist deswegen erbschaftsteuerlich motivierten Annahmen zu begegnen, durch die letztlich keine Eltern-Kind-Beziehung begründet, sondern durch die nur Erbschaftsteuer gespart werden soll.[2] Derartige Annahmen dürfen nur dann ausgesprochen werden, wenn die Steuerfolge eine zwar erwünschte Nebenfolge ist, die aber nicht das zentrale Motiv für die Annahme bildet. Entsprechendes gilt für Adoptionen zur Sicherstellung der Pflege.

3   Außerdem ist erforderlich, dass die **Annahme sittlich gerechtfertigt** ist (Abs. 1). Insofern handelt es sich um eine zusätzliche Anforderung, durch welche der Ausnahmecharakter der Erwachsenenadoption betont wird. Ob die sittliche Rechtfertigung vorliegt, muss in einer umfassenden Würdigung der Umstände des Einzelfalls ermittelt werden. Entscheidender Anlass für die Annahme muss ein familienbezogenes Motiv sein. Verbleiben nach Abwägung aller in Betracht kommenden Umstände begründete Zweifel an der sittlichen Rechtfertigung, ist der Adoptionsantrag abzulehnen.[3]

4   Als **Beispiel für die sittliche Rechtfertigung** nennt Abs. 1, dass zwischen Annehmendem und Anzunehmendem bereits ein Eltern-Kind-Verhältnis entstanden ist. Von einem Eltern-Kind-Verhältnis kann ausgegangen werden, wenn die zwischen den Beteiligten entstandene Beziehung dem Verhältnis zwischen volljährigen Kin-

---

1   OLG Nürnberg FamRZ 2012, 137.
2   NK-BGB/Dahm BGB § 1767 Rn. 11.
3   OLG Nürnberg FamRZ 2015, 517; OLG Brandenburg NZFam 2019, 506.

dern und ihren leiblichen Eltern entspricht. Dieses Verhältnis ist anders als bei minderjährigen Kindern, deren Beziehung zu ihren Eltern vorwiegend durch Betreuung, Schutz und Erziehung des Kindes durch diese geprägt ist. Für die Entstehung einer Eltern-Kind-Beziehung sprechen Gemeinsamkeit, familiäre Bindungen und innere Zuwendung untereinander, wie sie zwischen Eltern und erwachsenen Kindern typischerweise vorliegen, insbesondere ein enger persönlicher Kontakt und die Bereitschaft zu dauerhaftem gegenseitigem Beistand, ggf. in Verbindung mit wirtschaftlicher Hilfe.[4] Es muss sich um ein solches Maß an innerer Verbundenheit zwischen den Beteiligten handeln, dass sich die Beziehung klar von einer guten Bekanntschaft oder engen Freundschaft abhebt und in die Nähe einer echten, gelebten Beziehung zwischen einem Elternteil und dessen erwachsenem Kind rückt.[5] Anhaltspunkte sind insoweit auch eine Integration in das familiäre Beziehungsgeflecht, ein gewachsenes, gegenseitiges Grundvertrauen, in dem sich die Beteiligten wechselseitig aussprechen oder in die Entscheidungsfindung in wichtigen Angelegenheiten in angemessener Weise einbeziehen,[6] ein langjähriger enger persönlicher Umgang der Beteiligten, vor allem eine häusliche Gemeinschaft,[7] sowie eine gegenseitige Unterstützung in schwierigen Zeiten.[8]

So kann das Entstehen der **Eltern-Kind-Beziehung angenommen** werden, wenn   5
der Anzunehmende bereits lange als Pflegekind bei dem Annahmewilligen lebt. Die Adoption eines Schwiegerkindes kann jedenfalls dann sittlich gerechtfertigt sein, wenn die Schwägerschaftsbeziehung die Ehe überdauert hat und infolgedessen eine vom Kind des Annehmenden unabhängige Beziehung zwischen den Beteiligten entstanden ist.[9] Die sittliche Rechtfertigung kann sich auch daraus ergeben, dass mehrere Mitglieder einer Familie angenommen werden sollen, von denen einige minderjährig, andere aber schon volljährig sind oder wenn ein künftiger Hof- oder Unternehmenserbe, der sich bereits seit langer Zeit um den Erblasser kümmert, auch in die Familie eingegliedert werden soll.[10] Gleiches kann auf langjährige Hausangestellte zutreffen.[11] Ein nur geringer Altersunterschied zwischen Annahmewilligem und Anzunehmende schadet nicht ohne Weiteres.[12] Ebenso wenig kann pauschal das Vorhandensein von eigenen minderjährigen Kindern des Annehmenden oder sein gutes Verhältnis zu seinen leiblichen Eltern[13] als Grund angesehen werden, die sittliche Rechtfertigung der Annahme zu verneinen.[14] Die sittliche Rechtfertigung kann angenommen werden, wenn zwischen dem Annehmenden und dem Anzunehmenden seit langem, insbesondere seit der Kindheit des Anzunehmenden ein enges Verhältnis besteht,[15] vor allem, wenn der Annehmende den Anzunehmenden bei seinem schulischen oder beruflichen Fortkommen intensiv unterstützt und in diesem Bereich Aufgaben übernommen hat, die typischerweise in einem Eltern-Kind-Verhältnis anfallen.[16]

---

4 OLG Stuttgart NZFam 2019, 188; OLG Hamm FamRZ 2013, 557; OLG Brandenburg NZFam 2019, 506.
5 OLG Brandenburg NZFam 2019, 506.
6 OLG Braunschweig FamRZ 2017, 1240; KG FamRZ 2014, 225.
7 OLG Brandenburg NZFam 2019, 506.
8 OLG Hamm FamRB 2014, 333.
9 OLG Köln 21.3.2019 – 14 UF 20/19.
10 Vgl. BayObLG FamRZ 2005, 131.
11 OLG Braunschweig FamRZ 2017, 1240.
12 Kritischer KG FamRZ 2014, 225 bei einem Unterschied von nur 12 Jahren.
13 OLG Stuttgart NJW 2019, 1385; OLG Hamburg FamRZ 2019, 45; OLG München FamRZ 2017, 1238; aA OLG Bremen FamRZ 2017, 722.
14 OLG München NJW-RR 2011, 731; aA noch BayObLG FamRZ 1984, 419 (420).
15 OLG Stuttgart NZFam 2019, 188; OLG Hamm FamRZ 2013, 557; OLG Brandenburg NZFam 2019, 506.
16 OLG Stuttgart NZFam 2019, 188; OLG Hamm FamRZ 2013, 557; OLG Brandenburg NZFam 2019, 506; OLG Nürnberg FamRZ 2016, 315.

6 **Nicht ausreichend** sind aber die nur freundschaftliche[17] oder partnerschaftliche[18] Verbundenheit, wirtschaftliche Gründe,[19] die Absicht, einen Familiennamen vor dem Aussterben zu bewahren[20] oder einem von Abschiebung bedrohten Ausländer ein Bleiberecht zu verschaffen.[21] Eine vorhergehende sexuelle Beziehung schließt das Entstehen eines Eltern-Kind-Verhältnisses regelmäßig aus und hindert deswegen die Annahme der sittlichen Rechtfertigung.[22] Zu Adoptionen aus steuerrechtlichen Motiven oder zur Sicherung der Pflege → Rn. 2.

7 Für die Annahme Volljähriger gelten die Vorschriften über die Annahme Minderjähriger sinngemäß (Abs. 2 Satz 1). Dazu gehört die Regelung in § 1741 Abs. 2 Satz 2 BGB, wonach ein **Ehepaar** ein Kind **nur gemeinschaftlich** annehmen kann. Ist ein Annehmender verheiratet, kommt die Annahme also nur zusammen mit seinem Ehegatten in Betracht.[23] Die Voraussetzungen für eine teleologische Reduktion dieser Vorschrift liegen nicht vor.[24] Verweigert der Ehegatte die Annahme, kommt die Annahme nicht in Betracht.

8 Der **Ehegatte** bzw. **Lebenspartner des Angenommenen** muss der Annahme zustimmen (Abs. 2 Satz 2).

III. Namensrecht

9 Der **Geburtsname des Angenommenen** ändert sich automatisch (§ 1757 Abs. 1 BGB). Ggf. kann der bisherige Familienname dem neuen angefügt oder vorangestellt werden (§ 1757 Abs. 3 BGB). Es besteht aber derzeit für einen Angenommenen, der bis zur Annahme als Kind seinen Geburtsnamen als Familiennamen, nicht aber als Ehenamen geführt hat, auch bei Vorliegen besonderer Umstände keine Möglichkeit, diesen Geburtsnamen als alleinigen Familiennamen fortzuführen.[25] Der BGH hält das für verfassungswidrig und hat die Frage dem BVerfG vorgelegt.[26]

10 Ergänzend gilt, dass die **Änderung des Geburtsnamens** des Angenommenen sich auf den **Ehe-** (§ 1355) bzw. den **Lebenspartnerschaftsnamen** (§ 3 LPartG) nur dann auswirkt, wenn der Ehegatte bzw. Lebenspartner dem zustimmt; seine Erklärung bedarf der öffentlichen Beglaubigung (Abs. 2 Satz 3).

§ 1768 BGB Antrag

(1) ¹Die Annahme eines Volljährigen wird auf Antrag des Annehmenden und des Anzunehmenden vom Familiengericht ausgesprochen. ²§§ 1742, 1744, 1745, 1746 Abs. 1, 2, § 1747 sind nicht anzuwenden.

(2) Für einen Anzunehmenden, der geschäftsunfähig ist, kann der Antrag nur von seinem gesetzlichen Vertreter gestellt werden.

---

17 BayObLG NJWE-FER 1998, 36.
18 AG Büdingen NZFam 2019, 462: Antrag auf Annahme einer volljährigen Frau durch ihren über 20 Jahre älteren ehemaligen Ehemann.
19 OLG Stuttgart 26.6.2014 – 11 UF 316/13; OLG Zweibrücken FamRZ 2006, 572; OLG Karlsruhe NJW-RR 2006, 364.
20 BayObLG FamRZ 1993, 236.
21 BayObLG FamRZ 1996, 183; KG FamRZ 1982, 641; aA OLG Celle StAZ 1995, 171, zum – fehlenden – Aufenthaltsrecht des adoptierten Ausländers vgl. BVerfG NJW 1989, 2195.
22 OLG München FuR 2006, 138.
23 OLG Koblenz FamRZ 2014, 1039; OLG Schleswig FamRZ 2014, 1039.
24 OLG Schleswig FamRZ 2014, 1039.
25 OLG Stuttgart FamRZ 2020, 514; BGH FamRZ 2020, 1275.
26 BGH FamRZ 2020, 1275.

§ 1768 BGB enthält für die Erwachsenenadoption **Spezialregelungen für den** 1
Annahmeantrag und in Bezug auf Annahmehindernisse.

Die Erwachsenenadoption setzt, anders als in § 1752 BGB für die Minderjäh- 2
rigenannahme vorgesehen, einen **Antrag des Annehmenden und einen Antrag
des Anzunehmenden** voraus (Abs. 1 Satz 1). Dafür entfällt die Einwilligung des
Anzunehmenden (Abs. 1 Satz 2, § 1746 Abs. 1, 2 BGB). Den Antrag kann nur
der Anzunehmende selbst stellen. Nur bei Geschäftsunfähigkeit vertritt ihn sein
gesetzlicher Vertreter (Abs. 2), der nach § 1896 BGB bestellte Betreuer (§ 1902
BGB). Der Annehmende selbst muss dagegen geschäftsfähig sein;[1] bei ihm ist
eine Sonderregelung wie für den Anzunehmenden nicht vorgesehen.

§ 1742 BGB gilt nicht (Abs. 1 Satz 2). Auch jemand, der schon (gleich, ob als 3
Minder- oder als Volljähriger) adoptiert worden war, kann daher erneut adoptiert werden. Das ermöglicht zB Rückadoptionen, wenn der Elternteil, dessen
Ehegatte das Kind angenommen hatte, nach Auflösung dieser Ehe den anderen
leiblichen Elternteil des Angenommenen wieder geheiratet hat.

Unanwendbar ist auch die Regelung (§ 1745 BGB) über die **Adoptionspflege** 4
(Abs. 1 Satz 2). Eine solche widerspräche dem Selbstbestimmungsrecht des voll-
jährigen Anzunehmenden. Entsprechendes gilt für die **Einwilligung der leiblichen
Eltern** in die Annahme (§ 1747 BGB).

§ 1769 BGB Verbot der Annahme

Die Annahme eines Volljährigen darf nicht ausgesprochen werden, wenn ihr
überwiegende Interessen der Kinder des Annehmenden oder des Anzunehmenden
entgegenstehen.

Aufsatzliteratur:

Grziwotz, Schützenswerte Interessen der Abkömmlinge des Annehmenden bei der Volljährigenadoption, FamRZ 1991, 1399.

Die Regelung entspricht § 1745 Satz 1 Hs. 1 BGB. Die **Annahme ist zu versagen,** 1
wenn die Interessen der Kinder des Anzunehmenden oder des Annehmenden das
Interesse des Anzunehmenden und des Annehmenden selbst an der Durchführung der Annahme überwiegen. Gemeint sind konkrete Gefährdungen. Der Ausspruch der Annahme darf deswegen nicht allein aufgrund der nur potenziellen,
gegenwärtig in keiner Weise konkretisierten Gefahr eines Bedürftigwerdens eines Elternteils aufgrund von denkbarer Erwerbslosigkeit oder Pflegebedürftigkeit
versagt werden.[1] Das Familiengericht muss die genannten Interessen abwägen.[2]
Es ist nicht zulässig, pauschal einen Vorrang der Interessen der leiblichen Kinder
des Annehmenden anzunehmen.[3]

Dass der 2. Hs. aus § 1745 BGB nicht übernommen wurde, beruht darauf, 2
dass bei der Erwachsenenannahme der Anzunehmende selbst den Antrag auf Annahme stellt und deswegen **nicht schutzwürdig** ist, wenn seine Interessen durch
Kinder des Annehmenden gefährdet werden. Der geringere Rang der Erwachsenenadoption zeigt sich aber daran, dass im Rahmen der Prüfung des § 1769
BGB auch vermögensrechtliche Interessen berücksichtigt werden und sogar den
Ausschlag geben dürfen. Das gilt vor allem für die Frage, wie sich die Beteiligung

---

1 OLG München FamRZ 2010, 2087.
1 OLG Brandenburg NJW 2019, 1533.
2 OLG München FGPrax 2005, 261.
3 OLG München NJW-RR 2011, 731 gegen BayObLG FamRZ 1984, 419 (420).

des Adoptivkindes am Nachlass des Annehmenden auf die Stellung der übrigen Kinder auswirkt.[4]

3   Die Kinder sind im Adoptionsverfahren **anzuhören** (§ 193 FamFG), weil sie durch die Annahme in eigenen Rechten betroffen werden.[5]

§ 1770 BGB   Wirkung der Annahme

(1) [1]Die Wirkungen der Annahme eines Volljährigen erstrecken sich nicht auf die Verwandten des Annehmenden. [2]Der Ehegatte oder Lebenspartner des Annehmenden wird nicht mit dem Angenommenen, dessen Ehegatte oder Lebenspartner wird nicht mit dem Annehmenden verschwägert.

(2) Die Rechte und Pflichten aus dem Verwandtschaftsverhältnis des Angenommenen und seiner Abkömmlinge zu ihren Verwandten werden durch die Annahme nicht berührt, soweit das Gesetz nichts anderes vorschreibt.

(3) Der Annehmende ist dem Angenommenen und dessen Abkömmlingen vor den leiblichen Verwandten des Angenommenen zur Gewährung des Unterhalts verpflichtet.

1   § 1770 BGB regelt die **Folgen der Erwachsenenannahme.** Diese sind gegenüber denjenigen der Minderjährigenadoption (§§ 1754–1757 BGB) sehr reduziert. Zur ausnahmsweise bestehenden Möglichkeit, die Wirkungen einer Minderjährigenadoption herbeizuführen, s. § 1772 BGB.

2   Bei Erwachsenenadoptionen **beschränken sich die Wirkungen auf den Angenommenen und seine Abkömmlinge und den Annehmenden.** Eine vollständige Eingliederung in die Familie des Annehmenden unterbleibt. Er und seine Abkömmlinge werden mit den Verwandten des Annehmenden nicht verwandt (Abs. 1 Satz 1). Die Kinder des Angenommenen werden also zwar Enkel des Annehmenden, nicht aber Neffen oder Nichten von dessen Geschwistern. Mehrere als Erwachsene von derselben Person Angenommene sind nicht miteinander verwandt (wenn sie es nicht schon vor der Annahme waren). Erfolgt die Annahme durch einen Verheirateten allein (entgegen § 1741 Abs. 2 Satz 1 BGB), wird der Angenommene mit dessen Ehegatten oder Lebenspartner ebenso wenig verschwägert wie der Ehegatte oder Lebenspartner des Angenommenen mit dem Annehmenden (Abs. 1 Satz 2).

3   Der Angenommene erhält – wie bei der Minderjährigenannahme auch – als Geburtsnamen den Familiennamen des Annehmenden.[1]

4   Umgekehrt werden bei der Erwachsenenadoption die **Bindungen zur bisherigen Familie nicht gelöst** (Abs. 2). Der Angenommene bleibt also mit seinen bisherigen Verwandten einschließlich seiner Eltern auch nach der Annahme verwandt. Beim Tod des Angenommenen erben seine leiblichen und seine Adoptiveltern ggf. nebeneinander als gesetzliche Erben. Auch Unterhaltspflichten bestehen im Verhältnis zu den leiblichen Eltern wie zum Annehmenden. Abs. 3 ordnet aber an, dass der Annehmende dem Angenommenen und dessen Abkömmlingen vor den leiblichen Verwandten zum Unterhalt verpflichtet ist.

---

4   Vgl. AG Bremen FamRZ 2010, 47.
5   BVerfG NJW 2009, 138.
1   OLG Hamm FamRZ 2012, 138.

§ 1771 BGB Aufhebung des Annahmeverhältnisses

[1]Das Familiengericht kann das Annahmeverhältnis, das zu einem Volljährigen begründet worden ist, auf Antrag des Annehmenden und des Angenommenen aufheben, wenn ein wichtiger Grund vorliegt. [2]Im Übrigen kann das Annahmeverhältnis nur in sinngemäßer Anwendung der Vorschrift des § 1760 Abs. 1 bis 5 aufgehoben werden. [3]An die Stelle der Einwilligung des Kindes tritt der Antrag des Anzunehmenden.

§ 1771 BGB regelt die **Aufhebung der Erwachsenenadoption**. Mit den schwächeren Wirkungen dieser Annahme korrespondiert eine erleichterte Aufhebbarkeit des Annahmeverhältnisses. Es kann nicht nur nach § 1760 BGB aufgehoben werden, sondern auch auf Antrag von Annehmendem und Angenommenem bei Vorliegen eines wichtigen Grundes. [1]

Die Anwendung von § 1771 BGB ist auf den Fall der Erwachsenenadoption beschränkt. Eine **Analogie bei Minderjährigenannahmen nach Eintritt der Volljährigkeit** des Angenommenen ist **ausgeschlossen**,[1] weil die Minderjährigenannahme wegen der weitergehenden Wirkungen einen höheren Bestandsschutz genießen muss. Das zu einem Minderjährigen begründete Annahmeverhältnis ist nach dem Eintritt der Volljährigkeit des Kindes auch bei schwersten Verfehlungen eines Beteiligten (zB sexueller Missbrauch der Adoptivtochter durch den Adoptivvater) nicht mehr aufhebbar.[2] [2]

Die Aufhebung der Erwachsenenadoption ist zunächst **in den in § 1760 BGB genannten Fällen** unter den dafür auch bei Minderjährigenadoption geltenden Voraussetzungen zulässig (Satz 2). Wegen des andersartigen Annahmeerfordernisses ist nur statt auf die Einwilligung des Kindes auf den Antrag des Angenommenen (vgl. § 1768 Abs. 1 Satz 1 BGB) abzustellen (Satz 3). Außerdem kann wegen fehlender oder unwirksamer Einwilligung der Eltern keine Aufhebung betrieben werden, weil diese bei der Erwachsenenannahme nicht erforderlich ist (§ 1768 Abs. 1 Satz 2 BGB). [3]

Außerdem ist die Aufhebung der Annahme zulässig, wenn ein **wichtiger Grund** besteht und der Annehmende und der Angenommene die Aufhebung **beantragen** (Satz 1). Erforderlich ist ein Antrag von beiden.[3] Das gilt auch, wenn der Annehmende inzwischen verstorben ist. Soweit er vor seinem Tod keinen Antrag gestellt hatte, scheidet die Aufhebung der Annahme deswegen aus.[4] Ein wichtiger Grund kann in der ernstlichen Zerrüttung der Beziehung zwischen Annehmendem und Angenommenem liegen, wie sie etwa in der Begehung von Straftaten des einen gegen den anderen zum Ausdruck kommt oder in ehebrecherischen Beziehungen zum Ehegatten des Annehmenden oder Angenommenen. In Betracht kommt auch, dass der Angenommene nach der Volljährigenadoption psychisch und physisch ernsthaft unter der neuen familiären Situation leidet[5] oder dass Annehmender und Angenommener eine gleichgeschlechtliche Beziehung eingegangen sind.[6] [4]

Es **reicht dagegen nicht**, dass nur diejenigen Umstände wegfallen, die die Annahme sittlich gerechtfertigt haben (vgl. § 1767 Abs. 1 BGB) oder dass die Annahme von sachfremden Motiven getragen war (zB Erlangung einer Aufenthaltserlaub- [5]

---

1 BayObLG FamRZ 1990, 204; OLG Düsseldorf NJW-RR 1986, 300.
2 BGH FamRZ 2014, 930; BVerfG FamRZ 2015, 1365.
3 BGHZ 103, 12 = NJW 1988, 1139; OLG Karlsruhe FamRZ 1988, 979.
4 OLG Stuttgart NJW-RR 2010, 1231.
5 OLG Köln FamRZ 2012, 1816.
6 AG Düsseldorf FamRZ 2015, 593.

nis). Für die Aufhebung aus wichtigem Grund gelten die Schranken einer Aufhebung nach § 1760 BGB (§§ 1761 f. BGB) nicht.

Im Übrigen kann die Annahme wegen Willensmängeln – auch auf einseitigen Antrag hin – aufgehoben werden (Satz 2 iVm § 1760 Abs. 1–5 BGB).

6 Die **Wirkungen der Aufhebung** richten sich nach §§ 1764 f. BGB.

§ 1772 BGB Annahme mit den Wirkungen der Minderjährigenannahme

[1]Das Familiengericht kann beim Ausspruch der Annahme eines Volljährigen auf Antrag des Annehmenden und des Anzunehmenden bestimmen, dass sich die Wirkungen der Annahme nach den Vorschriften über die Annahme eines Minderjährigen oder eines verwandten Minderjährigen richten (§§ 1754 bis 1756), wenn

a) ein minderjähriger Bruder oder eine minderjährige Schwester des Anzunehmenden von dem Annehmenden als Kind angenommen worden ist oder gleichzeitig angenommen wird oder

b) der Anzunehmende bereits als Minderjähriger in die Familie des Annehmenden aufgenommen worden ist oder

c) der Annehmende das Kind seines Ehegatten annimmt oder

d) der Anzunehmende in dem Zeitpunkt, in dem der Antrag auf Annahme bei dem Familiengericht eingereicht wird, noch nicht volljährig ist.

[2]Eine solche Bestimmung darf nicht getroffen werden, wenn ihr überwiegende Interessen der Eltern des Anzunehmenden entgegenstehen.

(2) [1]Das Annahmeverhältnis kann in den Fällen des Absatzes 1 nur in sinngemäßer Anwendung der Vorschrift des § 1760 Abs. 1 bis 5 aufgehoben werden. [2]An die Stelle der Einwilligung des Kindes tritt der Antrag des Anzunehmenden.

I. Grundlagen und Systematik

1 § 1772 BGB enthält **Ausnahmen zu §§ 1770 f. BGB**. Er lässt es in vier Fällen zu, dass die Erwachsenenadoption statt mit den Wirkungen des § 1770 BGB mit den Wirkungen der Minderjährigenannahme ausgesprochen wird und verleiht ihr für diesen Fall denselben Bestandsschutz wie dieser. Die Volladoption kann nur auf Antrag des Annehmenden und des Anzunehmenden ausgesprochen werden (Abs. 1 Satz 1). Dieser kann mit dem Annahmeantrag verbunden werden.

II. Die Volljährigenadoption mit den Wirkungen der Minderjährigenadoption

2 Die Anordnung einer Volladoption ist **zulässig**, wenn ein minderjähriges Geschwisterkind des Anzunehmenden von dem Annehmenden als Kind angenommen worden ist oder gleichzeitig angenommen wird (Abs. 1 Satz 1 lit. a), weil alle Geschwister die gleiche Stellung zum Annehmenden erhalten sollen. Gleiches gilt, wenn deswegen eine besonders starke Bindung zwischen Annehmendem und Anzunehmendem besteht, weil dieser schon als Minderjähriger in die Familie des Annehmenden aufgenommen wurde und dort tatsächlich gelebt hat[1] (Abs. 1 Satz 1 lit. b) oder weil es sich bei dem Anzunehmendem um das Kind seines Ehegatten oder Lebenspartners handelt (Abs. 1 Satz 1 lit. c, § 9 Abs. 7 Satz 2 LPartG). Schließlich soll einem Adoptierten daraus kein Nachteil erwachsen,

---

1 OLG München FamRZ 2010, 2088.

dass die Annahme nicht rechtzeitig während seiner Minderjährigkeit ausgesprochen werden konnte. Abs. 1 Satz 1 lit. d lässt die Volladoption daher zu, wenn der Anzunehmende in dem Zeitpunkt, in dem der Antrag auf Annahme bei dem Familiengericht eingereicht wird, noch nicht volljährig ist.

Trotz Vorliegens einer der Fallgruppen muss die **Volladoption unterbleiben,** wenn ihr **überwiegende Interessen der Eltern des Anzunehmenden entgegenstehen** (Abs. 1 Satz 2). Das können persönliche Interessen, aber auch vermögensrechtliche sein. 3

Die **Wirkungen** der Volladoption richten sich nach §§ 1754–1756 BGB. 4

Die **Aufhebung** der Volladoption richtet sich nach § 1760 BGB (Abs. 2). Dazu gilt das in → BGB § 1771 Rn. 2 Gesagte entsprechend. Eine Aufhebung aus wichtigem Grund (§ 1771 Satz 1 BGB) ist unzulässig. 5

Einführungsgesetz zum Bürgerlichen Gesetzbuche (EGBGB)

In der Fassung der Bekanntmachung vom 21. September 1994
(BGBl. I S. 2494, ber. BGBl. 1997 I S. 1061)
(FNA 400–1)

zuletzt geändert durch Art. 10 G zur weiteren Verkürzung des
Restschuldbefreiungsverfahrens und zur Anpassung pandemiebedingter
Vorschriften im Gesellschafts-, Genossenschafts-, Vereins- und Stiftungsrecht
sowie im Miet- und Pachtrecht vom 22. Dezember 2020 (BGBl. I S. 3328)

– Auszug –

Artikel 22 EGBGB   Annahme als Kind

(1) [1]Die Annahme als Kind im Inland unterliegt dem deutschen Recht. [2]Im
Übrigen unterliegt sie dem Recht des Staates, in dem der Anzunehmende zum
Zeitpunkt der Annahme seinen gewöhnlichen Aufenthalt hat.

(2) Die Folgen der Annahme in Bezug auf das Verwandtschaftsverhältnis zwischen dem Kind und dem Annehmenden sowie den Personen, zu denen das Kind
in einem familienrechtlichen Verhältnis steht, unterliegen dem nach Absatz 1
anzuwendenden Recht.

(3) [1]In Ansehung der Rechtsnachfolge von Todes wegen nach dem Annehmenden, dessen Ehegatten, Lebenspartner oder Verwandten steht der Angenommene
ungeachtet des nach den Absätzen 1 und 2 anzuwendenden Rechts einem nach
den deutschen Sachvorschriften angenommenen Kind gleich, wenn der Erblasser
dies in der Form einer Verfügung von Todes wegen angeordnet hat und die
Rechtsnachfolge deutschem Recht unterliegt. [2]Satz 1 gilt entsprechend, wenn
die Annahme auf einer ausländischen Entscheidung beruht. [3]Die Sätze 1 und 2
finden keine Anwendung, wenn der Angenommene im Zeitpunkt der Annahme
das achtzehnte Lebensjahr vollendet hatte.

Aufsatzliteratur:

Busch, Adoptionswirkungsgesetz und Haager Adoptionsübereinkommen, IPRax 2003, 13;
Frank, Neuregelungen auf dem Gebiet des internationalen Adoptionsrechts unter besonderer Berücksichtigung der Anerkennung von Auslandsadoptionen, StAZ 2003, 257; *Kissner*,
Familienname eines verheirateten Türken nach Adoption in Deutschland; Name der Ehe-
frauen und der Kinder, StAZ 2012, 58; *Maurer*, Das Gesetz zur Regelung von Rechtsfragen
auf dem Gebiet der internationalen Adoption und zur Weiterentwicklung des Adoptionsvermittlungsrechts, FamRZ 2003, 1337; *Reinhardt*, Spannungsfeld von Kafala und internationaler Adoptionsvermittlung: Machtwort oder Übergangslösung?, JAmt 2011, 180; *Wagner*,
Anerkennung und Wirksamkeit ausländischer familienrechtlicher Rechtsakte nach autonomem deutschem Recht, FamRZ 2006, 744; *Weitzel*, Das Haager Adoptionsübereinkommen
vom 29.5.1993, NJW 2008, 186.

Kemper

I. Regelungsgehalt und Normzweck

1. Grundlagen. Art. 22 EGBGB betrifft die **Adoption** und vergleichbare **Rechts-** **1** **institute**, durch welche ein **Eltern-Kind-Verhältnis, Verwandtschaft** oder eine **ähnliche Rechtsbeziehung begründet** werden soll. Der Gesetzgeber hat zugleich mit der Zulassung der Stiefkindadoption durch die Partner einer verfestigten nichtehelichen Lebensgemeinschaft auch diese Norm des Internationalen Privatrechts verändert, denn die bisherigen Regeln führten in solchen Fällen nicht zu einer adäquaten Lösung: Art. 22 Abs. 1 EGBGB aF unterschied die Adoption durch eine unverheiratete Person (Art. 22 Abs. 1 Satz 1 EGBGB aF) und die Annahme durch einen oder beide Ehegatten (Art. 22 Abs. 1 Satz 2 EGBGB aF) oder den Partner einer eingetragenen Lebenspartnerschaft (Art. 22 Abs. 1 Satz 3 EGBGB aF). Der Fokus lag auf den Annehmenden: Bei der Einzeladoption kam es auf die Staatsangehörigkeit des Annehmenden an, bei einer Annahme durch Eheleute bzw. einen Ehegatten wurde auf das nach Art. 14 EGBGB bestimmte Ehewirkungsstatut und bei Stiefkindadoptionen durch Lebenspartner auf das nach Art. 17 b Abs. Satz 1 EGBGB bestimmte Lebenspartnerschaftswirkungsstatut abgestellt. Die Interessen des Kindes wurden dadurch berücksichtigt, dass es selbst immer dann der Annahme zustimmen musste, wenn sein Heimatrecht das vorsah (Art. 23 Satz 1 EGBGB aF).

Die **Übertragung der für Eheleute** und Lebenspartner **geltenden Regeln** auf die **2** Stiefkindannahme in verfestigten nichtehelichen Lebensgemeinschaften erschien dem Gesetzgeber **nicht gangbar,** weil es für diese keine vergleichbar starke Regelung für ein Wirkungsstatut gibt wie für Ehen und Lebenspartnerschaften. Daraus leitete der Gesetzgeber ab, dass die Sonderregeln für Eheleute und Lebenspartner abgeschafft werden müssten, um dem Verdikt der Verfassungswidrigkeit zu entgehen. Damit hätte sich das auf Adoptionen anwendbare Recht immer nach der Staatsangehörigkeit des Annehmenden gerichtet (Art. 22 Abs. 1 Satz 1 EGBGB aF). Das hätte aber bei der gemeinsamen Annahme eines Kindes durch Eheleute, Lebenspartner und nicht verheiratete Paare dazu geführt, dass die Annahme nach zwei Rechten beurteilt worden wäre, wenn beide eine unterschiedliche Staatsangehörigkeit gehabt hätten.

Es kam daher zu einer **vollständigen Neukonzeption des Internationalen Adopti- 3 onsrechts.** Im Fokus steht jetzt der Anzunehmende. Der Gesetzgeber hat sich dafür entschieden, die Frage des anwendbaren Adoptionsrechts grundsätzlich anhand des gewöhnlichen Aufenthaltes des Anzunehmenden zu bestimmen. Damit kommt es auch im Adoptionsrecht zu einer Abkehr vom Staatsangehörigkeitsprinzip. In Reinform hätte die Anknüpfung an den gewöhnlichen Aufenthalt des Anzunehmenden aber dazu geführt, dass ein im Ausland lebendes deutsches Kind nur unter den Voraussetzungen des ausländischen Rechts hätte adoptiert werden können. Das erschien dem Gesetzgeber nicht interessengerecht. Es kam daher zu einer differenzierenden Lösung, durch die erreicht wurde, dass auch dieser Fall den deutschen Sachvorschriften unterliegt:

Art. 22 Abs. 1 Satz 1 EGBGB nF bestimmt, dass die **Annahme als Kind im 4 Inland dem deutschen Recht unterliegt.** Diese Regelung ist im Zusammenhang mit § 101 FamFG zu sehen, welcher die internationale Zuständigkeit deutscher Gerichte für Adoptionssachen regelt. Durch die Reform kommt es zu einem Gleichlauf von internationaler Zuständigkeit und anzuwendendem Recht. Für **Adoptionen im Ausland** bestimmt Art. 22 Abs. 1 Satz 2 EGBGB nF, dass die Annahme dem Recht des Staates unterliegt, in dem der Anzunehmende zum Zeitpunkt der Annahme seinen gewöhnlichen Aufenthalt hat. Zu beachten ist aber, dass dann, wenn ein Gericht im Ausland die Adoption ausgesprochen hat und die Frage gestellt ist, ob diese Annahme in Deutschland wirksam ist, es nicht um die Ermittlung des aus deutscher Sicht „richtigen" anwendbaren Rechts geht (also die Anwendung des Art. 22 EGBGB), sondern um die Anerkennung einer ausländischen Gerichtsentscheidung in Deutschland.[1]

5 **2. Konkurrenzen.** Vorrangig ist das **Deutsch-Iranische Niederlassungsabkommen** von 1929.[2]

6 Das **Europäische Adoptionsübereinkommen** von 2008, das 2015 ratifiziert wurde,[3] enthält ebenso wie das **Haager Adoptionsübereinkommen** von 1993[4] keine Kollisionsnormen, sondern Regeln für die Kooperation auf dem Gebiet der grenzüberschreitenden Adoption. Das Haager Adoptionsübereinkommen ist anzuwenden, wenn ein Kind unter 18 Jahren, das in einem Vertragsstaat lebt, von Annehmenden mit gewöhnlichem Aufenthalt in einem anderen Vertragsstaat adoptiert werden soll. Entscheidend ist, dass das Kind im Zusammenhang mit einer angestrebten oder bereits ausgesprochenen Adoption in den Aufnahmestaat übersiedelt (Art. 2 Abs. 1 HAÜ). Das Übereinkommen fördert die Rechtssicherheit, indem Adoptionsentscheidungen eines Vertragsstaates in den anderen Vertragsstaaten kraft Gesetzes anerkannt werden, wenn sie gemäß den Bestimmungen des Übereinkommens zu Stande gekommen sind und eine entsprechende Bescheinigung des Herkunftsstaates vorliegt (Art. 23 Abs. 1 HAÜ).

Zu Einzelheiten s. die Kommentierung des Ausführungsgesetzes zu diesem Übereinkommen, des AdÜbAG, von Reinhardt.

7 Für die **Zustimmungen des Kindes und Dritter** zu der Adoption enthielt Art. 23 EGBGB bis zum 30.3.2020 eine Sonderanknüpfung. Für Adoptionen wurde diese mWv 31.3.2020 beseitigt.[5]

8 **Rück- und Weiterverweisungen** sind zu beachten, sofern sie nicht dem Sinn des Art. 22 EGBGB widersprechen.

II. Die Annahme als Kind im Internationalen Privatrecht

9 **1. Anknüpfungsgegenstand.** Anknüpfungsgegenstand des Art. 22 EGBGB sind die **Adoption** sowie alle anderen Rechtsinstitute, durch die ein Eltern-Kind-Verhältnis, eine Verwandtschaft oder eine ähnliche Beziehung begründet wird. Hierher gehören deswegen auch die Annahme als Bruder oder Schwester, als Enkel oder Ähnliches, ja selbst die Begründung eines Pflegekindschaftsverhältnisses, wenn dieses echte personenstandsrechtliche Folgen hat.

10 Erfasst werden zunächst die **Voraussetzungen der Annahme.** Dazu gehören Anforderungen an das Alter der Annehmenden und der Angenommenen, den Altersunterschied zwischen beiden, das Erfordernis einer Ehe, die Frage, ob eine gemeinschaftliche Annahme zulässig ist, die Frage, ob Paare gleichen Geschlechts gemeinsam annehmen können oder ob die Annehmenden keine eigenen leiblichen Kinder haben dürfen. Ebenfalls hierher gehört die Frage, wer an der Annahme zu beteiligen ist und ihr zustimmen muss.

11 Das Adoptionsstatut entscheidet auch über die **Art und Weise** des Zustandekommens der Annahme. Vor allem ist dieses maßgebend dafür, ob die Annahme durch einen Vertrag oder durch einen staatlichen Hoheitsakt erfolgt. Probleme

---

1 Teklote NZFam 2020, 409 (413).
2 RGBl. 1930 II 1006; BGBl. 1955 II 829.
3 BGBl. 2015 II 2.
4 Haager Übereinkommen vom 29.5.1993 über den Schutz von Kindern und die Zusammenarbeit auf dem Gebiet der internationalen Adoption, in Deutschland in Kraft seit 1.3.2002.
5 Art. 2 Gesetz zur Umsetzung der Entscheidung des Bundesverfassungsgerichts vom 26.3.2019 zum Ausschluss der Stiefkindadoption in nichtehelichen Familien v. 19.3.2020, BGBl. I 541.

können sich dann ergeben, wenn das Aufenthaltsrecht des Kindes und das Recht des Annehmenden unterschiedlichen Systemen folgen, wenn also zB ein Kind aus einem Land, das dem Vertragssystem folgt, bei deutschem Adoptionsstatut angenommen werden soll. Deutschland folgt dem Dekretsystem und verlangt den gerichtlichen Ausspruch der Annahme. Das deutsche Gericht muss deswegen die Annahme durch Beschluss aussprechen (vgl. § 1752 BGB), auch wenn der Annahmevertrag nach dem dafür maßgeblichen Recht wirksam ist.[6]

Maßgeblich ist das Adoptionsstatut auch für die **Wirkungen der Annahme**, vor allem, ob es sich um eine starke (mit voller Gleichstellung zu leiblichen Kindern des Annehmenden) oder eine sog. Schwache Annahme handelt, durch die das angenommene Kind einem leiblichen Kind nur teilweise gleichgestellt wird. Außerdem entscheidet das durch Art. 22 EGBGB berufene Recht darüber, mit welchen anderen Verwandten oder Angehörigen des Annehmenden der Angenommene verwandt wird (vgl. Abs. 2) und ob seine verwandtschaftlichen Beziehungen zu seinen leiblichen Verwandten erlöschen.   **12**

Das Adoptionsstatut entscheidet schließlich auch darüber, unter welchen Voraussetzungen eine **Annahme rückgängig** gemacht werden kann und ob eine Anfechtung wegen Irrtums möglich ist, welche Auswirkungen eine weitere Adoption oder die Heirat zwischen Annehmendem und Angenommenen haben.   **13**

Nicht einschlägig ist das Adoptionsstatut für die Frage, welchen Namen der Angenommene tragen soll (Art. 10 EGBGB), für seine Unterhaltsansprüche (Europäische Unterhaltsverordnung) und die Rechtsbeziehungen zu seinen Eltern (Art. 21 EGBGB), sofern die Annahme zu einer Gleichstellung mit den leiblichen Kindern geführt hat (→ Rn. 7).   **14**

2. Adoptionsstatut. Wegen der durch die Neuregelung der Stiefkindannahme entstandenen Anknüpfungsprobleme kam es zu einer vollständigen Neukonzeption des Internationalen Adoptionsrechts. Im Fokus steht jetzt der Anzunehmende. Der Gesetzgeber hat sich dafür entschieden, die Frage des anwendbaren Adoptionsrechts grundsätzlich anhand des **gewöhnlichen Aufenthaltes des Anzunehmenden** zu bestimmen. Damit kommt es im Adoptionsrecht zu einer Abkehr vom Staatsangehörigkeitsprinzip. In Reinform hätte die Anknüpfung an den gewöhnlichen Aufenthalt des Anzunehmenden aber dazu geführt, dass ein im Ausland lebendes deutsches Kind nur unter den Voraussetzungen des ausländischen Rechts hätte adoptiert werden können. Das erschien dem Gesetzgeber nicht interessengerecht. Es kam daher zu einer differenzierenden Lösung, durch die erreicht wurde, dass auch dieser Fall den deutschen Sachvorschriften unterliegt: **15**

Art. 22 Abs. 1 Satz 1 EGBGB nF bestimmt, dass die **Annahme als Kind im Inland dem deutschen Recht unterliegt.** Diese Regelung ist im Zusammenhang mit § 101 FamFG zu sehen, welcher die internationale Zuständigkeit deutscher Gerichte für Adoptionssachen regelt. Durch die Reform kommt es zu einem Gleichlauf von internationaler Zuständigkeit und anzuwendendem Recht, denn die deutschen Gerichte sind für eine Adoption zuständig, wenn der Annehmende (bzw. einer der gemeinsam annehmenden Ehegatten) oder das anzunehmende Kind Deutscher ist (§ 101 Nr. 1 FamFG) oder seinen gewöhnlichen Aufenthalt in Deutschland hat (§ 101 Nr. 2 FamFG). In all diesen Fällen wenden die zuständigen deutschen Gerichte jetzt deutsches Sachrecht an. Das Erfordernis, ggf. weitere nach dem Heimatrecht des Anzunehmenden erforderliche Zustimmungen des Anzunehmenden einholen zu müssen (Art. 23 EGBGB aF), ist entfallen, da diese Zustimmungen im deutschen Sachrecht ohnehin vorgesehen sind (vgl. §§ 1746–1749 BGB).   **16**

---

6 BayObLGZ 97, 85.

17 Nicht von Abs. 1 Satz 1 erfasst werden allein **Adoptionen im Ausland,** bei denen weder der Annehmende (bzw. einer der gemeinsam annehmenden Ehegatten) noch das anzunehmende Kind Deutscher sind, noch ihren gewöhnlichen Aufenthalt in Deutschland haben, und Vertragsadoptionen im Ausland (bei denen es schon definitionsgemäß keine Befassung eines Gerichts gibt). Für diese Fälle bestimmt Abs. 1 Satz 2 nF, dass die Annahme dem Recht des Staates unterliegt, in dem der Anzunehmende zum Zeitpunkt der Annahme seinen gewöhnlichen Aufenthalt hat. Zu beachten ist aber, dass dann, wenn ein Gericht im Ausland die Adoption ausgesprochen hat und die Frage gestellt ist, ob diese Annahme in Deutschland wirksam ist, es nicht um die Ermittlung des aus deutscher Sicht „richtigen" anwendbaren Rechts geht (also die Anwendung des Art. 22 EGBGB), sondern um die Anerkennung einer ausländischen Gerichtsentscheidung in Deutschland.[7] Diese richtet sich nach §§ 1 ff. AdWirkG bzw. Art. 23, 24 HAÜ[8] und §§ 108, 109 FamFG. Damit ist Abs. 1 Satz 2 nF nur auf ausländische Vertragsadoptionen anwendbar. Das wird seine Bedeutung in engen Grenzen halten, denn Vertragsadoptionen gibt es nur in wenigen Staaten.

18 Die in Abs. 1 Satz 2 enthaltene Verweisung ist angesichts des Fehlens gegenteiliger Anhaltspunkte als **Gesamtnormverweisung** einzuordnen (vgl. Art. 4 Abs. 1 Satz 1 EGBGB).[9] Das durch Abs. 1 Satz 2 EGBGB berufene Recht regelt nach dem Wegfall des Art. 23 EGBGB für Adoptionen die Voraussetzungen und Folgen der Annahme abschließend. Korrekturen kommen nur über Art. 6 EGBGB (ordre public) in Betracht.

19 Eine Sonderregelung in Bezug auf die **erbrechtliche Behandlung von angenommenen Minderjährigen** gestattet Abs. 3: Erbrechtliche Fragen richten sich zwar nach Art. 21 EuErbVO und nicht nach Art. 22 EGBGB. Das Adoptionsstatut ist aber insoweit bedeutsam, als sich aus diesem ergeben muss, dass der Angenommene eine Rechtsstellung hat, die derjenigen vergleichbar ist, welche die übrigen Erben oder Begünstigten haben,[10] denn diese Frage ist nicht Regelungsgegenstand der EuErbVO (vgl. Art. 1 Abs. 2 lit. a EuErbVO). Ist danach ein angenommenes Kind nicht in gleicher Weise zu berücksichtigen wie ein leibliches Kind, bleibt es grundsätzlich dabei.

20 Der **Erblasser** kann jedoch in einer **Verfügung von Todes wegen anordnen,** dass ein Kind, das zum Zeitpunkt der Annahme sein 18. Lebensjahr noch nicht vollendet hatte (vgl. Art. 22 Abs. 3 Satz 3 EGBGB), einem nach den deutschen Vorschriften (dh im Sinne einer vollständigen Gleichstellung mit leiblichen Kindern) angenommenen Kindes gleichsteht, wenn es sich bei ihm um den Annehmenden, seinen Ehegatten[11] oder Lebenspartner oder einen Verwandten des Annehmenden handelt. Das Kind erbt dann trotz der an sich nur schwachen Adoption wie ein leibliches Kind. Voraussetzung ist aber, dass deutsches Recht als Erbstatut berufen ist oder dass sonst deutsches Recht gilt (vgl. Art. 21 f. EuErbVO). Die Regelung gilt aber auch, wenn die Annahme nach deutschem Recht auf einer ausländischen Entscheidung beruht (Art. 22 Abs. 2 Satz 2 EGBGB).

21 Für die **Nachfolge nach den leiblichen Verwandten** des Kindes gilt Abs. 3 nicht. Wenn das Erbstatut diese (weiter) vorsieht, bleibt es bei ihr.

---

7 Teklote NZFam 2020, 409 (413).
8 Haager Übereinkommen über den Schutz von Kindern und die Zusammenarbeit auf dem Gebiet der internationalen Adoption v. 29.5.1993, BGBl. 20001 II 1034.
9 Helms FamRZ 2020, 645 (649).
10 BGH FamRZ 1987, 378; OLG Düsseldorf FamRZ 1998, 1627; aA KG FamRZ 1983, 98 zum vor Inkrafttreten der EuErbVO geltenden IPR.
11 Das gilt auch für Eheleute gleichen Geschlechts und aus solchen Ehen, in denen mindestens ein Ehegatte keinem Geschlecht angehört (Art. 17 b Abs. 5 Satz 1 EGBGB).

Kemper

III. Verfahren

Die **internationale Zuständigkeit deutscher Gerichte** für Adoptionen bestimmt **22** sich nach § 101 FamFG. Die Zuständigkeit ist nicht ausschließlich.

Für die **Anerkennung und die Wirkungen einer im Ausland vorgenommenen** **23** **Adoption** sind im Regelfall Art. 23–27 des Haager Übereinkommens über den Schutz von Kindern und die Zusammenarbeit auf dem Gebiet der internationalen Adoption (**HAÜ** v. 29.5.1993)[12] einschlägig, weil das Übereinkommen im Verhältnis zu sehr vielen Staaten gilt. Kern des Übereinkommens ist, dass eine in einem Vertragsstaat durchgeführte Adoption in allen anderen Vertragsstaaten anerkannt werden muss (unter dem Vorbehalt des ordre public), wenn die zuständige Behörde des Adoptionsstaats bescheinigt, dass die Adoption vertragskonform zustande gekommen ist (Art. 23, 24 HAÜ). Das deutsche Sachrecht wurde durch das Gesetz zur Regelung von Rechtsfragen auf dem Gebiet der internationalen Adoption und zur Weiterentwicklung des Adoptionsvermittlungsrechts v. 5.11.2001[13] an das Abkommen angepasst. Gleichzeitig wurden Ausführungsvorschriften zum HAÜ erlassen[14] und allgemeine Vorschriften über die Anerkennung und die Rechtswirkungen ausländischer Adoptionen, die sowohl für Adoptionen gelten, die in den Geltungsbereich des HAÜ fallen, als auch für andere Adoptionen (Adoptionswirkungsgesetz v. 5.11.2001).[15] Durch das 2015 in Kraft getretene Europäische Übereinkommen vom 27.11.2008 über die Adoption von Kindern[16] sind nur geringe Änderungen entstanden, die vor allem die Berechnung der Frist zur Aufbewahrung der Vermittlungsakten (vgl. § 9 b AdVermiG) betrafen.

Ist das **HAÜ nicht anwendbar** (Hauptfälle: Annahme eines Erwachsenen, Annahme ohne gerichtliche Entscheidung durch Vertrag) kommt es für die Beurteilung **24** der Anerkennung einer im Ausland vorgenommenen Adoption darauf an, ob es sich um eine Adoption nach dem Dekret- oder eine nach dem Vertragssystem handelt:

Bei einer Annahme nach dem **Dekretsystem** kommt es nur darauf an, ob die **25** ausländische, außerhalb des HAÜ ergangene Adoptionsentscheidung anzuerkennen ist. Für die Anerkennung oder Nichtanerkennung einer Annahme als Kind gelten dabei die Bestimmungen des Adoptionswirkungsgesetzes, wenn der Angenommene zur Zeit der Annahme das 18. Lebensjahr nicht vollendet hatte (§ 108 Abs. 2 Satz 3 lit. b FamFG nF). Dieses verlangt in diesen Fällen eine positive Anerkennungsfeststellung durch das Familiengericht (§ 2 a Abs. 1 AdwirkG). Ob die ausländische Stelle, die die (Erwachsenen-)Adoption ausgesprochen hat, das nach Art. 22 maßgebende Recht angewendet hat, ist unerheblich (vgl. § 108 Abs. 5 FamFG). Ob dem Kindeswohl Genüge getan ist und ob das Adoptionsverfahren rechtsstaatlichen Anforderungen genügte, kann bei der dabei durchzuführenden ordre public-Prüfung berücksichtigt werden.

Bei einer Annahme nach dem **Vertragssystem** durch bloßes Rechtsgeschäft **26** kommt es dagegen darauf an, ob die Wirksamkeitsvoraussetzungen des nach Art. 22 EGBGB berufenen Rechts eingehalten sind, denn hier gibt es keine Entscheidung, die anerkannt werden könnte. Unterliegt die Annahme deutschem

---

12 BGBl. 2001 II 1034; Liste der Vertragsstaaten: https://www.bundesjustizamt.de/DE/T hemen/Buergerdienste/BZAA/Vertragsstaaten/Vertragsstaaten_node.html; in Kraft seit 1.3.2002. Abgedruckt unter Anhang 2 zum AdÜbAG.
13 BGBl. 2001 I 2950.
14 BGBl. 2001 I 2950.
15 BGBl. 2001 I 2953.
16 BGBl. 2015 II 2. Zur Begründung s. BT-Drs. 18/2654.

Recht, ist sie dann deswegen unwirksam,[17] weil Deutschland keine vertragliche Annahme mehr kennt. Entsprechendes gilt bei anderen Adoptionsstatuten, die dem Dekretsystem folgen, wenn die Annahme gleichwohl durch Vertrag durchgeführt wurde. Materiellrechtlich können die Vereinbarungen dann aber insofern Bedeutung haben, als aus ihnen ggf. erforderliche Zustimmungen abgeleitet werden können. Ggf. kann die Adoption in Deutschland wiederholt werden (→ Rn. 6).

27 Bei Adoptionen besteht ein besonders großes Interesse der Beteiligten, **verbindlich** ein für alle Mal **zu klären**, ob eine **Adoption wirksam oder anzuerkennen ist**. Geregelt ist das dazu erforderliche Verfahren im **Adoptionswirkungsgesetz** (AdWirkG) v. 5.11.2001,[18] das durch Art. 3 AdoptionshilfeG zum 1.4.2021 erheblich verändert worden ist. Das Gesetz gilt für alle Adoptionen, gleichgültig, ob sie unter das HAÜ fallen oder nicht. Es gestattet, beim Familiengericht die Feststellung zu beantragen, ob eine ausländische Adoption in Deutschland anzuerkennen ist (bei Dekretadoptionen) oder ob sie wirksam ist (bei Vertragsadoptionen). Außerdem stellt das Familiengericht unter diesen Voraussetzungen fest, ob es sich um eine Volladoption handelt, durch welche alle Rechtsbeziehungen zu den leiblichen Eltern erloschen sind. Schließlich kann eine im Ausland vorgenommene Adoption, die in ihren Wirkungen hinter denen des deutschen Rechts zurückbleibt, in eine solche umgewandelt werden, durch die dem Kind dieselbe Rechtsstellung verliehen wird, die es hätte, wenn es nach deutschem Recht angenommen worden wäre (§ 3 AdWirkG, vgl. auch Art. 27 HAÜ).[19] Die Entscheidung des Familiengerichts hat inter-omnes-Wirkung.

Zu Einzelheiten siehe die Kommentierung des AdWirkG.

Artikel 23 EGBGB Zustimmung

[1]Die Erforderlichkeit und die Erteilung der Zustimmung des Kindes und einer Person, zu der das Kind in einem familienrechtlichen Verhältnis steht, zu einer Abstammungserklärung oder einer Namenserteilung unterliegen zusätzlich dem Recht des Staates, dem das Kind angehört. [2]Soweit es zum Wohl des Kindes erforderlich ist, ist statt dessen das deutsche Recht anzuwenden.

1 Art. 23 EGBGB enthielt eine Art. 22 EGBGB ergänzende **Sonderregelung für alle Zustimmungen**, welche bei einer Abstammungserklärung, einer Namenserteilung oder einer Annahme als Kind erforderlich sind. Da die genannten Vorgänge für das Kind von enormer Bedeutung sind, wurden sie zusätzlich zu dem nach Art. 10 Abs. 1, 3, 19, 22 EGBGB maßgebenden Recht dem Heimatrecht des Kindes unterstellt. Falls das zum Wohl des Kindes erforderlich war, konnte stattdessen sogar die Anwendung deutschen Rechts in Betracht kommen (Satz 2, → Art. 22 Rn. 6).

2 Durch die Sonderanknüpfung der Zustimmungserfordernisse bestand bzw. besteht für diese eine echte **Kumulation:** Die an sich nach Art. 10 Abs. 1, 3, 19, 22 EGBGB maßgebenden Rechtsordnungen und die nach Art. 23 EGBGB berufenen waren bzw. sind nebeneinander anzuwenden. Die Abstammungserklärung, Namensänderung oder Adoption sind bzw. waren deswegen nur dann wirksam, wenn die Zustimmungserfordernisse nach beiden Rechtsordnungen eingehalten waren. Art. 23 EGBGB läuft aber leer, wenn sich die danach berufene Rechtsord-

---

17 Palandt/Thorn EGBGB Art. 22 Rn. 21; Hepting StAZ 1986, 70.
18 BGBl. 2001 I 2953.
19 Steiger DNotZ 2002, 20.

nung mit derjenigen deckt, die nach Art. 10 Abs. 1, 3, 19, 22 EGBGB maßgebend ist.

Durch den Wechsel des Anknüpfungspunkts von der Staatsangehörigkeit zum   3
gewöhnlichen Aufenthalt und den damit gleichlaufenden Zuständigkeitsregeln
für die Annahme würden sich bei der Annahme die nach Art. 22 und Art. 23
EGBGB anzuwendenden Rechte decken. Die Regelung ist deswegen überflüssig
geworden, soweit Adoptionen betroffen sind. Konsequenterweise hat der Gesetzgeber deswegen die Adoptionen aus dem Anwendungsbereich des Art. 23
EGBGB herausgenommen.

Gesetz über das Verfahren in Familiensachen und in den Angelegenheiten der freiwilligen Gerichtsbarkeit (FamFG)

Vom 17. Dezember 2008 (BGBl. I S. 2586)
(FNA 315–24)

zuletzt geändert durch Art. 2 AdoptionshilfeG vom 12. Februar 2021
(BGBl. I S. 226)

– Auszug –

Abschnitt 9
Verfahren mit Auslandsbezug

Unterabschnitt 2 Internationale Zuständigkeit

§ 101 FamFG Adoptionssachen

Die deutschen Gerichte sind zuständig, wenn der Annehmende, einer der annehmenden Ehegatten oder das Kind

1. Deutscher ist oder

2. seinen gewöhnlichen Aufenthalt im Inland hat.

Aufsatzliteratur:
Braun, Das Verfahren in Adoptionssachen nach §§ 186 ff. FamFG, FamRZ 2011, 81; *Emmerling de Oliviera*, Adoptionen mit Auslandsberührung, MittBayNot 2010, 429; *Reinhardt*, FamFG und Adoption, JAmt 2009, 162; *Weitzel*, Zur Anerkennung einer fehlgeschlagenen Auslandsadoption, JAmt 2013, 238.

I. Regelungsgehalt

1 Die Vorschrift über die **internationale Zuständigkeit** in Adoptionssachen entspricht § 43 b Abs. 1 FGG aF. Die insoweit fehlende Regelung in Bezug auf die fehlende Ausschließlichkeit der internationalen Zuständigkeit findet sich nun gemeinsam für alle Familiensachen in § 106 FamFG. Vorgehende (§ 97 FamFG) Staatsverträge gibt es für den Bereich internationaler Adoptionen für Deutschland nicht. Dem Haager Übereinkommen über die behördliche Zuständigkeit, das anzuwendende Recht und die Anerkennung von Entscheidungen auf dem Gebiet der Annahme an Kindes statt vom 15.11.1965 ist die Bundesrepublik Deutschland nicht beigetreten.

2 Die **Zuständigkeit der Familiengerichte** für Adoptionen ergibt sich aus § 111 Nr. 4 FamFG, die **örtliche Zuständigkeit** folgt aus § 187 FamFG. Insoweit ist aber die Konzentrationsmöglichkeit nach § 5 Abs. 2 AdVermiG (§ 199 FamFG) zu beachten, nach der die Zuständigkeit beim Amtsgericht am Ort des Oberlandesgerichts bzw. am Sitz eines Oberlandesgerichts im Bundesland konzentriert werden kann, wenn es sich um Fälle mit Anwendung ausländischen Sachrechts handelt (§ 187 Abs. 4 FamFG).

3 Die internationale Zuständigkeit für Adoptionen hat bei **Inlandsadoptionen** (also solche, die im Inland vorgenommen werden) Bedeutung für die Frage, ob ein deutsches Gericht für diese Annahme als Kind überhaupt zuständig ist. Ist das nicht der Fall, kann die Adoption nur im Ausland durchgeführt werden. Ist dagegen ein deutsches Gericht zuständig, kann die Annahme als Kind in Deutsch-

Kemper

land durchgeführt werden und unterliegt dann dem FamFG als maßgeblicher Verfahrensordnung, auch wenn materiellrechtlich ein ausländisches Sachrecht anzuwenden ist, nach dem sich Voraussetzungen, Zustimmungserfordernisse und die Reichweite der Annahme beurteilen (dazu s. Art. 2 EGBGB).

Bei **im Ausland erfolgten Adoptionen** ist die internationale Zuständigkeit der Ge- 4 richte des Staates, in dem die Annahme ausgesprochen wurde, eine entscheidende Voraussetzung für die Anerkennung der die Annahme als Kind aussprechenden Entscheidung (vgl. § 109 Abs. 1 Nr. 1 FamFG).

II. Internationale Zuständigkeit deutscher Gerichte für Adoptionen

Deutsche Gerichte sind immer für die Adoption zuständig, wenn das anzuneh- 5 mende Kind oder der Annehmende Deutsche sind oder ihren gewöhnlichen Aufenthalt in Deutschland haben. Nehmen Ehegatten ein Kind an, reicht es, dass einer der Ehegatten diese Voraussetzungen erfüllt. Es handelt sich um eine außerordentlich weit gefasste Zuständigkeit. Im Einzelnen bedeutet sie:

Ein deutsches Familiengericht ist immer für die Annahme zuständig, wenn **das** 6 **anzunehmende Kind Deutscher** ist. Auf Nationalität und gewöhnlichen Aufenthalt der Annehmenden kommt es in diesem Fall nicht an.

Die Adoption **ausländischer Kinder** ist jedenfalls dann möglich, wenn sich das 7 Kind **gewöhnlich in Deutschland aufhält** – und zwar auch dann, wenn beide Annehmenden Ausländer sind, die sich nicht gewöhnlich in Deutschland aufhalten.

Die Adoption **ausländischer Kinder**, die sich **nicht gewöhnlich in Deutschland** 8 **aufhalten**, kann durch deutsche Familiengerichte durchgeführt werden, wenn der Annehmende Deutscher ist oder sich gewöhnlich in Deutschland aufhält. Soll die Annahme durch Ehegatten erfolgen, reicht es aus, dass einer der Ehegatten diese Voraussetzungen erfüllt. So ist etwa ein deutsches Familiengericht für eine Annahme als Kind durch ein Ehepaar schon dann international zuständig, wenn einer der Annehmenden Deutscher ist, auch wenn er sich gewöhnlich im Ausland aufhält und sowohl der andere annehmende Ehegatte als auch das anzunehmende Kind Ausländer sind und in keinerlei Beziehung zu Deutschland stehen.

Soweit für die Zuständigkeit auf die **deutsche Staatsangehörigkeit** abgestellt 9 wird, reicht es, dass die deutsche Staatsangehörigkeit eine der Staatsangehörigkeiten des Betroffenen ist (vgl. Art. 5 Abs. 1 Satz 2 EGBGB): Ist eine Person auch Deutscher, ist sie für die deutschen Gerichte nur Deutscher. Ob es sich um die effektive Staatsangehörigkeit handelt, ist irrelevant. Ob eine Person Deutscher ist, richtet sich nach den Regelungen des Staatsangehörigkeitsgesetzes.

Unter **gewöhnlichem Aufenthalt** ist ein Aufenthalt von längerer Dauer zu ver- 10 stehen (im Regelfall von mehr als sechs Monaten; ausführliche Erläuterung → FamFG § 187 Rn. 9 ff.).[1] Er braucht noch nicht die zeitliche Grenze erreicht zu haben; es reicht, dass ihr Überschreiten beabsichtigt ist. Der gewöhnliche Aufenthalt ist da, wo der Lebensmittelpunkt einer Person liegt.

III. Verhältnis zu den Regelungen des Adoptionswirkungsgesetzes

In Ergänzung zu § 97 FamFG bestimmt § 199 FamFG, dass die Vorschriften 11 des Adoptionswirkungsgesetzes unberührt bleiben. Dies bedeutet, dass das nach § 101 FamFG international zuständige Familiengericht auch für die Anerkennungs- und Feststellungsverfahren in Bezug auf Auslandsadoptionen zuständig ist (vgl. §§ 1, 2 AdWirkG).

---

1 OLG Zweibrücken FamRZ 1985, 81.

Unterabschnitt 3   Anerkennung und Vollstreckbarkeit ausländischer Entscheidungen

§ 108 FamFG   Anerkennung anderer ausländischer Entscheidungen

(1) Abgesehen von Entscheidungen in Ehesachen sowie von Entscheidungen nach § 1 Absatz 2 des Adoptionswirkungsgesetzes werden ausländische Entscheidungen anerkannt, ohne dass es hierfür eines besonderen Verfahrens bedarf.

(2) [1]Beteiligte, die ein rechtliches Interesse haben, können eine Entscheidung über die Anerkennung oder Nichtanerkennung einer ausländischen Entscheidung nicht vermögensrechtlichen Inhalts beantragen. [2]§ 107 Abs. 9 gilt entsprechend. [3]Für die Anerkennung oder Nichtanerkennung einer Annahme als Kind gelten jedoch die Bestimmungen des Adoptionswirkungsgesetzes, wenn der Angenommene zur Zeit der Annahme das 18. Lebensjahr nicht vollendet hatte.

(3) [1]Für die Entscheidung über den Antrag nach Absatz 2 Satz 1 ist das Gericht örtlich zuständig, in dessen Bezirk zum Zeitpunkt der Antragstellung

1. der Antragsgegner oder die Person, auf die sich die Entscheidung bezieht, sich gewöhnlich aufhält oder

2. bei Fehlen einer Zuständigkeit nach Nummer 1 das Interesse an der Feststellung bekannt wird oder das Bedürfnis der Fürsorge besteht.

[2]Diese Zuständigkeiten sind ausschließlich.

I. Regelungsgehalt

1   Die Vorschrift knüpft zunächst in Abs. 1 an § 328 ZPO und § 16 a FGG aF an, indem sie das Prinzip der sofortigen Vonselbstanerkennung auch für den Bereich der FamFG-Verfahren übernimmt. Für Entscheidungen nicht vermögensrechtlichen Inhalts wird dann aber ein fakultatives Anerkennungsfeststellungsverfahren eingeführt (Abs. 2–3). Über die Frage der Anerkennung einer solchen Entscheidung kann damit isoliert entschieden werden. Dafür kann ein Bedürfnis bestehen, wenn den Beteiligten unklar ist, ob eine **ausländische Entscheidung im Inland anerkannt** werden wird oder sie befürchten, dass unterschiedliche inländische Stellen die Anerkennungsfähigkeit einer ausländischen Entscheidung unterschiedlich beurteilen werden.

II. Anwendungsbereich

2   § 108 gilt für **Entscheidungen aus allen Verfahren außer den Ehesachen** (§ 121 FamFG), für die in § 107 FamFG eine Spezialregelung mit einem eigenen Anerkennungsverfahren enthalten ist.[1] Ob und wie weit er auch in Adoptionssachen anwendbar ist, war bislang umstritten.

---

1   Diese wird allerdings ihrerseits durch die Brüssel IIa-VO in deren Anwendungsbereich wiederum verdrängt, so dass insoweit die Regel des § 108 Abs. 1 FamFG wiederhergestellt wird (Einzelheiten: HK-FamVerfR/Kemper FamFG § 107 Rn. 2).

Durch das AdoptionshilfeG, das am 1.4.2021 in Kraft getreten ist, sind jetzt 3 explizit alle Entscheidungen in **Verfahren nach § 1 Abs. 2** AdwirkG nF aus dem Anwendungsbereich des § 108 herausgenommen worden. Das sind die Fälle, in denen im Rahmen eines internationalen Adoptionsverfahrens (§ 2 a Abs. 1 AdvermG) eine **Adoptionsentscheidung** im Ausland ergangen ist, die nicht nach Art. 23 HAÜ anerkannt wird. Diese Entscheidung bedarf zwingend der Anerkennungsfeststellung durch das Familiengericht.

Soweit Adoptionen dagegen nicht unter § 1 Abs. 2 AdwirkG fallen, ist § 108 4 Abs. 2 weiterhin anzuwenden. Das betrifft ausländische **Inlandsentscheidungen,**[2] Entscheidungen über **Erwachsenenadoptionen** sowie die Anerkennung von Auslandsadoptionen aus Staaten, die dem HAÜ angehören und bei denen eine Bescheinigung nach Art. 23 HAÜ[3] vorgelegt wird, es aber gleichwohl zu einem Antrag auf **Anerkennungsfeststellung** kommt.

III. Prinzip der Inzidentanerkennung

§ 108 Abs. 1 FamFG statuiert das Prinzip der Inzidentanerkennung, das auch in 4a Bezug auf die Anerkennung von gerichtlichen Entscheidungen aus Sachgebieten gilt, die nicht dem FamFG unterliegen. Das bedeutet, dass es **kein formalisiertes Verfahren** für die Anerkennung gibt, sondern dass über diese immer dann entschieden wird, wenn es auf die anzuerkennende Entscheidung ankommt. § 108 Abs. 2 und 3 FamFG eröffnen ein fakultatives Anerkennungsverfahren zur Beseitigung von Zweifeln an der Wirksamkeit von ausländischen Entscheidungen.

1. Anerkennungsfähige Entscheidungen. Entscheidungen iSd § 108 FamFG sind 5 immer nur **Entscheidungen staatlicher Stellen.** Je nach innerstaatlicher Zuständigkeit kann es sich dabei um Gerichte oder um Behörden handeln. Auf die Art des Gerichtszweigs kommt es nicht an. In Betracht kommen etwa auch Entscheidungen von Verwaltungsgerichten. Rein vertragliche Adoptionen sind dagegen nicht anerkennungsfähig.[4]

Anerkennungsfähig sind nur **Endentscheidungen,** also weder Zwischenentscheidungen mit rein prozessualem Inhalt noch solche, die materielle Vorfragen klären. 6

Die **Rechtskraft** der ausländischen Entscheidung ist keine notwendige Voraussetzung für ihre Anerkennung. Die Entscheidung muss nur wirksam sein.[5] 7

2. Voraussetzungen der Anerkennung. Die Voraussetzungen der Anerkennung 8 richten sich in Volljährigenannahmen betreffenden Adoptionssachen (und in den Fällen, in denen die Rechtsprechung auch auf die Annahme Minderjähriger § 108 FamFG anwendet) nach § 109 FamFG. Soweit ein dort genanntes Anerkennungshindernis besteht, kommt die Anerkennung nicht in Betracht.

IV. Anerkennungsverfahren nach § 108 Abs. 2 FamFG

In nicht vermögensrechtlichen Angelegenheiten kann über die Frage der Anerkennung einer Entscheidung auch isoliert entschieden werden (§ 108 Abs. 2 9 FamFG). Zweck des Verfahrens ist es, in diesen sensiblen Angelegenheiten eine einheitliche Entscheidung über die Anerkennung für alle in Deutschland mit der Angelegenheit jemals befassten Gerichte und Behörden zu erreichen. Das Verfah-

---

2 Das sind die Fälle, in denen die Adoptiveltern ihren gewöhnlichen Aufenthalt im Herkunftsstaat des Kindes haben.
3 BT-Drs. 19/16718, 58.
4 OLG München 3.5.2011 – 31 Wx 46/10.
5 OLG Köln FamRZ 2010, 1590.

ren ist demjenigen in § 107 FamFG nachgebildet, auf das auch an mehreren Stellen Bezug genommen wird.

10 **1. Zuständigkeit.** Die **internationale Zuständigkeit** für die Anerkennung ergibt sich aus den §§ 97–106 FamFG, bei Adoptionssachen also aus § 101 FamFG. Diese Zuständigkeit ist keine ausschließliche (§ 106 FamFG).

11 Bei den Verfahren nach § 108 FamFG handelt es sich um gerichtliche Verfahren. Die **sachliche Zuständigkeit** des Amtsgerichts und die Geschäftsverteilungszuständigkeit des Familiengerichts für die Anerkennung ergeben sich aus der Zuordnung der anzuerkennenden Entscheidung zu einem der Gegenstände, für welche nach § 111 das Familiengericht zuständig ist, hier also aus §§ 111 Nr. 4, 186 FamFG.

12 Die **örtliche Zuständigkeit** für die Verfahren nach § 108 Abs. 2 FamFG folgt aus § 108 Abs. 3 FamFG. Es handelt sich um eine ausschließliche Zuständigkeit (§ 108 Abs. 3 Satz 2 FamFG) in Form einer Anknüpfungsleiter mit zwei Stufen: Primär maßgebend ist der gewöhnliche Aufenthalt des Antragsgegners bzw. der Person, auf die sich die Entscheidung bezieht (§ 108 Abs. 3 Satz 1 Nr. 1 FamFG). Gewöhnlicher Aufenthalt ist hier – wie in den anderen Vorschriften des Abschnitts – als Lebensmittelpunkt zu definieren, der sich durch einen mindestens sechs Monate währenden Aufenthalt manifestiert (ausführliche Darstellung bei → FamFG § 187 Rn. 9 ff.).

13 Hat der Antragsgegner oder die Person, auf welche sich die Entscheidung bezieht, in Deutschland keinen gewöhnlichen Aufenthalt, ist das Gericht örtlich zuständig, in dessen Bezirk das **Interesse an der Feststellung bekannt wird** oder das **Bedürfnis der Fürsorge** besteht (§ 108 Abs. 3 Satz 1 Nr. 2 FamFG). Insofern handelt es sich um eine äußerst weit gefasste Zuständigkeit. Immer dann, wenn irgendwo das Bedürfnis auftritt, festzustellen, ob eine ausländische Entscheidung aus dem Anwendungsbereich des § 108 Abs. 2 FamFG in Deutschland anerkannt wird, kann dieses dann generell ein für alle Mal erfolgen.

14 **2. Antragserfordernis.** Die Anerkennung erfolgt nur auf **Antrag** (§ 108 Abs. 2 Satz 1 FamFG). Der Antrag kann auf die Anerkennung oder aber im Gegenteil auf die Versagung der Anerkennung gerichtet sein.

15 Den Antrag kann jeder stellen, der ein **rechtliches Interesse** an der Anerkennung oder Versagung der Anerkennung hat (§ 108 Abs. 2 Satz 1 FamFG). Gemeint sind damit alle Personen, deren Rechtsverhältnisse durch die Anerkennung der Entscheidung irgendwie berührt werden. Das können neben den Ehegatten etwa auch Kinder, Partner, Erben, Verlobte und ähnliche Personen sein.

16 Die Antragsberechtigung setzt **keine echte Beschwer** voraus. Sie ist auch nicht an die Rollenverteilung im Verfahren gebunden, dessen Entscheidung anerkannt werden soll: der damalige Antragsgegner kann die Anerkennung genauso beantragen wie der damalige Antragsteller. Umgekehrt kann der damalige Antragsteller die Abweisung des Antrags beantragen. Es gilt das Gleiche wie bei § 107 FamFG.

17 **Dritte,** die kein eigenes Interesse an der Anerkennung haben, sind nicht antragsberechtigt (zB Standesbeamte, Behörden, Gerichte, Notare usw).

18 Der Antrag ist **nicht fristgebunden** und das Antragsrecht kann auch nicht verwirkt werden.

19 **3. Verfahren.** Das mit der Anerkennung befasste Gericht **ermittelt von Amts wegen,** ob der Anerkennung der Entscheidung Anerkennungshindernisse nach § 109 FamFG entgegenstehen.

20 Das **Wirksamwerden** der Entscheidung richtet sich nach den allgemeinen Grundsätzen (§ 40 FamFG), also grundsätzlich nach der Bekanntgabe an den Antrag-

steller. Eine Spezialregelung wie § 107 Abs. 6 Satz 2 FamFG fehlt bei § 108 FamFG.

Lehnt das Gericht den Antrag ab, kann der Antragsteller dagegen **Beschwerde** 21 einlegen. Entsprechendes gilt für den Antragsgegner, wenn dem Antrag stattgegeben wird. Anders als bei § 107 FamFG gibt es keine speziellen Rechtsmittel; es gelten §§ 58 ff. FamFG. Gegen die Entscheidung des Beschwerdegerichts kann die Rechtsbeschwerde eingelegt werden, wenn die allgemeinen Zulässigkeitsvoraussetzungen erfüllt sind (vgl. § 70 FamFG).

4. Wirkung der Feststellung. Die Entscheidung hat eine **umfassende Feststellungswirkung,** die alle deutschen Gerichte und Behörden bindet (§ 108 Abs. 2 Satz 2 iVm § 107 Abs. 9 FamFG). 22

§ 109 FamFG Anerkennungshindernisse

(1) Die Anerkennung einer ausländischen Entscheidung ist ausgeschlossen,

1. wenn die Gerichte des anderen Staates nach deutschem Recht nicht zuständig sind;

2. wenn einem Beteiligten, der sich zur Hauptsache nicht geäußert hat und sich hierauf beruft, das verfahrenseinleitende Dokument nicht ordnungsgemäß oder nicht so rechtzeitig mitgeteilt worden ist, dass er seine Rechte wahrnehmen konnte;

3. wenn die Entscheidung mit einer hier erlassenen oder anzuerkennenden früheren ausländischen Entscheidung oder wenn das ihr zugrunde liegende Verfahren mit einem früher hier rechtshängig gewordenen Verfahren unvereinbar ist;

4. wenn die Anerkennung der Entscheidung zu einem Ergebnis führt, das mit wesentlichen Grundsätzen des deutschen Rechts offensichtlich unvereinbar ist, insbesondere wenn die Anerkennung mit den Grundrechten unvereinbar ist.

(2) [1]Der Anerkennung einer ausländischen Entscheidung in einer Ehesache steht § 98 Abs. 1 Nr. 4 nicht entgegen, wenn ein Ehegatte seinen gewöhnlichen Aufenthalt in dem Staat hatte, dessen Gerichte entschieden haben. [2]Wird eine ausländische Entscheidung in einer Ehesache von den Staaten anerkannt, denen die Ehegatten angehören, steht § 98 der Anerkennung der Entscheidung nicht entgegen.

(3) § 103 steht der Anerkennung einer ausländischen Entscheidung in einer Lebenspartnerschaftssache nicht entgegen, wenn der Register führende Staat die Entscheidung anerkennt.

(4) Die Anerkennung einer ausländischen Entscheidung, die

1. Familienstreitsachen,

2. die Verpflichtung zur Fürsorge und Unterstützung in der partnerschaftlichen Lebensgemeinschaft,

3. die Regelung der Rechtsverhältnisse an der gemeinsamen Wohnung und an den Haushaltsgegenständen der Lebenspartner,

4. Entscheidungen nach § 6 Satz 2 des Lebenspartnerschaftsgesetzes in Verbindung mit den §§ 1382 und 1383 des Bürgerlichen Gesetzbuchs oder

5. Entscheidungen nach § 7 Satz 2 des Lebenspartnerschaftsgesetzes in Verbindung mit den §§ 1426, 1430 und 1452 des Bürgerlichen Gesetzbuchs

betrifft, ist auch dann ausgeschlossen, wenn die Gegenseitigkeit nicht verbürgt ist.

(5) Eine Überprüfung der Gesetzmäßigkeit der ausländischen Entscheidung findet nicht statt.

Aufsatzliteratur:

Beyer, Zur Frage der ordre-public-Widrigkeit ausländischer Adoptionsentscheidungen wegen unzureichender Elterneignungs- und Kindeswohlprüfung, JAmt 2006, 329; *Reinhardt*, Die Praxis der Anerkennung ausländischer Adoptionsentscheidungen aus Sicht der Adoptionsvermittlung, JAmt 2006, 325; *Weitzel*, Anerkennung einer Auslandsadoption nach deutschem Recht trotz schwerwiegender Mängel der ausländischen Entscheidung?, JAmt 2006, 333.

I. Regelungsgehalt

1   Die Vorschrift **übernimmt den Regelungsgehalt des § 328 ZPO** und des § 16 a FGG aF für Entscheidungen, die den sachlichen Anwendungsbereich des FamFG betreffen. Die **Regelungstechnik** des § 109 FamFG entspricht derjenigen des § 328 ZPO. Das bedeutet, dass ausgehend vom Prinzip der Inzidentanerkennung (§ 108 Abs. 1 FamFG) nicht die Voraussetzungen für die Anerkennung einer ausländischen Entscheidung normiert werden, sondern dass nur Hindernisse genannt werden, die einer Anerkennung im Wege stehen. Diese Hindernisse sind von Amts wegen zu berücksichtigen.

2   Wichtig für die Anerkennung ist, dass überhaupt eine **anerkennungsfähige Entscheidung** vorliegt. Das kann nur eine Entscheidung einer staatlichen Stelle sein (→ FamFG § 108 Rn. 7–10). Die Entscheidung muss in dem Staat, in dem sie ergangen ist, wenigstens wirksam sein.[1] Die Anerkennung von Nichtentscheidungen[2] oder von im Erlassstaat nichtigen Entscheidungen kommt deswegen selbst dann nicht in Betracht, wenn eine Entscheidung dieses Inhalts in Deutschland ergehen könnte.

3   Durch § 109 Abs. 5 FamFG wird klargestellt, dass es nicht der Sinn der Anerkennung ist, die anzuerkennende Entscheidung auf ihre **materielle Richtigkeit** hin zu überprüfen. Auch sachlich falsche Entscheidungen müssen anerkannt werden – und zwar gleichgültig, ob der Fehler bei der Anwendung des Verfahrensrechts lag, ob das internationale Privatrecht falsch angewendet wurde oder ob das materielle Recht unrichtig angewendet wurde. Die Grenze ist erst dann erreicht, wenn die Fehlerhaftigkeit sich in einem der in § 109 FamFG genannten Gründe manifestiert.

II. Anerkennungshindernisse des § 109 Abs. 1 FamFG

4   § 109 Abs. 1 FamFG stellt einen **Katalog von Anerkennungshindernissen** auf, bei deren Vorliegen die Anerkennung einer ausländischen Entscheidung immer

---

1   BGHZ 118, 312 (318).
2   OLG Stuttgart 21.1.2019 – 17 UF 25/18; AG Düsseldorf FamRZ 2018, 1423.

ausgeschlossen ist. Die Gründe entsprechen den in § 328 Abs. 1 Nr. 1–4 ZPO und § 16 a FGG aF genannten. Es handelt sich um:

1. Fehlende internationale Zuständigkeit. Die Anerkennung einer ausländischen Entscheidung ist zunächst ausgeschlossen, wenn die **Gerichte des anderen Staates nach deutschem Recht nicht zuständig** sind (§ 109 Abs. 1 Nr. 1 FamFG). Gemeint ist nicht die wirkliche Zuständigkeit, wie sie sich aus den nationalen Rechtsvorschriften des Gerichts ergibt, dessen Entscheidung anerkannt werden soll. Vielmehr ist die Zuständigkeit gemeint, die sich ergäbe, wenn die §§ 97 ff. FamFG im Fall des ausländischen Gerichts angewendet worden wären. Zu fragen ist: Wäre das Gericht bei Anwendung der §§ 97 ff. FamFG als deutsches Gericht zuständig gewesen? Die für Ehesachen bestehende Erweiterung (§ 109 Abs. 2 Satz 2 FamFG) spielt in Adoptionssachen keine Rolle.

5

Nicht ausdrücklich behandelt ist die Frage, wie präzise die internationale Zuständigkeit des ausländischen Gerichts zu ermitteln ist. Vor allem ist bei **Staaten mit gespaltenen Zuständigkeiten** fraglich, ob es reicht, wenn nach deutscher Betrachtung nur irgendein Gericht des Staates international zuständig ist[3] oder ob es gerade ein Gericht des Staatsteils sein muss, aus dem die anzuerkennende Entscheidung stammt.[4] Diese Frage ist auch im Anwendungsbereich des § 328 ZPO höchst streitig. Wie dort spricht mehr dafür, es ausreichen zu lassen, dass die deutschen Regeln über die internationale Zuständigkeit zur Zuständigkeit des Staates an sich führen, da sonst Staaten mit einem zentralen System gegenüber solchen, in denen ein föderales System besteht, bei der Anerkennung von Entscheidungen bevorzugt würden.[5]

6

Zu ermitteln ist die internationale Zuständigkeit anhand der **Rechtslage**[6] und der **Tatsachen**,[7] wie sie zum Zeitpunkt des Erlasses der anzuerkennenden Entscheidung vorlagen. Nachfolgende Gesetzesänderungen sind nur dann von Bedeutung, wenn sie die Anerkennung erleichtern.[8] Die Ermittlung der Tatsachen obliegt dabei dem deutschen Gericht.[9] Es ist nicht an das Tatsachenmaterial gebunden, das das ausländische Gericht der anzuerkennenden Entscheidung zugrunde gelegt hat. Eine Präklusion des Beteiligten, der sich gegen die Anerkennung zur Wehr setzt, kommt nicht in Betracht.

7

2. Verletzung des rechtlichen Gehörs bei der Verfahrenseinleitung. Nicht anerkannt werden darf eine ausländische Entscheidung auch dann, wenn einem Beteiligten, der sich zur Hauptsache nicht geäußert hat und sich hierauf beruft, das verfahrenseinleitende Dokument nicht ordnungsgemäß oder nicht so rechtzeitig mitgeteilt worden ist, dass er seine Rechte wahrnehmen konnte (§ 109 Abs. 1 Nr. 2 FamFG). Sanktioniert wird hier, dass dem Antragsgegner in der Einleitungsphase des Verfahrens **kein ausreichendes rechtliches Gehör** gewährt wurde. Die Regelung stellt eine besondere Ausprägung des verfahrensrechtlichen ordre public dar. Sie ist Art. 27 Nr. 2 EuGVÜ nachgebildet.

8

Voraussetzung für die Anwendung des § 109 Abs. 1 Nr. 2 FamFG ist zunächst, dass der Beteiligte sich zu der Hauptsache nicht geäußert hat. Hauptanwendungsfälle der Regelung sind deswegen Versäumnisentscheidungen und Entscheidungen nach Aktenlage. An einer Einlassung fehlt es nur dann, wenn der Beteiligte (bzw. sein gesetzlicher oder bestellter Vertreter) keine Verfahrenshandlung

9

---

3 Zöller/Geimer ZPO § 328 Rn. 107; MüKoZPO/Gottwald § 328 Rn. 64.
4 OLG Hamm RIW 1997, 1039 (1040); Thomas/Putzo/Hüßtege ZPO § 328 Rn. 8 a.
5 HK-ZPO/Dörner § 328 Rn. 25.
6 KG NJW 1988, 649.
7 BGHZ 141, 286 (290).
8 BayObLG NJW-RR 1992, 514; aA KG NJW 1988, 649.
9 BGHZ 124, 237 (245).

vorgenommen hat, durch die er zu erkennen gegeben hat, dass er sich an dem Verfahren beteiligen will. Schädlich ist schon die Verhandlung zu den Verfahrensvoraussetzungen, also etwa zur internationalen oder zur örtlichen Zuständigkeit. Keine Einlassung stellt es dagegen dar, wenn der Beteiligte die fehlerhafte Zustellung des verfahrenseinleitenden Schriftsatzes bemängelt; denn dann rügt er genau das fehlerhafte Element, auf das die Ausschlussregelung abstellt.[10]

10 Weitere Voraussetzung ist, dass das **verfahrenseinleitende Schriftstück fehlerhaft mitgeteilt** worden ist, nämlich nicht rechtzeitig oder nicht ordnungsgemäß. Welches Schriftstück das sein muss, richtet sich nach dem Prozessrecht des Staates, dessen Entscheidung anerkannt werden soll. Zutreffend muss man aber nach dem Zweck der Regelung sicherstellen, dass ein Antragsgegner sich zu dem Verfahren, das gegen ihn eingeleitet wird, auch äußern kann. Selbst wenn das Prozessrecht des Ausgangsstaates das nicht vorsieht, wird man das Erfordernis auf alle weiteren Schriftstücke erstrecken müssen, aus denen der Betroffene erstmals sehen kann, welchen Gegenstand das Verfahren eigentlich hat und wer die an diesem Verfahren beteiligten Personen sind.[11] Ebenso richtet sich nach dem Verfahrensrecht des Ausgangsstaats, welche Anforderungen an die Zustellung des Schriftstücks und die Rechtzeitigkeit der Zustellung zu stellen sind. Das Gleiche gilt für die Frage, ob eventuelle Zustellungsfehler geheilt worden sind.

11 Der Zustellungsfehler muss den **Betroffenen** daran **gehindert** haben, seine **Rechte wahrzunehmen**. Insofern kommt es neben den inhaltlichen Anforderungen (→ Rn. 10) vor allem auf die Rechtzeitigkeit der Zustellung des Schriftstücks an. Dem Antragsgegner muss ausreichend Zeit verbleiben, seine Verteidigung in dem Verfahren vorzubereiten. Welche Fristen insoweit anzusetzen sind, ist nicht die Angelegenheit des Rechts des Ausgangsstaates, sondern ist nach deutschem Recht zu beurteilen,[12] denn es geht gerade darum, ob das Verfahren im Ausgangsstaat den Anforderungen genügte, welche aus deutscher Sicht unter Berücksichtigung der Grundrechte an ein rechtsstaatliches Verfahren zu stellen sind. In der Rechtsprechung zu § 328 ZPO wird deswegen regelmäßig die Zweiwochenfrist des § 274 Abs. 3 Satz 1 ZPO als Untergrenze genannt.[13] Dem dürfte auch für den Bereich der in den Anwendungsbereich des FamFG fallenden Verfahren zuzustimmen sein.

12 Schließlich muss der Betroffene sich vor der Entscheidung über die Anerkennung auf die Nichteinlassung **berufen** haben. In seiner Hand liegt es, den Fehler geltend zu machen. Verzichtet er darauf, ist die ausländische Entscheidung trotz des Verstoßes gegen Zustellungsprinzipien, die das deutsche Recht als wesentlich erachtet, anzuerkennen.

13 Die Regelung erfasst nicht **Verletzungen des rechtlichen Gehörs in einem späteren Stadium** des Verfahrens. Einschlägig sein kann dann aber § 109 Abs. 1 Nr. 4 FamFG.[14]

14 **3. Unvereinbarkeit mit einer früheren Entscheidung oder einem früheren Verfahren.** Nicht anzuerkennen ist eine Entscheidung weiter, wenn sie mit einer hier erlassenen oder anzuerkennenden früheren ausländischen Entscheidung nicht zu vereinbaren ist oder wenn das ihr zugrunde liegende Verfahren mit einem früher hier rechtshängig gewordenen Verfahren unvereinbar ist (§ 109 Abs. 1 Nr. 3 FamFG). Erfasst werden demnach **drei Fälle:**

---

10 OLG Köln IPRax 1991, 114 f.
11 BGHZ 141, 286 (295 f.).
12 HK-ZPO/Dörner § 328 Rn. 37; MüKoZPO/Gottwald § 328 Rn. 79.
13 OLG Köln NJW-RR 1995, 446 (447); OLG Hamm NJW-RR 1988, 446 f.
14 BGHZ 141, 286 (296).

Die Regelung statuiert zunächst einen (systemwidrigen) **Vorrang deutscher Ent-** **15**
scheidungen selbst dann, wenn sie erst nach der anzuerkennenden ausländischen
Entscheidung ergangen sind, denn § 109 Abs. 1 Nr. 3 FamFG enthält für deutsche Entscheidungen („hier erlassen") keine Einschränkung auf Entscheidungen,
die früher als die ausländische ergangen ist. Das gilt selbst dann, wenn die
deutsche Entscheidung unter Nichtbeachtung gegen die im Ausland bestehende
Rechtshängigkeit oder gar unter Verstoß gegen die Rechtskraft einer im Ausland
schon ergangenen Entscheidung zustande gekommen ist. In diesen Fällen besteht
nur die Möglichkeit, die deutsche Entscheidung durch Wiederaufnahme des Verfahrens zu beseitigen (§ 48 Abs. 2 FamFG). Erst danach ist die Anerkennungsfähigkeit der ausländischen Entscheidung gegeben.

Ebenfalls nicht anerkennungsfähig ist eine Entscheidung, die einer ebenfalls an- **16**
zuerkennenden früheren ausländischen Entscheidung widerspricht. Hier gilt ein
strenger Prioritätsgrundsatz: Anzuerkennen ist die erste Entscheidung (in Bezug
auf denselben Verfahrensgegenstand), die zweite ist nicht anerkennungsfähig. Es
kommt nicht darauf an, ob die erste Entscheidung schon im Inland anerkannt
war, sondern nur darauf, ob sie anerkennungsfähig ist. Ihre Anerkennung erfolgt
dann inzident bei der Untersuchung der Anerkennungsfähigkeit der zweiten
Entscheidung. Der entscheidende Zeitpunkt für die Frage des Vorrangs ist der
Zeitpunkt der Rechtskraft der ausländischen Entscheidungen.

Der **dritte Fall** einer nicht anerkennungsfähigen Entscheidung liegt vor, wenn **17**
die ausländische Entscheidung in einem Verfahren ergangen ist, das mit einem
in Deutschland zu einem früheren Zeitpunkt anhängig gemachten Verfahren
unvereinbar ist. Sinn der Regelung ist es, die Rechtshängigkeit in Deutschland
zu schützen. Die Anerkennungsunfähigkeit entfällt deswegen, wenn das deutsche
Verfahren ohne Entscheidung endet, etwa durch Antragsrücknahme. Bei der Annahme der Unvereinbarkeit sollte im Interesse der Anerkennungsfreundlichkeit
eher restriktiv vorgegangen werden. Sie ist jedenfalls anzunehmen bei Identität
des Verfahrensgegenstandes sowie dann, wenn der Kernpunkt beider Verfahren
übereinstimmt.[15] Es ist nicht unbedingt erforderlich, dass die Beteiligten in beiden Verfahren identisch sind, es müssen jedoch dieselben Personen von den
Wirkungen der beiden Verfahren betroffen sein.[16]

4. Ordre public-Verstoß. Schließlich kommt die Anerkennung einer ausländi- **18**
schen Entscheidung nicht in Betracht, wenn sie zu einem Ergebnis führt, das mit
wesentlichen Grundsätzen des deutschen Rechts offensichtlich **unvereinbar** ist,
insbes. wenn die Anerkennung mit den Grundrechten unvereinbar ist (§ 109
Abs. 1 Nr. 4 FamFG). Insoweit ist zu beachten, dass es hier um eine abge-
schwächte Form der Berücksichtigung des ordre public geht. Er ist zurückhaltender zu beurteilen als dann, wenn das deutsche Gericht selbst aufgerufen ist,
über einen Sachverhalt zu entscheiden, weil immerhin schon eine Entscheidung
getroffen wurde, die möglicherweise im Ausland schon Rechtsfolgen ausgelöst
hat.[17]

Die Anerkennungsunfähigkeit ist nur gegeben, wenn die Entscheidung **gegen** **19**
wesentliche Grundsätze des deutschen Rechts verstößt. Das ist dann der Fall,
wenn sie sich zu den Grundgedanken der deutschen Rechtsordnung und den
darin verankerten Gerechtigkeitsvorstellungen in einen krassen und nicht mehr
zu akzeptierenden Widerspruch setzt.[18] Anzunehmen ist das vor allem dann,
wenn die Entscheidung mit Grundrechten nicht zu vereinbaren ist. Im adoptions-

---

15 OLG Hamm FamRZ 2001, 1015; vgl. auch BGH NJW 1995, 1758.
16 HK-ZPO/Dörner § 328 Rn. 44; Zöller/Geimer ZPO § 328 Rn. 202.
17 BGHZ 84, 312 (329); 138, 331 (334); BGH NJW 1998, 2359.
18 BGHZ 118, 312 (330); 123, 268 (270); 138, 331 (335); BGH NJW 2015, 2800; OLG
    Celle FamRZ 2017, 1503.

und kindschaftsrechtlichen Bereich kommt die Annahme eines ordre public-Verstoßes vor allem dann in Betracht, wenn in dem ausländischen Verfahren keine Kindeswohlprüfung stattgefunden hat, vor allem, wenn eine solche umgangen worden ist.[19] Zu Einzelheiten in Bezug auf Adoptionen → Rn. 25 ff.

20   Insoweit ist im vorliegenden Kontext nicht nur an Grundrechte zu denken, welche Bezug zu dem angewendeten materiellen Recht haben, sondern auch an die **Verfahrensgrundrechte.** Hier ist insbes. der Grundsatz des rechtlichen Gehörs (Art. 103 Abs. 1 GG) von Bedeutung. Dieses Grundrecht verbietet es, dass ein Gericht eine Entscheidung trifft, bevor ein Verfahrensbeteiligter Gelegenheit zur Stellungnahme hatte. Eine spezielle Ausprägung dieses Grundsatzes findet sich in § 109 Abs. 1 Nr. 2 FamFG. Gegen den ordre public verstößt es aber auch, im weiteren Verfahrensgang einem Beteiligten das rechtliche Gehör abzuschneiden, indem etwa zu kurze Fristen gesetzt werden, dass entscheidungserheblichen Aussagen eines Beteiligten nicht nachgegangen wird, oder dass es im Ausland befindlichen Beteiligten durch zu kurze Terminierung unmöglich gemacht wird, am Verfahren persönlich teilzunehmen.

21   Umgekehrt darf aber nicht aus jeder **Abweichung vom deutschen Verfahrensrecht** ein Verstoß gegen den ordre public abgeleitet werden. Maßgebend ist die Abweichung von den wesentlichen Prinzipien des deutschen Rechts. Die Bejahung muss auf Ausnahmefälle beschränkt bleiben.[20] Es reicht deswegen nicht aus, dass in den Verfahren, die nach deutschem Recht dem Amtsermittlungsgrundsatz unterliegen, dieser nicht beachtet worden ist,[21] oder dass das ausländische Recht auch für einen Beteiligten, der sonst nicht am Verfahren teilnehmen kann, eine Möglichkeit der Verfahrenskostenhilfe nicht vorsieht. Dass einfache Verstöße gegen das ausländische Verfahrensrecht nicht ausreichen, um einen Verstoß gegen den deutschen ordre public zu begründen, ergibt sich schon aus § 109 Abs. 5 FamFG.

22   Ordre public-Verstöße können aber auch den **Inhalt der Entscheidung** betreffen. Es fragt sich insoweit immer, ob das Ergebnis der Anwendung des materiellen Rechts, welches der ausländischen Entscheidung zugrunde liegt, gegen die wesentlichen Wertungen des deutschen Rechts verstößt, wie sie sich vor allem in den Grundrechten ausdrücken. Auch insoweit ist vorsichtig vorzugehen: Nicht jedes abweichende Ergebnis verstößt gegen den deutschen ordre public. Auf keinen Fall darf § 109 Abs. 1 Nr. 4 FamFG dazu genutzt werden, den Inhalt einer ausländischen Entscheidung einer sachlich-rechtlichen Überprüfung zu unterziehen, um alle die Entscheidungen auszusondern, in denen das ausländische Gericht zu einem anderen Ergebnis gekommen ist, als es ein deutsches Gericht gekommen wäre, wenn es den Fall nach deutschem Recht beurteilt hätte. Der ordre public ist kein Instrument zur Durchsetzung deutscher Rechtsgedanken, sondern ein vorsichtig einzusetzendes Korrekturinstrument zur Beseitigung von Härtefällen.

23   Der ordre public ist auch eher ein **variabler Maßstab.** Von einem Kernbereich absoluter Grundrechtsverletzungen abgesehen, ist der Maßstab abhängig davon, wie groß der Inlandsbezug der betroffenen Entscheidung ist.[22] Je enger die Bindung eines oder beider Beteiligten zu Deutschland ist, desto eher ist ein ordre public-Verstoß zu bejahen, wenn eine erhebliche Abweichung von den Grundsätzen des deutschen Rechts vorliegt. Dasselbe Ergebnis kann deswegen in unterschiedlichen Entscheidungen in Bezug auf den ordre public-Verstoß unterschiedlich

19   OLG Düsseldorf FamFR 2010, 575; OLG Dresden FamRZ 2014, 1129.
20   OLG Stuttgart FamRZ 2018, 362.
21   BGH NJW 1997, 2051 (2052).
22   BGH NJW 1992, 3096 (3104 f.); vgl. auch OLG Karlsruhe FamRZ 2008, 431.

beurteilt werden, wenn die Inlandsbeziehung der Beteiligten unterschiedlich intensiv ist.

Kein ordre public-Verstoß liegt vor, wenn das ausländische Gericht nur ein **anderes Recht** angewendet hat, als nach deutschen IPR-Regeln anzuwenden gewesen wäre, oder wenn es nur das **Sachrecht falsch** angewendet hat (§ 109 Abs. 5 FamFG).[23] **24**

In Bezug auf Adoptionen gibt es eine reichhaltige Rechtsprechung zur Frage, wann eine Adoption gegen den ordre public verstößt. Dabei ist zunächst zu beachten, dass die Beurteilung der Frage, ob eine ausländische Annahmeentscheidung gegen den ordre public verstößt, sich grundsätzlich nach den Umständen zum Zeitpunkt der Anerkennungsentscheidung richtet (und nicht denen der anzuerkennenden Entscheidung).[24] Allerdings kann eine unterbliebene Kindeswohlprüfung im Ausgangsverfahren im Anerkennungsverfahren nicht nachgeholt werden. Eine andere Behandlung würde dazu führen, dass eine dabei unterbliebene oder aber völlig unzureichende Abwägung der Belange des Kindes durch eine neue, von dem mit der Anerkennung betrauten Gericht vorzunehmende Abwägung ersetzt werden könnte.[25] **25**

Ordre public-Verstöße können vor allem **bei schweren Verfahrens-** als auch **Kindeswohlverstößen** (bei denen zugleich ein Eingriff in das allgemeine Persönlichkeitsrecht des Kindes gegeben ist)[26] vorliegen, wie etwa, wenn die erforderliche Einwilligung der bereits über 15 Jahre alten Anzunehmenden fehlt[27] und auch nicht hinreichend belegt ist, dass die leiblichen Eltern der Adoption zugestimmt haben,[28] eine Kindeswohlprüfung[29] gänzlich unterblieben ist (häufiger Fall bei Kindesannahmen durch Verwandte in der Türkei)[30] oder wenn bei dieser Prüfung dem ausländischen Gericht nicht bewusst war, dass das Kind im Ausland leben soll,[31] das Kind[32] oder die Eltern[33] nicht angehört worden sind oder eine Elterneignungsprüfung nicht stattgefunden hat.[34] Allerdings wird **26**

23 OLG Celle FamRZ 2017, 1503.
24 BGH FamRZ 1989, 378; BayObLGZ 1987, 439; 2000, 180; KG FamRZ 2006, 1405; LG Dresden 26.1.2006 – 2 T 1208/04.
25 OLG Bamberg 20.2.2014 – 2 UF 10/12; OLG Celle 15.11.2011 – 17 W 7/11; OLG Hamm FamRZ 2011, 310; OLG München 5.12.2011 – 31 Wx 83/11; OLG München 23.4. 2019 – 33 UF 32/19; OLG Frankfurt a.M. FamRZ 2017, 1512; LG Karlsruhe JAmt 2010, 186; OLG Karlsruhe StAZ 2011, 210; LG Dortmund IPRspr. 2009, Nr. 115, 277; LG Dresden 26.1.2006 – 2 T 1208/04.
26 OLG Karlsruhe StAZ 2011, 210.
27 OLG Köln 17.9.2007 – 16 Wx 224/07.
28 OLG Köln 17.9.2007 – 16 Wx 224/07; LG Berlin JAmt 2010, 85; LG Dresden 11.7.2011 – 2 T 1046/08.
29 Wenn das der anzuerkennenden Adoptionsentscheidung zugrunde liegende ausländische Recht (wie auch das türkische Recht) ausdrücklich eine Kindeswohlprüfung vorsieht, ist vorbehaltlich gegenteiliger Anhaltspunkte aber zunächst davon auszugehen, dass das ausländische Gericht das Kindeswohl geprüft hat; vgl. OLG Düsseldorf FamRZ 2019, 611; OLG Stuttgart FamRZ 2018, 362.
30 OLG Stuttgart 21.1.2019 – 17 UF 25/18; OLG Köln 17.9.2007 – 16 Wx 224/07; OLG Düsseldorf FamRZ 2009, 1078; LG Berlin JAmt 2010, 85; OLG Celle FamRZ 2008, 1109; OLG Celle 15.11.2011 – 17 W 7/11; OLG Karlsruhe FamRZ 2014, 582.
31 OLG Celle 12.10.2011 – 17 UF 98/11; OLG Köln FamRZ 2013, 484; OLG Hamm FamRZ 2014, 1571; OLG Bamberg 20.2.2014 – 2 UF 10/12.
32 OLG Frankfurt a.M. 22.12.2011 – 1 UF 262/11.
33 OLG Nürnberg StAZ 2019, 148.
34 OLG München FamRZ 2014, 581; OLG München 23.4. 2019 – 33 UF 32/19; OLG Nürnberg StAZ 2019, 148; OLG Düsseldorf 24.6.2014 – II-1 UF 1/14; OLG Köln IPRspr. 2009, Nr. 97 b, 230; OLG Schleswig IPRspr. 2009, Nr. 100 b, 242; OLG Düsseldorf FamRBInt 2010, 85. Zur Reichweite dieser Prüfung vgl. OLG Hamm FamFR 2012, 24.

nicht immer eine an deutschen Maßstäben zu messende Prüfung zu verlangen sein. Hat ein Gericht im Rahmen einer **Stiefkindadoption** eine nach dortigen Maßstäben übliche Kindeswohlprüfung durchgeführt, muss kein Verstoß gegen den ordre public vorliegen – vor allem dann, wenn die Beteiligten erklären, die Adoption zu wollen.[35] Ordre public-widrig ist, wenn das ausländische Gericht erkennbar aufgrund einer falschen Tatsachengrundlage entschieden hat,[36] etwa weil es die Adoption irrtümlich als Inlandsfall eingeordnet hat,[37] wenn die Adoptiveltern das ausländische Gericht vorsätzlich getäuscht haben,[38] wenn das Verfahren gar keine geordnete Sachverhaltsermittlung kannte[39] oder wenn das gesamte Verfahren nicht dokumentiert ist, so dass das Vorliegen der Prüfung nicht nachvollzogen werden kann.[40] Ordre public-widrig ist auch, wenn die Annahme ohne Rücksicht auf ein Adoptionsbedürfnis ausgesprochen wurde,[41] etwa wenn der Wille und der Wunsch der am Verfahren Beteiligten dahin ging, das in einer intakten Familiengemeinschaft lebende Kind primär aus materiellen Gründen in einen anderen Kulturkreis zu versetzen,[42] oder wenn die Annahme nur in einer bestimmten Situation der Tradition entspricht.[43] Das Gleiche gilt, wenn das Kind ohne bedrohliche materielle Not in landesüblich angemessenen Wohnverhältnissen in einem intakten Umfeld mit Geschwistern und Eltern zusammenlebt, die nachweislich durchaus in der Lage sind, ihre Kinder zu fördern. Allein eine bessere schulische Bildung und günstigere Zukunftsaussichten, die das Kind in Deutschland zu erwarten hätte, reichen nicht, um in solchen Fällen eine Annahme zu rechtfertigen und das Kind aus sozial intakten Familienverhältnissen in seinem Heimatland herauszunehmen.[44] Selbst die Tatsache, dass das Kind in ein völlig fremdes Land mit völlig fremdem Kulturkreis und mit fremder Sprache verbracht wird, kann uU schon Zweifel an der Vereinbarkeit mit dem Kindeswohl aufkommen lassen.[45] Auch ein Verstoß gegen Art. 21 b der UN-Kinderrechtskonvention, nach der eine internationale Adoption für ein Kind nur dann in Frage kommen soll, wenn es nicht in seinem Heimatland in einer Pflege- oder Adoptivfamilie untergebracht oder wenn es dort nicht in geeigneter Weise betreut werden kann, kann die Annahme eines ordre public-Verstoßes begründen.[46] Allein das Interesse der kinderlosen Adoptiveltern, Eltern zu werden, vermag aus der Sicht des Kindes eine Adoption nie zu begründen.[47]

27   Dagegen **reicht es** für die Annahme eines ordre public-Verstoßes **grundsätzlich nicht,** wenn die vom die Annahme beherrschenden Recht vorgeschriebene Mindestaufenthaltsdauer der Adoptiveltern im Heimatland des Kindes oder die Mindestzeit einer vorbereitenden elterlichen Sorge der Adoptiveltern nicht eingehal-

35 OLG Hamm 19.12.2013 – II-11 UF 24/13; LG Köln 31.1.2013 – 1 T 188/12.
36 OLG Frankfurt a.M. 19.1.2012 – 20 W 93/11; LG Dortmund IPRspr. 2009, Nr. 114, 277.
37 OLG Celle 12.10.2011 – 17 UF 98/11; OLG Düsseldorf 22.6.2010 – 25 Wx 15/10; LG Dortmund 7.12.2009 – 15 T 56/08; OLG Frankfurt a.M. FamRZ 2009, 1605.
38 OLG Frankfurt a.M. 19.1.2012 – 20 W 93/11; OLG Düsseldorf FamRBInt 2010, 85; LG Dortmund IPRspr. 2009, Nr. 106, 259.
39 LG Stuttgart 18.4.2011 – 1 T 78/10.
40 LG Dortmund IPRspr. 2009, Nr. 116, 277.
41 OLG Karlsruhe StAZ 2011, 210.
42 OLG Köln FamRZ 2010, 49.
43 OLG München 3.5.2011 – 31 Wx 46/10.
44 OLG Celle 11.4.2008 – 17 W 3/08; LG Dortmund 9.3.2010 – 9 T 670/09; LG Dortmund 20.4.2010 – 9 T 108/10; LG Lüneburg 18.10.2010 – 3 T 66/10; LG Flensburg 28.3.2011 – 5 T 157/10.
45 LG Düsseldorf 15.4.2010 – 25 T 173/10.
46 LG Düsseldorf 16.3.2010 – 25 T 620/09; OLG Düsseldorf 22.6.2010 – I-25 Wx 15/10; LG Frankfurt a.M. 18.10.2010 – 2–09 T 372/09.
47 LG Dortmund 9.3.2010 – 9 T 53/10.

ten wurde.[48] Selbstverständlich ist, dass ein ordre public-Verstoß nicht allein dadurch begründet wird, dass ein deutsches Gericht den Fall nach deutschem Recht anders entschieden hätte.[49]

Trotz schwerer Verfahrensfehler kann ein ordre public-Verstoß abzulehnen sein, wenn bei dessen Bejahung das Kind nach allen in Betracht kommenden Rechtsordnungen elternlos wäre[50] oder seine Versorgung nicht mehr gesichert wäre.

28

III. Kein Gegenseitigkeitserfordernis

Ein Gegenseitigkeitserfordernis besteht in Adoptionssachen nicht.

29

Abschnitt 5
Verfahren in Adoptionssachen

Vorbemerkung zu §§ 186–199 FamFG

I. Systematik

Das Verfahren in Adoptionssachen ist im **5. Abschnitt des 2. Buches** des FamFG geregelt. Die Systematik dieses Abschnittes entspricht derjenigen der anderen Abschnitte des zweiten Buches: Die erste Vorschrift (§ 186 FamFG) regelt, was unter diesen Verfahren zu verstehen ist, die zweite (§ 187 FamFG) betrifft die örtliche Zuständigkeit in Adoptionssachen, die dritte (§ 188 FamFG) die Beteiligten in diesen Verfahren.

1

Andere Regelungen betreffen **Spezifika des Adoptionsrechts**, die in anderen Verfahren nicht vorkommen können, etwa dass das Gericht die fachliche Äußerung einer Adoptionsvermittlungsstelle einholen (§ 189 FamFG) und eine Bescheinigung über den Eintritt der Vormundschaft des Jugendamts ausstellen muss (§ 190 FamFG). Aus § 196 FamFG ergibt sich, dass die Verfahren in Adoptionssachen mit anderen Verfahren nicht verbunden werden dürfen.

2

Anhörungsrechte in Adoptionssachen ergeben sich aus § 192 FamFG für die Beteiligten, aus § 193 FamFG für die Kinder des Annehmenden und des Anzunehmenden, aus § 194 FamFG für das Jugendamt und aus § 195 FamFG für das Landesjugendamt.

3

Besondere Verfahrensvorschriften für den das Verfahren abschließenden **Beschluss** finden sich in § 197 und § 198 FamFG.

4

---

48 OLG Hamburg 16.1.2006 – 2 Wx 67/05.
49 OLG Düsseldorf FamRZ 2011, 1522.
50 OLG Celle FamRZ 2017, 1503.

II. Besonderheiten des Verfahrens in Adoptionssachen

5   Bei den Verfahren in Adoptionssachen handelt es sich um **reine FG-Verfahren** und nicht um Familienstreitsachen. Deswegen ist in diesen Verfahren immer das FamFG im Ganzen anwendbar. Auf die ZPO kommt es nur an, soweit einzelne Normen auf einzelne spezielle Regelungen der ZPO verweisen.

6   Das Verfahren in Adoptionssachen kann wegen seiner Bedeutung **mit keinem anderen Verfahren verbunden** werden (§ 196 FamFG).

7   **1. Antragserfordernis und Vertretung.** Ein Verfahren in einer Adoptionssache kommt nur durch einen **Antrag** in Gang. Für die Annahmeverfahren ergibt sich das materiellrechtlich aus § 1752 BGB. Der Antrag ist bedingungsfeindlich und bedarf der notariellen Beurkundung.

8   **Anwaltszwang** besteht für die Verfahren in Adoptionssachen **nicht**. Ein Minderjähriger (Verfahren nach § 186 Nr. 1 FamFG) bedarf eines Verfahrensbeistandes.

9   **2. Zuständigkeit.** Zur **internationalen Zuständigkeit** deutscher Gerichte für Adoptionssachen siehe § 101 FamFG (→ FamFG § 101 Rn. 1 ff.). Die Zuständigkeit ist keine ausschließliche (§ 106 FamFG).

10   Die **sachliche Zuständigkeit** der Amtsgerichte in Adoptionssachen folgt aus § 23 a Abs. 1 Satz 1 Nr. 1 GVG iVm § 111 Nr. 4 FamFG. Die Zuständigkeit ist ausschließlich (§ 23 a Abs. 1 Satz 2 GVG). Für Beschwerden ist das OLG sachlich zuständig (§ 119 Abs. 1 Nr. 1 lit. a GVG), für die Rechtsbeschwerde der BGH (§ 133 GVG).

11   Die **örtliche Zuständigkeit** für Adoptionssachen ergibt sich aus § 187 FamFG (→ FamFG § 187 Rn. 1 ff.).

12   Innerhalb des Amtsgerichts ist das **Familiengericht** für die Adoptionssachen zuständig (§ 23 b Abs. 1 GVG), beim Oberlandesgericht ein Familiensenat (§ 119 Abs. 2 GVG).

13   **Funktionell zuständig** ist in Adoptionssachen grds. der Rechtspfleger (§ 3 Nr. 2 lit. a RPflG). Dem Richter vorbehalten sind nur die Befreiung vom Eheverbot des § 1308 Abs. 2 BGB (§ 14 Abs. 1 Nr. 16 RPflG), die Ersetzung der Einwilligung oder der Zustimmung zu einer Annahme als Kind nach § 1746 Abs. 3 BGB sowie nach §§ 1748, 1749 Abs. 1 BGB, die Entscheidung über die Annahme als Kind einschließlich der Entscheidung über den Namen des Kindes nach den §§ 1752, 1768 und 1757 Abs. 4 BGB, die Genehmigung der Einwilligung des Kindes zur Annahme nach § 1746 Abs. 1 Satz 4 BGB, die Aufhebung des Annahmeverhältnisses nach den §§ 1760, 1763 und 1771 BGB sowie die Entscheidungen nach § 1751 Abs. 3, § 1764 Abs. 4, § 1765 Abs. 2 BGB und die Entscheidungen nach dem Adoptionswirkungsgesetz, soweit sie eine richterliche Entscheidung enthalten (§ 14 Abs. 1 Nr. 15 RPflG).

14   **3. Beteiligte am Verfahren.** Die Beteiligteneigenschaft ergibt sich neben der Grundregel des § 7 Abs. 2 FamFG aus **§ 188 FamFG** (→ FamFG § 188 Rn. 1 ff.). Das Jugendamt und das Landesjugendamt sind in allen Adoptionssachen Mussbeteiligte auf Antrag (§ 188 Abs. 2 FamFG). Im Übrigen ist nach der Art der Verfahren zu unterscheiden:

15   In **Verfahren, die die Annahme als Kind betreffen** (§ 186 Nr. 1 FamFG), sind zunächst der Annehmende und der Anzunehmende zu beteiligen. Die Eltern des Anzunehmenden sind zu beteiligen, wenn dieser entweder minderjährig ist und ein Fall des § 1747 Abs. 2 Satz 2 (Einwilligung in Inkognitoadoption) oder Abs. 4 BGB (Einwilligungsunfähigkeit) nicht vorliegt. Das gilt auch, wenn eine Volljährigenadoption mit den Wirkungen der Minderjährigenadoption erfolgen soll (Fall des § 1772 BGB). Schließlich sind der Ehegatte des Annehmenden und

der Ehegatte des Anzunehmenden zu beteiligen, sofern nicht ein Fall des § 1749 Abs. 2 BGB vorliegt (§ 188 Abs. 1 Nr. 1 FamFG).

In **Verfahren auf Ersetzung einer Einwilligung** (§ 186 Nr. 2 FamFG) ist derjenige 16 zu beteiligen, dessen Einwilligung ersetzt werden soll.

In **Verfahren zur Aufhebung einer Annahme** (§ 186 Nr. 3 FamFG) sind der An- 17 nehmende und der Angenommene und die leiblichen Eltern des minderjährigen Angenommenen zu beteiligen.

Beteiligte in **Verfahren zur Befreiung vom Ehehindernis des § 1308 Abs. 1 BGB** 18 (§ 186 Nr. 4 FamFG) sind die Verlobten zu beteiligen (§ 188 Abs. 1 Nr. 4 FamFG).

Zu beachten ist außerdem, dass es neben den echten Beteiligten in Adoptionssa- 19 chen noch **andere Personen** gibt, die im Verfahren **anzuhören** sind. Neben dem Jugendamt und dem Landesjugendamt (§§ 194 f. FamFG) sind das vor allem die Kinder des Anzunehmenden und des Annehmenden (§ 193 FamFG).

4. Einwilligungserfordernisse. Die Entscheidung über die Annahme eines Kindes 20 ist nicht nur für den Antragsteller von Bedeutung. Bereits das materielle Recht schreibt deswegen vor, dass eine Annahme nur dann erfolgen kann, wenn bestimmte Personen ihr zugestimmt haben. Erforderlich ist in den Verfahren nach § 186 Nr. 1 FamFG vor allem die **Zustimmung des Kindes** zu der Annahme, die es nur mit Zustimmung seines gesetzlichen Vertreters (§ 1746 Abs. 1 BGB) erteilen kann. Die Erteilung der Einwilligung durch einen gewillkürten Vertreter scheidet wegen der Höchstpersönlichkeit dieses Geschäfts aus (§ 1746 Abs. 1 Satz 3 BGB). Im Falle der Geschäftsunfähigkeit oder vor Vollendung des 14. Lebensjahres erfolgt schon die Abgabe der Einwilligung durch den gesetzlichen Vertreter (§ 1746 Abs. 1 BGB).

Weil die Annahme des Kindes in den Fällen einer Annahme nach § 186 Nr. 1 21 FamFG (Minderjährige) ganz, in den Fällen des § 186 Nr. 2 FamFG (Erwachsene) zumindest im Verhältnis zu ihnen aus der Familie ausscheidet, ist auch die **Einwilligung der Eltern** in die Annahme erforderlich (§ 1747 Abs. 1 BGB).

Nimmt eine verheiratete Person ein Kind allein an (Ausnahmefall), ist die **Ein-** 22 **willigung des anderen Ehegatten** erforderlich (§ 1749 Abs. 1 BGB). Seine Rechte werden durch die Annahme beeinträchtigt – schon, weil bei einer Minderjährigenadoption ein ihm vorgehender Unterhaltsberechtigter (vgl. § 1609 BGB) in die Familie aufgenommen wird.

Sollte ein Verheirateter angenommen werden, musste bisher **dessen Ehegatte** ein- 23 willigen (§ 1749 Abs. 2 BGB), weil die Annahme auch auf seine Rechtsstellung Einfluss haben konnte. Das Erfordernis ist aufgehoben worden, nachdem Ehen heute nur noch von Volljährigen eingegangen werden können bzw. dürfen (vgl. § 1303 BGB).

Alle Einwilligungen sind **bedingungsfeindlich**, bedürfen der **notariellen Beurkun-** 24 **dung** und sind gegenüber dem zuständigen Gericht (vgl. § 187 FamFG) abzugeben. Wirksam werden sie mit dem Zugang bei Gericht (§ 1750 Abs. 1 BGB), es sei denn, wenigstens gleichzeitig ginge ein Widerruf zu (§ 130 Abs. 2 BGB). Nach dem Zugang ist die Einwilligung grds. unwiderruflich (§ 1750 Abs. 2 BGB). Nur die Einwilligung des Kindes, welches das 14. Lebensjahr vollendet hat und nicht geschäftsunfähig ist, kann bis zum Wirksamwerden des gerichtlichen Beschlusses über die Annahme widerrufen werden (§ 1746 Abs. 2 BGB).

Die Einwilligung bedarf bei beschränkter Geschäftsfähigkeit des Einwilligenden 25 nur dann der **Zustimmung des gesetzlichen Vertreters**, wenn es um die Einwilligung des Kindes geht (§ 1746 Abs. 1 Satz 3 BGB).

26   Die Einwilligung eines Elternteils (§ 1748 BGB) und die Einwilligung des Ehegatten des Annehmenden (§ 1749 Abs. 1 BGB) können **durch das Gericht ersetzt** werden.

27   In Fällen, in denen die Person, die einwilligen müsste, an der Erteilung der Einwilligung verhindert (zB wegen unbekannten Aufenthaltsorts, Koma) ist, kann das Gericht die **Einwilligung** eines Elternteils (§ 1747 Abs. 4 BGB) oder des Ehegatten des Annehmenden (§ 1749 Abs. 3 BGB) **für nicht erforderlich erklären.**

28   **5. Anhörungsrechte.** Wegen der großen Bedeutung der Entscheidung in der Adoptionssache sind die Anhörungsrechte deutlich weiter ausgebaut als in anderen Verfahren. Es versteht sich von selbst, dass die Beteiligten des Verfahrens (§ 188 FamFG) angehört werden müssen (§ 192 FamFG, vgl. auch § 34 FamFG). Außerdem sind die Kinder des Anzunehmenden und des Annehmenden anzuhören (§ 193 FamFG). Schließlich müssen auch grds. das Jugendamt (§ 194 FamFG) und in den dem AdWirkG unterfallenden Fällen auch das Landesjugendamt angehört werden (§ 195 FamFG).

29   **6. Entscheidung.** Die Adoption wird durch **gerichtlichen Beschluss** ausgesprochen. Das Dekretsystem wurde durch das Adoptionsgesetz eingeführt; eine Begründung der Annahme durch Vertrag kommt seitdem nicht mehr in Betracht (§ 1752 BGB).

30   Der Beschluss, durch den das Gericht die **Annahme als Kind** ausspricht, muss angeben, auf welche gesetzlichen Vorschriften sich die Annahme gründet und – sofern die Einwilligung eines Elternteils nach § 1747 Abs. 4 BGB nicht für erforderlich erachtet wurde – muss auch das ebenfalls in dem Beschluss angegeben werden (§ 197 Abs. 1 Satz 2 FamFG). Der Beschluss wird mit der Zustellung an den Annehmenden, nach dem Tod des Annehmenden mit der Zustellung an das Kind wirksam (§ 197 Abs. 2 FamFG). Er ist weder anfechtbar noch abänderbar. Eine Wiederaufnahme ist ausgeschlossen (§ 197 Abs. 3 FamFG).

31   Der Beschluss über die **Ersetzung einer Einwilligung** oder Zustimmung zur Annahme als Kind wird zwar grds. erst mit Rechtskraft wirksam (§ 198 Abs. 1 Satz 1 FamFG). Bei Gefahr im Verzug kann das Gericht aber die sofortige Wirksamkeit dieses Beschlusses anordnen (§ 198 Abs. 1 Satz 2 FamFG). Der Beschluss wird dann mit Bekanntgabe an den Antragsteller wirksam (§ 198 Abs. 1 Satz 3 FamFG). Wie beim Annahmebeschluss sind die Abänderung und die Wiederaufnahme ausgeschlossen (§ 198 Abs. 1 Satz 4 FamFG).

32   Der Beschluss, durch den das Gericht ein **Annahmeverhältnis aufhebt,** wird erst mit Rechtskraft wirksam; eine Abänderung oder Wiederaufnahme ist ausgeschlossen (§ 198 Abs. 2 FamFG). Insoweit gilt nichts anderes als für den Beschluss über die Annahme selbst.

33   Eine ähnliche Regelung enthält § 198 Abs. 3 FamFG auch für den Beschluss, durch den die **Befreiung vom Eheverbot** nach § 1308 Abs. 1 BGB erteilt wird: Auch dieser ist nicht anfechtbar; eine Abänderung oder Wiederaufnahme ist ausgeschlossen, wenn die Ehe geschlossen worden ist.

34   **7. Rechtsmittel.** Gegen Entscheidungen in Adoptionssachen finden die **Beschwerde** (§§ 58 ff. FamFG) und die **Rechtsbeschwerde** (§§ 70 ff. FamFG) statt. Mögliche Ausgangsentscheidungen als Endentscheidungen sind:

- die Abweisung des Annahmeantrags in den Fällen des § 186 Nr. 1 FamFG,

- die Abweisung des Annahmeantrags in den Fällen des § 186 Nr. 2 FamFG,

- alle Entscheidungen in Verfahren nach § 186 Nr. 2 FamFG, in denen eine Einwilligung oder Zustimmung ersetzt oder versagt wird,

- alle Entscheidungen nach § 186 Nr. 3 FamFG, in denen eine Aufhebung der Annahme ausgesprochen oder versagt wird,
- die Versagung der Befreiung vom Ehehindernis.

Die Beschwerde **findet dagegen nicht statt,** wenn   35

- der Annahme als Kind (§ 186 Nr. 1 FamFG) stattgegeben wird,
- die Befreiung vom Eheverbot (§ 186 Nr. 4 FamFG) erteilt wird. Das Gleiche gilt, wenn die Ehe schon geschlossen wurde.[1]

III. Kosten und Gebühren

Der **Verfahrenswert** in Adoptionssachen bestimmt sich nach § 42 Abs. 2 und 3   36
FamGKG: Er ist also unter Berücksichtigung aller Umstände des Einzelfalles, vor allem des Umfangs und der Bedeutung der Sache sowie der Vermögens- und Einkommensverhältnisse der Beteiligten zu bestimmen, darf aber den Wert von 500.000 EUR nicht übersteigen (§ 42 Abs. 2 FamGKG).[2] Vermögen ist idR mit 25 % anzusetzen.[3] Ohne besondere Anhaltspunkte ist von einem Wert von 3.000 EUR auszugehen (§ 42 Abs. 3 FamGKG).

1. Minderjährigenannahme. Verfahren in Bezug auf die Minderjährigenadoption   37
sind **gerichtskostenfrei.** Das gilt auch in Bezug auf die gerichtliche Ersetzung von Einwilligungen nach §§ 1746 Abs. 3, 1748, 1749 Abs. 1 BGB und in Bezug auf die Namensänderung nach § 1757 BGB. Auslagen muss der Annehmende als Antragsteller des Verfahrens tragen (§ 21 Abs. 1 Satz 1 FamGKG).

Für den **Verfahrensbeistand** des Minderjährigen gilt § 158 Abs. 7 FamFG ent-   38
sprechend (§ 191 Satz 2 FamFG).

Der **Anwalt** erhält eine Vergütung nach Teil 3 des VV RVG, idR also für die erste   39
Instanz eine 1,3-fache Verfahrensgebühr nach Nr. 3100 VV. Für das Beschwerdeverfahren beträgt die Vergütung eine 1,6-fache Verfahrensgebühr (Nr. 3200 VV). Die Terminsgebühr ist in den beiden ersten Instanzen der 1,2-fache Satz (Nr. 3104, 3202 VV).

2. Volljährigenannahme. In Verfahren über die Annahme Volljähriger ist die   40
Gebührenlage eine andere: Hier fallen für das **Verfahren** der Annahme Gebühren an, jedoch nicht für die Ersetzung von für die Annahme erforderlichen Einwilligungen. Kostenschuldner sind der Annehmende und der Anzunehmende, weil sie beide einen entsprechenden Antrag gestellt haben (§ 1768 BGB, § 21 Abs. 1 Satz 1 FamGKG).

Im Einzelnen fallen **folgende Gerichtsgebühren** an: Für das Verfahren wird eine   41
volle Gebühr (§ 28 FamGKG) mit dem zweifachen Satz erhoben (KV 1320). Wird das Verfahren dagegen vorzeitig ohne Entscheidung über die Annahme beendet, ermäßigt sich auch der Satz auf einen halben Satz (KV 1321). Für das Beschwerdeverfahren richten sich die Gebühren (wie sonst auch) nach Nr. 1322–324 KV, für Rechtsbeschwerdeverfahren nach Nr. 1325–1328 KV.

Zu den **Anwaltsgebühren** → Rn. 39.   42

3. Aufhebung eines Annahmeverhältnisses. Aufhebungen eines Annahmeverhält-   43
nisses sind **gerichtsgebührenfrei.**

Zu den Anwaltsgebühren → Rn. 39.   44

---

1 Keidel/Engelhardt FamFG Vor § 186 Rn. 16.
2 OLG Bamberg 18.10.2011 – 2 UF 234/11; OLG Düsseldorf FamRZ 2010, 1937.
3 OLG Bamberg 18.10.2011 – 2 UF 234/11.

45 **4. Befreiung vom Eheverbot des § 1308 BGB.** Für die Befreiung vom Eheverbot des § 1308 BGB werden dieselben Gebühren erhoben wie für das Verfahren auf Annahme eines Erwachsenen, also die Nr. 1320–1328 KV.

46 Zu den Anwaltsgebühren → Rn. 39.

§ 186 FamFG Adoptionssachen

Adoptionssachen sind Verfahren, die
1. die Annahme als Kind,
2. die Ersetzung der Einwilligung zur Annahme als Kind,
3. die Aufhebung des Annahmeverhältnisses oder
4. die Befreiung vom Eheverbot des § 1308 Abs. 1 des Bürgerlichen Gesetzbuchs

betreffen.

Aufsatzliteratur:

Beller, Die Vorschriften des FamFG zur internationalen Zuständigkeit, ZFE 2010, 52; *Braun*, Das Verfahren in Adoptionssachen nach §§ 186 ff. FamFG, FamRZ 2011, 81; *Hoffmann*, FamFG und Vormundschaft: Mögliche Auswirkungen auf die Tätigkeit von Vormündern und Pflegern, JAmt 2009, 413; *Hoffmann*, Verfahrenskostenhilfe in Verfahren zur Ersetzung der elterlichen Einwilligung in eine Adoption, FamRZ 2010, 1394; *Keuter*, Kostenrechtliche Aspekte in Adoptionsverfahren, FuR 2013, 567; *Krause*, Das Verfahren in Adoptionssachen nach dem FamFG, FamRB 2009, 221; *Schneider*, Kosten in Adoptionssachen, JurBüro 2010, 396; *Zimmermann*, Das Adoptionsverfahren nach dem FamFG, NZFam 2016, 12; *Zschiebsch*, Das amtsgerichtliche Verfahren zur Annahme als Kind, FPR 2009, 493.

I. Allgemeines und Systematik

1 Die Norm regelt, was unter Verfahren in Adoptionssachen zu verstehen ist und füllt damit die Regelung in § 111 Nr. 4 FamFG weiter aus. Zu den Besonderheiten des Verfahrens in Adoptionssachen → FamFG Vor §§ 186–199 Rn. 5 ff.

II. Adoptionssachen im Einzelnen

2 **1. Verfahren auf Annahme als Kind (Nr. 1).** Adoptionssachen sind zunächst alle **Verfahren, welche auf die Annahme als Kind gerichtet** sind (Nr. 1). Darunter fällt nicht nur die Annahme von Minderjährigen (§§ 1741 ff. BGB), sondern auch die Annahme von Volljährigen (§§ 1767 ff. BGB).

3 Zu den Adoptionssachen iSd Nr. 1 gehören auch **die unselbstständigen Teile des Verfahrens** zur Annahme eines Kindes, nämlich

- der Empfang aller Einwilligungserklärungen (§ 1750 Abs. 1 BGB),
- die Ausstellung der Bescheinigung für das Jugendamt (§ 1751 Abs. 1 Satz 4 BGB, § 190 FamFG),
- den Ausspruch der Annahme (§§ 1752, 1767 Abs. 2, 1768 BGB),
- der Empfang der Erklärung über die Änderung des Geburtsnamens (§§ 1757 Abs. 3, 1767 Abs. 2 BGB),
- der Ausspruch über die Namensführung (§ 1757 Abs. 4 BGB),
- Anordnungen in Bezug auf das Offenbarungs- und Ausforschungsverbot (§ 1758 Abs. 2 BGB).

Keine Adoptionssache nach Nr. 1 ist das Verfahren auf Rückübertragung der 4 elterlichen Sorge nach § 1751 Abs. 3 BGB. Insoweit liegt vielmehr eine Kindschaftssache iSd § 151 FamFG vor, so dass das Verfahren sich in diesen Fällen nach den §§ 152 ff. FamFG bestimmt.[1]

In Verfahren, die die Annahme als Kind betreffen (§ 186 Nr. 1 FamFG), sind 5 zunächst der Annehmende und der Anzunehmende **zu beteiligen**. Die Eltern des Anzunehmenden sind zu beteiligen, wenn dieser entweder minderjährig ist und ein Fall des § 1747 Abs. 2 Satz 2 (Einwilligung in Inkognitoadoption) oder Abs. 4 BGB (Einwilligungsunfähigkeit) nicht vorliegt. Das gilt auch, wenn eine Volljährigenadoption mit den Wirkungen der Minderjährigenadoption erfolgen soll (Fall des § 1772 BGB). Schließlich sind der Ehegatte bzw. Lebenspartner des Annehmenden und der Ehegatte bzw. Lebenspartner des Anzunehmenden zu beteiligen, sofern nicht ein Fall des § 1749 Abs. 2 BGB vorliegt (§ 188 Abs. 1 Nr. 1 FamFG).

In den Adoptionssachen nach Nr. 1 **muss das Gericht vor allem prüfen,** 6

- ob ein wirksamer Antrag vorliegt, der von einer Person gestellt ist, die nach materiellem Recht dazu befugt ist,
- ob die materiellen Voraussetzungen für die Annahme vorliegen,
- ob die vorgeschriebenen Einwilligungen erteilt oder ob sie ersetzt worden sind,
- ob die vorgeschriebenen Anhörungen durchgeführt worden sind (§§ 189, 192–194 FamFG).

Der **Beschluss**, durch den das Gericht die Annahme als Kind ausspricht, muss 7 angeben, auf welche gesetzlichen Vorschriften sich die Annahme gründet und – sofern die Einwilligung eines Elternteils nach § 1747 Abs. 4 BGB nicht für erforderlich erachtet wurde – muss auch das ebenfalls in dem Beschluss angegeben werden (§ 197 Abs. 1 Satz 2 FamFG). Der Beschluss wird mit der Zustellung an den Annehmenden, nach dem Tod des Annehmenden mit der Zustellung an das Kind wirksam (§ 197 Abs. 2 FamFG). Er ist weder anfechtbar noch abänderbar. Eine Wiederaufnahme ist ausgeschlossen (§ 197 Abs. 3 FamFG).

2. Ersetzung von Einwilligungen (Nr. 2). Adoptionssachen sind auch alle **Verfah-** 8 **ren, in denen die Einwilligungen ersetzt werden sollen,** welche für die Annahme als Kind erforderlich sind. Unter diese Kategorie von Adoptionssachen fallen die Ersetzung der Einwilligung:

- des Vormunds oder Pflegers (§ 1746 Abs. 3 BGB),
- eines Elternteils (§ 1748 BGB),
- des Ehegatten bzw. Lebenspartners des Annehmenden (§ 1749 Abs. 1 BGB).

---

1 Keidel/Engelhardt FamFG § 186 Rn. 2.

9   In Verfahren auf Ersetzung einer Einwilligung ist derjenige zu **beteiligen**, dessen
     Einwilligung ersetzt werden soll (§ 188 Abs. 1 Nr. 2 FamFG).

10   In den Adoptionssachen nach Nr. 2 **prüft das Gericht**, ob die materiellrechtlichen
     Voraussetzungen für die Ersetzung der Einwilligung vorliegen, vor allem, ob sie
     dem Kindeswohl entspricht.

11   Der **Beschluss** über die Ersetzung einer Einwilligung oder Zustimmung zur An-
     nahme als Kind wird zwar grds. erst mit Rechtskraft wirksam (§ 198 Abs. 1
     Satz 1 FamFG). Bei Gefahr im Verzug kann das Gericht aber die sofortige Wirk-
     samkeit dieses Beschlusses anordnen (§ 198 Abs. 1 Satz 2 FamFG). Der Beschluss
     wird dann mit Bekanntgabe an den Antragsteller wirksam (§ 198 Abs. 1 Satz 3
     FamFG). Wie beim Annahmebeschluss sind die Abänderung und die Wiederauf-
     nahme ausgeschlossen (§ 198 Abs. 1 Satz 4 FamFG).

12   **3. Aufhebung des Annahmeverhältnisses (Nr. 3).** Adoptionssachen nach Nr. 3
     sind zunächst die **Endentscheidungen**, welche zur **Aufhebung einer Annahme als
     Kind führen,** also

■   die Aufhebung wegen fehlender Erklärungen (§ 1760 BGB),

■   die Aufhebung von Amts wegen aus schwerwiegenden Gründen des Kindes-
     wohls (§ 1763 BGB).

13   Hierher rechnen aber **auch unselbstständige Teile** des Aufhebungsverfahrens, wie
     etwa die Entscheidung über die Namensführung nach der Aufhebung (§ 1765
     Abs. 2, 3 BGB).

14   **Keine Adoptionssache nach Nr. 3** ist das Verfahren auf Rückübertragung der el-
     terlichen Sorge bzw. das Verfahren zur Bestellung eines Vormunds (§ 1764 Abs. 4
     BGB). Insoweit handelt es sich um eine Kindschaftssache iSd § 151 FamFG,
     für das die Verfahrensregeln des Verfahrens in Kindschaftssachen (§§ 152 ff.
     FamFG) gelten. Zu beachten ist, dass dieses Verfahren wegen des Verbindungs-
     verbots des § 196 FamFG immer ein selbstständiges Verfahren sein muss.

15   In Verfahren nach Nr. 3 sind der Annehmende, der Angenommene und die leibli-
     chen Eltern des minderjährigen Angenommenen zu **beteiligen** (§ 188 Abs. 1 Nr. 3
     FamFG).

16   **Materiellrechtlich** ist die Aufhebung der Annahme nur in den Fällen der § 1760
     BGB (auf Antrag wegen Fehlerhaftigkeit des Antrags oder einer erforderlichen
     Einwilligung) und § 1763 BGB (aus schwerwiegenden Gründen zum Wohl des
     Kindes von Amts wegen) zulässig.

17   Der **Beschluss**, durch den das Gericht ein Annahmeverhältnis aufhebt, wird
     erst mit Rechtskraft wirksam; eine Abänderung oder Wiederaufnahme ist aus-
     geschlossen (§ 198 Abs. 2 FamFG). Insoweit gilt nichts anderes als für den
     Beschluss über die Annahme selbst.

18   **4. Befreiung vom Eheverbot des § 1308 Abs. 1 BGB (Nr. 4).** Adoptionssachen
     nach Nr. 4 sind die Verfahren, die auf die Befreiung vom Eheverbot des § 1308
     Abs. 1 BGB gerichtet sind. Der Gesetzgeber hat sich wegen der größeren Sach-
     nähe zu den anderen Adoptionssachen dafür entschieden, diese Verfahren hier
     anzusiedeln und nicht bei den Ehesachen. Das entspricht auch der früheren
     Rechtslage.

19   **Beteiligte** am Verfahren sind die Verlobten (§ 188 Nr. 4 FamFG).

20   Der **Beschluss**, durch den die Befreiung vom Eheverbot nach § 1308 Abs. 1 BGB
     erteilt wird, wird mit Rechtskraft wirksam. Auch er ist nicht anfechtbar; eine
     Abänderung oder Wiederaufnahme ist ausgeschlossen, wenn die Ehe geschlossen
     worden ist.

5. Verfahren auf Anerkennung, Wirkungsfeststellung und Umwandlung von aus- 21
ländischen Adoptionen nach dem AdWirkG. Nicht zu den Adoptionssachen gehören die Verfahren auf Anerkennung, Wirkungsfeststellung und Umwandlung
von ausländischen Adoptionen nach dem AdWirkG gem. § 108 Abs. 2 S. 3
FamFG.[2] Soweit das anders gesehen wird,[3] wird außer Acht gelassen, dass der
Gesetzgeber diese Verfahren, die ihm bekannt und bewusst waren, ausdrücklich
nicht in den Regelungsbereich des § 186 FamFG einbezogen hat. Außerdem
besteht schon im Grundsätzlichen ein Unterschied zwischen einem Adoptionsverfahren und einem Anerkennungsverfahren: Ist Verfahrensgegenstand bei der
Adoption eine in die Zukunft gerichtete rechtliche Neugestaltung von Abstam-
mungsverhältnissen, betrifft das Anerkennungsverfahren die Beurteilung eines
im Ausland bereits abgeschlossenen dahin gehenden Verfahrens. In diesem Verfahren ist die Prüfung auf die in § 109 Nr. 1–4 FamFG genannten Aspekte zu
beschränken. Das Verfahren richtet sich nach den allgemeinen, für Verfahren der
freiwilligen Gerichtsbarkeit geltenden Vorschriften. Die örtliche Zuständigkeit
richtet sich nicht nach § 187 FamFG, sondern nach § 108 Abs. 3 FamFG.[4] Bei
Beschwerde ist daher zwingend ein Abhilfeverfahren erforderlich.[5]

§ 187 FamFG Örtliche Zuständigkeit

(1) Für Verfahren nach § 186 Nr. 1 bis 3 ist das Gericht ausschließlich zuständig,
in dessen Bezirk der Annehmende oder einer der Annehmenden seinen gewöhnlichen Aufenthalt hat.

(2) Ist die Zuständigkeit eines deutschen Gerichts nach Absatz 1 nicht gegeben,
ist der gewöhnliche Aufenthalt des Kindes maßgebend.

(3) Für Verfahren nach § 186 Nr. 4 ist das Gericht ausschließlich zuständig, in
dessen Bezirk einer der Verlobten seinen gewöhnlichen Aufenthalt hat.

(4) In Adoptionssachen, die einen Minderjährigen betreffen, ist § 6 Absatz 1
Satz 1 und Absatz 2 des Adoptionswirkungsgesetzes entsprechend anzuwenden,
wenn

1. der gewöhnliche Aufenthalt der Annehmenden und des Anzunehmenden im
   Ausland liegt oder

2. der Anzunehmende in den letzten zwei Jahren vor der Antragstellung seinen
   gewöhnlichen Aufenthalt im Ausland hatte.

(5) [1]Ist nach den Absätzen 1 bis 4 eine Zuständigkeit nicht gegeben, ist das
Amtsgericht Schöneberg in Berlin zuständig. [2]Es kann die Sache aus wichtigem
Grund an ein anderes Gericht verweisen.

---

2 OLG Hamm FamRZ 2012, 1230; OLG Dresden FamRZ 2014, 1129; OLG Köln
  FamRZ 2012, 1234; FamRZ 2012, 1815; OLG Nürnberg IPRspr. 2015, Nr. 124,
  323; FamRZ 2016, 1605; Schulte-Bunert/Weinreich/Sieghörner FamFG § 186 Rn. 38;
  Prütting/Helms/Krause FamFG § 186 Rn. 1; Musielak/Borth/Grandel FamFG § 108
  Rn. 4, FamFG § 186 Rn. 6.
3 OLG Düsseldorf FamRZ 2012, 1233; FamRZ 2013, 714; OLG Bremen FamRZ 2015,
  425; Braun FamRZ 2011, 81 (82).
4 OLG Nürnberg FamRZ 2016, 1605.
5 OLG Dresden FamRZ 2014, 1129; OLG Köln FamRZ 2012, 1234; aA OLG Düsseldorf
  24.6.2014 – II-1 UF 1/14; OLG Schleswig FamRZ 2014, 498; OLG Bremen FamRZ
  2015, 425; OLG Frankfurt a.M. FamRZ 2017, 1512.

I. Allgemeines und Systematik

1   Die Vorschrift **regelt die örtliche Zuständigkeit in Adoptionssachen** in Abhängigkeit von der vorliegenden Verfahrensart. Im Vergleich zum früheren Recht hat sich der Anknüpfungspunkt verändert: Maßgebend ist nun nicht mehr der Wohnsitz, sondern der gewöhnliche Aufenthalt. Eine Notzuständigkeit ergibt sich aus Abs. 5 (AG Berlin Schöneberg), gestattet ist aber die Verweisung aus wichtigem Grund an ein anderes Gericht. Eine besondere Zuständigkeit begründet auch Abs. 4 für alle Verfahren, in denen ausländische Sachvorschriften zur Anwendung kommen. In diesen Fällen besteht ein Bedürfnis nach der Befassung insoweit besonders sachkundiger Gerichte mit dem Verfahren.[1] Der Gesetzgeber hat deswegen die entsprechende Geltung der Vorschriften über die örtliche Zuständigkeit aus dem AdWirkG angeordnet.

2   Zur **internationalen Zuständigkeit** deutscher Gerichte für Adoptionssachen siehe § 101 FamFG. Die Zuständigkeit ist keine ausschließliche (§ 106 FamFG).

3   Die **sachliche Zuständigkeit** der Amtsgerichte in Adoptionssachen folgt aus § 23 a Abs. 1 Satz 1 Nr. 1 GVG iVm § 111 Nr. 4 FamFG. Die Zuständigkeit ist ausschließlich (§ 23 a Abs. 1 Satz 2 GVG). Für Beschwerden ist das OLG sachlich zuständig (§ 119 Abs. 1 Nr. 1 lit. a GVG), für die Rechtsbeschwerde der BGH (§ 133 GVG).

4   Innerhalb des Amtsgerichts ist das **Familiengericht** für die Adoptionssachen zuständig (§ 23 b Abs. 1 GVG), beim Oberlandesgericht ein Familiensenat (§ 119 Abs. 2 GVG).

5   **Funktionell zuständig** ist in Adoptionssachen grds. der Rechtspfleger (§ 3 Nr. 2 lit. a RPflG). Dem Richter vorbehalten sind nur die Befreiung vom Eheverbot des § 1308 Abs. 2 BGB (§ 14 Abs. 1 Nr. 16 RPflG), die Ersetzung der Einwilligung oder der Zustimmung zu einer Annahme als Kind nach § 1746 Abs. 3 BGB sowie nach §§ 1748, 1749 Abs. 1 BGB, die Entscheidung über die Annahme als Kind einschließlich der Entscheidung über den Namen des Kindes nach den §§ 1752, 1768 und 1757 Abs. 4 BGB, die Aufhebung des Annahmeverhältnisses nach den §§ 1760, 1763 und 1771 BGB sowie die Entscheidungen nach §§ 1751 Abs. 3, 1764 Abs. 4, und 1765 Abs. 2 BGB und die Entscheidungen nach dem Adoptionswirkungsgesetz, soweit sie eine richterliche Entscheidung enthalten (§ 14 Abs. 1 Nr. 15 RPflG).

II. Örtliche Zuständigkeit für Verfahren in Adoptionssachen

6   Die Vorschrift enthält **vier verschiedene Regelungskomplexe:** Zunächst werden für die „Normalfälle" der Kindesannahmen Zuständigkeitsregeln aufgestellt, welche an den gewöhnlichen Aufenthalt anknüpfen (Abs. 1, 2, → Rn. 14 ff.). Für die Verfahren zur Befreiung vom Ehehindernis des § 1308 BGB findet sich

---

1   BT-Drs. 16/12717, 72.

dann eine Spezialregelung in Abs. 3, welche an den gewöhnlichen Aufenthalt der Verlobten anknüpfen (→ Rn. 21 f.). Eine spezielle Zuständigkeit für Inlandsadoptionen, in denen ausländisches Sachrecht anzuwenden ist, trifft dann Abs. 4 (→ Rn. 18 ff.), und eine Auffang-Notzuständigkeit des AG Berlin Schöneberg findet sich in Abs. 5 (→ Rn. 23 f.).

Kennzeichnend für die meisten (bis auf die Zuständigkeit wegen Anwendung   7
ausländischen Sachrechts und die Notzuständigkeit) ist die **Anknüpfung an den gewöhnlichen Aufenthalt** eines oder mehrerer Beteiligten.

Die örtlichen Zuständigkeiten nach § 187 FamFG sind **ausschließliche Zustän-**   8
digkeiten.

1. Begriff des gewöhnlichen Aufenthaltes. Der gewöhnliche Aufenthalt befindet   9
sich dort, wo der **Lebensmittelpunkt** liegt. § 30 Abs. 3 Satz 2 SGB I definiert den gewöhnlichen Aufenthalt als den Ort, wo sich jemand unter Umständen aufhält, die erkennen lassen, dass er an diesem Ort oder in diesem Gebiet nicht nur vorübergehend verweilt. Wenngleich diese Norm im Familienverfahrensrecht nicht direkt gilt, so dass vor allem die Rechtsprechung der Sozialgerichte dazu nicht ohne Weiteres übertragbar ist, ist der Grundgedanke doch fruchtbar zu machen: Erforderlich sind neben einem Aufenthalt von gewisser Dauer (idR mehr als sechs Monate) noch weitere soziale Bindungen an diesen Ort, wie etwa der Besuch der Schule, eine Arbeitsstelle, ein Studienplatz oder Ähnliches. Nach einer Faustformel liegt der gewöhnliche Aufenthalt immer an dem Ort vor, zu dem die Beziehungen enger sind als zu jedem anderen Ort.[2]

Bei **Kindern** wird der gewöhnliche Aufenthalt idR von dem gewöhnlichen Auf-   10
enthalt des Elternteils abgeleitet, bei dem sich das Kind ständig aufhält und der es pflegt und erzieht.[3] Das kann auch durch die Entführung des Kindes begründet worden sein. Der gewöhnliche Aufenthalt ist ein an das faktische Dasein anknüpfender Begriff. Ändert sich der Aufenthaltsort, dann kann bei einer entsprechenden sozialen Eingliederung am neuen Aufenthaltsort nach einer gewissen Eingewöhnungszeit auch wieder ein gewöhnlicher Aufenthalt entstehen.[4]

Die **Verlegung** eines gewöhnlichen Aufenthaltes ist also generell möglich. Zu   11
beachten ist in diesen Fällen, dass der gewöhnliche Aufenthalt nicht erst dann entsteht, wenn die angesprochene Zeitspanne abgelaufen ist. Vielmehr kann auch ein kürzerer Aufenthalt an dem neuen Ort schon dann einen gewöhnlichen Aufenthalt begründen, wenn ein Bleibewille für eine entsprechend lange Zeit besteht und die erforderliche soziale Eingliederung erfolgt ist.[5]

Für die **Bestimmung der gerichtlichen Zuständigkeit** kommt es in den Antrags-   12
verfahren immer auf denjenigen gewöhnlichen Aufenthalt an, der **zur Zeit der Antragstellung** (je nach Verfahren in Bezug auf die Annahme, in Bezug auf die Ersetzung von Einwilligungen oder in Bezug auf die Aufhebung der Annahme) besteht.[6] Das entspricht der früheren Rechtslage.[7] Ändert sich der gewöhnliche Aufenthalt während eines Verfahrens, hat das für dieses Verfahren keine Bedeutung mehr. Unterschiedliche Gerichte können deswegen in eine Person betreffenden Adoptionssachen nur dann örtlich zuständig sein, wenn die Verfahren einander nachfolgen (zB Verfahren auf Annahme nach einem Verfahren auf Klärung der Wirksamkeit von Einwilligungen, Aufhebungsverfahren – logischerweise –

---

2 MüKoFamFG/Rauscher § 99 Rn. 51; Keidel/Engelhardt FamFG § 99 Rn. 44.
3 LG Kiel DAVorm 1999, 960; Keidel/Engelhardt FamFG § 99 Rn. 44.
4 So bereits BGH FamRZ 1981, 135.
5 Vgl. BGH FamRZ 1993, 798.
6 Prütting/Helms/Krause FamFG § 187 Rn. 11.
7 BayObLG FamRZ 1990, 1392; KG FamRZ 1978, 210; OLG Celle FamRZ 1979, 861.

nach Annahmeverfahren) und in der Zwischenzeit der gewöhnliche Aufenthalt verlegt wurde.[8]

13   Handelt es sich bei dem Verfahren um ein **von Amts wegen einzuleitendes Verfahren** (zB Ersetzung der Zustimmung des Vormunds bzw. Pflegers nach § 1746 Abs. 3 BGB, Aufhebung der Annahme nach § 1763 BGB), ist der über die Zuständigkeit entscheidende Zeitpunkt derjenige, in dem das **Gericht zum ersten Mal mit der Sache befasst** wird (vgl. § 2 Abs. 1 FamFG).

14   **2. Örtliche Zuständigkeit in den Verfahren nach § 186 Nr. 1–3 FamFG.** Die örtliche Zuständigkeit in den Verfahren nach § 186 Nr. 1–3 FamFG bestimmt sich in erster Linie nach dem gewöhnlichen Aufenthalt des Annehmenden (Abs. 1, → Rn. 15 f.), hilfsweise nach dem gewöhnlichen Aufenthalt des Anzunehmenden (Abs. 2, → Rn. 17). Für Verfahren auf Befreiung vom Ehehindernis des § 1308 BGB richtet sich die örtliche Zuständigkeit nach Abs. 3 (→ Rn. 21 f.): Örtlich ausschließlich ist das Gericht, in dessen Bezirk einer der Verlobten seinen gewöhnlichen Aufenthalt hat. Besondere Zuständigkeiten gelten in dem Fall, dass bei einer Annahme ausländisches Sachrecht zur Anwendung kommen soll (Abs. 4, → Rn. 18 ff.). Ist eine örtliche Zuständigkeit nach keiner der genannten Regelungen gegeben, besteht eine Notzuständigkeit des AG Berlin Schöneberg (Abs. 5, → Rn. 23 f.).

15   **a) Grundsatz: Relevanz des gewöhnlichen Aufenthalts des Annehmenden.** Die örtliche Zuständigkeit in den Verfahren nach § 186 Nr. 1–3 FamFG (Annahme als Kind, Ersetzung von Einwilligungen, Aufhebung der Annahme) bestimmt sich in erster Linie nach dem **gewöhnlichen Aufenthalt** (→ Rn. 9 ff.) des bzw. der **Annehmenden** (Abs. 1). Annehmender ist, wer beabsichtigt, das Kind als sein Kind anzunehmen. Das gilt auch schon in Verfahren, in denen er formal noch gar keinen Annahmeantrag gestellt hat (etwa in Verfahren, in denen schon vorab über die Wirksamkeit von Einwilligungserklärungen gestritten wird).[9] Das kann bei mehreren Adoptionswilligen dazu führen, dass alle am Verfahren zu beteiligen sind (und die örtliche Zuständigkeit entsprechend variabel ist).[10]

16   Haben **beide Annehmenden** (bzw. mehrere Annahmewillige) ihren gewöhnlichen Aufenthalt in einem Gerichtsbezirk, ist das für diesen Bezirk zuständige Gericht das einzig örtlich zuständige Gericht. Haben sie ihren gewöhnlichen Aufenthalt in verschiedenen Bezirken, sind beide Gerichte zuständig. Die Zuständigkeit bestimmt sich dann endgültig durch die Erstbefassung des Gerichts (§ 2 Abs. 1 FamFG).

17   **b) Ausnahme: Gewöhnlicher Aufenthalt des Kindes.** Hat **keiner der Annehmenden** einen gewöhnlichen Aufenthalt in Deutschland, kommt es für die örtliche Zuständigkeit eines deutschen Gerichts für eine Adoptionssache nach § 186 Nr. 1–3 FamFG auf den gewöhnlichen Aufenthalt des Kindes (→ Rn. 10) an. Dieser Aufenthaltsort ist zwar selbstständig zu bestimmen, wird sich aber regelmäßig am gewöhnlichen Aufenthaltsort der Person befinden, welche das Kind in Obhut hat und betreut.

18   **c) Ausnahme: Anwendung ausländischen Sachrechts.** Eine Regelung zur Erzielung höherer fachlicher Kompetenz in den Verfahren nach § 186 FamFG ist die Regelung des Abs. 4: Er betrifft die Fälle, in denen auf die Annahme das Recht eines anderen Staates anzuwenden ist. In diesem Fall konzentriert das FamFG die örtliche Zuständigkeit bei dem **Amtsgericht am Sitz des OLG**, in dessen Bezirk der Annehmende oder hilfsweise der Angenommene (bzw. Anzunehmende)

---

8   Vgl. OLG Karlsruhe FamRZ 2019, 905.
9   Keidel/Engelhardt FamFG § 187 Rn. 2.
10   KG FamRZ 1981, 1111; OLG Frankfurt a.M. FamRZ 1981, 206; OLG Hamm DNotZ 1987, 308.

seinen gewöhnlichen Aufenthalt hat (Abs. 4 iVm § 6 Abs. 1 Satz 1 und Abs. 2 AdWirkG).[11]

Zu beachten ist, dass Abs. 4 **nur** in Betracht kommt, wenn es sich um die **19** Annahme eines Minderjährigen handelt,[12] denn nur auf diesen Personenkreis bezieht sich das AdWirkG. Außerdem muss **in dem Verfahren auch tatsächlich ausländisches Sachrecht anzuwenden sein.** Abs. 4 greift deswegen nicht ein, wenn nur das Internationale Privatrecht angewendet wurde, dieses aber auf deutsches Sachrecht als Staatsangehörigkeitsrecht zurückverweist.[13] In diesem Fall wird für die Entscheidung des Falles deutsches Sachrecht, nicht ausländisches Sachrecht angewendet. Internationales Privatrecht ist zwar ausländisches Recht, aber kein Sachrecht.

Die Zuständigkeitskonzentration nach Abs. 4 greift (anders als früher, als sich **20** das Adoptionsstatut noch nach der Staatsangehörigkeit bzw. dem Ehewirkungsstatut des Annehmenden richtete) nur noch in Fällen ein, in denen ein **im Ausland lebendes Kind** im Inland adoptiert werden soll.

3. Örtliche Zuständigkeit in Verfahren zur Befreiung vom Ehehindernis nach § **21** **1308 BGB.** Die örtliche Zuständigkeit für Verfahren auf Befreiung vom Ehehindernis des § 1308 BGB richtet sich nach Abs. 3: Örtlich ausschließlich ist das **Gericht, in dessen Bezirk einer der Verlobten seinen gewöhnlichen Aufenthalt hat.** Haben die Verlobten in verschiedenen Bezirken ihren gewöhnlichen Aufenthalt, sind beide Gerichte zuständig. Die Zuständigkeit bestimmt sich dann endgültig durch die Erstbefassung des Gerichts (§ 2 Abs. 1 FamFG). Haben beide Verlobten ihren gewöhnlichen Aufenthalt in demselben Gerichtsbezirk (auch wenn sie in verschiedenen Gemeinden leben), ist das für diesen Bezirk zuständige Gericht das für die Befreiung vom Eheverbot einzig örtlich zuständige Gericht.

Zu beachten ist, dass sich die Ausnahme des Abs. 4 (**Anwendung ausländischen** **22** **Sachrechts**) auch auf den Fall des Abs. 3 bezieht. Die Anwendung dieser Ausnahmevorschrift wird aber in den Fällen der Befreiung vom Ehehindernis kaum einmal in Betracht kommen; denn das Ehehindernis, von dem befreit werden soll, ist ein solches des deutschen Sachrechts und die Überprüfung, ob eine Annahme vorliegt, richtet sich im Allgemeinen nach den deutschen Sachvorschriften: nämlich danach, ob eine deutsche Entscheidung über die Annahme vorliegt oder eine ausländische, die hier anzuerkennen ist. Ausländisches Sachrecht wird deswegen so gut wie nie zur Anwendung kommen.

4. Auffangzuständigkeit des AG Berlin Schöneberg (Abs. 5). Soweit ein **zuständi-** **23** **ges Gericht** nach den bisher genannten Regelungen **nicht vorhanden** ist, bestimmt Abs. 5 eine Zuständigkeit des Amtsgerichts Schöneberg. Voraussetzung für das Eingreifen dieser Zuständigkeitsregelung ist aber immer, dass die internationale Zuständigkeit deutscher Gerichte gegeben ist. Das richtet sich nach § 101 FamFG. Sie kommt zur Anwendung, wenn einer der Beteiligten Deutscher ist, aber wegen eines fehlenden gewöhnlichen Aufenthaltes im Inland die örtliche Zuständigkeit eines Gerichts nach Abs. 1–3 nicht bestimmt werden kann.

Das Gericht kann die Sache **aus wichtigem Grund an ein anderes Gericht verwei-** **24** **sen.** Insoweit handelt es sich um eine Spezialregelung zu § 4 FamFG. Anders

---

11 Die Landesregierungen können durch Rechtsverordnung ein anderes AG für zuständig erklären (Abs. 4 iVm § 6 Abs. 2 AdWirkG).
12 OLG Köln FamRZ 2011, 311; OLG Stuttgart FamRB Int 2012, 4; OLG Düsseldorf FamRZ 2011, 59.
13 OLG Hamm FamRZ 2003, 1042; aA HK-FamVerfR/Fritsche FamFG § 187 Rn. 8 unter Verweis auf OLG Karlsruhe FamRZ 2005, 1695 (zum alten Recht); OLG Frankfurt a.M. StAZ 2011, 333.

als in den Anwendungsfällen der allgemeinen Regelung ist die Zustimmung des Gerichts, an das abgegeben wird, nicht erforderlich.

§ 188 FamFG Beteiligte

(1) Zu beteiligen sind

1. in Verfahren nach § 186 Nr. 1

   a) der Annehmende und der Anzunehmende,

   b) die Eltern des Anzunehmenden, wenn dieser entweder minderjährig ist und ein Fall des § 1747 Abs. 2 Satz 2 oder Abs. 4 des Bürgerlichen Gesetzbuchs nicht vorliegt oder im Fall des § 1772 des Bürgerlichen Gesetzbuchs,

   c) der Ehegatte oder Lebenspartner des Annehmenden und der Ehegatte oder Lebenspartner des Anzunehmenden, sofern nicht ein Fall des § 1749 Absatz 2 des Bürgerlichen Gesetzbuchs vorliegt;

2. in Verfahren nach § 186 Nr. 2 derjenige, dessen Einwilligung ersetzt werden soll;

3. in Verfahren nach § 186 Nr. 3

   a) der Annehmende und der Angenommene,

   b) die leiblichen Eltern des minderjährigen Angenommenen;

4. in Verfahren nach § 186 Nr. 4 die Verlobten.

(2) Das Jugendamt und das Landesjugendamt sind auf ihren Antrag zu beteiligen.

Aufsatzliteratur:

Reinhardt, Jugendamt und Adoption, JAmt 2009, 162; *ders.*, Beteiligung in Adoptionsverfahren und Geheimhaltungsschutz, JAmt 2011, 628.

I. Allgemeines und Systematik

1   Die Norm regelt ergänzend zu der Grundregel des § 7 Abs. 2 Nr. 2 FamFG, wer Beteiligter in Adoptionssachen kraft Gesetzes oder auf Antrag ist. Dabei ist nach der Art der Verfahren zu unterscheiden (Abs. 1, → Rn. 6 ff.). Das Jugendamt und das Landesjugendamt sind allerdings in allen Adoptionssachen Mussbeteiligte auf Antrag (Abs. 2, → Rn. 15 ff.).

2   § 188 FamFG ist **nicht abschließend**. Andere Personen können dann zu beteiligen sein, wenn ihre Rechte durch die Annahme unmittelbar beeinträchtigt werden

(§ 7 Abs. 2 Nr. 1 FamFG). Streitig ist das für die Personen, die nach § 193 FamFG anzuhören sind (Kinder des Anzunehmenden und des Annehmenden).[1]

Minderjährige sind nach § 8 Nr. 1 FamFG beteiligtenfähig. Soweit Minderjäh- 3 rige zu beteiligen sind, ist aber zu beachten, dass beschränkt Geschäftsfähige dann verfahrensfähig sind, wenn sie das 14. Lebensjahr vollendet haben und in einem Verfahren, das ihre Person betrifft, ein ihnen nach bürgerlichem Recht zustehendes Recht geltend machen (§ 9 Abs. 1 Nr. 3 FamFG). Derartige Rechte werden durch eine Annahme als Kind immer betroffen, denn das Kind muss einer Annahme selbst gegenüber dem Familiengericht zustimmen (§ 1746 BGB) und auch minderjährige Eltern müssen einer Annahme ihres Kindes zustimmen, damit diese wirksam werden kann (§ 1747 BGB). In allen genannten Fällen kann der Minderjährige die Einwilligung nur selbst erteilen (§ 1750 BGB). Dass er dazu ggf. die Zustimmung seines gesetzlichen Vertreters benötigt, ändert an seiner Verfahrensfähigkeit nichts.

II. Von Amts wegen zu beteiligende Personen in Adoptionssachen

Welche Personen in Adoptionssachen von Rechts wegen Beteiligte sind, richtet 4 sich grds. nach der Art der Adoptionssache. Nur das Jugendamt und das Landesjugendamt sind immer Mussbeteiligte auf Antrag (Abs. 2, → Rn. 15 ff.).

Zu beachten ist, dass **neben § 188 FamFG** immer noch die Grundregel des § 7 5 **Abs. 2 Nr. 1 FamFG** gilt: Zu beteiligen ist über den in § 188 FamFG genannten Personenkreis hinaus immer auch, wer in seinen eigenen Rechten unmittelbar betroffen wird.

1. Verfahren, welche die Annahme als Kind betreffen (§ 186 Nr. 1 FamFG). In 6 Verfahren, die die Annahme als Kind betreffen (§ 186 Nr. 1 FamFG), sind zunächst **der Annehmende und der Anzunehmende** zu beteiligen (Abs. 1 Nr. 1 lit. a). Zu beachten ist insofern nur, dass es einer besonderen Hinzuziehung nicht bedarf, soweit der Beteiligte schon den Antrag auf Durchführung des Annahmeverfahrens gestellt hat.[2] Zur Beteiligung Minderjähriger → Rn. 3.

Die **Eltern des Anzunehmenden** sind grds. am Annahmeverfahren zu beteiligen, 7 wenn das Anzunehmende Kind minderjährig ist (Abs. 1 Nr. 1 lit. b). Das gilt auch, wenn eine Volljährigenadoption mit den Wirkungen der Minderjährigenadoption erfolgen soll (Fall des § 1772 BGB). Die leiblichen Eltern eines zu adoptierenden Kindes werden durch die Annahme in ihren Rechten insofern betroffen, als sie bei Durchführung der Annahme ihr Verwandtschaftsverhältnis zu dem leiblichen Kind verlieren. Ein tiefgreifenderer Eingriff in ihre Rechtsposition ist nicht denkbar; deswegen müssen sie an diesem Verfahren beteiligt werden. Davon besteht allerdings in zwei Fällen eine Ausnahme: zum einen dann, wenn ein Fall des § 1747 Abs. 2 Satz 2 BGB vorliegt, wenn also die Eltern in eine Inkognitoadoption eingewilligt haben oder wenn sie zur Erteilung einer Einwilligung dauernd außerstande sind oder ihr Aufenthalt unbekannt ist (§ 1747 Abs. 4 BGB). Ob die Einwilligung der Eltern oder eines Elternteils wegen Verhinderung entbehrlich ist, entscheidet das Gericht in diesen Fällen inzident mit dem Ausspruch der Adoption. Das ist im Adoptionsbeschluss anzugeben (§ 197 Abs. 1 Satz 2 FamFG). Stellt das Gericht fälschlich die Entbehrlichkeit der Einwilligung fest, kann das zur Aufhebung der Annahme führen.[3]

---

1 Für die Berücksichtigung der Kinder bereits als Beteiligte OLG Stuttgart FamRZ 2012, 145; Musielak/Borth FamFG § 193 Rn. 1; Hoppenz/Hoffmann FamFG § 188 Rn. 2, FamFG § 193 Rn. 1, jeweils mwN; kritisch HK-FamVerfR/Fritsche FamFG § 193 Rn. 1; ablehnend OLG Düsseldorf FamRZ 2011, 925.
2 Prütting/Helms/Krause FamFG § 188 Rn. 2.
3 BayObLG FamRZ 1999, 1688.

8 Schließlich sind der **Ehegatte oder Lebenspartner** des Annehmenden und der Ehegatte oder Lebenspartner des Anzunehmenden zu beteiligen, sofern nicht ein Fall des § 1749 Abs. 2 BGB vorliegt (Abs. 1 Nr. 1 lit. c).

9 **2. Verfahren auf Ersetzung einer Einwilligung (§ 186 Nr. 2 FamFG).** In Verfahren auf Ersetzung einer Einwilligung (§ 186 Nr. 2 FamFG) ist **derjenige** zu beteiligen, **dessen Einwilligung ersetzt werden soll.**

10 In Verfahren auf Ersetzung der **Einwilligung eines Elternteils** (§ 1748 BGB) ist das der betroffene Elternteil, in Verfahren auf Ersetzung der Einwilligung eines **Ehegatten** bzw. Lebenspartners ist es der Ehegatte bzw. Lebenspartner, dessen Einwilligung ersetzt werden soll (vgl. § 1749 Abs. 1 Satz 2 BGB).

11 Zur **Verfahrensfähigkeit Minderjähriger** → Rn. 3.

12 **3. Verfahren zur Aufhebung einer Annahme (§ 186 Nr. 3 FamFG).** In Verfahren zur Aufhebung einer Annahme (§ 186 Nr. 3 FamFG) sind der **Annehmende** und der **Angenommene** und die **leiblichen Eltern des minderjährigen Angenommenen** zu beteiligen. Materiellrechtlich gelten in diesen Fällen §§ 1760, 1763 BGB (Minderjährigenannahme) bzw. § 1771 BGB (Volljährigenannahme). Bei der Aufhebung der Volljährigenannahme brauchen die leiblichen Eltern des Angenommenen dagegen wegen des ausdrücklichen Wortlauts des Abs. 1 Nr. 3 lit. b nicht beteiligt zu werden, weil sie in ihren Rechten nicht betroffen werden.

13 Auch hier ist zu beachten, dass es einer besonderen Hinzuziehung nicht bedarf, soweit diese Personen schon als Antragsteller an diesen Verfahren beteiligt sind.

14 **4. Verfahren zur Befreiung vom Ehehindernis des § 1308 BGB.** Beteiligte in Verfahren zur Befreiung vom Ehehindernis des § 1308 Abs. 2 BGB (§ 186 Nr. 4 FamFG) sind die Verlobten (§ 188 Abs. 1 Nr. 4 FamFG), die auch beide antragsbefugt sind. Wer den Antrag gestellt hat, braucht nicht noch einmal besonders hinzugezogen zu werden. Wegen der Höchstpersönlichkeit der Eheschließung, die eine diesbezügliche Stellvertretung ausschließt, wird man in diesen Verfahren auch die Verfahrensfähigkeit eines minderjährigen Verlobten annehmen müssen.[4]

III. Auf Antrag zu beteiligende Personen in Adoptionssachen

15 In allen Verfahren in Adoptionssachen sind das **Jugendamt und das Landesjugendamt auf ihren Antrag hin** zu beteiligen (Abs. 2). Sie sind Mussbeteiligte kraft Antrags nach § 7 Abs. 3 FamFG. Das beruht letztlich auf der materiellrechtlichen Vorgabe in § 1751 Abs. 1 Satz 2 BGB (Vormundschaft des Jugendamts) und dem Wächteramt, das der Staat über das Jugendamt zur Wahrung des Kindeswohls ausübt (§ 8 a SGB VIII).[5]

16 Ob das Jugendamt oder das Landesjugendamt den Antrag stellen, **steht allein in ihrem Ermessen.** Tun sie das, richtet sich ihre weitere Verfahrensstellung nach den für alle Beteiligten geltenden Regeln. Vor allem können ihnen auch Verfahrenskosten auferlegt werden. Immer bestehen die Anhörungsrechte nach §§ 194 f. FamFG; auf die schwächeren Anhörungsrechte der anderen Beteiligten (§ 192 Abs. 2 FamFG) brauchen sich Jugendamt und Landesjugendamt nie reduzieren zu lassen.

17 Stellen das Jugendamt und/oder das Landesjugendamt den Antrag, sind sie zu beteiligen. Ermessen steht dem Gericht insoweit nicht zu.

---

4 HK-FamVerfR/Fritsche FamFG § 188 Rn. 5; Schulte-Bunert/Weinreich/Sieghörtner FamFG § 188 Rn. 14, 15; aA Keidel/Engelhardt FamFG § 188 Rn. 12.
5 HK-FamVerfR/Fritsche FamFG § 188 Rn. 6.

§189 FamFG Fachliche Äußerung

(1) Soll ein Minderjähriger als Kind angenommen werden, hat das Gericht eine fachliche Äußerung darüber einzuholen, ob das Kind und die Familie des Annehmenden für die Annahme geeignet sind.

(2) [1]Die fachliche Äußerung ist von der Adoptionsvermittlungsstelle einzuholen, die das Kind vermittelt oder den Beratungsschein nach § 9 a Absatz 2 des Adoptionsvermittlungsgesetzes ausgestellt hat. [2]Ist keine Adoptionsvermittlungsstelle tätig geworden, ist eine fachliche Äußerung des Jugendamts einzuholen.

(3) Die fachliche Äußerung ist kostenlos abzugeben.

(4) Das Gericht hat der Adoptionsvermittlungsstelle, die das Kind vermittelt hat, die Entscheidung mitzuteilen.

Die Vorschrift **dient der Förderung des Kindeswohls.** Durch sie soll erreicht werden, dass das über die Annahme entscheidende Gericht die besondere Sachkenntnis der Adoptionsvermittlungsstellen nutzt. Sie ist durch das AdoptionshilfeG völlig neu gefasst worden. Die Regelung ist nun erheblich detaillierter als früher. 1

Die Norm **bezieht sich allein auf die Annahme als Kind** (§ 186 Nr. 1 FamFG), nicht dagegen auf die anderen Verfahren in Adoptionssachen. Sie gilt ausschließlich für die Annahme Minderjähriger. Annahmen Volljähriger werden selbst dann nicht erfasst, wenn sie mit den Wirkungen der Minderjährigenadoption durchgeführt werden (§ 1772 BGB). 2

War mit dem Fall **bereits eine Adoptionsvermittlungsstelle befasst,** dann ist eine fachliche Stellungnahme von dieser einzuholen (Abs. 2 Satz 1). Das entspricht den Geboten der Verfahrensökonomie. War bislang noch keine Adoptionsvermittlungsstelle mit dem Fall befasst, muss das Gericht nun die fachliche Stellungnahme des Jugendamtes einholen (Abs. 2 Satz 2). Mit Letzterer macht es die gesonderte Anhörung des Jugendamts (§ 194 FamFG) überflüssig. Die Regelungen über die Zulassung von Adoptionsvermittlungsstellen und deren Aufgaben enthalten das AdVermiG und das AdVermiStAnKoV. 3

Durch die Einholung der fachlichen Äußerung **wird die Adoptionsvermittlungsstelle nicht zum Verfahrensbeteiligten.** Antragsrechte hat sie deswegen nicht.[1] 4

Die **Anhörung hat zum Inhalt,** ob das Kind und die Familie des Annehmenden für die Annahme geeignet sind. Die Äußerung bezieht sich also in erster Linie darauf, ob zwischen den Beteiligten ein Eltern-Kind-Verhältnis entstehen wird. Die Adoptionsvermittlungsstelle muss sich insoweit konkret äußern. Dazu wird die Beobachtung des Kindes in der Zeit der Adoptionspflege (vgl. § 1744 BGB) nötig sein. Eine nur floskelhafte allgemeine Stellungnahme reicht nicht.[2] 5

Kommt die **Erstellung einer fachlichen Äußerung nicht in Betracht,** weil eine persönliche Befragung des Kindes nicht durchgeführt werden kann (zB weil der Sorgeberechtigte das verhindert), muss das Gericht selbst für weitere Aufklärung sorgen. Das folgt schon aus § 26 FamFG.[3] Die Adoption kann nicht aus diesem Grunde zurückgewiesen werden. 6

Die in § 194 FamFG vorgesehene **Anhörung des Jugendamtes** wird durch die Einholung der fachlichen Äußerung nach § 189 FamFG grds. nicht ersetzt. Etwas anderes gilt nur dann, wenn statt der Adoptionsvermittlungsstelle auch nach § 189 FamFG schon das Jugendamt angehört wurde. 7

---

1 Keidel/Engelhardt FamFG § 189 Rn. 4.
2 HK-FamVerfR/Fritsche FamFG § 189 Rn. 1.
3 Vgl. Prütting/Helms/Krause FamFG § 189 Rn. 10.

8   Die fachliche Äußerung ist **kostenfrei** abzugeben (Abs. 3) – und zwar gleichgültig, ob sie von einer Adoptionsvermittlungsstelle oder dem Jugendamt kommt.

9   Hat das Gericht seine **Pflicht** zur Einholung der fachlichen Äußerung **verletzt**, ist der Adoptionsbeschluss weder unwirksam noch anfechtbar, wenn die Adoption ausgesprochen wird.[4] Wird die Annahme abgelehnt, kann das Unterbleiben der Einholung der fachlichen Äußerung dagegen mit der Beschwerde (gegen den die Adoption ablehnenden) Beschluss gerügt werden.[5]

10   Das Gericht hat der Adoptionsvermittlungsstelle, die das Kind vermittelt hat, die Entscheidung mitzuteilen (Abs. 4). Eine Beteiligtenstellung der Adoptionsvermittlungsstelle folgt daraus nicht.

§ 190 FamFG   Bescheinigung über den Eintritt der Vormundschaft

Ist das Jugendamt nach § 1751 Abs. 1 Satz 1 und 2 des Bürgerlichen Gesetzbuchs Vormund geworden, hat das Familiengericht ihm unverzüglich eine Bescheinigung über den Eintritt der Vormundschaft zu erteilen; § 1791 des Bürgerlichen Gesetzbuchs ist nicht anzuwenden.

Aufsatzliteratur:

Hoffmann, Aufgaben des Jugendamts im Kontext familiengerichtlicher Verfahren, FPR 2011, 304.

1   Die Norm hatte ihre Entsprechung im früheren Recht in § 1751 Abs. 1 Satz 4 BGB aF. Da sie ihren Schwerpunkt aber im Verfahrensrecht hat, wurde sie bei der FG-Reform in das FamFG verlagert. Sie knüpft an die materiellrechtliche Situation an, dass dann, wenn beide Eltern des anzunehmenden Kindes in die Adoption einwilligen, die elterliche Sorge ruht. Damit das Kind aber im Rechtsverkehr weiter vertreten werden kann, ordnen § 1751 Abs. 1 Satz 1 und 2 BGB für diesen Fall an, dass das **Jugendamt Vormund** des Kindes wird.

2   Das **Familiengericht** muss nun dem Jugendamt unverzüglich (§ 121 BGB) eine **Bescheinigung über den Eintritt der Vormundschaft ausstellen.** Funktionell zuständig ist der Rechtspfleger (§§ 3 Nr. 2 lit. a, 14 Abs. 1 Nr. 13 RPflG). Damit wird das Jugendamt zugleich über den Eintritt der Vormundschaft informiert. Das soll es in die Lage versetzen, möglichst schnell auch über die Einrichtung einer Adoptionspflege (§ 1744 BGB) zu entscheiden.

3   Für den Inhalt der Bescheinigung **gelten die strengeren Vorschriften über die Bestallungsurkunde (§ 1791 BGB) nicht.** Es reicht, dass sich klar aus ihr ergibt, auf welches Kind sich die Vormundschaft bezieht.

4   Die **Bescheinigung ist rein deklaratorisch.** Die Vormundschaft ist schon zuvor kraft Gesetzes eingetreten. Unterbleibt die Erteilung der Bescheinigung, hat das deswegen keine materiellen Auswirkungen. Gegen eine zu Unrecht ausgestellte Bescheinigung können aber die Eltern eine Beschwerde einlegen, gegen die Nichtausstellung das Jugendamt.

---

4   Keidel/Engelhardt FamFG § 189 Rn. 3; Bassenge/Roth/Wagner FamFG § 189 Rn. 1.
5   Schulte-Bunert/Weinreich/Sieghörtner FamFG § 187 Rn. 4; HK-FamVerfR/Fritsche FamFG § 189 Rn. 1.

§ 191 FamFG Verfahrensbeistand

[1]Das Gericht hat einem minderjährigen Beteiligten in Adoptionssachen einen Verfahrensbeistand zu bestellen, sofern dies zur Wahrnehmung seiner Interessen erforderlich ist. [2]§ 158 Abs. 2 Nr. 1 sowie Abs. 3 bis 8 gilt entsprechend.

I. Normzweck und Anwendungsbereich

Die Norm ermöglicht es dem Gericht, einem minderjährigen Beteiligten in Adoptionssachen unter den gleichen Voraussetzungen und mit den gleichen Folgen wie in den Verfahren in Kindschaftssachen (§ 158 FamFG) einen Verfahrensbeistand zu bestellen. Der Sinn ist hier genau der Gleiche wie dort: der minderjährige Beteiligte – hier im Regelfall identisch mit dem Anzunehmenden – soll nicht nur Objekt des Verfahrens sein, sondern durch eine Person, die ausschließlich seine Interessen wahrnimmt, gestaltend auf das Verfahren einwirken können. Kollisionen zwischen den Interessen des Anzunehmenden und der anderen Beteiligten eines Verfahrens in Adoptionssachen sollen auf diese Weise schon verfahrenstechnisch ausgeschlossen werden. 1

Anwendbar ist § 191 FamFG in allen Adoptionssachen – also nicht nur (wie im alten Recht) in den Fällen, in denen es um die Aufhebung einer Annahme geht. 2

II. Bestellung des Verfahrensbeistands

Das Gericht muss dem minderjährigen Beteiligten in Adoptionssachen einen geeigneten Verfahrensbeistand bestellen, soweit dies zur Wahrnehmung seiner Interessen erforderlich ist (Satz 1). In welcher Rolle der Minderjährige beteiligt ist (als Anzunehmender, Ehegatte des Annehmenden oder des Anzunehmenden), spielt keine Rolle. In der Praxis am häufigsten werden allerdings die Fälle sein, in denen ein Minderjähriger als Anzunehmender am Verfahren nach § 186 Nr. 1 FamFG beteiligt ist. 3

Der Gesetzeswortlaut macht deutlich, dass das Gericht kein Ermessen hat, sobald es den unbestimmten Rechtsbegriff der Erforderlichkeit bejaht. Im Übrigen wird weitestgehend auf die für das Verfahren in Kindschaftssachen geltenden Regeln in § 158 FamFG verwiesen. Allerdings wird von den in § 158 Abs. 2 FamFG genannten fünf Fällen, in denen die Bestellung eines Verfahrensbeistands in der Regel erforderlich ist, nur auf den ersten Bezug genommen: Die Bestellung ist in der Regel erforderlich, wenn das Interesse des Kindes zu dem seiner gesetzlichen Vertreter in erheblichem Gegensatz steht. Das ist vom Gericht im Einzelnen festzustellen. Erforderlich ist, dass die Interessen des Kindes weder durch die allgemeinen Verfahrensgarantien noch durch einen Verfahrensbevollmächtigten ausreichend gewahrt werden können und dass auch die Eltern oder ein Verfahrenspfleger nicht in der Lage sind, die Interessen des Kindes wahrzunehmen.[1] 4

Die Bestellung eines Verfahrensbeistands soll trotz des Vorliegens der Bestellungsvoraussetzungen unterbleiben, wenn die Interessen des Kindes von einem Rechtsanwalt oder einem anderen geeigneten Verfahrensbevollmächtigten angemessen vertreten werden (§ 158 Abs. 5 FamFG). Insofern muss immer genau 5

---

1 Keidel/Engelhardt FamFG § 191 Rn. 3.

untersucht werden, ob ein von den Eltern beauftragter Anwalt tatsächlich die Kindesinteressen im Interesse des Kindes (und nicht dem der Eltern) wahrnimmt.

6   Der Verfahrensbeistand ist **so früh wie möglich** zu bestellen (§ 158 Abs. 4 Satz 1 FamFG). Dabei soll das Gericht nur eine Person zum Verfahrensbeistand bestimmen, die persönlich und fachlich geeignet ist, das Interesse des Kindes festzustellen und sachgerecht in das Verfahren einzubringen.

III. Stellung und Aufgaben des Verfahrensbeistands

7   Der Verfahrensbeistand ist **nicht gesetzlicher Vertreter** des Kindes (§ 158 Abs. 4 Satz 6 FamFG). Die Bestellung ändert an den Vertretungsverhältnissen in Bezug auf das Kind also nichts. Diese richten sich für den anzunehmenden Minderjährigen nach den allgemeinen materiellen Regeln und nach § 1751 BGB, ansonsten nur nach §§ 1626 ff. BGB. Der Verfahrensbeistand handelt in eigenem Namen und hat nicht die Funktion, Willenserklärungen für das Kind abzugeben oder entgegenzunehmen.

8   Der Verfahrensbeistand wird durch seine Bestellung als **Beteiligter** zum Verfahren hinzugezogen (§ 158 Abs. 3 Satz 2 FamFG). Der Verfahrensbeistand muss die Rechte des Kindes wahrnehmen, ohne an Weisungen gebunden zu sein. Vor allem hat er deswegen auch eigene Anhörungsrechte (§ 34 FamFG) und kann Rechtsmittel gegen die Entscheidungen des Familiengerichts einlegen (§ 158 Abs. 4 Satz 4 FamFG).

9   Der Verfahrensbeistand muss **das Interesse des Kindes feststellen** und im gerichtlichen Verfahren **zur Geltung bringen** (§ 158 Abs. 4 Satz 1 FamFG). Das betrifft in erster Linie die Feststellung des Willens des Kindes. Ein effektives Tätigwerden im Interesse des Kindes wäre sonst kaum möglich. Der Verfahrensbeistand ist aber dem Interesse des Kindes, dh dem Wohl des Kindes, verpflichtet und nicht allein dem von diesem geäußerten Willen. Zwar hat er den Kindeswillen in jedem Fall deutlich zu machen und in das Verfahren einzubringen, es steht ihm jedoch frei, darüber hinaus weitere Gesichtspunkte und auch etwaige Bedenken vorzutragen. Der Verfahrensbeistand hat daher bei seiner Stellungnahme sowohl das subjektive Interesse des Kindes (Wille des Kindes) als auch das objektive Interesse des Kindes (Kindeswohl) einzubeziehen. Seine Stellungnahme kann sowohl schriftlich als auch mündlich im Termin abgegeben werden.

10   Außerdem hat er das **Kind** über Gegenstand, Ablauf und möglichen Ausgang des Verfahrens in geeigneter Weise zu **informieren** (§ 158 Abs. 4 Satz 2 FamFG). Diese Aufgabe bildet das Gegenstück zur Geltendmachung des Interesses des Kindes. Dieses wäre ohne Unterstützung oftmals nicht in der Lage, die verfahrensmäßigen Abläufe zu verstehen. Eine altersgemäße Information, ggf. auch über den wesentlichen Inhalt der Verfahrensakten, erleichtert dem Kind die Wahrnehmung der eigenen Position. Nur durch die sach- und kindgerechte Information wird das Kind erst dazu in die Lage versetzt, einen verfahrensrelevanten Willen zu bilden.

11   Soweit das nach den Umständen erforderlich ist, kann das Gericht dem Verfahrensbeistand die zusätzliche Aufgabe übertragen, **Gespräche mit den Eltern** und weiteren Bezugspersonen des Kindes zu führen sowie am Zustandekommen einer einvernehmlichen Regelung über den Verfahrensgegenstand mitzuwirken (§ 158 Abs. 4 Satz 3 FamFG). Diese Angelegenheiten gehören zwar auch sonst zu den Aufgaben des Beistands, weil der Verfahrensbeistand sonst seine übrigen Aufgaben nicht erfüllen könnte. Wenn das Gericht dem Verfahrensbeistand diese Aufgaben aber besonders übertragen hat, hat das **vergütungsrechtliche** Konsequenzen (§ 158 Abs. 7 Satz 3 FamFG). Deswegen muss das Gericht Art und

Umfang der Beauftragung des Verfahrensbeistands konkret festlegen und die Beauftragung begründen (§ 158 Abs. 4 Satz 4 FamFG).

IV. Verfahrensfragen

Die Bestellung eines Verfahrensbeistands oder deren Aufhebung sowie die Ablehnung einer derartigen Maßnahme sind **nicht selbstständig anfechtbar** (§ 158 Abs. 3 Satz 4 FamFG). Der Ausschluss der selbstständigen Anfechtbarkeit verhindert Verfahrensverzögerungen durch entsprechende Rechtsmittel. Weder in der Bestellung des Verfahrensbeistands noch im Fall des Unterlassens der Bestellung liegt ein derart schwerwiegender Eingriff in Rechte der Beteiligten vor, dass eine isolierte Anfechtbarkeit geboten wäre.   12

Sieht das Gericht von der Bestellung eines Verfahrensbeistands ab, muss das in der Endentscheidung begründet werden (§ 158 Abs. 3 Satz 3 FamFG).   13

V. Aufwendungsersatz und Kosten

Ansprüche des Verfahrensbeistands auf Vergütung und Aufwendungsersatz **richten sich gegen die Staatskasse** und nicht gegen das Kind, mit dessen Interessenwahrnehmung er beauftragt war (§ 158 Abs. 7 Satz 5 FamFG). Zu beachten ist aber, dass die an den Verfahrensbeistand gezahlte Vergütung zu den Verfahrensauslagen zählt, die von den Beteiligten nach §§ 137 Abs. 1 Nr. 17, 93 a Abs. 2 KostO erhoben werden können.[2] Abweichendes gilt nur, wenn die Betreibung scheitert oder beiden Elternteilen Verfahrenskostenhilfe gewährt worden ist (§ 79 FamFG, § 122 Abs. 1 Nr. 1 lit. a ZPO).   14

In Bezug auf den Aufwendungsersatz und die Vergütung wird bei den Verfahrensbeiständen in gleicher Weise **zwischen nicht berufsmäßigen Verfahrensbeiständen und berufsmäßigen Verfahrensbeiständen differenziert,** wie das bei Verfahrungspflegern in Betreuungs- und Unterbringungssachen der Fall ist.   15

Der **nicht berufsmäßige Verfahrensbeistand** erhält nur Aufwendungsersatz (§ 158 Abs. 7 Satz 1 FamFG iVm § 277 Abs. 1 FamFG).   16

Wird die Verfahrensbeistandschaft **berufsmäßig geführt,** erhält der Verfahrensbeistand eine Vergütung iHv 350 EUR je Instanz (§ 158 Abs. 7 Satz 2 FamFG) und für jedes Kind einzeln.[3] Für die Rechtsmittelinstanzen steht dem Verfahrensbeistand daher die Vergütung nochmals zu, wenn er auch in dieser Instanz für das Kind tätig geworden ist. Dazu gehört aber mehr als die bloße Einlegung des Rechtsmittels. Voraussetzung ist jeweils, dass der Verfahrensbeistand über die Entgegennahme des Bestellungsbeschlusses hinaus in irgendeiner Weise im Kindesinteresse tätig geworden ist.[4] Die Vergütung deckt auch die Aufwendungen einschließlich der Fahrtkosten ab (§ 158 Abs. 7 Satz 4 FamFG).[5]   17

Im Falle der **Übertragung von Aufgaben nach § 158 Abs. 4 Satz 3 FamFG** erhöht sich die Vergütung auf 550 EUR (§ 158 Abs. 7 Satz 3 FamFG). Die Vergütung gilt auch Ansprüche auf Ersatz anlässlich der Verfahrensbeistandschaft entstandener Aufwendungen sowie die auf die Vergütung anfallende Umsatzsteuer ab. Es handelt sich also um eine Fallpauschale, die jeweils für die Instanz gezahlt wird.   18

2 HK-FamVerfR/Völker/Clausius/Wagner FamFG § 158 Rn. 25.
3 BGH FamRZ 2010, 1893; OLG Celle FamRZ 2010, 1182; OLG Stuttgart FamRZ 2010, 1003; OLG Rostock FamRZ 2010, 1181; OLG Frankfurt a.M. FamRZ 2010, 666.
4 OLG München FamRZ 2010, 1757.
5 BGH FamRZ 2010, 1893; OLG Rostock FamRZ 2010, 1181.

19   Die Vergütung bzw. der Auslagenersatz werden **vom Gericht durch Beschluss festgesetzt** (§ 158 Abs. 7 Satz 6 FamFG iVm § 168 Abs. 1 FamFG). Das Gericht kann dabei über einen Antrag des Verfahrensbeistands hinausgehen.[6]

VI. Ende der Verfahrensbeistandschaft

20   Die Bestellung des Verfahrensbeistands soll **aufgehoben** werden, wenn die Interessen des Kindes von einem Rechtsanwalt oder einem anderen geeigneten Verfahrensbevollmächtigten angemessen vertreten werden (§ 158 Abs. 5 FamFG). Das entspricht spiegelbildlich dem Bestellungshindernis.

21   Die Bestellung des Verfahrensbeistands **endet** mit ihrer **Aufhebung**, mit der **Rechtskraft der das Verfahren abschließenden Entscheidung** (§ 158 Abs. 6 Nr. 1 FamFG) und mit dem sonstigen **Abschluss des Verfahrens** (§ 158 Abs. 6 Nr. 2 FamFG). Der Verfahrensbeistand ist also grds. für alle Instanzen bestellt.

§ 192 FamFG   Anhörung der Beteiligten

(1) Das Gericht hat in Verfahren auf Annahme als Kind oder auf Aufhebung des Annahmeverhältnisses den Annehmenden und das Kind persönlich anzuhören.

(2) Im Übrigen sollen die beteiligten Personen angehört werden.

(3) Von der Anhörung eines minderjährigen Beteiligten kann abgesehen werden, wenn Nachteile für seine Entwicklung, Erziehung oder Gesundheit zu befürchten sind oder wenn wegen des geringen Alters von einer Anhörung eine Aufklärung nicht zu erwarten ist.

Aufsatzliteratur:

Reinhardt, Beteiligung in Adoptionsverfahren und Geheimhaltungsschutz, JAmt 2011, 628.

I. Regelungsgehalt und Systematik

1   Die Vorschrift regelt die Verpflichtung des Gerichts, die am **Verfahren beteiligten Personen anzuhören**. Dabei ist die Intensität der Anhörungspflicht von der Art der Adoptionssache abhängig. Zur Ausnahme von der Anhörung eines minderjährigen Beteiligten s. Abs. 3 (→ Rn. 11 ff.).

2   **Weitere Anhörungspflichten** ergeben sich aus § 193 FamFG (Kinder des Annehmenden und des Anzunehmenden), aus § 194 FamFG (Jugendamt) und aus § 195 FamFG (Landesjugendamt).

---

6   OLG Celle FamRZ 10, 1182.

II. Anhörungspflicht in Verfahren auf Annahme oder Aufhebung der Annahme

Die Reichweite der Anhörungspflicht des Gerichts unterscheidet sich nach der   3
Art der **Adoptionssache:** Während die Anhörung in den Verfahren auf Annahme
und auf Aufhebung einer Annahme (§ 186 Nr. 1, 3 FamFG) **zwingend** ist, ist sie
in den anderen Adoptionssachen als bloßer **Regelfall** ausgestaltet.

1. Anhörung des Kindes und des Annehmenden. In den Verfahren auf Annah-   4
me (§ 186 Nr. 1 FamFG) und auf Aufhebung einer Annahme (§ 186 Nr. 3
FamFG) muss die **Anhörung des Annehmenden und des Kindes persönlich erfolgen** (Abs. 1). Sinn der Anhörung ist neben der allgemeinen Sachaufklärung vor
allem zu ermitteln, ob eine Eltern-Kind-Beziehung zwischen dem Annehmenden
und dem Kind entstehen wird, und dem Kind und dem Annehmenden auf jeden
Fall rechtliches Gehör zu gewähren.

Eine **Ausnahme** besteht nur bei **minderjährigen Beteiligten** (Abs. 3, → Rn. 11 ff.).   5
Auch für diese bleibt aber die persönliche Anhörung der Regelfall. Eine Ausnahme darf nur aus zwingenden Gründen erfolgen.[1]

Persönliche Anhörung bedeutet **mündliche** Anhörung.[2] Zu beachten ist, dass die   6
Anhörungen mehrerer Beteiligter grds. getrennt voneinander durchzuführen sind,
um dem Wohl des Kindes und der Würde aller Beteiligten Rechnung zu tragen.[3]

Das Kind wird idR **in Abwesenheit seiner Eltern anzuhören** sein, damit es   7
unbeeinflusst und unbefangen Auskunft erteilt. Die Eltern sind dann über das
Ergebnis der Anhörung zu unterrichten.[4]

Unterbleibt eine gebotene Anhörung, leidet das Verfahren an einem wesentlichen   8
Mangel. Er kann mit der Beschwerde bzw. der Anhörungsrüge (§ 44 FamFG)
gerügt werden. Das Verfahren ist in diesen Fällen an das AG zur weiteren Sachaufklärung zurückzuverweisen.[5]

2. Anhörung anderer Beteiligter. Für die anderen Beteiligten gelten auch in Ver-   9
fahren auf Annahme oder Aufhebung einer Annahme dieselben Voraussetzungen
wie in den übrigen Adoptionssachen: Sie sollen angehört werden, dh die Anhörung ist der Regelfall. Eine persönliche (mündliche) Anhörung ist aber nicht
vorgeschrieben. Es reicht vielmehr, dass rechtliches Gehör gewährt wird. Aus
wichtigen Gründen darf von der Anhörung auch abgesehen werden.

III. Anhörung in anderen Adoptionssachen

In den anderen Adoptionssachen (Ersetzung von Einwilligungen, Befreiung vom   10
Ehehindernis) gelten dieselben Voraussetzungen wie in den Verfahren auf Annahme oder Aufhebung der Annahme bei den übrigen Beteiligten (→ Rn. 9): Sie
sollen angehört werden, dh die Anhörung ist der Regelfall. Eine persönliche
(mündliche) Anhörung ist aber nicht vorgeschrieben. Es reicht vielmehr, dass
rechtliches Gehör gewährt wird. Aus wichtigen Gründen darf von der Anhörung
auch abgesehen werden.

IV. Ausnahmen von der Anhörungspflicht bei Minderjährigen

Abs. 3 gestattet die **Einschränkung der Anhörung** minderjähriger Beteiligter in   11
zwei Fällen. Von der Anhörung eines minderjährigen Beteiligten kann abgesehen

---

1 BayObLG FamRZ 2001, 647; OLG Düsseldorf FamRZ 1995, 1294 zum früheren
   Recht.
2 Keidel/Engelhardt FamFG § 192 Rn. 2.
3 Vgl. Reinhardt JAmt 2011, 628 ff.
4 OLG München FamRZ 2007, 745.
5 BVerfG FamRZ 1994, 493; 1994, 687; NJW 1995, 2155.

werden, wenn Nachteile für seine Entwicklung, Erziehung oder Gesundheit zu befürchten sind oder wenn wegen des geringen Alters von einer Anhörung eine Aufklärung nicht zu erwarten ist. Beide Ausnahmen gelten gerade auch für die Verfahren auf Annahme und auf Aufhebung einer Annahme, in denen sonst die Anhörung zwingend ist (vgl. Abs. 1, → Rn. 4 ff.).

12   Dass bei **Gefährdung des Kindeswohls** nicht angehört werden darf, versteht sich von selbst. Diese Ausnahme darf aber nicht vorschnell bejaht werden. Es müssen vielmehr tatsächliche Anhaltspunkte für entsprechende Gefährdungen vorliegen.

13   Wann wegen des **geringen Alters** eine Anhörung eine Aufklärung des Sachverhalts nicht erwarten lässt, ist eine Frage des Einzelfalles. Insoweit ist Zurückhaltung geboten. Auch kleine Kinder können oft deutliche Hinweise dazu geben, wie sie zu einer Person stehen. Allenfalls bei unter zwei Jahre alten Kindern wird man idR kaum Erkenntnisse erwarten können.[6] Schon drei- bis vierjährige Kinder können sich aber meistens schon zu Eindrücken, Neigungen und Lebensbedingungen äußern.[7]

14   Über die beiden im Gesetz genannten Fälle hinaus wird ein Absehen von der Anhörung in Betracht kommen, wenn das **Kind über sein Verhältnis zum Annehmenden gar nichts sagen kann**, weil es diesen noch gar nicht kennt oder wenn die Annahme schon aus formalen Gründen abzulehnen ist, etwa weil es an einer Antragsberechtigung des Antragstellers fehlt oder weil die Annahme aus Gründen in der Person des Annehmenden ohnehin ausgeschlossen ist.[8]

V. Durchführung der Anhörung

15   In den Fällen des Abs. 1 ist **persönlich,** dh mündlich **anzuhören,** soweit es um den Annehmenden und das Kind geht. In allen anderen Fällen (andere Beteiligte in Abs. 1, Fälle des Abs. 2) reicht die Gewährung rechtlichen Gehörs.

16   Eine **Anhörung durch das Jugendamt** ersetzt nicht die Anhörung durch das Gericht.[9]

17   **Bleibt ein Beteiligter aus,** für den das persönliche Erscheinen angeordnet war, kann gegen ihn Ordnungsgeld festgesetzt werden (Einzelheiten: § 33 Abs. 3 FamFG). Im Übrigen kann das Verfahren ohne persönliche Anhörung fortgesetzt werden, wenn der Beteiligte im anberaumten Termin unentschuldigt fernbleibt und auf diese Folge hingewiesen worden ist (§ 34 Abs. 3 FamFG).

§ 193 FamFG   Anhörung weiterer Personen

[1]Das Gericht hat in Verfahren auf Annahme als Kind die Kinder des Annehmenden und des Anzunehmenden anzuhören. [2]§ 192 Abs. 3 gilt entsprechend.

1   Die Vorschrift **erweitert die Zahl der anzuhörenden Personen** auf die Kinder des Annehmenden und die Kinder des Anzunehmenden. Sie soll die Lücke schließen, die daraus entsteht, dass diese Personen zwar materiellrechtlich zu den Betroffenen der Annahme zählen (vgl. §§ 1745, 1767 BGB), aber in § 188 FamFG nicht ausdrücklich als Beteiligte des Verfahrens in Adoptionssachen genannt werden. Der Gesetzgeber wollte vermeiden, dass diese Personen auch nicht als Beteiligte

---

6 OLG Oldenburg FamRZ 1996, 895.
7 BayObLG FamRZ 1988, 871.
8 BayObLG FamRZ 1986, 719.
9 BayObLG FamRZ 1993, 1480.

nach § 7 Abs. 2 FamFG angesehen werden[1] und hat deswegen diese klarstellende Regelung getroffen.

Die Anhörung **betrifft nur Verfahren auf Annahme als Kind**, also Adoptionssachen iSd § 186 Nr. 1 FamFG. In Verfahren auf Ersetzung einer Einwilligung (§ 186 Nr. 2 FamFG) bedarf es als vorbereitendes Verfahren einer besonderen Anhörung der Kinder ebenso wenig wie in Verfahren auf Aufhebung der Annahme (§ 186 Nr. 3 FamFG) noch in Verfahren auf Befreiung vom Eheverbot des § 1308 BGB (§ 186 Nr. 4 FamFG). 2

Anzuhören sind grds. alle Kinder des Annehmenden und des Anzunehmenden. Es spielt keine Rolle, ob sie volljährig oder minderjährig (beachte aber → Rn. 5) sind, ob es sich um eheliche oder um außerhalb einer Ehe geborene Kinder handelt, ob sie leibliche oder ihrerseits angenommene Kinder sind.[2] Auf Enkel ist § 193 FamFG wegen der insoweit identischen Interessenlage entsprechend anzuwenden.[3] 3

Eine **persönliche Anhörung** des Kindes durch das Gericht ist zwar nicht vorgeschrieben, wird aber in der Regel unerlässlich sein, damit das Gericht sich ein umfassendes Bild von dem Kind machen kann.[4] Inhaltlich muss sich die Anhörung auf alle materiellen und immateriellen Folgen der Annahme für die Kinder des Anzunehmenden bzw. die Kinder des Annehmenden erstrecken. 4

Von der Anhörung eines minderjährigen Kindes kann abgesehen werden, wenn Nachteile für seine Entwicklung, Erziehung oder Gesundheit zu befürchten sind oder wenn wegen des geringen Alters von einer Anhörung eine Aufklärung nicht zu erwarten ist (S. 2 iVm § 192 Abs. 3 FamFG). Insofern besteht also Parallelität zur Anhörung des beteiligten Kindes. Die für und gegen die Anhörung sprechenden Umstände sind von Amts wegen zu ermitteln (§ 26 FamFG). 5

Wurde ein **Kind nicht angehört**, steht ihm die **Anhörungsrüge** nach § 44 FamFG zu,[5] die es innerhalb von zwei Wochen nach Kenntnis von dem Versäumnis, auf jeden Fall aber innerhalb eines Jahres seit der Bekanntgabe der angegriffenen Entscheidung geltend machen muss. Diese Rüge führt zur Fortsetzung des Verfahrens. Eine Beschwerde ist dagegen nicht zulässig: Eine Beschwerde gegen die Annahme findet nicht statt (§ 197 FamFG); eine Beschwerde gegen die Ablehnung der Annahme kommt nicht in Betracht, weil die Annahme nur auf Antrag ergeht und der Anzuhörende iSd § 193 gerade nicht der Antragsteller ist (vgl. § 59 Abs. 2 FamFG). 6

§ 194 FamFG Anhörung des Jugendamts

(1) [1]In Adoptionssachen hat das Gericht das Jugendamt anzuhören, sofern der Anzunehmende oder Angenommene minderjährig ist. [2]Dies gilt nicht, wenn das Jugendamt nach § 189 eine fachliche Äußerung abgegeben hat.

---

1 Für die Berücksichtigung der Kinder bereits als Beteiligte OLG Stuttgart FamRZ 2012, 145; Musielak/Borth FamFG § 193 Rn. 1; Hoppenz/Hoffmann FamFG § 188 Rn. 2, FamFG § 193 Rn. 1 mwN; kritisch HK-FamVerfR/Fritsche FamFG § 193 Rn. 1; ablehnend OLG Düsseldorf FamRZ 2011, 925.
2 BayObLG FamRZ 2005, 131; MüKoBGB/Maurer § 1745 Rn. 3; HK-FamVerfR/Fritsche FamFG § 193 Rn. 1.
3 BayObLG FamRZ 2005, 131.
4 Vgl. HK-FamVerfR/Fritsche FamFG § 193 Rn. 2.
5 HK-FamVerfR/Fritsche FamFG § 193 Rn. 1.

(2) [1]Das Gericht hat dem Jugendamt in den Fällen, in denen dieses angehört wurde oder eine fachliche Äußerung abgegeben hat, die Entscheidung mitzuteilen. [2]Gegen den Beschluss steht dem Jugendamt die Beschwerde zu.

Aufsatzliteratur:

Hoffmann, Aufgaben des Jugendamts im Kontext familiengerichtlicher Verfahren, FPR 2011, 304.

I. Systematik und Regelungsgehalt

1   Die Vorschrift **ergänzt §§ 192, 193 FamFG,** indem sie eine Anhörungspflicht in Bezug auf das Jugendamt anordnet (Abs. 1). Ergänzt wird diese Verpflichtung durch eine Mitteilungspflicht in Bezug auf die dann getroffene Entscheidung (Abs. 2 Satz 1) und die Einräumung eines Beschwerderechts des Jugendamtes.

2   Die Norm soll die **Sachaufklärung durch das Gericht** stärken. Gegenüber dem früheren Recht wurden die Anhörungspflichten dabei noch ausgeweitet. Vor allem gilt sie heute in allen Arten von Adoptionssachen, nicht mehr nur bei Annahmen und Annahmeaufhebungen.

3   Die Beteiligung des Jugendamtes ist eine **Folge** aus dessen Aufgabenstellung (vgl. § 50 SGB VIII), aus der auch seine Verpflichtung zur Mitwirkung folgt (vgl. § 50 Abs. 1 Satz 2 Nr. 3 SGB VIII). Die örtliche Zuständigkeit des Jugendamtes bestimmt sich nach § 86 SGB VIII.

4   **Weitere Anhörungspflichten** – auch in Bezug auf andere Jugendämter – können sich aus § 26 FamFG ergeben, wenn sich daraus Erkenntnisse für die Lebensbedingungen des Kindes ergeben.[1]

II. Anhörung des Jugendamtes

5   Das Jugendamt muss **in allen Adoptionssachen** (§ 186 Nr. 1–4 FamFG) angehört werden, sofern der Anzunehmende oder Angenommene minderjährig ist. Ob vorher das Jugendamt bereits mit dem Kind befasst war oder nicht ist unerheblich. Die Anhörungspflicht bezieht sich auch auf ausländische Kinder.

6   In der Anhörung soll das Jugendamt aufgrund seiner besonderen Sachkunde eine **fachliche Stellungnahme** zu der Annahme, der Aufhebung der Annahme oder der Befreiung von dem Eheverbot abgeben und auch einen Entscheidungsvorschlag unterbreiten. Dazu muss es auch selbst den Sachverhalt aufklären, was idR in diesen Fällen auch Hausbesuche bei den Eltern und den Annehmenden erfordert.[2]

7   Die Anhörung **braucht nicht mündlich** zu erfolgen. Eine schriftliche, selbst eine telefonische Stellungnahme reicht aus.[3] Zeitlich muss die Anhörung so erfolgen, dass sie noch bei der Entscheidung berücksichtigt werden kann. Weitere Anforderungen bestehen in zeitlicher Hinsicht nicht.[4]

8   Die Pflicht zur Anhörung des Jugendamtes gilt **nicht,** wenn das **Jugendamt nach § 189 FamFG bereits eine fachliche Äußerung abgegeben hat** (Abs. 1 Satz 2). In diesem Fall hat das Jugendamt schon alles zu dem Fall beigetragen, was von ihm erwartet werden kann. Das Verlangen nach einer erneuten Anhörung wäre deswegen eine das Verfahren verzögernde Förmelei.

9   Wird gegen die **Anhörungspflicht verstoßen,** liegt ein schwerer Verfahrensmangel vor. Das Jugendamt kann diesen Mangel selbst mit der Beschwerde geltend ma-

---

1   HK-FamVerfR/Fritsche FamFG § 194 Rn. 1.
2   Vgl. OLG Köln FamRZ 1999, 1517.
3   HK-FamVerfR/Fritsche FamFG § 194 Rn. 1.
4   Keidel/Engelhardt FamFG § 194 Rn. 5.

chen (Abs. 2 Satz 2). In diesen Fällen ist die Entscheidung aufzuheben und an das Familiengericht zurückzuverweisen, damit die Anhörung nachgeholt werden kann.

III. Mitteilungen an das Jugendamt

Das Gericht muss dem Jugendamt in den Fällen, in denen es angehört wurde 10 oder eine fachliche Äußerung abgegeben hat, die Entscheidung mitteilen (Abs. 2). Das soll es dem Jugendamt ermöglichen, von dem ihm in diesen Fällen zustehenden Beschwerderecht (Abs. 2 Satz 2) Gebrauch zu machen.

IV. Beschwerdebefugnis des Jugendamts

In allen Fällen, in denen das **Jugendamt angehört** wurde oder in denen es eine 11 fachliche Stellungnahme abgegeben hat, steht ihm ein eigenes Beschwerderecht zu (Abs. 2 Satz 2). Diese Beschwerdeberechtigung ist unabhängig von derjenigen aus § 59 FamFG (die beim Jugendamt regelmäßig nicht vorliegen wird).

Zu beachten ist, dass die Beschwerdeberechtigung immer nur dann eine Rolle 12 spielt, wenn die **Beschwerde überhaupt statthaft** ist. Da die (positive) Annahmeentscheidung selbst nicht angefochten werden kann (§ 197 Abs. 3 Satz 1 FamFG), kommt die Beschwerde des Jugendamts vor allem in den Fällen der Ersetzung einer Einwilligung oder bei Aufhebung einer Annahme in Betracht.

Legt das Jugendamt Beschwerde ein, wird es zum **Beteiligten** des Beschwerdeverfahrens. Die bereits in erster Instanz durchgeführte Anhörung braucht grds. nicht wiederholt zu werden.[5]

§ 195 FamFG Anhörung des Landesjugendamts

(1) [1]In den Fällen des § 11 Absatz 1 Nummer 2 und 3 des Adoptionsvermittlungsgesetzes hat das Gericht vor dem Ausspruch der Annahme auch die zentrale Adoptionsstelle des Landesjugendamts, in deren Bereich die Annehmenden ihren gewöhnlichen Aufenthalt haben, anzuhören. [2]Ist eine zentrale Adoptionsstelle nicht beteiligt worden, tritt an seine Stelle das Landesjugendamt, in dessen Bereich das Jugendamt liegt, das nach § 194 Gelegenheit zur Äußerung erhält oder das nach § 189 eine fachliche Äußerung abgegeben hat.

(2) [1]Das Gericht hat dem Landesjugendamt alle Entscheidungen mitzuteilen, zu denen dieses nach Absatz 1 anzuhören war. [2]Gegen den Beschluss steht dem Landesjugendamt die Beschwerde zu.

Für bestimmte Sonderfälle ordnet § 195 FamFG in **Erweiterung des § 194** 1 FamFG (Anhörung des Jugendamtes) an, dass das Landesjugendamt angehört werden muss. Betroffen sind die sog. Auslandsadoptionen, weil sie besondere Schwierigkeiten aufwerfen. Das Gericht soll deswegen die besondere Fachkompetenz der zentralen Adoptionsstellen der Landesjugendämter nutzen.

Anwendbar ist § 195 FamFG **in den Fällen des § 11 Abs. 1 Nr. 2 und 3** 2 **AdVermiG.** Das sind die Fälle, dass ein Adoptionsbewerber oder das Kind eine ausländische Staatsangehörigkeit besitzt oder staatenlos ist (§ 11 Abs. 1 Nr. 2 AdVermiG) oder dass ein Adoptionsbewerber oder das Kind seinen Wohnsitz oder gewöhnlichen Aufenthalt außerhalb Deutschlands hat (§ 11 Abs. 1 Nr. 3 AdVermiG).

---

5 Jurgeleit/Rass, Kap. 7 Rn. 57.

3   Gehört werden muss grds. die **zentrale Adoptionsstelle des Landesjugendamtes**, in deren Bereich die Annehmenden ihren gewöhnlichen Aufenthalt haben, und die nach § 11 Abs. 2 AdVermiG an dem behördlichen Verfahren der Adoptionsvermittlung **beteiligt** worden ist (Abs. 1 Satz 1). Nur wenn bislang keine zentrale Adoptionsstelle beteiligt worden ist, tritt an seine Stelle das Landesjugendamt, in dessen Bereich das Jugendamt liegt, das nach § 194 FamFG Gelegenheit zur Äußerung erhält oder das nach § 189 FamFG eine fachliche Äußerung abgegeben hat (Abs. 1 Satz 2).

4   Das zuständige **Landesjugendamt** ist vom Gericht zu **benachrichtigen** (§ 7 Abs. 4 FamFG).

5   Für die **Art und Zeit der Anhörung** gilt das zu § 194 zum Jugendamt Gesagte genauso wie das dort zu den Folgen des Unterbleibens einer gebotenen Anhörung Gesagte.

6   Wie bei § 194 FamFG sind dem Landesjugendamt **alle gerichtlichen Entscheidungen mitzuteilen,** zu denen dieses nach Abs. 1 anzuhören war (Abs. 2 Satz 1). Gegen den Beschluss steht dem Landesjugendamt die Beschwerde zu (Abs. 2 Satz 2). Dazu gilt das zu § 194 Gesagte entsprechend.

§ 196 FamFG   Unzulässigkeit der Verbindung

Eine Verbindung von Adoptionssachen mit anderen Verfahren ist unzulässig.

Aufsatzliteratur:

Stalinski, Spurensuche, FamRZ 2005, 856.

1   Die Regelung ist **lex specialis zu** § 34 FamFG. Wegen der Besonderheiten der Verfahren in Adoptionssachen,[1] vor allem dem Ausforschungsverbot (§ 1758 BGB), dürfen Adoptionssachen mit anderen Verfahren nicht verbunden werden.

2   Dem Wortlaut der Norm ist nicht genau zu entnehmen, ob **auch die Verbindung mehrerer Adoptionssachen** verboten sein soll. Dagegen scheint die Formulierung „mit anderen Verfahren" zu sprechen, welche es dem Wortsinn nach nicht ausschließt, eine Verbindung von mehreren Adoptionssachen untereinander zuzulassen. Wenn Sinn der Regelung aber die Wahrung des Ausforschungsverbots ist, dann muss die Verbindung auch derartiger Verfahren dann ausgeschlossen sein, wenn die Wahrung des Verbots auf diese Weise gefährdet sein könnte.[2] Ausgeschlossen ist deswegen auf jeden Fall die Verbindung von Adoptionssachen, welche die Annahme mehrerer Kinder betreffen. Letztlich muss das Verbindungsverbot aber auch für die Verbindung von Verfahren nach § 186 Nr. 2 FamFG (Ersetzung von Einwilligungen) mit Verfahren nach § 186 Nr. 1 FamFG (Annahme) gelten, soweit durch die Verbindung das Ausforschungsverbot unterlaufen werden könnte (vgl. § 1758 Abs. 2 BGB). Verbindungen von Verfahren nach § 186 Nr. 1 oder 2 FamFG mit anderen Verfahren in Adoptionssachen (nach § 186 Nr. 3 oder 4 FamFG) kommen wegen der Art der Verfahren schon aus sachlichen Gründen nicht in Betracht.

---

1   BT-Drs. 16/6308, 248.
2   HK-FamVerfR/Fritsche FamFG § 196 Rn. 1; Schulte-Bunert/Weinreich/Sieghörtner FamFG § 196 Rn. 1; enger anscheinend Prütting/Helms/Krause FamFG § 196 Rn. 2.

§ 196 a FamFG Zurückweisung des Antrags

Das Gericht weist den Antrag auf Annahme als Kind zurück, wenn die gemäß § 9 a des Adoptionsvermittlungsgesetzes erforderlichen Bescheinigungen über eine Beratung nicht vorliegen.

Die Vorschrift wurde durch das AdoptionshilfeG neu in das FamFG eingefügt. **1**
Sie soll die **verpflichtende Beratung bei Stiefkindadoptionen** (§ 9 a Abs. 1 AdVermG) stärken.

Der **Antrag** auf Adoption ist **abzuweisen**, wenn die nach § 9 a Abs. 1 AdVermG **2** erforderlichen **Bescheinigungen über eine Beratung** nicht vorgelegt werden. Die Vorlage der Bescheinigungen ist jedoch keine Zulässigkeits-, sondern eine Begründetheitsvoraussetzung für den Antrag auf Adoption. Die Vorlage kann daher noch im Verlauf des gerichtlichen Verfahrens erfolgen.[1] Nicht erforderlich ist, dass sie zusammen mit dem Antrag vorgelegt werden. Der Ausspruch der Adoption darf aber nur erfolgen, wenn die Bescheinigungen nach § 9 a Abs. 2 AdVermG dem Familiengericht vorliegen.

§ 197 FamFG Beschluss über die Annahme als Kind

(1) [1]In einem Beschluss, durch den das Gericht die Annahme als Kind ausspricht, ist anzugeben, auf welche gesetzlichen Vorschriften sich die Annahme gründet. [2]Wurde die Einwilligung eines Elternteils nach § 1747 Abs. 4 des Bürgerlichen Gesetzbuchs nicht für erforderlich erachtet, ist dies ebenfalls in dem Beschluss anzugeben.

(2) In den Fällen des Absatzes 1 wird der Beschluss mit der Zustellung an den Annehmenden, nach dem Tod des Annehmenden mit der Zustellung an das Kind wirksam.

(3) [1]Der Beschluss ist nicht anfechtbar. [2]Eine Abänderung oder Wiederaufnahme ist ausgeschlossen.

I. Systematik und Regelungsgehalt

Die Vorschrift regelt, welchen **Inhalt ein Beschluss über die Annahme eines Kin-** **1** des haben muss (Abs. 1, → Rn. 3 ff.) und wann der Beschluss wirksam wird (Abs. 2, → Rn. 13 ff.). Außerdem schließt sie die Anfechtung, Abänderung und Wiederaufnahme in diesen Fällen aus (Abs. 3, → Rn. 18 ff.).

Für Beschlüsse aus **anderen Verfahren** als dem Annahmeverfahren gilt nicht **2** § 197 FamFG, sondern § 198 FamFG. Dort werden parallele Regelungen getroffen, die allerdings in einigen Punkten nicht ganz so weit gehen wie die Regelungen in § 197 FamFG.

---

1 BT-Drs. 19/16718, 59.

II. Inhalt von Beschlüssen über die Annahme des Kindes

3   **1. Ausspruch der Annahme.** Der Beschluss muss zunächst den Ausspruch der Annahme enthalten.[1] Das ist zwar nicht in § 197 bestimmt, entspricht aber der Zielsetzung des Verfahrens.

4   **2. Gesetzliche Vorschriften.** Außerdem ist in dem Beschluss, durch den das Gericht die Annahme als Kind ausspricht, anzugeben, auf **welche gesetzlichen Vorschriften sich die Annahme gründet** (Abs. 1 Satz 1). Das dient dazu, die Folgen der Annahme klarzustellen. Es soll auf den ersten Blick klar sein, welche Wirkungen die Annahme hat. Das bedeutet:

5   Bei der **Annahme eines Minderjährigen durch eine Person** sind die §§ 1754 Abs. 2, 3 und 1757 Abs. 1 BGB (Wirkungen auf die Verwandtschaft mit dem Annehmenden, Kindesname) und die §§ 1755, 1756 BGB (Erlöschen der Verwandtschaftsverhältnisse) zu nennen.

6   Bei der **Annahme eines Minderjährigen durch ein Ehepaar** oder durch einen Ehegatten allein sind § 1741 Abs. 2 BGB (Voraussetzungen der Annahme), § 1754 Abs. 1 BGB (Wirkungen der Annahme), § 1755 BGB (Erlöschen der Verwandtschaftsverhältnisse) und § 1757 Abs. 2 BGB (Kindesname) anzugeben.

7   Bei der **Annahme eines Volljährigen** sind die §§ 1767 Abs. 2, 1770 Abs. 1 BGB (Voraussetzungen und Wirkungen der Annahme) zu nennen.

8   **3. Ersetzung der Einwilligung eines Elternteils.** Wurde die **Einwilligung eines Elternteils nach** § 1747 Abs. 4 BGB nicht für erforderlich erachtet, muss das in dem Beschluss ebenfalls angegeben werden (Abs. 1 Satz 2). Bedeutung kann das für eine spätere Aufhebung des Annahmeverhältnisses haben. Materiellrechtlich ist in derartigen Fällen aber zu beachten, dass § 1760 Abs. 5 BGB die spätere Aufhebung ausschließt, wenn der betreffende Elternteil nach der Annahme zu erkennen gegeben hat, dass er mit dem Beschluss einverstanden ist.

9   **4. Namensfolge.** In der Praxis üblich, wenn auch nicht zwingend erforderlich – weil die **Wirkungen kraft Gesetzes** erfolgen (§ 1757 Abs. 1 BGB) –, ist es, in dem Beschluss den nun zu führenden Namen des Kindes anzugeben.

10   Soweit die Änderungen des Namens nur **auf Antrag** erfolgen (§ 1757 Abs. 4 BGB), muss dies wegen der konstitutiven Wirkungen in dem Beschluss erwähnt werden.

11   **5. Begründung.** Eine Begründung des **stattgebenden Annahmebeschlusses** ist wegen dessen Unanfechtbarkeit nicht erforderlich (vgl. § 38 Abs. 3 Satz 1, Abs. 4 Nr. 2 FamFG).

12   Ein die Annahme **ablehnender Beschluss** muss immer begründet werden, da er nach den allgemeinen Regeln anfechtbar ist (→ Rn. 26).

III. Wirksamwerden von Annahmebeschlüssen

13   Der Beschluss über die Annahme des Kindes **wird mit der förmlichen Zustellung an den Annehmenden gegenüber allen Beteiligten wirksam** (Abs. 2). Insoweit handelt es sich um eine Ausnahme von § 40 FamFG; die formlose Bekanntgabe reicht hier nicht aus. Die Zustellung selbst richtet sich nach §§ 166–195 ZPO. Erfolgt die Annahme durch mehrere Personen gemeinschaftlich (Ehegattenannahme), tritt die Wirksamkeit der Annahme mit der zweiten Zustellung ein. Zustellungen an andere Beteiligte sind ohne Bedeutung.

14   Ist das **Kind** zur Zeit der Zustellung **verstorben**, ist der Beschluss unwirksam (§ 1753 Abs. 1 BGB bzw. § 1767 Abs. 2 BGB iVm § 1753 Abs. 1 BGB). Ist

---

1   Jürgeleit/Rass, Kap. 7 Rn. 64.

das Kind zu diesem Zeitpunkt bereits **volljährig** geworden, kommt die Minderjährigenannahme nicht mehr in Betracht. Es darf deswegen nicht mehr zugestellt werden. Die gleichwohl erfolgte Zustellung führt keine Rechtswirkungen herbei, die Annahme ist nichtig.[2] Es muss wieder in das Verfahren eingetreten werden, damit der Antragsteller nun einen Antrag auf Durchführung einer Volljährigenadoption stellen kann.[3] Die Umdeutung des Antrags auf Minderjährigenadoption in einen solchen auf Volljährigenadoption kommt nicht in Betracht.

Ist der **Annehmende verstorben**, muss an das Kind zugestellt werden (Abs. 2 aE). 15 Das gilt allerdings dann nicht, wenn die Annahme durch Eheleute gemeinsam erfolgen sollte. In diesem Fall wird die Annahme mit der Zustellung an den überlebenden Ehegatten wirksam.[4]

Der Beschluss muss außerdem dem **Jugendamt** (§ 194 Abs. 2 Satz 1 FamFG) 16 und ggf. dem **Landesjugendamt** (§ 195 Abs. 2 Satz 2 FamFG) **mitgeteilt** werden. Anders als die Bekanntgabevorschriften haben diese Mitteilungsvorschriften aber auf das Wirksamwerden des Beschlusses keine Auswirkungen.

Das **Standesamt** trägt aufgrund des Adoptionsbeschlusses die Adoption in die 17 Personenstandsurkunden ein (§§ 27 Abs. 3 Nr. 1, 21 Abs. 1 Nr. 4 PStG). Der Standesbeamte hat kein eigenes Prüfungsrecht in Bezug auf die Wirksamkeit des Beschlusses. Er darf die Eintragung nur bei Nichtigkeit des Beschlusses verweigern.[5] Auch ohne Eintragung ist die Annahme aber schon wirksam.

IV. Anfechtbarkeit von Annahmebeschlüssen

Für die Frage der Anfechtbarkeit von Annahmebeschlüssen ist zwischen den 18 **verschiedenen Adoptionssachen** und auch nach dem **Inhalt der Entscheidungen** zu **unterscheiden**: Die Anfechtbarkeit von Entscheidungen über die Annahme eines Kindes (§ 186 Nr. 1 FamFG) richtet sich nach Abs. 3, die von anderen Entscheidungen nach § 198 FamFG. Bei den Entscheidungen in Bezug auf die Annahme als Kind ist außerdem danach zu unterscheiden, ob die Annahme ausgesprochen wird oder ob sie abgelehnt wird.

1. Annahme aussprechende Entscheidungen. Entscheidungen, durch welche die 19 Annahme als Kind ausgesprochen wird, sind **nicht anfechtbar** (Abs. 3 Satz 1). Gemeint sind Entscheidungen, durch welche der Adoption stattgegeben wird, nicht dagegen ablehnende Beschlüsse. Auch inhaltlich falsche oder unter Verletzung des Verfahrensrechts ergangene Annahmebeschlüsse sind deswegen, einmal wirksam geworden, nicht mehr durch Rechtsmittel angreifbar. Etwas anderes gilt nur bei Nichtigkeit des Beschlusses. Diese kann aber nur bei schwersten und offensichtlichen Verstößen angenommen werden, etwa dann, wenn für das Verfahren schon ein wirksamer Antrag gefehlt hat.

Die Unanfechtbarkeit hat ihren **Grund** im öffentlichen Interesse an der schnellen 20 und abschließenden Klärung der Adoptionsverhältnisse. Das Kind hat ein Interesse daran, dass sein neuer Status möglichst schnell und ohne weitere Störungen fixiert wird. Der Annehmende, der ebenfalls ein Interesse an einer raschen Zuordnung zu seinem neuen Kind hat, ist dadurch ausreichend vor Übereilung geschützt, dass seine Erklärungen notariell beurkundet werden müssen und bis

---

2 AA BayObLG FamRZ 1996, 1034, das auch in einem derartigen Fall die Wirksamkeit der Annahme annimmt.
3 HK-FamVerfR/Fritsche FamFG § 197 Rn. 2.
4 MüKoBGB/Maurer § 1753 Rn. 4; HK-FamVerfR/Fritsche FamFG § 197 Rn. 2.
5 HK-FamVerfR/Fritsche FamFG § 197 Rn. 2.

zum Zugang an das Gericht widerrufen werden können (§§ 1750 Abs. 1, 1746 Abs. 2 BGB).[6]

21   Von **welchem Gericht die Annahmeentscheidung stammt, ist nicht entscheidend.** Regelmäßig wird es sich um eine Entscheidung des Familiengerichts handeln. Aber auch, wenn dieses zunächst die Annahme abgelehnt hatte und erst das OLG die Annahme im Beschwerdeverfahren gegen die Ablehnung (→ Rn. 26) ausgesprochen hat, gilt dieses Prinzip: Die Rechtsbeschwerde kommt also in diesen Fällen nicht in Betracht. Die Unanfechtbarkeit geht aber noch weiter: Verweist das OLG wegen der Notwendigkeit weiterer Sachaufklärung an das Familiengericht zurück, ist dieses an die Rechtsauffassung des OLG gebunden und darf die Annahme als solche nicht mehr in Frage stellen.[7] Das folgt generell schon aus §§ 68 Abs. 1 Satz 2, 69 Abs. 1 FamFG, gilt aber wegen Abs. 3 insbesondere auch dann, wenn das OLG die Annahme schon ausgesprochen hat und nur wegen der Namensfolgen zurückverweist.

22   Von der Unanfechtbarkeit sachlich **erfasst** ist zunächst vor allem der **Ausspruch über die Annahme als Kind** selbst. Das gilt auch hinsichtlich der Reichweite des Annahmebeschlusses: Wurde etwa bei der Volljährigenannahme eine Annahme mit den Wirkungen der Minderjährigenannahme ausgesprochen, bleibt es dabei, auch wenn dafür die Voraussetzungen nicht vorlagen. Das Gleiche gilt umgekehrt: Hat das Gericht nur eine Annahme mit den schwachen Wirkungen der Volljährigenannahme ausgesprochen, kommt eine Anfechtung mit dem Ziel, doch noch eine Annahme mit den Wirkungen der Minderjährigenannahme zu erreichen, nicht in Betracht.

23   Erfasst von der Unanfechtbarkeit wird auch der mit der Annahme eng verbundene Antrag auf **Namensänderung.**[8] Wurde insoweit im Annahmeverfahren kein Antrag gestellt und dementsprechend der Name des Kindes nicht geändert, kommt die Anfechtung der Annahmeentscheidung mit dem Ziel, doch noch eine Namensänderung zu erreichen, nicht in Betracht.[9] Zulässig ist auch eine klarstellende Ergänzung, dass es mangels einer Anschließung der Ehefrau des Angenommenen bei dem gemeinsamen Ehenamen bleibt.[10] Zum Fall, dass ein Antrag gestellt, über diesen aber versehentlich nicht entschieden wurde, → Rn. 24.

24   Die Unanfechtbarkeit bedeutet neben dem **Ausschluss der Rechtsmittel** Beschwerde und Rechtsbeschwerde den Ausschluss jeder **Wiederaufnahme und Abänderung** (Abs. 3 Satz 2). Nicht ausgeschlossen sind dagegen solche Rechtsbehelfe, welche den Annahmebeschluss in seiner Substanz unangetastet lassen und nur inhaltliche Fehler korrigieren. Statthaft sind deswegen die Berichtigung des Annahmebeschlusses (§ 42 FamFG) und die Ergänzung des Beschlusses (§ 43 FamFG), wenn das Familiengericht bei seiner Entscheidung einen Teil der Fragen nicht entschieden hat (Hauptfall: Übergehen eines Antrags auf Namensänderung).[11] Ebenfalls weiter statthaft ist die Anhörungsrüge (§ 44 FamFG); denn sie führt nicht zur Überprüfung der Entscheidung in einer weiteren Instanz, sondern nur zur Fortsetzung des Verfahrens in der Instanz, in welcher die Entscheidung über die Annahme ausgesprochen wurde.

---

6 OLG Zweibrücken FamRZ 2001, 1733; zurückhaltender HK-FamVerfR/Fritsche FamFG § 197 Rn. 3.
7 HK-FamVerfR/Fritsche FamFG § 197 Rn. 3.
8 BGH FamRZ 2017, 1583. Anders dagegen bei Ablehnung des Antrags auf Namensänderung, vgl. OLG Bamberg FamRZ 2018, 1929.
9 BayObLG FamRZ 2003, 1773.
10 OLG Zweibrücken FamRZ 2011, 1411.
11 Schulte-Bunert/Weinreich/Sieghörtner, FamFG § 193 Rn. 16; HK-FamVerfR/Fritsche FamFG § 197 Rn. 3.

Materiellrechtlich möglich und selbstverständlich zulässig ist die Durchführung 25
eines Verfahrens auf **Aufhebung der Annahme**, wenn die Voraussetzungen vorliegen, die §§ 1759–1763 BGB dafür vorsehen.

2. Annahme ablehnende Entscheidungen. Die Annahme ablehnende Entscheidungen sind nach den allgemeinen Regeln anfechtbar.[12] Beschwerdeberechtigt ist 26
der Antragsteller (§ 59 Abs. 2 FamFG). In den Fällen der Minderjährigenannahme ist das der Annehmende, in den Fällen der Volljährigenadoption sind es der Annehmende und der Anzunehmende. Das Jugendamt und das Landesjugendamt sind in den Fällen der §§ 194 Abs. 2, 195 Abs. 2 FamFG beschwerdeberechtigt.

§ 198 FamFG Beschluss in weiteren Verfahren

(1) [1]Der Beschluss über die Ersetzung einer Einwilligung oder Zustimmung zur Annahme als Kind wird erst mit Rechtskraft wirksam. [2]Bei Gefahr im Verzug kann das Gericht die sofortige Wirksamkeit des Beschlusses anordnen. [3]Der Beschluss wird mit Bekanntgabe an den Antragsteller wirksam. [4]Eine Abänderung oder Wiederaufnahme ist ausgeschlossen.

(2) Der Beschluss, durch den das Gericht das Annahmeverhältnis aufhebt, wird erst mit Rechtskraft wirksam; eine Abänderung oder Wiederaufnahme ist ausgeschlossen.

(3) Der Beschluss, durch den die Befreiung vom Eheverbot nach § 1308 Abs. 1 des Bürgerlichen Gesetzbuchs erteilt wird, ist nicht anfechtbar; eine Abänderung oder Wiederaufnahme ist ausgeschlossen, wenn die Ehe geschlossen worden ist.

I. Regelungsgehalt und Systematik

Die Norm regelt das **Wirksamwerden** und die **Anfechtbarkeit** von allen Beschlüs- 1
sen in Adoptionssachen außer in Adoptionssachen nach § 186 Nr. 1 FamFG.
Die Regelung für die Beschlüsse über die Annahme selbst findet sich in § 197
FamFG.

Abs. 1 betrifft die Beschlüsse über die Ersetzung einer Einwilligung (→ Rn. 3 ff.), 2
Abs. 2 den Beschluss über die Aufhebung eines Annahmeverhältnisses
(→ Rn. 8 ff.) und Abs. 3 die Beschlüsse, durch welche die Befreiung vom Eheverbot des § 1308 BGB erteilt wird (→ Rn. 12 ff.).

II. Wirksamwerden und Anfechtbarkeit von Beschlüssen in anderen Adoptionssachen

1. Beschlüsse über die Ersetzung einer Einwilligung. Abs. 1 regelt das Wirksam- 3
werden und die Anfechtung von Beschlüssen in Verfahren über die **Ersetzung von
Einwilligungen** (Verfahren nach § 186 Nr. 2 FamFG). In Betracht kommen insoweit die Ersetzung der Zustimmung des Vormundes bzw. des Pflegers (Verfahren
nach § 1746 Abs. 1, 3 BGB), der Einwilligung eines Elternteils zur Annahme
(§§ 1748, 1749 Abs. 1, 2 BGB) und die Ersetzung der Einwilligung eines Ehegatten in die Annahme eines Kindes durch seinen Partner allein.

Der Beschluss über die **Ersetzung einer Einwilligung** wird grds. erst mit der 4
Rechtskraft wirksam (Abs. 1 Satz 1). Daraus folgt, dass die Annahme als Kind
grds. erst nach der Rechtskraft des Ersetzungsbeschlusses ausgesprochen werden
kann. Sinn der Regelung ist es, dass die ausgesprochene Annahme nicht von

---

12 Das gilt auch bei Ablehnung des Antrags auf Namensänderung, vgl. OLG Bamberg
FamRZ 2018, 1929.

einer unsicheren Grundentscheidung abhängen soll, weil sie ihrerseits nicht anfechtbar ist (§ 197 Abs. 3 FamFG).

5   Die gerade genannte Rechtslage besteht aber nicht ausnahmslos: Bei Gefahr im Verzug kann das Gericht die **sofortige Wirksamkeit des Beschlusses anordnen** (Abs. 1 Satz 2). Der Beschluss wird dann mit Bekanntgabe an den Antragsteller wirksam (Abs. 1 Satz 3). Die ausreichende Gefahr liegt dann vor, wenn durch die Verzögerung der Ersetzung der Einwilligung die Annahme als Kind so verzögert würde, dass die Interessen des Kindes schwer beeinträchtigt werden. Die Entscheidung über die Anordnung der sofortigen Wirksamkeit der Ersetzung der Einigung ist keine Endentscheidung; sie ist aus diesem Grund auch nicht selbstständig anfechtbar.[1] Das gilt selbst dann, wenn die Entscheidung über die Ersetzung der Einwilligung selbst angefochten wird: Gerade in diesem Fall entfaltet die Anordnung der sofortigen Wirksamkeit ihre besondere Wirkung. Das Beschwerdegericht kann die Anordnung der sofortigen Wirksamkeit in einem solchen Fall nach § 64 Abs. 3 FamFG durch einstweilige Anordnung außer Kraft setzen.

6   Eine **Abänderung** oder **Wiederaufnahme** der Ersetzung der Einwilligung ist **ausgeschlossen** (Abs. 1 Satz 4).

7   **Ablehnende Beschlüsse** in den Verfahren nach § 186 Nr. 2 FamFG werden nach der allgemeinen Regel des § 40 Abs. 1 FamFG mit der Bekanntgabe an den Antragsteller wirksam. Sie sind nach den allgemeinen Regeln anfechtbar. Beschwerdeberechtigt sind nur die Antragsteller (§ 59 Abs. 2 FamFG). Die Wiederaufnahme ist in diesen Fällen nicht ausgeschlossen, Abs. 1 bezieht sich auf ablehnende Entscheidungen nicht.

8   **2. Beschluss über die Aufhebung eines Annahmeverhältnisses.** Der Beschluss über die Aufhebung eines Annahmeverhältnisses nach §§ 1759–1763 BGB wird erst **mit seiner Rechtskraft wirksam** (Abs. 2). Die Möglichkeit, die sofortige Wirksamkeit anzuordnen, besteht in diesem Fall nicht. Die Aufhebung der Annahme wirkt grds. nur für die Zukunft (§ 1764 Abs. 1 Satz 1 BGB).

9   Die **Aufhebung der Annahme** kann mit der **Beschwerde** angegriffen werden. Bei der Aufhebung im Interesse des Kindeswohls von Amts wegen (§ 1763 BGB) sind auch die leiblichen Eltern wegen der Möglichkeit des Wiederauflebens der Verwandtschaftsverhältnisse (§ 1763 Abs. 3 BGB) zu dem Kind beschwerdeberechtigt.[2] Haben Ehegatten ein Kind angenommen und wird die Annahme aufgehoben, sind beide unabhängig voneinander beschwerdeberechtigt.[3]

10   Die **Abänderung** der Entscheidung und die **Wiederaufnahme** des Verfahrens sind **ausgeschlossen**, wenn ein Aufhebungsbeschluss ergangen ist (Abs. 2 aE). In Betracht kommt allenfalls eine erneute Annahme des Kindes durch dieselben Personen. Diese dürfte aber im Regelfall materiellrechtlich daran scheitern, dass die erneute Annahme durch Personen, mit denen schon einmal ein Annahmeverhältnis bestand, das aufgehoben wurde, nicht noch einmal dem Kindeswohl entsprechen wird.

11   Die **Ablehnung der Aufhebung der Annahme** wird nach den allgemeinen Regeln wirksam. Sie ist ebenfalls mit der Beschwerde **anfechtbar**. Soweit die Aufhebung der Annahme nur auf Antrag erfolgt (vgl. § 1760 BGB), kann nur der Antragsteller die Beschwerde einlegen (§ 59 Abs. 2 FamFG). Bei Aufhebungen von Amts wegen (§ 1573 BGB) richtet sich die Beschwerdebefugnis nach den allgemeinen Regeln (§§ 59 Abs. 1, 60 FamFG).

---

1   Keidel/Engelhardt FamFG § 198 Rn. 5.
2   OLG Düsseldorf FamRZ 1998, 1196; HK-FamVerfR/Fritsche FamFG § 198 Rn. 2.
3   Keidel/Engelhardt FamFG § 198 Rn. 19.

3. Beschluss über die Befreiung vom Eheverbot des § 1308 BGB. Ein Beschluss, durch den die Befreiung vom Eheverbot nach § 1308 Abs. 1 BGB erteilt wird, ist **nicht anfechtbar** (Abs. 3). Die Befreiung erfolgt, wenn keine wichtigen Gründe vorhanden sind, welche die Versagung der Befreiung rechtfertigen; die Befreiung ist also die Regel, die Versagung die Ausnahme.[4] Wirksam wird dieser Beschluss nach den allgemeinen Regeln (§ 41 FamFG). 12

Die **Abänderung oder Wiederaufnahme** eines die Befreiung vom Eheverbot aussprechenden Beschlusses ist **ausgeschlossen**, wenn die Ehe geschlossen worden ist (Abs. 3 aE). Etwas anderes wäre mit der Statuswirkung der Eheschließung nicht zu vereinbaren. 13

Die **Ablehnung der Befreiung** kann nach den normalen **Regeln angefochten** werden. Die Wiederaufnahme findet statt, weil sich der Ausschluss nur auf die Befreiungen, nicht aber deren Versagung bezieht. 14

§ 199 FamFG   Anwendung des Adoptionswirkungsgesetzes

Die Vorschriften des Adoptionswirkungsgesetzes bleiben unberührt.

Aufsatzliteratur:

Heiderhoff, Das Erbrecht des adoptierten Kindes nach der Neuregelung des internationalen Adoptionsrechts, FamRZ 2002, 1682; *Hölzel*, Verfahren nach §§ 2 und 3 AdWirkG – Gerichtliche Feststellung der Anerkennung ausländischer Adoptionen und Umwandlung schwacher Auslandsadoptionen, StAZ 2003, 289; *Zimmermann*, Das Adoptionsverfahren mit Auslandsberührung, NZFam 2016, 150.

§ 199 **ergänzt** § 97 **Abs. 2** FamFG für das AdWirkG, weil dieses Gesetz über die Umsetzung und Ausführung von Rechtsakten iSd § 97 FamFG hinausgeht. Das AdWirkG geht für die in seinen Anwendungsbereich fallenden Adoptionen und die auf sie bezogenen Anerkennungs- und Wirkungsfeststellungen sowie die Umwandlung ausländischer Annahme in eine solche mit den Wirkungen des deutschen Rechts vor. 1

Einzelheiten zum AdWirkG → AdWirkG § 1 Rn. 1 ff. 2

---

4 KG FamRZ 1986, 993; OLG Frankfurt a.M. FamRZ 1984, 582.

Gesetz über Wirkungen der Annahme als Kind nach ausländischem Recht (Adoptionswirkungsgesetz – AdWirkG)[1]

vom 5. November 2001 (BGBl. I S. 2950)
(FNA 404–30)

zuletzt geändert durch Art. 3 AdoptionshilfeG vom 12. Februar 2021
(BGBl. I S. 226)

Aufsatzliteratur:

Bienentreu, Grenzüberschreitende Adoptionen, JAmt 2006, 57; *Bornhofen,* Die Auswirkungen des Haager Adoptionsübereinkommens und des neuen Rechts der Adoptionswirkungen auf die Arbeit des Standesbeamten, StAZ 2002, 1; *Botthof,* Rückgriff auf nationales Anerkennungsrecht bei Verstoß gegen das Haager Adoptionsübereinkommen, StAZ 2014, 74; *Braun,* Das Verfahren in Adoptionssachen nach §§ 186 ff. FamFG, FamRZ 2011, 81; *Braun,* Das gerichtliche Verfahren auf Anerkennung Umwandlung und Wirkungsfeststellung nach dem Adoptionswirkungsgesetz, ZKJ 2012, 216; *Busch,* Adoptionswirkungsgesetz und Haager Adoptionsübereinkommen, IPRax 2003, 13; *Frank,* Neuregelungen auf dem Gebiet des internationalen Adoptionsrechts unter besonderer Berücksichtigung der Anerkennung von Auslandsadoptionen, StAZ 2003, 257; *Grünenwald,* Voraussetzungen der Umwandlung nach § 3 AdWirkG im Wandel der Zeit, JAmt 2015, 480; *Grünenwald/Behrentin,* Inzidente Anerkennung ausländischer Statusentscheidungen, NJW 2018, 2010; *Helms,* Primat des Kindeswohls und seine Grenzen im internationalen Kindschaftsrecht, StAZ 2017, 1; *Henrich,* Wirksamkeit einer Auslandsadoption und Rechtsfolgen für die Staatsangehörigkeit, IPRax 2008, 237; *Hölzel,* Verfahren nach §§ 2 und 3 AdWirkG – Gerichtliche Feststellung der Anerkennung ausländischer Adoptionen und Umwandlung schwacher Auslandsadoptionen, StAZ 2003, 289; *Majer,* Die Anerkennung ausländischer Adoptionsentscheidungen, NZFam 2015, 1138; *Maurer,* Das Gesetz zur Regelung von Rechtsfragen auf dem Gebiet der internationalen Adoption und Neuentwicklung des Adoptionsvermittlungsrechts, FamRZ 2003, 1337; *Maurer,* Zur Rechtsnatur der Verfahren nach dem Adoptionswirkungsgesetz, FamRZ 2013, 90; *Reinhardt,* Spannungsfeld von Kafala und internationaler Adoptionsvermittlung: Machtwort oder Übergangslösung? Zur Entscheidung des BVerwG vom 26.10.2010, JAmt 2011, 180; *Schlauss,* Die Anerkennung von Auslandsadoptionen in der vormundschaftsgerichtlichen Praxis, FamRZ 2007, 1699; *Steiger,* In alten Fahrwassern zu neuen Ufern: Neuregelungen im Recht der internationalen Adoptionen mit Erläuterungen für die notarielle Praxis, DNotZ 2002, 184; *Süß,* Ratifikation der Haager Adoptionskonvention – Folgen für die notarielle Praxis, MittBayNot 2002, 88; *Wagner,* Anerkennung und Wirksamkeit ausländischer familienrechtlicher Rechtsakte nach autonomem deutschem Recht, FamRZ 2006, 744; *Weitzel,* Anerkennung einer Auslandsadoption nach deutschem Recht trotz schwerwiegender Mängel der ausländischen Adoptionsentscheidung?, JAmt 2006, 333; *Weitzel,* Das Haager Adoptionsübereinkommen vom 29.5.1993, NJW 2008, 186; *Weitzel,* Zur Anerkennung einer fehlgeschlagenen Auslandsadoption, JAmt 2013, 238; *Weitzel,* Keine Anerkennung einer Auslandsadoption bei bewusster Verletzung des Haager Adoptionsübereinkommens von 1993, JAmt 2013, 507; *Weitzel,* OLG Braunschweig bestätigt Nichtanerkennung einer in Kamerun ausgesprochenen Adoption, JAmt 2016, 4; *Zimmermann,* Die Auslandsadoption, NZFam 2016, 249.

Monografien:

Winkelsträter, Anerkennung und Durchführung internationaler Adoptionen in Deutschland, 2007; *Botthof,* Perspektiven der Minderjährigenadoption, 2014; *Reinhardt,* Reformbedarfe im Recht der Minderjährigenadoption und der Adoptionsvermittlung, 2015.

---

1 Verkündet als Art. 2 Adoptionsrechtsfragen-RegelungsG v. 5.11.2001 (BGBl. I 2950); Inkrafttreten gem. Art. 6 Satz 1 dieses G am 1.1.2002 mit Ausnahme des § 5 Abs. 2, der gem. Art. 6 Satz 2 am 10.11.2001 in Kraft getreten ist.

Rechtsprechung:
Alle Entscheidungen, die in Verfahren nach dem AdWirkG ergangen sind und in denen ein Rechtsmittel eingelegt worden ist, sind auf der Internetseite der Bundeszentralstelle für Auslandsadoption http://www.bundesjustizamt.de/Auslandsadoption unter „Rechtsprechung" abrufbar.

Einleitung

I. Entstehungsgeschichte

Das AdWirkG ist im Zuge des Beitritts Deutschlands zum Haager Übereinkommen vom 29.5.1993 über den Schutz von Kindern und der Zusammenarbeit auf dem Gebiet der internationalen Adoption[1] als Art. 2 des Gesetzes zur Regelung von Rechtsfragen auf dem Gebiet der internationalen Adoption und zur Weiterentwicklung des Adoptionsvermittlungsrechts[2] erlassen worden und seit 1.1.2002 in Kraft. Zuvor war der behördliche und gerichtliche Umgang mit im Ausland erfolgten Adoptionen außerordentlich schwierig, da es zunächst weder Vorschriften noch allgemeine Regeln dazu gab, ob und unter welchen Voraussetzungen eine im Ausland vorgenommene Adoption in Deutschland anzuerkennen ist und welche rechtlichen Wirkungen sie in Bezug auf familienrechtliche Beziehungen des Kindes zu seinen Adoptiveltern in Deutschland entfaltet. 1

Eine erste Orientierung brachte im Jahr 1986 der mit der Reform des Internationalen Privatrechts neu geschaffene § 16 a FGG, der die grundsätzliche Anerkennung ausländischer gerichtlicher oder behördlicher Entscheidungen auf dem Gebiet der freiwilligen Gerichtsbarkeit bestimmte, wenn nicht eines der dort in den Nr. 1–4 beschriebenen Anerkennungshindernisse der Anerkennung entgegenstand. Gleichwohl hatte auch weiterhin jede inländische Stelle dann, wenn das Bestehen eines im Ausland geschaffenen Adoptionsverhältnisses für die Entscheidung der jeweiligen Stelle (zB über die Bewilligung von Kindergeld, die Beischreibung im Familienbuch, die Ausstellung eines Passes, den ausländerrechtlichen Status, die Familienversicherung ua) von Bedeutung war, dessen Bestand und Wirkung in Deutschland anhand des seinerzeit maßgeblichen § 16 a FGG (heute §§ 108, 109 FamFG) selbstständig und nur für sich inzident zu prüfen.[3] Eine Bindungswirkung für andere Stellen kam der jeweiligen Entscheidung insoweit nicht zu. 2

Da es bis dahin keine Möglichkeit gab, die Gültigkeit einer im Ausland vollzogenen Adoption allgemein und mit Bindungswirkung für und gegen alle inländischen Behörden und Gerichte klären zu lassen, wurde häufig die im Ausland vollzogene Adoption im Inland wiederholt (sog. Nach- oder Wiederholungsadoption). Mit dem AdWirkG wurde im Jahr 2002 ein förmliches Verfahren geschaffen, mit dem die Anerkennung und die rechtliche Qualität einer ausländischen Adoption durch eine verbindliche Gerichtsentscheidung festgestellt werden kann. Die Verpflichtung deutscher Behörden und Gerichte zur Inzidentprüfung bestand weiterhin, soweit keine verbindliche Anerkennungsentscheidung erging. 3

Das AdWirkG erhielt im Jahr 2020 durch Art. 3 des Gesetzes zur Verbesserung der Hilfen für Familien bei Adoption einen neuen Charakter. Das bisher fakultative Anerkennungsverfahren wurde dadurch bis auf wenige Ausnahmen verpflichtend und das Prinzip der Inzidentanerkennung verlor für den Bereich der internationalen Adoptionen iSd § 2 a AdVermiG weitläufig seine

---

1 BGBl. 2001 I 1043, abgedruckt als Anhang 2 zu § 11 AdÜbAG.
2 BGBl. 2001 I 2950.
3 Vgl. dazu: Grünenwald/Behrentin NJW 2018, 2010.

Geltung. Ausnahme hiervon sind ausländische Inlandsadoptionen (vgl. § 2 a Abs. 1 AdVermiG), Adoptionen, bei denen eine Konformitätsbescheinigung nach Art. 23 HAÜ vorgelegt werden kann[4] und bei internationalen Adoptionen während eines Anerkennungsverfahrens, wenn eine gültige Bescheinigung nach § 2 d AdVermiG vorgelegt wird (§ 7 AdWirkG).

II. Änderungen des AdWirkG

4
- Gesetz zur Errichtung und zur Regelung der Aufgaben des Bundesamtes für Justiz vom 17.12.2006[5]

- Personenstandsrechtsreformgesetz vom 19.2.2007[6]

- FGG-Reformgesetz vom 17.12.2008[7]

- Gesetz zur Anpassung der Vorschriften des Internationalen Privatrechts an die Verordnung (EU) Nr. 1259/2010 und zur Änderung anderer Vorschriften des Internationalen Privatrechts vom 23.1.2013[8]

- Gesetz zur Umsetzung der Entscheidung des Bundesverfassungsgerichts zur Sukzessivadoption durch Lebenspartner vom 20.6.2014[9]

- Gesetz zur Bereinigung des Rechts der Lebenspartner vom 20.11.2015[10]

- Gesetz zur Umsetzung der Entscheidung des Bundesverfassungsgerichts vom 26.3.2019 zum Ausschluss der Stiefkindadoption in nichtehelichen Familien vom 19.3.2020[11]

- Gesetz zur Verbesserung der Hilfen für Familien bei Adoption vom 18.2.2021[12]

III. Zweck des Gesetzes

5 Das AdWirkG dient der Vereinfachung des innerstaatlichen behördlichen und gerichtlichen Umgangs mit ausländischen Adoptionsakten. Die Änderungen durch das Gesetz zur Verbesserung der Hilfen für Familien bei Adoption dienen außerdem der Verhinderung von unbegleiteten Privatadoptionen, der Sicherstellung der Beteiligung einer Adoptionsvermittlungsstelle und der Berücksichtigung international vereinbarter Vermittlungsstandards.[13] In einem formalen Verfahren wird die **Anerkennung oder Wirksamkeit einer ausländischen Adoption** mit verbindlicher Wirkung für alle deutschen Gerichte, Behörden und andere Stellen und Personen festgestellt (§ 2 Abs. 1 AdWirkG).

- Die **rechtlichen Auswirkungen** der ausländischen Adoption werden im Hinblick auf das Rechtsverhältnis des Kindes zu seinen leiblichen Eltern gerichtlich festgestellt, so dass insoweit Rechtsklarheit besteht (§ 2 Abs. 3 AdWirkG).

- Es besteht eine **vereinfachte Möglichkeit**, eine ausländische Adoption, die in ihren rechtlichen Wirkungen hinter denen einer Annahme nach deutschem

---

4 BT-Drs. 19/16718, 58.
5 BGBl. 2006 I 3171.
6 BGBl. 2007 I 122.
7 BGBl. 2008 I 2586.
8 BGBl. 2013 I 101.
9 BGBl. 2014 I 786.
10 BGBl. 2015 I 2010.
11 BGBl. 2020 I 541.
12 BGBl. 2021 I 226.
13 BT-Drs. 19/16718, 28.

Recht zurückbleibt, in eine Annahme nach deutschen Sachvorschriften **umzu-wandeln** (§ 3 AdWirkG).

Mit dem gerichtlichen Ausspruch über die Anerkennung und die rechtlichen Wir-   6
kungen einer ausländischen Adoption soll im Inland allgemeine **Rechtsklarheit**
und für das Kind und seine Adoptiveltern in Bezug auf die familienrechtlichen
Beziehungen **Rechtssicherheit** geschaffen werden. Mit dem Gesetz wurde somit
eines der Grundanliegen der Kinderrechtekonvention der Vereinten Nationen
von 1989[14] und des Haager Adoptionsübereinkommens von 1993 umgesetzt,
nämlich grenzüberschreitend Kindern die **rechtliche Absicherung** ihrer neuen Situation in der Adoptivfamilie zu gewähren.

Der Grundsatz der automatischen Anerkennung von ausländischen Entscheidun-   7
gen auf dem Gebiet der freiwilligen Gerichtsbarkeit, soweit kein Anerkennungshindernis nach § 109 Abs. 1 FamFG vorliegt, greift nicht bei Ehesachen oder
im Anwendungsbereich von § 1 Abs. 2 AdWirkG (§ 108 Abs. 1 FamFG).
Im Geltungsbereich des Haager Adoptionsübereinkommens sind vorrangig die
Spezialregeln der Art. 23 ff. HAÜ zu beachten (§ 97 Abs. 1 FamFG). Außer-
halb des Anwendungsbereichs und wenn keine Konformitätsbescheinigung nach
Art. 23 HAÜ vorliegt, ist in internationalen Adoptionsverfahren nach § 2 a
AdVermiG stets ein **Anerkennungsfeststellungsverfahren** zu durchlaufen (§ 1
Abs. 2 AdWirkG). Während dieses Verfahrens gilt die ausländische Adoptions-
entscheidung vorläufig als anerkannt, wenn eine gültige Bescheinigung nach § 2 d
AdVermiG vorgelegt wird und keine Anerkennungshindernisse nach § 109 Abs. 1
FamFG der Anerkennung entgegenstehen (§ 7 Satz 1 AdWirkG). Ausländische
Inlandsadoptionen unterliegen weiterhin dem Grundsatz der automatischen An-
erkennung nach § 108 FamFG. In dieser Konstellation steht es den Adoptiveltern
frei die Anerkennungsfeststellung zu beantragen.

Das AdWirkG legt den prozessualen Rahmen für die Anerkennungs- und Wir-
kungsfeststellung fest und liefert in § 4 AdWirkG einen eigenen inhaltlichen
Prüfungsmaßstab. Gleichwohl gilt der Maßstab von § 109 FamFG[15] bzw. bei
Vorliegen einer Konformitätsbescheinigung (Art. 23 HAÜ) des Art. 24 HAÜ.
Außerdem richtet sich im Fall der Inzidentprüfung (ausländische Inlandsadopti-
on) die Anerkennung bzw. vorläufige Anerkennung (§ 7 Satz 1 AdWirkG) der
Prüfrahmen nach § 109 FamFG. Zuletzt richtet sich die Wirksamkeitsprüfung
einer ausländischen Vertragsadoption ohne gerichtliche Bestätigung nach Art. 22
Abs. 1 Satz 2 EGBGB.

Wenn die Adoption eines Kindes bereits in seinem Herkunftsstaat ausgesprochen   8
worden ist, stellt sich nicht nur die Frage, ob diese Entscheidung für den deutschen Rechtsbereich als gültig anzusehen ist. Von entscheidender Bedeutung ist
auch, wenn dies der Fall ist, ob der im Ausland ausgesprochenen Adoption
dieselben Rechtswirkungen zukommen wie einer Annahme nach deutschen Sachvorschriften, konkret, welche familienrechtlichen Beziehungen zu der Ursprungsfamilie durch die Adoption aufgehoben bzw. welche Rechtsbeziehungen zu der
Adoptivfamilie neu begründet worden sind. Dies war vormals anhand der Vorschriften des jeweiligen Landes unter Einbeziehung des IPR zu prüfen, was zu
besonderen Schwierigkeiten führen konnte.

Wenn die Wirkungen der ausländischen Adoption im Hinblick auf die familienrechtlichen Beziehungen des Kindes zu seiner Herkunfts- bzw. Aufnahmefamilie
hinter denen nach den Vorschriften des deutschen Rechts zurückbleiben, bietet
das AdWirkG die Möglichkeit, im Rahmen des Anerkennungsverfahrens oder
losgelöst davon in einem späteren Verfahren durch einen **gesonderten Umwand-**

---

14 BGBl. 1992 II 121.
15 BT-Drs. 19/16718, 59.

lungsausspruch dem Kind die Rechtsstellung eines nach deutschen Sachvorschriften angenommenen Kindes zu verschaffen.

§ 1 AdWirkG Anwendungsbereich

(1) [1]Die Vorschriften dieses Gesetzes gelten für eine Annahme als Kind, die auf einer ausländischen Entscheidung oder auf ausländischen Sachvorschriften beruht. [2]Sie gelten nicht, wenn der Angenommene zur Zeit der Annahme das 18. Lebensjahr vollendet hatte.

(2) Ist im Rahmen eines internationalen Adoptionsverfahrens (§ 2 a Absatz 1 des Adoptionsvermittlungsgesetzes) eine Adoptionsentscheidung im Ausland ergangen, die nicht nach Artikel 23 des Haager Übereinkommens vom 29. Mai 1993 über den Schutz von Kindern und die Zusammenarbeit auf dem Gebiet der internationalen Adoption kraft Gesetzes anerkannt wird, bedarf diese Entscheidung der Anerkennungsfeststellung durch das Familiengericht.

I. Sachlicher Anwendungsbereich

1 **1. Ausländischer Rechtsakt.** Das AdWirkG findet Anwendung auf ausländische Rechtsakte, die auf die Annahme eines Kindes gerichtet sind, auch wenn, was eher selten vorkommt, im Ausland aufgrund des dortigen IPR deutsches Sachrecht angewandt wurde. Rechtsakt kann eine **Entscheidung (Dekretadoption)** oder eine **rein privatrechtliche Vereinbarung (Vertragsadoption)** sein. Daneben gibt es auch Mischformen (→ Rn. 2).

2 **a) Entscheidung (Dekretadoption).** Unter den Begriff der Entscheidung fallen sowohl **Gerichtsentscheidungen** als auch **Entscheidungen einer Verwaltungsbehörde**, wenn sie in ihrer Funktion und dem angewandten Verfahren einer inländischen gerichtlichen Entscheidung vergleichbar sind.[1] Es muss sich jedenfalls um eine mit staatlicher Autorität bekleidete Stelle handeln, die nach dem Recht des Entscheidungsstaates befugt ist, in einem förmlichen Verfahren privatrechtliche Fragen zu entscheiden.[2] Entscheidungen religiöser Instanzen bzw. Gerichte ohne besondere staatliche Autorisierung unterfallen daher grundsätzlich nicht dem Begriff der Entscheidung nach § 1 Satz 1 AdWirkG, §§ 108, 109 FamFG.[3]

Auch gerichtliche oder behördliche Entscheidungen, mit denen ein zuvor geschlossener Adoptionsvertrag genehmigt oder dem Abschluss eines noch abzuschließenden Adoptionsvertrages zugestimmt wird, fallen unter die Dekretadoption, wenn der Entscheidungsträger eine eigenständige **inhaltliche Prüfung** der Adoptionsvoraussetzungen vornimmt und die Entscheidung für die Wirksamkeit **konstitutiven Charakter** hat. Die reine Registrierung einer Adoption durch eine staatliche Stelle ohne inhaltliche Sachprüfung reicht hingegen nicht aus.[4]

3 **b) Privatrechtliche Vereinbarung (Vertragsadoption).** Das AdWirkG ist auch anwendbar auf im Ausland privatrechtlich geschlossene **Adoptionsverträge**. Insoweit ist im Gegensatz zur Dekretadoption im Entscheidungstenor nicht die **Anerkennung**, sondern die **Wirksamkeit** der ausländischen Adoption festzustellen (→ AdWirkG § 2 Rn. 3). Vertragsadoptionen ohne gerichtliche Bestätigung unterliegen hinsichtlich der **Wirksamkeit** dem durch das IPR berufenen Recht. Art. 22 Abs. 1 Satz 2 EGBGB enthält dafür eine Sonderregel des deutschen IPR.[5]

---

1 LG Frankfurt a.M. IPRax 1995, 44.
2 Geimer, Int. Zivilprozessrecht, 2009, Rn. 2851, 2870.
3 Keidel/Zimmermann FamFG § 107 Rn. 14.
4 LG München 17.2.2010 – 16 T 4065/09.
5 BT-Drs. 19/15618, 16.

Weitzel/Grünenwald

Hierbei wird auf das Recht des Staates verwiesen, in dem der Anzunehmende zum Zeitpunkt der Annahme seinen gewöhnlichen Aufenthalt hat.

Bei Vertragsstaaten des HAÜ richtet sich die Wirksamkeit nach dessen Art. 23.

Auch hinsichtlich der **Rechtswirkungen** einer Vertragsadoption ist das kollisionsrechtlich anzuwendende Recht maßgeblich (Art. 22 Abs. 2 EGBGB). Hierbei ist zu beachten, dass für einzelne Ausschnitte aus den Rechtsfolgen die Verweisungsnormen auf dem jeweiligen Rechtsgebiet maßgeblich sind.

2. Bestehen und Wirksamkeit der ausländischen Adoption. Die ausländische Adoption muss **bestehen** und **wirksam** sein.   4

a) Bestehen. Hinsichtlich des **Bestehens** der Adoption, im Wesentlichen der **Echtheit der vorgelegten Urkunden**, bietet § 9 AdÜbAG für den Kreis der Vertragsstaaten des HAÜ ein besonderes Verfahren, in dem die BZAA **auf Antrag** die Echtheit einer vorgelegten Konformitätsbescheinigung nach Art. 23 HAÜ, deren inhaltliche Übereinstimmung mit Art. 23 HAÜ und die Zuständigkeit der ausstellenden Behörde prüft und ggf. bescheinigt. (s. auch § 9 AdÜbAG). Die Frage der Anerkennungsfähigkeit der Adoption ist mit der Bescheinigung nach § 9 AdÜbAG allerdings noch nicht beantwortet. In den Fällen, in denen in einem Vertragsstaat die Adoption unter Missachtung des vorgegebenen Verfahrens, insbesondere unter Nichteinbindung der zuständigen Stellen im In- und Ausland, erwirkt wurde, sowie bei Adoptionen in einem Nichtvertragsstaat des HAÜ kann die Echtheit der vorgelegten Urkunden in Zweifelsfällen nur in einem Urkundenüberprüfungsverfahren vor Ort geklärt werden.   5

b) Wirksamkeit. Die **Wirksamkeit** der im Ausland vorgenommenen Adoption betrifft die Rechtskraft bzw. Unanfechtbarkeit der Adoptionsentscheidung, die sich nach dem Verfahrensrecht des Entscheidungsstaates richtet. In der Regel erfolgt der Nachweis durch einen entsprechenden Rechtskraft- oder Wirksamkeitsvermerk. Ist ein solcher nicht vorhanden, muss die Wirksamkeit anhand anderer Umstände ermittelt werden. In der Regel ist die Eintragung der Adoption in das Register des Entscheidungsstaates oder die Ausstellung einer neuen Geburtsurkunde an die Wirksamkeit der Adoption geknüpft, so dass bei Vorlage entsprechender Auszüge bzw. Urkunden auf die Wirksamkeit rückgeschlossen werden kann.   6

3. Annahme als Kind. Die Adoption muss auf die Annahme eines Kindes gerichtet sein. Annahme meint dabei, dass Inhalt und Reichweite des ausländischen Rechtsaktes erlauben müssen, im Sinne deutscher Rechtsvorstellungen von einer Adoption zu sprechen. Nicht notwendig ist dabei, dass die durch die Adoption im Ausland neu gestalteten Rechtsbeziehungen zwischen dem Kind und den Adoptiveltern einerseits und dem Kind und den ehemaligen Eltern andererseits denen einer Adoption nach deutschem Sachrecht vollumfänglich entsprechen. Auch sog. „schwache Adoptionen" fallen damit in den Anwendungsbereich des AdWirkG. Voraussetzung hierfür ist jedoch die **Schaffung umfassender, auf Dauer angelegter verwandtschaftlicher Beziehungen**[6] zwischen den Beteiligten des Annahmeverhältnisses, da nur so eine vollständige statusrechtliche Integration des Kindes in die neue Familie gewährleistet ist.[7] Für die Frage der Anwendbarkeit des AdWirkG ist dabei unerheblich, ob es sich um eine Fremdadoption oder eine Adoption durch einen Stiefelternteil oder durch Verwandte handelt.   7

---

6 Ein Annahmeverhältnis, das nach dem angewandten Recht mit Eintritt der Volljährigkeit von Gesetzes wegen endet, dürfte damit nicht in den Anwendungsbereich des AdWirkG fallen.

7 Winkelsträter, Anerkennung und Durchführung internationaler Adoptionen in Deutschland, 2007, 257. Siehe auch Behrentin AdoptionsR-HdB/Braun D Rn. 81 ff.

8 **Nicht** dem Anwendungsbereich des AdWirkG unterfällt daher nach allgemeiner Meinung die **Kafala** islamischen Rechts in ihrer verschiedenartigen, staatenabhängigen Ausgestaltung oder ähnliche Schutzverhältnisse, da sie das Kind verwandtschaftsmäßig nicht in die neue Familie integriert, sondern es ihr nur unter Einbeziehung von Sorgerecht und Unterhaltsverpflichtung zur Betreuung und Erziehung anvertraut. Davon abzugrenzen ist die **sarparasti** nach iranischem Recht[8] als Sammelbegriff für alle Formen der Betreuung und Fürsorge, die das OLG Köln als schwache Adoption qualifiziert.[9]

Entscheidungen über die bloße Aufnahme als Pflegekind oder die Übertragung des Sorgerechts an andere Personen als die Eltern sind einer Anerkennung oder Umwandlung nach dem AdWirkG nicht zugänglich. Zur Einreise von Kindern zum Zweck der Adoption nach einer zuvor im Ausland angeordneten Kafala siehe die Entscheidung des Bundesverwaltungsgerichts vom 26.10.2010.[10]

9 **4. Altersgrenze (Abs. 1 Satz 2).** Die Verfahrensregeln des AdWirkG finden keine Anwendung mehr, wenn der Angenommene zur Zeit der Annahme das **18. Lebensjahr** bereits vollendet hatte (Satz 2), da es sich sonst nicht mehr um eine Minderjährigenadoption handelt. Da das Verfahren auf die Anerkennung der ausländischen Entscheidung gerichtet ist, kommt es hinsichtlich des Alters des Angenommenen auf das Datum der Adoptionsentscheidung an. Der Ansicht des Kammergerichts Berlin,[11] welches den Anwendungsbereich des AdWirkG bei einer Adoptionsentscheidung als eröffnet ansah, die zu einem Zeitpunkt erging, als der Adoptierte bereits 23 Jahre alt war, und eine nach ghanaischem Gewohnheitsrecht vollzogene Adoption des zu diesem Zeitpunkt noch minderjährigen Angenommenen bestätigte, kann nicht zugestimmt werden, weil das Entscheidungsdatum nicht von der Altersgrenze des Anwendungsbereichs des Gesetzes abgekoppelt werden kann.

10 Im Anwendungsbereich des AdWirkG ergibt sich insofern eine Abweichung vom HAÜ, als dieses auch den Ausspruch und die Anerkennung der Annahme von über Achtzehnjährigen zulässt, sofern die Zustimmungen nach Art. 17 lit. c bereits vor Vollendung des 18. Lebensjahres erteilt waren. Möglich ist also, dass eine Adoption, die in einem Vertragsstaat des HAÜ nach Vollendung des 18. Lebensjahres des Anzunehmenden unter Erfüllung der Voraussetzungen des Art. 3 HAÜ ausgesprochen worden ist, nach Art. 23 HAÜ in Deutschland (materiell) anzuerkennen ist. Eine solche Adoption dürfte als Minderjährigenadoption einzuordnen sein, mit der Konsequenz ua, dass sie – soweit mit starken Wirkungen versehen – die deutsche Staatsangehörigkeit vermittelt. Die Möglichkeit der (formellen) Feststellung der Anerkennung und der rechtlichen Wirkungen in einem Verfahren nach dem AdWirkG ist insoweit jedoch ausgeschlossen, das Anerkennungsfeststellungsverfahren nach § 108 Abs. 2 FamFG ist – genau wie bei ausländischen Volljährigenadoptionen – eröffnet.

11 **5. Vertragsstaaten – Nichtvertragsstaaten – Inlandsadoptionen.** Die Verfahrensregeln des AdWirkG finden Anwendung auf Auslandsadoptionen sowohl aus **Vertragsstaaten** des HAÜ als auch aus **Nichtvertragsstaaten**. Das AdWirkG findet

---

8 Gesetz zum Schutz von Kindern ohne Vormund v. 10.3.1975; Ähnliches dürfte nach einem Rechtsgutachten des MPI Hamburg für den Begriff „damm" nach Art. 39 des irakischen Jugendfürsorgesetzes v. 1983 gelten, der insoweit als „Anfügung" übersetzt wird.
9 OLG Köln StAZ 2012, 339.
10 BVerwGE 138, 77 = FamRZ 2011, 369; Reinhardt JAmt 2011, 180.
11 KG 23.9.2010 – 1 W 168/10.

ferner Anwendung auch auf im Ausland ausgesprochene Inlandsadoptionen bzw. Drittstaatenadoptionen.[12]

Das AdWirkG fand bisher auch Anwendung auf **Adoptionen im Inland**, wenn das deutsche Gericht die Adoption unter Anwendung ausländischer Sachvorschriften auszusprechen hat. Durch das Gesetz zur Umsetzung der Entscheidung des Bundesverfassungsgerichts vom 26.3.2019 zum Ausschluss der Stiefkindadoption in nichtehelichen Familien vom 19.3.2020 erhielt Art. 22 Abs. 1 EGBGB eine neue Fassung. Das anwendbare Recht bei der Annahme als Kind ist nach Art. 22 Abs. 1 EGBGB seitdem ausschließlich das deutsche Recht. Die Ausnahmebestimmung des Art. 22 Abs. 1 Satz 2 EGBGB, wonach im Übrigen das Recht des Staates angewendet wird, in dem der Anzunehmende zum Zeitpunkt der Annahme seinen gewöhnlichen Aufenthalt hat, gilt allein für die Wirksamkeitsprüfung von ausländischen Vetragsadoptionen.[13] Insofern kann es unter keinen denkbaren Umständen mehr zu einer Situation kommen, in der deutsche Gerichte Adoptionen unter Anwendung ausländischer Sachvorschriften aussprechen. Der Anwendungsbereich des AdWirkG wäre zwar weiterhin für diese Fälle eröffnet, ein praktischer Anwendungsfall existiert jedoch nicht mehr.

12

II. Verpflichtendes Anerkennungsverfahren (Abs. 2)

Art. 3 Nr. 1 lit. b des Gesetzes zur Verbesserung der Hilfen für Familien verleiht § 1 AdWirkG erstmalig eine Absatzstruktur. Eingefügt wurde ein Absatz 2. Danach bedarf eine im Rahmen eines internationalen Adoptionsverfahrens (§ 2 a Abs. 1 AdVermiG) ergangene ausländische Adoptionsentscheidung, die nicht nach Art. 23 HAÜ kraft Gesetzes anerkannt wird, der Anerkennungsfeststellung durch das Familiengericht. Diese Vorschrift führt dazu, dass bei sämtlichen Adoptionsentscheidungen, die die Definition des § 2 a Abs. 1 AdVermiG erfüllen (dazu → AdVermiG § 2 a Rn. 1 ff.), zwingend eine **Anerkennungsfeststellung** zu durchlaufen ist, um im Inland ihre Rechtswirkungen entfalten zu können (Ausnahme ist die vorläufige Anerkennung nach § 7 AdWirkG). Das erweitert den Anwendungsbereich des AdWirkG erheblich und beseitigt die Freiwilligkeit des Anerkennungs- und Wirkungsfeststellungsverfahrens nach § 2 AdWirkG. Auch eine Antragsrücknahme wurde für diesen Bereich ausgeschlossen (§ 2 Abs. 2 AdWirkG). Ausgenommen von der obligatorischen Anerkennungsfeststellung sind weiterhin ausländische Inlandsadoptionen und Adoptionen im Anwendungsbereich des Haager Adoptionsübereinkommens, soweit eine Konformitätsbescheinigung nach Art. 23 HAÜ vorliegt und demnach die Adoption von Gesetzes wegen als anerkannt gilt und keine Anerkennungshindernisse nach Art. 24 HAÜ gegeben sind. Jedoch auch in diesen Fällen kann eine Anerkennungsfeststellung beantragt werden.

13

III. Zeitlicher Anwendungsbereich

Die Möglichkeit, ein Verfahren nach dem AdWirkG einzuleiten, ist nicht auf Adoptionen beschränkt, die nach Inkrafttreten des Gesetzes ausgesprochen worden sind. Das Verfahren ist auch für Adoptionen eröffnet, die vor dem 1.1.2002 stattgefunden haben.[14]

14

---

12 Deutsche Adoptionsbewerber mit gewöhnlichem Aufenthalt im Ausland (vgl. § 101 FamFG) adoptieren dort oder in einem Drittstaat ein Kind.
13 BT-Drs. 19/15618, 16.
14 Hölzel StAZ 2003, 289.

§ 2 AdWirkG   Anerkennungs- und Wirkungsfeststellung

(1) Auf Antrag stellt das Familiengericht fest, ob eine Annahme als Kind im Sinne des § 1 Absatz 1 anzuerkennen oder wirksam und ob das Eltern-Kind-Verhältnis des Kindes zu seinen bisherigen Eltern durch die Annahme erloschen ist.

(2) In den Verfahren auf Anerkennungsfeststellung gemäß § 1 Absatz 2 kann der Antrag nicht zurückgenommen werden.

(3) [1]Im Falle einer anzuerkennenden oder wirksamen Annahme ist zusätzlich festzustellen,

1. wenn das in Absatz 1 genannte Eltern-Kind-Verhältnis erloschen ist, dass das Annahmeverhältnis einem nach den deutschen Sachvorschriften begründeten Annahmeverhältnis gleichsteht,

2. andernfalls, dass das Annahmeverhältnis in Ansehung der elterlichen Sorge und der Unterhaltspflicht des Annehmenden einem nach den deutschen Sachvorschriften begründeten Annahmeverhältnis gleichsteht.

[2]Von der Feststellung nach Satz 1 kann abgesehen werden, wenn gleichzeitig ein Umwandlungsausspruch nach § 3 ergeht.

I. Allgemeines

1   Die Geltung einer ausländischen gerichtlichen oder behördlichen Entscheidung erstreckt sich grundsätzlich nur auf das Gebiet des Staates, in dem sie erlassen wurde. Zur Wirkungsentfaltung in anderen Staaten bedarf es einer dahin gehenden dortigen gesetzlichen Regelung. Die Zuerkennung von Rechtswirkungen einer ausländischen Entscheidung im eigenen Staat bezeichnet man als **Anerkennung**. Dabei entfaltet die anerkannte ausländische Entscheidung für den deutschen Rechtsraum nur die Wirkungen, die ihr die ausländische Entscheidung mitgibt.

2   Das deutsche Anerkennungsrecht stützt sich dabei auf die Annahme der Gleichwertigkeit von ausländischen Gerichts- oder Behördenentscheidungen und deutschen Entscheidungen,[1] weshalb im Rahmen der Anerkennung die ausländische Entscheidung keiner vollen inhaltlichen Nachprüfung unterzogen wird (Verbot der révision au fond), sondern sich der **Prüfungsumfang** auf die Einhaltung wesentlicher Verfahrensgrundsätze und der wesentlichen Grundsätze des deutschen Rechts beschränkt (§§ 108, 109 FamFG).

Anders verhält es sich bei rein privatrechtlichen Verträgen, die wegen fehlender staatlicher Mitwirkung im Ausland der vollen Wirkungskontrolle im Anerkennungsstaat unterliegen.

3   Das Anerkennungsverfahren nach § 2 setzt einen **Antrag** voraus, eine Einleitung von Amts wegen durch das Gericht findet nicht statt. Der Antrag kann formlos, auch zu Protokoll der Geschäftsstelle des Gerichts gestellt werden.

▶ **Muster: Dekretadoption**

Es wird beantragt festzustellen, dass die Adoptionsentscheidung ... des/der ... (Gericht oder Behörde) vom ... (Datum), durch die die Adoption des Kindes ... (Name) durch ... (Name des/der Annehmenden) ausgesprochen wurde, **anzuerkennen ist**. ◀

---

1   Wagner FamRZ 2006, 744; Winkelsträter, Anerkennung und Durchführung internationaler Adoptionen in Deutschland, 180.

▶ **Muster: Vertragsadoption**

Es wird beantragt festzustellen, dass der Adoptionsvertrag zwischen ... (Name des/der Abgebenden) und ... (Name des/der Annehmenden), mit dem die Adoption des Kindes ... (Name des Kindes) durch ... (Name des/der Annehmenden) vereinbart worden ist, **wirksam ist.** ◀

Das (förmliche) Verfahren ist in vielen Fällen verpflichtend (→ AdWirkG Einl. 4 Rn. 7). Der Anerkennungsentscheidung kommt damit **konstitutiver Charakter** zu und sie ist allgemeinverbindlich.

Das Verfahren nach § 2 AdWirkG ist für alle ausländischen Adoptionsakte eröff- 5 net. Es umfasst sowohl Dekret- als auch Vertragsadoptionen (→ AdWirkG § 1 Rn. 2 f.).

Nach dem Wortlaut des § 2 Abs. 1 AdWirkG ist festzustellen, ob eine Annah- 6 me als Kind iSd § 1 Abs. 1 AdWirkG anzuerkennen ist. Das AdWirkG geht aber offensichtlich davon aus, dass ein Antrag stets auf (positive) **Feststellung der Anerkennung** der ausländischen Adoption gerichtet ist, da nur im Fall der Feststellung, dass eine ausländische Adoptionsentscheidung nicht anerkennungsfähig ist, ein Rechtsmittel statthaft ist. Eine (positive) Feststellung der Anerkennungsfähigkeit ist demgegenüber nach § 6 Abs. 5 AdWirkG iVm §§ 197 Abs. 2, 3 FamFG unanfechtbar. Sollte demnach ein Antragsteller die Feststellung der Nichtanerkennungsfähigkeit einer Auslandsadoption als Verfahrensziel haben (vgl. § 108 Abs. 2 FamFG) und stellt das Gericht die Anerkennungsfähigkeit (positiv) fest, ist ein Rechtsmittel auch dann nicht gegeben (§ 108 Abs. 2 Satz 3 FamFG). Ob ein Antrag mit dem Ziel der Nichtanerkennung einer ausländischen Adoptionsentscheidung zulässig ist, ist umstritten.[2]

II. Anerkennungs- bzw. Wirkungsfeststellung (Abs. 1)

Das Familiengericht prüft zunächst die **Anerkennungsfähigkeit** der ausländischen 7 **Dekretadoption** oder die **Wirksamkeit** einer auf ausländischem Recht beruhenden **Vertragsadoption.**

Ob die Anerkennungsfähigkeit zum Zeitpunkt der Adoption im Ausland oder zum Zeitpunkt der Anerkennungsentscheidung im Inland vorliegen muss, dementsprechend die Entwicklung der Beziehung zwischen Adoptivkind und Adoptiveltern in der Zwischenzeit mit zu berücksichtigen ist, war bisher in Literatur und Rechtsprechung umstritten.[3] Durch § 4 Abs. 2 AdWirkG wird dieser Streit entschärft bzw. verlagert. § 4 Abs. 1 AdWirkG normiert neue Prüfkriterien (dazu → AdWirkG § 4 Rn. 4). Bei der Prüfung nach § 4 Abs. 1 AdWirkG ist auf den Zeitpunkt der deutschen Anerkennungsentscheidung abzustellen (§ 4 Abs. 2 AdWirkG). Der Regierungsentwurf begründet dies vornehmlich damit, dass eine Kindeswohlprüfung zum Zeitpunkt der ausländischen Entscheidung nicht umzusetzen sei und die Kindeswohlprüfung aktuelle Entwicklungen berücksichtigen müsse.[4] Außerdem wird im Regierungsentwurf grundsätzlich von der gesamten Prüfung der Anerkennungsvoraussetzungen zum Zeitpunkt der Anerkennungsfeststellungsentscheidung ausgegangen. Der Wortlaut des § 4 Abs. 2 AdWirkG bezieht sich jedoch allein auf die Voraussetzungen des § 4 Abs. 1 AdWirkG. Die Gesetzesbegründung lässt aber als zusätzliche Voraussetzung auch eine ord-

---

2 Bejahend: OLG Jena 14.12.2011 – 1 WF 616/11; AG Stuttgart JAmt 2013, 273 mAnm Weitzel, 238; ablehnend: AG Frankfurt a.M. 470 F 16161/10 AD; Behrentin AdoptionsR-HdB/Braun D Rn. 79 verneint die Zulässigkeit eines Antrages auf Nichtanerkennung.
3 Ausführlich hierzu: Behrentin AdoptionsR-HdB/Braun D Rn. 98–117.
4 BT-Drs. 19/16718, 61.

re-public-Kontrolle und die Anwendung des § 109 FamFG offen.[5] Der Wortlaut des § 4 Abs. 2 AdWirkG erfasst gerade diese Prüfung nicht. Im Gegensatz zur inhaltlichen Prüfung des Kindeswohls handelt es sich dabei um eine rein abstrakte Ergebniskontrolle. Der Wortlaut und die Gesetzesbegründung erscheinen eine planwidrige Regelungslücke zu indizieren, die eine analoge Anwendung des § 4 Abs. 2 AdWirkG auf die Prüfung nach § 109 FamFG bei § 2 AdWirkG-Verfahren rechtfertigen könnte.

Inhaltlich richtet sich die Anerkennung bei **Dekretadoptionen aus Nichtvertragsstaaten des HAÜ** nach § 4 AdWirkG (→ AdWirkG § 4 Rn. 1 ff.) und ergänzend § 109 FamFG (→ FamFG § 109 Rn. 1 ff.).

Für **Dekretadoptionen aus Vertragsstaaten des HAÜ** gelten vorrangig Art. 23 ff. HAÜ (§ 97 Abs. 1 FamFG). Dies gilt jedenfalls für den Fall, dass eine Konformitätsbescheinigung nach Art. 23 HAÜ vorliegt. Für den bisherigen Prüfrahmen im Anerkennungsfeststellungsverfahren nach § 2 AdWirkG war in der Rechtsprechung bislang nicht geklärt, ob bei Adoptionen aus Vertragsstaaten, die in den Anwendungsbereich des HAÜ fallen und bei denen das Übereinkommen nicht beachtet worden ist, insbesondere, wenn eine Beteiligung von zentralen Behörden oder Organisationen nach Art. 22 HAÜ nicht stattgefunden hat, auf die nationalen Anerkennungsregeln zurückgegriffen werden kann[6] oder ob die Anerkennungsregeln des HAÜ als Spezialregeln die Anerkennungsregeln des FamFG verdrängen.[7] Letzteres hätte zur Folge, dass die Anerkennung einer Adoption aus einem Vertragsstaat, die unter Missachtung der Verfahrensregeln des HAÜ zustande gekommen ist, ohne inhaltliche Prüfung abzulehnen wäre. Nunmehr sind unbegleitete Privatadoptionen (unabhängig vom Anwendungsbereich des HAÜ) zunächst grundsätzlich von der Anerkennung ausgeschlossen (§ 4 Abs. 1 Satz 1 AdWirkG). Wenn zu erwarten ist, dass zwischen dem Annehmenden und dem Kind ein Eltern-Kind-Verhältnis entsteht und die Annahme für das Wohl des Kindes erforderlich ist, kann die Anerkennung trotzdem ausgesprochen werden (§ 4 Abs. 1 Satz 2 AdWirkG). Die Gesetzesbegründung lässt auch die Möglichkeit einer **ordre-public-Prüfung** und die Anwendung von § 109 FamFG zu.[8] Für die Auffassung, dass eine Anerkennung von Adoptionen grundsätzlich ausgeschlossen ist, wenn im Anwendungsbereich des HAÜ dessen Verfahrensstandards verletzt werden (s. o.), bleibt nach der Begründung des Regierungsentwurfs kein Raum, da ansonsten in diesem Fall eine ordre-public-Prüfung ausgeschlossen wäre.

Bei **Vertragsadoptionen** aus Nichtvertragsstaaten ohne gerichtliche Bestätigung findet eine volle Inhaltskontrolle nach Art. 22 EGBGB statt, wenn eine Beteiligung von Gerichten oder Behörden im Ausland nicht stattgefunden hat.

Bei Vertragsadoptionen aus Vertragsstaaten des HAÜ besteht hingegen die Besonderheit, dass deren Anerkennung nach Art. 23 HAÜ in gleicher Weise wie bei Dekretadoptionen ohne inhaltliche Kontrolle erfolgt (soweit eine wirksame Konformitätsbescheinigung vorliegt) und nur unter dem ordre-public-Vorbehalt des Art. 24 HAÜ steht. Die Anerkennung auch bei Vertragsadoptionen ohne

---

5 BT-Drs. 19/16718, 59 und 61.
6 So die überwiegende Rechtsprechung, OLG Karlsruhe 25.9.2012 – 2 UF 44/12; OLG Stuttgart 4.8.2017 – 17 UF 265/16; OLG Brandenburg StAZ 2017, 15 mwN; OLG Celle FamRZ 2017, 1503; offenlassend OLG Hamm FamRZ 2017, 1583; OLG Düsseldorf 27.7.2012 – II-1 UF 82/11.
7 So OLG Schleswig StAZ 2014, 89 mAnm Botthof, 74; AG Koblenz 8.4.2013 – 3 F 39/12; AG Zweibrücken 10.10.2013 – 2 F 104/13; LG Düsseldorf 29.9.2011 – 25 T 242/11; LG Berlin 1.9.2009 – 83 T 61/08; Staudinger/Henrich, 2008, EGBGB Vor Art. 22 Rn. 46.
8 BT-Drs. 19/16718, 59 und 61.

volle inhaltliche Kontrolle rechtfertigt sich daraus, dass die Verfahrensregeln des Übereinkommens die zwingende Beteiligung von Fachstellen vorsehen und eine Adoption auch durch Vertrag nur stattfinden darf, wenn die zentralen Behörden oder mit entsprechenden Befugnissen ausgestatteten Fachstellen dem Abschluss der Adoption nach entsprechender Prüfung der Voraussetzungen auf beiden Seiten nach Art. 17 lit. c HAÜ zugestimmt haben. Die Zustimmung muss schriftlich erfolgen und in der Bescheinigung nach Art. 23 HAÜ dokumentiert sein.[9] In dieser Verfahrensweise wird eine ausreichende staatliche Beteiligung auch bei Vertragsadoptionen gesehen, so dass auch bei Adoptionen durch privatrechtlichen Vertrag eine Anerkennung ohne Inhaltskontrolle gerechtfertigt erschien.

Ist die ausländische Entscheidung anerkennungsfähig oder der Annahmevertrag wirksam, entfalten diese ihre Wirkungen ab Erlass des Anerkennungsbeschlusses, außer eine vorläufige Anerkennung nach § 7 AdWirkG kommt in Betracht. Gegenstand des Feststellungsbeschlusses ist die Feststellung der Anerkennung bzw. die Wirksamkeit des Adoptionsvertrages dem Grunde nach.

III. Keine Antragsrücknahme (Abs. 2)

Neuerdings enthält § 2 Abs. 2 AdWirkG eine Bestimmung, nach der ein Antrag bei Verfahren iSd § 1 Abs. 2 AdWirkG nicht zurückgenommen werden kann. Das hat zur Folge, dass Familiengerichte zwingend über die Anerkennungsfähigkeit in internationalen Adoptionsverfahren zu entscheiden haben. Eine Bescheinigung nach § 2 d AdVermiG und daran anknüpfend die vorläufige Anerkennung nach § 7 AdWirkG setzen eine Antragstellung nach § 2 Abs. 1 AdWirkG voraus. Um eine missbräuchliche Verwendung der genannten Bescheinigung und damit der vorläufigen Anerkennung zu verhindern war nach Auffassung des Gesetzgebers eine **Antragsrücknahme** auszuschließen.[10]

8

Durch die Bezugnahme auf § 1 Abs. 2 AdWirkG gilt das Verbot der Antragsrücknahme jedenfalls nicht für ausländische Inlandsadoptionen und für Fälle in denen eine Konformitätsbescheinigung nach Art. 23 HAÜ vorliegt, da diese nicht als internationale Adoptionsverfahren zu qualifizieren sind.[11]

IV. Zusätzliche Feststellungen nach Abs. 3

In einem zweiten Prüfungsschritt prüft das Familiengericht, ob das rechtliche Eltern-Kind-Verhältnis des Kindes zu seinen bisherigen Eltern durch die Annahme vollständig erloschen ist. Dies ist nicht der Fall bei sog. „**schwachen**" Adoptionen, wie sie bspw. in Äthiopien, Eritrea oder Nepal vorgesehen sind.[12] Mit der Regelung des § 2 Abs. 3 AdWirkG verfolgt der Gesetzgeber das Ziel, Unsicherheiten zu beseitigen, wenn in den verschiedensten Regelungszusammenhängen des privaten und öffentlichen Rechts zu prüfen ist, ob das im Ausland begründete Rechtsverhältnis zwischen dem Kind und seinen Adoptiveltern in Ansehung des angewandten Rechts einem Kindschaftsverhältnis nach deutschem Recht **gleichsteht**. Die Feststellung nach Abs. 3 hat immer mit zu erfolgen, wenn die Anerkennung ausgesprochen wird. Sie muss insbes. nicht gesondert beantragt werden.

9

---

9 Weitzel NJW 2008, 185.
10 BT-Drs. 19/16718, 60.
11 BT-Drs. 19/16718, 60.
12 Rechtlich als Adoption mit schwachen Wirkungen anzusehende Annahmeverhältnisse sind in nicht mehr vielen Staaten vorgesehen, vgl. die unter Adoptionswirkungen auf der Internetseite der BZAA veröffentlichte Adoptionswirkungs- und Staatenliste. Es gibt allerdings Staaten, in denen beide Formen nebeneinander bestehen.

10 **1. Erlöschen des Eltern-Kind-Verhältnisses (Nr. 1).** Wenn durch die Annahme des Kindes im Ausland das Rechtsverhältnis zu seinen bisherigen Eltern vollständig erloschen ist, stellt das Gericht zusätzlich zu dem Ausspruch nach Abs. 1 fest, dass das Annahmeverhältnis einem nach deutschen Sachvorschriften begründeten Annahmeverhältnis gleichsteht. Diese Formulierung ist insoweit missverständlich, als sie nur das Verhältnis zu den bisherigen Eltern betrifft und die Gleichstellung mit einer Adoption nach deutschen Sachvorschriften nicht auch im Hinblick auf die annehmende Familie erfolgt. Das ausländische Recht kann bspw. regeln, dass ein Abstammungsverhältnis zwar zu den annehmenden Eltern, nicht aber zu den weiteren Verwandten der neuen Familie (Geschwistern, Großeltern etc) entsteht. Insoweit besteht keine Entsprechung, eine solche Adoption wäre der Umwandlung nach § 3 Abs. 2 AdWirkG zugänglich (s. dort).

11 **2. Feststellung der Gleichwertigkeit in Bezug auf elterliche Sorge und Unterhalt (Nr. 2).** Wenn die Rechtsbeziehungen zur Herkunftsfamilie nicht vollständig abgebrochen werden, stellt das Gericht fest, dass das Annahmeverhältnis jedenfalls in Bezug auf **elterliche Sorge** und **Unterhalt** einem nach deutschen Sachvorschriften begründeten Annahmeverhältnis gleichsteht. Die häufigste Form der bestehenbleibenden Rechtsbeziehungen zu den leiblichen Eltern betrifft das Erb- oder Unterhaltsrecht.

V. Beteiligung der Jugendbehörden

12 Da nunmehr verstärkt **Kindeswohlaspekte** in die Prüfung bei Anerkennungsfeststellungsverfahren einfließen, wurde in § 6 Abs. 3 Satz 4 AdWirkG die Beteiligung des Jugendamts und der zentralen Adoptionsstelle des Landesjugendamts in den gerichtlichen Verfahren neu eingefügt.

§ 3 AdWirkG Umwandlungsausspruch

(1) [1]In den Fällen des § 2 Absatz 3 Satz 1 Nummer 2 kann das Familiengericht auf Antrag aussprechen, dass das Kind die Rechtsstellung eines nach den deutschen Sachvorschriften angenommenen Kindes erhält, wenn

1. dies dem Wohl des Kindes dient,

2. die erforderlichen Zustimmungen zu einer Annahme mit einer das Eltern-Kind-Verhältnis beendenden Wirkung erteilt sind und

3. überwiegende Interessen des Ehegatten, des Lebenspartners oder der Kinder des Annehmenden oder des Angenommenen nicht entgegenstehen.

[2]Auf die Erforderlichkeit und die Erteilung der in Satz 1 Nr. 2 genannten Zustimmungen finden die für die Zustimmungen zu der Annahme maßgebenden Vorschriften sowie Artikel 6 des Einführungsgesetzes zum Bürgerlichen Gesetzbuche entsprechende Anwendung. [3]Auf die Zustimmung des Kindes ist zusätzlich § 1746 des Bürgerlichen Gesetzbuchs anzuwenden. [4]Hat der Angenommene zur Zeit des Beschlusses nach Satz 1 das 18. Lebensjahr vollendet, so entfällt die Voraussetzung nach Satz 1 Nr. 1.

(2) Absatz 1 gilt in den Fällen des § 2 Absatz 3 Satz 1 Nummer 1 entsprechend, wenn die Wirkungen der Annahme von den nach den deutschen Sachvorschriften vorgesehenen Wirkungen abweichen.

I. Allgemeines

1 Das Adoptionsrecht ist in den verschiedenen Staaten der Welt nicht nur hinsichtlich der Adoptionsvoraussetzungen und der Verfahrensregeln unterschied-

lich geregelt, sondern auch die **Rechtswirkungen** einer Adoption können sehr **unterschiedlich** ausgestaltet sein.[1] Auch bei einer Anerkennung der ausländischen Adoptionsentscheidung bleiben die Wirkungen auf den Umfang des Rechts beschränkt, nach dem die Adoption ausgesprochen wurde. Bleiben die Rechtswirkungen der ausländischen Adoption hinter denen nach deutschem Recht zurück, kann dies ein Bedürfnis nach Anpassung an das deutsche Recht hervorrufen.

Sinn und Zweck des Umwandlungsverfahrens besteht darin, den Annehmenden ein gegenüber der Wiederholung der Adoption im Inland **vereinfachtes Verfahren** zur Verfügung zu stellen, um dem im Ausland adoptierten Kind durch einen Statutenwechsel die **Rechtsstellung eines nach deutschen Sachvorschriften angenommenen Kindes** zu verschaffen. Soweit Adoptionen aus Vertragsstaaten betroffen sind, setzt § 3 AdWirkG die Regelung des Art. 27 HAÜ um.

II. Anwendungsbereich

Das Umwandlungsverfahren steht für Adoptionen aus **Vertragsstaaten** wie aus **Nichtvertragsstaaten** des HAÜ offen. 2

Während das Kind zum Zeitpunkt der anzuerkennenden Adoptionsentscheidung im Ausland das 18. Lebensjahr noch nicht vollendet haben darf (§ 1 Abs. 1 Satz 2 AdWirkG), steht bei der Umwandlung nach § 3 AdWirkG diese Zeitgrenze einer Entscheidung nicht entgegen. In diesem Fall entfällt nach Satz 4 die Bindung der Entscheidung an das Kindeswohl. Der Angenommene muss jedoch nach Satz 3 in die Umwandlung einwilligen; die Bestimmung des § 1746 BGB über die Mitwirkung des gesetzlichen Vertreters bleiben bei dem unbeschränkt geschäftsfähigen Angenommenen außer Betracht.

Das Bundesministerium des Inneren weist darauf hin, dass nach seiner Auffassung die **deutsche Staatsangehörigkeit** nach § 6 StAG durch die Umwandlungsentscheidung nicht mehr erworben wird, wenn der Antrag auf Umwandlung nach § 3 AdWirkG erst nach Vollendung des 18. Lebensjahres gestellt wird.[2]

III. Voraussetzungen

1. Antrag. Die Umwandlung setzt einen **Antrag** voraus, der dem **Formerfordernis** der **notariellen Beurkundung** unterliegt (§ 5 Abs. 1 Satz 4 AdWirkG, § 1752 Abs. 2 Satz 2 BGB). Der Antrag kann ausschließlich von dem Annehmenden, bei Ehegatten nur durch beide gemeinsam, gestellt werden (§ 5 Abs. 1 Nr. 2 AdWirkG). Er kann mit einem Antrag auf Anerkennung verbunden werden, kann aber auch losgelöst von dem Anerkennungsverfahren zu einem späteren Zeitpunkt gestellt werden. Der Antrag auf Umwandlung kann nur **umfassend** und nicht beschränkt auf einzelne Wirkungen, bspw. das Namensrecht, gestellt werden. Dem Antrag ist stets die ausländische Adoptionsentscheidung, wenn vorgesehen mit Rechtskraftvermerk, eine Geburtsurkunde nach und möglichst vor der Adoption sowie der Nachweis der Zustimmung der leiblichen Eltern in vorgeschriebener Form beizufügen. Ob die Unterlagen im Original, in beglaubigter oder einfacher Fotokopie vorzulegen sind, wird von den einzelnen Gerichten unterschiedlich gehandhabt und sollte im Einzelfall erfragt werden. Allen eingereichten Unterlagen ist eine Übersetzung durch einen vereidigten Übersetzer beizufügen. 3

---

1 Die BZAA veröffentlicht auf ihrer Internetseite www.bundesjustizamt.de/DE/Themen/B uergerdienste/BZAA/Adoptionswirkungen/Adoptionswirkungen_node.html eine Adoptionswirkungs- und Staatenliste.
2 BZAA, Internationale Adoption, S. 34.

▶ **Muster: Umwandlungsantrag**

Es wird beantragt auszusprechen, dass das durch Entscheidung des/der ... (Behörde/Gericht) vom ... (Datum) von ... (Name des/der Annehmenden) adoptierte Kind ... (Name) die Rechtsstellung eines nach deutschen Sachvorschriften angenommenen Kindes des/der Antragsteller erhält. ◀

4   **2. Anzuerkennende bzw. wirksame ausländische Adoption.** Voraussetzung für eine Umwandlung nach § 3 AdWirkG ist zunächst, dass im Ausland eine Adoption mit rechtlichen Wirkungen, die vom deutschen Sachrecht abweichen, stattgefunden hat und die Anerkennung bzw. Wirksamkeit der ausländischen Adoption nach § 2 Abs. 1 AdWirkG festgestellt ist. Allerdings kann die Umwandlung mit der Anerkennungs- bzw. Wirksamkeitsfeststellung in einem Verfahren verbunden werden (§ 2 Abs. 3 Satz 2 AdWirkG).[3] Eine Umwandlung setzt nicht voraus, dass die ausländische Adoption lediglich schwache Wirkungen entfaltet, sie ist auch bei einer starken Adoption möglich, dazu Abs. 2 (→ Rn. 12).

5   **3. Einwilligungen.** Die erforderlichen Einwilligungen in eine Annahme mit einer **das Eltern-Kind-Verhältnis beendenden Wirkung** müssen in der gehörigen Form erteilt sein (§ 3 Abs. 1 Nr. 2 AdWirkG).

Für die Form der Einwilligungserklärung in eine Adoption ist Art. 11 Abs. 1 EGBGB zu beachten. Danach ist ein Rechtsgeschäft auch dann formgültig, wenn es der **Ortsform** genügt. Voraussetzung dafür ist, dass das Recht des Staates, in dem die Erklärung abgegeben wird, das infrage stehende Geschäft seiner Art nach kennt.

Welche Einwilligungserfordernisse im Einzelnen zu beachten sind, richtet sich gem. § 3 Abs. 1 Satz 2 AdWirkG – abweichend von Art. 22 EGBGB – nach dem auf die Adoption tatsächlich angewandten Recht unter Einschluss der dortigen Kollisionsregeln. Es handelt sich insoweit um eine Gesamtrechtsverweisung[4] und damit um eine versteckte Kollisionsnorm. Im Interesse des Kindeswohls greifen nach § 3 Abs. 1 Satz 2 und 3 AdWirkG zusätzlich Art. 6 EGBGB sowie die deutschen Sachvorschriften über die Einwilligung des Kindes gem. § 1746 Abs. 1 Satz 1–3, Abs. 2, 3 BGB ein. Insoweit sind die leiblichen Eltern, soweit erreichbar, an dem Verfahren zu beteiligen.

6   Die Einwilligung der leiblichen Eltern muss sich auf das **vollständige Erlöschen der Rechtsbeziehungen** erstrecken. Dies gilt auch dann, wenn das Recht des Staates, in dem die Adoption ausgesprochen worden ist, nur eine schwache Adoption kennt. Zwar muss der exakte Wortlaut des § 3 Abs. 1 Satz 1 Nr. 2 AdWirkG in der Zustimmungserklärung nicht enthalten sein. Die Erklärung muss jedoch erkennen lassen, dass die Einwilligung über die sonst übliche Einwilligung nach Ortsrecht hinausgeht.[5] Ob die insoweit erteilten Zustimmungen die vollständige Beendigung sämtlicher Rechtsbeziehungen umfasst, ist durch Auslegung zu ermitteln. Im Zweifel sind sie erneut einzuholen.[6] Manche Vermittlungsstellen wirken darauf hin, dass in Staaten mit schwacher Adoption bereits im Hinblick

---

3   Emmerling de Oliveira, in: Müller/Sieghörtner/Emmerling de Oliveira, Adoptionsrecht in der Praxis, Rn. 304; Behrentin AdoptionsR-HdB/Braun D Rn. 11.

4   Steiger DNotZ 2002, 204.

5   OLG Hamm FamRZ 2013, 1499.

6   LG Frankfurt a.M. 3.9.2004 – 2/09 T 31/04: Für die Zustimmung zur Volladoption reicht die Zustimmung der leiblichen Mutter zur Adoption nach dem ausländischen Recht nicht; die Mutter muss vielmehr auch die Zustimmung zur Volladoption erteilt haben, und zwar in dem Bewusstsein der Reichweite ihrer Erklärung. Liegen diese Voraussetzungen nicht vor, kann auch einem Antrag auf Änderung des Kindesnamens nicht entsprochen werden, weil es mangels Vorliegens einer Volladoption an dem für eine Namensänderung erforderlichen Erwerb der deutschen Staatsangehörigkeit fehlt.

auf eine mögliche spätere Umwandlung sich die Einwilligungserklärung der leiblichen Eltern auf die Rechtswirkungen des deutschen Rechts erstreckt. Eine entsprechende Belehrung sollte nachgewiesen sein. Die Praxis vieler Gerichte, die nach Ortsrecht gegebene Zustimmung zu einer schwachen Adoption als Zustimmung auch zu einer starken Adoption auszulegen, wenn ein völliger Kontaktabbruch absehbar ist,[7] ist im Hinblick auf die Schwere des Eingriffs in ihre Rechte nicht unbedenklich.

Sind die leiblichen Eltern im Ausland nicht mehr erreichbar, ist zu prüfen, ob 7
das anwendbare Recht (→ Rn. 5) die Verweisung durch das deutsche Recht annimmt. Wenn dies der Fall ist und ein Verzicht im Ortsrecht geregelt ist, kann nach dem anwendbaren Recht auf die Einwilligung der leiblichen Eltern verzichtet werden. Wenn das anwendbare IPR eine Rückverweisung in das deutsche Recht enthält, kann das Gericht nach § 1747 Abs. 4 BGB auf die Einwilligung verzichten. Sofern allerdings weder eine Rückverweisung in das deutsche Recht besteht noch das Ortsrecht die Möglichkeit des Verzichts geregelt hat, kann in Anwendung von Art. 6 EGBGB deutsches Recht angewandt und nach § 1747 Abs. 4 BGB auf die **Einwilligung verzichtet** werden.

4. Kindeswohl. Die Umwandlung muss dem Kindeswohl dienen (§ 3 Abs. 1 Nr. 1 8
AdWirkG). Dabei beschränkt sich die **Kindeswohlprüfung** auf die Frage, ob die Veränderungen bei den Adoptionswirkungen im Interesse des Kindes liegen.[8] Insoweit ist das Jugendamt zu beteiligen (§ 6 Abs. 3 Satz 4 AdWirkG). Dessen Bericht kommt zentrale Bedeutung für die Entscheidung zu. Bei entsprechender Reife und Einsichtsfähigkeit ist das Kind in die Entscheidungsfindung einzubeziehen und seine Haltung zu berücksichtigen. Wenn der Anzunehmende zum Zeitpunkt des Umwandlungsausspruches bereits das 18. Lebensjahr vollendet hat, entfällt diese Voraussetzung. In diesem Fall muss er jedoch selbst in die Adoption einwilligen.

5. Interessen Dritter. Überwiegende **Interessen** des Ehegatten oder der Kinder 9
des Annehmenden oder des Angenommenen dürfen der Umwandlung nicht entgegenstehen (§ 3 Abs. 1 Nr. 3 AdWirkG). Finanzielle Gesichtspunkte sollen hierbei nicht maßgeblich sein (vgl. § 1745 Satz 2 BGB). Die Vorschrift hatte in der Vergangenheit noch keine praktische Relevanz.

IV. Beteiligung der Jugendbehörden

Am Umwandlungsverfahren sind das örtliche Jugendamt und die zentrale Adop- 10
tionsstelle des Landesjugendamtes zu **beteiligen** (§ 6 Abs. 3 Satz 4 AdWirkG,
→ AdWirkG § 6 Rn. 7).

V. Wirksamwerden der Umwandlungsentscheidung

Der Umwandlungsbeschluss erlangt mit seiner Zustellung an den Annehmenden 11
Rechtswirkung (§ 197 Abs. 2, 3 FamFG). Im Fall der Zurückweisung des Umwandlungsantrages ist § 45 FamFG zu beachten.

VI. Rechtsfolgen der Umwandlung

Das Kind erlangt die Rechtsstellung eines leiblichen Kindes der Annehmenden, 12
auch wenn das ursprünglich angewandte Recht nur schwache Wirkungen kennt. Der Ausspruch nach § 3 Abs. 1 und Abs. 2 AdWirkG bewirkt einen **Statutenwechsel** von dem jeweiligen ausländischen Recht in das deutsche Recht. Dies gilt auch für eine später mögliche Aufhebung des Annahmeverhältnisses.

---

7 Emmerling de Oliveira, in: Müller/Sieghörtner/Emmerling de Oliveira, Rn. 307.
8 OLG Hamm 29.5.2013 – II-11 UF 130/12, FamRZ 2013, 1499.

VII. Umwandlung starker Adoptionen (Abs. 2)

13 Nach Abs. 2 ist eine Umwandlung auch dann möglich, wenn die ausländische Entscheidung bereits zu einem **Erlöschen** der **Rechtsbeziehungen** des angenommenen Kindes zu seinen bisherigen Eltern geführt hat. Abs. 2 betrifft ausländische Adoptionen, bei denen zwar die Beziehungen des Kindes zu seiner Herkunftsfamilie abgebrochen und zu den Adoptiveltern neu begründet worden sind, bei denen aber im Übrigen die Reichweite der Rechtswirkungen hinter denen einer Adoption nach deutschem Sachrecht zurückbleiben, etwa in Bezug auf eine Verwandtschaft zu Angehörigen der Adoptiveltern oder auf das Namensrecht.[9]

VIII. Besonderheiten bei Adoptionen aus Vertragsstaaten

14 Bei einer in einem Vertragsstaat des HAÜ ausgesprochenen Adoption mit schwachen Wirkungen ist im Fall der Umwandlung Art. 23 HAÜ anzuwenden, das heißt, dass alle anderen Vertragsstaaten, insbes. der Herkunftsstaat des Kindes, verpflichtet sind, die Umwandlungsentscheidung des Aufnahmestaates anzuerkennen, wenn die Übereinkommensvoraussetzungen vorliegen, insbes. die in Art. 4 lit. c und d HAÜ vorgesehenen Zustimmungen zu einer Umwandlung in eine starke Adoption erteilt worden sind (Art. 27 Abs. 1 lit. b HAÜ).

§ 4 AdWirkG Unbegleitete Auslandsadoption

(1) [1]Eine ausländische Adoptionsentscheidung im Sinne von § 1 Absatz 2 wird nicht anerkannt, wenn die Adoption ohne eine internationale Adoptionsvermittlung gemäß § 2 a Absatz 2 des Adoptionsvermittlungsgesetzes vorgenommen worden ist. [2]Abweichend hiervon kann eine Feststellung nach § 2 nur ergehen, wenn zu erwarten ist, dass zwischen dem Annehmenden und dem Kind ein Eltern-Kind-Verhältnis entsteht und die Annahme für das Wohl des Kindes erforderlich ist.

(2) Für das Vorliegen der Voraussetzungen nach Absatz 1 ist der Zeitpunkt der gerichtlichen Entscheidung maßgeblich.

I. Allgemeines

1 Durch Art. 3 Nr. 4 des Gesetzes zur Verbesserung der Hilfen für Familien bei Adoption erhielt § 4 AdWirkG eine Neufassung. Die bisherigen Regelungsinhalte wurden in § 5 AdWirkG übertragen. **Ziel** der Neufassung des § 4 AdWirkG ist es, unter Regelung zentraler Anerkennungsvoraussetzungen, unbegleitete Auslandsadoptionen zurückzudrängen.[1] Dies ist eine wesentliche Neuerung, da das AdWirkG bisher darauf verzichtete, einen eigenen Prüfmaßstab zu definieren und sich lediglich im prozessualen Rahmen bewegte. Die Vorschrift spricht zunächst ein generelles Verbot der Anerkennung von ausländischen Adoptionsentscheidungen aus, die ohne internationales Adoptionsverfahren zu Stande kamen, um im Anschluss Ausnahmen von diesem Grundsatz zu definieren. Letztlich definiert die Norm zeitliche Aspekte.

II. Anwendungsbereich

2 § 4 Abs. 1 Satz 1 AdWirkG verweist für den Anwendungsbereich der Vorschrift auf ausländische Adoptionsentscheidungen iSd § 1 Abs. 2 AdWirkG. Der Wort-

---

9 Emmerling de Oliveira, in: Müller/Sieghörtner/Emmerling de Oliveira, Rn. 312, 313.
1 BT-Drs. 19/16718, 60.

laut macht deutlich, dass sich § 4 AdWirkG lediglich auf die Anerkennungsfeststellung von Adoptionsentscheidungen, nicht jedoch auf die Wirksamkeitsprüfung von ausländischen Vertragsadoptionen ohne gerichtliche Bestätigung bezieht. Insofern bleibt es für diesen Bereich bei der Anknüpfung nach Art. 22 Abs. 1 Satz 2 EGBGB. Erfasst sind über den Verweis auf § 1 Abs. 2 AdWirkG (→ AdWirkG § 1 Rn. 13) also grundsätzlich alle ausländischen Adoptionsverfahren nach § 2 a Abs. 1 AdVermiG (→ AdVermiG § 2 a Rn. 1 ff.), bei denen **zwingend** ein **Anerkennungsfeststellungsverfahren** durchzuführen ist. Ausgenommen von § 4 AdWirkG sind damit alle fakultativen Adoptionsverfahren (ausländische Inlandsadoption und Verfahren, bei denen eine wirksame Konformitätsbescheinigung nach Art. 23 HAÜ vorliegt). Die Anerkennung dieser Adoptionen richtet sich nach § 109 FamFG bzw. Art. 24 HAÜ.

III. Keine Anerkennung unbegleiteter Adoptionen (Abs. 1 Satz 1)

Gem. § 4 Abs. 1 Satz 1 AdWirkG werden ausländische Adoptionsentscheidungen iSv § 1 Abs. 2 AdWirkG nicht anerkannt, wenn die Adoption **ohne** eine internationale Adoptionsvermittlung gem. § 2 a Abs. 2 AdVermiG vorgenommen worden ist. § 4 AdWirkG selbst regelt nicht explizit, wie unbegleitete Auslandsadoption zu definieren sind. Im Umkehrschluss zu § 4 Abs. 1 Satz 1 AdWirkG wird man davon ausgehen können, das unbegleitete Adoptionen immer vorliegen, wenn ein internationales Adoptionsverfahren iSd § 2 a Abs. 1 AdVermiG (→ AdVermiG § 2 a Rn. 1) durchgeführt wurde, ohne eine internationale Adoptionsvermittlung nach § 2 a Abs. 2 AdVermiG durch eine Adoptionsvermittlungsstelle.

Soweit eine Anerkennung nach § 4 Abs. 1 Satz 1 AdWirkG versagt bleibt, wirkt diese Feststellung für und gegen alle (§ 5 Abs. 2 Satz 1 AdWirkG), dh die ausländische Adoptionsentscheidung kann im Inland **keine** Rechtswirkung entfalten und die Adoptiveltern sind nicht als Eltern des Kindes im Rechtssinne anzusehen. Dies führt zu einem sog. hinkenden Rechtsverhältnis. In diesem Fall wirkt das Rechtsverhältnis (rechtliche Elternstellung) nur im Erlassstaat der Entscheidung. Im Inland bedarf es der Bestellung eines Vormunds für das Kind.[2] Die Rechtsprechung des BGH führt aus, dass vornehmliche Zweck des Anerkennungsrechts, neben dem internationalen Entscheidungseinklang, die Verhinderung hinkender Rechtsverhältnisse ist – und daher § 109 Abs. 1 Nr. 4 FamFG restriktiv auszulegen ist, so dass die Versagung der Anerkennung wegen Verstoßes gegen den **ordre public** schon im Ausgangspunkt auf Ausnahmefälle beschränkt bleibt.[3] Zwar sieht § 4 Abs. 1 Satz 2 AdWirkG Ausnahmen von diesem strikten Grundsatz vor, und auch die Möglichkeit der Inpflegenahme des Kindes und einer Nachadoption sollen unbenommen bleiben;[4] trotzdem wird die Rechtsprechung zu bewerten haben, ob dieser strikte Grundsatz mit den Zwecken des Anerkennungsrechts und auch mit den Grundrechten und Art. 8 EMRK zu vereinbaren ist.

IV. Ausnahme (Abs. 1 Satz 2)

§ 4 Abs. 1 Satz 2 AdWirkG normiert Ausnahmen vom generellen Verbot der Anerkennung nach § 4 Abs. 1 Satz 1 AdWirkG. Danach kann eine Anerkennungsfeststellung nur ergehen, wenn zu erwarten ist, dass zwischen dem Annehmenden und dem Kind ein Eltern-Kind-Verhältnis entsteht und die Annahme für das Wohl des Kindes erforderlich ist. Damit erkennt der Gesetzgeber an, dass auch bei unbegleiteten Adoptionen eine Anerkennung unter besonderen Umständen

---

2 BT-Drs. 19/16718, 60.
3 Vgl. zB BGH 17.6.2015 – XII ZB 730/12, NJW 2015, 2800.
4 BT-Drs. 19/16718, 60.

im **Einzelfall** erforderlich sein kann.[5] Die Gründe, die ein Zurückdrängen der unbegleiteten Adoptionen gebieten, seien nach Vorstellung des Gesetzgebers in jedem Einzelfall in die Gesamtabwägung einzubeziehen.[6] Begründbar seien solche Ausnahmefälle mit dem Verlauf der Adoption im Heimatstaat oder dem Verlauf des Aufenthalts des Kindes in Deutschland.[7]

Erste Voraussetzung ist, dass zu erwarten ist, dass zwischen dem Kind und den Annehmenden ein **Eltern-Kind-Verhältnis** entsteht. Auch wenn der Gesetzgeber eine restriktive Formulierung gewählt hat, um damit lediglich eine zukünftige Betrachtung zu ermöglichen und mögliche Vorteile durch Zeitablauf zu verhindern, so wird trotzdem, wenn ein Eltern-Kind-Verhältnis bereits entstanden ist, dieses auch in Zukunft weiterhin bestehen. Dabei handelt es sich um eine Betrachtung von psycho-sozialen Aspekten. Zur Entstehung eines Eltern-Kind-Verhältnisses → BGB § 1741 Rn. 16 ff.

Zweite Voraussetzung ist, dass zu erwarten ist, dass die Annahme für das Wohl des Kindes erforderlich ist. Die Anerkennung muss nach dem aus § 1741 Abs. 1 Satz 2 BGB bekannten Maßstab erforderlich für das **Kindeswohl** sein.[8] Daher ist auch auf die in Zusammenhang mit § 1741 Abs. 1 Satz 2 BGB entwickelten Grundsätze zurückzugreifen (→ BGB § 1741 Rn. 9 ff.). Insbesondere, da nunmehr verstärkt Kindeswohlaspekte in die Prüfung bei Anerkennungsfeststellungsverfahren einfließen, wurde in § 6 Abs. 3 Satz 4 AdWirkG die Beteiligung des Jugendamts und der zentralen Adoptionsstelle des Landesjugendamts in den gerichtlichen Verfahren neu eingefügt.

Letzte Voraussetzung ist weiterhin die Prüfung der **Anerkennungshindernisse** des § 109 FamFG.[9]

V. Zeitpunkt zur Beurteilung der Voraussetzungen des Abs. 1 (Abs. 2)

5 Für das Vorliegen der Voraussetzungen nach Abs. 1 ist der **Zeitpunkt** der **gerichtlichen Entscheidung** maßgeblich (§ 4 Abs. 2 AdWirkG). Mit gerichtlicher Entscheidung ist die gerichtliche Anerkennungsfeststellungsentscheidung gemeint. Der Regierungsentwurf begründet dies vornehmlich damit, dass eine Kindeswohlprüfung zum Zeitpunkt der ausländischen Entscheidung nicht umzusetzen sei und die Kindeswohlprüfung aktuelle Entwicklungen berücksichtigen müsse.[10] Vgl. auch → AdWirkG § 2 Rn. 7.

§ 5 AdWirkG Antragstellung; Reichweite der Entscheidungswirkungen

(1) [1]Antragsbefugt sind

1. für eine Feststellung nach § 2 Abs. 1

    a) der Annehmende, im Fall der Annahme durch Ehegatten jeder von ihnen,

    b) das Kind,

    c) ein bisheriger Elternteil oder

    d) das Standesamt, das nach § 27 Abs. 1 des Personenstandsgesetzes für die Fortführung der Beurkundung der Geburt des Kindes im Geburtenregis-

---

5 BT-Drs. 19/16718, 60.
6 BT-Drs. 19/16718, 60.
7 BT-Drs. 19/16718, 60.
8 BT-Drs. 19/16718, 60.
9 BT-Drs. 19/16718, 59 und 61.
10 BT-Drs. 19/16718, 61.

Weitzel/Grünenwald

ter oder nach § 36 des Personenstandsgesetzes für die Beurkundung der Geburt des Kindes zuständig ist;

2. für einen Ausspruch nach § 3 Abs. 1 oder Abs. 2 der Annehmende, annehmende Ehegatten nur gemeinschaftlich.

[2]Der Antrag auf Feststellung nach § 1 Absatz 2 ist unverzüglich nach dem Erlass der ausländischen Adoptionsentscheidung zu stellen. [3]Von der Antragsbefugnis nach Satz 1 Nr. 1 Buchstabe d ist nur in Zweifelsfällen Gebrauch zu machen. [4]Für den Antrag nach Satz 1 Nr. 2 gelten § 1752 Abs. 2 und § 1753 des Bürgerlichen Gesetzbuchs.

(2) [1]Eine Feststellung nach § 2 sowie ein Ausspruch nach § 3 wirken für und gegen alle. [2]Die Feststellung nach § 2 wirkt jedoch nicht gegenüber den bisherigen Eltern. [3]In dem Beschluss nach § 2 ist dessen Wirkung auch gegenüber einem bisherigen Elternteil auszusprechen, sofern dieser das Verfahren eingeleitet hat oder auf Antrag eines nach Absatz 1 Satz 1 Nr. 1 Buchstabe a bis c Antragsbefugten beteiligt wurde. [4]Die Beteiligung eines bisherigen Elternteils und der erweiterte Wirkungsausspruch nach Satz 3 können in einem gesonderten Verfahren beantragt werden.

I. Allgemeines

Abs. 1 trifft nähere Regelungen zum Kreis der antragsberechtigten Personen, Abs. 2 zum Kreis der Personen, denen gegenüber die getroffene Entscheidung Rechtswirkungen entfaltet und zu Besonderheiten in Bezug auf die bisherigen Eltern des angenommenen Kindes. 1

II. Antragsbefugnis Anerkennung (Abs. 1 Satz 1 Nr. 1)

Abs. 1 Satz 1 Nr. 1 lit. a–c beschränkt den Kreis der **Antragsberechtigten** für das Anerkennungsverfahren auf den Kern der von einer Adoption Betroffenen, nämlich das **Kind** sowie die **annehmenden** und **abgebenden Eltern.** Hinsichtlich des leiblichen Elternteils bei einer Stiefkindadoption ist eine Antragsbefugnis nicht gesondert geregelt. Als bisherigen Elternteil wird man den leiblichen Elternteil deswegen nicht ansehen können, weil die Rechtsbeziehungen zu ihm aufrechterhalten bleiben. Insoweit scheint aber eine analoge Anwendung von § 5 Abs. 1 lit. c AdWirkG geboten.[1] 2

In Abs. 1 Satz 1 Nr. 1 lit. d wird in zweifelhaften Fällen (vgl. Satz 3) zusätzlich dem beurkundungspflichtigen **Standesamt** Antragsbefugnis verliehen. **Beispiel:** Aufgrund des Alters des Angenommenen und weiterer Umstände der Adoption erscheint dem Standesbeamten ein sachfremder Zweck der Adoption (Staatsangehörigkeitserwerb, Aufenthaltsrecht) wahrscheinlich, weshalb er Zweifel an der Anerkennungsfähigkeit der ausländischen Adoption hat. Hier wird durch sein Antragsrecht ein Verfahren vor den spezialisierten Gerichten ermöglicht. 3

Die Antragsbefugnis ist durch Satz 3 auf Fälle beschränkt, in denen **Zweifel** an der Beurkundungsfähigkeit bestehen. Diese Zweifel müssen sich auf die Anerkennungsfähigkeit beziehen und sind konkret darzulegen.[2] Zweifel des Standesamtes hinsichtlich des Umfanges der Rechtswirkungen, insbesondere im Hinblick auf den Erwerb der deutschen Staatsangehörigkeit, reichen insoweit nicht aus.[3] In Anbetracht des nun in den meisten Fällen zwingenden Charakters des Anerkennungsverfahrens dürfte diese Alternative an Bedeutung verlieren, da eine auslän-

---

1 AG Naumburg 19.9.2006 – 4 XVI 10/04.
2 Zur Antragsbefugnis des Standesamtes kritisch: Behrentin AdoptionsR-HdB/Braun D Rn. 298.
3 AG Frankfurt a.M. StAZ 2014, 54; AG Zweibrücken 14.8.2013 – 2 F 41/13.

dische Adoptionsentscheidung ohne Anerkennung durch deutsche Gerichte keine Rechtwirkungen im Inland entfaltet und damit die Adoptiveltern ein großes Interesse an einem Anerkennungsverfahren haben werden.

III. Antragsbefugnis zur Umwandlung (Abs. 1 Satz 1 Nr. 2)

4 Die Antragsbefugnis zur Umwandlung eines ausländischen Adoptionsverhältnisses nach § 3 AdWirkG ist auf die **Annehmenden** beschränkt. Im Fall **gemeinschaftlicher Annahme** eines Kindes im ausländischen Verfahren kann auch der Umwandlungsantrag nur **gemeinschaftlich** gestellt werden. Nach Abs. 1 Satz 4 sind auf das Umwandlungsverfahren die Vorschriften des BGB über den Adoptionsantrag anwendbar, insbes. ist das Formerfordernis der notariellen Beurkundung des Antrages festgelegt. Für im Ausland lebende deutsche Staatsangehörige, die von ihrem ausländischen Wohnsitz aus, eine Umwandlung beantragen wollen, kann die Konsularabteilung der deutschen Auslandsvertretung nach §§ 2, 10 Abs. 2 KonsularG dem Formerfordernis nachkommen.

IV. Zeitpunkt der Antragstellung

5 Nach § 5 Abs. 1 Satz 2 AdWirkG ist der Antrag im Fall des obligatorischen Anerkennungsverfahrens nach § 1 Abs. 2 AdWirkG **unverzüglich** (ohne schuldhaftes Zögern) nach dem Erlass der ausländischen Adoptionsentscheidung zu stellen. Dh sobald die ausländische Adoptionsentscheidung den Adoptiveltern zugeht.[4] Damit wird bezweckt, dass sich Adoptionswillige keinen zeitlichen Vorteil im Hinblick auf die Prüfung eines Eltern-Kind-Verhältnisses nach § 4 Abs. 1 Satz 2 AdWirkG verschaffen.[5] Gleichwohl wird die Unverzüglichkeit des Antrags nicht zur Wirksamkeitsvoraussetzung.[6] Zwar wird eine deutliche zeitliche Vorgabe normiert und die ausländische Adoptionsentscheidung entfaltet (außer im Fall der vorläufigen Anerkennung nach § 7 AdWirkG) bis zum Abschluss des Feststellungsverfahrens keine Wirkung; jedoch besteht **keine Sanktionsmöglichkeit** bei nicht unverzüglicher Antragstellung. Nach Auffassung des Gesetzgebers sei bei der umfassenden Abwägung des Gerichts nach § 4 Abs. 1 Satz 2 AdWirkG eine nur verzögerte Antragstellung zu berücksichtigen.[7] Die Anerkennung muss nach dem aus § 1741 Abs. 1 Satz 2 BGB bekannten Maßstab erforderlich für das Kindeswohl sein.[8] In der Rechtsprechung zu § 1741 Abs. 1 Satz 2 BGB (zu Leihmutterschaftskindern) ist anerkannt, dass das Fehlverhalten der Adoptivbewerber nicht zulasten des Kindes gehen darf und daher kein Raum für generalpräventive Erwägungen bestehe.[9] Angewendet auf den vorliegenden Sachverhalt bedeutet dies, dass eine Sanktionierung einer verzögerten Antragstellung im Rahmen der Kindeswohlprüfung nach § 4 Abs. 1 Satz 2 AdWirkG wohl kaum möglich erscheint.

V. Wirksamkeitserstreckung (Abs. 2)

6 Satz 1 und Satz 3 regeln die Wirksamkeitserstreckung der familiengerichtlichen Anerkennungsentscheidung für und gegen alle mit Ausnahme der leiblichen Eltern, soweit diese nicht an dem Anerkennungs- bzw. Umwandlungsverfahren beteiligt waren. Dies bedeutet, dass der ausländische Adoptionsakt mit der Anerkennungsfeststellung **für alle Stellen** sowohl im **zivil-** als auch im **öffentlich-recht-**

---

4 BT-Drs. 19/16718, 61.
5 BT-Drs. 19/16718, 61.
6 BT-Drs. 19/16718, 61.
7 BT-Drs. 19/16718, 61.
8 BT-Drs. 19/16718, 60.
9 OLG Düsseldorf 17.3.2017 – II-1 UF 10/16, NJW 2017, 2774; LG Frankfurt a.M. 3.8.2012 – 2–09 T 50/11, NJW 2012, 3111.

lichen Bereich verbindlich ist,[10] auch wenn sich im Nachhinein herausstellt, dass der zugrunde liegende ausländische Adoptionsakt unwirksam war.[11] Eine Durchbrechung der Bindungswirkung kommt allenfalls in Betracht, wenn die Anerkennungsentscheidung an einem offensichtlichen und so schwerwiegenden Fehler leidet, dass sie in eng begrenzten Ausnahmefällen wegen greifbarer Rechtswidrigkeit als wirkungslos zu behandeln ist.[12]

Da eine Rechtskrafterstreckung der Anerkennungsentscheidung auf die ursprünglichen Eltern die Wahrung ihres verfassungsrechtlichen Anspruchs auf rechtliches Gehör voraussetzen würde, sie andererseits nur im Wege der Rechtshilfe im Ausland beteiligt werden könnten und dies das Anerkennungsverfahren erheblich erschweren und verzögern würde, erschien die Einschränkung der Wirkungserstreckung im Hinblick auf die angestrebte einfache Handhabbarkeit des Verfahrens hinnehmbar.

In Umwandlungsverfahren nach § 3 AdWirkG ist die Beteiligung der bisherigen Eltern hingegen unabdingbar, es sei denn, ihre Einwilligung in eine Adoption mit den Wirkungen des deutschen Sachrechts ist dokumentiert. Die Verbindlichkeit bedeutet, dass die einmal ausgesprochene Anerkennung bzw. Wirksamkeit nicht mehr in Zweifel gezogen werden kann, insbesondere nicht in einem weiteren Verfahren.[13] Das OLG Hamm lässt offen, ob die formell rechtskräftige Ablehnung eines Antrages auf Anerkennung einer ausländischen Adoptionsentscheidung in materieller Rechtskraft erwächst.[14]

§ 6 AdWirkG Zuständigkeit und Verfahren

(1) [1]Über Anträge nach den §§ 2 und 3 entscheidet das Familiengericht, in dessen Bezirk ein Oberlandesgericht seinen Sitz hat, für den Bezirk dieses Oberlandesgerichts; für den Bezirk des Kammergerichts entscheidet das Amtsgericht Schöneberg. [2]Für die internationale und die örtliche Zuständigkeit gelten die §§ 101 und 187 Abs. 1, 2 und 5 des Gesetzes über das Verfahren in Familiensachen und in den Angelegenheiten der freiwilligen Gerichtsbarkeit entsprechend.

(2) [1]Die Landesregierungen werden ermächtigt, die Zuständigkeit nach Absatz 1 Satz 1 durch Rechtsverordnung einem anderen Familiengericht des Oberlandesgerichtsbezirks oder, wenn in einem Land mehrere Oberlandesgerichte errichtet sind, einem Familiengericht für die Bezirke aller oder mehrerer Oberlandesgerichte zuzuweisen. [2]Sie können die Ermächtigung auf die Landesjustizverwaltungen übertragen.

(3) [1]Das Familiengericht entscheidet im Verfahren der freiwilligen Gerichtsbarkeit. [2]Die §§ 159 und 160 Absatz 1 Satz 1, Absatz 2 bis 4 des Gesetzes über das Verfahren in Familiensachen und in den Angelegenheiten der freiwilligen Gerichtsbarkeit sind entsprechend anzuwenden. [3]Im Verfahren nach § 2 wird ein bisheriger Elternteil nur nach Maßgabe des § 5 Absatz 2 Satz 3 und 4 angehört. [4]Im Verfahren nach § 2 sind das Bundesamt für Justiz als Bundeszentralstelle für Auslandsadoption, das Jugendamt und die zentrale Adoptionsstelle des Lan-

---

10 OVG Berlin-Brandenburg 17.11.2011 – OVG 12 B 2.11; BVerwG 2.7.2012 – 10 B 12.12.
11 VG Berlin 21.5.2012 – 34 K 69.11 V.
12 OVG Berlin Brandenburg 17.11.2011 – OVG 12 B 2.11 Rn. 22–24; VG Berlin 21.5.2012 – 34 K 69.11 V Rn. 36; BGH 17.6.2015, StAZ 2016, 79; kritisch hierzu Behrentin AdoptionsR-HdB/Braun D Rn. 248.
13 MüKoBGB/Klinkhardt EGBGB Art. 22 Rn. 87.
14 OLG Hamm 28.9.2010 – I-15 Wx 69/10; das OLG sieht jedenfalls eine erneute Sachentscheidung aufgrund neuer Tatsachen wegen veränderter Umstände als zulässig an.

desjugendamtes zu beteiligen, im Verfahren nach § 3 sind das Jugendamt und die zentrale Adoptionsstelle des Landesjugendamtes zu beteiligen.

(4) Das Gericht hat Anerkennungsverfahren in allen Rechtszügen vorrangig zu behandeln.

(5) [1]Auf die Feststellung der Anerkennung oder Wirksamkeit einer Annahme als Kind oder des durch diese bewirkten Erlöschens des Eltern-Kind-Verhältnisses des Kindes zu seinen bisherigen Eltern, auf eine Feststellung nach § 2 Absatz 3 Satz 1 sowie auf einen Ausspruch nach § 3 Absatz 1 oder 2 oder nach § 5 Absatz 2 Satz 3 findet § 197 Abs. 2 und 3 des Gesetzes über das Verfahren in Familiensachen und in den Angelegenheiten der freiwilligen Gerichtsbarkeit entsprechende Anwendung. [2]Im Übrigen unterliegen Beschlüsse nach diesem Gesetz der Beschwerde; sie werden mit ihrer Rechtskraft wirksam. [3]§ 5 Absatz 2 Satz 2 bleibt unberührt.

(6) Gegen eine im ersten Rechtszug ergangene Entscheidung steht die Beschwerde dem Bundesamt für Justiz als Bundeszentralstelle für Auslandsadoption zu, sofern mit der Entscheidung einem Antrag nach § 2 Absatz 1 entsprochen worden ist.

I. Allgemeines

1 Das **Anerkennungsverfahren** ist ein Antragsverfahren, die Einleitung von Amts wegen ist ausgeschlossen.[1] Der Anerkennungsantrag ist – im Gegensatz zum Umwandlungsantrag – nicht formgebunden.[2] Er kann in den Fällen des § 1 Abs. 2 AdWirkG nicht zurückgenommen werden (§ 2 Abs. 2 AdWirkG). In Fällen des fakultativen Anerkennungsfeststellungsverfahrens kann er bis zur Rechtskraft der Endentscheidung ohne Begründung zurückgenommen werden. Die Ermittlungen zum Sachverhalt erfolgen durch das Gericht von Amts wegen (§ 26 FamFG), die Verfahrensbeteiligten trifft allerdings eine Beibringungspflicht (§ 27 FamFG). Das Gericht hat die ihm zugänglichen Erkenntnisquellen auszuschöpfen.[3]

II. Zuständigkeit (Abs. 1)

2 **1. Internationale Zuständigkeit.** Die internationale Zuständigkeit deutscher Gerichte richtet sich nach § 101 FamFG. Sie ist gegeben, wenn ein Annehmender, bei Ehegatten einer von ihnen oder das Kind die **deutsche Staatsangehörigkeit** besitzt oder seinen gewöhnlichen Aufenthalt im **Inland** hat.

3 **2. Örtliche Zuständigkeit.** Die örtliche Zuständigkeit für Verfahren nach dem AdWirkG ist auf die Familiengerichte am Sitz der jeweiligen Oberlandesgerichte und für den Bereich des Kammergerichts Berlin auf das Amtsgericht Schöneberg konzentriert. Mit der **Zuständigkeitskonzentration** sollen Fachwissen und Erfahrung der Richter gebündelt werden. § 187 Abs. 1, 2 und 5 FamFG gelten entsprechend. Für Deutsche mit gewöhnlichem Aufenthalt im Ausland ist das Amtsgericht Schöneberg örtlich zuständig. Das Amtsgericht Schöneberg kann das Verfahren allerdings „aus wichtigem Grund" nach Anhörung der Beteiligten an ein anderes Konzentrationsgericht bindend verweisen (§ 3 Abs. 3 Satz 2 FamFG) (§ 6 Abs. 1 Satz 2 AdWirkG, § 187 Abs. 5 Satz 2 FamFG).[4] Ob die

---

1 Emmerling de Olivera, in: Müller/Sieghörtner/Emmerling de Olivera, Rn. 262.
2 Hölzel StAZ 2003, 289 (293).
3 Zum Umfang der Pflicht des Gerichts, in einem Anerkennungsverfahren die prozessrechtlichen Möglichkeiten zur Sachverhaltsfeststellung auszuschöpfen: BVerfG 14.9.2015 – 1 BvR 1321/13.
4 Zur Praxis des Amtsgerichts Schöneberg mit Blick auf die Auslegung des Begriffs des wichtigen Grundes kritisch Behrentin AdoptionsR-HdB/Braun D Rn. 275, 276.

Weitzel/Grünenwald

Verweisung an ein anderes Gericht auch die Zuständigkeit der einzubindenden Jugendbehörden mitnimmt oder insoweit Berlin zuständig bleibt, ist weder im Gesetz geregelt noch in der Rechtsprechung problematisiert worden.

III. Ermächtigung zu einer RechtsVO zur Zuständigkeit (Abs. 2)

Von der Ermächtigung der Landesregierungen zu einer weiteren Zuständigkeitskonzentration beim Vorhandensein mehrerer Oberlandesgerichte in einem Land bzw. zur Bestimmung eines anderen als des Amtsgerichts am Sitz des Oberlandesgerichts, hat bislang kein Land Gebrauch gemacht. 4

IV. Anzuwendendes Verfahren (Abs. 3)

1. Anwendung des FamFG. Satz 1 unterstellt das Verfahren nach dem AdWirkG dem FamFG. Ob allerdings das Verfahren als **Adoptionssache** iSv § 186 FamFG,[5] als **Familiensache sui generis**[6] oder nicht als **Familiensache**[7] anzusehen ist, ist noch **nicht geklärt**. 5

Die Oberlandesgerichte Köln, Celle und Dresden[8] sehen das Anerkennungsverfahren nach dem AdWirkG weder als Adoptions- noch als Familiensache an, was im Rechtsmittelverfahren eine Prüfungspflicht der Beschwerdebegründung durch das erstinstanzliche Gericht zur Folge hat und eine zu begründende Nichtabhilfeentscheidung verlangt (§ 68 Abs. 1 S. 1 FamFG). Das OLG Düsseldorf vertritt die gegenteilige Auffassung und behandelt das Anerkennungsverfahren als Adoptionssache.[9] Das OLG Schleswig, das OLG Bremen sowie das OLG Brandenburg sehen das Anerkennungsverfahren als Familiensache an.[10] Verschiedene Oberlandesgerichte sehen sich, auch wenn das Abhilfeverfahren nicht oder fehlerhaft durchgeführt worden ist, zu einer eigenen Entscheidung befugt.[11] Der BGH[12] hat über den Meinungsstreit in Bezug auf die Frage entschieden, ob die Vorschriften für das Verfahren in Adoptionssachen (§§ 186 ff. FamFG) auf Anerkennungsverfahren generell anzuwenden sind. Das ist für Verfahren nach dem AdWirkG zu verneinen. In § 6 AdWirkG wird auf Einzelvorschriften aus dem Verfahrensrecht in Adoptionssachen ausdrücklich Bezug genommen. Diese punktuellen Verweisungen auf Vorschriften des Adoptionsverfahrensrechts wären überflüssig, wenn sich die Anwendbarkeit der §§ 186 ff. FamFG schon aus der Qualifikation der Anerkennung ausländischer Adoptionen als Adoptionssache ergeben würde.[13]

2. Verfahrensbeteiligte. Nach § 7 Abs. 1 FamFG ist der **Antragsteller** Beteiligter. Nach § 7 Abs. 2 FamFG muss das Gericht darüber hinaus diejenigen an dem Verfahren zu beteiligen, deren Rechte durch das Verfahren unmittelbar betroffen 6

---

5 MüKoFamFG/Maurer § 186 Rn. 2 (aA: MüKoFamFG/Fischer § 68 Rn. 11); Keidel/Engelhardt FamFG § 186 Rn. 2 (aA: Keidel/Sternal FamFG § 68 Rn. 24).
6 So Braun FamRZ 2011, 81.
7 MüKoFamFG/Fischer § 68 Rn. 11; Keidel/Sternal FamFG § 68 Rn. 24; Schulte-Bunert/Weinreich/Unger FamFG § 68 Rn. 21.
8 OLG Hamm FamRZ 2012, 1230; OLG Köln FamRZ 2012, 1234; OLG Celle 16.9.2013 – 17 UF 50/13; OLG Dresden 29.10.2013 – 21 UF 519/13.
9 OLG Düsseldorf FamRZ 2012, 1233.
10 OLG Schleswig FamRZ 2014, 498; OLG Brandenburg 11.9.2014 – 15 UF 128/13; OLG Bremen 26.9.2014 – 5 UF 52/14; also kein Abhilfeverfahren. Das OLG Hamm 21.3.2017 – 11 UF 179/16, hat seine Ansicht, es handle sich bei dem Anerkennungsverfahren weder um eine Adoptions- noch um eine Familiensache (FamRZ 2012, 1231) neuerdings aufgegeben.
11 OLG Karlsruhe 16.12.2014 – 2 UF 108/14; OLG Nürnberg 28.11.2014 – 7 UF 1084/14; OLG Nürnberg 8.3.2018 – 7 UF 1313/17; OLG Koblenz 8.10.2014 – 13 UF 463/14.
12 BGH 27.5.2020 – XII ZB 54/18.
13 BGH 27.5.2020 – XII ZB 54/18.

sind (§ 7 Abs. 2 Nr. 1 FamFG) und diejenigen, deren Beteiligung gesetzlich vorgesehen ist (§ 7 Abs. 2 Nr. 2 FamFG). Durch das Verfahren unmittelbar betroffen (Nr. 1) sind die **Annehmenden** und das **adoptierte Kind**. Hierbei bereitet die Beteiligung eines Kindes, dem wegen Zweifeln an der Anerkennungsfähigkeit der ausländischen Adoption die Einreise nach Deutschland nicht gestattet worden ist, Schwierigkeiten. Eine gerichtliche Praxis hat sich insoweit noch nicht herausgebildet.[14] Hinsichtlich der ebenfalls unmittelbar betroffenen **leiblichen Eltern** trifft § 6 Abs. 3 Satz 3 AdWirkG eine Sonderregelung. Sie sind nur beteiligt, soweit sie oder einer von ihnen das Verfahren selbst eingeleitet haben oder von dem/den Annehmenden, dem Kind, oder dem jeweils anderen bisherigen Elternteil in das Verfahren einbezogen wurden.

7 Eine **gesetzlich vorgesehene** Beteiligung betrifft die **Bundeszentralstelle für Auslandsadoption**, das **Jugendamt** und die **zentrale Adoptionsstelle beim Landesjugendamt** (§ 6 Abs. 3 Satz 4 AdWirkG). Die Beteiligung der BZAA erstreckt sich nicht auf Umwandlungsverfahren nach § 3 AdWirkG.

In Umwandlungsverfahren sind (nur) das **Jugendamt** und die **zentrale Adoptionsstelle des Landesjugendamtes** zu beteiligen. Eine örtliche Zuständigkeitsregelung für die zu beteiligenden Jugendbehörden ist im Gesetz nicht getroffen. Insoweit besteht eine Regelungslücke. Hier ist eine praktische Lösung zu suchen. In der Regel wird das mit dem Umwandlungsverfahren befasste Familiengericht, das für den Wohnort der Adoptivfamilie zuständige Jugendamt und die entsprechende zentrale Adoptionsstelle des Landesjugendamtes mit einer Stellungnahme beauftragen. Schwierigkeiten können dann entstehen, wenn die Adoptivfamilie im Ausland lebt. Für das Anerkennungs- bzw. Umwandlungsverfahren ist insoweit das Amtsgericht Schöneberg zuständig (→ Rn. 3). Macht dieses von seiner Verweisungsmöglichkeit nach § 187 Abs. 5 FamFG Gebrauch, wird das Familiengericht im Einzelfall zu klären haben, auf welchem Wege es die Erkenntnisse über die Kindeswohldienlichkeit der Umwandlung erhalten kann. Infrage kommen insoweit Fachstellen vor Ort oder der Internationale Sozialdienst. Inwieweit das Gericht in solchen Fällen das für seinen Sitz zuständige Landesjugendamt oder die für das Amtsgericht Schöneberg zuständige zentrale Adoptionsstelle Berlin-Brandenburg als „Informationsmittler" einbindet, obliegt seiner Entscheidung.

Das Gericht **kann** weitere Beteiligte in das Verfahren einbinden (§ 7 Abs. 3 FamFG).

V. Vorrang von Anerkennungsverfahren (Abs. 4)

8 Das Gericht hat Anerkennungsverfahren in allen Rechtszügen vorrangig zu behandeln (§ 6 Abs. 4 AdWirkG). Dieser **Vorranggrundsatz** wurde durch das Gesetz zur Verbesserung der Hilfen für Familien bei Adoption neu eingefügt. Damit möchte der Gesetzgeber verhindern, dass durch Zeitablauf bei der Prüfung nach § 4 Abs. 1 Satz 2 AdWirkG, Vorteile für die Annehmenden entstehen können.[15] Durch geeignete Maßnahmen der Geschäftsverteilung und auch der Prozessleitung in den einzelnen Verfahren ist sicherzustellen, dass solche Verfahren weder durch Verfahrenshandlungen der Beteiligten noch durch das Gericht selbst unnötig verlängert werden.[16]

---

14 Das OLG Düsseldorf (23.12.2011 – II-1 UF 169/10) sieht das adoptierte Kind durch die den Antrag stellenden Adoptiveltern prozessual und auch hinsichtlich der Wahrnehmung seiner Interessen als hinreichend vertreten und somit die Bestellung eines Ergänzungsvertreters oder eines Verfahrensbeistandes nicht als erforderlich an; vgl. auch OLG Celle 12.10.2011 – 17 UF 98/11.
15 BT-Drs. 19/16718, 61.
16 BT-Drs. 19/16718, 62.

VI. Entscheidung, Wirksamwerden und Rechtsmittel (Abs. 5 und 6)

Die Entscheidung ergeht durch Beschluss (§ 38 Abs. 1 Satz 1 FamFG). Beschlüsse werden mit ihrer Rechtskraft wirksam. Von der **Rechtskrafterstreckung** sind lediglich die bisherigen Eltern ausgenommen, soweit sie nicht am Verfahren beteiligt waren, da ihre Ausklammerung ansonsten den Grundsatz des rechtlichen Gehörs nach Art. 103 GG verletzen würde. Andererseits würde ihre grundsätzliche Einbeziehung das Verfahren ungleich erschweren, weshalb mit der Nichterstreckung der Rechtskraft auf sie ein angemessener Interessenausgleich im Hinblick auf eine unkomplizierte Handhabbarkeit erfolgte. 9

Das OLG Hamm lässt offen, ob eine formell rechtskräftige Ablehnung des Antrages auf Anerkennung einer ausländischen Adoptionsentscheidung in materielle Rechtskraft erwächst, jedenfalls sei eine erneute Sachentscheidung aufgrund neuer Tatsachen wegen veränderter Umstände zulässig.[17]

Nach Satz 1 genießen positive Anerkennungs- und Umwandlungsbeschlüsse die erhöhte **Bestandskraft** des § 197 Abs. 3 FamFG. Sie sind weder anfechtbar noch abänderbar. 10

Nach Satz 2 ist gegen die Anerkennung oder Umwandlung auch nur teilweise ablehnenden Beschlüsse das Rechtsmittel der **Beschwerde** nach §§ 58 ff. FamFG statthaft. Sie ist schriftlich binnen einer **Frist von einem Monat** (§ 63 Abs. 1 FamFG) bei dem Gericht einzulegen, welches den Beschluss erlassen hat (§ 64 Abs. 1 FamFG). Dabei ist die Besonderheit zu beachten, dass in Antragsverfahren nach § 59 Abs. 2 FamFG grundsätzlich nur der Antragsteller beschwerdeberechtigt ist. Allerdings soll ein Antragsberechtigter (§ 4 Abs. 1 Satz 1 AdWirkG) aus verfahrensökonomischen Gründen auch dann Rechtsmittel einlegen können, wenn er den Antrag selbst nicht gestellt hat.[18] Gegen eine im ersten Rechtszug ergangene Entscheidung steht die Beschwerde dem Bundesamt für Justiz als Bundeszentralstelle für Auslandsadoption zu, sofern mit der Entscheidung einem Antrag nach § 2 Abs. 1 AdWirkG entsprochen worden ist (§ 6 Abs. 6 AdWirkG).

▶ **Muster: Beschwerde (nach FamFG)**

Gegen den Beschluss des Amtsgerichts – Familiengerichts ... (Ort) vom ... (Datum), durch den der Adoptionsentscheidung des/der ... (Gerichts/Behörde) vom ... (Datum) die Anerkennung versagt wurde, lege ich/legen wir Beschwerde ein.

Es wird beantragt, unter Aufhebung der Entscheidung des Amtsgerichts – Familiengerichts, wie erstinstanzlich beantragt, zu erkennen. ◀

Gegen einen die Beschwerde zurückweisenden Beschluss ist die **Rechtsbeschwerde** statthaft, soweit diese in der angefochtenen Entscheidung zugelassen wurde (§ 70 Abs. 1 FamFG). Sie dient nach § 70 Abs. 1 FamFG – wie zuvor die sofortige weitere Beschwerde nach §§ 29 Abs. 2, 27 FGG aF – nicht der Kontrolle der Instanzentscheidung auf ihre Richtigkeit hin, sondern dazu, Rechtsfragen von grundsätzlicher Bedeutung zu entscheiden sowie zur Einheitlichkeit der Rechtsprechung beizutragen. Sie ist schriftlich binnen einer **Frist von einem Monat** (§ 71 Abs. 1 Satz 1 FamFG) bei dem Rechtsbeschwerdegericht (§ 71 Abs. 1 Satz 1 FamFG) einzulegen. Rechtsbeschwerdegericht ist der BGH. Trotz kontroverser Rechtsprechung zu Verfahrens- und inhaltlichen Fragen auch der Oberlandesgerichte ist eine höchstrichterliche Entscheidung zum AdWirkG bislang noch nicht ergangen. 11

---

17 OLG Hamm 28.9.2010 – I-15 Wx 69/10.
18 MüKoFamFG/Fischer, 2010, FamFG § 59 Rn. 71.

▶ **Muster: Rechtsbeschwerde (nach FamFG)**

Gegen den Beschluss des Oberlandesgerichts ... (Ort) vom ..., durch den die Beschwerde gegen den Beschluss des Amtsgerichts – Familiengerichts ... (Ort) vom ... (Datum) zurückgewiesen wurde, lege ich/legen wir Rechtsbeschwerde ein.

Es wird beantragt, unter Aufhebung der Entscheidung des Oberlandesgerichts, wie erstinstanzlich beantragt zu erkennen, hilfsweise, das Verfahren zur erneuten Entscheidung an das Oberlandesgericht zurückzuverweisen. ◀

§ 7 AdWirkG Vorläufige Anerkennung der Auslandsadoption

[1]Bis zum Abschluss des Anerkennungsverfahrens gilt die ausländische Adoptionsentscheidung vorläufig als anerkannt, wenn eine gültige Bescheinigung nach § 2 d des Adoptionsvermittlungsgesetzes vorgelegt wird und die Anerkennung nicht nach § 109 Absatz 1 des Gesetzes über das Verfahren in Familiensachen und in den Angelegenheiten der freiwilligen Gerichtsbarkeit ausgeschlossen ist. [2]Die Bestimmungen des Staatsangehörigkeitsgesetzes bleiben unberührt.

1   Der durch das Gesetz zur Verbesserung der Hilfen für Familien bei Adoption neugeschaffene § 7 Satz 1 AdWirkG sieht als Zwischenschritt bis zum rechtskräftigen Anerkennungsbeschluss die vorläufige Anerkennung einer ausländischen Adoptionsentscheidung vor. Ausweislich des Wortlauts sind ausländische Vertragsadoptionen ohne gerichtliche Bestätigung von § 7 AdWirkG nicht erfasst. Ohne Anerkennungsfeststellung nach dem AdWirkG kann eine ausländische Adoptionsentscheidung **keine Rechtwirkungen** im Inland entfalten, dh Annehmende gelten vor Abschluss eines Anerkennungsverfahrens nicht als Eltern eines Adoptivkinds im Rechtssinne. Um den Annehmenden trotzdem eine Entscheidungsbefugnis (zB zur Einreise nach Deutschland, Anmeldung im Kindergarten oder der Schule) zu ermöglichen, gilt nach § 7 AdWirkG während eines Anerkennungsverfahrens eine ausländische Adoptionsentscheidung als anerkannt, wenn eine gültige Bescheinigung nach § 2 d AdVermiG (→ AdVermiG § 2 Rn. 1 ff.) vorgelegt wird und keine Anerkennungshindernisse nach § 109 Abs. 1 FamFG (→ FamFG § 109 Rn. 1 ff.) entgegenstehen.

In diesem Fall ist weiterhin die inzidente Prüfung als Vorfrage einer anderen Rechtsfrage (zB Einreise des Kindes nach dem Aufenthaltsrecht, Anmeldung des Kindes im Kindergarten oder der Schule) möglich. Im Rahmen einer Rechtsfrage hat daher jede Behörde und jedes Gericht während des Anerkennungsverfahrens (unabhängig von dessen Verlauf) zu prüfen, ob **Anerkennungshindernisse** vorliegen und die ausländische Adoption für die konkrete Rechtsfrage ihre Rechtswirkungen entfaltet. Dieses Ergebnis bindet andere Behörden und Gerichte nicht.

Nach § 7 Satz 2 AdWirkG bleiben die Bestimmungen des StAG unberührt. Dh die vorläufige Anerkennung hat keinen Einfluss auf den Erwerb der **deutschen Staatsangehörigkeit** nach § 6 StAG.[1] Insofern kann die vorläufige Anerkennung eine Rolle bei der Einreise des Kindes über das Aufenthaltsrecht spielen.

---

1 BT-Drs. 19/16718, 62.

§ 8 AdWirkG Bericht

Die Bundesregierung legt dem Deutschen Bundestag bis zum 30. September 2026 einen Bericht über die Auswirkungen der §§ 1, 2 und 4 bis 7 sowie über die gegebenenfalls notwendigen Anpassungen dieser Vorschriften vor.

§ 9 AdWirkG Übergangsvorschrift

Auf die Anerkennung ausländischer Adoptionsentscheidungen, die in Verfahren ergangen sind, die vor dem 1. April 2021 eingeleitet worden sind, sind die Vorschriften des Adoptionswirkungsgesetzes und § 108 des Gesetzes über das Verfahren in Familiensachen und in den Angelegenheiten der freiwilligen Gerichtsbarkeit in ihrer bis dahin geltenden Fassung weiterhin anzuwenden.

Stichwortverzeichnis

Fette Zahlen bezeichnen die Paragrafen, magere die Randnummern.